イギリス憲法

田島 裕著作集
2

イギリス憲法

――議会主権と法の支配――

田 島　裕

田島　裕著作集
2

信　山　社

はしがき

　本著作集第2巻『イギリス憲法』は，もっと早く完成させる予定であった。しかし，イギリス憲法は，いま，大きく変化しており，その変化の方向を見極めてから執筆することにした。2005年には憲法改革法（Constitutional Reform Act）が制定された。2013年には平等法（Equality Act）が制定された。イギリスの最高裁判所は，貴族院（司法委員会）であったが，現在では，最高裁判所という独立の機関として，議会の建物の外に置かれている。本書の出版を遅らせたことには，それなりの理由がある。後に本書の中で説明するように，イギリスは，21世紀を迎えるに当たり，ヨーロッパ連合の一員としてイニシアティヴをとるようになり，積極的に憲法改正の作業にとりこんだ。この憲法改正の議論は現在でも続けられており，この作業が一段落したときに，本書を完成させる予定であった。しかし，考えて見れば，国際連合もヨーロッパ連合も，「法の支配」の原理などの憲法原理を中心に据えて21世紀の改革を進めようとしている。また，イギリスの2005年憲法改革法の第1条が規定しているように，イギリス憲法の実質（特に「法の支配」の原理）は変わらない。本書でも詳しく説明されるように，イギリス憲法は，いわば慣習憲法であり，それを文章化しても実体が変わることはない。

　ところで，本書の読者は，本書が筆者の『議会主権と法の支配』（1979年）の改定版という意味をもっていることに気付いているかもしれない。その著書を執筆してから35年が過ぎており，かなり本格的に内容を書き換える必要があった。しかし，その著作は，基本原理を扱ったものであり，原理的な部分の説明を変える必要はないと思う。そもそも，その著作は，筆者のケンブリッジ大学での博士論文の一部を利用したものであり，一定の学説を検証することを目的としていた。その著作は比較的多くの人に読まれ，多くの批判を受けたが，確かに誤解されそうな表現が多数ある。それらの批判に答えることも，本書の1つの目的になっている。その著作に設定した研究課題は，本書でも貫かれているので，ここに再録しておきたい。

　「1　本書は現在のイギリス憲法の基本原理がいかなるものであるかを明らかにすることを目的とした外国法研究である。後に示されるように，その基本原理は，議会主権の原理を中心として構成されるものであるが，イギリス議会は，コモン・

はしがき

ローの枠による一定の制約を受けつつ機能してきた。議会主権とは、いちおう立法を手段としてあらゆることをなしうる、万能で、絶対的な権能である、と理解できるが、現実のイギリス議会は、長いイギリス法の伝統の中で成長してきたものであって、そのコモン・ローの伝統［本著作集第 4 巻参照］を否定する性質のものではない。中世以来、コモン・ローの基底を流れてそこに一貫して生きてきたものは、国家権力に対してその権力の合法性の証明を要求し、国家構造における権力的要素に対する否定的契機を常に含ませることであった。このことは、十分な武力を持たない少数派の外来民族によって国が統一され、政治が行われてきたという、イギリス建国当初の歴史的事情の当然の帰結であるといえなくもないが、伊藤正己教授は、かかるイギリス法の特色を種々の観点から詳細に検討し、それを「法の支配」の伝統と呼んだ［伊藤正己『イギリス公法の原理』(弘文堂，1954 年 201 頁］。本書で明らかにされるように、議会は、その伝統を積極的に尊重しつつ成長してきたものと思われるのであり、「法の支配」は議会主権と抵触するものではない。

2　先に述べたことと付随して、本書では、まず第 1 に、我が国でこれまでなされてきた三権分立の図式的な理解——議会は立法権をもち、裁判所は司法権をもち、内閣は行政権をもつという理解——が、イギリス法を我が国の研究者に誤解させてきたのではないか、という疑問を提起したいと思っている。第 2 章で議会とは何かということについて、若干の歴史的考察を行いたいと思っているが、そこで明らかにされるように、少なくとも歴史的には、議会が行う立法機能よりも、国王または政府が行う政治を監視する機能や政策決定機能の方が、はるかに重要であったと思われるし、三権が未分離であった歴史的痕跡は、現在の議会制度の中にも残されている。具体的には、第 3 章でなされる現在の立法過程の説明の中で明らかにされるように、立法への法律家（裁判官を含む）の参加、議会におけるロード・チャンセラーの職務など、議会制とコモン・ローが育ててきた「法の支配」の原則とを結びつける、いわゆる経路が存在している。

さらに、本書の主題に関連する第 2 の問題として、議会主権の原則の今日的意味を明らかにするだけでなく、この原則が 19 世紀のコモン・ローの法思想に支えられて形成され、今日のような意味をもつようになったことを明らかにしたいと思う。国王を誰にするか、法律によって決める権能をもったという、名誉革命の歴史的事実の重要性を否定するものではないが、裁判所との関係において議会を優位に置き、アメリカ憲法に見られるような違憲立法審査制を明確に排除するファクターは、そこにはなかったはずである。ヒューストンが指

摘しているように，議会主権の原則の理論的基礎は，オックスフォード学派によって創造されたのであろう。このことと関連して注意すべき点は，かかる理論が形成されたとき，素材として使われているのは，コモン・ローもしくは憲法的慣習であるということである。また，今日，イギリスに議会主権の原則が存在しているか否かが議論される際にも，判例がそれについてどう述べているかが重要な意味をもっていることは，否定できない事実なのである。

　これまで述べたことからも推測できるように，議会主権が適正に行使されるのを確実にすることについて，通常裁判所が果たしてきた役割を本書は著しく重視している。かかる通常裁判所の役割を明確に説明することが，本書の第3の副題となっている。これと関連して，筆者は，第3章4節で改めて先例拘束性の原理を再検討してみたいと思っている。また，第4章では，議会主権に関係のある3つの今日の重要問題を説明し，検討することを予定している。その中で，通常裁判所の司法審査機能について，改めて考察したい。

　3　ところで，以上述べてきたことが本書の目的であるが，「議会主権」や「法の支配」に関しては，我が国でも多くの優れた研究が既に発表されていることを断っておかなければならない。それにもかかわらず，この拙い研究を上梓することにしたのは，「はしがき」で述べたような特別な諸事情があったことのほかに，次の2つのことを考慮したからである。

　第1に，「議会主権」の原則についても，「法の支配」の原則についても，各々相当な研究が行われてきたにもかかわらず，両者の憲法上の関係が明瞭にされていないことに問題が残されている。この研究課題の存在は，『イギリス公法の原理』［上述，116頁］の中で，伊藤正己教授によって，次のように説明されている。

　　「国会主権と法優位は，イギリス憲政の微妙な構成のうちに，互いに密接に結びつき，決して，それは抵触する二律背反的原理として展開しなかったことである。国会主権は，それが権力的支配原理でありながら，法の優位を自己のうちに包摂することによって，イギリス人に広く承認を受けたのである。あるいは，≪法の支配≫の承認という前提のうえにたって，はじめて立憲民主政としての国会の優位が認容されたともいいうる。≪法の支配≫という法的な原理が実質的制約を加えることが予定されているのであるが，逆に≪法の支配≫もまた，国会主権を認めることにより，民主主義原理と調和しえ，国会優位のうちに，自らを生かしたといえる。」と。

　内田力蔵教授もまた，イギリス法の判例というものの考え方を説きながら「議会主権」と「法の支配」の関係にふれ，「議会主権の寛容」という言葉で両

はしがき

者の共存関係を説明した。とはいえ、いずれの研究においても、それ以上の詳細な説明はなされておらず、筆者は、その説明が補なわれるべきであると考えたのである。

第2に、議会主権を拘束する「法の支配」もしくはコモン・ローの基本原理が何であるかは全く明瞭にされていないということである。本書では、一見全体のバランスをくずすかもしれないと思われる第5章（議会立法の正当性の根拠）が付け加えられているが、それは、その点をさらに補強しておきたかったからである。もちろんこの章は、研究の未完成な部分であり、その未熟さに対して、諸先輩の叱責を受けなければならないところであろう。

最後に、本書の研究方法についても、若干弁明しておきたい。第1点は、本書では、判例や法律の解釈に重点を置いて議論を進めていることである。本書が主な研究対象としている議会主権や法の支配は、政治学の領域でもかなり研究が行われているようであるが、本書では、それらの問題の政治的側面については論じていない。イギリスにおいても、法的側面を政治的側面から切り離すことには批判がなくもないが、かかる研究方法は、イギリス法研究においては、それが歴史性を特質とするものであるために、歴史的考察は不可欠のファクターであり、ある程度の歴史的説明は本書でも行ってはいるが、歴史の専門の立場からするならば、稚拙な研究として非難を受けるべきものであろう。しかし、最初にことわっておいたように、本書は、今日我々が直面している非常に困難な憲法問題について考察することが主要な目的となっており、歴史研究を目的とするものではない。本書で法律の第一次資料（判例、法令等）が著しく重視されているのも、それ故である。しかし、いずれにしても、この研究は未完成なものであるので、種々の観点から、将来の研究に役立つ厳しい批判を受けることができれば幸いである。」

［若干の文字を訂正した。］

上に再録した課題設定には詳細な脚注が付されているが、その部分は削除した。そこに引用された文献の多くが古くなり、新しい研究があらわれているので、本書では新しい文献を紹介することにした。また、日本でも、21世紀以降のイギリス憲法には関心が高まっていて、いくつかの研究が公表されているが、本書ではそれらを引用することはほとんどない。それは、その研究を否定することを意図したものではなく、むしろさらなる研究の推進を支援したいのであるが、随所にわたくしの見解と異なるところがあり、いちいち詳細な議論をしていると、本書自身が不明瞭なものになると考えた。むしろ、自分自身の

はしがき

理論を明瞭に表現したうえ，新しい研究者たちの批判を率直に受けるという姿勢で本書を書いている。

上述の著作の下線部に対して，かなり厳しい批判を受けた。もっとも厳しい批判は，|十分な武力を持たない少数派の外来民族によって統合され| という文章に向けられた。この文章は，歴史書に基づいて書かれたものではなく，筆者の現地に行った時の実感を表現している。これは，1016年にデンマーク出身のクヌートによりそこに王国が作られ，1066年にはノルマンディ公ウィリアムによるノルマン王朝が開かれたこと，を指しているが，その征服の拠点となったヘースティングの城は，非常に小さな城であり，そこにいたヴァイキングの集団も，筆者にとっては驚くほど小さなものであった[1]。もしイングランド（アングロ・サクソン）に多少まとまった組織があり，かつ強い意志があれば，征服はできなかったと感じた。武力でなく知力で支配を進め，むしろアングロ・サクソンはこの侵攻を歓迎したと思われる。この評価は，歴史家の検証に委任したい。国王が強力であったかどうかはともかく，国王の側には，自己抑制があったことは事実である。

第2に，オックスフォード学派について書いた部分についても，厳密さに欠けるという批判があったが，この部分も筆者の実感により表現されている。ロンドンに拠点を置く憲法学者は，政治と直結していて，かなり実務的・政党的な議論をする学者（例えば，ジェニングス）が多い。オックスフォード大学は，「議会主権の原則」の研究に重点を置くことが1つの伝統となっている。ジョン・ロックやホッブスもこの伝統と関係すると思われるが，筆者は，ブラックストーンのヴァイナー講座担当教授となってダイシー（本書末尾付録2参照）を中心に据えている[2]。ちなみに，ケンブリッジ学派は，「司法審査」に強い関心を示しており，「進化論」を意識して，歴史的継続性を尊重している。その理論は，民主主義のフィードバック装置とも呼ぶべきものである。多数決原理による政治では常に少数派の利益が否定されるのであり，「公正」「公平」の原理に基づいて，多数派が権力を濫用するのを抑止する理論である。

---

(1) バイキング（ノルマン人）の進出は，民族大移動の原因となっており，イングランドだけの問題ではなく，「十分な武力を持たない少数派の外来民族」という表現は，確かに不適切であった。

(2) 田中浩「書評：議会主権と法の支配」書斎の窓288号（1979年10月）34-40頁は，書評の形で書かれた1論説であるが，フィリップ・ハットンの政治思想（ピューリタン革命初期）に見られる「主権の欠如」（ホッブス）の説明が不十分であることを指摘している。

はしがき

　第3に，上記の課題設定の引用文の末尾で，「この研究は未完成なものであるので，種々の観点から，将来の研究に役立つ厳しい批判を受けることができれば幸いである。」と書いたが，本書についても，同じことばを付けておきたい。この「はしがき」の冒頭で述べたような事情から本書の上梓に踏み切ったが，決してすべての研究課題が解決されたわけではない。とくに本書のいわば初版本では，「議会立法の正当性の根拠」を独立した第5章としていたが，本書では，その議論を深めてはいるが，むしろ関連部分の中で議論し，独立の章としてはたてなかった。この部分は将来の研究に残しておきたい。

　なお，本書には3つの付録が付いている。付録1は，筆者の『イギリス憲法典』（信山社，2002年）につけた法律の解説である。その法律の制定後，新しいことがいくつか起こっており（2005年の憲法改革法の制定など），若干の追加説明が必要であると考えて，本書にその改訂版を収載することにした。

　付録2は，ダイシー『憲法序説』（学陽書房，1985年）に筆者が書いた原典の解題である。本書の中でも説明するように，この著作は最近でも熱心に読まれており，その訳書が絶版となっているので，せめて解題の部分はここに収載すべきであると思う。

　付録3は，筆者の著書『議会主権と法の支配』（有斐閣，1979年）に付録として収載した筆者の書評である。書評の対象となる著作は，L.L. Jaffe, English and American Judges as Lawmakers (Oxford UP 1969) である。イギリスではこの著作は非常に厳しい批判を受けたが，筆者は，英米に留学する前であったこともあり，それが非常に新鮮なものであるように思われ，高く評価した。ジャッフィの見解は今でもイギリスでは受け入れられないと思われるが，筆者は今でもその見解に賛成したい。

　最後に，いつもながら，信山社の袖山貴氏には本書についても多大なご支援を得た。また，稲葉文子氏は，本書の編集に当たって下さったというだけでなく，表現の不明瞭な点など，数多くの疑問点を指摘して下さった。両氏のご助力に心からの謝辞を表しておきたい。

　平成26年9月30日（平成28年6月24日追加）

虎ノ門病院にて
田　島　　裕

イギリス憲法
―― 議会主権, 法の支配, 基本的人権 ――
(著作集第 2 巻)

目　次

はしがき

凡　例

第 1 章　イギリス憲法総説 …………………………………………… *3*

- 1　イギリス憲法とは何か（§§ 11.1-11.5）………………………… *3*
- 2　基本書の紹介（§§ 12.1-12.9）…………………………………… *6*
- 3　イギリス憲法史（§§ 13.1-13.9）………………………………… *10*
- 4　21 世紀の展望（§§ 14.1-14.7）…………………………………… *16*

第 2 章　議会の機能と議会主権の原則 ……………………………… *21*

- 第 1 節　議会の機能（§§ 211.1-214.4）…………………………… *21*
  - (1) 政治の監視機能（*21*）
  - (2) 政策決定機能（*24*）
  - (3) 議会の立法機能（*27*）
  - (4) 課税承認権――貴族院に対する庶民院の優位性（*32*）
- 第 2 節　今日の議会の制度改革（§§ 221.1-223.4）……………… *34*
  - (1) ウェストミンスター（*34*）
  - (2) 貴族院の改革（*35*）
  - (3) 庶民院の改革（*38*）
- 第 3 節　議会主権の原則（§§ 231.1-235.6）……………………… *40*
  - (1) 名誉革命の意義（*40*）
  - (2) 「議会主権の原則」の確立（*41*）
  - (3) オースティンの議会主権論（*44*）
  - (4) ブラックストーン＝ダイシーの議会主権論（*47*）

(5) ハートの議会主権論 (*51*)

　第 4 節　議会民主制と議会立法の正当性（§§ 241.1-242.3）……… *54*

　　　(1) 議会主権の原則の動揺 (*54*)

　　　(2) 代議制民主主義と「法の支配」(*55*)

第 3 章　法の支配の原理 …………………………………… *59*

　第 1 節　法の支配の意味するもの（§§ 31.1-31.4）…………… *59*

　第 2 節　ダイシー伝統──3 つの意味（§§ 321.1-323.2）……… *62*

　　　(1) 正式の法の優位 (*62*)

　　　(2) 法の前の平等（とくに行政法の不存在）(*63*)

　　　(3) 通常法の結果としての憲法 (*65*)

　第 3 節　「福祉行政」と「法の支配」（§§ 331.1-332.2）……… *66*

　　　(1) 裁量行政における恣意性の排除 (*66*)

　　　(2) 司法アクセス (*68*)

　第 4 節　最高法院法（1981 年）の制定と「法の支配」（§§ 341.1-344.6）

　　　…………………………………………………………………… *70*

　　　(1) 司法審査の訴え (*70*)

　　　(2) 自然的正義の原則 (*79*)

　　　(3) 特別裁判所と特別裁判所評議会 (*87*)

　　　(4) 大権令状との関係 (*89*)

　第 5 節　国際レベルの「法の支配」（§§ 351.1-354.2）………… *92*

　　　(1) 国際連合総会決議 (*92*)

　　　(2) 司法権の独立 (*94*)

　　　(3) 国際社会における「法の支配」(*95*)

　　　(4) 「国家主権」の観念の相対化 (*100*)

第 4 章　権力分立と議会立法の正当性 ……………………… *101*

　第 1 節　権力分立の原理──抑制と均衡（§§ 411.1-415.5）…… *101*

　　　(1) 「三権分立」の原理 (*101*)

　　　(2) イギリス憲法の「権力抑止機構」(*106*)

(3)　各機関の権能に付随する特権（privileges）（*107*）
　　　(4)　戦争損害法の実例——ビルマ石油事件（*113*）
　　　(5)　ロード・チャンセラーの役割（*115*）
　第2節　立法の態様と立法過程（§§ 421.1-423.10）………………… *119*
　　　(1)　法律と規則の区別（*119*）
　　　(2)　立法の態様（*120*）
　　　(3)　立法の過程（*122*）
　第3節　立法の正当性と立法の実質的制約（§§ 431.1-433.4）………… *129*
　　　(1)　自然法による制約（*129*）
　　　(2)　制定法による制約（*133*）
　　　(3)　国際法による制約（*136*）
　第4節　裁判所による法律の解釈（§§ 441.1-442.8）……………… *139*
　　　(1)　法律解釈の方法（*139*）
　　　(2)　先例拘束性の原理（*146*）

第5章　コモンウェルス諸国との関係——女王の役割 ……… *151*

　第1節　「コモンウェルス」とは何か（§§ 51.1-51.9）………………… *151*
　第2節　カ　ナ　ダ（§§ 521.1-524.3）……………………………… *157*
　　　(1)　カナダの統治機構（*157*）
　　　(2)　ウェストミンスター法第4条の解釈（*159*）
　　　(3)　カナダ憲法とイギリス法（*162*）
　　　(4)　ケベック州問題（*164*）
　第3節　オーストラリア（§§ 531.1-536.4）………………………… *166*
　　　(1)　歴史的背景（*166*）
　　　(2)　連邦憲法の立法権と司法権（*167*）
　　　(3)　トレソーワン判決の憲法上の意義（*170*）
　　　(4)　高等法院の裁判例（*171*）
　　　(5)　1986年のオーストラリア法の制定（*171*）
　　　(6)　国家元首（*174*）
　第4節　ニュージーランド（§§ 54.1-54.4）………………………… *177*

第5節　インド（§§55.1-55.7）……………………………… *179*

  第6節　ナイジェリア（§§56.1-56.4）……………………… *183*

  第7節　南アフリカ（§§57.1-57.9）………………………… *185*

  第8節　その他のコモンウェルス（§§581.1-582.3）……… *190*

　　(1)　コモンウェルスを構成する諸国（共和国と王国）（*190*）

　　(2)　保　護　領（*192*）

第6章　ヨーロッパ憲法とイギリス憲法 ……………………… *195*

  第1節　ヨーロッパ共同体法（§§611.1-616.8）…………… *195*

　　(1)　ヨーロッパ共同体法制定の歴史的背景（*195*）

　　(2)　ヨーロッパ共同体の統治機構（*197*）

　　(3)　1972年のヨーロッパ共同体法（*198*）

　　(4)　ヨーロッパ共同体法のイギリス国内での効力（*201*）

　　(5)　ヨーロッパ裁判所の指導的判例（*203*）

　　(6)　イギリス裁判所によるヨーロッパ共同体法の解釈（*207*）

  第2節　ヨーロッパ人権規約（§§621.1-623.3）…………… *212*

　　(1)　ヨーロッパ会議の組織（*212*）

　　(2)　ゴルダー判決と裁判を受ける権利（*214*）

　　(3)　1998年の人権法の制定（*218*）

  第3節　ヨーロッパ憲法の制定（§§631.1-632.16）……… *220*

　　(1)　ヨーロッパ憲法の制定の歴史的背景（*220*）

　　(2)　ヨーロッパ憲法（*221*）

第7章　行政法の展開と市民社会の形成 ……………………… *231*

  第1節　行政法の展開（§§711.1-714.2）…………………… *231*

　　(1)　歴史的背景（*231*）

　　(2)　ドノモア委員会およびフランクス委員会による自然的正義の検討（*233*）

　　(3)　公　務　員（*235*）

　　(4)　1947年の国王訴追手続法（*236*）

目　　次

第 2 節　地方分権（§§ 721.1-724.6） ………………………………… *238*

　（1）　序　　説（*238*）

　（2）　スコットランド（*239*）

　（3）　ウェールズ（*243*）

　（4）　北アイルランド（*244*）

第 3 節　行政政策（§§ 731.1-734.2） …………………………………… *248*

　（1）　貧困者対策（*248*）

　（2）　国民健康保険・労働者災害補償（*250*）

　（3）　教　　育（*254*）

　（4）　防衛・公安（*256*）

第 4 節　都市計画と土地利用規制（§§ 741.1-743.2） ……………… *257*

　（1）　都市計画法（*257*）

　（2）　土地利用規制（*258*）

　（3）　ヨーロッパ法の影響（*259*）

第 5 節　特別裁判所（§§ 751.1-751.8） ………………………………… *261*

第 6 節　オンブズマン（§§ 76.1-76.4） ………………………………… *266*

第 7 節　情報公開法（§§ 77.1-77.6） …………………………………… *268*

第 8 節　行政行為の司法審査（§§ 781.1-784.2）……………………… *271*

　（1）　大権令状による救済（*271*）

　（2）　司法審査の訴え（*274*）

　（3）　委任立法の司法審査（*277*）

　（4）　行政裁量行為の恣意性の排除（*281*）

第 8 章　人権と市民的自由 ……………………………………………… *283*

第 1 節　基本概念の説明（§§ 81.1-81.9）……………………………… *283*

第 2 節　個人の権利と自由（§§ 821.1-823.4）………………………… *288*

　（1）　裁判を受ける権利と人権（*288*）

　（2）　表現の自由（*289*）

　（3）　宗教の自由（*293*）

第 3 節　警察権能（§§ 831.1-834.4）…………………………………… *296*

目　　次

　　　(1) 生命の保護を受ける権利（*296*）
　　　(2) 捜査手続に関する人権（*297*）
　　　(3) 裁判を受ける権利（*303*）
　　　(4) 医療に関係する「生命保護」の諸問題（*305*）
　　第 4 節　経済的権利・団体の利益と平等（§§ 841.1-845.9）……………*308*
　　　(1) 財産権（*308*）
　　　(2) 教育権（*310*）
　　　(3) 労働者の権利（*311*）
　　　(4) 社会権（*312*）
　　　(5) 法の下の平等（*316*）
　　第 5 節　人権侵害に対する救済方法（§§ 85.1-85.6）………………*321*
　　第 6 節　国際人権とイギリス憲法（§§ 86.1-86.14）………………*324*

結　　論（§§ 1-8）………………………………………………………*333*

〔付録 1〕イギリス憲法典——1998 年の人権法………………………*337*
〔付録 2〕訳者解題　ダイシー著『憲法序説』………………………*371*
〔付録 3〕ルイ・L. ジャッフィ著「法創造者としての英米の裁判官」
　　　　　（1969 年）について…………………………………………*429*

　索　　引
　　　事項・専門用語索引（*443*）
　　　人 名 索 引（*455*）
　　　法 令 索 引（*458*）
　　　判 例 索 引（*466*）

凡　例

1　本書での文献の引用は，基本的には，田島裕『法律論文の書き方と参考文献の引用方法』（信山社，2012年）に従っている。しかし，最近の新しい情況に応じて，多少の修正を加えている。

2　筆者の著作に対する読者からの批判の1つは，日本の大学図書館で利用できない文献を多く引用しすぎていることであった。この批判を尊重して，日本の大学図書館で利用できない判例集などの引用は，出来るだけ引用しないことにした。この点と関連して，www.bailii.org を使うことを奨励したい。日本人には多少の使いにくさがあるが，本書の一次的文献（判例，法令など）の資料は，これを利用して原文を読むことができる。

3　ヨーロッパ人権裁判所やコモンウェルス諸国の判例などについては，レクサス・ネクサスなどのオンライン・データベースを利用して原文を読むことができる。引用方法については，日本人読者にとって，内容の理解に役立つと思われる方法を選択した。ヨーロッパ人権裁判所の判例については，www.echr.coe.eu によって調べることもできる。

4　筆者の『議会主権と法の支配』（有斐閣，1979年）では原則として翻訳を引用することはしなかった。しかし，読者から，翻訳の業績を評価すべきであるというご意見をいただき，本書では岩波文庫などの翻訳については，原典を読むことができなくなっているような文献を引用せず，翻訳の方を引用する方針をとった。なお，本書では，この著作は単に『議会主権と法の支配』と引用する。

5　貴族院の司法委員会が最高裁判所の機能を果たしてきたが，2009年10月1日から最高裁判所に改名された。そこで，本書では，それ以前の最高裁判所は，貴族院［最高裁判所］と表記することにした。

6　Coke 裁判官は，日本では「コーク裁判官」または「コウク裁判官」と表記されてきたが，「クック裁判官」と表記するのが正しい。本書では「コーク［クック］」と表記することにする。

凡　例

7　Supreme Court Act 1981 は，本書でもしばしば引用する重要な法律であるが，この法律の正式名称は Senior Courts Act 1981 であり，英語の文献でも，この名称で引用されていることがある。しかし，Constitutional Reform Act 2005, s.59(5), Sch.11 Pt.1 により，正式名称が Supreme Court Act 1981 に改正されているので，本書ではこれに統一した。

8　本書で研究対象としたイギリス憲法は，現在でも変わりつつあり，最新の情報が必要な場合には，情報をアップデートする必要がある。その方法の解決を示した本として，John Knowles, Effective Legal Research (3rd ed. 2012) がある。なお，最近のオックスフォード出版会の教科書ではオンライン情報を提供しているので，これを利用することもできる。例えば，

　① 　Ukconstitutionallaw.org./blog（憲法判例）
　　Joseph v. Spiller, [2011] 1 A.C. 852, [2010] 3 WLR 1791, [2011] 1 All ER 947（名誉毀損判決）
　② 　www.bilii.org
　　Biles v. Caesar [1957] 1 WLR 156, [1957] 1 All ER
　③ 　www.echr.coe.int（ヨーロッパ評議会）ヨーロッパ人権
　　Boyle v. United Kingdom, No.55,434/00 （Jan. 8 2008）

───────［初出文献リスト］───────

『議会主権と法の支配』（有斐閣，1979 年［復刻版 1991 年］）
「法の支配の今日的意義について──議会主権の原則との関係を中心に」
　法の支配 32 号（1977 年）31-46 頁
「イギリス最高裁判所の創設」法の支配 139 号（2005 年）13-19 頁
「2005 年の憲法改正法の制定」法の支配 168 号（2013 年）20-23 頁
「＜法の支配＞の最近の事情」法の支配 173 号（2014 年）45-54 頁
「ダイシー──人と業績」ダイシー著（伊藤＝田島訳）『憲法序説』（学陽書房，1983 年）［本書末尾］
「ジャッフィ・裁判官による法創造」アメリカ法 1973-2 号［本書末尾］

イギリス憲法

―― 議会主権と法の支配 ――

第1章 イギリス憲法総説

1 イギリス憲法とは何か

§11.1 イギリス憲法は不文憲法である。

　イギリスには憲法典はない。後に法源の説明の部分で説明するように、その主要な原理は憲法習律によるものであり、条文の形で記載されたものではない。従って、目に見えない「生きた憲法」の存在を、誰が、どのような形で、確認するかについて、確固たるルールが必要となる。このルールが揺らいでいるため、憲法の教科書（後述、第2項および第3項参照）は、だれが書くかによって非常に異なった内容のものになっている。いずれにせよ、イギリスの領土に関しては、1066年にウィリアム1世（征服王）がイングランドを統一した後、ウェールズを併合し、スコットランドを併合し（名称をグレート・ブリテンとした）、北アイルランドを併合し（連合王国となった）、現在の形になっている[1]。この国土を対象とした統治に関する法律がイギリス憲法であり、統治者は少なくとも形式的には常に国王であった[2]。しかし、後に詳しく説明するように、現在の国王は象徴的な存在であり、実際に統治に当たるのは内閣である[3]。

---

(1) 「連合王国（United Kingdom）」が正式の国名である。併合の問題については、本書第7章で詳しく説明する。マン島、チャンネル諸島は自治権をもっているが、基本的な事項については、イギリス憲法により拘束される。なお、コモンウェルス諸国についても、一定の関係をもっている。これについては、第5章で詳しく説明する。

(2) 但し、オリヴァ・クロムウェル（1599-1658）がピューリタン革命に成功し、一定地域に対し統治権を獲得した。クロムウェルは、1653年に自ら護国卿となり統治権を明確にするため憲法典を制定した。このクロムウェルの憲法は、民主的な議会制を定めており、後のヨーロッパ諸国の憲法に大きな影響を与えている。クロムウェルは、イリーに拠点を置いた議会派のリーダーであり、国民の利益にかなうことも行ったが、基本的には軍事政権であった。ただし、後述30頁§213.6を見よ。

(3) このことが法律に定められているわけではない。バーナード・ショウ（Bernard Shaw [1856-1950]）のParliamentの中でこのことが詳しく説明されており、大方の「世論」がこれを支持した。ちなみに、バーナード・ショウは、ノーベル賞を受賞した劇作家であるが、1903年に出版したMan and Superman（1903）をRoyal Court Theatre（ロンドンの有名な劇場）で上演するための短編として使ったものがParliamentと呼ばれている。「間違った知識には注意せよ。そのような知識は無知よ

第1章　イギリス憲法総説

§11.2　イギリス憲法は軟性憲法である。

　憲法典がないので，議会が普通の法律を制定する手続によって，容易に憲法を改正することができる。「硬性憲法」と対比して，改正手続が容易であることから，イギリス憲法は軟性憲法であると言われる。今日では最も重要な憲法典と呼ばれるマグナ・カルタ（2015年には800周年）でさえ，簡単に変えることができる。実際上，国王が作った文書であるから国王が改正することが可能であるはずであるという理論に基づき，何度も改正が試みられた[4]。しかし，ダイシーは，硬性憲法と比較して，ベルギーやフランスなどの歴史を見ると，硬性憲法の国の方がよりしばしば改正が容易に行われている[5]。アメリカ合衆国憲法は，硬性憲法であり，憲法改正は著しく困難である[6]が，これは中央集権型の連邦制度を維持するために必要であった。軟性憲法が比較的容易に修正できるということは，「世論」と「生きた憲法」の間のギャップを埋めるのには好都合であり，市民の心の中に生きている憲法は，容易には改正できない。

§11.3　イギリス憲法の法源の一部は普通の法律にある。

　軟性憲法であるが，憲法改正が容易であるというわけではない。憲法習律と呼ばれる，いわゆる慣習法がイギリス憲法の中心となるが，文章の形で表わされた憲法が存在しないというわけではない。マグナ・カルタ（1215年），権利請願（1628年），権利章典（1689年），王位継承法（1700年），併合法（1707年），併合法（1800年），ヨーロッパ共同体法（1972年），人権法（1998年），憲法改革法（2005年）などがそれである[7]。これらの法律が他の一般

りも危険である。」とも言っている。

(4)　S.B. Crimes, English Constitutional History（1948）pp. 96-98 は，この文書は教会とバロンの共謀によりジョン王をラニミード（Runnymede）に呼び出して強制して作ったもので，自分たちの利益を守った封建時代の文書であると評価している。以後の国王は，しばしばこれを無視したし，25人のバロンが違反に対する制裁を行うことが規定されていても，これが実施されたことがないという。

(5)　ダイシーは，ベルギー憲法を「硬性憲法」の例として取り上げ，この憲法はイギリス法を参考にして作ったものであるが，何度も憲法改正が行われてきており，イギリス憲法の法が安定していると述べている。

(6)　アメリカ合衆国憲法第5編（憲法改正）。連邦議会の両院の3分の2以上の多数により，憲法改正を提案できる。あるいは，諸州の3分の2以上の立法府により，憲法会議を招集して検討した後，憲法改正を提案できる。いずれの場合でも，4分の3以上の州が，憲法会議の承認を得て憲法改正に賛成するのでなければ，同憲法は改正できない。

(7)　Halsbury's Statutes of England（3rd ed. 2013）の憲法には，その第10巻(1)で267

的法律と異なるのは、これらの法律では、憲法規範と呼ばれる憲法原則の存在を示す証拠となっている点である。上述のマグナ・カルタ（1215年）や、権利請願（1628年）が、作られた当時には、議会は今日のようなものではなく、そもそもこれらを法律と呼んでよいかどうかについて、本質的な疑問がある[8]。しかし、憲法規範が存在しているかどうかについて議論があるとき、その存在を示す重要な文献である。

§11.4　イギリス憲法の大部分は憲法習律からなる。

ダイシーの古典的著書『憲法序説』はもっとも注目された基本書であるが、その中で、憲法律と憲法習律とを区別し、憲法習律は通常裁判所が強制できない道徳規範であると説明している[9]。しかし、憲法習律は社会の根底にあって社会の土台となっているから、それを遵守しなければ、様々な重大な不都合が生じるという。その不都合についての責任を追及するプロセスにおいて、間接的に強制され、実質的に憲法律と同等の効力をもっている。このような憲法律の説明に対し、強い反論が出されている。反論によれば、判例法が憲法習律であると認めた事例を調べてみると、その違反があっても違反に対する制裁が課されることがほとんどないという。例えば、イギリス憲法の教科書によれば、①「議会における国王」の立法、②首相の任命について、国王は議会の多数政党の党首を任命する、③首相は庶民院議員でなければならない、④庶民院で不信任決議がなされたとき、内閣または大臣は辞職しなければならない、⑤国会は1年に1回開かれる、⑥裁判官は独立して、政治的中立性を維持しなければならないという憲法習律がある[10]。

§11.5　生きたイギリス憲法の大部分は判例法からなる。現在の基本書が示しているように、判例憲法がイギリス憲法の大部分を占めている。これも後に詳しく説明することであるが、イギリスの重要な憲法原理である「法の支配」の原理は、裁判所に憲法の意味を確認する責務を負わせており、憲法判例はこれに関係するものである。但し、イギリスの判例法は、先例拘束性の原則

の法律を、また(2)で104の法律を収載している。
(8) 国王が変わるごとにマグナ・カルタの遵守の約束が確認されたのも、そのためであろう。今日のような法律の形式が確立されたのは、1266年である。§211.3および本書112頁注(34)参照。
(9) ダイシー（伊藤正己＝田島裕訳）『憲法序説』（学陽書房、1983年）［以下、『憲法序説』と言う］401頁。
(10) H. Barnett, Constitutional and Administrative Law (9th ed. 2011) p.35参照。

や，判決理由と傍論の区別など，厳格なルールに従っているので，判決文の全てが憲法律としての効力をもっているわけではない（本書第4章§442参照）。例えば，Pepper v. Hart, [1993] A.C. 593 では，Finance Act 1976, s.63 の解釈が争われたが，その条文の意味が不明瞭である場合，裁判において，議会における立法の説明が参照されるべきか否かが争われている。貴族院［最高裁判所］の7人の裁判官は，それぞれ自分の意見を述べているが，4対3の判決で排除原則を緩めた。これについては，§441.7で詳しく説明するが，この憲法判例は不確定な部分を含んでおり，憲法慣行の蓄積が待たれている。この判例の読み方は先例拘束性の原理に従うものであり，関連する法律があれば，イギリス法の解釈原理にしたがうものでなければならない。

2 基本書の紹介

§12.1 上述のように，イギリス憲法が不文法であるため，それをどのように説明するかは，著者の考え方により大きな影響を受ける。実際上，イギリス憲法に関する著作は，どの1冊をとってみても，それぞれの基本書の間に大きな相違点がある。ダイシーの『憲法序説』は，多くの批判があるにもかかわらず，古典的著作であるといってよい[11]。この著作は，2013年にオックスフォード大学出版会から復刻版が出版され，今日でも読まれている[12]。この復刻版は，ダイシーの初版に基づいて編纂されているが，この復刻版には，多数の関連文献が収載されている。本書では読者の便宜を考え，本書での引用はこれに拠ることとする。しかし，筆者の著作の初版に対し，専門家の読者から，翻訳がある場合には翻訳も引用すべきであるという意見が出されており，日本人の読者に向けた記述の部分では，その全訳を引用する方針をとりたい。ダイシーのこの著作は本書でしばしば引用するが，「議会主権」と「法の支配」という2つの憲法原理および基本的人権の保護の必要性が説明されている[13]。

---

(11) ダイシー（伊藤正己＝田島裕訳）『憲法序説』（学陽書房，1983年）には原典の頁へのレファレンスが付されている。
(12) A.V. Dicey, The Law of the Constitution (Oxford U.P. [J.W.F. Allison ed.] 2013).
(13) J.W.F. Allison は，ダイシーの講義の目的は憲法を講義する大学教授に向けられており，細々としたルールよりも全体の構造の理解が重要であることを理解させることであった，と述べている。Dicey, *supra* note 12, pp. xxxvii-xxxviii.

§12.2　ダイシー自身は，W. Bagehot, The English Constitution（1867）[14]を引用して，議員内閣制，権力分立などの問題の説明はそれに譲り，ほとんど説明していない。ダイシーは，「バジョットほどイギリス政治の複雑な作用を明らかにすること貢献した近代の著者はいない」と評価し，「これは確信をもって言える」とさえ述べており，この基本書は，古いものでありながら，今日でも一読に値する。例えば，国会の解散権，衆議院の優越性，貴族の任命権に関する議論などは，今日でも生きている[15]。バジョットは，弾劾を行った good Parliament（1376年），1388年の merciless Parliament，1529年から1536年までの Reformation Parliament を説明した後，ヘンリー8世の slavish Parliament，エリザベス1世の murmuring Parliament，ジョージ1世の mutinous Parliament，チャールズ1世の rebellious Parliament を説明している[16]。また，名誉革命後に制定された法律により，議会の中の最も重要な委員会として内閣が生まれ，議院内閣制が作られるプロセスを説明している。

§12.3　Henry Hallam, The Constitutional History of England（1869）も，ダイシーが引用した重要な基本書といってよいが，復刻版が出版されていないので，原典を読むのは困難である。この著作は，ヘンリー7世からジョージ2世までの憲法史を歴代の国王の順序に従って，比較的客観的に叙述している。その内容の点でも，新しい研究の中に吸収されているので，たとえ読まなくても，失望する必要はない。それらをすべて紹介することはできないが，基本書となり得る著作は他にも多数ある。ここでは，現在，大学で基本書として読むことを義務づけられる新しい教科書的な著作を紹介するにとどめ，各読者が，関心のあるテーマについて，それらの著作の中に参考書として紹介さ

---

[14]　この著作は，1905年に第2版［新版］として改訂が行われている。この著作の内容について，第2章および第4章で改めて説明する。

[15]　W. Bagehot, The English Constitution 220（New ed. 1905）. アメリカ憲法と比較して，イギリス憲法では，1権力に集中する傾向があると述べている。この著作は，バジョット著（小松春雄訳）『イギリス憲政史』（中央公論新社，2011年）に全訳されている。ちなみに，中村英勝『イギリス議会政治史論集』（東京書籍，1976年）194-248頁は，バジョットの研究について，イギリス国政に関する「紙上の説明」を排除し，「神話」と「現実」を区別して，「生きた現実」を「厳密に自分の目」で見つめたものである，と評価している。

[16]　これらの議会は，18世紀以降の議会民主制における議会とは，かなり異なった性質のものであった。議会の出席者は国王の招待を受けた者であり，後に詳しく説明するような国民の普通選挙によるものではなかった。

れている文献を参考にしてほしい。

§12.4　ダイシーがあげているアスキン・メイの著作も紹介しておこう[17]。この著作は、主に国会の議事進行に関する憲法習律を説明した本である。この著作は、1844年に初版が出されており、今日に至るまで、継続して出版され続けている。この著作は、国会の議事進行に関するバイブルであり、日本の国会図書館でもっとも頻繁に読まれている書籍の1つである。アスキン・メイによれば、イギリス議会は、庶民代表、貴族および司教（聖職の貴族）という3つの階級からなっているが、司教が果たす役割は、儀式の部分と宣誓供述に立ち会うことである。立法に焦点を当てるならば、庶民院が中心となって活動を行っている。この著作には、国王大権、議員特権などについても、詳しく説明されている。この著作は、マニュアル的な性質があり、一般的に「公知」であると考えられる原理については、引用が省略される。なお、Crown franchise や私法律などについても言及している。

§12.5　ほとんど全ての憲法の基本書が、議員特権の説明については、権威的書籍としてアスキン・メイを引用している。例えば、庶民院の国会議員は、国会の開会40日前からその閉会後40日後までは、不逮捕特権をもっている。貴族院の国会議員については、民事訴訟に関しては、いかなる場合でも身体を拘束されることはない。しかし、刑事事件については、国会議員は、訴追を免れることはできない。このような憲法習律を Thope's Case（1454）や John Wilke's Case（1760-64）を引用して詳しく説明している[18]。議員特権の問題は、後にも検討しなければならない問題であるが、現在でも、動揺のある憲法習律である。

---

(17)　T. Erskine May, A Treatise upon the Law, Privileges Proceedging and Usage of Parliament（1844）. 最新版（第24版）は 2011 年に出版されている。

(18)　Erskine May's Treatise on The Law, Privileges, Proceedings and Usage of Parliament（20th ed. 1983）pp.109-113. Thope's Case（1454）Rol. Parl. V, 239 は、庶民院議長であった Thope 氏がヨーク Duke の財産を seize したことを理由に逮捕されたが、庶民院の審議の進行に支障が生じたため、庶民院が訴訟を起こし、議長の不逮捕特権を認めさせた。しかし、貴族院は、Thope 氏の釈放を認めなかった。John Wilkes Case（1760-1764），LJ（1760-64）426，CJ（1761-64）689，15 Oark, Hiust. 1362-1378 は、ジャーナリストであった John Wilkes の言論の自由にかかわる事件である。国会議員として、国王による国会開会の辞を批判したが、この批判が侮辱罪に当たるとして訴追された。なお、May, id. の最新版では、その特権を廃止する提案が 1999 年に出されていることを説明している。

§ 12.6　J.W. Gough, Fundamental Law in Constitutional Law（1955）もこのリストに加えておきたい。この著作は，議会の優位性と司法審査の関係を主要研究課題とした学術論文であるが，アメリカの違憲立法審査の理論的根拠とされるイギリス憲法を再検討している[19]。主にクロムウェルの時代から名誉革命までの歴史に関する諸文献を精査し，イギリス憲法に「基本法」という概念が存在していたが，違憲立法審査には繋がらなかった理由を説明している。本書のはしがきにおいて，本書の初版に対する批判に言及したが，この著作は適切な答えを提示してくれている。初版を書いたときにその著作を引用しているが，酒井吉栄の研究に配慮し，深くは言及しなかった。しかし，本書では，第2章で「議会主権の原則」について再検討するとき，この著作を改めて紹介したい。

§ 12.7　新しい教科書として，John Alder, Constitutional and Administrative Law（8th ed. 2011）を取り上げよう。この基本書は，第1部から第6部まで6つの大見出しを作り，憲法の構造，基本原理（法の支配と権力分立），国際的側面，統治機構，行政法，および基本権を説明している。Pollard, Parpworth and Hughes, Constitutional and Administrative Law——Text with Materials（4th ed. 2007）も，13章からなるが，ほぼ同じような構造の教科書である。より文献に忠実に編纂し，自分たちの見解を学生に押しつけることは避けているように思われる。Adlerはニューキャッスルの教授であり，後者の3名の著者はレスター大学の教授たちである。さらに，Hilaire Barnett, Constitutional and Administrative Law（9th ed. 2011）も紹介しておこう。この基本書は，第1部から第6部まで7つの大見出しを作り，序説，憲法の基本概念，ヨーロッパ連合，中央政府と地方自治，国会，個人と国家，行政法を説明している。本書のように，憲法だけでなく，行政法も合わせて説明する方針は，最近の憲法の著作に一般的に見られる傾向である。バランスのとれた教科書であり，26章に分けてイギリス憲法のほとんどすべての問題を簡潔に，網羅的に説明している。

§ 12.8　イギリス憲法の新しいアプローチを示す基本書として，D. Feldman（ed.），

---

(19)　おもにS.E. Thorne, *The Constitution and the Courts: a Re-Examination of the Famous Case of Dr. Bonham's*, 54 L.Q.R. 543（1938）を念頭においていると思われる。ちなみに，この文献は，田中英夫の論文（後掲130頁注(75)）の論拠としても使われている。

第1章 イギリス憲法総説

English Public Law（2d ed. 2009）も紹介しておきたい。この著作の表題が「イギリス公法」となっていることからも推察できるように，大陸法（ヨーロッパ法）との融合を意識して書かれた著作である。編者フェルドマンは，ケンブリッジ大学を代表する憲法学者であるが，ヨーロッパ人権法（特に警察権能に関する人権）の研究で知られる研究者である[20]。筆者とは，ともにケンブリッジ大学で学び，バーミンガム大学でもともに教えていたこともあり，本書と非常に似た思考方法により編纂されている。しかし，多数の研究者が執筆しているため，論文集の印象を与えているが，筆者の世代または少し下の世代の研究者が書いた憲法（一部，行政法を含む）の基本書であり，将来の展望を示した文献であると言える。

§12.9　最後に，H.W.R. Wade and C.F. Forsyth, Administrative Law（10th ed. 2009）を紹介しておこう。この著作は行政法の教科書であるが，実際上，大部分は憲法の説明に当てている。憲法原理として，①法の支配，②議会主権，③法に従う政治，④ ultra vires の原則を説明している。さらに，行政法の観点から，地方自治法，公的法人・機関，行政裁量権，自然的正義，救済方法，行政訴訟，特別裁判所を説明しているが，これらのトピックに関する一般原理は，憲法の教科書でも詳しく説明されている。この著作をここで紹介したのは，行政法の代表的な基本書であるというだけでなく，後に§341.4-§341.10（71-75頁）で検討することになる Anisminic Ltd. v. Foreign Compensation Commission, [1969] 2 A.C. 147 の判決の理論的な支柱となっているからである。

3　イギリス憲法史

§13.1　イギリス憲法の歴史的継続性

　　イギリス憲法は主に習律からなっており，それは基本的には慣習法であるから，それを学ぶためには少なからず歴史を知る必要がある。例えば，イギリスのすべての法律には，「本国会に召集された聖職および俗界の貴族並びに庶民の助言と同意とをもって，国王の最も優れた尊厳により，かつ，国会

---

(20)　ヨーロッパ人権規約との適合性を確保するために憲法省が設立されたとき，最初の長官に就任したが，本文で述べたように，現在では，バーミンガム大学からケンブリッジ大学に移り，主要な教授となっている。

の権限により，次のように制定する。」という冒頭の決まり文句が付されているが，実は非常に深い歴史的意味をもっている。歴史的継続性の考慮から国王が立法権をもつが，その国王は「議会における国王」を意味する。古い時代には，クラレンドン条令（後述，§221.1）のように，国王が実際に立法にかかわっていたが，今日では，国王は国会の開会に当たりあいさつするだけである。しかし，今日でも，その文言に書かれているように，26のイングランド教会の司教が儀式に参加し，庶民院と貴族院が実際に立法に当たり，国王がそれを宣言するという形がとられているのである。

この立法プロセスにおいて，課税を必要とする立法については，庶民院が最も重要な役割を果たし，最終的に国王が公布するという形をとっているが，たとえ国王が署名しなくても法律は有効に成立する。「議会における国王」はイギリスの伝統として一貫してその歴史の中に生きている。

§13.2　憲法の研究者が書く憲法史と歴史家が書く憲法史の間には，大きな質的違いがある。例えば，法律家から見れば，マグナ・カルタは「議会における国王」が制定したものではなく，マグナ・カルタは厳密な意味での法律ではない[21]。しかし，この文書には，古くから行われていた憲法習律が記録されており，慣習法の重要な証拠となる，ということになる。歴史家がこれを読むと，マグナ・カルタはジョン王とバロンたちとの和平条約であり，ヨーロッパ大陸で領土の拡張をはかる野心をもったジョン王が，国費を濫用しすぎるため，イギリス国内の整備・発展を望んでいる土着の有力者が，それを制止し，自分たちの利益を守ろうとした，ということになる。カソリック教会がいずれの側を支援するか，またロンドン商人たちがいずれの側につくかが，歴史家にとっては重大な関心事であった。憲法学者にとって，第39条の規定（法の適正手続の保障）が一番重要な規定であるのに対し，法制史家にとっては，第1条，第2条，第6条，第10条，第12条，第13条，第17条などの方が重要である[22]。

---

[21] R.J. Holland (ed.), Magna Carta – Muse & Mentor (2014) は，アメリカ国会図書館の刊行物であるが，マグナ・カルタに関する国際的に知られる裁判官らによる簡潔な論説を掲載しているだけでなく，多数の文献の現物を複写して示した美しい資料でもある。なお，マグナ・カルタに関する包括的・基本的研究書として，J.C. Holt, Magna Carta (Cambridge, 2d ed. 1992) 参照。

[22] 第1条は，「イングランド教会が自由であり，その諸権利はこれを完全に保持し，その自由は侵されないこと」を約束し，「選挙の自由」を保障している。第2条および第6条は，相続税などについて規定している。第10条はユダヤ人の権利について

第1章 イギリス憲法総説

§13.3 憲法史を詳細に本書で説明することは適切でないが，少なくとも国王の系譜については，大まかなことを覚えておくべきである。イギリスの義務教育では，これを次のように覚えるという。

「最初はノルマンのウィリアム	1066-87
次はその息子のウィリアム。	1087-1100
ヘンリー，スティブン，ヘンリー，	1100-35; 1135-54; 1154-89
それからリチャードとジョン。	1189-99; 1199-1216
次がヘンリー3世。	1216-72
エドワード，ワン，ツー，スリー。	1272-1307; 1307-27; 1327-77
次のリチャードの後に	1377-99
ヘンリーが3人。	1399-1413; 1413-22; 1422-61
エドワードの次に3番目のリチャード	1461-83; 1483-85
もし正しければ，	
ヘンリーが2人に6番目のエドワード，	1485-1509; 1509-47; 1547-53
クイーン・メアリにクイーン・エリザベス，	1553-58; 1558-1603
それからスコッツのジャミー［ジェイムズ］に，	1603-25
それから暗殺されたチャールズ王。	1625-49
クロムウェル（共和制）[23]の後には	［1649-60］
もう1人のチャールズ。	1649(1660)-85
次のジェイムズが王座から引き下ろされて	1685-1688
代わりに良きウィリアムとメアリが一緒にやってきた。	1689-1702
アンに続いてジョージが4人，	1702-14; 1714-27; 1727-60; 1760-1820; 1820-30
そして4番目のウィリアムが死んでから，	1830-37

規定している。第12条は，一般評議会の同意なしに課税されないことを規定している。第13条は，ロンドン市の自治権（古来からの自由）を保障している。また，第17条は，コモン・ロー裁判所がロンドンのストランドに設置されることを規定している。

[23] クロムウェルは，ピューリタン革命（1642-49）を起こして共和制を樹立した。1949年に国王を処刑し，1653年に護国卿となって独裁政治を行ったが，1660年に長老派が勢力を取り戻し，チャールズ2世を国王に迎え，王政復古をした。

神はクイーン・ヴィクトリアを遣わせた
　　　　もうた。　　　　　　　　　　　1837-1901

　　もちろん，このヴィクトリア女王の後には，エドワード7世（1901-10），ジョージ5世（1910-36），エドワード8世（1936）[24]，ジョージ6世（1936-52），現在のエリザベス2世（1952- ）が続いている。

§ 13.4　Ann Lyon, A Constitutional History of the United Kingdom（Cavendish, 2003）は，上記の国王の系譜に従って憲法史を説明している。第5章ではエドワード1世の業績が説明されている。著者によれば，エドワード1世は中世の名君であり，ユスティニアス皇帝に匹敵する優れた立法者であるという[25]。リチャード2世の Great Parliament は，第25章から第28章において，20世紀初頭から今日に至るまでの憲法の変遷を説明している。第25章3節でエドワード8世およびシンプソン夫人のことを取り上げ，国王の退位（abdication）を説明している。

§ 13.5　ダイシーの『憲法序説』でも，W. Stubbs, The Constitutional History of England（1874）が権威的書籍としてしばしば引用されている。この著作は3巻からなるもので，主に議会の歴史を説明している。1891には，その第5版が出版されている。この著作では，非常に多くの憲法習律が説明されている。憲法習律が形成されるプロセスを歴史的に説明している。例えば，ヘンリー8世が，大法官，財務大臣以外に秘書官（官房長官）を任命し，代行させたことが議院内閣制の起源であることを説明している[26]。ちなみに，メートランドは，これを補足して，ハノヴァ朝によりいっそう確立した制度になったことを説明している[27]。さらに，1714年に，スチュアート朝のアン女王が死去し，その遠縁にあたるらジョージ1世がハノヴァ家から選ばれ英国国王となったが，この国王は「君臨すれども統治せず」という姿勢をとった。そもそも，この国王はドイツ人であり，ドイツ語しか話さなかったので，

---

(24) 末延三次「エドワード8世退位の経過」『英米法研究（下）』（東京大学出版会，1960年）462-496頁は，国王の自主的な退位にかかわる憲法上の諸問題を詳しく説明している。

(25) 後掲27頁注(22)のプラクトネットの著作，およびカナダの McIlliwain は，エドワード1世の立法が時代を先取りした近代的なものであったことを指摘したが，イギリスの研究者も，大方，この見解を支持している。

(26) W. Stubbs, The Constitutional History of England（1874）vol.2 pp.588-590.

(27) F.W. Maitland, The Constitutional History of England（2d ed. 1950）pp.394-396.

第1章　イギリス憲法総説

意思疎通ができなかったという。しかし，当時のイギリスにとっては，スペインの海軍との会戦に勝利し，東インド会社を経営し，植民地政策を推進することが急務であり，イギリス議会は Walpole（1676-1745）を首相に任命し，その内閣は，枢密院司法委員会（Judicial Committee of the Privy Council）を設置し，外交委員会を開き，大蔵大臣並びに海軍卿，およびロード・チャンセラーを設けた[28]。

§ 13.6　T.P. Taswell-Langmead, English Constitutional History（11th ed.［T.F.T. Plucknett ed.］1960）（初版は1875年）は，法制史家が書いた憲法史であり，王朝の変遷の歴史的推移に忠実にそれぞれの時代の特徴を明快に説明している[29]。この著作は，マグナ・カルタが作成された歴史的な諸事情を説明し，イギリス議会では身分の低い者が招かれていることに注目している。マグナ・カルタのような文書は当時としては稀ではなかったが，コーク［クック］により新しい近代的な読み方がなされ，もっとも重要な憲法の文献となっていることを述べている（Id. at p.92,）。議会制度の発展，庶民院と貴族院の関係，政党政治などの重要なトピックを取り上げ，それぞれのトピックについてまとまった説明をしており，イギリス憲法史を一通り学習するためには，適切な本である。

§ 13.7　F.W. Maitland, The Constitutional History of England（2d ed. 1920）（初版は1904年）は，憲法の定義の問題は便宜の問題であるという[30]。メートランドは，歴史学者であり，憲法は歴史が生んだ産物であると考えている[31]。その視点に立って，エドワード1世の死亡時，ヘンリー7世の死亡時，ジェームズ1世の死亡時，ウィリアム3世の死亡時，1887-1888年までの5つの歴史区分に分けて，イギリス憲法の発展の歴史を辿っている。その中で，

---

(28)　枢密院司法委員会（Judicial Committee of the Privy Council）については，田島裕『英米の裁判所と法律家（著作集3）』（信山社，2009年）で詳しく説明した。ロード・チャンセラーの役割は，現在では，著しく削減されているが，これについては，§§ 415.1-5で詳しく説明する。

(29)　プラクトネットはマグナ・カルタおよびテューダー王朝に注目した。

(30)　527頁。従って，メートランドは，憲法とは何かという問題に直接答えてはいない。民法や憲法など，深く研究した後に分かってくる最重要の法規範が憲法であるという。

(31)　前掲注(27)で引用した版は，H.A.L. Fisher が編纂したものであるが，この版では1908年に初版が出版されたと記されているが，講義自体は1887-1888年度に行われたものである。

14

議会の課税権について，アメリカ植民地の独立のいきさつを検討している。Stat. 6 Geo. 3, c.12（1766）は，アメリカ植民地に課税することを規定した法律であるが，アメリカ植民地やプランテーションの住民は，イギリス議会に立法権がないと争ったのではない。「代表なければ課税なし」というモットーを使って独立戦争が行なわれたのであり，「課税に対する国会の同意」の憲法原理が存在することを確認するプロセスであったと評価している[32]。

§13.8　W.R. Anson, The Law and Custom of the Constitution (5th ed. 1922) [初版，1886]）は第1巻であり，その第2巻（4th ed. 1935）が後に追加された。第2巻は，さらに第1部と第2部に分冊され，3冊からなる著作となった。第1巻では，本書第2章で説明する議会の制度，機能などが，歴史的に説明されている。第2巻では，行政府，ドミニオン（英領自治領）・植民地の統治，財政などの説明がなされている。ダイシーの著作への言及はあるが，それとは全く異なり，統治機構の現実を忠実に説明した著作になっている[33]。とくに，国王の枢密院（Councils）の役割および国家と教会の関係の説明は，他の著作には見られない部分である。この著書を本書の中でどこに位置づけるかについて，かなり考えた。その著者は，契約法の権威であり，この著作は著しく異なった本になっている[34]。しかし，学問的公正さを考慮し，本書でも数カ所の関連部分で引用し，一定の評価を示すことにした。

§13.9　ダイシーの『憲法序説』は，2013年に復刻版が出版されているが，この復刻版の編者はアリソンである。J.W.F. Allison, The English Historical Constitution —— Continuity, Change and European Effects (2007) は，ダイシーの視点に立って憲法史を書き，本書と同じように，ヨーロッパ法の展開と関連して，その伝統がどのように変貌をとげるべきかを論じた著作である。ダイシーの批判者であったジェニングスも，ダイシーを賞賛する論文を上梓

---

[32]　3 & 4 Will. 4 c.73は奴隷制度を廃止した法律であるが，この法律は植民地にも強制されることになっていたが，アメリカでは守られていなかった。アメリカ独立戦争は，課税に対する「議会の同意権」を確立するのに貢献した。むしろ，議会は独立に好意的であった。

[33]　例えば，財務省は歴史上重要な役割を果たしてきたが，この機関は法律により設置された機関ではない。空軍もそうである。これらの機関をコントロールする枠についてについて説明している。ダイシーへの言及は，第1巻404頁にあるが，国王大権に関する憲法習律の説明部分である。

[34]　オースティンの分析法学を強く支持しているように思われる。

第1章　イギリス憲法総説

した⁽³⁵⁾。ダイシーの理論は，20世紀の判例にも大きな影響を与えた⁽³⁶⁾。フォーサイスやラズも，正当な期待権の保護（人が自分の将来を設計できるようにする社会の形成を求める権利）という意味では，「法の支配」の原理は，国家を超えた普遍的な権利であり，21世紀では益々その重要性が高まっている⁽³⁷⁾。

4　21世紀の展望

§14.1　本書第6章で1972年のヨーロッパ共同体法が制定されたことの意義を説明するが，この頃，イギリスは国際関係を真剣に見直す作業を行った。ヨーロッパ共同体条約を批准し，その法律が自動的に国内法化されることになると，イギリス法に大きな変化をもたらし，イギリス法の在り方にも影響を与える。国際法のイギリス国内での効果については，イギリス議会がそれを承認する法律を制定しない限り，国内法の効力はもたない。ところが，20世紀の後半には，国際連合，国際労働機関（ILO），国際貿易機構（WTO）などをはじめ，多数の国際組織が作られ，それぞれが立法権や司法権をもつようになった。ヨーロッパ共同体法（ヨーロッパ連合法）は，原則的にすべてが国内法化され，直接適用が認められることになる⁽³⁸⁾。しかし，ヨーロッパ共同体法（ヨーロッパ連合法）がその判決の中で国際連合法の直接適用を

---

(35)　W.I. Jennings, *In Praise of Dicey, 1885-1935*, (1935) 13 Pub.Admin. 123. N. Johnson and P. McAuslan, *Dicey and His Influence on Public Law*, [1985] Pul. L. 717 参照。

(36)　後に§§341.4-10で説明するAnisminic Ltd. v. Foreign Compensation Commission, [1969] 2 A.C. 147や後に§344.5で説明するPadfield v. Minister of Agriculture, Fisheries and Food, [1968] A.C. 997をはじめ，Malone v. Metropolitan Police Commissioner, [1979] Ch. 344; M. v. Home Office, [1993] 3 W.L.R. 433; Schmidt v. Secretary of State for Home Affairs, [1969] 2 Ch. 149.

(37)　C.F. Forsyth, *The Provenance and Protection of Legitimate Expectations*, [1988] C.L.J. 238, at 241; Raz, Rule of Law and Its Virtue, (1977) 93 L.Q.R. 195. ラッツはハイエクを引用し，特定の情況のもとで，当局が強制力をどのように行使するかを確実性をもって予見できるようにする，そして各個人がその知識に基づいて自分の問題を計画できるようにする諸準則（rules which make it possible to foresee with fair certainty how the authority will use the coercive powers in given circumstances, and to plan one's individual affairs on the basis on this knowledge）の必要性を説いている。

(38)　但し，ヨーロッパ指令（Directives）のように，各加盟国に立法を勧告しているような場合には，イギリスの立法が必要となる。

認めた場合，イギリスはこれも自動的に国内法化の効力を認めなければならないかが問題になる⁽³⁹⁾。

§14.2　イギリスの裁判所で，国際組織が関係する事件が提起されても，イギリス法は法人擬制説を原則としてきたので，そもそも当事者適格が認められない。元々，法人（国際組織を含む）はフィクションの存在であり，法律で認められる限度でのみ存在するものである。大陸法では法人実在説がとられており，ときにはイギリス憲法と理論的な抵触が生じる可能性がある。後に司法審査と関連して権限踰越（ultra vires）の原理を説明するが，この原理は会社法に由来するものである⁽⁴⁰⁾。国際法学の立場から説明すれば，憲法と国際法を別個のものと捉える二元主義の問題であり，本書で詳しく説明する1972年のヨーロッパ共同体法により解決を図ろうとしている問題である。さらに，ヨーロッパ憲法を制定して，ヨーロッパに一種の連邦制を導入しようとする試みもあるが，これについても，少なからず不都合が顕在化している。本書で，この問題を明確に説明しようとしているが，現在では，不確定な部分が残っている。

§14.3　国際法上，外交官特権や国際取引慣行はほとんどの国で尊重されているが，イギリス法では，個々の主権国家ごとに国内法でそのことを法律で定めているため，新しい国際組織のどのレベルまで，どのような特権を認めるかを定めるには至っていない。こういった国際情勢の変化が，イギリス憲法にも影響を与えており，その影響は特にコモンウェルス諸国について見られる。憲法学者によっては，「イギリス国家主権の動揺」ということばで，この変化を表現することがあるが，本書でもそれについて説明を追加しなければならない。とくに国際人権法の領域では，著しい発展があるが，イギリスは，1998年に人権法が制定した。この立法の目的は，ヨーロッパ人権規約を国内法として承認することにある。しかし，その人権規約によって保障される基本的人権は，既に古くからイギリスでは認められてきた人権であり，これをわざわざ国内法化したのは，21世紀を迎えるにあたり，連合王国とヨーロッパ連合との関係をより強力なものにすると同時に，21世紀にはイギリ

---

(39) この問題については，後に本書第6章1節4項で詳しく検討する。
(40) 地方自治体，行政機関なども法人であり，会社法の権限踰越（ultra vires）の法理が適用され，実際上，この原理による審理は「司法審査」の機能を果たしていた。この法理は，会社法では廃棄されているが，行政法では重要な法理である。これについては，第7章8節で詳しく説明する。

スがいっそう積極的にヨーロッパ法の形成に重要な役割を果たす意思を表明したものと思われる。

§14.4　上述のことと関連して，Human Rights と Civil Liberties の概念の違いに注意を喚起しておきたい。Human Rights は「人権」と訳され，Civil Liberties は「市民的自由」と訳される。これらのことばの意味するものは同じものであるが，それを見る視点の違いがその訳語に表れている。「人権」は人間としての権利を意味し，自然法により付与されるものである。「市民的自由」は，法実証主義者が使うことばで，「市民社会」によって承認された個人の自由を意味する。「市民的自由」は，1998年の人権法などの法律により承認された人権を意味し，まだその承認の得られていない権利は人権ではない。「人権」は法律が存在しなくても認められる自然法上の権利であり，アメリカにおけるプライヴァシーの権利のように，憲法上の規定がなくても裁判所によって人権として保護を受ける[41]。

§14.5　前項で自然法論と法実証主義の視点の違いについて説明したが，現在のイギリス憲法は，おおむね法実証主義によっている。自然法論と法実証主義の違いは，1998年法の制定の意義についての理解の相違を生む。自然法論者は，1998年法は自然権の存在を確認した文書であるにすぎず，これまでのイギリス憲法上の人権（自然権）と同じであると理解する。これに対して，法実証主義者は，1998年法の文章に書かれた意味以上のことをその法律が付与することはないという。このことについては，本書で後に詳細に説明する。一般的に，法実証主義者は，法と道徳の区別を厳しく要求する[42]。第2章で紹介するオースティンの理論は，分析法学と呼ばれ，法実証主義の基礎として使われているが，ハートは，司法的立法または判例による法創造には積極的であり，裁判は基本的に価値判断の問題を扱うものであると理解している[43]。W.L. Morrison, *Some Myth about Positivism*, 68 Yale L.J. 212 (1958)

---

[41]　プライヴァシーの権利については，田島裕『英米の不法行為法，契約法，救済方法（著作集4）』（信山社，近刊）第2章7節で詳しく説明したが，イギリス憲法では明確な権利としては認められていない。

[42]　H.L.A. Hart, *Positivism and the Separation of Law and Morals*, 71 Harv.L.Rev. 593 (1958).

[43]　Lon L. Fuller, *Positivism and Fidelity to Law——A Reply to Professor Hart*, 71 Harv.L. Rev. 630 (1958) は，裁判官が実体的な価値判断をするべきではないという疑問を提示している。

は，アメリカのホームズ裁判官の思想と類似した面が多くあることを説明し，法実証主義者の間にある微妙な相違点を分かりやすく説明している。

§14.6　本章を結ぶに当たり，イギリスの最高裁判所が憲法裁判所でないことを強調しておきたい。イギリス憲法の「法の支配」の原理は，その通常裁判所の制度と深い関わりをもっている。フランスやドイツには憲法裁判所が存在しているが，イギリスの最高裁判所は憲法裁判所ではない(44)。イギリスの最高裁判所は，2009 年まで貴族院と呼ばれていたが，2005 年の憲法改革法によって名称が最高裁判所に改名された。しかし，貴族院の伝統をそのまま受け継いでおり，本質的な機能が変わるところはない。このことも，イギリス憲法を理解するうえで，重要な点である(45)。貴族院が「最高裁判所」に改名された後，初代の最高裁判所長官となったフィリップ裁判官は，就任の挨拶の中で，最高裁判所はコモン・ロー裁判所であり，違憲立法審査は行わないと述べた(46)。

§14.7　コモン・ロー裁判所については，田島裕『英米の裁判所と裁判官（著作集第 3 巻）』（信山社，2009 年）で，また，コモン・ロー裁判所で活躍した裁判官について，田島裕『英米の不法行為法，契約法，救済方法（著作集 4）』（信山社，近刊）第 1 章で，詳しく説明した。コモン・ローは，裁判官の創造した法であるが，裁判による司法的法創造は，それなりの利点をもっているが，次の 3 つの点で議会の立法に劣っている。第 1 に，かかる法創造を行うためには，具体的な事件が裁判所に持ち込まれるまで待たなければならない。場合によっては，理想的な法創造を行うのに適した事件が裁判所に来ないこともある。第 2 に，たとえ事件が都合良く起こったとしても，当該の具体的事件を離れて立法することができないので，最後まで，その事件の具体的事件に拘束される。とくに法律問題の検討のために利用できる資料は，証拠法によって著しく制限されている。第 3 に，裁判を行う裁判官は，法が何である

---

(44) ちなみに，曽我部真裕＝田近肇編『憲法裁判所の比較研究』（信山社，2016 年）にフランスなどの憲法裁判所について，詳しく説明されている。

(45) イギリスの裁判所制度は，田島裕『英米の裁判所と裁判官（本著作集 4）』（信山社，2009 年）で詳しく説明したので，詳細な説明はしないが，現在，最高裁裁判官は，12 名からなる。

(46) The Lord Chief Justice's Review of the Administration of Justice in the Courts, HC 448 (August 2007). ちなみに，貴族院［最高裁判所］が違憲立法審査を拒絶する理由を説明した Wainwright v. Home Office, [2003] UKHL 53, [2004] 2 A.C. 406 も見よ。

第1章　イギリス憲法総説

かを確認し，それを解釈することについては専門家であっても，法律以外の領域については，全くの素人である(47)。通常裁判所が，自然的正義の法理を創り出し，行政官や審判所（時には，学校，会社などの私的団体を含む）の法の運用に間違いがあるとき，その原則に従って積極的に干渉してきたが，その干渉が手続的側面に限られているのは，まさにそのような裁判官の資質を考慮したためであろう(48)。しかし，これらの欠点にもかかわらず，次章以下で説明するように，通常裁判所が，議会の立法の欠陥を正し，民主主義社会の形成に重要な役割を果たしてきた。

---

(47) この表現に対し，何人かの裁判官からご批判を受けた。裁判官も勉強をしており，かなりの知識をもっているということであるが，その通りであると思う。
(48) これは厳密な論証を必要とする論点であるが，アメリカ合衆国憲法におけるデュー・プロセス訴訟に類似している。「実体的適正手続（substantive due process）」という概念があるが，自然的正義の法理は，それと類似した機能を果たしている。

第2章　議会の機能と議会主権の原則

第1節　議会の機能

(1) 政治の監視機能

§211.1　本章では，主に「議会」とは何かについて，歴史的発展のプロセスを考慮に入れながら，一応の解答を示したい。今日，議会は国権の中でもっとも重要な機能を果たしている。それは，国民の意思決定機関だからである。しかし，第1章3でも多少説明したように，議会も長い歴史の中で変遷しており，その機能についてはっきり定義することは不可能である[1]。トレヴェリアンは，「議会はひとりで成長してきたものであって，誰かがそれを作ったものでもない。何世紀にもわたり，通常，独裁者よりも委員会を好み，街頭の決闘よりも選挙を好み，革命法廷よりも＜談話会＞を好むイギリス国民の常識および意見が自然に産み出した事実である。」と述べている[2]。12世紀に王会（curia regis）と呼ばれるものがあったことは，よく知られている。現在，ウェストミンスターの近くに類似の復元物を作って展示されているので，それを見れば容易に当時の情況を理解できる。

§211.2　王会は，司法，行政，立法のあらゆる面にわたる国王の諮問機関であったが，13世紀には大会議と小会議とに分かれ，後者は恒久的な裁判機関へと成長していった。前者は，やがて全般的諮問会（commune consilium）と呼ばれるようになり，「討論」に重点が置かれる「議会（parliamentum）」という

---

[1] 本章で，「国会」ということばを使わず，「議会」と呼んだのは，このような理由による。本章で説明される国会の3つの機能を備えた機関を「議会」と呼んでおり，ウェストミンスター議会だけでなく，シモン・ド・モンフォールがラミニードに招集した会議や国王がクラレンドンに招集した会議も議会である。

[2] Trevelyan, A Shortened History of England 152 (1942). 日本の多くの研究は，Trevelyan に反対して，アングロ・サクソン時代の賢人会にあるとする説を支持している。例えば，羽田重房『英国民主制の起源——賢人会の研究』（立花書房，1963年），メイトランド（小山訳）『イギリスの初期議会』（創文社，1969年）。後掲注(3)参照。

ことばで表現される機関になった(3)。これが議会の初期の形であったとする学説を生むことになるわけであるが，肝心な点は，ブラックストーンも説明しているように，貴族だけでなく，地方の有力者も会議に招かれていることである。ヘンリー3世の名の下に，シモン・ド・モンフォールによって招集された1265年の議会が，今日の庶民院の原型であると考えられている(4)。この議会には，各州の騎士や各都市の代表的有力市民が招集されている。ちなみに，Parliamentという言葉は，フランスでは既にルイ7世の時代（1137-80）から使われていたようであるが，ブラックストーンは，イギリスの法的文書で最初に使われたのは1272年のウェストミンスター法の前文であると述べている(5)。

§ 211.3　国王の側から見れば，地方の有力者を議会に招待することは，国王の政治に必要となる資金を集めるため，またその協力を得るため，是非とも必要であった。イングランドを統一したのはもともと外来部族であり，その武力により支配を続けることには限界があり，課税に同意を得るために，どうしてもこのような場を設定することが必要であった。先のシモン・ド・モンフォールの議会も，御用金の調達について相談することが目的であった(6)。そして，国民（招待された参加者）の側から見ても，このような機会は，政治に対する国民の苦情を申し立てたり，支援を願い出たりするのに好都合な機会でもあった。また，イギリス議会は，国民が治めた税金が，どのように使われたかについて報告を受け，監視する機能をもっていた。マグナ・カル

---

(3) 起源に関する学説がいくつかあるが，言語学上，パーラメントということばは，立法を意味するものを含んでいなかったと思われる。それは，苦情を提起すること（parium lamentum），心を打ち明けて話し合うこと（parler la ment），または重大な議論（parley ment）のいずれかを意味していたと思われる。Coke, Littleton 110a (Hargrave & Butler rev. 1832) も，「心を打ち明けて話し合う」という説をとっている。

(4) De Smith, Constitutional and Administrative Law 234 (1971). ハーバード大学のBisson教授は，そのゼミナール（1987年）の中で，議会制度の起源がアラゴンの結婚式にあるという仮説を立てていた。アラゴンの結婚式に招かれたヨーロッパ諸国の名士たちが，その集まりに感動し，将来の共同事業について話し合い，予算を算定して，それぞれの財政的負担について取り決めを行った。この金銭の運用をカソリック教会に委任した。シモン・ド・モンフォールの先祖は，この集まりに招待されている。

(5) Blackstone, Commentaries 147 (Chiristian ed. 1809) の注(a)に引用された文献。

(6) 中村英勝『イギリス議会史』（有斐閣，1959年）31-33頁。30人余りのバロンからなる集団であるが，国王の貴族たちとは無関係の集団である。前掲注(4)のBissonの仮説は，この点に注目している。

タ第14条は,「……(前略)……援助金の賦課,または楯金に関し,王国の一般評議会を開催するためには,朕は,大司教,司教,修道院長,伯爵,および権勢のあるバロンたちには,朕の書状に捺印して招集されるよう手配する。また,これと並んで,朕より直接に封を受けているすべての者が,州長および代官によって総括的に,招集されるよう手配する。招集は,一定の日,すなわち少なくとも40日の期間をおき,一定の場所において行われるものとする。」と規定しており,この約束は,少なくともヘンリー3世治世49年に当たる1266年以降,実行されている[7]。

§211.4 上に述べたことと関連して注意すべきことは,イギリスにおいては,中世にすでに「法の支配」の思想が存在していたことである。ブラクトンは,有名なド・レギブスの中で,次のように述べている[8]。

「国王は何人の下にもあるべきではない。しかし,神と法の下にあるべきである。なぜならば,法が国王を作るからである。」

ここにいう「法」が何であるかは,相当に検討を要するところであるが,これについては第3章で検討する。ウィンタートンも指摘するように,国王を含むすべての機関がその法によって作られたものであり,各機関がそれによる制約を受けるという思想は,中世にも存在していた[9]。しかし,そのことが,ボナム医師判決が判示したとされる「コモン・ロー(司法的理性)に反する議会の法律は無効とする基本原理」と直接結びつくものではない[10]。

§211.5 かかる思想が,議会における政治の監視機能の大きな支えとなったと思われる。ヘンリー8世(1509-47在位)の頃から貴族院が別個の活動をとりはじめた。これに対抗するかのように,庶民院は,その活動を活発化させ,政策決定に強い関心を示しはじめた。庶民院は,いわゆる執行部(内閣)を選抜し,この執行部(内閣)を通じて,国王と交渉をするようになる。執行部

---

(7) 前掲注(4)に対応する本文で述べた議会は,この手続によっている。ちなみに,この議会がシモン・ド・モンフォールによって招集されたのは,マグナ・カルタの作成時に中心となったバロンであったためであると思われる。

(8) Bracton, *On the Laws and Customs of England* (Thorne ed. 1968 p.33).

(9) Winterton, *The British Groundnorm: Parliamentary Supremacy Re-examined*, 92 L.Q.R. 593 (1976).

(10) *Id.* at 593-4. 議会は最高法院であると理解されていたのであり,国王がコモン・ローに反する課税をするのを「法の支配」が禁止したが,国王の特権もまたコモン・ローに依拠していたのであり,国王はそれに従った。ボナム事件(Dr. Bonham's Case, (1615) 8 Co.Rep. 118)については,後述§431.3で説明する。

第 2 章　議会の機能と議会主権の原則

（内閣）は，議会の委任によりこれを行っているため，議会に対して全責任を負う。ウォールポール（Walpole）以来，イギリスは議院内閣制をとってきたが，その憲法習律の基礎は，18世紀に形成されたものと思われる。議会において「行政の在り方について質問し，批判を流す」という言葉は，イギリスでは特別な意味をもっている。これは，政治の監視機能を意味するものと理解できるが，この機能は，今日でも重要な機能である。

§211.6　1688年の名誉革命（この憲法上の意義については後に§231.2で検討する）のとき，ジェームズ1世が王位を継承することに議会が反対したが，反対の中心になったグループはいわゆるトーリー党のグループであった。このグループは，ロンドンの商人たちの富裕層であったが，対立するホイッグ党は裁判官を含む法曹など，エリート層が中心となる有力なグループであった。名誉革命によって国家主権は国王から議会へ移行する[11]ことになるが，それとともにただ単に行政を監視するだけでなく，政策の検討にも積極的に関わるようになる。今日においても，議会の行政に対する監視機能は重要である。1963年にウィーアが『立法府』と題する小著を出版しているが，議会民主主義において，野党の批判能力が健全な民主主義を育てるために重要なものであることを説いている[12]。

(2)　政策決定機能

§212.1　行政政策は古くから国王が決めていたが，19世紀に国王の存在が象徴的なものになったとき，内閣または大臣がそれを決めるようになった。著しく重大な政策（特に課税が必要なもの）は，古くから実際上，議会の同意なしに決めることは不可能であった。歴史家によっては，この課税政策を決定するのが議会の主たる役割であると考えている。しかし，今日では，もはや国王が政策決定にかかわることはなく，すべての政策案が議会に提出され，議会の多数決により決定されている。イギリス議会が国家の政策決定に自主的に取り組むようになったのは，名誉革命（1688年）以降であると思われるが，これは立憲政治が行われるようになった結果であるといえる。政策の内容は，法律学とは直接かかわることではないが，当時の議会が主に関心をもったのは，新大陸の発見，植民地政策，東インド会社の経営，これらの活動にかか

(11)　歴史家はこのように説明しているが，この点については，後により深く検討する。
(12)　Wheare, Legislatures (1963) pp. 97-114.

第1節　議会の機能

わる国際法上の問題などであった。19世紀後半から20世紀には，福祉国家の形成に積極的な政策をたてることが必要になり，トーリー党とホイッグ党との拮抗関係の中で，イギリスの政党政治が生まれた[13]。

§212.2　議会が政策決定に積極的に参加するようになると，政党間の競争は政策で争われるようになる。イギリス議会の建物の審議場の構造の形にもよく反映されている[14]。D.L. Keir, The Constitutional History of Modern Britain 1485-1951（5th ed. 1953）は，このような視点に立って議会史を詳しく説明している。名誉革命前後（1660-1714）を Parliamentary Monarchy の時代と呼び，これに続く1714年から1782年までの時代を Classical Age と呼んでいる。この時代の国王は，行政にはほとんど関心を示さず，政治は一切他人任せにしていた[15]。このことが，イギリスにおける政党政治をうみだす要因の1つとなったものと思われる。もっとも，19世紀に至るまでは，政治家は冒険野郎（海賊まがいの人物たち）の集まりであり，あまり合理的なものでなかった側面もある[16]。

§212.3　19世紀は産業革命の成熟期であり，イギリスは農業国家から産業国家へ大きな変貌をとげた。この変貌が行政組織および議会制度の近代化をもたらした。工場所有者，土地貴族，新興金融業者が，アダム・スミスが提唱した自由放任（laissez-faire）の原理により利益をむさぼるため，活発な政治活動を行った。産業革命の成功は極端な貧富の差を生み，無産階級が生まれていた。対岸のフランスでは，ジロンド党が有産階級を襲撃するようになり，イギリス人はこの流れが入り込むのをおそれた。このような情況のもとで，エルドンやブラックストーンらは積極的な対策を示さず，国民の間には閉塞感

---

(13) イギリスの政党政治について，一般的に，S. Driver, Understanding British Party Politics（2011）参照。

(14) 大きな机の両側で論争を行い，2つの案のそれぞれの支持者が，バックベンチャーとして，それぞれの側のベンチに腰を下ろし，やじをかける仕組みになっている。座席は指定されておらず，政党に関係なく，自分の考えに合った側のベンチに議員は着席する。

(15) この時代に南海バブル事件（大規模詐欺事件）が起こり，ホイッグ党のウォルポール（Walpole, 1676-1747）が財務大臣となり，財政難を切り抜け，初代の首相に就任した。ちなみに，この「首相」ということばは，悪い意味で使われた。

(16) 例えば，ドレイクが1580年9月26日にゴールデン・ハイランド号に略奪品を満載して航海から帰り，当時の価値で33万2千ポンドもの宝物をイングランドにもたらした。大英博物館に保管されている世界の財宝を見ると，ドレイクのような海賊が世界を駆け回り，政治家がスポンサーとなって支援した様子が想像できる。

が生まれていた。ベンサムは、ブラックストーンを攻撃し、功利主義を唱え、中流階級を中心をする議会制の構築にその生涯を送った[17]。1832年の普通選挙法は、最も注目すべき立法である。その直前にベンサムは死亡したが、歴史の流れはベンサムが示した方向へ進んでいった。1846年にはCorn Lawsが廃止された。1849年にはNavigation Actが廃止され、貿易が自由化された。ディズレーリ（Disraeli）は、植民地の拡大を推進しようとしたが、グラッドストーン（Gladstone）の自由党はこれに反対した[18]。

§212.4 著者の1979年の著作『議会主権と法の支配』では、政策決定のプロセスを説明するために、Consumer Credit Act 1974およびFair Trading Act 1973の立法過程に注目した。当時、イギリス議会が最も関心をもっていたのは消費者保護の問題であり、その立法過程を実際に見ることができた。筆者は、その後、Access to Justice Act 1999およびLegal Services Act 2007に注目したが、これらの立法もまた、消費者保護の視点に立って作られている。本著作集では、消費者保護に関係する諸立法の制定過程について、『英米の不法行為法、契約法、救済方法（著作集4）』（信山社、近刊）第4章で詳しく説明した。また、Legal Services Act 2007についても、本書第7章で説明する。これらの立法は、福祉国家におけるいわゆる弱者の保護を目的としたものであるが、その目的実現のための政策について、政党間で激しい論争が行われた。

§212.5 「行政の在り方について質問し、批判を流す」ということばは、イギリスでは特別の意味をもって使われている。上述の法律のように、すべての政策提案が立法に結びつくとは限らず、議会で意見を述べるだけにとどまることが多い。多くの提案は、本項で注目した監視機能を果たすために行われており、国会での討論も、これを意図したものが少なくない。イギリスの二大政党制は、政策決定に大きな役割を果たしてきたと思われる。しかし、政党政治が産み出す副産物としての弊害も少なくない。立法過程を仔細に観察して

---

(17) ベンサムとブラックストーンの関係を説明し、それぞれの業績（先例法理、明白に間違った判決、法律解釈の方法、刑事責任）を評価した論文として、Cross, Blackstone v. Bentham, 92 L.Q.R. 516-527 (1976) を見よ。

(18) 自由党はまず都市労働者を保護する政策をとった。さらに、1884年には第三次選挙法改正を行い、農業労働者にも選挙権を付与した。この法改革の結果、労働党が生まれ、労働法が制定された。19世紀の終わりから20世紀の前半にかけて、福祉行政の法律が制定された。この部分については、第7章で説明する。

いると，結局は立法は政治的妥協であり，学者が理想として画いたブルー・プリントをそのまま実現できるものではない[19]。しかし，裁判のプロセスとは異なり，多方面にわたって関連する諸事実があきらかにされ，議会で出される批判的意見が世論を喚起し，改善に結びつくことが少なくない。「行政の在り方について質問し，批判を流す」ということばは，議会の慣行として特別な意味をもっている[20]。

(3) 議会の立法機能

§213.1　監視機能からさらに進んで，議会が立法機能を果たしはじめたのがいつであったか，明らかでない。第1章で，すべての法律の冒頭に付される決まり文句について言及したが，1215年（ジョン王治世17年）に，援助金が必要な場合，その評議のために「全ての大司教，司教，修道院長，伯爵，および権勢のあるバロンたちには直接，またこれと並んで，国王から直接封土を受けているその他の全ての者が，州長および代官により総括的に，40日の告知によって招集される」ことが約束されている。少なくともヘンリー3世治世49年に当たる1266年以降，この約束が実行されており，これを起源とみることができる[21]。しかし，法律として裁判所によって強制されるものは「議会における国王」によって制定されたものでなければならないとする理解は，もっと後に生まれたものと思われる。例えば，エドワード1世は，さかんに立法を行った国王であるが，このような成文法がコモン・ローと異なったものとは理解されていなかった[22]。

§213.2　適正な手続により法律が作られていなければ，制定法は法律としての効力をもたない。この点と関連して，Seven Bishops Case, (1688) 3 Mod. 212[23]は重要な意味をもっている。この事件は，ジェームズ2世が，1687年に信教の自由を拡大するために，議会が制定した法律による罰則を停止させたり，

---

(19) ベンサムをはじめとする多くの法改革の主導者の提案が，その提案どおり立法に繋がることはむしろ稀である。
(20) 前掲注(12)のウィーアの著作は，この点の重要性を強調している。
(21) 上述§211.3を見よ。
(22) エドワード1世の立法について，Plucnett, Legislation of Edward I (1949) が本格的な研究をしている。ちなみに，エドワード1世は，中世のユスティニアスと呼ばれる。
(23) 伊藤正己「国王と国会の立法権」ジュリスト英米法判例百選（旧版）（有斐閣，1964年）12-13頁。

免除させる勅令（proclamation）を出したことから起こった。7人の司教は，法律の効力を停止させるような勅令は，議会においてしばしば無効であると宣言してきたことを理由として，その勅令を強制しないように請願した。その請願を印刷し，ロンドンで大衆に配布したため共謀罪および煽動罪に問われた。この事件は，名誉革命のプロセスの中で政治的に解決されたのであるが，1689年の権利章典は，「国王が，王権により，議会の承認なしに法律の効力を停止したり，法律の執行を停止したりすることは違法である」ことを定めた[24]。

§ 213.3　人身保護法は，本書第8章で説明する人権保障において，もっとも人権侵害からの重要な救済方法として改めて説明する法律であるが，議会が積極的に作った法律である。この法律は，コンスピラシー法理と同じように，かなり複雑な発展の経過があるので，単純な話ではないが，少なくとも1679年の人身保護法（13 Car. 2）は，議会が積極的に立法を意図して作った法律である。人身保護令状は，訴訟方式が中世に整理されたときに既に存在したコモン・ローの令状方式であるが，エドワード1世は，habeas corpus ad respondum について立法による明確な規定を定めた[25]。この立法により規定された人身保護令状は，コモン・ロー裁判所が，被告に法廷への出頭を命じても，地方の有力者（奉行など）が妨害して出頭させない場合，強制的に身柄をコモン・ロー裁判所に引き渡すことを4人の騎士に対して命じる中間令状であった[26]。コモン・ローの裁判権が確立し，警察の制度が整備されると，この令状を使う必要はほとんどなくなった。しかし，上述のような17世紀の歴史的情況の中で，コモン・ロー裁判官たちは，その令状が自分たちにとって非常に便利なものであることを再認識し，盛んに使うようになった[27]。

---

[24]　権利章典の最初の2項目。但し，これは濫用を違法としたにとどまり，全面的にそれが禁止されたのは，もっと後になってからである。伊藤正己・前掲注(23)13頁。

[25]　3 Ed. 1（1275年），24 Ed. 1（1297年）。その後の発展について，Blackstone, Commentaries（4th ed. 1876）pp.123-130参照。マグナ・カルタおよびエドワード3世によって再確認された法律により人身保護令状による救済を受ける権利が，権利請願（1628年）の中で主張されている（請願5）。

[26]　訴訟開始令状（original writ）ないし権利令状（writ of right or writ of course）はロード・チャンセラーが発給したが，中間令状は司法令状（judicial writ）であり，裁判官が裁量により自分で発給できた。

[27]　この新しい人身保護令状は，habeas corpus ad subjeciendum と呼ばれる。エドワード1世の立法による人身保護令状は，訴訟当事者や証人の法廷への出頭を強制す

§213.4 イギリス議会が1679年の人身保護法を制定するまでの経緯は，J.J. Marke, Vignettes of Legal History (1965) pp. 191-216 に生き生きと描写されている。その説明によれば，チャールズ1世が1625年に即位し，専制政治を強化し，フランスへの侵略戦争を進めるための資金調達を始めたときに問題が起こりはじめる。富裕な臣民たちに支援金の提供を求めたところ，臣民たちが口をそろえて，「パーラメント！，パーラメント！」というので，チャールズ1世が議会を招集した。議会は支援金の拠出に反対しただけでなく，戦争に反対したため，チャールズ1世は議会を直ちに解散した（3週間だけの短期議会）。その後，チャールズ1世は各地の有力者に個別的に手紙を出し，借金を懇願し，これを拒否した有力者は大逆罪で逮捕して収監した。これに対抗するためにコモン・ロー裁判官たちが使った手段が，人身保護令状の発給であった。チャールズ1世は，これに耐えきれず，今度は長期議会を開いて時間をかけて説得する方針をとった。この長期議会の冒頭に，有名な権利請願（1628年）が提出され，そこに主張されていた人身保護令状が法律上の制度として確立した[28]。名誉革命が成功し，権利章典が作られたが，これと合わせて制定された法律が1679年の人身保護法である。

§213.5 前述の1679年法は，刑事裁判の中間手続に使われた令状であるが，この令状を民事裁判でも使えるかどうかなど，不明確な点が多く含まれていた。その後，少しずつ数度にわたって改正がなされたが，Habeas Corpus Act 1816 には特に注目しなければならない。この法律は Sommersett's Case, (1772) 20 St.Tr. 1 などの事例を念頭において，人身保護令状をより使いやすくすることが意図されている。奴隷が売却され，外国へ移送しようとされているとき，あるいは強制退去のため飛行場で留置されているとき，その令状で停止させることができることが確認された[29]。20世紀の後半になり，

るためのものであったが，この令状は，コモン・ローに起源があり，もっと広く使われた。

(28) 歴史的背景および憲法史上の意義について，J.J. Marke, Vignettes of Legal Hitory (1965) pp.191-206 参照。ちなみに，1679年法は，スコットランドには適用されないが，スコットランドでも，Criminal Procedure Act 1701 が制定され，人身保護令状の発給が認められた。

(29) Slavery Abolition Act 1833 により，植民地で奴隷を使うことが禁止された。令状の権限は，港湾などの5港（cinque ports）特別裁判所なども発給できる。ちなみに，ヨーロッパ人権規約第4条は，奴隷・強制労働を禁止している。Cf. Siliadin v. France (2005) 43 EHRR 287.

ヨーロッパ人権規約第5条が，人身保護令状による救済を保障するだけでなく，停止の合理的な根拠の審理を義務づけていることから，ますます重要な意味をもつようになっている(30)。

§213.6　先に権利章典に言及したが，議会主権の原則と関連して，2つの重要な意味をもっている。第1に，それ以前には，議会が作った法律は，少なくとも形式的には，国王に対する請願にすぎなかったものが，国王をも拘束する強制力をもつようになったことである。第2に，国王がそれに従わないとき，国王の地位それ自体が，議会の法律によって奪われ得ることになったことである(31)。権利章典の評価も悩ましい問題であるが，田中英夫は，これについて，「その意義はあまり誇大に考えられてはならない」と述べている。田中英夫は，本書でも3頁注(2)で言及したクロムウェルの憲法（ピューリタン憲法）(32)によって市民革命が成功し，イギリス近代憲法の基礎を作ったが，人身保護法の制定はその核心となる立法である，と見ている。

§213.7　議会が立法権をもつことについて，権利章典が重要な文献であることは否定できないとしても，それが排他的立法権を与えることを意図したものでないことに注意する必要がある。そもそも立法者は，イギリスの宗教改革の完成した成果とみていたはずで，議会の姿がそれによって変わったわけではない。実際の活動の点でも，それ以前のそれとは余り大きく変わるところはなく，議会が裁判所と質的に異なる機関であると認識されていたかどうかさえ疑わしい。コーク［クック］は，インスティチュート第4巻で議会について詳細に説明しているが，この第4巻は裁判所の制度（特に裁判管轄）について論じたものである(33)。議会が，今日でも議会高等法院（High Court of Parliament）という名前で呼ばれたり，議会が侮辱罪に対する処罰権をもっているのは，そのような考え方の名残であるといえそうである(34)。さらに，

---

(30)　現在は，Courts Act 1971, s.56(4)に規定されている。Habeas corpus ad testificandum は RSC Ord. 54 r.9 により，respondedum は id. r.10 による。Re AB(an infant), [1954] 2 Q.B. 385, [1954] 2 All ER 287; Re M (an infant), [1961] Ch. 81, [1961] 1 All ER 201, id. [1961] Ch. 328, [1961] 1 All ER 788 (CA)（幼児誘拐の事例）。

(31)　権利章典（1688年）および王位継承法（1700年）参照。

(32)　田中英夫「（人身保護法）解説」高木八尺＝末延三次＝宮沢俊義編『人権宣言集』（岩波文庫，1957年）63-65頁。クロムウェルについて，Ian Gentles, Oliver Cromwell – God's Warrior and the English Revolution (2010) を見よ。

(33)　Coke, Institutes of the Law of England 36 (1644).

(34)　C.H. McIlwain, The High Court of Parliament and Its Supremacy (1910) は，も

第1節　議会の機能

実質的にも，特定の個人や法人に関して制定される私法律（private Acts）は，判決に似た性質のものであるように思われる。

§213.8　裁判所もまた，立法または法創造が，議会の排他的権能であるとは見ていなかったように思われる。上述の人身保護法を制定したころ，議会（庶民院）の有力なメンバーは裁判官たちであった。議会は，国王が戦争のために国費を浪費するのを抑止し，議会の同意なしに課税なしという憲法原理を確立するために，努力をした。東インド会社への投資に関する立法なども行ってはいるが，当時の議会は，今日の立法府としての議会とは大きく異なっていた。当時の議会は，しばしば私法律を制定したが，この法律は特定の個人に適用のある法律である。例えば，当時の法律は離婚を認めていなかったため，離婚を特別に許す法律が制定されることがあったが，この法律の制定を求めるためには，多額の費用がかかったものと思われる。また，ある者が死刑に処せられることになったとき，特別の恩赦を認めるための法律が制定されることもあった。このような法律の制定は，裁判と非常に類似した面をもっている。

§213.9　議会が，立法府とみなされ，議会主権というものが立法権を中心とするものであると理解されるようになったのは，19世紀になってからであると思われる。現在の憲法学で説明される立法権の確立は，1832年に普通選挙法が制定されたときであると理解されている。議会が立法機関であることを前提に普通選挙の制度が確立されたのであり，その頃から議会の手続についての憲法習律が確立されるようになった。もっとも，当時の議会制度は未成熟であり，金で動かされる腐敗政治と非難されるような情況もあり，ベンサムが主張したほど，立法が科学的に，理路整然と，進められたわけではない。ダイシーの『法と世論』（1905年）に説明されているように，労働者の選挙権を確立し，労働立法が最も目立った立法であるように思われる。また，議会民主主義の制度を確立するための選挙権に関する立法の重要なものである。今日では，Representation of the People Act 1983により，すべての国民による普通選挙が保障されるようになり，国民のための一般的な法律を議会が

ともと議会は，国王またはその代理機関の具体的要求に対する判断（同意または非同意）をしたのであって，もともと司法的判断を含んでいたという。但し，「高度に文明化された今日」では，意識的に立法機能と司法機能が分離されているという。

制定するようになっている(35)。

(4) 課税承認権——貴族院に対する庶民院の優位性

§214.1　1295年にエドワード1世が模範議会を開いたことが歴史に残されている。エドワード1世は、ウェールズを征服し、スコットランドをも支配下に置くための戦争をした。しかし、戦争を進めるためには膨大な資金を調達する必要があり、この資金調達を目的として議会を開いた。この議会には、高位の聖職者や貴族だけでなく、騎士、その他有力な市民が招かれた。この議会では、高位の聖職者や貴族のグループとその他市民のグループが形成され、この2つが庶民院および貴族院の起源となった。この議会は、課税承認権を確立する重要な意味をもっていた。しかし、議会が定期的に開かれるべきであるという考えは、まだ生まれていない。また、課税以外の目的のためにも議会が開かれており、資金調達だけを強調しすぎると、議会を正しく理解できなくなる。しかし、実際上、イギリス憲法に関する多くの判例は、課税権の問題にかかわっている。

§214.2　有名な1606年のBate's Case,（1606）St.Tr. 371では、貿易商ベイツが輸入した乾ブドウに賦課された税金のうち、法定の事業収益歩合税は支払ったが、議会が同意していない［法律に基づかない］間接税の支払いを拒絶したために起こった事件である。1627年のDarnel's, or Five Knights' Case,（1637）3 St.Tr. 1でも、国王が騎士に対して借金を申し込んだところ、これを拒絶したため5人の騎士が投獄された。人身保護令状の手続によりこの投獄が違法であると主張したが、ハイド首席裁判官は、国王特権の1つとして、この課税が適法であると判決した(36)。1637年のR. v. Hampden（The Case of Ship-Money）,（1607）3 St.Tr. 825（製艦金事件）でも、軍用金の製造に必要な供出金の徴収は適法であると判決した。ただし、このハムデン判決では、財務裁判所の意見は7対5に分かれ、戦時の緊急時においては、国王大権の

---

(35) 選挙人名簿に登録した18以上のコモンウェルス市民またはアイルランド共和国の市民に普通選挙権（electoral franchise）が付与されている。但し、重罪の犯罪者、無能力者など、一定の者には選挙権が付与されていない。

(36) 騎士の方は、マグナ・カルタおよびエドワード3世の諸法に違反する不適正な手続による課税であると主張したが、そもそも騎士の身分にはこの負担が付随しているというのである。田島裕『エクイティの法理（著作集5）』（信山社、2013年）12-17頁参照。

第1節　議会の機能

行使に対し，議会の「同意権」に制限が付されることがあり得ることを述べている[37]。

§214.3　上述のような諸先例にもかかわらず，すくなくとも後に説明する名誉革命以後には，議会の同意のない課税は違憲とされている。先のハムデン判決においても，強力な少数意見がついていて，「国王大権が神の法，または自然的理性の法による」ものでないという傍論が述べられ，租税制度の確実性（certainty）が重要であることが説かれている。租税法律主義は，アメリカ合衆国の独立のプロセスにおいても，「代表なければ課税なし」というスローガンとなっている。植民地から国会議員を1人も出していないのに，植民地の貿易に対し50％の課税を行うことには正当性がないという主張が，独立戦争の原動力となっている。

§214.4　租税法律主義は，国民が予め課税を予測して計算できるようにすること，また主権者である国民の代表の意思表示である議会の法律を通じてのみ賦課徴収が行われること，により民主主義を実現する重要な機能を果たしている[38]。民主主義との結びつきはともかく，課税には国民の同意が必要であるということは，マグナ・カルタ第12条，権利請願（1628年）第1条，権利章典（1689年）第1条4号などは，その根拠となっている。課税要件および賦課徴収の手続が法律に定められていることが重要であるが，しばしば詳細について委任立法が行われることがあり，その効力が争われている。例えば，課税が違法であると判決される場合，納付した税金の全額の返還を請求することができる[39]。また，立法プロセスにおいても，後に説明するように，庶民院が先議権をもつものとされ（Parliament Act 1911），また，一定の要件を満たせば，貴族院が反対しても，庶民院の2回の決議により，法律を成立させることができる。

---

(37)　マグナ・カルタ第12条参照。本文で説明した諸判例を受けて，権利章典（1689年）は，「大権に名を借り，王の使用に供するために金銭を徴収することは違法である」と定めている。

(38)　租税とは，「国家が，特別の給付に対する反対給付としてではなく，公共サービスを提供するための資金を調達する目的で，法律の定めに基づいて私人に課する金銭給付」である。今日，租税は，財政目的の実現と，さまざまな政策目的の実現，という機能を果たしている。

(39)　Woolwich Equitable Building Society v. IRC, [1993] A.C. 70 参照。

33

第 2 章　議会の機能と議会主権の原則

第 2 節　今日の議会の制度改革

(1)　ウェストミンスター

§ 221.1　立法の場所は，クラレンドン条令（1164 年）のように，ウェストミンスター以外の場所で法律が作られることがある。この法律は，聖職の牧師の犯罪に関する裁判について，大司教 Becket との間で裁判管轄に関する争いが起こり，国王はオックスフォードのクラレンドンに側近を集め，ヘンリー 1 世に関する憲法習律の 16 の争点について，解決策を示した文書である(40)。しかし，名誉革命後の議会は，ほとんど例外なく，ウェストミンスターで開会されており，ウェストミンスターということばは，前節で説明した議会史全体を背景にもった深い意味の略称として使われている。ロンドンのテムズ川のほとりに立てられている巨大なウェストミンスターと呼ばれる建物の中で起こったことである。ウェストミンスターといえばイギリス議会を意味するのはそのためである。前田英昭『世界の議会——イギリス』（ぎょうせい，1983 年）は，イギリス政府広報部から提供されたウェストミンスターの写真をカラーで掲載しており，これを見ればその内部の詳細がよく分かる。

§ 221.2　日本の議会制度は，イギリスを模倣した議院内閣制であり，ほとんどが同じような形で運用されているが，ウェストミンスターの建物には大きな違いが見られる。第 1 に，庶民院は赤い色の絨毯など，赤を使った部屋の作りになっており，貴族院は青で統一されている。そして，それぞれの議院の構造が，中心の大きな机の両側に立ってはげしく討論をし，その両側に 5 列の長いベンチの観覧席から応援する形になっている(41)。第 2 に，貴族院議長はロード・チャンセラーであり，その座席はウルサックと呼ばれる羊皮で作られた大きなベンチである。しかも，貴族院の中に裁判所（司法委員会）［最高裁判所］があったが，その裁判長はロード・チャンセラーであった(42)。ウェ

---

(40)　フランスの法律家 Jocelin de Baillaul によるものと言われている。W. Stubbs, Constitutional History of England (1875) p.464.
(41)　さらに，応援席の上に一般国民の観覧席およびマスコミ用の観覧席があり，そこから下を見下ろすことができるようになっている。
(42)　2005 年の憲法改革法により裁判所（司法委員会）［最高裁判所］は廃止され，ウェストミンスターの前に新しい建物を造り，ここに最高裁判所が設置されている。また，貴族院議長も，ロード・チャンセラーが当たることはなくなった。

第2節　今日の議会の制度改革

ストミンスターの中央には貴族院と庶民院をつなぐ大きなロビーがある。その中央に女王が国会の開会を宣言するための座席がある。正面から見て，ウェストミンスターの右側にはホールがあり，ここでは朝食会などが開かれる。

(2) 貴族院の改革

§ 222.1　議会の制度改革として問題になっているのは，主として貴族院の改革である[43]。これと関連して，Parliament Act 1911 および Parliament Act 1949 を読むことが重要である。前項で課税権について説明したが，課税に対する同意の問題は，国王と議会の対立だけでなく，議会の政党間の対立を生んだ。さらに，庶民院と貴族院の対立も生んだ。トーリー党は労働党に受け継がれ，ホイッグ党（保守党）は自由民主党に受け継がれ，二大政党の拮抗の中で政治を進める伝統は，現在にまで続いている[44]。しかし，いずれの党が「数」のうえで反対党に優位に立つとしても，貴族院の同意も必須条件であり，歴代の総理大臣は貴族の数を増やして，貴族院にも自党の支配を及ぼそうとした[45]。今日では，庶民院と貴族院の相違点がほとんどなくなり，クロムウェルの憲法が示したように「貴族院」を廃止するべきであるという主張が聞かれるようになっている。現在，貴族院の改革が本格的に進められている[46]。

§ 222.2　現在の議会の実態を知るために，M. Russell, The Contemporary House of Lords（2013）は，客観的な情報を提供してくれている[47]。この著作は，要するに，今日の貴族院は「法案」に「国会の同意が得られた」というゴム印

---

[43]　貴族院の現状について，D. Shall, The House of Lords（2d ed. 1992）が詳しい。

[44]　実際の政党政治は，もっと複雑であるが，詳細については，前掲注(13)で引用したDriverの著作に詳しく説明されている。ちなみに，現在の政党は，労働党と保守党の外，自由民主党が大きな力を持っており，連立政権の形で二大政党制が維持されている。

[45]　Gladstone's Irish Home Rule Bill in 1893 に貴族院が反対し，法案は通過しなかった。この問題を解決するために1919年の国会法が制定され，この法律により，Government of Ireland Act 1914 および Welsh Church Act 1914 が制定された。

[46]　1997年に労働党が政権に復帰し，このときに貴族院改革を約束した House of Lords Act 1999 はその約束の第1ステージを履行した立法である。ちなみに，クロムウェル憲法は，貴族院を廃止し，庶民院だけの一院制を導入した。

[47]　ちなみに，R.A.W. Rhodes, J. Wanna and P. Weller, Comparing Westminster（2009）は，政治学の視点からの研究であるが，現状を詳しく分析に，新理論を検討している。この著作は邦訳されている。小堀眞裕＝加藤雅俊訳『ウェストミンスター政治の比較研究』（法律文化社，2015年）。この著作にはウェストミンスター議会について網羅的な文献リストが付いている。

第 2 章　議会の機能と議会主権の原則

を事務的に押す仕事しかしておらず，貴族院が無力であることを説明している。一例として，Jackson v. Attorney-General, [2006] 1 A.C. 262 では，1949 年法により，貴族院の同意が得られなかったにもかかわらず，議会は Hunting Act 2004 を制定し，この法律の正当性が争われた[48]。2004 年法は，いわゆる「キツネ狩り」のゲームを禁止した法律であるが，このゲームは，貴族が楽しむ贅沢で残酷なゲームである。動物愛護の精神には反するものである。この法律が貴族院で審議されることになれば，貴族院はその法案を否決し，法案が庶民院に戻された後，再可決されて法案が通過する見通しがあった。とはいえ，貴族院がその法案を否決したとき，国民の「世論」は，貴族制そのものを廃止しようとする動向を支持すると思われ，貴族院は，「正当性」に関する判断を回避し，「キツネ狩り」のゲームが中世のものであり現代社会では許されないと判決した。

§222.3　上述 §222.1 で「貴族院改革が進められている」と述べたが，これについて，Griffith & Ryle on Parliament——Functions, Practice and Procedures (2d [R. Blackburn and A. Kennon with M. Wheeler-Booth] ed., 2003) が詳しく説明している。この著作によれば，議会における討論は，与党の代表と野党の代表が一定のテーマについて論争する形で進められ，この討論に注目するバックベンチャー[49]が意見を述べ，新聞，テレビ，ラジオなどの情報機関が国民に情報を流し，国民が「世論」を形成する。国民にとって，その手続において，議員特権など理解できない部分もあるが，一定の方向性を示すので，政府はこれに敏感に対応して，結論を出す。このことが貴族院でも繰り返され，しかも貴族院でも政党の影響が強く見られ，屋上屋を架した形になっている。しかし，理念としては，貴族院は，地域の利害に影響されることなく，専門の立場で，庶民院に助言することがその役割であり，政党の圧力をどのように排除するかが問題である[50]。

(48)　この事件で問題になっている法律は，古い伝統である「キツネ狩り」を動物保護の観点から禁止した法律である。
(49)　次注の文献によれば，6つの態様（modes）があるという。①探究的，②学術的・専門的，③利害集団的，④憲法審査的，⑤冷静な再検討的，⑥当事者主義的である。
(50)　M. Russell, The Contemporary House of Lords (2013) は，ごく最近の改革の情況を詳しく説明している。基本的には，庶民院が representation を重要視しているのに対し，貴族院は redundancy の府であり，冷静な頭で再検討し，立法の質を高めるのがその役割であるという。

第2節　今日の議会の制度改革

§222.4　貴族院議長は，ロード・チャンセラーであった。しかし，Constitutional Reform Act 2005 によりロード・チャンセラーの議長職は廃止された(51)。ロード・チャンセラーは，貴族院の議長でもあったが，この職は「貴族院議長」という新設の職になり，コンピュータによる全貴族院議員による無記名投票により，最初の貴族院議長が 2006 年 6 月 28 日に選出された。第 2 代議長も 2011 年 7 月 13 日に同様の方法により選出されたが，まだ確立された憲法慣行にはなっていない。1 回の秘密投票でだれも過半数を取得できなかったときは，最下位の候補者名を除外して候補者を公表し，その候補者を対象とした再選挙が行われる。この選挙によっても過半数が得られなければ，再々選挙が行われる。この新制度については，再改革がなされるものと思われる(52)。

§222.5　元々，貴族院の構成は不明瞭な部分があるが，「議会における国王」が立法するために，国会の同意を必要とするが，立法の最後のプロセスが貴族院で行われることが通常であり，しばしば権力者が貴族院を操作しようと試みた。1603 年には，ジェームズ 1 世は，庶民院の叛逆に対抗するため，多数の貴族を創設して議会に送り込んだ。その後も，貴族の創設はしばしば政治的に利用され，今日では，貴族の数は 608 人（生涯貴族）[2009 年 6 月 1 日](53)人にも上っている。もっとも，貴族院の議場には全員が入れるような場所はなく，実際には，全員が出席することはない。貴族院議員は，今日でも名誉職であり，選挙によって選出されるわけではない。議員報酬は，議会に出席したときは，約 87 ポンドの日当が支給される。地方から出てくる議員については，ロンドンで宿泊する必要がある場合，174 ポンドの宿泊費が支給される(54)。現在の貴族院は，2009 年の時点では，政党推薦者が 22％，ビジネ

---

(51)　§221.2 で述べたように，ロード・チャンセラーは最高裁判所の長官でもあったが，この職も廃止された。貴族院司法委員会がイギリスの最高裁判所であったが，その法律により最高裁判所は，建物も分離され，2009 年以降最高裁判所として機能を始めた。この建物の詳細について，Chris Miele (ed.), The Supreme Court of the United Kingdom (2010) は，写真付きで説明している。

(52)　議長となる者は，国会議員でなければならないが，庶民院と貴族院の対立を避ける意味で，庶民院議員を議長にするのがよい（但し，貴族院議員ではないので，投票はできない）という考えに基づいているように思われる。

(53)　さらに，世襲貴族の中から選出された者および Earl Marshall (Duke of Norfolk) および Lord Great Chamberlain ならびに 26 名の司教がいる。

(54)　もっとも，出身母体または支援団体（保守党，自由民主党などの政治団体）から支援金が支払われているようである。

ス界が12％，大学・教育界が9％，銀行・金融界が8％，法曹界が8％，外交，軍事関係，労働組合・教会，農業界からそれぞれ3％前後が選ばれているようである。

(3) 庶民院の改革

§223.1　庶民院は代表制民主主義の考えに従って構成されている。庶民院は，659人の国会議員からなっている。連合王国は，659の選挙区に区分され，各選挙区から1名ずつ国会議員が選挙される。この選挙区割りは「選挙権の平等」の原則に従って恒常的に再検討がなされているが，検討委員会が国民を説得できる限り，「1人1投票権」のルールに反する配分をしても違法とはされない。この点で問題になるのが，スコットランドおよびウェールズの選挙区割りであるが，この問題は歴史的に複雑な問題に関係しているので，本書では改めて第4章で説明する。検討委員会は，女王によって任命される5名ないし9名の委員からなるが，この委員会はPolitical Parties, Elections and Referendums Act 2000に従って，8年ないし12年ごとに改革案を議会に提出することが義務づけられている。この改革案に直接関係する選挙区については，公聴会が開かれ，住民の同意を事前に得ることとされている[55]。

§223.2　イギリスの普通選挙は1832年の普通選挙法によって導入されたと理解されているが，今日のような一般的普通選挙の制度になったのは比較的最近のことである[56]。現在では，18以上の成人に投票権が与えられているが，女性にも選挙権が与えられたのは1918年になってからである[57]。国会議員の被選挙資格は，21歳以上の成人となっているが，外国人，精神異常者，貴族院議員，破産者，大逆罪などの重罪犯罪者，選挙法違反，贈収賄罪などで懲戒処分を受けた者，および公務員は除外されている。ここにいう「外国

---

(55) R. v. Boundary Commission for England, Ex p. Foot, [1983] Q.B. 600; Harper v. Home Secretary [1955] 1 Ch. 238 では，住民の同意の仕方が争われている。3人の委員がこれについて法的責任を負っているが，公聴会を開いただけでは同意を得たとはいえないと判示された。

(56) 初期スチュアート期に選挙権の問題が訴訟で争われている。当時の選挙制度は，今日の制度とは著しくことなっている。土井美徳「初期スチュアート期のコモン・ローと選挙権」西洋史学（日本西洋史学会，1995年）22-49頁は，選挙権が超記憶的慣習によるもので，イングランド共通のコモン・ロー（主にマグナ・カルタ）によるものであることが説明されている。

(57) Representation of the People Act 1918, s.11 は，収監された犯罪者の選挙権についても規定している。

第2節　今日の議会の制度改革

人」には，帰化人，コモンウェルス市民などは含まれない[58]。選出された国会議員の約70%が大学卒業者であり，しかも50%以上がイートン，ハロー，オックスフォード，ケンブリッジの教育を受けている。

§223.3　上記の著作が言及しているわけではないが，筆者には，もう1つ論じるべき重要な問題として「代表制民主主義」の問題があるように思われる。ジョン・スチュアート・ミルは，議会の民主主義は，「数」だけの問題ではなく，国家の意思決定を行う場合に，論じられるべき論点が整理され，それぞれの論点について信頼できる資料が提出され，実質的な議論がなされることが重要であると考えていた。ミルは，ベンサム主義者であり，庶民院議員として立法に関与しているが，労働者や女性にも選挙権を付与することに強い関心をもっていた[59]。しかし，政治家は高い教育を受けた者であるべきで，議会活動は公益のための無料サービスであるべきであると考えていた。今日のような普通選挙の制度を実現するためには，議員報酬などの配慮を必要とするが，それ点はともかくとして，ミルの思想は，イギリス議会制民主主義の重要な支えとなっている。

§223.4　議院の制度の詳細については，第4章（とくに§413）で詳しく説明することになるが，議院改革と関連して，議員特権の問題にもふれておこう。ミルが強く主張したように，議会制民主主義においては，「言論の自由」が保障されなければならない。憲法習律として，国会議員の「言論の自由」は絶対的に保障されているが，この自由が濫用されることがあり，今日，一定の調整が図られている。議員特権の問題についても改革が進められている。議員特権としてもっとも重要な原則は，言論の自由である。また，これも後に説明するところであるが，議院内閣制がとられており，庶民院が内閣不信任決議を行うとき，これに対抗する手段として，首相は国会を解散させることができた。この議会解散権は，元々，国王特権であると理解されていたようであるが，19世紀および20世紀の議会制度を形成するプロセスにおいて，首相の権限とされた。Fixed-Term Parliaments Act 2011 はこれを廃止した[60]。議員報酬について，Parliamentary Standards Act 2009 も説明しておこう。

---

(58)　コモンウェルスについては，第5章で詳しく説明する。
(59)　下條慎一『J.S.ミルの市民論』（中央大学出版会，2013年）に詳しく説明されている。なお，この著作は中央大学の博士論文であり，「あとがき」に参考文献が説明されている。
(60)　この法律は後述§413.7で説明する。

第2章　議会の機能と議会主権の原則

この法律は，国会議員の報酬について定めた法律であるが，国会議員の報酬は独立した公正な機関によって決定されることになっている。

第3節　議会主権の原則

(1)　名誉革命の意義

§231.1　前節では，議会史の中で議会がどのような役割を果たしてきたかを説明したが，その歴史的プロセスの中で議会が「国会主権」を獲得したことは事実である(61)。しかし，いつそれを獲得したかについて，大きな議論がある。歴史家は名誉革命の時にそれを獲得したと説明している(62)。この説明は，1689年の権利章典が，「国王は，王権により，議会の承認なしに法律の効力を停止したり，法律の執行を停止したりすることは違法である」と規定した事実に依拠している。あるいは，1700年の王位継承法により，議会が国王の就任を承認した事実に注目する。国王（国家元首）は国家主権をもつと考えられていたが，議会がその国王の上に立って決定権をもったということである。しかし，イギリスに憲法というものが存在して，憲法が上位に位置する法律であるという記載はなく，議会がその解釈権をもつという規定があるわけでもない。

§231.2　とくに日本の歴史家は，名誉革命が「国会主権」の原則を確立したというのであるが，そもそも名誉革命とはどのようなことを指すのだろうか。§11.1注(2)でクロムウェルが起こした内乱に言及したが，1660年に長老派が王政復古を果たし，亡命中のチャールズ1世の息子をチャールズ2世として擁立し，王国を維持した。ところが，チャールズ2世も，その次のジェームズ2世も，カトリックを復活させ，専制政治を行ったため，議会は一致し

---

(61) ここで「国会主権」ということばを使ったが，基本的には「議会主権」と同義である。多くの研究者が「国会主権」ということばを使っており，読者に違和感を与えたくないと考えたからであるが，当時の「議会」と「国家」という概念が結びついていたかは疑わしく，筆者は「議会主権」ということばを使っている。

(62) 例えば，中村英勝『イギリス議会史』（有斐閣，1959年）117頁。Fifoot, English Law and Its Background 110 (1932)〔フィフット（伊藤正己訳）『イギリス法』（東京大学出版会，1952年）136頁〕は，王位継承法（1701年）をもって議会主権が確立した年とみている。ちなみに，伊藤は，「名誉革命」という訳語はGlorious Revolutionの訳語としては不適切であり，「光栄革命」とでも訳すべきであると主張している。

て，国王の娘メアリ（ピューリタン）とその夫ウィリアム3世を招いて政治に当たらせた。国王ジェームズ2世は大陸に亡命した。2人は権利章典を遵守することを宣誓のうえ約束して王位についた。流血なしに，議会主権に基づく立憲王政へ移行したことを誇りとし，名誉革命と呼ばれるようになった。この時に，誰が国王になるべきかを議会の法律によって定めたのであり，議会主権が確立したとする(63)。

(2) 「議会主権の原則」の確立

§ 232.1　ところで，17世紀のヨーロッパでは，ボダンの主権論が広く知られていたようであるが，その理論の影響はイギリス法にも見られる(64)。ボダンの定義によれば，「主権」とは，国家の絶対にして永続的な権力を意味し，国民に対しては生殺与奪の権限を意味する。このボダンの理論がそのままイギリス法の中に受け入れられたのではなく，ホッブスやフーカなどの議論を経て，イギリスでは，議会がかかる主権をもつものと考えられるようになり，やがて議会は，「男を女にし，女を男にすること以外は，何事をもなし得る」万能の力をもつものと理解されるようになった(65)。イギリスの議会主権の原則は，ダイシーの言葉を借りれば，議会は「いかなる法をも作り，あるいは廃止する権利をもつこと，さらに，いかなる者も，イギリス法上，議会の立法をくつがえし，無効とする権利をもつものとは認められないこと」を意味する(66)。このような理解がイギリス憲法上確立されたのは，普通選挙制度が導入された19世紀であったと見るべきであろう。

§ 232.2　主権の保持者である議会の真の意味は何か，また議会主権の原則がイギリ

---

(63) Fifoot, English Law and Its Background 110 (1932)［フィフット・前掲注(62)］参照。
(64) 伊藤正己『イギリス公法の原理』（弘文堂，1954年）206-210頁。
(65) 前注の伊藤の研究は，フーカやスミスなどを重要視しているが，ホッブスをもっと重要視すべきであると思われる。Peters, Hobbs 201 (1956) は，「1 国家の主権概念は，最初，ボダンによって一般化され，ホッブスによってその論理的結論へと発展させられたものであるが，それは中世の政治思想には見られないものであった」と述べている。Laird, Hobbes 73-81 (1934) は，この点をさらに詳細に説明している。なお，カッコ内の引用は，de Lolme, The Constitution of England 117 (1834) のことばであるが，おそらくそのグロテスクな表現の故に，非常に多くの教科書などで引用されている。
(66) Dicey, Law of the Constitution 39-40 (10th ed. 1959).

第2章　議会の機能と議会主権の原則

ス法に存在する具体的な意味について，学説はさまざまな意見に分かれているが，一般的に，先に述べたように説明される議会主権の原則が，今日のイギリス憲法の中に存在することは疑う余地がない。例えば，ロード・チャンセラーであったヘイルシャム卿は，1970年の貴族院でのスピーチの中で，議会が万能（omnipotent）な機関であることを述べているし，ほとんど全ての憲法の教科書が，相当の紙面をさいて議会主権の原則を説明している[67]。判例法においてもまた，British Railway Board v. Pickin, [1974] A.C. 765の中でサイモン裁判官は，傍論としてではあるが，次のように述べている[68]。

　「我が国において，一般的政治決定によって影響を受ける者が，その決定過程に一定のコントロールを持ち得る制度は議会民主制である。その固有な憲法上の特質は議会主権にある。それは，18世紀以前にしばしば主張されていたことと異なり，また，他の若干の国の民主制度とは反対に，我が国の裁判所は，立法された法律が無効であると宣言する機能をもたないことを含んでいる。」

§232.3　今日のイギリス憲法の中に議会主権の原則が確立していることは疑いの余地がないとしても，その原則がどのような具体的情況と関連して主張されているかという点に注意を払う必要がある。大まかに大別すれば，2つの議論が含まれているように思われる。第1に，議会が法律を制定するに当たり，この法律の改正を困難にするため，改正手続を厳格にする規定を置く場合である。換言すれば，議会は将来の議会の意思を拘束することができるかという問題である。第2に，植民地が独立することを承認する法律を作る場合，イギリスから見れば，国家主権の一部を放棄することになるが，後の議会が，その主権をその法律の解釈の形で，取り戻すことが許されるかである。

§232.4　歴史の中で国家主権が議論された情況をもう少し詳しく説明しておこう。国家主権には「国民の生命すら剥奪できる」権限が含まれている。上述の名誉革命後には，「議会が犯罪を法律により定義し，死刑の刑罰を科すること」により，国民の生命を剥奪するようになった。しかし，上述の歴史的プロセスは，国王（行政権）と議会との間の関係を説明しているが，議会と司法権（裁判所）との関係は説明していない。後に第3章で詳しく説明するように，イギリスには，マグナ・カルタ以前から「法の支配」の憲法原理があ

---

(67)　313 H.L. Deb. 259 (5th ser. 1970). Wade and Bradley, Constitutional Law 57 (7th ed. 1965), Jennings, The Law and Constitution 116 (5th ed. 1959) 参照。
(68)　British Railway Board v. Pickin, [1974] A.C. 765, 798.

り，名誉革命は，この憲法原理をまったく修正することはなかったと理解すべきである。さらにまた，名誉革命当時の議会は，一方では，古くから存続した貴族制の議員がいると同時に，他方，いわゆる庶民院議員は，今日のような普通選挙によって選ばれた議員ではない。しかも，貴族院と庶民院の関係も明白なものになっておらず，法律の内容も基本的にはコモン・ロー（判例法）であり，議会の有力者は裁判官であった。

§232.5　さらに，名誉革命の頃，イギリス議会が議会高等法院（High Court of Parliament）と呼ばれていたことも考慮に入れられるべきである。当時のイギリス議会は，むしろ司法機関と考えられていたことを示している。つまり，普通の裁判所が判決を下した後，その結果が時代に合わないと思われる場合，あるいは国の将来に大きな影響を与えるので何らかの手当が必要と思われる場合，その事例について一般的に検討しなおし，将来に向けて画一的基準を適用することを意図した。政府は植民地政策などの大事業に強い関心をもっており，植民地に対する課税に関心を持ち，貿易保護にかかる国家の経費とその取引を行う商品との間の公平な利益配分を議論した。また，教会法では許されない離婚を，私法律によって許可したりして利益をむさぼろうとした。庶民院の経費が国王により負担されており，国王が負担を拒否した場合，庶民院が自分でまかなう必要があったことが，私法律の慣行を生んだものと思われる。

§232.6　とはいえ，裁判所は，国会が制定した法律を無効とすることはなかった[69]。今日のような議会主権は，19世紀に確立したと見るべきであろう。1832年に国会議員の普通選挙の制度がはじめて導入された後に，はっきり確認されたものと思われる。しかし，普通選挙法といっても，今日の選挙法とは質的に異なるものである[70]。この法律は，階級間の分裂を回避して「国民的統合」を意図した法律であり，その意味において，議会主権の確立を意図していたと思われる[71]。その立法は代議政治論によるが，この理論はヘア

---

(69) 但し，Dr. Bonham case, (1610) 8 Co.Rep. 114, 118a は，アメリカの違憲立法審査の理論的基礎を与えた判決とされるが，これについては，後述§431.3 で説明する。
(70) 40ポンド以上の税を納税した有産者だけに投票権が与えられた。女性の投票権が認められたのは，1918年法によってである。
(71) 遠山隆淑「国民統合と多様性－19世紀ウィッグの選挙制度論」年報政治学2014-1号（民意）（2014年）84-103頁。ちなみに，本書40頁注(62)に引用した中村の研究は，19世紀に活躍したバジョット（比例代表制を唱道した）の憲法史に頼り

第2章　議会の機能と議会主権の原則

(Thomas Hare, 1806-1891) や J.S. ミル (J.S. Mill, 1806-1873) によって説明された(72)。イギリスの議会が，今日のような一般的普通選挙による制度になったはの19世紀の前半であったと思われるが，本書3頁注(3)で紹介したバーナード・ショー (Bernard Shaw, 1856-1950) の演劇がその方向への牽引役を果たしたものと思われる。

(3)　オースティンの議会主権論

§233.1　オースティンもベンサムも，法律実務家でなく，法哲学者であり，理論的なフィクションの問題として「議会主権」を論じている。19世紀は産業革命により農村社会から工業社会へ大変革を遂げた時代であり，「市民社会」とは何かを問題にしている。家族や教会などの小さなコミュニティ（自然社会）とは違い，市民社会は，主権者およびその命令に従う臣民からなる，という。オースティンは，この服従の習慣 (a habit of obedience) が市民社会の不可欠の要件であるという(73)。その命令は，強制力を伴った議会の法律という形で出されるが，この命令は絶対的なものである。議会はどのような法律でも作ることのできる権能をもっており，議会の立法権は絶対無制約である。オースティンにあっては，議会が制定する法律が，他の全ての法源に優先する第1の法源である(74)。オースティン自身が認めているように，この理論には，ホッブスの理論に似たものが含まれている。

すぎており，名誉革命の評価もバジョットの研究に頼りすぎている。

(72)　J.S. ミル（水田洋訳）『代議制統治論』(1997年)〔原典は，1861年〕は，多数決原理に基づく民主主義においては，多数者による暴政のおそれがあり，公正に選出された有能な代議士による議会制による統治を選択することが賢明であることを説明している。また，秘密投票の重要性を説明し，その考慮からも，国会議員に対し信託法上の義務を負わせるべきでないと述べている (256頁)。ちなみに，ヘアは，The Election of Representatives, Parliamentary and Municipal (4th ed. 1873) の著者である。

(73)　John Austin, Lectures on Jurisprudence 221 (5th ed. 1885)〔初版は1861年〕. 主権者に反対の意思をもつ者もその命令に服従する独立の政治社会が存在することが前提条件である。

(74)　Austin, *supra* note 73, at ch. 6 (220 *et seq.*) において，Bentham, Hobbes, Grotius, Von Martens の主権論を比較検討している。「主権者，または最高の立法府が，全法律の著者であり，全ての法律は，その同一の源泉から出てくるものであり」，コモン・ロー，慣習法，先例，エクイティは，言わば法の泉としての制定法から水を得て育つ副次的な法源であるに過ぎないと述べている。1 Blackstone, Commentaries 266 (1675) とも比較せよ。

第3節　議会主権の原則

§233.2　ホッブスについては，筆者の研究不足が初版の書評の中でしばしば指摘されていたが，その批判は率直に認めたいと思う。その批判は政治史の立場からの批判であるが，主に，ホッブスは，ベーコンの書生の1人であった人物であり，王権神授説を支持していたのではないかと主張するものであった。この点は，ホッブスの『レヴィアサン』(1651年) の評価に関係する。筆者は，「ホッブスは，そのレヴィアサンという怪物に絶対無制約の主権を与えた。しかし，ホッブスの場合には，個々の市民の利益には全くこだわらず，市民社会全体の利益を図るべく主権者に絶対的権力を与えることによってのみ，正義が実現できると考えていた。」と書いた。つまり，架空の万能の人間を市民社会が作り出したのだから，その人間はロボットのように作られた意図どおりの機能を果たすわけで，その機能を制約すべきでないというのである。

§233.3　もう少し説明を付加することにしよう。ホッブスは，国教会の牧師の家系に生まれており，『レヴィアサン』について，「神が人間を作りたまえたこと」から学んで，人間が市民社会を形成するときに，バイブルにも説明されている万能の守護神を作り出したが，その守護神の構成部品の全部が適正に使命を果たす必要があるが，「主権は全身体に生命と運動を与えるのだから，人工の魂であって，……(中略)……司法と行政の役人たちは人工の関節である。……(中略)……公正 (equality)(75) と諸法律は，人工の理性と意志であり，和合は健康，争乱は病気で，内乱は死である。」と，ホッブスは述べている。さらに，「さいごに，この政治体の諸部分を，はじめてつくり，あつめ，結合した協定 (Pacts) と信約 (Covenants) は，創造において神が宣言したあの命令 (Fiat) すなわち人間をつくろうということばに，似ている。」(下線部は原文ではイタリック) と結んでいる(76)。これを受けて『レヴィアサン』第14章において，あの有名なホッブスの社会契約説を説明している。

§233.4　ホッブスの理論は，オースティンによってはっきり否定されている社会契約説が，その基礎をなしていたことは疑いない。オースティンが社会契約説

---

(75) 言語は equality であるが，訳者は，イギリス法における equality が「平等」を意味するものではないと考え，「公正」という訳語を意図的に当てたものと思われる。ホッブス著 (水田洋訳)『リヴァイアサン』(岩波書店，1954年) 38頁。
(76) 前掲注(75)37-38頁。ちなみに，筆者の初版では，Everyman's Library 版の原典を引用したが，岩波文庫を引用すべきであるという助言があり，この助言に従った。

を否定したことについては，ホッブスとオースティンの間に2人の思想家が介在していることに注意する必要がある。その1人はヒュームであるが，ヒュームは社会契約説を激しく批判した思想家である(77)。ロックの社会契約説は，ホッブスのそれとは異なった意味合いをもっていたが，ヒュームはいずれの社会契約説も嘘の上に構築されたものであって，学問には危害をもたらすものであると考えた。もう1人の思想家はベンサムである。ベンサムは，ブラックストーンのコモン・ローを基礎とする自然法論を激しく批判して，「法典化（codification）」を唱えた思想家である(78)。ベンサムもヒュームの意見を支持し，「擬制の季節は終わった」といういわば社会契約説の死亡宣告とでも呼ぶべき文章を発表した(79)。オースティンがこれらの思想家の影響を受けたことは容易に理解することができる。

§233.5　ベンサム（1757-1831）は，A Comment on the Constitution and a Fragment on Government（Burns and Hart ed. 1977）; An Introduction to the Principles of Morals and Legislation（Burns and Hart ed. 1996）; First Principles Preparatory to Constitutional Code（Schofield ed. 1989）などを著した(80)。小畑俊太郎『ベンサムとイングランド国制——国家・教会・世論』（慶應義塾大学出版会，2013年）は，これらの書籍を参考にしながら，ベンサムとブラックストーンの議会主権に関する意見の対立を紹介している。この研究は，ベンサムおよびブラックストーンが，どのような関係にあったか，またそれぞれがどのような基盤に立って理論を述べているが，本書26頁注(17)に引用した論文の視点は欠けており，議論の余地がある。しかし，「科学としての法律学」がそこでは問題となっており，ベンサムが「功利主義」という新しい手法を示したことについては，本書でも注目しなければならな

---

(77) D. Hume, *Of the Original Contract*, in Social Contract 209-236 (Baker intro. 1947).
(78) 後述§421.1で説明するように，ベンサムは「科学」として立法理論を主張しているが，基本的にはモラリストである。ブラックストーンはコモン・ローを擁護したが，ベンサムは，特にFragment on Governmentでそれを激しく批判している。
(79) Bentham, Works 269 (Bowring ed. 1843). なお，Bentham, The Theory of Legislation 74 (Ogden ed. 1931) でも，同趣旨のことを述べている。
(80) ここでは，現在入手可能な版を示しておいたが，それぞれの著作の初版は，Fragment on Governmentは1776年に出版され，Morals and Legislationは1820年から1830年に断片的に公刊され，Constitutional Codeは1830年に編纂されたものと思われる。

い(81)。

§233.6　オースティンの絶対主権の理論が，ホッブスのように社会契約説を基礎とするものではないとするならば，その基礎はどこに求められるものであろうか。この点と関連して，オースティンが「議会」という言葉を使う場合，国王や貴族院よりも庶民院に著しく重点が置かれていることに注意する必要がある(82)。19世紀には選挙制度が数度にわたって改革され，庶民院は，合理的理性をそなえた常識人からなる選挙民代表によって構成されるものと理解されていた。オースティンは，議会の法律の正当性の根拠を，かかる一般市民の常識に求めようとしたものと思われる。この点にはベンサムの思想の影響があったと見られなくもないが，オースティンは，ベンサムのように功利主義に基づく立法論を展開することはしなかった。ジュリアス・ストーンも述べているように，オースティンの理論は，ケルゼンの純粋法学にも見られる一種の法社会を想定した上で，そこから論理的に導き出される結論を述べたものと思われる(83)。つまり，市民社会における主権者と臣民の間の「支配＝被支配」の関係のあるべき姿を理論上の問題として説明しようとしたものと思われる。

(4)　ブラックストーン＝ダイシーの議会主権論

§234.1　ここでブラックストーンまで遡ることには理由がある。ブラックストーンは，Viner講座の初代の担当教授であり，ダイシーは講座を維持するためにオックスフォードから招聘された教授である。法は主権者の命令であると定義し，その主権者の意思は議会によって最も良く確認され得るとするオース

---

(81)　ダイシーは，ベンサム自身より明快にベンサムの理論を説明している。その第1原理は，立法は科学である。第2原理は，立法の正しい目的は，功利の原理の実行，換言すれば，すべての法律の適切な目的は，最大多数の最大幸福を促進することである。第3原理は，すべての人が，大概，一般原則として，自己の幸福の最善の判断者でることである。A.V. Dicey, Law and Public Opinion (R. Vande Wetering ed. 2008 [1905]) pp.97, 98 and 104. ちなみに，Blackstoneも法のscienceについて言及しているが，法実務に対する法理論，あるいは大学での研究・学問という意味で使っている。ベンサムの理論は，フランス市民革命のような急進的な近代化がイギリスに流行するのを防ぐ防波堤の役割を果たしたと見ている。

(82)　Austin, Lectures on Jurisprudence 250-256 (Campbell ed. 1885).

(83)　J. Stone, The Province and Function of Law 58-59 ((1946). なお，ストーンの世界法秩序の見方について，J. Stone, Visions of World Order–Between State Power and Human Justice (1984) 参照。

ティンの絶対的主権理論は，伊藤正己の研究でも指摘されている通り，ダイシーの憲法理論に大きな影響を与えたものと思われる[84]。その影響はダイシーの議会主権の定義にも見られる。メートランドと比較して，ダイシーの歴史の記述には若干の解釈の誤りが含まれており，著しく分析法学的色彩が濃いともいわれる。おそらく，ダイシーにとっては，歴史を正確に記述することよりは，19世紀の社会的現実を基礎として，いかなる憲法理論を組み立てるかが，主要な関心事であったと思われる。

§234.2 しかし，ダイシーがオースティンの議会主権論を厳しく批判している点も見落とされてはならない。オースティンのいう主権者の意思とは，選挙民の意思または国民の意思であった[85]。ダイシーの理論は，これを否定する。すなわち，庶民院議員は国民の選挙によって選ばれるが，国民と庶民院との間には法律上の信託関係は存在しないとする[86]。この考えを理論的に突き詰めるならば，アメリカの諸州（カリフォーニア州など）やスイスなどに見られるイニシャティヴやレファレンダムは，ダイシーの議会主権の理論では認められないものとなる。ダイシーは，4つの歴史的事実に依拠し，議会主権の原則がイギリス憲法の中に存在していることを証明しようとした。この4つの歴史的事実は，本書でも後に本格的に議論するスコットランドや北アイルランドへの分権法，旧植民地およびコモンウェルスに関する対応，福祉国家行政の在り方，および鉄道会社など非主権的法定立機関が制定する委任立法である。オースティンの国会主権の原理が無制限の権力を議会に付与するものであるが，これは法的擬制（fiction）以外の何ものでもなく，現実の憲法問題を解決するのには役立たない，とダイシーは評価している。

§234.3 議会主権の内容を説明するために，ダイシーは，ブラックストーンを長々と引用している[87]。そして，ブラックストンはコーク［クック］の説明をそのまま引用している。そこで，まず最初にコーク［クック］の説明の部分を引用することにしよう。コークは，『イギリス法提要（Institutes）』第4巻の中で，「議会の権能と管轄権は，きわめて超越的であり，かつ絶対的なものであるから，事項に関しても人に関しても，それが何らかの限界に服する

---

(84) 伊藤正己『イギリス公法の原理』（弘文堂，1954年）217頁参照。
(85) 『憲法序説』70-71頁。
(86) §213.9で言及したダイシーの『法と世論』（1905年）は，この点を証明している。
(87) 『憲法序説』58-59頁。

第3節　議会主権の原則

ことはない」と述べている[88]。コーク［クック］の説明をそのまま引用し，ブラックストーンは，さらに次のように説明を補足している[89]。

「……それ［議会］は，宗教的，世俗的，民事的，軍事的，海事的，啓示的の何であれ，およそあらゆる考え得る種目の事柄に関して，法を作り，確認し，拡大し，縮減し，廃棄し，再生し，解釈する，主権的で規制を受けない権威をもっている。というのは，議会こそ，あらゆる政府においてどこかにおかれなければならない絶対的，専断的権力がわが王国の憲法によって委ねられている場所であるからである。……（中略）……要するに，それは，自然のうえで不可能でないことはすべてなし得るのである。そこで，ある人々は，むしろ大胆すぎる形であるが，その権能を議会の万能と呼ぶことをためらわなかった。実際に地上のいかなる権威も，議会のなすことを覆すことができないのである。サー・マシュー・ヘイル（Sir Mathew Hale）が言っているように，それは最高にして最強の法廷であり，王国において，そのうえに，権限をもつ他の者は存在しない。もしどうかして誤った政治がそこに生じたときにも，王国の臣民はあらゆる形式の救済手段なしに放置されることになる。」

§234.4　そして，ダイシーは，このコーク［クック］およびブラックストーンの解説を全文そのまま引用しているのである。しかし，このように，コーク［クック］，ブラックストーン，ダイシーの議会主権についての考え方は，まったく一致しているように見えるにもかかわらず，3人の見解には実質的な差違があることに注意する必要がある。第1に，コークの場合，議会が裁判所の1つであることを前提として，先の引用文が述べられているのである[90]。この点と関連して，コークは，有名なボナム事件では，アメリカの違憲立法審査制の理論的基礎を与えたと思われる「法優位の思想」を展開していることが想起されるべきである[91]。さらに，「日曜日の朝の事件」におい

---

(88)　Coke, Institutes of the Law of England 36 (1644).

(89)　Blackstone, Commentaries 160-161 (1675).

(90)　ゴホは，「コーク［クック］にとって，議会が最終的発言権をもったのは，その立法権のゆえでなく……最高裁判所としての，その最高権限に対し上訴する途がなかったからである」と述べている。Gough, Fundamental Law in English History 42-43 (1955).

(91)　(1619) 8 Co.Rep. 114, 118a:「議会の法律が共通の権利と理性に反するか，抵触するか，執行が不可能である場合には，コモン・ローがそれを支配し，かかる法律を無効にする。」。メートランドは，これを受けて，「コーク［クック］を1つの理論で説明することは非常に困難であるが，コーク［クック］は，コモン・ローが制定法の上にあるということをはっきり主張していた」と思われると叙述している。Maitland, The Constitutional History of England 300 1908）. ボナム事件については，改めて§431.3で説明し，検討するが，この判決は理解しにくい判決である。

て，ジェームズ１世の面前で述べた，「陛下の臣民の生命や財産に関する事件は，自然的理性によって決められるべきではなく，技巧的理性と法的判断によって決められるべきである。法は長年の経験と研究によって初めて知り得る技術である」⁽⁹²⁾というバンクロフト大司教に対する反論の中にも，あるべき法の最終的決定権をもつのは裁判官であるとする考え方が出ているように思われる。

§234.5　第２に，ブラックストーンの場合には，議会を知能の府とみており，それ故に優越的地位を占めるべきものであった⁽⁹³⁾。しかし，ブラックストーンにあっても，全ての法律が絶対的に効力をもつというわけではなかった。とくに自然権の保護と関連して，ブラックストーンは次のように述べている⁽⁹⁴⁾。

「この自然法は全人類に普遍的なものであって，神自身によって啓示されるものであり，もちろん他の全てのものを服従させて上位にあるものである。それは，全地球，全ての国，および全ての時代に対し拘束力をもつ。それに反するものは，いかなる人間の法律であっても，効力をもたない。」

ダイシーは，この引用に続いて，「裁判官が，道徳の説明者として，国会の法律をくつがえすことができるとする理論に対しては，法的基礎が存在しない。」と評釈を付している。

§234.6　ところで，ダイシーは，コーク［クック］とブラックストーンの見解に見られる差違には全然言及することなく，既に説明した議会主権の原則を述べた。ダイシーは，ここでド・ロルムの「男を女にし，女を男にすること以外は，何事をもなし得る」万能な力（§232.1参照）に言及し，オースティンの絶対的議会主権の理論に近いことを述べている。しかし，ダイシーの議会主権の理論には，ブラックストーンと同じように，社会的考慮または内在的な倫理的制約が含まれている。具体的にいえば，本書第４章第３節で説明するように，「立法の実質的制約」，あるいは立法の正当性の根拠の証明，を要求している。

---

(92)　(1607) 12 Co.Rep. 63. これは有名な「日曜日の朝の事件」のジェームズ１世に向けた言葉で，Keir and Lawson, Cases in Constitutional Law 108-110 (5th ed. 1967) に収載されている。なお，この事件は，戒能通孝『裁判』（1951年）19-51頁，高柳賢三『英米法の基礎』（有斐閣，1954年）160-2頁など，日本でも注目された事件である。

(93)　Blackstone, *supra* note 89, at pp.50-51.

(94)　*Id.* at p.41.

(5) ハートの議会主権論

§235.1　『議会主権と法の支配』では，ハートには言及しなかったが，法哲学界にはハートに関するスティグマが感じられ，感情論の論争に巻き込まれるのを避けたいと考えたからである。本書では，国際法レベルの「法の支配」と関連して引用したいと考え，多少ハートの理論に立ち入ることにした。ハートは，議会主権の原則について，3つの課題と取り組んでいる。第1に，アメリカの違憲立法審査制との比較検討である。第2に，ウェストミンスター法第4条に見られるように，議会の自殺行為の問題である。第3に，ドウォーキンの法理論との比較検討である。ハートは，自らオースティンの分析法学の立場を支持すると述べているが，両者に相違点がないわけではない。

§235.2　第1の違憲立法審査制については，ハートは，「通常の立法府で制限を受けないシステムと制限を受けるものとの差は，主権者である選挙民がその主権を行使する選択の方法の差でしかないように思われる」と述べている(95)。この点を論証するために，アメリカ合衆国の違憲立法審査制の意義を検討している。オースティンは，主権者を選挙民と考えており，議会はその代表者の集合体と考えている。選挙民の政治信託が代表者たちによって誠実に実行されているかどうかを確認する役割をシステムとして裁判所に負わせたとしても，イギリス憲法とアメリカ憲法との間に大差はない。ともに「法の支配」の原理から導きだされた形態である(96)。また，ハート自身が自分のことばで述べているわけではないが，ハートの違憲審査の理論は，ハンス・ケルセンの「根本規範（basic norm）」の理論に類似しており，マグナ・カルタの「根本規範（basic norm）」はイギリスでも保護されている。

§235.3　第2のウェストミンスター法の解釈については，伊藤正己が強い関心を示したように，国会は「将来の国会の意思を拘束できるか」という問題に関わる。ウェストミンスター法第4条の解釈にかかわる事件を検討する際に詳しく説明するが，イギリスの立法権がコモンウェルスに移行される場合，移行された立法権は，将来，イギリスに戻ることはあり得ないことであり，ダイシーは，この移行行為を「議会主権の自殺行為」と呼んだ(97)。しかし，純

---

(95)　H.L.A. Hart, The Concept of Law (3rd ed. [Bullock and Raz eds.] 2012) p. 74.
(96)　マグナ・カルタ第39条をはじめ，憲法で守る法的価値は共有されている。
(97)　Hart, *supra* note 95, at pp. 151-152. ハートは，Dicey, *supra* note 66［本書41頁］

第2章　議会の機能と議会主権の原則

粋な法理論の問題としては，ウェストミンスター法第4条によって立法権の移行がなされたのであれば，その条文の解釈として，移行が認められないとする理屈が成り立つ。この問題は，本書第5章の主要な研究課題の1つであり，そこで議論することになるが，ハートは，理屈の上ではそうなるが，具体的な事件が起きたときに，憲法解釈のルールに従って，理論よりも現実に即した解決を図ればよい，と考えている。

§235.4　第3のドウォーキンの法理論については，ハート自身が「追伸」の中で問題点を整理している。裁判官が憲法を適用する場合に「不確定な部分」があるとハートが述べた部分をドウォーキンが批判し，判断の前提となる情況が変わらなければ，裁判官は明確な判断を出すことができ，司法裁量の余地はないと主張した。これに対し，ハートは，ことばのもっている曖昧さの故に，司法裁量の余地を排除することはできず，むしろ重要なことは，その裁量を行使するために，第二次的「法認識ルール」の存在が重要であると答えている。イギリスの裁判官は，本書でも後に説明されるように，法創造について積極的であり，本書第4章で説明する先例拘束性の原理などがそのルールとして機能してはいるが，不完全なルールであり，緻密な論理的整理が必要とされている。

§235.5　ハートは一般的にオースティンの分析法学理論を支持している。(a)オースティンが「主権者の命令 (command)」という用語を使っているが，ハートは order backed by threats とか coercive orders という表現を使っている。(Austin, The Province of Jurisprudence Determined (Hart ed. 1954) [初版は，1861].) (b) command ということばは，個人に対して向けられた場合でも，一般人がそれを規範と受け止める情況がある限り法であるが，ハートはそれを法とは呼んでいない。(c)危害の不安 (fear) があり，それを回避する意図が少しでもあれば，オースティンは法の強制力を認めるが，ハートにおいては，服従しなければ脅しの危害が起こるという一般的 belief があれば命令の要件が満たされる (Austin, The Lectures, *supra*, at pp. 2.)。(d)命令者は実際に強制力をもっていなければならない。(e)オースティンの場合，本書では重要な救済方法であると考えている宣言判決，許容的法律は強制力に欠けるものとする (Austin, The Province, *supra*, at pp. 25-9.)。(f)オースティンの理論では，

の第10版68頁を引用している。

主権者は国民であるが，実際上の議論では，議会が主権をもつことを認めている（Austin, The Province *supra*, at pp. 228-35.）。(g)ハートは，W.L. Morrison, Some Myth about Positivism, 68 Yale L.J. 212 (1958). を引用し，オースティンの分析法学は，むしろアメリカのリアリズムに類似していると説明している。

§235.6 モリソンの論文は，オースティンの理論が観念論に中心を置くという外観とは異なり，経験に基づく具体的な考察をしていることを高く評価しているのであるが，ハートは，Hart, *Positivism and the Separation of Law and Morals*, 71 Harv.L.Rev. 593, 608-610 (1958)の中で，法実証主義を支持し，オースティンの分析法学を継承している[98]。ところで，Devlin, Enforcement of Morals (1961)は，筆者がイギリスに留学中，最も輝いていたデブリン卿（貴族院裁判官）が執筆した論文などの著作集であるが，道徳を公的道徳と私的道徳に分離し，法はこの公的道徳を内容とすると主張した[99]。ハートは，この理論を厳しく批判した[100]。ハートは，一方では，実定法を厳密に確定しようとし，他方，その実定法を使うに当たって，法の正当性を審査することの重要性を説き，いわゆる承認のルール（rule of recognition）を確実なものにするべきであると主張した。この承認のルールは，本書の第3章で議論する自然的正義の原則のようなものを意味している。

---

[98] この論文は，法的安定性を重要視し，恣意的な「価値判断」を「法」の領域から排除しようとしたものである。ハートは，法実証主義の立場から，法の言語を明確なものにし，そのことによって，法的安定性を確保しようとした。例えば，「責任」ということばを明確に説明しようとしたことについて，田島裕『法律情報のデータベース——文献検索とその評価』（丸善，2003 年）78-80 頁参照。

[99] 「公的道徳（public morality）」の概念は，オースティンも使ってはいるが，問題は，法によって強制される「道徳」の内容を確定できないことにある。例えば，次注の例を見よ。

[100] デヴリン＝ハート論争と呼ばれ，英米の学界の注目をあびたが，その論争は不毛な議論に終わった。デヴリンは，イギリス議会が売春禁止法を廃止した後，「公的道徳（public morality）」に反する共謀罪（conspiracy）のコモン・ローにより刑罰を科そうとした。これに対し，ハートは，刑法理論における保護法益の問題として，「生命，自由，財産」を守るのがコモン・ローの保護法益であり，「公的道徳（public morality）」は保護法益でないと主張した。

第4節　議会民主制と議会立法の正当性

(1) 議会主権の原則の動揺

§241.1　ハートの理論を先に紹介したが，ハートの理論には国際法上の「国家主権論」も含まれている。伝統的な国際法の考えによれば，国際法はコモン・ローではなく，国会の法律で承認された限度でイギリス法の一部となる。21世紀になってから国際社会が益々複雑になっており，議会主権の原則の考え方に大きな修正をせまる事例が沢山起こっている。本書でも，それらの事例を慎重に検討しているが，議会の立法権をヨーロッパ共同体に移行させた場合，議会は「自殺行為」をおかしたことになるのだろうか。研究者によっては，この変化を「凋落」と見る者もいるようであるが，議会の在り方が変わるところはなく，むしろ複雑化により，新しい進化を示そうとしていると見るべきではないか。ハートがいうように，主権を行使する仕方が変わるかもしれないが，イギリスという国家が国際法秩序の中に新しい指導的地位を確保するために，それを自ら選択したのであり，議会主権の原則の考え方に何ら影響を受けるところはない。

§241.2　連合王国（イギリス）を中心として現在の国際社会の法構造を図式化すると，まず最頂点に国際連合の法システムがある。連合王国（イギリス）と国際連合との関係は条約で結びつけられたものであり，イギリス憲法は「国際法の二元主義」を採用しており，この条約によってイギリスの主権が制約されることはない[101]。しかし，ILOやWTOなどの国際機関については，国際慣習法として，連合王国（イギリス）を一定の限度で拘束することが認められている。特にヨーロッパ共同体との関係では，法律自身が「ヨーロッパ

---

(101) 行政府の長として首相は外国と条約を締結することができるが，議会の承認を得ない限り，国内法上，強制力をもつことはない。Regina v. Asfaw (United Nations High Commissionaer for Refugees intervening), [2008] UKHL 31, [2008] 1 A.C. 1061; Cheney v. Conn (Inspector of Taxes), [1968] 1 All ER 779, [1968] 1 W.L.R. 242. Rayner (J.H.) (Mincing Lane) Ltd. v. Department of Trade and Industry, [1990] 2 A.C. 418 参照。但し，古くから慣習法はコモン・ローとほとんど同視されており，国際慣習法もコモン・ローの一部とされるため，たとえ議会が条約を承認していない場合でも，議会は国際法を承認したものと見なされる。Blackstone, Commentaries (1675) p.50，また本書後述 §§ 433.1-433.4 参照。

第4節　議会民主制と議会立法の正当性

法の優位」を認めており，連合王国（イギリス）の議会は，その限度で，立法主権をヨーロッパ共同体へ移行させている。これについては，第6章で詳しく説明する。ヨーロッパ会議との関係では，ヨーロッパ人権規約に基づく判決の効力について，「抵触性」の審査が法律により義務づけられている。これに関しても多数の憲法問題があり，同じく第6章で説明する。

§241.3　連合王国（イギリス）とコモンウェルス諸国との関係において，連合王国（イギリス）の議会は，その主権を各コモンウェルスに移行した。しかし，各コモンウェルスとの関係は複雑であり，一般論では説明することができない。カナダを例にとれば，カナダは独立国家でありながら，その国家元首は現在でもイギリス女王である。カナダの側からの要求があり，連合王国（イギリス）の議会がカナダのために制定した法律は，カナダで有効であるとされる。しかし，ケベックはこれに反対している。これと比して，オーストラリアは，イギリスとは完全に独立しているので，もはや連合王国（イギリス）の議会がオーストラリアのために立法をすることはない。しかし，州憲法は今日でもイギリス女王を州の元首と認めており，複雑な問題が生じている。その他の諸国についても，さまざまな憲法問題が生じているが，これらの諸問題については，第5章で説明する。本章でまず「コモンウェルス」を説明した後に「ヨーロッパ」を扱うことにしたのは，「コモンウェルス」の関係が弱くなったことに反比例して「ヨーロッパ」の関係が強化されていると考えるからである。

(2)　代議制民主主義と「法の支配」

§242.1　イギリス議会が民主主義の根幹にある制度であることは，これまで述べてきたことであるが，今日では，議会民主制が形骸化されている。議会主権の原則を動揺させていることがある。多様な利害の調整が議会の重要な役割であるが，同じ考えを繰り返し議会で述べて時間を浪費することではなく，多様な意見が表明され，それぞれの選択肢の有効性が検討されることが必要である。検証が行われたうえで「数」による決定が行われるが，イギリスの議会での討論は，むしろ二大政党を基礎にしてこれが行われてきた。主要な政党が時間をかけて政策を策定し，反対党を説得する形で議会が運用されてきた。その政策を実施して失敗したことが判明したときは，いさぎよく反対党に政権を移譲した。ベンサムが主張した議会民主主義がこのような形で展開

されてきていると見ることができる。

§242.2 『議会主権と法の支配』では,「議会立法の正当性の根拠」という表題の第5章を最後の章として付けた。そこでも書いたように,その章は「歯切れの悪い」章であるが,議会主権の原則を説明した第2章の小括として,その問題をここで検討しておきたい。本章では,もっとも重要な憲法原理として「議会主権」を論じてきたが,議会に万能の権限が認められるのは,民主主義のプロセスを経て,国民の「世論」によって支えられている場合である。これこそその原理の正当性の根拠である。しかしながら,多数の世論は間違っていることがある。また,普通選挙のプロセスにおいて,不正が行われていれば,その立法には欠陥が生まれる。そもそも選挙制度の具体的設計に不公正があれば,その不具合は是正されなければならない。また,多数決原理による制度においては,少数者の利益は当然否定されることになるが,多数の力を借りて不必要に少数者の利益を奪うことがないよう裁判所が民主主義を適正に動かすことは容易なことではないが,それを支えるのが次章で詳しく説明する「法の支配の原理」である。「法の支配の原理」は,裁判所を主役とする。

§242.3 「世論」と「議会の意思」とはしばしば異なっている。オースティンの理論によれば,国民の「世論」こそ,議会の正当性の根拠となるが,ベンサムは,代議制民主主義の重要性を唱えた。ベンサムにとっては,立法は「法の科学」であった。ダイシーは,もう一冊の古典『法と世論』(1905年)においてベンサムの理論を検証しながら,そもそも世論と呼べるものが存在するかどうか疑問を提起している。たとえ存在するとしても,それは常に変化するものであるし,政治的な力によって操作されがちなものである。しかしながら,民主主義はすべての市民に支えられて存在するものであって,このような議論は,国会議員の選挙制度に影響を与えている。イギリスでは,小選挙区制の選挙が原則であって,長い間,各選挙区で最高の得票数を得た候補者が当選する仕組みになっていた。しかし,1997年に労働党が第1党になったときに,この伝統的な制度が不公正なものであると説明され,新しい制度が導入された。例えば,スミス氏,ジョーンズ氏,ブラウン氏,キャメロン氏が立候補していて,それぞれ,32,00,17,00,21,00,30,00の票を得た場合,スミス氏が第1位であるが,68,00の票(68%)はスミス氏に対する反対票である。そこで,最下位のジョーンズ氏の得票を候補者リストに示された優先

順位に従って残り3人の候補者に比例配分し，その結果，スミス氏の得票数が50％に到達したとき，スミス氏が当選する仕組みを導入した。それでも当選者が決定できないときは，ブラウン氏（下から2番目）の得票数についても同じような捜査をして，誰かが50％以上の得票数となるまでこれを繰り返す。2011年にこの選挙が行われたが，まだ確立したものになってはいないように思われる。

第3章 法の支配の原理

第1節 法の支配の意味するもの

§31.1 「法の支配」の原則は，議会主権の原則を支え，車の両輪のように，議会主権の原則が機能不全を起こさないように，議会主権の濫用を抑止する機能を果たしている。立法の正当性（legality）を担保し，民主主義のイギリス憲法の土台を形成している。議会主権の原則は，「法の支配」の原則なしには成り立たない。この正当性の問題は，第4章で詳細に検討することになるが，本章では，イギリス憲法における「法の支配」がどのようなものであったかを歴史的諸事実に基づいて説明したい。「法の支配」の憲法原理を説明したのは，オックスフォード（オール・ソールズ）のダイシーであった[1]。

§31.2 この理論は，19世紀の末から20世紀の初めに唱えられたものであり，イギリスが社会保障制度を整備して福祉国家へ移行したとき，とくにロンドンの大学に拠点をもつ憲法学者がこれを攻撃した[2]。しかし，アメリカの学界の支援もあり，ダイシーの憲法理論は，今日，いっそう高い評価を得て，「ダイシー伝統」と呼ばれるほど古典的な憲法理論として確立している。日本では，伊藤正己がこれに注目し，その生涯をかけて日本の学界でも紹介してきたが，日本の学界がそれを十分に評価しなかったことは非常に残念なことであると思われる。21世紀の初めに国際連合総会をはじめ，多くの国際機関が，「21世紀には法の支配が世界レベルで実現されるべきである」という決議をしたとき，その「法の支配」はダイシー伝統を意味している。

§31.3 もっとも，ダイシーの憲法理論は，既存の憲法規範に基づいてそれを説明したものであり，既存の憲法規範に注目しなければならない。マグナ・カル

---

[1] ダイシーもまた歴史の中に実在した法学者であり，歴史（主に北アイルランド問題）の影響を受けていたことは間違いない。R.A. Cosgrove, The Rule of Law, Albert venn Dicey, Victorian Jurist (1980) は，ダイシーの伝記とは多少異なる手法で，その人生と歴史的背景を詳しく説明している。

[2] Cf. Sir W. Ivor Jennings, The Law and the Constitution 309-10 (1933); W.A. Robson, Justice and Administrative Law (2nd ed. 1947).

第3章 法の支配の原理

タに起源があり，オックスフォードのドンたち（ロック，ホッブスなど）の社会契約による市民社会の形成がヨーロッパで進められたとき，コーク［クック］裁判官らを通じて，マグナ・カルタが読み直され，国王特権（franchise）を抑止する憲法原理として使われた(3)。この歴史的流れの中でその原理を法文の形に整理したのがフランスの憲法である(4)。ダイシーは，この憲法も参考にしながら，普通選挙による議会民主制の国家における「法の支配」の在り方を検討し，憲法理論として整理したのがダイシーである。そして，現在，ヨーロッパ憲法は，「法の支配」の憲法原理を第1条に規定しており，ヨーロッパ人権裁判所は，ダイシー伝統に従って裁判を行っている。また，IBAのマドリッド（スペイン）大会でビンガム裁判官が説明したように，国際連合憲章をはじめ，世界が共有する「憲法原理」となっている(5)。

§31.4　ビンガムは8つの原則をあげて，今日の法の支配の問題として，国際統一慣行（銀行法，ビザなどの出入国管理など）の統一法に世界が従っていることなどもその中に含めているが，その原則の核心をなすものは，ダイシーの3つの原則である(6)。それは次のことを意味する。第1に，通常裁判所の適正な手続によるのでなければ，何人も生命，自由，財産を奪われることがないことである。「適正」は「公正」だけでなく，「平等」の概念を含む(7)。第2に，全ての人がその階層，身分にかかわりなく，国の通常の法に服従し，通

---

(3)　但し，マグナ・カルタが作られた当時の解釈ではなく，後掲注(27)などのコーク［クック］の判決に示された解釈による。

(4)　専政的な君主に対し「恣意的な行為」を排除することを要求する憲法原理である。フランス市民革命は，このイギリスの憲法原理を国家の組織（三権分立）に採用し，共和制の市民国家を建設した。

(5)　Bingham, Rule of Law (2010). ビンガム裁判官は，8つの原則をあげて，今日の法の支配の問題として，「24節　発展の権利を含め，国際的に承認された人権および基本的自由を尊重するだけでなく，民主主義を促進し，法の支配を強化するために努力を惜しむものではない。」と述べている。2005年9月にIBAの評議員会は，「法の支配」は文明社会の基礎であり，これを実現することが喫緊の仕事であると宣言した。イスラム法系の憲法でも，ロシア憲法などでも，「法の支配」が基本原理として規定されているが，「法」とは何かが議論されるとき，厳しい問題が残っており，それが戦争の原因となりかねない。

(6)　ビンガムをはじめ，ダイシー理論を支持する学者は，ダイシーが示した具体例は今日では時代錯誤となっているかもしれないが，基本的な考え方は今日でも正しいと考えている。HayekやA.C. Allenは，法の世界から「恣意性」を排除することがその基本的な考え方であると理解している。3つの原則のもつ意味を，次節で詳しく説明する。

(7)　ダイシー『憲法序説』（学陽社，1983年［原著第8版，1915年］）179頁。

常の裁判所の裁判権に服する[8]。第3に，人権の保障などの憲法習律は（不文憲法）は，国の通常法の結果であり，作ったものでなく，成長したものである[9]。この第3の意味は，イギリス法固有なものであり，他のヨーロッパ諸国では，通用しないかもしれない。この3つの原理をもう少し具体的に説明することにしよう。

---

(8) ダイシー『憲法序説』同上183頁。
(9) ダイシー『憲法序説』同上185頁。

第3章 法の支配の原理

第2節 ダイシー伝統——3つの意味

(1) 正式の法の優位

§321.1　通常裁判所の適正な手続によるのでなければ，何人も生命，自由，財産を奪われることがない。この第1原理は，マグナ・カルタ第39条に由来するものと思われるが，日本国憲法第31条の「適正手続条項」も，その精神を受け継いでいる(10)。この規定は，罪刑法定主義だけでなく，行政裁量の恣意的行使をも禁止することも定めている。第1原理の説明としては，「イギリスの国王，行政府，その他の権能には恣意的な権力が存在しないことが，常にイギリスの憲法の顕著な特質であり，またその本質的な特徴とさえいってよい」と理解されていることに，ダイシーは困惑を感じると述べてはいる(11)。しかし，イギリスには遵法精神があることを強調している。結局のところ，イギリスでは，憲法律は個人の権利の結果であって，その源泉ではないという。

§321.2　ダイシーは，「人身の自由の権利」「討論の自由の権利」「公の集会の権利」などを説明し，イギリスでは，これらの権利が保障されるのは憲法に規定があるからでなく，コモン・ローの蓄積によって実際上守られてきた「法的利益」が憲法上の権利として確立されているということであるという。例えば，ベルギー憲法第7条は，人身の自由を保障しており，「何人も，あらかじめ法律の定める場合であって，法律の定める形式によるのでなければ，訴追されない。現行犯の場合を除いて，何人も，裁判官が理由を付して発する令状によらなければ，逮捕されない。」と定めている。イギリスでは，通常の刑事裁判において適正な手続に従った結果としてその権利が守られてきており，憲法の条文がなくても保障されている。この権利が侵害された場合，イギリスには明確な救済方法が確立されており，より確実に保障されている。

---

(10)　日本国憲法第31条は，より直接的には，アメリカ合衆国憲法のデュー・プロセス条項を継受した規定であるが，ソーシャル・ダーウィニズムの時代の憲法解釈を嫌い，「財産権」について第29条で別個の規定を置いた。田島裕『アメリカ憲法（著作集1）』（信山社，2004年）232頁参照。

(11)　ダイシー『憲法序説』275頁。ダイシーは，この点でハーンおよびガーディナーを引用している。

§321.3　正式な法は，制定法だけを意味するものではない。本書で詳しく説明されるように，イギリス憲法では，むしろコモン・ローを意味する。罪刑法定主義において，既存の法律の存在が問題になるが，犯罪の構成要件をコモン・ローによって明確にすることも可能であって，既存の法が存在すれば問題はない。一般市民が行動する場合，犯罪をおかさないように予見可能性があれば，刑事裁判を行うことに問題はない。

(2)　法の前の平等（とくに行政法の不存在）

§322.1　国の通常の法に服従し，通常の裁判所の裁判権に服する。第1原理は，「適正手続」を要求するが，その手続は「通常裁判所による裁判」であると考えている。ダイシーは，フランス法において行政訴訟が行政裁判所によって扱われることを説明し，その行政裁判所が，個々の市民の権利より政府の市民に対する特別の権利または大権の方が優先されなければならないと考えている，という。一般的に，「法の前の平等」または「法の下の平等」を議論すれば，日本国憲法第14条やアメリカ合衆国憲法第14修正の「平等権条項」を想起するが，イギリス憲法にはそのような憲法法理はない。最近，Equality Act 2010 が制定されたが，この法律も，日本法やアメリカ法とは著しく異なるアプローチを示している[12]。少なくとも，ダイシーにとっては，「法の前の平等」は，具体的には行政法の不存在を意味し，公務員を特別な身分として扱うことがない，ということを意味しており，貴族ないし有産階級を批判するようなことはしていない。

§322.2　例えば，刑務所における囚人の処遇の問題は行政の問題であり，司法審査に服することはない。しかし，イギリスでは，R. v. Secretary of State for the Home Department, *Ex parte* Hindley [2000] 1 Q.B. 152 (C.A.)[13]で判示されているように，デュー・プロセスは囚人にも保障され，これについての司法審査を逃れることはできない。これについて，ウルフ裁判官は次のように述べている（*id.* at 163D）。

---

(12)　この法律は，後述319-20頁で詳しく説明する。
(13)　貴族院もこの判決を肯定した。[2001] 1 A.C. 410. この事件では，デュー・プロセスの違反はなく囚人の権利は認められなかったが，Pratt v. Attorney-General for Jamaica, [1994] 2 A.C. 1 では，ジャマイカ国憲法（イギリス憲法と同じ）の解釈として，Murder (Abolition of Death Penalty) Act 1965 により終身刑になった死刑囚人の長期に渡る delay（遅延）がデュー・プロセス法理違反であると判決した。

第3章　法の支配の原理

　「デュー・プロセスの原理は，手続だけに限られることではない。刑罰を実行するときに起こり得ることの実体についても，効果をもち得る。コモン・ローの基礎にある諸原理のように，デュー・プロセスの原理または公正原理は，諸判例（法源）の中に容易に認識できるものではないが，それでも，同一の主題について扱う一連諸判決を結びつけるテーマ（主題）として明言できる。」

§322.3　端的にいえば，憲法上の権利の侵害も不法行為であることは明白であり，不法行為者は法的責任を訴追される。たとえその不法行為者が公務員であっても，公務員が特別な扱いを受けることはない。イギリスにも King can do no wrong という格言[14]があり，一見，公務員に対する責任は免責されるような印象を与えるかもしれないが，1947年の国王訴追手続法は，公務員の公務に関しても，民事責任（契約責任および不法行為責任）が免除されることがないことを規定している。国王訴追手続法（Crown Proceedings Act）は，国家（国王）が関係する事件において，普通の市民間の争訟と同じように，不法行為責任などを追及できることを定めている[15]。訴追時効についても，普通の裁判と同じように，Limitation Act 1980, s.37(1) および Foreign Limitation Periods Act 1984, s.6(1)が適用される。国王個人を訴追する訴えについては，この法律は適用されない。しかし，国王に対する請願の訴えは，古い形式は廃止したが，この法律でも許されている。後に詳しく説明するように，司法審査を求める訴えは，別の法律に定められた手続に従って，宣言判決などを求めて提起することになる。この法律による訴訟において，重要な争点となるのは，証拠開示の問題である。CPR Pt 66 は，「公益」の保護を理由として，証拠の開示（disclosure）を拒絶できると規定しており，国家（国王）が証拠を隠蔽する可能性がある[16]。

---

(14)　Crown prerogative（国王特権；主権免責）を表現したもの。King（王）は，憲法上は Crown と呼ばれるが，Crown の地位は法律上の法人であり，悪いことをする権限は元々付与されていないし，マグナ・カルタが保障する「同輩による裁判を受ける権利」に関しても，国王には同輩が存在しない。

(15)　田島裕『英米の不法行為法・契約法・救済法（著作集4)』(信山社，近刊）で説明した契約責任や不法行為責任は，政府に対しても適用されるが，訴訟の進め方について，民事訴訟法とは異なる手続を定めている。1947年法については，§§714.1-714.2 で説明する。

(16)　もともと discovery（証拠開示）という用語が使われていたが，これは訴訟当事者の利害に直接関係する文書の提出・閲覧を請求する権利を意味する。しかし，この用語が限定的に解釈されてきたため，むしろ「自然的正義の原理」で使われる

(3) 通常法の結果としての憲法

§323.1　人権の保障などの憲法習律は（不文憲法）は，国の通常法の結果であり，作ったものでなく，成長したものである，とダイシーは主張する。Calvin's Case, (1608) 7 Co.Rep. 1a; Campbell v. Hall (1774) Loft. 655; Wilkes v. Wood, (1763) 19 St.Tr. 1153; Mostyn v. Fabregus, (1774) Cowp. 161, などの結果として，個人の権利の存在が確認されてきたものであるという[17]。イギリス憲法においては，「権利あるところに救済手段あり」という格言は，裁判所が「保護すべき利益（訴えの利益）」があると思料するならば，裁判所が実質的に救済を与えることを意味している。本書第8章で説明する人権は，裁判所によって保護された法的諸利益であり，将来も確実に保護されるものであって，単なる政治的な目標ではない。プログラム規定という用語はイギリス憲法にはない。

§323.2　R. v. Secretary of State for the Home Department, *ex parte* Pierson [1998] A.C. 539, 591A (per Lord Steyn) では囚人の権利が認められた。この事件では，21歳の子供が両親を殺害し，20年の懲役に処せられた。刑期について法務省が政策を再検討し，新しい基準によれば，この囚人の場合，15年の懲役が相当であると判断した。しかし，刑務所長は，被害者の復讐心および犯罪の抑止効果を考慮して当該囚人については20年のままに据え置くことを決めた。この事実は当該囚人にも告げられたのであるが，なぜそのような不利益処分を受けなければならないかの説明はなされなかった。この不利益処分の違法性が争われたのであるが，シュタイン裁判官は，「われわれにあっては，憲法律，すなわち外国では当然に憲法典の一部を構成する規範が，裁判所によって定められ，強行される個人権利の源泉でなくその結果であるという事実，簡単にいえば，……憲法は国の通常法（コモン・ロー）の結果なのである」というダイシーの文章を引用し，その処分が行政裁量の問題ではあるが，実質的には裁判なしに事後的に刑期を延長するものであり，違法であると判決した。

---

disclosureと用語に変えた。
(17)　『憲法序説』185頁でダイシーが引用した事例である。

第3章 法の支配の原理

第3節 「福祉行政」と「法の支配」

(1) 裁量行政における恣意性の排除

§ 331.1　ダイシーの中で行政法の不存在という考え方は，単純なダイシーの誤解によるもので，ダイシーの考えが正しく読者に伝えられなかったものと思われる。『法と世論』(1905 年)[18]は，そのことをよく示している。ダイシーは，フランス行政法を批判し，同じような行政法がイギリスに導入されることに反対した。しかし，『法と世論』(1905 年) が示しているように，ベンサムの功利主義に対して一定の評価を与え，福祉行政のための立法を支持している。「福祉行政」は，日本国憲法では第 25 条が健康で文化的な最低限度の生活を営む権利を有する」と規定しているが，この考え方は 1940 年代のイギリス憲法の「福祉国家」の法システムに合致する。この福祉政策の問題は，本書では第 7 章で議論する。本章では，重点は「行政行為の司法審査」に置かれている。

§ 331.2　ダイシーも行政法の重要性は認めていたが，行政の執行であるという理由だけで司法審査を免れることはできないと考えていた。福祉行政では，さまざまな側面で裁量的判断がかかわっており，裁量権が適正に行使されない場合には，司法府はこれに干渉する。ディプロック裁判官は，1974 年のケンブリッジ大学での講演において，イギリス判例法には既に行政法が存在しているとして，行政法の体系を整理しようとした。最初に取り上げた判例は，Hoffman-La Roche & Co. A.G. v. Secretary of State for Trade and Industry, [1975] A.C. 295, [1974] 3 W.L.R. 104 である。この判決は，高等法院の裁判管轄権はすべての事項に及びえると判決した。第 2 に，司法審査の範囲について，Anisminic Ltd. v. Foreign Compensation Commission, [1969] 2 A.C. 147 によって理論的制限が取り除かれたと説明している。第 3 に，Padfield v. Minister of Agriculture, Fisheries and Food, [1968] A.C. 997 を引用して，法律解釈の方法が目的論的に自由に解釈する方向に傾いていることを指摘した。第 4 に，Ridge v. Baldwin, [1964] A.C. 40 を引用し，私人の権利または有用な利益を侵害すると思われる場合には，自然的正義が

---

(18) 『憲法序説』(第 8 版，1915 年) に並ぶ古典であるが，この著作は，アメリカでの講義を 1 冊の著作物にまとめた本である。

第3節 「福祉行政」と「法の支配」

保障されることを述べた。最後に，Conway v. Rimmer [1968] A.C. 910 を取り上げ，裁判所は裁判に必要な証拠の提出を命じることができることを説明している。

§331.3　ディプロック裁判官の講演は，ド・スミス教授の追悼が主たる目的であったため，まったくこの判決には言及されなかったけれども，Liversidge v. Anderson, [1942] A.C. 206 は著しく重要な判例である。この事件では，防衛（一般）規則の解釈が争われており，福祉とは関係ないが，行政裁量の司法審査に関する最も重要な判例であり，ここで説明しておきたい。この事件は，原告が防衛（一般）規則第18B条の適用がある敵対団体に関係しているという嫌疑がかけられ，令状なしで逮捕され，拘禁された事件である。結局，無罪と決定されたため，原告は不法拘禁の不法行為に対する損害賠償を請求した。逮捕拘禁を命じた国務大臣は，危険人物と疑うべき合理的理由（reasonable grounds）があり，公務を執行したに過ぎないと主張した。この事件は第二次世界大戦の直前に起こったものであったこととも関係し，イギリスの裁判所は，原告が要求する証拠を開示する必要はないと判決した。しかし，貴族院判決において，アトキン裁判官は，通常，逮捕や監禁がいかに厳格な手続で行われているかを詳しく説明し，理由があったとしても，それが合理的であったかどうかは本人が決めることでなく，裁判所が判断すべきことである，という反対意見を述べた[19]。この判決は，その後の司法制度改革の議論の中で，しばしば検討されている。

§331.4　上述のリヴァシッジ判決は，福祉行政の領域でも大きな意味をもっている。20世紀のイギリスでは，福祉国家が「揺りかごから墓場まで」国民の福祉について責任を負う。しかし，財政的に窮屈になると，政府は，法律扶助を含め，いろいろな面で節約をはかるようになる[20]。イギリスでは，移民の

---

(19)　アトキン裁判官は，「なにも考えないでゴム版を押す機関ではない」とのべ，C. Louis, Through the Looking –Glass and What Alice Found There (1896) 第6章（ルイス・キャロル（安井泉訳）『鏡の国のアリス』（新書館，2005年）110頁）を引用し，（わしがある語を使うとき）「その語は，わしが選ぶとおりの意味をもつことになるので，意味以上でもないし，それ以下でもない。」，わたしの言う通りにしなさい，と言うのはハンプティ・ダンプティだけだ，と判示した。ちなみに，イギリスの判決でアリスの童話は，著者が数学者であり，論理的に正確であり，文章としても優れていると考えられているためであろう。

(20)　§212.4 で言及した Legal Services Act 2007 は，法律扶助にも関係のある法律であるが，司法審査の訴えを促進するのに重要な役割を果たしていると思われる。

数が多くなり，移民の申請者に対し，不必要な家庭調査を行ったり，審査に時間をかけて，給付決定を遅延させている[21]。これらの問題は，行政行為の裁量に関わるもので，これに対する救済手段は主としてマンディマス（mandamus）訴訟[22]である。しかし，これは権利としての訴訟ではなく，法律支援などの弁護士によるプロ・ボノによるところが多くある。ロンドン経済大学（LSE）のハイエク（Hayek, Friedrich, 1899-1992）は，行政行為における「恣意性」を排除して「法の支配」を確立することの重要性を説き，ノーベル賞をもらった[23]。

§331.5 ハイエクの時代から50年近くの歳月が過ぎており，今日の「法の支配」の原理は，ヨーロッパ法のレベルでは，かなり具体的なルールとして説明されている。しかし，歴史の変化にもかかわらず，「法の支配」の原理には，時間を超越した普遍的なルールが含まれている。Jowellによれば，legality, certainty, consistency, accountability, efficiency, due process and access to justiceである[24]。これらのことばは，それぞれ非常に深い意味をもっており，訳語を当てることには注意を要するが，あえて当てるとすれば，「正当性」「確実性」「画一性」「信頼性（責任性）」「効率性（迅速性）」「適正手続」「司法アクセス」である。第6章で説明するように，ヨーロッパ裁判所の判決の中にこれらのことばは説明されているが，「裁量行為の恣意性」を排除することが，司法府の重要な役割である。

(2) 司法アクセス

§332.1 法の支配とは，ここでは民主的な社会が法によって構築されていることを意味し，日本では「国家の法化」ということばで表現されることもある。

---

[21] 例えば，イギリス法は「一夫一婦制」を公序としており，2人以上の女性が家庭にいれば，厳格な調査を行うことになる。

[22] Dr. Bonham Case, (1610) 8 Co.Rep. 118が重要な先例であるが，ビンガム裁判官が述べているように，曖昧な判例法である。Baggs Case, (1615) 11 Co.Rep. 93bでは，市議会議員の除籍を禁止した。Associated Provincial Picture Houses Ltd. v. Wednesbury Corp., [1948] 1 K.B. 223 (CA) は，非常識な法律の解釈・適用を禁止した。

[23] ハイエクはオーストリアの経済学者であり，景気変動理論の業績および軽罪制度の業績でノーベル賞を受賞したが，法，立法，自由の問題にも強い関心を示し，経済的奴隷の議論を展開した。

[24] J. Jowell, *The Rule of Law and Its Underlying Values*, in J. Jowell and D. Oliver (eds.), The Changing Constitution (6th ed. 2007) pp.10-13.

「法の支配」の国では，法律家が社会形成に積極的な役割を果たすことが期待されていることはいうまでもない。このウルフ・レポートは，ウルフ裁判官が，大法官の諮問に応じて，このような司法改革を実現する方法を検討し，文化的な革命が必要であると主張し，「国民のための迅速な裁判」を進めるための法改革を勧告した報告書である。その意味するところは，つぎのようなことであると思われる。司法は国家事業であり，国民が平等に福祉行政の司法サービスの恩恵を積極的に受けられるようにすることが，福祉国家の理想を実現するのに必要である。例えば，国際連合は，21世紀の最初の条約として，障害者保護条約を作ったが，「障害者保護」は司法アクセスを保障しなければ実現できない[25]。法律家が福祉国家における司法の在り方を理解し，「迅速な裁判」を進めることが重要である。

§332.2 ウルフ・レポートは，日本でもよく知られているが，ウルフ裁判官の基本的な考えは，後に紹介する判決の中にもよく表れている。ウルフ・レポートの大黒柱（pillars）は，(a)結果の点で正しい（just）ものであること，(b)訴訟当事者を扱う方法において公正（fair）なものであること，(c)適切な手続を適正な費用で提供すること，(d)事件を合理的なスピードで処理すること，(e)制度の利用者が理解できるものであること，(f)制度の利用者の必要に応答するものであること，(g)法的安定性を高めるものであること，(h)効率的なものであることである[26]。このレポートの勧告は，一部は Access to Justice Act 1999 として法律となっているが，大部分は，次節で説明する自然的正義による司法審査に関係している。

---

(25) Convention on Rights of Persons with Disabilities (2006) art. 13 は，裁判に関係する者が条約を理解し，その目的を実現するために訓練などを受けることを義務づけている。J.E. Bickenbach, Ethics, Law, and Policy (2012) は，障害者保護の立場からこの問題を詳細に検討している。
(26) 田島裕「司法へのアクセス――ウルフ・レポートが日本法に示唆するもの」判例タイムズ1182号（2007年）110-5頁参照。

第3章　法の支配の原理

第4節　最高法院法（1981年）の制定と「法の支配」

(1) 司法審査の訴え

　(a)　ド・スミスの憲法理論

§341.1　ド・スミスはケンブリッジ大学の教授であり，1959年に Judicial Review of Administrative Action と題する著作を出版した。筆者がイギリスに留学するきっかけは，この著作に出会ったことにあるが，1974年にブリティッシュ・カウンシル・フェローとしてケンブリッジ大学に迎え入れられ，同教授の下で研究する予定であった。筆者が同大学に到着して1週間もたたないうちに同教授は急死された。しかし，ド・スミスの著作は，イギリスの裁判所によって権威的な書籍としてしばしば引用され，古典として永久的生命を得ている。その第5版（1995年）は，Lord Woolf および J. Jowell により本格的に改訂され，初版の数倍もの大部の著作になっている[27]。ド・スミスの初版は，「自然的正義」の重要性を強調している。筆者は，本著作集第1巻『アメリカ憲法』（2004年）を出版するに当たり，「適正手続請求権」という概念を説明した（268頁）が，ド・スミスの理論も基本的には「適正手続請求権」を憲法上の人権と認めている。

§341.2　イギリスの行政法は，権限踰越の法理にはじまった。この法理による司法審査の基準は，合理性（reasonableness）であり，これによる救済には一定の限界があると言われる。司法審査の訴えを説明するために，まず1つのモデル事例として，Associated Provincial Picture Houses Ltd. v. Wednesbury Corp., [1948] 1 K.B. 223, [1947] 2 All ER 680（CA）を説明しよう。この事件で問題になっているのは，地方自治体が出した映画館の日曜営業許可に付された条件の効力である[28]。問題の条件は，成年の付添人がいるか，いないかに係わらす，15歳未満の子供が映画館に入ることを禁止することであった。Sunday Entertainments Act 1932, s.1 に基づく許可決定であるが，王座裁判所は，法律の政策や目的と無関係なことを考慮にいれた決定であり，裁

---

(27) De Smith, Woolf and Jowell, Judicial Review of Administrative Action (5th ed. 1995).
(28) イギリスでは，日曜の営業は一般的に禁止されており，例外を認めてもらうためには特別な許可が必要である。

70

第4節　最高法院法（1981年）の制定と「法の支配」

判所は無効と宣言せざるを得ないと判決した[29]。この判決は，行政裁量による決定についても，裁判所が干渉できることを示している。そこで，どこまでの干渉が許されるかが問題となるが，①権力の濫用（abuse of power）を問題にするものと，②手続的公正を問題とするものとがある[30]。本節でもう少し司法審査の訴えを具体的に説明しよう。

§341.3　「法の支配」の実現は，裁判所の責務である。第1章§14.3で言及したように，イギリスの裁判所は，憲法裁判所ではなく，通常裁判所であり，裁判管轄に当て嵌まる事件だけを扱う。「法の支配」の原則を実現することには困難があった。そこで，とくに高等法院は，国王大権による大権令状を利用して救済をはかろうとした。現在では，RSC53条にその令状の利用に関する規定が置かれ，1981年の最高法院に関する法律（Supreme Court Act 1981）第31条(4)項は，ほとんど同じ文言でそれをバックアップした[31]。司法審査の訴えが一般的裁判管轄として認められるまでに，ほぼ半世紀もの月日が経過しているが，この立法を強力に支援したのはド・スミスであった。今日では，司法審査を求める訴えはしばしば提起され，この訴権が濫用されているのではないかと思われる情況がある[32]。

(b)　アニスミニック判決

§341.4　司法審査の訴えには，理論上，説明できない困難な問題が含まれている。その問題を説明するために，まずアニスミニック判決（§331.2）を詳しく説

---

(29)　地方自治体は，子供の健康と道徳を守るために必要であると理由を説明しているが，合理的には考えられない馬鹿な（absurd）決定である，と王座裁判所は述べている。

(30)　手続的公正は，主に自然的正義を意味するが，権力の濫用は，さらに(a) irrationality, (b)proportionality, (c)fetterling of discretion, (d)improper purpose, (e)material error of fact に分類できる。

(31)　後述§782.1において，この法律に基づく「司法審査の訴え」の手続を説明するが，ド・スミスの理論では，そのような手続を想定してはいなかったと思われる。実務上，実際の事例では，ド・スミスの考えと多少異なる判例があるように思われる。ド・スミスの著作の現在所編者の1人であるJ. Jowellは，「法の支配」の説明としてK.C. Davis, Discretionary Justice (1969)を支持しているが，ド・スミスの研究は，デーヴィスの理論に類似している。

(32)　アニスミニック判決は，最も重要な判例であるが，この判決が大部であり，難解である。議会の法律が司法の関与を全面的に排除しようとしたのは，その法律が中東戦争（スエズ動乱）の戦後処理に関わっており，イギリス政府がアラブ諸国との間で結んださまざまな秘密合意が裁判によって公開されることになるのを避けるためであったと思われる。

明しよう。重要な問題が含まれているので，事実関係も含めて多少詳しく説明しよう。この事件で問題になっているのは，在外財産補償委員会の決定の効力であるが，この決定の根拠となっている法律は，通常裁判所はこの決定を審査してはならないと規定していた。具体的に言えば，Foreign Compensation Act 1950, s.4(4)であるが，この規定は，「本法によりなされた委員会の決定は，いかなる裁判所でも，問題にされてはならない」と定めている。それにもかかわらず，原告は，その決定の無効の宣言判決を求めて通常裁判所に提訴した。技術的な論点であるが，この事件は，当初は certiorari の訴えとして提訴されたが，出訴期限が過ぎていると思われるため，宣言判決を求める司法審査の訴えとして提訴された。本件の決定は，次のような事実を背景として出された。

§341.5 原告は，エジプトで鉱山事業を行っていたイギリスの会社である。1956年にスエズ動乱が起こったために，原告は，その事業を著しく安い値段で包括的にエジプトの新政府機関の1つ（TEDO）に売却することを余儀なくされた。しかし，その売却に際し，原告は，もし将来，在外財産補償が認められるときには，エジプト政府以外の者に対する請求権を留保するという条項を当該契約書の中に含ませることに成功した。政情が安定してから，エジプト政府は，イギリス政府に対して賠償金を支払い，1950年の在外財産保障法（Foreign Compensation Act）（以下，1950年法という）に基づく損失補償が行われることになった。在外財産補償委員会は，1950年法に従って個別的審査を開始したが，原告の申請については，原告の事業の譲受人が補償請求権をもつと決定した。譲受人は，イギリス国籍をもたないので申請資格がなく，現実には，補償がなされないことになる。

§341.6 この決定については，1950年法第4条(4)項によって通常裁判所への提訴が禁止されている[33]。しかし，1958年の審判所および調査に関する法律（Tribunals and Inquiries Act）（以下，1958年法という）第11条1項（1971年の現行法第14条1項）は，かかる場合でも certiorari または mandamus の訴えを提起できることを定めている[34]。そこで，原告は，この規定に基づい

---

(33) ちなみに，1969年の法律にも同様の規定が残っている。
(34) この規定も，現在では廃止されているが，Tribunals and Inquiries Act 1992, s.12 (1)は，certiorari および mandamus を求める訴えは，訴訟禁止条項が法律に定められていても，司法審査の訴えを排除することはできないと規定している。

第4節　最高法院法（1981年）の制定と「法の支配」

て高等法院（High Court）へ提訴した。同裁判所では女王座部のブラウン裁判官が審理に当たり，相当躊躇を示しながらも，結局，原告の主張を認めて，在外財産補償委員会の決定が無効であると確認する判決を出した。同裁判官は，先の規定を固有の裁判権の存在を認める根拠として認めたものと理解した，と思われる[35]。

§341.7　この事件は，若干の複雑な法律問題を含んでおり，それらの争点がさらに上訴審で争われることになった。第1に，1958年法第11条3項は，在外財産補償委員会の決定については同条の適用がないことを明示的に規定している。第2に，もし原告がcertiorariの訴えとして提訴した場合，決定後6ヶ月以上経過していたため，この点だけで却下されるおそれがあったので，原告は宣言的判決を求める訴えとして提訴した。そこで，被告は，これらの技術的な点を無視したブラウン裁判官の判決は破棄されるべきである，と主張して上訴したのである。

　控訴院（Court of Appeal）では，セラーズ卿，ディプロック卿およびラッセル卿の3人の裁判官が当該事件の審理に当たった。各裁判官が異なった意見を述べてはいるが，結論としては全員一致でブラウン裁判官の判決を破棄し，在外財産補償委員会の決定は有効であると認めた。その理由は，もっとも重要であると思われるディプロック卿の意見によれば，通常裁判所の固有の権限として管轄権の間違い（jurisdictional error）の司法審査はできるが，本件にはその間違いはないとするものである[36]。しかし，この判決に含まれる法律問題の重要性を考慮して，控訴院は本件を貴族院（最高裁判所）へ上告することを特に許した。

§341.8　貴族院（最高裁判所）では，リード卿，ピアス卿，ウィルバーフォース卿，モーリス卿およびピアスン卿の5人の裁判官が審理に当たった。そのうち，前者3人は控訴院の判決を破棄してブラウン裁判官の判決を復元し，後者2

---

(35) 在外財産補償委員会が法律により付与された管轄権を踰越していなかどうかが問題となっており，その権限を付与した法律の解釈を示した事件であり，「法の支配」はまさにこのことを意味するというのである。

(36) 司法審査の訴えに賛成する学説と反対する学説の間で重要な争点となるのが，このjurisdictional errorの理解である。反対学説は，アニスミニック事件は，もともとcertiorari（大権令状の1つ）による訴訟であり，権限踰越（ultra vires）の法理と同じであると理解する。これに対し，賛成学説は，この事件は司法権の固有の権能を行使した事件であると見ている。いずれにせよ，法律問題と事実問題の混合した事件である。

人はそれに反対した。

　第1に，リード卿は次のような意見を述べている。本件は，在外財産補償委員会がその管轄権に関する法令解釈について間違った事例である。つまり，関連条文は，請求権者は，①所有権者または②その権利承継人とすると規定しているが，この規定を解釈するときに，元の事業者が排除されると解釈するのは間違いであるというものである。たしかに原告は，その事業の売却時に全ての所有権を失ったのであるが，その際，将来の補償についての一種の期待権を留保しており，これから発生した権利の行使まで当該条項が禁止するものとは解釈できないとするものである。

　第三番目および第四番目に意見を述べたピアス卿およびウィルバーフォース卿は，後に述べるスミス判決やその他の判例・法令の解釈について，それぞれ異なった意見を表明してはいるが，結論としてはリード卿の意見に賛成した。

　リード卿に続いて意見を述べたモーリス卿および最後のピアスン卿は，本件に含まれる法律問題は，いわゆる権限踰越（ultra vires）の問題——委員会が無権限で，または権限を踰越して決定を下したか否か——であり，これについて固有の権限としての司法審査権を通常裁判所にあることは認めるが，本件で問題になっている委員会の決定は，手続上の瑕疵のない完全な決定であって，通常裁判所がその決定の内容と異なる見解をもつとしても，その決定を覆すことはできないと判示した。

　貴族院（最高裁判所）の結論としては，先にも述べたように，3対2の意見で委員会の決定は無効（nullity）であると判決（宣言）した[(37)]。

§341.9　ところで，この判決のもつ将来の意味を考える場合，これと関連して，

---

(37)　決定の「無効（nullity）」という用語の意味には，深いものがある。イギリス憲法の違反に対し，どのような救済が認められるか，という問題がこれに関連するが，それは jus cogens であり，違反を受けた者に「正当な満足（just satisfaction）」を認めることであると思われる。R. v. Earl of Banbury, (1695) Skinner, 517, 527 において，ホールト裁判官は，「議会の法律を解釈し，説明し，そして法律が無効であると判断する」のは裁判所の日課であると述べている。ちなみに，この jus cogens は，条約法に関するウィーン条約（1969年）第53条に規定されている。一例を挙げれば，裁判所が，普通選挙が法の下の平等に違反すると判決した場合，その選挙によって選ばれた国会議員の行為は正当性の根拠を失っており，国会議員は報酬請求権を失うだけでなく，国会議員が故意に違憲状態を維持するならば，裁判所侮辱の刑事責任を負うことになる。さらに，無効と宣言された行為に基づいて，さらに違法行為を続けるならば，不法行為責任を負うことにもなる。

Smith v. East Elloe Rural District Council, [1956] A.C. 736[38]をどのように読むかが重要である。この事件は，1946年のAcquisition of Land（Authorisation）Actに基づく強制的土地収用の決定の効力を争ったものであるが，同法律の中にアニスミニック事件の条項と同じような「通常裁判所で争うことはできない」という規定があったために，貴族院［最高裁判所］は当該規定の司法審査を認めなかった。3人の裁判官が，この先例の読み方について言及しているので，それを説明しておこう。

　最初にリード裁判官であるが，同裁判官は，スミス判決の決定はおそらく市当局の悪意（in mala fide）でなされたものではないので，本件とは区別でき，本件を拘束するものではないと述べた。第2に，ピアス卿は，「その事件は，行政または執行の決定に関するもので，司法的決定に関するものではなかったので，おそらく若干異なる考慮が払われたと言ってよかろう」と述べた。最後に，ウィルバーフォース卿も，スミス判決の読み方に関して，「リード卿およびピアス卿の意見に賛成する」と述べた。

§341.10　アニスミニック判決は非常に長い判決であり，しかも難解な判決であるが，そのもっとも重要な点は，ピアス卿がその意見の第1文で述べているように，通常裁判所が司法の在り方を監督する一般的権限を常にもっていることを再確認した点にある。イギリスでは20世紀になってから実質的な意味での行政法が急速に発展したが，個別的な立法に際して，当該法律に関する紛争の処理を特別裁判所に委ねることが多くなった。しかも，特別裁判所から通常裁判所への上訴または司法審査請求の途を，法律の明文によって閉鎖または制限している場合が少なくない。在外財産補償法や国籍法のように，絶対的禁止規定を置く法律は多くはないが，出訴期限を定めて司法審査を制限する法律は多数あるが，すべての司法判断の制限が無効というわけではない。

(c)　**1981年の司法審査法の制定**

§341.11　上述のアニスミニック判決は司法審査の訴えである。この判決は長文であり，論旨も必ずしも明瞭ではない。そこで，1981年の最高法院法（Supreme Court Act）により，司法審査の訴えが明文で規定された。同法第31条(3)項

---

(38)　この事件では，被告地方自治体が，原告の所有地を強制収用し，貧困者用住宅にする決議をし，その強制手続を進めた。これに対し，原告は，最初から結論ありきの決議であり，mala fideにより無効とされるべきであると主張した。Housing Act 1925 ss. 40 and 64は，このような決議を想定していないと主張した。

第3章　法の支配の原理

は，次のように規定している。

　「裁判所規則に従って裁判所の許可が得られる場合を除き，司法審査の訴えの申立てはできない。申立てに関係する事項について，その申立ての十分な利害があると思料する場合でなければ，裁判所は当該申立てをする許可を与えてはならない。」

　この規定は，「司法審査の訴え」という新しい訴訟類型を正式に認めたという点で，歴史的な意義をもっている。しかし，裁量的な訴権であるとはいえ，この訴権が濫用されるおそれがあり，「裁判所の許可」が要件であることを明記している。その制定以前には，本書89頁§344.1で説明する国王大権に基づくcertiorari, prohibition, mandamus などの訴訟が行われることがあったが，その訴訟は不規則であり，これを廃止して，「司法審査の訴え」という概念でそれらを包括した(39)。第2に，普通の訴訟における「訴えの利益」の要件を，「十分な利害」という言葉に代えて弾力的な運用を可能にした(40)。いずれにせよ，この条文の意味を正確に理解するためには，ド・スミスの著作を読み，かつ，一連の重要な判例を分析・検討する必要がある。

§341.12　ド・スミスの憲法理論の影響を直接受けた指導的判例を紹介しよう。例えば，R. v. Secretary of State for the Home Department, *ex parte* Fayed, [1997] 1 All ER 228, [1998] 1 W.L.R. 763 (C.A.) は，2人のエジプト人が英国への帰化を求めた事件である。その2人は兄弟であるが，兄はイギリス人と結婚しており，弟はフィンランド人と結婚していた。共同でやってきたビジネスは成功し，2人もと永住権を認められていたが，帰化の申請については，国務省は申請を拒絶した。しかし，国務省は，特別に困難である，また微妙である（especially difficult or sensitive）であったとは述べたが，拒絶した理由は明らかにしなかった。そこで，その兄弟は，理由の開示を求めて司法審査の訴えを起こしたが，第1審裁判所は，British Nationality Act 1981, s.44(2)は理由の開示を要求していないと判示し，訴えを棄却した。しかし，控訴院は，国務省の決定は「自然的正義」の原則に違反していると判決し，原審判決を破棄した(41)。

---

(39)　但し，1981年最高法院法第31条(2)項は，訴えの例示としてcertiorari, prohibilion, mondamusなどを示しており，大権令状の基づく請願がその訴えの通常の形であることは間違いない。

(40)　Supreme Court Act s.31(3)およびCivil Procedure Rules Pt. 54参照。この訴えの利益の問題については，第7章§§782.1-782.3で説明するが，「十分な利害」とは「正当な期待権（just expectations）」を意味する。

(41)　1981年法第44条(2)項は，「国務大臣は拒絶の理由を示さなくても良い」と規定

第4節　最高法院法（1981年）の制定と「法の支配」

§341.13　後に説明するように，司法審査の訴えは大権令状の訴訟要件の影響を強く受けているが，厳密にその要件を満たしていなくても，その訴えは裁判官の裁量によって認められ得る。裁判官は，違法性の有無，関連性，忠実義務違反，不適切な目的の有無，信義誠実違反の有無，不合理性，手続的権限踰越などについて，「自然的正義」の観点から審査を行う。さらに，最近では，ヨーロッパ人権裁判所の法理である，比例配分法理が使われることがある[42]。

§341.14　控訴院判決を述べた3人の裁判官のうち，他の裁判官は，ド・スミスの著作を権威的典籍として引用しているが，その著作の現在の編者であるウルフ裁判官は，貴族院判決の中でなされたマスティル裁判官による「自然的正義」の説明を引用している[43]。マスティル裁判官は，司法審査の訴えでは，次の6点について，「公正」であるといえるかどうか審査しなければならないと判示した。

(1)　権限行使の方法が，すべての情況を考慮して，公正といえるかどうか，
(2)　公正基準は常に満たされているかどうか，
(3)　公正原理[44]が機械的に適用されていないかどうか
(4)　考慮に入れられるべきことが考慮に入れられていなかったり，考慮に入れられてはならないことが考慮に入れられていないか
(5)　申立人が弁論する必要のある決定により不利益を受けると思われる者が，弁明の機会を奪われていないかどうか
(6)　情報が開示されないために，弁論の権利が侵害されていないかどうか

(d)　若干の最近の判例の検討

§341.15　ちなみに，上記の審査基準は，Doody v. Secretary of State for the Home

---

している。本件では，この規定は，司法審査を排除するものではないと解釈した。この事件では，多くのイギリス人の友人がおり，申請者が「善良な人物」であると証言しているので，この事件では「説明が要求される」と判決した。

(42)　後に説明するように，「比例配分法理」は，ドイツ法に由来する法理であると言われており，この法理については，多少の説明を追加する必要がある。

(43)　マスティル裁判官は，民事訴訟法（特に国際仲裁法）の学者であり，憲法学者の説明より明快な説明をしているように思われる。但し，次注で述べるように，アメリカ法の影響を強く受けているように思われる。

(44)　Fairness法理を指す。アメリカ合衆国憲法のデュー・プロセス条項の解釈において，手続的適正と実体的適正とを区別し，手続のルールが形式的に遵守されていれば憲法の要件が満たされているとする理論があるが，このような理論を否定していると思われる。

Department, [1994] 1 A.C. 531 at 549 で説明されている。この事件では，一定の刑期を受けた囚人は，審査（review）を受ける権利を持っているかどうかが争われている(45)。この事件の原告である4人の囚人は，Murder (Abolition of Death Penalty) Act 1965のため，この法律がなければ死刑に処せられたと思われる殺人犯である。Criminal Justice Act 1967が制定され，復讐および抑止（retribution and deterrence）のいずれの見地から見ても，15年以上の収監は意味がないという判断が示された。囚人たちの刑期が再検討されたが，原告たちの場合，その検討の資料として陳述書の提出を求められなかった。この不作為が自然的正義に反すると主張した。貴族院はその主張を認めた(46)。この判決を書いたマスティル裁判官は，R. v. Civil Service Appeal Board [1991] 4 All ER 310 を引用し，それが法律上の要件でない場合でも，一定の情況があれば，自然的正義の原則が「説明」を要求することがある，と述べている(47)。

§341.16 囚人の刑務所内での扱いに関係のある O'Reilly v. Mackman, [1983] 2 A.C. 237, [1982] 3 All ER 680と比較検討しよう。この訴訟では，4人の囚人が Prison Rules 1964に基づく刑務所訪問者委員会の評価のため被った不利益の是正を求めた。この訴えが訴権の濫用に当たるかどうかが審理されているが，貴族院［最高裁判所］は，囚人が監獄法違反を理由として懲戒処分を無効と主張する訴えは，高等法院の女王座部（3人の囚人）でも，大法官部（1人の囚人）でも認められておらず，このような事例では，司法審査の訴えにより，宣言判決を求めるべきであると判決した。この判決では，おそらくはヨーロッパ法との整合性を意識して，司法審査の訴えを行政法上の救済方法

---

(45) 受刑者は一定期間毎に評価を受け，成績がよければ保護観察処分など有利な扱いを受けることができるが，本件申立人は，無期懲役で収監されており，否定的評価を受けてきたが，その理由が本人にはまったく知らされなかった事例である。ちなみに，囚人の刑務所内での「裁量」処遇の適法性については，後述214頁§622.1で詳しく説明するゴルダー判決が影響している。

(46) この事件では，具体的な処分が問題になっているのではなく，そもそも訴えの利益がない事件であると考えているようであり，マスティル裁判官のリップ・サービスにすぎない。

(47) R. v. Civil Service Appeal Board [1991] 4 All ER 310 では，45歳の刑務所職員が囚人を不当に殴ったことを理由に解雇され，当該職員が労働裁判所（industrial tribunal）に不当解雇を理由として職場復帰を認めることを求めた。労働裁判所は，職場復帰は認めず，6500ポンドの補償金の支払いを認めた。申立人は「理由の開示」を求めたが，貴族院はこれを認めた。

第 4 節　最高法院法（1981 年）の制定と「法の支配」

という理解を示しているが，この点でこの判例が先例法として引用されることはなく，不安定な判例法である。いずれにしても，司法審査の訴えはコモン・ローから生まれたものであり，その性質はまだ明確になっていない部分がある。

(2) 自然的正義の原則

　(a) 自然的正義

§342.1　「自然的正義」が何かを説明しなければならないが，その前に，Russell v. Duke of Norfolk, [1949] 1 All ER 109 のタッカー裁判官の意見の中で述べている警告に耳を傾けておかなければならない。タッカー裁判官は，その判決の傍論（obiter dictum）の中で，「自然的正義が要求するものは，各事件の個々の情況に応じて変わるものであるから，その原則を一般化することは困難である」と述べている[48]。自然的正義の原則が，裁判官たちが自らの責任において作り出してきたコモン・ローであることを考えるならば，論理的にもタッカー裁判官の意見は当たり前のことを述べたものにすぎない。しかし，訴訟法を中心とした法体系をイメージすることのない大陸法系の研究者は，自然的正義に関する判例を読む場合にも，その判例の結論を重要視して，その結論が出されるまでの事件の扱い方のパターン，もしくは裁判過程が，よりいっそう重要なものと考えられていることを忘れがちである[49]。

§342.2　自然的正義の原則の実際の適用は，各裁判官の裁量に委ねられているので，その原則には曖昧な部分があり，それを適用したときの結論を予測することは必ずしも容易ではない[50]。しかし，その原則についての基本的な考え方は極めて明瞭である。ディプロック裁判官は，ド・スミス教授追悼記念講演の中で，次のように説明している[51]。

---

(48) Russell v. Duke of Norfolk, [1949] 1 All ER 109 at 118 (per Tucker L.J.). ロード・チャンセラーであったヘイルシャム卿も，Pearlberg v. Warty, [1972] 1 WLR 534 at 540 (per Hailsham L.C.) も同じようなことを述べている。
(49) Maitland, The Forms of Action at Common Law 2 (Chaytor and Whitaker ed. 1909) で，メートランドは，19 世紀中頃に墓場に葬られたはずの訴訟方式が，今日でも「墓場の下からイギリス法を支配している」と述べている。
(50) デニング裁判官は「記録（records）」に不明瞭な点があれば，当事者尋問を行なうが，多くの裁判官は，書面の審査にとどまることが多い。
(51) Diplock, Administrative Law: Judicial Review Reviewed, [1974] Cam.L.J 233 at 236.

第3章 法の支配の原理

　「事実であるものが，どのようにしたら自然的正義の諸要件を満たすかを確かめるために使われる手続——それは，紛争の両当事者に対し公正なものでなければならない。そして第2に，同一の実体的法準則が，事実が類似した全ての事件に首尾一貫して適用されるべきこと——もしそうでなければ，裁判で達成されるものは全て，誰か別の者または審判機関の恣意的な裁量をもって行政府の恣意的な決定に代えてしまうことになるからである。」

　この一般的説明に多少の補足説明を追加するとすれば，次のようにいうことができる。自然的正義の原則は，法律問題の解決には誰に対しても同じように適用される客観的判断が要求されるので，事件に利害関係のない理性のある第三者がその判断者となるべきであり，かつ，すべての関係者の意見を十分に聞いたうえで判断を下すことを必要とする(52)。さらに，これが自然的正義の本質的要件の1つであるかどうか多少の疑問の余地はあるが，原則として，判決または決定には，それに至るまでの過程を正確に記録し，提出された証拠を説明し，その証拠から結論を出した論理的理由を説明することを必要とする。

(b)　裁判官の偏見

§342.3　自然的正義の原則の第一の枝は，判断者の「偏見（bias）」を問題にする。Cooper v. Wilson, [1937] 2 K.B. 309 は，これを簡潔に説明している。1882年の都市創設法は，市警察の警察官の停職，罷免等の処分をする権限を監視委員会に与えていたが，この事件では，同委員会の罷免手続の公正さが争われた。当該の法律の規定の仕方から，問題の性質上司法審査を排除する立法意図を読み取ることができるが，王座裁判所は，通常裁判所の一般的管轄権の行使として，同委員会の決定に「偏見」が見られると判示してその決定を破棄した。破棄の理由としたことは，いわゆる訴追者側に立った警察署長およびその補佐官が委員たちと同列に着席していたことが「委員会の公正らしさを疑わせる」ものであるということであった。Cooper v. Wilson, *supra* は，「公正らしさの外観」を害することが，「偏見」の原理が適用される基準の1つであることを確立した(53)。

---

(52)　前掲70頁注(27)で引用した de Smith の著作がもっとも詳細に説明した文献であると思われる。Jackson, Natural Justice (1973) は，多少正確性に欠けるところがあるが，自然的正義を簡潔に説明している。

(53)　Bank v. Lower Hutt City Council, [1974] 1 N.Z.L.R. 384 at 390 でこの基準が詳しく説明されている。この事件は道路工事の請負事業者と契約を結ぶことを決定した日より以前に，その決議と関係のある契約が既に締結されていたことが「偏見を推定せ

第4節　最高法院法（1981年）の制定と「法の支配」

§342.4　司法審査を求める申立人が裁判官の「偏見（bias）」を主張してみても、裁判官が偏見はないと答えるのが予想でき、その実際の立証が困難であることから、「公正らしさの外観」が基準になっているものと思われる[54]。この主張ならば、裁判官も認める可能性が高く、実際の立証も容易にできる。しかし、この基準も必ずしも明確でなく、「偏見を疑わせる合理的な事実」の存在を基準とされるようになった。例えば、R. v. London Rent Assessment Panel Commission, *ex p* Metropolitan Properties Co. (FGC) Ltd, [1969] 1 Q.B. 577において、デニング裁判官は、「現実の偏見の可能性」を問題にした[55]。さらに、Steeples v. Derbyshire County Council, [1984] 3 All ER 468では、ウェブスター裁判官は、行政官の「偏見」については「公正らしさの外観」を基準とし、裁判官の「偏見」については「偏見の合理的な疑い」が基準であると判示した[56]。

§342.5　裁判官の「偏見」の法理は、同様に中立の立場で決定を下さなければならない者にも適用される。Porter v. Magill, [2002] 2 A.C. 357では、地方自治体の監査役（auditor）の調査における「偏見（bias）」が問題になっている。この事件では、地方自治体の与党が多数の力を借りて、不正選挙区割り（gerrymandering）を目的として、市が所有する隣接選挙区（marginal wards）にある住宅を低価格で売却した。大きな損失が生まれ、市民がその違法性を申し立てたので、市の監査官が調査に当たった。監査官は、違法な売却であるとする結論を出し、市会議長および副会長が、代表としてその調査を争っ

しめる」と判決した。裁判所は、「市長および市会議員の信義誠実さや清廉さが問題なのではない。それは公正さの外観の問題である」と述べている。
(54)　Davidson v. Scottish Ministers (No. 2), [2004] 2005 S.C. (HL) 7, [2004] UKHL 34は、その基準はR. v. Gough, [1993] A.C. 646, [1993] 2 All ER 724で確立されたと述べている。しかし、*Re* Medicaments and Related Classes of Goods (No. 2), [2001] 1 W.L.R. 700 (*per* Phillips MR) は、この基準のヨーロッパ法との抵触を指摘している。
(55)　この事件では、賃料評価委員会が「公正な賃料」の額を決定したが、同委員会の委員長は、別の事件で地主（被申立人）の弁護に当たっていた。そこで、デニング裁判官は、Justice must be seen to be doneと述べている。
(56)　この事件では、地方議会がアミューズメント・パーク等の施設の建設を計画し、第三者（事業者）と建設請負契約を締結した。建設予定地の隣人が、その地方自治体の決定がTown and Country Planning General Regulations 1976, reg.4に違反すると主張し、開発許可を無効とする宣言判決を求めた。建設を策定いたのも、開発許可を発給したのも、同じ地方自治体であり、計画の策定の最初から同事業者がかかわっており、自然的正義の違反があったと判決された。ちなみに、この判決では、原告隣人に訴えの利益があるか否かも重要な争点となっている。

た。申立人は，当該監査役が政党について「偏見」をもっており，その決定は「自然的正義」の原則に反する違法なものであると主張した。しかし，貴族院は，当該監査役の偏見が具体的な証拠によって証明されておらず，公正な決定であると判決した。

§342.6 前述の規定は Juries Act 1974, s.1, sch. 1 を引き継いだ規定であるが，この規定は陪審員の資格について定めている。資格の判断基準は，ABCD に分けられているが，いずれの基準についても，最終的には裁判官の裁量にかかっている[57]。当事者が，陪審員の「偏見」を争う場合には，ただ単に除籍基準に該当すると主張するだけでなく，現実の「偏見」の存在を証明しなければならない。最後に陪審員の「偏見」についても説明しておこう。R. v. Abdroikov, [2005] 1 W.L.R. 3538 は，重要犯罪に関わる3つの刑事事件の判決であるが，いずれの事件でも陪審員の中に訴追側の警官の関係者がいたため，「偏見」を理由に刑事被告人が司法審査を求めた。この争点は Criminal Justice Act 2003 s.321, Sch. 33 に関係するが，その事件の1つで，警官の兄弟は陪審員から除外されるべきであると判決した[58]。

(c) 公正な通知と聴聞

§342.7 自然的正義の第2原理として，「聴聞 (hearing)」の原理を説明しよう。この原理は，ある法的決定がなされる場合，その決定がなされる前に適切な準備期間を与え，その決定に利害関係をもつ者の意見を十分に聞いて，それに基づいて決定を下すべきであるとする原理である。ある意味で，この原理は，ほとんど全ての国において，当然の常識として受け入れられている。とくにアメリカ合衆国では，デュー・プロセスの法律として確立された判例法の法理であり，基本的な原則は，行政手続法にも明文で規定されている[59]。

「聴聞 (hearing)」の原理は，不利益処分の事例に当てはめると非常に理解しやすい。例えば，Lau Liat Meng v. Disciplinary Committee, [1968] A.C.

---

[57] A は司法職員，B は弁護士（バリスタおよびソリシタ）並びに警察関係者，C は聖職者，D は精神異常者であり，D については，裁量の余地はない。本件では B 基準が問題になっている。

[58] R. v. Abdroiskov, [2008] 1 All ER 315 (H.L). 他の2つの事件では，違憲が2対1に分かれ，関係が薄く，偏見はなかったと判示した。R. v. Pintori, [2007] EWCA Crim. 1700 参照。

[59] これについては，田島裕『アメリカ憲法（著作集1）』（信山社，2004年）268頁で詳しく説明した。

第4節　最高法院法（1981年）の制定と「法の支配」

391において、枢密院司法委員会（最高裁判所）[60]は、弁護士の資格を剥奪（懲戒委員会決定）するためには、どのような苦情が委員会に提出されたかを具体的に説明し、それに対して反証をあげて弁明する機会を本人に与え、その反証に対する委員会の評価を明らかにして、その決定を下すべきであることは、自然的正義の原則から明らかであると判決している。同様の趣旨を述べた判決は、医師、教員、学生、警察官、消防夫、組合員、社交クラブのメンバーなどの懲戒処分に関する諸事件にも見られる[61]。かかる「聴聞」の原理は、公法上の事件に対してだけでなく、私法上の事件に対しても適用がある[62]。利害関係人が反論を許されるのは、第1に、事実に誤りがあるという点であり、第2に、法基準の適用が適切でないという点であり、第3に、その基準そのものが正当でないという点である。

§342.8　Ridge v. Baldwin, [1964] A.C. 40, [1963] 2 All ER 66 に注目しよう。この事件では、バーミンガム市の警察署長の罷免が問題になっている。警察組織の中で不祥事（贈収賄など）が発覚し、何人かの警察官が共謀罪で有罪とされ、処分された。その事件を担当した裁判官が、警察署長についても言及し、指導力の欠如を指摘した。おそらくはそのコメントに対応して、警察監視委員会が Municipal Corporation Act 1882 第191条(4)項により同署長を免職にした。警察署長は、聴聞の機会も与えられず、弁明の機会もなく、自然的正義の原則の違反があり、罷免は無効であると主張して争った。高等法院は、自然的正義の違反はないと判断し、控訴院は、警察監視委員会の処分は行政決定であるから、自然的正義とは無関係であると判示した。しかし、貴族院［最高裁判所］は、公正原理は一般原理であり、本件でも守られなければならないと判決した[63]。

---

(60)　香港の高等法院［最高裁判所］からの上告事件。

(61)　例えば、Malloch v. Aberdeen Corporation, [1971] 1 W.L.R. 1578（校長）、University of Ceylon v. Fernando, [1960] 1 W.L.R. 223（学生）、Kanda v. Government of Malaya, [1962] A.C. 322（警察官）、Pett v. Grayhound Racing Association, [1968] 2 All ER 545（競走用の犬）などを見よ。ちなみに、医師については、Medical Act 1969, s.14 の規定があり、貴族院が原審裁判所となるため、事実認定などについて、特別な困難がある。Fox v. General Medical Council, [1960] 1 W.L.R. 1020, Sloan v. General Medical Council, [1979] 2 All ER 686 などを見よ。

(62)　前注の Pett 判決および Vidyodaya University Council v. Silva, [1965] 1 W.L.R. 66（私立大学の教官）参照。

(63)　この事件のもう1つの争点は、Police Appeals Act 1927, s.2(3) によって警察署長は内務大臣に不服の申立てを行っており、同大臣は調査を拒絶したので、判決として

§342.9　King v. Electricity Commission, *ex parte* London Electricity Joint Committee Company, [1924] 1 K.B. 171 at 204 において，アトキン卿は，「個人の権利並びに自由に影響を与える決定を行う者または機関は，司法的に働かなければならない」と判決した。この言葉は，ここでは「聴聞 (hearing)」の権利を与えなければならないという意味で使われている。その権利が認められる場合とは，「個人の権利並びに自由に影響を与える場合」であるという。この事件では，Electricity (Supply) Act 1919 により，電力局が共同事業体を作り，その事業体の中に地方自治委員会および電力会社委員会を作り，両者の間で協議をして事業の詳細を決定する仕組みが作られた。共同事業体がその決定を担当大臣に報告し，担当大臣が関連規則を作り，事後的に議会の承認を得る段取りになっている。この仕組みでは，国民生活に直接関係する決定であるにもかかわらず，国民の意見を反映させる調査手続 (inquiry) がとられておらず，この仕組みが権限踰越 (ultra vires) であると判決した。

(d)　決定の理由の開示

§342.10　自然的正義の原則の第3の原理として，最後に「開示の原理」を説明しよう。この原理がイギリスの判例法上はっきり確立されているかどうかは，疑問の余地が残されている。しかし，少なくとも控訴院の判例のレベルでは，疑いなくその原理が承認されている。Pepys v. London Transport Executive, [1975] 1 All ER 748 では，ロンドンのある土地を買いたいと希望した原告が，原告に一定の金額で買い取る申込みをしたところ，被告は売却の意思決定をした時点で，その土地の下で地下鉄工事を始め，原告はその契約価格よりはるかに低い価格で転売することを余儀なくされ，被告に対しその差額を返済するよう請求した。この事件の管轄権をもっていた土地裁判所（特別裁判所）は，原告の請求を否定する決定を下したが，奇妙にも同裁判所は，この事件を進めるためにかかった訴訟費用を勝訴したロンドン運輸局が支払えと命じた。上訴を受けた控訴院は，訴訟費用は裁判所の裁量権の問題であるが，そのような異例な決定をだすときは，理由をはっきり説明しなければならないと判決した。

は決定の無効 (void) でなく，取り消し得る (voidable) とすべきであるかどうか，ということである。判決は，無効 (void, nullity) としたが，デヴリン裁判官は，取消しの判決にすべきであると主張している。

第4節　最高法院法（1981年）の制定と「法の支配」

§342.11　French Kier Developments Ltd. v. Secretary of State for Environment, [1977] 1 All ER 296 では，原告の土地開発計画の許可申請について調査官（inspector）が調査を行い，結論として許可を出すべきであると報告したが，環境大臣は許可を拒否した。Town and Country Planning (Inquiries Procedure) Rules 1974 (SI 1974 No. 419) r.13(1)は，許可を拒絶する場合には理由を説明することを要求しているが，環境大臣は「別の地域に住宅区域を設ける」と答えたのみであった(64)。Re Preston, [1985] A.C. 835, [1985] 2 All ER 327 は不動産譲渡税にかかわる事件である。この事件では，最初の調査の時に税務当局と納税者の間の話し合いで調査打ち切りが決定されたが，その後に同じ事件について別の告訴があり，再調査が始められた。納税者は「自然的正義」の原則に照らして説明が不十分であると主張したが，貴族院は，納税者には Income and Corporation Tax Act 1970, s.460 による不服申立ての手続が認められており，司法審査の訴えは認められない，と判決した(65)。

§342.12　Conway v. Rimmer, [1968] A.C. 910 もまた，一定の限度で開示の原理を間接的に支持しているものと思われる。この事件では，警視が見習警察官について警察署長に報告し，その警察官が友人の懐中電灯を窃取したという嫌疑がかけられた。調査の結果，警察署長は無罪の決定をしたが，警察官として将来の見込みがないことを理由として解雇した。そこで，解雇された警察官は，当該警視を悪意訴追の不法行為で訴え，その裁判の過程で，警視が作成したとされる報告書の開示を求めた。内務大臣は，その報告書は警察組織の内部機密文書であり，「公益」に関わることを理由にして，開示を拒絶した。貴族院［最高裁判所］は，Duncan v. Cammell Laird and Co. Ltd. [1942] A.C. 624(66)を先例として引用し，理論的には国王特権（Crown privileges）を主張することができるが，その開示が「公益」に反するかどうかを判断するために，必要な証拠の提示を命じることができると判決した(67)。

(64) 問題の地域は，ロンドンのグリーン・ベルトに含まれており，開発が制限されていたが，他方，中央政府の住宅政策の将来計画にも含まれており，調査官（inspector）は，グリーン・ベルトへの影響はほとんどないと判断した。
(65) この訴えの利益については，後述§742.2で説明する。
(66) この事件は，第二次世界大戦中に軍部が注文した潜水艦の潜水テスト中に沈没したことに対する契約訴訟において，中間手続として，潜水艦の設計図と関連書類の開示が求められたが，安全保障上の理由から開示が拒否され，裁判所もこれを肯定した。
(67) 現在の慣行としては，ロード・チャンセラーまたは大臣は，行政裁判特別裁判所評議会に諮問して回答を得た上，特別な場合には，情報の開示を禁止することができる。この判決は，伊藤正己「公益を理由とする証拠の排除」『裁判所法の諸問題（兼

§ 342.13　Conway v. Rimmer, *supra* が，証拠開示を自然的正義の原理により確立したと断言することはできないが，最近の判決でも，開示を要求する方向に向かっているように思われる。Stefan v. General Medical Council, [1999] 1 W.L.R. 1293 は，女医が医師免許登録を取り消された事件である。一般医療評議会（General Medical Council）は，「集められた全ての情報を考慮して，医師を続けるのは不適格であると決定した」という趣旨の通知はしたが，その具体的な情報を開示することはなかった。枢密院（Privy Council）は，Medical Act 1983 は理由の開示を要求していないが，コモン・ロー上開示が義務づけられていることを前提に制定された法律であると判示した。ちなみに，当事者である一般医療評議会は，後に説明する特別裁判所の重要なモデルであるが，歴史的事情により，その決定に関わる上告事件は，枢密院が最終審理に当たることになっている[68]。

§ 332.14　Regina v. Secretary of State, *Ex p.* Doody, [1994] A.C. 531 も理由の説明義務を負わせた事件である。この事件は4人の終身刑の囚人が起こした事件であるが，囚人は定期的に評価を受けており，この評価は間接的に保釈が認められるか否かと関係している。復讐（retribution）と抑止［予防効果］（deterrence）を考慮した刑期を終えたと考えられる囚人について，［特別］許可による釈放（release upon licence）が認められる可能性がある。訴えた4人の囚人は，強制的終身刑（mandatory life sentence）の囚人であり，刑務所内での処遇については刑務所長の裁量が大きく働いている。しかし，Report of the Royal Commission on Capital Punishment 1949-1953 (1953), Cmd. 8932 の勧告に従って制定された Murder (Abolition of Death Penalty) Act 1965 は，裁判官に許可する裁量（discretion to order licence）が認めており，また刑法学者は，すべての犯罪者が10年以内に社会復帰することを原則とすべきであるという[69]。

　　　子博士還暦記念）中』（有斐閣，1969 年）291-340 頁で詳しく検討されている。「公の利益」をより厳密に制限しようとしている。Crown Proceedings Act 1947, s.28.
　(68)　医師会は古くから国王から特権を認められていたが，Medical Act 1858 により General Medical Council [GMC] が設置され，司法的紛争についても，この機関が最終決定を下すことになった。しかし，枢密院が監督権をもつため，司法審査の訴えについては，2人以上の貴族院裁判官が，審査に当たることになる。Medical Act 1983, s.52.
　(69)　10年以上刑務所生活を送った囚人は，もはや社会復帰の可能性がなくなり，植物人間のような生活に入ることになるという。Cross, Punishment, Prison and the Public (1971).

第4節　最高法院法（1981年）の制定と「法の支配」

(3) 特別裁判所と特別裁判所評議会

§343.1　イギリス行政法の基本原理を第7章で説明することになるが，特別裁判所の具体的な構造や権限については，そこで詳しく検討する。しかし，ここでも「司法審査」と関連して，特別裁判所の役割に言及する必要がある。「特別裁判所」はspecial tribunalの訳語であるが，この訳語が不適切であるという指摘を田中英夫から受けたことがある[70]。特別裁判所とは，関連する法律上の一定の事項管轄に関してのみ，準司法的決定を下す権限が認められる司法機関であり，通常，3名の審判員からなる。1人は，ロード・チャンセラーが準備する講習を受けて最終試験に合格し，「自然的正義」の専門家として裁判長となる者である。1人は，当該法律の専門事項に関して専門知識を提供できる者であり，残りの1人は市民の良識を表明できる者である。消費者保護が主題となる法律に関する特別裁判所であれば，審判員となる者には消費者代表とみなされる者が含まれる。ダイシー理論の影響もあり，特別裁判所は，行政府の機関ではなく，司法府の機関であるから，裁判所の制度と理解するのが適切である[71]。

§343.4　このような特別裁判所による裁判が，通常裁判所による裁判を受ける権利を侵害することにならないかが議論されている。特別裁判所評議会がコントロールできる特別裁判所は，70余りであるが，単純な数で計算すれば，その数は1万に達するかもしれない。特別裁判所は古くから使われているが，廉価であり，迅速な解決ができ，余り形式にこだわらないため利用しやすく，審判の場所も仲裁に似て，フレキシブルに対応できるなどの利便性が，その理由であろう。Parpworthは，雇用裁判所（Employment Tribunals）やMental Health Review Tribunalsを典型的な例であると見ているようであるが，これらの特別裁判所は，まさにそのような資質を満たしている[72]。

---

(70)　この指摘は，§712.1で説明するドノモア委員会の報告書の理解に関係すると思われるが，「行政裁判所」が論じられているため，司法機関という印象を与えるべきでない，という主張であると思われる。しかし，ドノモア委員会は，調査手続（inquiries）に焦点を当てたが，フランクス委員会報告書では，通常裁判所に対比される特別裁判所が論じられている。

(71)　通常裁判所（コモン・ロー裁判所）の負担が，特別裁判所の存在によって，著しく軽減されており，判例法形成に貢献し続けることができたのは，そのためであると考えられる。

(72)　N. Parpworth, Constitutional and Administrative Law (4th ed. 2006) pp.330-334.

§343.3　Attorney-General v. BBC, [1981] A.C. 303 では, local valuation court が特別裁判所であるかどうかが争点となっており, もし特別裁判所であるならば, 法廷侮辱罪を科することができる。ウルフ裁判官は, 普通裁判所とは違った面をもっているが, 裁判所であると判決した。しかし, 1958 年に特別裁判所評議会が設置されたとき, その設置は試験的に行われた。そこで, この新制度をモニター観察し, 改良すべきことを議会に勧告する専門機関として, 特別裁判所評議会を設置した。イギリス議会は, 行政の迅速で適切な処理のためには, 法律で詳細な要件または基準を定めるよりも, 専門機関を設置し, その機関にできる限り広い裁量権を与えることが適当であると考えたものと思われる。しかし, その裁量権は濫用される可能性があり, 個人の権利や自由に関係のある決定が下される場合には, 少なくとも自然的正義が確実に保障されなければならない。特別裁判所全体に対して一般的監督機関として, 特別裁判所評議会が設置された。この特別裁判所評議会は, 1 月に 1 回, ロンドンで会議を開き, 一般的に問題点を議論する形でその監督を行った[73]。

§343.4　2007 年に特別裁判所評議会は廃止された。社会保障に関する特別裁判所は, さまざまなスキャンダルを生んだが, 同評議会は, それを見過ごした。しかし, 特別裁判所はそれなりに利便性をもっており, 大きな改革をしたうえ, 存続することになった。また, 特別裁判所評議会がもっていた権限は, ロード・チャンセラーが治安判事裁判所に対し一般的監督を行ってきたので, 特別裁判所の裁判長の研修は, 今後も続けられるものと思われる。この研修は, 本書でも詳しく説明した自然的正義の原則に関する諸判例の学習を中心にして行われるが, 前掲 86 頁注(68)で紹介した一般医事評議会のように, それぞれの特別裁判所がそれぞれの歴史をもっており, 特別裁判所評議会が監視・助言することは困難なようである。一般医事評議会の場合, 受理する事件の数が多くなりすぎ, 1948 年に Medical Appeal Tribunal を設置し, 最初の審査に当たらせてきたが, Social Security Act 1998 により, その権限を

　この著作は, フランクス報告書を引用し, openness, fairness and impartiality (para. 42) が特別裁判所の特徴であると説明している。

(73)　Tribunals and Inquiries Act 1992, s.1 は, 付則 1 に表記された特別裁判所について, 年次報告書を作成して議会に提出し, 重大な事例を説明して, 必要な規則改正を助言することを義務づけている。評議会の構成, 機能などについては, §75.4 で説明する。

第4節　最高法院法（1981年）の制定と「法の支配」

Social Security Commissioner に移した。このように，他の特別裁判所についても，画一化・簡素化が図られているが，制度改革はまだ完成していない[74]。現在では，教育，公衆衛生，リーガル・サービス，司法アクセスおよびスコットランド問題について，改革が進められている。

§343.5　特別裁判所評議会も，ロード・チャンセラーが治安判事裁判所についてもっていた一般的監督権を拡張したものであったため，廃止後も，その機能は改革された形で維持されるものと思われる。特別裁判所が行っていたことは，第1に，議会が特別裁判所を設置するとき，その機構が「自然的正義」を守る構造になっているか否かを審査することである。第2に，その首席裁判官を法律家の中から選任し，実際に「自然的正義」を守っているかどうかをモニターすることである。ちなみに，日本では，第三者委員会を設置することにより，同じような「公正」を担保しようとしているようであるが，第三者委員会が「自然的正義」を守る構造になっているか，現実にそれを守っているかは検討されていない。前掲注(70)で引用した2つのレポートの勧告は，特に独立性の重要性を強調していることはいうまでもない。

(4)　大権令状との関係

§344.1　特別裁判所評議会の1番の関心事は，法の支配，とくに自然的正義の実現であるが，自然的正義に関する訴えは「司法審査の訴え」である。この訴えは，大権令状に基づく訴えから発展したものである。今日の訴訟実務においても，大権令状に関する憲法習律が生きている部分が多い。ところが，「司法審査の訴え」が濫用される傾向が見られるようになり，これに一定の制限が付されるようになった。第1に，出訴期限を3ヶ月に限定したが，certiorari や mandamus であれば6ヶ月であり，宣言判決や差止命令を求める訴訟では，出訴期限はもっと長期間になる。そこで，一方で国王大権の訴訟の利用を許すとともに，他方，求める救済によっては，「司法審査の訴え」では救済が得られないこととし，伝統的な大権令状による訴えを許している。メートランドは，19世紀に墓に葬られたはずの訴訟方式が，今日でも「墓の下からイギリス法を支配している」と述べたが，大権令状の使い方に

---

[74]　現在の改革は，A. Leggatt, Tribunals for Users, One System One Service: Report of the Review of Tribunals（August 2001）の勧告に従って進められているが，特別裁判所の独立性（independence）の重要性が強調されている。

もそれを想わせるものがある(75)。

§344.2 「司法審査」は，審査（review）であって，上訴（appeal）ではない。「司法審査の訴え」は代替的救済方法であり，この訴えを起こすためには，他の救済方法を試みた後でなければならないとする判決がある(76)。「司法審査の訴え」は特定の訴訟方式によるものではない。上訴（appeal）は，法律の定めに従って，事実審裁判所の判決に対し，法律の適用の誤りがあったか否かの審査を求める手続である。これに対し，「司法審査の訴え」は，裁判所の裁量によって認められることのある訴えであって，結論の正当性を再評価しなおす裁量的な手続である(77)。司法審査を許す制定法の規定がなくても，裁判所の裁量により，行うことができる。例えば，大学の入学試験において評価に間違いがあったことが推測される場合に，間違いを認めて入学を許せという訴えは上訴手続へと繋がるが，間違いを認めて試験をやり直せという訴えは，司法審査の訴えの性質をもつ。審査の正当性を問うものであって，ハートのいう第2次的法規範の適用を問題とするものである。

§344.3 「司法審査の訴え」の濫用であると思われる事例を紹介しよう。Clark v. University of Lincolnshire and Humberside, [2000] 3 All ER 752, [2000] 1 WLR 1988 では，女子大生が大学を相手に訴えた司法審査を求める訴訟である。申立人は，大学卒業前の最終試験のレポートを大学に提出したが，その準備のために使っていたコンピュータ・ファイルが消去されていたため，そのレポートは納得の行くものでなかった。大学の担当教授は，他人のレポートを書き写したと判断し，単位を認定しなかった。申立人は自分で書いたことを主張し，大学もそれを認めたが，担当教授は0点の採点をした。申立人は，大学の対応に不満を示し，大学との契約上の権利を主張して裁判所に提訴した。裁判所がこの主張を認めなかったので，改めて司法審査の訴えを起

---

(75) この論点は大きなものであり，筆者の著作集第3巻および第4巻の関連部分で説明する。ちなみに，§344.3で紹介する大学の卒業試験に関する事件の判決は，この問題を多少説明している。

(76) ちなみに，ウィグモアは，大化律令（646年）に定められた「目安箱」（後に江戸時代に徳川吉宗が盛んに使った）制度が，西欧の司法審査の訴えに類似していることを指摘している。J.H. Wigmore, A Panorama of the World Legal System (1936) pp.466-467.

(77) Maitland, The Forms of Action at Common Law (Chaytor & Whittaker eds. 1909) at 2参照。Reid v. Secretary of State for Scotland, [1999] 2 A.C. 512, [1999] 1 All ER 481 で，Clyde 裁判官は，証拠の評価をやり直す手続ではないと述べている。

第4節　最高法院法（1981年）の制定と「法の支配」

こした。大学の対応に自然的正義の違反があった可能性があり，理論的には提訴ができると判示したが，すでに3ヶ月以上の時間がたっており，訴えを却下した。

§344.4　大権令状（prerogative writs）は，令状方式の類型を意味しており，それぞれの方式に当て嵌まる要件事実の存在がなければ，これを使うことができなかった。しかし，Administration of Justice（Miscellaneous Provisions）Act 1938, s. 7 によってこの令状制度は廃止され，その代わりに高等法院が order of certiorari などの命令を出すことができるようになった[78]。この改正は，司法審査の結果，違法が認められるときに使われる救済方法として大権令状が使われることになった，ということを意味する。order of certiorari は，高等法院が，下位の司法機関（特別裁判所を含む）に対し，関連資料・記録の移送を命じる命令を意味する[79]。下位の司法機関の「管轄」についての誤りがあるが，重要な法律問題に関する間違いがあると思われるときに，高等法院の裁量により，その命令が出される。さらに，法律上の義務を行うことを強制する mandamus，および法律の執行を禁止する prohibition も重要な救済方法である[80]。

§344.5　mandamus 訴訟と司法審査の訴えの関係を示す事例として Padfield v. Minister of Agriculture, Fisheries and Food, [1968] A.C. 997 を説明しよう。この事件では，担当大臣に対し「規則の制定」を強制できるかどうかが問題になった。この事件で問題になった法律の規定は1958年の農業市場法第19条3項である。「調査委員会には，……（中略）……(b)大臣が命じる場合には，……（中略）……計画の実施について，大臣に提出された不服申立について調査し，大臣に報告する義務がある」ことを規定し，また同条6項は，「調査委員会が，基準の中の規定または基準を実施する牛乳市場委員会の作為・不作為が，……（中略）……その計画に利害関係をもつ人々の利益に反し，

---

[78] writ of order を order of certiorari と読み替えたのは，令状の要件が余りにも厳格に要求されることがあったので，これを弾力的に運用できるものにすることが意図されている。

[79] デニング裁判官は，「記録（records）」の中に不明瞭なものが含まれている場合には，その1点について証拠調べをすることもできると述べている。例えば，R. v. Northumbrand Compensation Appeal Tribunal, ex parte Shaw, [1952] 1 K.B. 338, [1951] K.B. 711 を見よ。

[80] さらに，宣言判決（declaration）や差止命令（injunction）も司法審査の訴えの救済方法として使われている。

かつ公益を害すると大臣に報告したときは，大臣は……（中略）……命令によって，事態を改善するために必要または適切と思料するように基準を変更し，……（中略）……事態を改善する措置をとるよう指示することができる」と規定している。この事件では，ロンドンに近い東南地区の牛乳生産者がミルク代金の基準について大臣に不服を申し立て，その検討を大臣が調査委員会に調査させることを求める mandamus 訴訟を起こした。

§344.6　この訴えに対し，大臣は，調査委員会の設置は必要ないと決定し，自分には完全な裁量権を付与されているので，その理由を説明する必要もない，と答えた。しかし，貴族院［最高裁判所］（リード裁判官）は，どの法律にも政策や目的があり，明らかに大臣がそれを間違って理解していると思われる場合には，それは法律解釈の問題であるから，裁判所が干渉できると判決した（id. at 1030）。訴えが本物であり，重要なものであるならば，最も賢明な解決策がなにかを検討すべきであり，もしその調査を行えば困った情況が生まれるという心配から調査を拒絶したと疑われるならば，厳しい司法審査が行われるべきであると判決した。

第5節　国際レベルの「法の支配」

(1)　国際連合総会決議

§351.1　1970年頃までのイギリス憲法の教科書では，国際法に言及されることはほとんどなかった。しかし，本書第5章および第6章で詳しく説明するように，憲法の中で論じなければならない国際法の問題が起こっている。伝統的な憲法理論では，二元主義をとっていたため，国際法を一応切り離すことができたが，主にヨーロッパ共同体との関係で，その組織の中に自主的に組み込まれたため，国際法（特にヨーロッパ法）を切り離すことができなくなったためである。また，今日では，国際組織がいっそう組織化され，国家間の相互依存度が高まっている。このため「国家主権」概念の相対化が必要になってきている。イギリスは，パックス・ブリタニカを経験した国であり，この相対化には苦悩を示しているように思われる。

§351.2　国際法の問題を論じるとき，国際連合の法をまず取り上げなければならない。国際連合は，国際連合は「法の支配」の実現をその主たる目標としてき

第5節　国際レベルの「法の支配」

た(81)。しかし、それは「法の支配」の原則の実現は政治的なモットーであって、裁判所により強制される憲法規範であるという認識がどの程度あったかは疑問である(82)。しかし、21世紀の最初の国連総会の国際連合総会決議（2000年9月18日）は、「24節　発展の権利を含め、国際的に承認された人権および基本的自由を尊重するだけでなく、民主主義を促進し、法の支配を強化するために努力を惜しむものではない。」と述べた(83)。21世紀には「法の支配」の原理を憲法規範として、全世界のレベルで確立し、戦争のない国際社会を形成しようという願いがこれに込められている。実際上、国際連合加盟国のほとんどすべての国が、その憲法の中で「法の支配の原理」を最も重要な憲法原理であると定めている(84)。日本を含めて、「司法アクセス」ということばで、世界の主要な国々は司法改革を進めてきた。

§351.3　法の支配とは、民主的な社会が法によって構築されていることを意味し、日本では「国家の法化」ということばで表現されることもあるが、その原則に従う国家では、法律家が社会形成に積極的な役割を果たすことが期待されていることはいうまでもない(85)。先に述べたように、今日の各国の憲法では、

---

(81) United Nations, The Rule of Law and Transitional Justice in Conflict and Post-Conflict Societies, Report of the Secretary-General, UN Document, S/2004/616 para.6 (23 Aug 2004). 但し、国際法学者の間で「法の支配」が論じられるようになったのは比較的最近であり、その定義も、比較法学者の定義とは多少ことなっている。日本国連合学会編『「法の支配」と国際機構（国連研究第14号）』（国際書房、2013年）では、「近代主権国家の権力を抑制するもの」と説明している。

(82) 世界人権宣言および国際人権規約で「法の支配」が重要な原理であることは述べているが、国際法では「法の支配」というキーワードは専門用語ではない。

(83) U.N. Gen.Assembly, A/RES/55/2. ちなみに、この決議には、国際司法裁判所の権限強化も目標として掲げられている。ABAはEthics 2000 Commissionを設置し、検討した。アメリカでは、環境保護法は法律家に対し、30日間の環境リスクの通報を義務づけている。Note, *Lawyers' Responsibilities and Lawyers' Responses*, 107 Harv.L.Rev. 1547 (1994). また、Sarbanes-Oxley Act, s.307は、証券取引法違反を識知したとき、当局への通知を要求している。Note, *Corporations and Society*, 117 Harv.L.Rev. 2227 (2004).

(84) フランス人権宣言（1789年）、ヨルダン（1952年）、モザンビーク（1990年）、ガーナ（1993年）、ネパール（1990年）、スペイン（1978年）、スウェーデン（1975年）、トルコ（1982年）、ウガンダ（1995年）など。2005年9月にIBAの評議員会は、「法の支配」は文明社会の基礎であり、これを実現することが喫緊の仕事であると宣言した。Bingham, Rule of Law 17 (2010) に説明されている。なお、IBA本部のあるイギリスでは、Legal Services Act 2007, s.1が、(a)公益（public interest）を保護し、(b)法の支配の憲法原理を積極的に支援するが法曹の義務であることを規定している。

(85) 後述100頁注(98)で引用するIBAの主要方針が、この動向を示している。J.E.

第3章　法の支配の原理

「法の支配」の原理が第1の憲法原理であることが規定されている。イギリス国内においても、ヨーロッパ連合内で指導的な地位を確立することを意識して、イギリス憲法の再検討を行ってきた。注目すべき法律の1つは、2005年の憲法改革法である。この法律は、「法の支配の原則が憲法の基本原理であること」を再確認している。ちなみに、2015年は最初のマグナ・カルタが作られてから800年目に当たり、世界の多くの国の憲法の中で、「法の支配」の憲法原理が再確認されている。たとえば、エジプト憲法も、「法の支配が統治の基礎である」と規定し、司法権の独立など重要な関連基本原理を定めている(86)。

(2) 司法権の独立

§352.1　国際問題として特に問題になるのが「司法権の独立」の問題である。IBAの組織を通じて流される最近の情報だけに限定しても、「法の支配」の原理を脅かす重要な事件が10件を超えている。いくつかの国（フィジー、パキスタン、スリランカなど）では、最高裁判所の裁判官が突然に罷免された。このような出来事について、国際社会が関与することの正当性の根拠は、「裁判官の罷免」が民主主義を傷つけ、ひいては「法の支配」の原理に違反することにある(87)。第2に、裁判官は国際人権保障の責任を負っているが、裁判官が人権を守る義務について職責を果たすことができなくなる。最近、スペイン最高裁判所は、中国の江沢民氏に対し逮捕令状を発給した（毎日新聞2014年1月9日夕刊1面参照）。この決定は、ヨーロッパ人権裁判所の役割を同最高裁判所が下級審として行うというフィクションによるものである。ちなみに、2014年3月、韓国首都ソウルにおいて、アジア裁判所の実施に向けた国際会議が開催されたが、アジア地域においても、もしこれが実現すれば、国家主権の概念を制約する裁判が行われることになる(88)。

　　Bickenbach, Ethics, Law, and Policy（2012）は、障害者保護の立場からこの問題を詳細に検討している。イギリスのLegal Services Act 2007 (s.1) は、法律実務家に対し、「法の支配」の憲法原理を支持して公益の促進をはかることを義務づけている。

(86)　2012年のエジプト・アラブ共和国憲法は、前文で法の支配の原則を説明し、第4章（第74条ないし第81条）で具体的な基本原理を定めている。

(87)　民主主義、「司法権の独立」、司法アクセスなどがキーワードとなる。このヨーロッパの叡智（ethos）について、A. Williams, The Ethos of Europe—Values, Law and Justice in the EU（2010）は、詳細な説明をしている。

(88)　ちなみに、IBAのアジア地域本部も、東京ではなく、ソウルにおかれている。

第5節　国際レベルの「法の支配」

§352.2　ウガリテ・ピノッチェ裁判は（§86.7），上述のスペイン最高裁判所の裁判に類似した面をもっている。同裁判所は，ピノチェ軍事政権が外国人に対して行なった拷問や虐殺が人道に反する犯罪に当たると判決し，ロンドンに滞在していたピノチェを逮捕し，その身柄をスペインに引渡すことを求めた。ロンドンで行われたウガリテ・ピノッチェ裁判では，元首相が傍聴席に座って裁判を傍聴していた。この事実が裁判官に影響を与えるという議論もあるが，公正な裁判が行われたものと思われる。むしろ問題は，軍国主義の国に見られるように，裁判官が専政政治のメカニズムに組み込まれているときに，国際社会が「公正な裁判」を確保するために，何らかのことをなし得るかである。問題となっている国（集団）においては，この自由が保障されていない。ナチスの時代に人類が経験したように，善良な市民が「世論」の操作によって戦争にかき立てられることは，歴史上，しばしば起こり得る。

(3)　国際社会における「法の支配」

(a)　時間の問題

§353.1　ダイシーのハーバード講義の頃から100年以上の歳月が過ぎており，国際社会は大きく変わっている。「時間」の観念と歴史の変遷を「法の支配」のパラダイムにどのように組み入れるべきかが問題となる。自然科学者であるアインシュタインは，その相対性の原理の中で，科学者は自分の立ち位置を正確に理解し，観察の対象物の動きを正確に計算し，それらのデータを基にして，必要な調整を行わないと真実の発見は不可能であるという。コペルニクスが見た天空の光は，何億年も前のデータであり，人間がその星に到達するときには，その星はもはや存在していないかもしれない[89]。同じような「時間」の考慮は法律学でも必要である。実際上，国会が法律を制定したとき，将来の展望を正しく予測していなければ，その法律は使いものにならない。また杜撰な立法事実の認定に基づいて作られた法律は，むしろ社会的危害を生む。ダイシーの理論も，決して今日の社会を予測して作られたものではなく，その理論が今日の社会でも通用するかどうか，検証が必要である[90]。

---

(89)　クラコフ大学（ポーランド）にはこの環境があるが，日本の大学にこの寛大さがあるとは思われない。

(90)　『議会主権と法の支配』では，この点について，マーシュの論文に注目した。Marsh, The Rule of Law as a Supra-National Concept, in Oxford Essays in Jurisprudence 223 (Guest ed. 1961). マーシュは，法の支配の原則は国際司法裁判所規程第38条1項Cにいう「文明国が認めた法の一般原則」であると主張している。

§353.2　一般的に，法律家は保守的であり，歴史を停止したものと見る傾向がある。フランスのナポレオンは，民法を制定したときにそれを不変なものにしようとした。また，ベンジャミン・フランクリンがアメリカ合衆国憲法の起草に加わったとき，それを「硬性憲法」にした[91]。日本でも，明治時代に制定された法律に慣れ親しんだ法律家は，それを変えることに大きな抵抗を示してきた。法律家の世界では，オリンピック・ゲームの世界とは違って，老人ほど強力な現役であり，時代が変わっても，法を変える必要がないと主張しがちであることも事実である。問題は，誰が「時代が変わった」と認定するかである。また，時代が変わったとして，「法がどのように変わるべきか」である。一般的には，裁判所が，具体的事件の審理のプロセスを通じてその認定を行うべきであり，一時的に公正と思われる判断を示さなければならない。その意味において，裁判官は，限定付きの立法機能を果たしているのであり，この機能を適切に果たすためには，国民の目線で現代社会の現状を正確に見て，自分の見解をもつことが要求される。

§353.3　改めて「硬性憲法」の問題にもふれておこう。「硬性憲法」とは，ダイシーも北アイルランド問題と関連して検討しているが，憲法の中に「憲法改正手続」に関する規定を置き，憲法の改正を困難にしたものを指す。イギリス憲法のように，憲法典が憲法慣習法を明文化したものであると理解するならば，長い歴史を通じて確立した慣習法は，たとえそれを変えるとしても，その正当性・合理性を十分に説明し，時間をかけて変えるべきである。マグナ・カルタ（特に「司法権の独立」）は，ほとんど全ての国がもっとも重要な憲法規範であると確信しており，これを安易に変えるべきではない。ちなみに，伊藤正己は，この問題を重要な研究テーマの1つとしていた[92]。

(b) ベルサイユ条約から国際連合憲章へ，そしてその新憲章へ

§353.4　国際連合憲章により国際紛争を解決するのは困難である。国際平和を維持するために改正が必要であるが，どのように改正すべきか。この設題に答えるために，まずベルサイユ条約を説明しよう。この条約は，カントの国際平

---

(91)　アメリカ合衆国憲法第5編は，憲法改正手続について規定しているが，これによる憲法改正はほとんど不可能である。その結果，合衆国最高裁判所は，先例拘束性の原理の遵守を放棄し，判例変更（憲法解釈）によって憲法を変遷させてきた。

(92)　伊藤正己「国家主権の再検討 (1-3)」国家学会雑誌81巻3・4号，5・6号，7・8号参照。なお，M. Schwartzberg, Democracy and Legal Change (2007) pp.193-210 は，「硬性憲法」の理論的諸問題を説明している。

和の理論に基づいて，主権国家間の平等の原則によって組み立てられている。戦後処理については，従来の慣行を踏襲して，戦勝国が大きな利権を得ることを許した。国際連合憲章は，国家間の平等の原則は維持しつつも，戦争によって利権を得ることは否定した。戦争行為は殺人・建造物損壊行為であり，正戦論はあり得ないという理解に立って書かれている。同憲章は，従来の条約とは異なり，国際組織に立法権を付与した。従って，国際連合の立法は，通常の条約締結手続を経ないでも，各加盟国を拘束するのであり，その効果として，国家主権は一定の制約を受けることになる。この制約のバランスの取り方が問題である。

§353.5　国際連合憲章は，平和を紊乱する国があれば，安全保障理事会がその決議によって平和を維持するために必要な措置をとることができると定めている。「個人の生命」が最も重要な法価値であると規定されており，デモに参加した市民を武力で制圧することは国際法上違法であると考えられる。制圧が行われると理事会が開かれ，違法であると決議することもあるが，その決議を強制する手段が憲章に規定されていないことに問題がある。安全保障理事会が責任を負うことになっているが，その構成および投票権の配分の仕方に歪みがあり，適正に機能しない場合がある。また，紛争の解決方法として，経済的制裁だけでは実行力を期待できない。この制度の改革が検討されている[93]。

§353.6　理論的には，ルネ・カッサンは，国際法規範の実効性については，強制よりもソフト・ロー[94]が有効であると考えていたと思われる。ルネ・カッサンが起案したヨーロッパ条約では，被害者に対し「正当な満足 (just satisfaction)」を与えることがヨーロッパ裁判所の救済方法と定められている（人権規約第50条）。その具体的な内容を明確にすることが現在の主要課題であるように思われる。当面，ルネ・カッサンは，判決を下し続けることによって，世界の国民を教育に，何が正しいかを理解させることに努めさせた。ヨーロッパ裁判所の主たるプレーヤーは大学教授であり，実務法曹ではない。ヨーロッパ人権裁判所は，実務法律家のモラルを高めることが目的となっているとも見ることができる。

---

(93) Finigio and Gallo (eds.), Democracy at the United Nations: U.N. Reform in the Age of Globalisation (2013). 特に J.E. Schwartzburg および H. Köhler の論説を見よ。
(94) ソフト・ローとは，物理的な強制力ではなく，「世論」の力や倫理観に訴えたり，外交交渉を利用したりして，判決を執行する法を意味する。

§353.7　テロ行為の場合，行為者の国籍がはっきりしないため，あるいは無国籍であるため，どの国がその行為について責任を負うべきか，はっきりしない。アメリカ合衆国では，テロ行為は国際法上の犯罪であり，刑法上の犯罪ではない。これと比して，イギリス法では，テロ行為は国際法上の犯罪であると同時に，刑法上の犯罪でもある。しかも，その犯罪の特殊性から，証拠法の厳格なルールを緩めたり，刑事手続についても特殊な規定をもうけている。アメリカの方法を採用する場合，テロリストを国外追放することになり，いわばどの国が受け皿になるかという点で，一種のババ抜き状態が生まれる。イギリスの方法による場合，治安維持の目的のためには大きな効果を上げているが，司法への信頼を傷つける側面も多くある(95)。

§353.8　国際社会は民主的な社会の形成をめざしているが，これは単なる1つの国家の目標ではなく，世界全体で実現されなければならない状況が生まれている。Austin Sarat, Sovereignty, Emergency, Legality (Cambridge U.P. 2010) は，アメリカ憲法における「法の支配」原理についてダイシー伝統がどのように働いているかを検討し，1つの具体例として，*Ex parte* Milligan, 71 U.S. 2 (1866) などの判例を再検討し，その伝統はアメリカ憲法にも深く根ざしているという。ミリガン事件では，リンカーン大統領が作ろうとした軍事法廷の合憲法性が争われ，合衆国最高裁判所は，その軍事法廷は「通常裁判所による裁判」を受ける権利を否定するものであり，違憲であると判決した。しかも，大統領による戒厳令によらずに連邦議会の法律によって設置される場合でも違憲であるとした。たしかに，ダイシーは「戒厳令」に関する記述の中で，「＜戒厳令＞は，その用語の本来の意味では，軍事法廷による通常法の停止と，国ないしその一部の暫定的統治を意味するが，そのようなものはイギリス法には知られていない。」と述べている。

§353.9　ダイシーは，「戒厳令」の問題についても説明している。少なくとも憲法のレベルでは国連加盟国のすべての国がいちおう民主主義国家であるといえる。しかし，本当に民主主義が実現しているかというと，そうではなく，サラが主張するように，緊急事態や戦争状態にあるときに，「法の支配」の原理が働くものとは思われない。普通選挙によって選ばれた国民の代表は，自分の地位を安定させるため，憲法の改正を含め，あらゆる努力をする。理論

---

(95)　もっとも，将来，ICCなどの国際司法機関を中心に，理論的な整理が行われるものと思われる。

第5節　国際レベルの「法の支配」

的に言えば，民主主義の手続によって専政政治を選択することも可能であるということである。しかし，たとえ悪政が続いたとしても，復元力が残っている限り，他国は干渉すべきでない。議会が国民の意思を集約する団体として機能せず，軍部によって国家が乗っ取られたような情況になったとき，その軍事国家は世界にとって恐怖の存在であり，平和な手段によって全世界が協力することになる。その協力によって実現するべきものが，国際レベルにおける「法の支配」である。

§353.10　改めて「民主主義」とは何かについて考えてみよう。ド・トックヴィルは民主主義を賞賛した。彼が見たアメリカの民主主義では，公務員は国民の公僕であり，ほとんど無報酬で仲間たちのために働いていた。しかも，その役所はみすぼらしい建物であるが，背広を着ることもなく，いきいきと楽しそうに公務に専念していた。これに比べて，市民革命後のフランスでは，市民社会が形成され，国民代表が政治を行ったが，身分制は残っており，封建時代の利権も残っており，いっそう悪い政治が続いた。ド・トックヴィルにとって，アメリカの民主主義は新鮮な強い印象を与えたようであるが，今日のアメリカ民主主義は，当時の草の根の民主主義とは異なったものになっている[96]。

さらに，憲法の文章上の民主主義があっても，社会の実体が奴隷制に近いものであることが少なくない。大工場で働く契約社員はいわば生きたロボットであり，建国当時のアメリカ南部のプランテーションで働く奴隷と大きな違いはない。また，有名な大銀行の正社員でも，一定の業績をあげることがノルマとされ，顧客の都合などに余り注意を払わない。保険会社も同様である。普通の会社員として人生を送ることに甘んじる覚悟をした若者は，地下鉄の中でも漫画を読んだり，ゲームに明け暮れしている。これらの社員を使っている企業の幹部も，短期に利益をあげることに専念し，人生を楽しむゆとりなどもっていない[97]。これを民主主義社会というのだろうか。最初に述べたように，法律家は積極的に社会形成を行うことが期待されているが，

---

[96] 宇野重規『民主主義のつくり方』(筑摩書房，2013年)は，何もしないで民主主義は生まれないという。上から命令を出すという形でなく，利他的な姿勢で，人の話を良く聞いて意見をまとめ，積極的に多数決による意思決定を実現する努力をする人物が必要であるという。

[97] もっとも，会社の大金を使って，飲食等の交際をすることぐらいはあるかもしれない。

第3章　法の支配の原理

改めて「民主主義とは何か」が問われているのである。

(4)　「国家主権」の観念の相対化

§354.1　ダイシーの憲法理論は，「個人対国家（国王）」という枠をはめて憲法問題を捉えているが，その枠を超える事例が数多く起こっている。多国籍企業の利益は，国家の利益とは異なる側面をもっているし，国際犯罪についても，テロリストによる犯罪は，「国家」の枠では捉え切れなくなっている。IBAが「法の支配」の実現のために努力してきた1つの重要な目標は，国際社会の司法化である[98]。現在の国際司法裁判所は，裁判管轄権が著しく制限されている。また，その裁判所の判決の拘束力についても，一般的には強制力に欠けていると理解されている。最初に言及したように，21世紀になってから，いわゆる国際社会の国際裁判所の仕組みをより一般的で，より包括的なものにしようとする動向が顕著なものになっている。

§354.2　具体的には，国際連合に関係する司法機能を強化することが行われている。ILOは，すでに相当長い期間にわたって多数の判例を蓄積してきた。ICCは常設の刑事裁判所であるが，現在，訴訟手続はもちろんのこと，日本の司法制度と比較しても，まだ未成熟な部分が多い。WTOなどは国際的司法機関という側面をもつが，これらの組織においても，プレーヤーは，多くの場合，職業弁護士だけに限定されるものでない。今日の「法の支配」は，「決定のプロセスにおける恣意性の排除」を意味するものであり，適正手続に従って，すべての国連機関および関連機関がその原則を法規範として強制することに協力する必要がある。新憲章では，国家主権間の平等よりも，国家の上位に立って「法の支配」の観点から国家を監視し，違反の疑いがある場合，助言する権限が司法機関に与えられなければならない。一般的裁判管轄権を国際司法裁判所に付与する傾向があり，法律家（特に実務法曹）は，新しい「法の支配」の意味を改めて検討するべきであろう。

---

(98)　International Bar Association（IBA）は，ロンドンに本部が置かれた法曹実務家の国際団体であるが，2005年にその評議会（Council）が，「法の支配の憲法原理を国際的に推進すること」を目的とした活動を積極的に行うことを決議した。この決議に従って，積極的な活動を進めているが，その詳細は，F. Neate (ed.), The Rule of Law－Perspectives from Around the Globe（2009）に説明されている。ちなみに，小和田恒（国際司法裁判所裁判官）も，この著書の中で論文を寄稿し，ビンガム裁判官らの考えを支持する意見を述べている。

第4章　権力分立と議会立法の正当性

第1節　権力分立の原理──抑制と均衡

(1)　三権分立の原理

§411.1　本書第2章で議会が絶対的立法主権をもっていることを説明した。そこで紹介したハートの理論によれば、オースティンのいうように、法は主権者の命令であり、強制力があるために、市民はそれに従うのであるが、その命令の正当性が問われる。ハートは、その正当性の判断基準として道徳を使うことに反対した[1]。議会の「税を支払え（金を出せ）」という命令と銃を突きつけた強盗犯の「金を出せ」という命令との違いは、その正当性があるか無いかの違いである。第3章で法の支配の原則を説明したが、議会の命令は、市民の「生命、自由、財産」を奪うこと自体が目的ではなく、国家事業を通じて国家の利益を最大限に高め、得た利益をすべての市民に公平に配分することを意味する。法の支配の原則は、議会が権力を濫用することを抑止する民主主義の安全弁である。本章では、議会が制定する法律の正当性について、主に司法府（裁判所）がその正当性を担保するためにどのような役割を果たしているか、さらに考察を深めることにしたい。

§411.2　「機会主権の原則」と「法の支配の原則」は、相互に「寛容の精神」[2]で結ばれているように思われる[3]。近代憲法においては、議会が優位に立ち、議

---

(1) 本書51頁§235参照。H.L.A. Hart, The Concept of Law (3rd ed. 2012) pp.185-212.
(2) 『議会主権と法の支配』160頁。
(3) 内田力蔵『公法（内田力蔵著作集第7巻）』（信山社、2009年）59頁は、「法の支配は行政府に対するもので、立法府に対するものでなく、ダイシーに依って結局両者が調和するところにこそイギリス憲法の精神があると解かれる」と述べている。この論稿は、日本における「法の支配」の研究を1つ1つ評価し、「法治主義」と「法の支配」を混同しているという。また、国会の立法主権については、「国会の黙認または寛容、あるいは譲歩によって、なりたつ」と主張している。なお、筆者が本文で「寛容の精神」と述べたのは、クランマ（イギリス国教会）の「寛容の精神（tolerance）」を意味している。

第4章 権力分立と議会立法の正当性

会が作った法律は裁判官をも拘束する。しかし，アメリカ合衆国憲法では，違憲立法審査の形で裁判所は立法を否定する権能をもっている。第3章で説明したように，実際上，イギリスの裁判所は，違憲であると思われる立法に対して，それに従うことはなかった。『議会主権と法の支配』を執筆中にこの「曖昧さ」の重要性に気付いていたが，イギリス人はドグマティッシュな画一化ないし論理建てを嫌うため，この問題に答えてくれる文献がなく，歯切れの悪い「補足」説明という形で筆者の考えを示した(4)。本章では，もう少し深くその問題を考察したいと考えている。立法が判例法よりも優越するのは，立法のプロセスが，裁判その他の法的決定のプロセスに比して，真実を検証するメカニズムを備えており，より多くの叡智を集めて結論を出しているからであると思われる。このメカニズムは，本章第2節で説明される。さらに，第3節では，立法の内容に関する内在的制約について考察する。

§411.3 今日では，議会が国権の中心にあり，「国会が万能の権能をもつこと」を否定する憲法学者はいない。しかし，議会が権力を集中してそれを独占することになれば，非常に危険であり，議会主権の原則を補足する原理として「抑制と均衡」を説明している。権力間でバランスをとることによって最も良い結果をもたらすという考えは，イギリスの外交政策にも常に見られる。「三権分立」の原理が明確に意識されていたかというと，むしろそれは否定されているように思われる。ホッブスは，権力集中が危険であり，権力分立により抑制と均衡を保つのがよいとした(5)。この考えは，プラトンの「三権分立」の原理の影響を受けているかもしれないが，モンテスキューの示した，イギリス憲法に存在するという「三権分立」の理論は，実際上，イギリス憲法の幻想である(6)。しかし，「すべての権力が濫用される」のが世の常であ

---

(4) 『議会主権と法の支配』160頁。この著作を執筆していた当時，§414.3で紹介するビルマ石油事件が議論されており，アメリカ合衆国の違憲立法審査と対比して，イギリスにおける立法の正当性の問題に主たる関心があった。

(5) ホッブズは，レヴァイアサン（主権者）に完全な主権（命令権）を与えており，主権を分割することはできないと考えていたが，これは「主権者の公共代行者」である諸器官が勝手に行動し，害悪をもたらすからである，と考えていた。ホッブズ（水田洋訳）『レヴァイアサン』（岩波書店，1964年）46頁，128-136頁参照。また，ホッブズ（田中浩他訳）『哲学者と法学徒との対話』（岩波書店，2002年）25頁では，国王が征服の栄光を追い求め，国民の財産の一部を浪費させたり，党派争いによってつぶし合うことをやりにくくする法律を作っておくのは良いことだと述べている。

(6) 但し，現在の憲法では，貴族院［最高裁判所］はウェストミンスター（議会）の近くの建物に移転し，ロード・チャンセラーの権限も法務大臣だけに限定され，モン

り，当然，イギリス憲法にも民主主義の安全弁は存在するが，ここではまずモンテスキューの「三権分立」の理論を説明しよう。

§411.4　「三権分立」の原理がイギリス憲法の重要な原理であると言ったのはモンテスキューであった。モンテスキューは，その古典的著書『法の精神』の中でイギリス憲法に言及し，次のように述べている[7]。

　「各国家には3種の権力，つまり，立法権力（la puissance legislative），万民法に属する事項の執行権力および公民法に属する事項の執行権力である。

　第1の権力によって，君公または役人は一時的もしくは永続的に法律を定め，また，すでに作られている法律を修正もしくは廃止する。第2の権力によって，彼は講和または戦争をし，外交使節派遣または接受し，安全を確立し，侵略を予防する。第3の権力によって，彼は犯罪を罰し，あるいは，諸個人間の紛争を裁く。この最後の権力を人は裁判権力（la puissance de judge）と呼び，他の執行権力を単に国家の執行権力（la puissance executice）と呼ぶであろう。

　……（中略）……裁判権力が立法権力や執行権力と分離されていなければ，自由はやはり存在しない。もしこの権力が立法権力と結合されれば，公民の生命と自由に関する権力は恣意的となろう。なぜなら，裁判役が立法者となるからである。もしこの権力が執行権力と結合されれば，裁判役は圧制者の力をもちうるであろう。」

　ここで述べられている「三権分立」の原理は，アメリカ合衆国憲法には見られるものの，イギリス憲法には存在しない[8]。W.S. Holdsworth, A History of English Law vol.10 (London, 1938) pp.713-24, esp. p.718 において，ホールズワースは，モンテスキューのイギリス憲法の説明には間違いがあると指摘している。

§411.5　モンテスキューがイギリス憲法の特徴として描写したといわれる『法の精神』（1748年）の三権分立論――すなわち，立法権＝議会，司法権＝裁判所，行政権＝内閣――は，実際にはそういう形では存在していない[9]。イギリス

　　テスキュー型の三権分立が守られている。Eoin Carolan, The New Separtion of Powers: A Theory for the Modern State 18-19 (2009) 参照。

(7)　Montesquieu, De l'Esprit des Lois (1748) vol.11, book VI, chap.6. モンテスキュー（野田良之他訳）『法の精神（上）』（岩波書店，1989年）291-292頁によった。

(8)　M.J.C. Vile, Constitutionalism and the Separation of Powers (1967) は，アメリカ憲法およびフランス憲法への影響について，詳細に分析検討している。とくにモンテスキューの理論については，同書76-97頁に詳しく説明されている。

(9)　ロスコー・パウンドやアレンなどの著名な学者が指摘しているところであるが，批判はむしろ「裁判官はオウムのように法を語る口にすぎない」（Montesquieu, *supra* note 7, at 167-79）という趣旨の叙述に向けられている。Pound, *Justice According to*

第4章　権力分立と議会立法の正当性

議会は，第2章で説明したように，絶対的な立法主権をもっており，イギリスの最高裁判所は，これを無効とする権限をもっていない。イギリス議会は，「男を女にし，女を男にすること」以外のことならば，何でもできる万能の権能をもつと理解されてきた。しかし，本書第3章で説明したように，イギリス議会の制度そのものが，民主主義を前提として成り立っているし，長年の歴史によって支えられた国民の心に深く根付いた憲法習律に違反することは，大きな問題を起こすことになり，憲法習律が議会主権に対する制約としての役割を果たしている。また，自然的正義の原則に従って，民主主義の前提条件が満たされているか否かを確認する役割を裁判所が担っている。

§411.6　（議会内閣制）イギリスでは，内閣は，まずイギリス議会が首相を選任し，首相が大臣を指名するという形で構成される。内閣は行政に責任を負う府であるが，実際の行政は，内閣の一部である人事院が公務員を任免し，公務員が，議会が制定した法律に従って行政を行う。公務員は，割り当てられた行政組織に帰属し，その組織の責任者の命令に従って，忠実の公務を行う。「政治的中立性」が公務員に義務づけられている。各組織の担当大臣は，議会において，とくに予算の使い方について説明義務を負い，議会の信認を得られなければ，大臣を辞任することになる。第2章において，「議会の監視機能」の重要性について説明したが，これはそれと関係する部分である。行政の間違いが明らかにされ，その事柄が政党のマニフェストに記載されているような重要なものであれば，内閣の総辞職により，内閣は政治責任をとることになる。イギリス憲法においては，行政の不法行為責任や契約責任は，一般私人と同じように負わされており，「行政」の名前によって免責が認められることはない[10]。

§411.7　歴史的には，国王が行政を行っていたので，この国王の行政が国王大権の慣習として残っている部分が少なからずある。そもそも，イギリス憲法においては，財務省のように，憲法慣習によって長期間に渡って存続していた組織であり，それ権限が不明瞭な部分があるが，現在の国王は「象徴的な存在」であり，実質的には内閣が国王大権を行使する。首相は閣僚を構成する

　　　Law, in Essays on Jurisprudence from the Columbia Law Review 217, 235 (1963; Allen, Law and Orders 6-11 (3rd ed. 1965).

　(10)　Crown Proceedings Act 1947, s.2. これについては，後述 §§714.1-714.2 で詳しく説明する。

大臣を指名して内閣を作る。そこで、国王大権を大臣が行使する事件を裁判所が審理するとき、その性質上、大臣の免責を認めるのが通常である。M. v. Home Office, [1995] 1 A.C. 274 では、ザイールの国籍をもつ教諭がイギリスへ来て難民保護を求めたが、これが虚偽申請であることが分かり、直ちに退去命令が出された。しかし、申立人は司法審査の訴えを起こし、訴えを拒否されると直ちに上訴した。この上訴を受理した裁判官は、申立人の出廷を求めたが、法務大臣は退去命令を執行し、飛行機に乗せられていた。裁判官は、寄港地であるパリで申立人の身柄を拘束し、ロンドンへ連れ戻すことを命じたが、これも無視された。イギリスの裁判所は、法務大臣に一定の大権があることは認めたが、この事件は裁判所侮辱に当たると判決し、損害賠償を命じた[11]。

§411.8　司法は裁判所の責任である。モンテスキューは、「裁判官はオウムの口のように、法を語る口にすぎない」という説明をしているが、イギリスの裁判官は、実質的には立法者であった。議会が作る法律には限りがあるし、法律を厳格に縮小解釈するイギリスでは、コモン・ローの判断に委ねられる範囲が非常に広くなっており、裁判官が法創造を行っている。裁判所と行政の関係についても、上述のザイール国籍の教諭に関する判決が示しているように、国王大権を「印籠」のように振りかざしても、裁判所が怯むことはなかった。コーク［クック］、ホールト、マンスフィールド、ブラックバーン、ウィルズらの裁判官は、コモン・ローのチャンピオンと呼ばれる人たちであるが、その他の裁判官たちも、判例法の形成に積極的な役割を果たしてきた[12]。

---

(11) 裁判官の命令に従わない場合に裁判所侮辱罪に問われることは、コモン・ローが確立した法理であり、国王も国民と同じ責任を負う。

(12) コーク［クック］(1552-1634) やホールト (Holt, 1642-1710) らは、刑事訴訟の近代化、司法権の独立、商慣習法のコモン・ローへの導入に貢献した裁判官である。Coggs v. Bernard, 2 Ld. Raymond 909, 92 E.R. 107 (K.B. 1703), Ashby v. White, 2 Ld. Raymond 938, 92 E.R. 126 (K.B. 1703) 参照。Mansfield (1705-1793) は、商慣習法の体系化に貢献し、奴隷制を廃止した。Fifoot, Lord Mansfield (1936) がマンスフィールドを司法的立法によりイギリス法を近代化したと賞賛している。Blackburn (1813-1896) は、ヴィクトリア時代の代表的裁判官。Morgan v. Vale of Neath Railway, L.R. 1 Q.B. 149 (1865), Fletcher v. Rylands, L.R. 1 Ex. 277 (1866) 参照。James Shaw Wiles (1814-1872) は、ブラックバーン裁判官と共にヴィクトリア時代に活躍した裁判官。Collen v. Wright, 8 E & B. 645, 120 E.G. 241 (Ex. Ch. 1857) 参照。コモン・ローの形成に大きな貢献をしたコモン・ローの法律家については、田島裕『英米の不法行為法・契約法・救済法（著作集4）』（信山社、近刊）で詳しく説明する。

§411.9　議会と通常裁判所（主にコモン・ロー裁判所）は，長い間，友好的協力関係を保ってきた。コーク［クック］が「法の支配」の思想を述べた事件の後，ジェームズ１世はベーコンの知恵を借りてコーク［クック］を失墜させたのである(13)が，それにもかかわらずコモン・ロー裁判所が強力な力を維持できたのは，議会勢力の支持を得ることができたからである。つまり，近代的合理主義による「法の支配」の原則は，「議会主権の原則」と共に確立されたと言ってよさそうである。後にも説明するように，議会と通常裁判所の関係はかなり変わってきているのであるが，立法の際に法律家（裁判官を含む）が協力するという点では，今日でも変わるところはない。議員の中にかなりの数の法律家がいるというだけでなく，重要な立法に関しては，最高裁判所の裁判官や法学者の意見が積極的に求められ，その意見は尊重されている。

(2) イギリス憲法の「権力抑止機構」

§412.1　モンテスキューがイギリスに留学中，特に注目されていた政治思想家は，オックスフォードのジョン・ロックであった。ジョン・ロックは，古典的典籍『政治二論』（1690 年）において，権力分立について，つぎのように説明している。

　　「人々が社会に入る大きな目的は，彼らの固有権を平和かつ安全に享受することであり，しかも，そのための主要な手段と方法とはその社会で制定された法に他ならない。従って，すべての政治的共同体の第一の，そして根本的な実定法は，立法権力を樹立することにある。」(14)

　　「第一に，それ［立法権力］は，国民の生命と財産とに対して絶対的で恣意的なものでなく，また決してそうしたものではありえない。というのは，立法権力は，立法権力は，社会の各成員の力を１つに集めて，立法者たる個人または合議体に委ねたものであり，従って，それは，各人が社会に入る前の自然状態においてもっていて共同体に委ねた権力以上のものではありえないからである。」(15)

　　「自らの基礎の上に立ち，それ自身の本性に従って，つまり共同体の保全のために行動する，設立された政治的共同体においては，ただ１つの至高の権力し

---

(13)　これについては，末延三次「サー・エドワード・コウク（名裁判官物語）」法学セミナー４号〜７号，９号（1956 年），同１号（1957 年），より詳細には，Bowen, The Lion and the Throne (1956) を見よ。

(14)　ジョン・ロック（加藤節訳）『政治二論』（岩波文庫，2010 年）後編第 11 章 134 節。原典は，J. Locke, Two Treatises of Government (1690) である。

(15)　ジョン・ロック，同上，135 節。

かありえない。それが立法権力であって，他の権力はすべてそれに従属し，また従属しなければならない。しかし，立法権力は，特定の目的のために行動する単なる信託権力にすぎないから，国民の手には，立法権力が与えられた信託に反して行動していると彼らが考える場合には，それを移転させたり，変更したりする最高権力が残されている。なぜならば，ある目的を達成するために信託によって与えられたいかなる権力もその目的によって制約されるので，その目的が明らかに無視されたり，反対を受けたりするときはいつでも，その信託は必然的に失効せざるをえず，その結果，その権力は再びそれを与えた者の手に戻る。」[16]

§412.2　ジョン・ロックは，司法権については，次のように説明している。

「第二に，立法権力，すなわち最高の権威も，一時しのぎの恣意的な法令によっては支配する権力を手中にすることはできず，公布された恒常的な法と，権威を授与された公知の裁判官によって，正義〔裁判〕を執行し，国民の諸権利を決定するよう義務づけられている。というのは，自然法とは書かれたものではなく，人間の心のうちにしか見いだされないものであるから，情念や利害のために誤ってそれを引用したり，その適用を誤ったりする者は，確立された裁判官がいない場合には，自分の誤謬を容易には得心することができないからである。」[17]

この説明も社会契約説と関連してなされているものであり，モンテスキューの「三権分立」とは無関係である。上の引用文において，「自然法」と述べているのは，自然状態においても認められる「基本的人権」の保護を意味し，ジョン・ロックにとっては「財産権」の保護にもっとも強い関心があった[18]。

(3) 各機関の権能に付随する特権 (privileges)

(a) 議院内閣制

§413.1　立法機関，行政機関，司法機関のそれぞれが，その職務を遂行するうえで必要となる特権 (privileges) を憲法習律として確立した。権利章典第9条は，国会における言論の自由は，かかる憲法習律の存在を確認した規定の一例である。しかし，これは歴史的なもので，現在でも存続しているとはいえ，新

---

(16) ジョン・ロック，同上，149節。「与えた者の手に戻る」とは，市民に抵抗権が留保されていることを意味する。また，同上，232節において，「各人は自分自身を防御し，攻撃者に対し抵抗する権利をもつ」とも述べている。
(17) ジョン・ロック，同上，136節。
(18) ロックの「財産権」の理論については，後述§841.5で説明する。

第4章　権力分立と議会立法の正当性

しい特権を創造することはできないと理解されている[19]。特権を侵害することが起こった場合には，立法機関である議会も，法廷侮辱罪によって処罰することができる[20]。これらの特権は，議会の議事録や判決の中に説明されているが，すべても網羅的に整理して記録した Erskine May, A Treatise upon the Law, Privileges, Proceedings and Usage of Parliament (24th ed 2011) があり，議会の評議員会の正式な承認を得ているので，これにより調べることができる。

§413.2　イギリスでは議会が国権の最高機関である。議会が首相を選任し，首相が内閣を構成する閣僚（大臣）を任免する。さらに閣僚でない，特定の分野について責任を負う特認大臣が，数十名任命されている。少なくとも首相は，国会議員でなければならず，憲法習律として庶民院から選出される憲法習律がある[21]。国会議員には議員特権が認められており，国会議員の責任はその所属する議院において問われる。各大臣はそれぞれ担当する行政について責任を負う。また，首相を出した政党の普通選挙での公約など，公表された重大な政策に関しては，内閣全体が責任を負う。大臣の個人的なスキャンダルなどについての責任は，はっきりとした憲法習律は確立されておらず，むしろ議院の自律権の問題であると考えられている。この自律権の行使については，司法審査は及ばない[22]。

(b)　議　員　特　権

§413.3　議会の特権としては，議会全体の特権と個々の国会議員に認められる議員特権がある。国会議員の不逮捕特権は，憲法習律によって保護される権利である[注]。国会議員の言論の自由も，何ものにもおそれることなく自由な討論をすることができるように憲法習律が認めてきた国会議員の特権である。

---

(19)　P. Leopard, *Report of the Joint Committee on Parliamentary Privilege*, [1999] Pub.L. 604 参照。

(20)　本書30頁で説明したように，権利章典が作られた当時には，議会も High Court と呼ばれ，規範に違反する制裁として法廷侮辱罪が使われていた。

(21)　1963年にマクミラン首相が病気で職責を果たすことができなくなったとき，保守党が Home 卿を後任として選出したが，Home 卿は Peerage Act 1963 により，貴族の身分を放棄し，就任した。

(22)　R. v. Secretary of State for the Home Department, *ex p.* Hosenball, [1977] 3 All ER 452, [1977] 1 W.L.R. 766 は，国家の安全に関わる情報の開示が求められた事件であるが，デニング裁判官は，自然的正義の「情報開示」の要件は緩和されると判決した。ちなみに，この事件では，アメリカ人（ジャーナリスト）が国外強制退去を命じられ，その決定の根拠となる情報の開示を請求した。

第1節　権力分立の原理

国会の調査権に基づき作成される報告書などの資料についても，言論の自由の特権が及ぶとされている[23]。今日議員特権と呼ばれているものに関しては，クロムウェルが共和制憲法を制定したとき，一院制の議会を導入し，その新しい試みの中で激しく議論され，基本的な憲法習律を生む基礎が確立されたように思われる。特に議員の言論の自由については，ミルトンがその重要性を強く主張し，ダイシーの言論の自由に関する議論に影響を与えているように思われる[24]。

§413.4　その複雑な問題は，議会が議事録等の公刊物の印刷出版をHansardに委任していたが，その出版物の一部の販売は被告Stockdaleに再委任したことから起こった[25]。Stockdaleは，議会の資料として作成された監獄吏の調査報告書に1枚の広告を追加して販売した。「女性学」という表題を付け，もっともわいせつな出版物と銘打って販売した。この出版物はHansardの指示どおりに出版したものであり，Hansardが責任を負うべきであると主張した。このようにHansardが被告となったが，庶民院は議決を出し，この問題は議会内部の自律権の問題であり，裁判を行うことを禁止した。それにもかかわらず，裁判は続けられ，Hansardは庶民院が出廷することを禁止したため，欠席判決が下されることになり，陪審はStockdaleに損害賠償を支払えと評決した。Hansardはその賠償金を供託したが，庶民院は賠償金のStockdaleへの引渡しを禁止したが，執行吏が引き渡してしまったため，庶民院は「議会侮辱」を理由にStockdaleおよび弁護士を監獄に投獄し，その息子たちがこれを争った。この事件をきっかけに議会の自律権について本格的な調査がなされ，議会の特権の存在は確認されたが，上述の事件の自律権については不明確なままに残されている[26]。

---

[23] Defamation Act 1998, s.13は，国会議員による名誉毀損に対する責任を免責している。

[24] ミルトン著（原田純訳）『言論・出版の自由——アレオパジティカ』（岩波文庫，2008年）参照。ミルトンは，(1608-1674)は，『失楽園』（長編叙事詩）や『自由共和国建設論』（1660年）の著者として知られているが，出版の事前の検閲の禁止を主張し，マス・メディアによる政治批判の重要性を説いた。

[25] ちなみに，イギリスの国会議事録はHansardと呼ばれているが，これは本件の当事者の名前に由来する。

[26] Stockdaleは監獄に収監中に国会議員に立候補し，国会議員に当選した。アメリカ合衆国との外交問題に強い関心を示し，とくに下層階級に支持を受けた人物であると思われる。

第4章 権力分立と議会立法の正当性

§413.5 Hansard（議会議事録）を法律の解釈に利用することを禁止する議会の特権が問題になっている。1689年の権利章典第9条は、裁判所または議会の外で、議会内での発言を批判したり、その意味を歪曲したりして、議会内での言論の自由を侵害することを禁止している。憲法判例の法理（例えば、Heydon's Case, ⇒§441.5）は、裁判において Hansard 等を参照することを禁止している。しかし、Pepper v. Hart, [1993] A.C. 593 では、Finance Act 1976 第61条の文言があいまいであるため、それを参照せざるを得なかった。第61条は emoluments については同等の金銭換算額に対し課税すると規定しているが、学校経営に当たる役職者が子女をその学校に入学させる場合、授業料等の負担を5分の1に減額することになっているとき、5分の4は報酬（emoluments）に該当するかどうかが問題になっている。貴族院［最高裁判所］は、それに該当しうるけれども、本件の場合、その入学は別枠で扱われており、学校側はなんら財政的負担をしておらず、役職者の収益額はないと判決した(27)。

§413.6 もう1つ Hamilton v. Al Fayed [2001] A.C. 395 も説明しておこう。この事件は名誉毀損の事件であるが、原告は旧国会議員である。被告は、テレビに出演し、原告はロビーイングを受けて国会で質問し、その質問のお礼として高額の現金を受け取った、と暴露した。この暴露のため、議会内に調査委員会が設置され、受け取ったのは事実らしいという意見が強くなっていた。原告は、国会議員であった当時の国会での発言を非難することは権利章典第9条の「言論の自由」を侵害する違法行為であり、そのような違法行為によって一市民としての名誉が毀損されたと主張した。被告は、Defamation Act 1996, s.13 は権利章典の規定を修正しており、国会議員を批判するのは国民の権利であると主張した。貴族院は、権利章典の国会議員の特権は、議会が特権を主張する場合に認められるものであって、その論点は学問上の研究課題ではあるが、本件では、被告の発言が原告個人の名誉を傷つけると陪審が認定した以上、被告は不法行為責任を負うと判決した(28)。

---

(27) この判決の法律解釈には、Renton Committee Report on the Preparation of Legislation 1975 (Cmnd 6053) pp.19-26 および Report of the Law Commissions of England and Scotland on the Interpretation of Statutes (1969) (Law Com. No. 21) pp.3-4 が影響している。
(28) 本件の被告は、原告に現金を渡した本人であり、この事実が陪審評決に影響を与えているかもしれない。また、貴族院判決は、同じ原告が提起したガーディアン（新聞社）を相手をする同様の名誉毀損訴訟において、表現のもつ「公益性」の判断は、

第1節　権力分立の原理

(c) 内閣の特権・首相の特権

§413.7 内閣については，議会解散権がかかる特権の1つであるが，議員内閣制のもとでは，内閣はその選出母体である庶民院に対し直接責任を負うので，庶民院が不信任案を決議したとき，内閣は総辞職することになる。この特権は，名誉革命以前には，国王が国会を召集し，国王が国会を解散させた。国会の会期については，はっきり確立された習律はない(29)。この特権を内閣が受け継いだと理解されているので，内閣は国会の解散を決定できると理解されている。しかし，解散権が盛んに濫用されるようになり，最近の立法（Fixed-term Parliaments Act 2011）は，庶民院議員の任期を5年と定め，任期中に国会を解散することができないようにした(30)。次の総選挙は2015年5月7日と定められており，それ以後，5年ごとの任期で総選挙が行われる。

§413.8 上述の例に見られるように，内閣が国王特権（Crown franchise）を行使する場合が外にもいくつかある。国王は「象徴的」な存在であり，外交関係においては国家元首であるかもしれないが，例えば，戦争を敵に対し布告するとき，首相がそれを行うことになる。アメリカ合衆国憲法においては，これは議会の権限であると規定されており，大統領がたとえ宣戦布告を行ったとしても，これは違憲な行政であり，後に責任を問われることになる。イギリスの憲法学者も，宣戦布告の権利について，議会の決議によらなければならないとする有力な主張がある(31)。しかし，この問題に関しては，今日では国王がかかわることはない。国王特権が，国家元首として行われる行為について，法的責任が免除されることを意味する場合，主権免責（sovereign immunity）と呼ばれる。しかし，現在の庶民院は，国王大権を縮小する政策

本件では当て嵌まらないという。

(29) 中世に開かれた議会は，国王の都合で開かれており，国王と議会の間の駆け引きの材料であった。本書§12.2参照。

(30) この法律は，河島太朗「イギリスの2011年議会任期固定法」外国の立法 No. 254（2012年）4-20頁に詳しく説明されている。国会議員の任期については，確立された憲法習律はない。Meeting of Parliament Act 1694 [Triennial Act 1694] は，3年と定められていた。Septennial Act 1715により3年から7年に延長された。さらに，Parliament Act 1911により5年とされた。2011年法以前には，日本の場合と同じように，不信任決議による解散，および自主解散が許されていた。『憲法序説』45頁は，任期を3年から7年に延期する国会の法律の合憲法性を論じている。

(31) 庶民院の小専門委員会は，2004年に Waging War: Parliament's Role and Responsibility を作成し，戦争には議会の慎重な審議と議決が必要であると勧告している。今日の世界では，いかなる戦争も違法であり，国際法上の違法行為を行い，その責任を負うのは首相ではなく，議会であるべきであるという。

第4章 権力分立と議会立法の正当性

を立てている(32)。

(d) 国 王 特 権

§ 413.9　国王特権が全部内閣に移行されているというわけではない。外国との関係においては，国王が国家元首であり，戦争と平和の宣言は形式的には，国王が行うことになっている。条約締結権，外国の承認と承認後の外交関係は，国王特権である。国内の問題に関しては，国会の召集と解散を行う。法案への同意，栄誉の授与，国防，治安維持，子供などの国親としての役割，公訴権，恩赦および免赦，royal fish and swans の権利が国王特権に含まれる(33)。いずれにせよ，国王特権は，コモン・ローに由来するものであり，マグナ・カルタおよびその他の重要な法律に違反する国王特権は存在しない(34)。

§ 413.10　大臣など行政府の行為は，§ 411.6 でも述べたように，契約違反や不法行為に当たる場合には，私人の場合と同じように責任が生じる。「国王は悪をなしえず（King could do no wrong）」という格言の形で表現される行政の免責特権を意味する。例えば，D v. NSPCC, [1978] A.C. 171 では，NSPCC（National Society for the Prevention of Cruelty to Children）に幼児虐待の通報があり，同団体が調査をし，虐待していたとされる母親に対して防止措置がとられたのであるが，母親がその情報源の開示と不適切な調査に対する損害賠償の支払を求めた。しかし，「公益を保護すること」の必要性を示し，貴族院［最高裁判所］はその母親の訴えを認めなかった。また，Air Canada v. Secretary of State for Trade, [1983] 2 A.C. 394 でも，原告（飛行場を利用する航空機会社）が航空利用料の 30% 値上げに関する判断資料の開示を求めたが，貴族院［最高裁判所］は「開示」が公益のために免責されると判決し

---

(32)　Report, Taming the Prerogative: Stregthening Ministerial Accountability to Parliament (March 2004). *Cf.* Council of Civil Service Unions v. Minister for the Civil Service, [1985] A.C. 374; R (Bancoult) v. Secretary of State for Foreign and Commonwealth Affairs (No. 2), [2008] W.L.R. (D) 322.

(33)　royal fish and swans は，マグナ・カルタの時代から認められてきた，王室用の食料や動物などを指す。

(34)　Proclamations' Case, (1611) 12 Co.Rep. 74 at 75. ジョン王が同意した 1215 年のマグナ・カルタは，ヘンリー3世およびヘンリー4世の時代に 30 回以上に渡って違反されたが，Magna Carta of Edward 1 (1297) により，本文の憲法習律が確認された。マグナ・カルタ第1条，第9条，第 29 条および第 37 条は，現行法として存続している。さらに，25 Ed. 1 cc.1, 6 (1297)，25 Ed. 3 stat.5 c.5 (1351-2)，28 Ed. 3 c.3 (1354)，7 Hen. 4 c.1 (1405-06)，4 Hen. 5 stat.2 (1415-16)，2 Hen. 6 c.1 (1423) は，それを再確認して，国民の自由を国王大権により侵害することを禁止している。

た(35)。もっとも，すでに§322.3で説明したように，Crown Proceedings Act 1947により不法行為責任または契約責任を追及する場合には，原則として，行政特権が認められる余地はない(36)。

(e) 司法権の独立と裁判官の身分保障

§413.11 司法府については，「司法権の独立性」の原理が最重要の憲法習律である。オックスフォードのヴァイナー講座担当教授であったブラックストーンは，この原理を説明するために，3つの法律に言及している。第1は，スターチェンバー廃止法（1641年）である(37)。第2は王位継承法(38)であるが，この法律は，「裁判官の任命は『罪過なきかぎり』『続くものとして』なされるべきであり，その俸給は，定額とし不動のものとする。しかし，国会の両院の奏上にもとづいて裁判官を罷免することは，合法的である。」と述べている(39)。第3は，1760年のStat. 1 Geo. III, c.23である。これらの法律を説明したのち，ブラックストーンは，「裁判官は罪過がない限り（during their good behavior）罷免されることはない」と述べている(40)。また，司法機関に関する特権について，「司法権の独立」および「裁判官の身分保障」を説明している。行政機関についていえば，国王大権（Royal Prerogatives）を受け継いだものが多い。内閣の閣僚となる大臣の任免権，国会の召集，停会，解散の権利，公務員の任免権，恩赦・特赦の決定権などがある。

(4) 戦争損害法の実例――ビルマ石油事件

§414.1 抽象的な説明よりも，ケースによる説明の方が理解しやすい場合がある。そこで，今日のイギリス社会において，議会，内閣，裁判所がどのような関係にあるかを示す重要な判例として，Burmah Oil Co. v. Lord Advocate,

---

(35) 但し，関連資料の裁判所への「開示」は行った。なお，Bookbinder v. Tebbit (No. 2), [1992] 1 W.L.R. 217 (Q.B.D.) でも情報開示（地方自治体の監査役の召喚）が否定されたが，これは監査役の特権に関係があると思われる。

(36) Matthews v. Ministry of Defence [2003] 1 A.C. 1163（不法行為責任），Town Investments Ltd. v. Department of Environment, [1978] A.C. 359（契約責任）参照。

(37) Stat. 16 Car. I, c.10. この法律について，田島裕『英米の裁判所と法律家（著作集3）』（信山社，2009年）235-242頁を見よ。

(38) Stat. 12 & 13 Will III, c.2 (1700). 条文の訳は高木＝末延＝宮沢編『人権宣言集』（岩波文庫，1957年）95頁（田中英夫）によった。

(39) この立法の主たる目的は，イングランド教会を信仰する国王だけに王位継承権を与えることにあったと思われる。

(40) Blackstone, Commentaries vol. 1 pp.257-60.

第4章　権力分立と議会立法の正当性

[1965] A.C. 75 を紹介しよう。この事件は，第二次世界大戦中に起こった出来事によって損害を被ったビルマ石油会社が，その損害について国に対して正当な補償を請求した事件である。戦時中に「日本軍が急襲をかける」「ビルマ石油を日本に没収されるべきではない」という指令がイギリス政府から出され，イギリス法人であったビルマ石油が，ビルマにあった当該会社を自爆した。1960年代に入ってスコットランド沖（特に Aberdeen）に石油が埋蔵されていることが発見された。そこで，ビルマ石油会社は，大規模な事業展開を図るために，この補償金を利用しようとした。貴族院［最高裁判所］は，原告の私有財産を国が破壊したことに対し，国が原告に対し正当な補償を支払う義務があると判決した(41)。この判例の法理は，日本国憲法第29条3項の規定を述べたもので，驚くほどのものでない。

§414.2　この判決後，議会は，直ちにこれに関する法律を制定した。この法律が本項のタイトルに表記した「戦争損害法（War Damage Act 1965）」である。議会は，第二次世界大戦中の特殊な事情によって生じた損害については，国の補償義務がないことを一般的に法律で定めただけでなく，その法律は既に判決が下されている事件にも遡及して適用されるとする規定を当該の法律の中に置いた(42)。イギリスには違憲立法審査制はなく，もしそれがあれば違憲判決が下される可能性が非常に大きいにもかかわらず，なすべき術は何も残されていないのである。この立法と関連して，注目すべき点は，第1に，イギリスの立法は判例法の不都合を修正するために，包括的にではなく，断片的な立法がなされていることである。第2に，この法律を作らなければ，原告会社の株式の大部分がアメリカ法人に買い取られていたので，上述の判決の結果，イギリスの大きな財産がアメリカ人に横取りされることになった。

§414.3　ビルマ石油事件は，上述のように，「財産権」の保障にかかわる重要判決である，日本国憲法第29条3項は，「私有財産は，正当な補償の下に，これを公共のために用いることができる」と規定しているが，ビルマ石油事件に

---

(41)　但し，この判決は宣言判決であり，補償額の算定にはふれないで「権利があることを確認した」判決であり，その額は名目的な額であり得たといわれている。
(42)　71-75頁で説明したアニスミニック判決（本書71頁）の裁判で，イギリス国民は，巨額の財産が外国人に横取りされるおそれを察知し，この問題に対処するために，この立法をした。イギリスの憲法学者は，この立法がマグナ・カルタに違反する「私権剥奪法（bill of attainder）」であることを知りながら，国益を守る必要を優先し，むしろ賢明な選択であったと評価している。

おいて，まさにこの憲法法理が問題になっている。ビルマ石油という私有財産が，イギリス国の利益のために，爆破されたのであり，それに対する「正当な補償」をする義務がある，ということが上述の判決の趣旨である。そこで問題になるのは，補償金をどのように算定するかである。イギリス憲法の「財産権」の概念は，ジョン・ロックの研究によるところが大きいが，戦時中のビルマ石油の財産的価値は，ほとんど算定できないほどの少額であったかもしれない。しかし，貴族院［最高裁判所］は，ビルマ石油を本格的に再建し，新しい Aberdeen の石油事業に当たらせようとしていたように思われる。

(5) ロード・チャンセラーの役割

§415.1 上述のビルマ石油事件も含め，ロード・チャンセラーがイギリス統治機構の中で重要な役割を果たしてきた。しかし，ロード・チャンセラーは，元来は国璽（Great Seal）を保管することを役目とする，必ずしも身分の高くない行政官であった。それにもかかわらず，ウルゼーやクラレンドンのように，首相よりも強い権限をもつに至った歴史的過程は，複雑で不明な点が多い。ロード・チャンセラーは，立法，司法，行政のいずれにもかかわっている。少なくとも，第二次世界大戦までは，原則として全ての職務を自ら執行していた。通常，早朝に閣議（火曜日および木曜日）もしくは各種の委員会が開かれていたが，ロード・チャンセラーはそれに出席した。貴族院（最高裁判所または枢密院司法委員会）が開かれるときは，午前10時30分から裁判長としてそれを主宰した。裁判は午後4時に終わるので，それが済むと直ちに衣装を着替え，貴族院議長として議会を開催した。通常，議会は午後7時に閉会されたが，その後，各種の書類を読む必要があり，就寝時間は，毎晩，相当遅かったであろうと思われる。第二次世界大戦中には，夜間に敵国の空襲があるため，議会が日中に開かれるようになり，また閣議や委員会も益々頻繁に開かれるようになり，代理がおかれるようになった[43]。

§415.2 現在のロード・チャンセラーの職務は，2005年の憲法改革法により，大陸諸国の法務大臣に近いものだけに限定されるようになった。少しずつ権限

---

(43) 『議会主権と法の支配』では，これらのことについて詳細な文献を示して説明したが，今日では，新制度へ移行しているので，詳細な説明は省略した。多くの文献を示しておいたので，詳細な説明の必要な場合，初版を参照。

第4章　権力分立と議会立法の正当性

の移行が行われているが，ロード・チャンセラーが果たしていた職務は多岐にわたる。裁判官の任命に深くかかわっていたが，現在では，すでに法律によりロード・チャンセラーの職務からはずされた。イギリスの法曹教育は，インズ・オブ・コートおよびロー・ソサエティを中心に行われているが，治安判事の任命および訓練は，ロード・チャンセラーの職務である。弁護士や医師の資格審査に関する事件ないし請願も，ロード・チャンセラーが処理する。さらに，後に詳しく説明するロー・コミッションズや特別委員会などの機関も，ロード・チャンセラーの監督の下に置かれている。ロード・チャンセラーの職務は，これらだけに限定されるものではない[44]。

§415.3　ロード・チャンセラーに権限が集中する仕組みは2005年の憲法改革法によって廃止されたが，それに先立ち，憲法問題省（Department of Constitutional Affairs）が設置され，職員の多くはそちらへ移行した。初版でも引用したように，ロード・チャンセラーの役割について，ヘイルシャム卿は，次のように述べていたが，その職務を引き継いだのが憲法問題省ということになる。

　　「ロード・チャンセラーが存在するのは，権力分立の原則が無視されてかまわないからではなく，それが無視されてはならないからである。特に，司法府の政治的干渉からの独立は，その他の点では自由が存在する国においてさえ，ほとんど必ず危険に晒されており，不断の警戒をして，必要があればあらゆる代価を払ってでも守らなければならない自由の基本原理である。若干の国では，成功度の差はあるけれども，権力分立を紙の上の憲法の保障によって維持しようと努めている。[イギリスでは] 紙に書かれた憲法がないので，権力分立を確保することがロード・チャンセラーの主要な機能となっている。この機能は，いずれの方角から狡猾漢が襲ってきても，それを追い払うことのできる長い船棹を手にし，ロード・チャンセラーがピラミッドの頂点近くのどこかに占める場所を与えられていてこそ，はじめて果たされうる機能である。」[45]

　ヘイルシャム卿の見解を要約すれば，不文憲法の国であるイギリスにあって，議会が違憲の立法をせず，裁判が公正に行われ，かつ，行政における法の支配を実質的に保障するものは，このロード・チャンセラーの機能である，ということである。

---

(44) ロー・コミッションズの任命もロード・チャンセラーが行う。また，特別裁判所の委員長のリストを作成したり，自然的正義についての特別修習を行ったりする。
(45) Hailsham, The Problems of a Lord Chancellor (1972) p.4.

§415.4　ロード・チャンセラーは閣僚の1人であった。

　イギリスの議会制度は、議員内閣制であり、議会が不信任決議を出したときには内閣は総辞職する。ロード・チャンセラーは、そのときには他の閣僚と共に辞職することになる。この議院内閣制について、最近、法改革が行われたが、これについてはすでに§415.2で説明した。

　ロード・チャンセラーが首相により任命され、その首相と運命をともにするものであるだけに、イギリス法を著しく恣意的なものにするのではないかという疑問が当然に出てくる。この疑問について、先に引用した、ロード・チャンセラーであったヘイルシャム卿の説明は答えていない。しかし、この疑問がロード・チャンセラーの制度改革を導いたということは言うまでもない。

§415.5　ロード・チャンセラーの存在は、ヘイルシャム卿がいうように、権力分立の原則が無視されないようにするためのものであるとしても、その際、モンテスキューの三権分立の原理と異なった権力分立の原理がどのようなものかが問われなければならない。

　この点に関して、2つのことを述べなければならない。

　まず第1に、モンテスキューより前に、例えばロックの政治信託の理論に見られるような、立法権を執行権（これには司法権も含まれる）から分離する考え方が存在していたことである[46]。すべての人間のもつ人間性の弱さの故に、権力は濫用されるものであり、従って、予めその濫用を防止するための配慮が必要であるとイギリス人は考えている[47]。第3章で説明した司法審査の制度は、まさにこの考えによる制度である。

　第2に、イギリス憲法では、事実上、司法権の独立が古くから認められていたという事実である。内田力蔵の「裁判官の身分保障について」と題する論文の中でも明らかにされているように、1701年の「王位継承法」などで裁判官の地位の独立性の保障が宣言されてから、それが政治、社会の現実の中で実現されるまでに相当の期間を必要とした[48]。

---

(46)　Locke, Second Treatise of Civil Government (1690) §§143-148. このロックの理論は、社会によって信託に付された個人の生命、自由、財産を守るために立法がなされ、立法府の指示に従って国王が執行するという考え方をとっている。

(47)　「すべての権力は濫用される」というホバート卿のことばはよく知られているが、問題はいかにしてその濫用を防止するかである。

(48)　内田力蔵「イギリスにおける裁判官の身分保障について」社会科学研究18巻5号（1967年）1-47頁。また、同「イギリスにおける裁判官の任命と政治との関係に

第 4 章　権力分立と議会立法の正当性

　ダイシーの「法の支配」の理論の核心には，権力分立の原理（裁判官の身分保障など）があるが，19 世紀の終わりには，はっきり確立された憲法原理となっている。

　ダイシーの法の支配は，その意味で裁判官の支配を意味する。

ついて」國學院大學法学 8 巻 2 号（1970 年）1-16 頁参照。

第2節　立法の態様と立法過程

(1) 法律と規則の区別

§ 421.1　今日の立法の在り方は，19世紀の選挙制度改革を通じて作られたものと思われる。19世紀の初め頃，ヨーロッパは不況に見舞われ，閉塞感があった。イギリス人は一般的に保守的であり，フランス市民革命のような過激な行動はとらなかった。このような時代背景のもとで，ベンサムが法改革を唱えた。その意図がどのようなものであったか正確に理解することは困難であるが，議会制度の近代化の推進役を果たしたことは否定できない事実である。ベンサムは，「法の科学」の必要性を主張し，科学的な立法によってイギリスを近代化しなければならないと主張した。もっとも，ベンサムのいう「法の科学」は，「最大多数の最大幸福」という功利主義の算術を意味するのであり，政治的に大きな説得力をもったとはいえ，自然科学に類似する科学とはほど遠いものであった[49]。

§ 421.2　最初の普通選挙法を議会が制定したのは1832年であったが，ベンサムはその直前に死亡した。この普通選挙法は，国民による普通選挙によって議員を選出するシステムを導入した最初の法律であるが，投票権を与えられた国民は，年収40ポンド以上の土地所有者に限られ，検挙の結果，議員として選出された者は，囲い込みに成功し，毛織物の国際貿易で一儲けした金持ちであり，具体的な国家政策を策定する能力をもっておらず，さらなる選挙法改正が進められることになった。1867年には，第2回選挙法改革が行われ，チャーチスト運動に関わった都市市民にも選挙権が与えられた。さらに，1884年には第3回選挙法改革が行われ，農業労働者や鉱業労働者にも選挙権が認められ，男性の普通選挙制が実現した。このプロセスにおいて，自由党のグラッドストンと保守党のディズレーリを中心とする二大政党制が出来上がった[50]。

---

(49) ベンサムの「科学」について，46頁でも述べたように，その理論は稚拙なものであったとはいえ，ベンサムの理論は，今日のような立法の態様と立法プロセスの形成に大きな役割を果たした。

(50) 19世紀に二大政党制が形成されるプロセスについて，中村英勝『イギリス議会政治の発達（世界史新書）』（至文堂，1961年）に詳しく説明されている。しかし，

第4章　権力分立と議会立法の正当性

§421.3　二大政党制の中でイギリス議会は今日のような形に成長していった。イギリス法の第1の法源はコモン・ロー（判例法）であることは今日でも変わりない。政党が掲げる重大な政策について，立法を行い，その政策を実行することによって，国民の政党への支持を得ようとしている。従って，各政党がアジェンダとして様々な国家事業を提案し，これを参考にして国民が投票を行う。現在では，二大政党制はかなり崩壊しており，政府はアジェンダ事業の仕事請負人という性質をもっており，現在の政府は，高額な俸給を受けている。しかし，責任と報酬額を自分で決めることは公正でなく，公正な独立機関によって決められている(51)。現在の政府は，投資事業の経営者のような役割を果たしているように思われるが，経営能力が問われている。

§421.4　地方自治体が作る地方条例も，広い意味での委任立法である。イギリスでは，第1章でも述べたように，地方自治の伝統が強く存続しており，地方自治の固有の問題については，中央政府でも干渉できないとする憲法習律が存在する。最近では，スコットランド，ウェールズ，北アイルランドがそれぞれ自治権を主張し，立法権を含めてそれぞれの地方自治を認めている。Kruse v. Johnson, [1898] 2 Q.B. 91 では，Local Government Act 1888 s.16 により作られたケント州の地方条例の司法審査が行われた。問題の条例は，住宅から50ヤード内にある公の道路または広場で音楽を行ってはならないと規定していて，申立人はこれに違反した。女王座裁判所は，その条例が，合理性のない差別を支持するものであったり，不正な方法で作られたり，人権を侵害するものでない限り，無効とは言えないと判決した。しかし，1957年のマンスフィールド講演の中で，Kilmuir 裁判官は，ロンドンの港湾労働者管理機構に丸投げされた委任立法がいかにひどいものであるかを説明している(52)。

(2)　立法の態様

§422.1　さて，通常の法律（Statutes）が制定される方法と手続を説明しよう。これを端的に示してくれるのが，過去約300年にわたってすべての法律の冒頭

現在の政党政治は，そこに画かれたものとはかなり異なったものになっている。
(51)　Parliamentary Standards Act 2009 を見よ。
(52)　Kilmuir, *The State, the Citizen and the Law*, 73 L.Q.R. 172 (1957). Kilmuir 裁判官は，Crown Proceedings Act 1947 を賞賛し，裁判所は，certiorari では不可能であるが，declaration および injunction により干渉すると説明している。

に付された例の決まり文句である。

　「本国会に召集された聖職および俗界の貴族並びに庶民の助言と同意をもって，国王のもっとも優れた尊厳により，かつ国会の権限により，次のように制定する。」

　この決まり文句は，法律がウェストミンスターに集まった司教，貴族および庶民院議員によって，議会の権限によって作られ，国王がそれを形式的に公布するものであることを示している。このような立法の態様は，外見的な形式としては，歴史上一貫してまもられてきたが，第２章で説明したように，今日では，立法における庶民院の役割が一番重要なものであると考えられている。

　国会はウェストミンスターで開会され，開会に先立って，女王の挨拶がある。これに続いて，庶民院および貴族院において議長の選出が行われるが，庶民院では，「議会の父（Fathers of the House）」が推薦する[53]。

§422.2　イギリスの立法は，Statutes という形で整えられるが，行政の細部についてまでその中に規定することはできず，規則の制定を委任している。規則は，orders, regulations, decisions などの形をとるが，それらはすべて包括して Statutory Instruments と呼ばれる。Statutes には上述のように，法律の冒頭に付される例の決まり文句が付いている。その決まり文句の付かない規則，政令，省令などは，その形式のいかんにかかわらず，Statutory Instruments と呼ばれる。「三権分立」の原理によれば，議会が立法権を行使するが，いろいろな事情のため，法律の内容を文章で確定するのが困難であり，専門機関に裁量を与えて運用を委任する傾向が生まれる。この場合，政府は，委任立法を行い，法律の詳細は規則，省令等によって定められると規定する法律を制定する。論理的には，これは当然のことであるが，実際上，この仕組みには多くの難点が含まれている。

§422.3　財政上の措置が必要でない法案については，貴族院で法案の審議を先にはじめることがあるが，ほとんどの法案が庶民院で先議される。庶民院を通過した法案が貴族院で否決されるか，貴族院が修正し，その修正に庶民院が同意しないときは，その法案は原則として廃案となる。しかし，法案が庶民院

---

(53)　貴族院では，ロード・チャンセラーが議長であったが，2005年憲法改革法により，貴族院議長の職が新設された。「議会の父」は，長期間に渡って議員として貢献した者のなかから，議会が名誉として選任する。

第4章 権力分立と議会立法の正当性

を通過するとき，庶民院議長が予算案の裏書きをし，貴族院の閉会日より1ヶ月以上前に貴族院へ回付する場合には，貴族院の同意が得られなくても，国王の署名を得て有効に法律を成立させることができる。また，その他の法案についても，(1)庶民院が2会期続けて当該の法案を可決し，(2)貴族院の会期の閉会時より1ヶ月以上前に同院に回付され，貴族院がそれを否決し，(3)庶民院の最初の会期における第2読会の日から最後の会期の第3読会までの間に1年の期間が経過しており，(4)庶民院議長が以上の国会法の諸要件が満たされたことの証明をする場合には，貴族院の同意がなくても，法律を制定させることができる[54]。

§422.4　国王の同意は，法律を制定するための不可欠の要件となっているとはいえ，今日では，単なる形式的なものになっている。1707年にアン女王が拒否権を行使したことがあったが，それ以来使われたことはなく，憲法上の慣習としては，拒否権は衰滅したものとされる。Royal Assent Act 1967 に従っている[55]。しかし，今日でも，議会での法案審議が終了した後，ロード・チャンセラーが，Letters Patent の形にして，国会を通過した法律をリストにして国王の承認（Royal Assent）を求めて国王に提出している。3人以上の国王の伝達吏（Commissioners）が，貴族院の王座とウルサックの間に立ち，Black Rod に対し庶民院議長を呼び出させ，庶民院議長とロード・チャンセラーに対して国王の承認が得られたことを伝達する[56]。上述の説明では，貴族院はゴム印を押すだけの機関になってしまった印象を与えたかもしれないが，貴族院が立法に参加することにも重要な意味がある。

(3) 立法の過程

(a) 一般的説明

§423.1　本書第2章で述べたことと多少重複するところがあるが，あらためて立法の正当性の観点から，立法の過程を整理して説明しておこう。Griffith &

---

[54] 本書35頁§222.2で取り上げた貴族院判決で問題になっているHunting Act 2004はこの要件を満たしていない。しかし，世論はこの立法を実質的に支持しており，貴族院はその立法の不備を争ってはいない。

[55] Regency Acts 1937, 1943 and 1953 も見よ。

[56] 伝達吏は，財政法案については，Le Reyne remercie ses bons subjets, accepte leur benevolence, et ainsi le vault と述べ，その他の法案については，La pene le vault. と述べ，私法律の法案については，Soit fait comme il est desiré と述べる。ちなみに，これらはいずれもノルマン・フレンチである。

Ryle on Parliament――Functions, Practice and Procedures (2d [R. Blackburn and A. Kennon with M. Wheeler-Booth] ed., 2003) がこれを詳しく説明している。また，スコットランドの視点に立って書かれた著作であるが，Moyra Grant, The UK Parliament (2009) もかなり客観的に現在の立法の態様を説明している。庶民院の立法手続については，第1章で紹介したメイの古典の外，Paul Evans, Handbook of House of Commons Procedure (3rd ed. 2002) が詳しい説明をしている。さらに，貴族院に関しては，Meg Russell, The Contempory House of Lords (2013) および House of Lords, Companion to the Standing Orders and Guide to the Proceedings of the House of Lords (2013) が詳細に説明している。

§423.2 　立法プロセスとしては，3つの読会を経て，議会の最終投票が行われる。第1読会では，立法政策の内容が説明され，それについて立法作業を行うか否かで決定を行う。立法作業に進むことが決定されると，法案作成の作業が行われるが，この作業は委員会を設置して行われるのが通常である(57)。この準備過程について，次項で説明する。準備過程を経て作成された法案が第2読会に提出され，この法案に対し実質的な審議が行われ，法案成立に賛成が得られれば，専門家による他の法律との関係や文章表現が検討され，条文の形に整備された最終案が投票にかけられる。庶民院で法案が成立すれば，直ちに貴族院に回付され，貴族院でも審議が進められる。庶民院の法案審議の仕方と貴族院の審議の仕方には多少のニュアンスの差があるが，その差は本質的なものではない。上述のように，貴族院の審議が「ゴム印を押す」ようなものだと表現されることがあるのは，そのためであるが，貴族院の審理にはそれなりの重要性がある(58)。

§423.3 　通常は，法案は庶民院によって先議されるのであるが，立法過程は，貴族院で先議される場合でも大差ない。手続の内容をもう少し詳しく説明してお

---

(57) 本項の叙述は，The Preparation of Legislation (Report of a Committee Appointed by the Lord President of the Council)(Cmnd. 6053, 1975)（通常，レントン報告書と呼ばれる）による。議会制度はIT機器の導入など，非常に近代化されているが，立法のプロセスは，大きく変わるところはない。

(58) 貴族院は叡智の府であり，穏健で中正な意見を述べる場所である。とくに，最高裁判所裁判官は生涯貴族として，退官後，貴族院議員となり，法案の違憲判断を行う。ヨーロッパ人権規約との「抵触性（incompatibility）」の審査を行うことも期待されている。ちなみに，部屋の構造がサロン風になっていて，庶民院のように論争の部屋にはなっていない。

第4章 権力分立と議会立法の正当性

こう。まず第1に，法案が議会に提出される手続について，政府が提案する場合と，個々の議員もしくは数人の議員が共同で提案する場合がある。政府提案の場合が圧倒的に多いので，まずその場合の立法過程から説明しよう。議会においてあるテーマに関する法律を制定しようという提案が行われ，それについて審議する決定が行われると，法案は印刷され，審議日程が組まれる。この過程を第1読会という。法案が印刷されると内容の検討が開始されるのであるが，第2読会では，次に説明する準備過程で作成された専門委員会の報告書などのコマンド・ペーパーを参考にして内容の審議が行われる[59]。第3読会では，法案が最終的な法律の文書に書き換えられ，これについての賛否の投票が行われる。ロー・コミッションズが提出するコマンド・ペーパーでは，条文の形にした法案が添付されるのが通常であり，このような場合には，第3読会は，第2読会に引き続き行われる。

§423.4 立法の過程において，政府提案の法案が優先的に扱われるのはいうまでもない。議員が提案する法案については，厳しい制約が付されている。たとえば，10分ルールと呼ばれるものであるが，これは法案の議会での説明に10分以上使ってはいけないというルールである。法案に対する質問も，1人10分以上を使うことが許されない。庶民院は，通常，月曜日から木曜日まで開かれ，金曜日は，午前11時から午後4時半まで開かれることになっているが，この金曜日の合計12日分が議員提案の法案の審議に当てられることになっている。審議の順序は，各会期のはじめに抽選によって決定される。10分ルールにより，法案の重要性を説明し，政府が約束すれば，火曜日および水曜日の審議時間を利用することが許される。いずれにせよ，議員提案の法案は劣位に置かれているが，成功した場合，立法者の名前が残るし，後に説明するロー・コミッションズが準備作業を行ったときは，その信頼性が高いために，ほとんど実質的審議がされずに立法が行われる。例えば，1973年の公正取引法や1967年の不公正契約条項法がその例である[60]。

---

(59) コマンド・ペーパーは，国会に提出されるホワイト・ペーパー（白書）を意味する。これには，1833年から1869年までC．（第1シリーズ）1，1870年から1899年までC（第2シリーズ）に1から通し番号が付けられている。1900年から1918年まではCd．，1919年から1956年まではCmd．，1957年から1986年（10月）まではCmnd．，1980年（11月）以降はCm1という記号が使われている。

(60) 田島裕『英米の不法行為法・契約法・救済法（著作集4）』（信山社，近刊）第4章で立法の経緯を詳しく説明した。この法律は，20世紀後半の重要な立法の1つである。

(b) 準備過程

§423.5 法案の準備作業は委員会によって行われるのが通常であるが、委員会にはいくつかの形態がある。もっとも重要な法案については、ロイヤル・コミッションが設置される。ロイヤル・コミッションは、その名の示すとおり、内閣の助言によって女王により任命される委員会である。この委員会は、常設の委員会ではないが、審議事項に関係する代表的な有識者からなる。問題によっては、いくつかの行政官庁の利害が対立することがあり、その調整も目的の1つとなっている。通常、審議事項が重要なものであるだけに、それぞれの専門領域の権威者が選任され、アカデミックな色彩の強い集まりである。老人の委員が多くなりがちで、諮問事項に対し否定的な答えが出る傾向がある[61]。しかし、発言および資料は信憑性が高く、この委員会の報告書は、学術的には重要な意味をもっている。

§423.6 ロイヤル・コミッション以外に、担当省庁の中に専門委員会を設置して検討を行うのが通常である。委員会の形はさまざまであるが、一般的には、信頼の厚い学者を中心とした若い委員たちによって構成される。かなりの時間と忍耐がいる研修調査が要求されることが多いからであろう。若干の実例をあげれば、第1に、サンキー卿によって1934年に設置された法改正委員会をあげることができる[62]。第2に、同趣旨の目的をもって設置された委員会であるが、とくに判例法の改革の必要性について検討させた、シモンズ卿によって1952年に設置された法改革委員会をあげることができる[63]。以上2つの委員会は、ロード・チャンセラーの諮問を受けて設置されたが、ロイヤル・コミッションに匹敵する権威をもっていたようである。さらに、バトラー卿によって1959年に設置された刑法改正委員会にもふれておくべきであろう[64]。この委員会が内務大臣の下に設置されたのは、資料の利用およ

---

[61] 一例として、憲法委員会（1973年、Cmnd. 5460）を見よ。あまりきれいな表現ではないが、グランヴィル・ウィリアムズの講義では、「トイレを利用するのに似ている」という。部屋に enter し、審議を open し、consider した後、drop the matter（廃案）するというのである。

[62] この委員会は、Law Reform (Married Women and Tortfeasors) Act 1935, Limitation Act 1939, Law Reform (Frustrated Contracts) Act, Law Reform (Contributory Negligence) Act 1945 などを起草した。

[63] Civil Evidence Acts 1968-72, Misrepresentation Act 1967, Occupiers' Liability Act 1957 などを起草した。

[64] Criminal Justice Acts 1965-67, Theft Act 1968, Suicide Act 1961, Indecency with Children Act 1960 などを起草した。この委員会では、グランヴィル・ウィリア

第4章 権力分立と議会立法の正当性

び後の立法過程での便宜を考慮したためであると思われるが，その第11報告書（証拠法総論）は非常に大きな反響をよんだ。

§423.7　ロイヤル・コミッションおよび法改革委員会以外に，立法の専門機関としてロー・コミッションズが設立されている。この委員会は，通常の委員会とはかなり異なった特質をもっている。この機関は，1965年のロー・コミッションズ法に基づいてロンドンおよびエディンバラに設置された2つの立法専門機関である。ロンドンの委員会は，5名の経験を積んだ法律家（裁判官や大学教授を含む）からなるが，この5名の専門家は，フル・タイムで立法作業に当たる[65]。任期は5年間であるが，事務手続上，兼任した形がとられる。この委員会の作業は，立法計画表を一般に告知することからはじまる。委員の手足となる約50名の職員（弁護士や立法の対象となる分野の専門家が多い）のイニシャチーブによって情報が集められ，その結果に基づいてグリーン・ペーパーが作成される。このグリーン・ペーパーは，表紙がみどりであることを意味するが，義務教育を受けただけの一般人に理解できるやさしい英文で書かれており，しかも短時間で読めるように配慮されている。これは本屋で市販されているが，内容に関係のある知れたる有識者には直接郵送され，意見が求められる。一定の期間（通常，6月）をおいて意見が集約され，最終的なホワイト・ペーパーが作成され，議会に法案が提出される。

§423.8　ロー・コミッションズの立法の成果については，我が国でもかなり研究されている。特に成果のめぼしい面をあげるとすれば，家族法改革をあげることができるであろう。1968年に出されたロー・コミッションズの第2次法改革計画には，家族法の総合的検討が提案されている。それに従い，いくつかの法案が準備され，議会がそれを承認して次々と法律になった。例えば，1969年の家族法改革法，同年の離婚改革法，1970年の婚姻事件手続並びに夫婦財産法などがその例である。これらの法律はさらに整理統合されて1973年の婚姻関係事件法となった。家族法改革の内容の点でも注目すべきものがある。たとえば，離婚理由として「婚姻が回復できないほど破綻したこと」だけを定めていることである。また，成年年齢が21歳から18歳に引

　　　ムズが貢献しているが，その法改革の構想は，G. Williams, *Law Reform*, 40 JSTPL 31（1940）に説明されている。
（65）　初代の委員長は，オーブリ・ダイヤモンド（ロンドン）およびT.B.スミス（エディンバラ）であった。

き下げられ，1970年には，法改革（雑則）法第4条により，妻または子供の誘拐を夫の財産侵害であると見るコモン・ローの奇妙な原則は廃止された。さらに，1873年法や1925年法などを統合した1971年の未成年者後見法が作られた外，夫婦共有財産法を内容とする1975年の相続（家族および被扶養者の財産）法が作成された。その後も家族法の近代化の作業が続けられている。しかし，ロー・コミッションズの立法準備作業がすべて成功したわけではない[66]。また，委員会の権威のために，議会での実質的な審議が略式化される傾向にあり，制度改革が検討されている[67]。

(c) 法 改 革

§423.9　立法準備作業の内容の性質について「法改革」という用語の説明をしておきたい。法改革の作業の内容に注目して，codification, consolidation, revision などの言葉が使われる。Codification は「法典化」を意味するが，これは判例法を法律の条文にすることを意味する[68]。これを最初にとなえたのはベーコンであったと思われるが，実際にそれを実践しようとしたのはスティーヴンであったと思われる[69]。ベンサムは，「法典化」という言葉を用語として用いた法改革者であったが，世論に大きな影響を与えたが，技術的な面では必ずしも成果をあげたとはいえない。Consolidation は「総合化・統合化」を意味する。イギリスの立法はこまごまとした単一の法理を述べただけのものが多くあり，しかも古い法律が忘れられていることもあり，総合的に整理する作業を意味する。Revision は，判例法に不都合があり，判例法を修正するものである。

§423.10　近代の法改革に業績を残した法律家として，Law Reform and Law Making と題する放送番組の講演者たちを紹介しておこう。この講演は A Reprint of a Series of Broadcast Talks (W. Heffer, Cambridge, 1953) として

---

(66) 例えば，ダイヤモンドが強く提唱した契約法の法典化は，完成が近づいた時点で議会が法典化に反対し，作業が中止された。但し，その立法作業はヨーロッパ契約法の基礎として利用されている。

(67) この準備作業は議員立法だけに限定することなどの方針がとられている。

(68) Bacon, Advancement of Learning 163, 178-79 (Sedley ed. 1910). Sir James Fitzjames Stephen (1829-94) は，インドの契約法，証拠法，刑事訴訟法の法典化に成功し，ロンドンに戻ってからイギリス法のコモン・ローの法典化運動を進めたが，成功しなかった。Stephen, General View of the Criminal Law of England (1863) にその考えが述べられている。

(69) Bentham, The Theory of Legislation (Ogden ed. 1931) 序文19頁参照。

第 4 章　権力分立と議会立法の正当性

出版されているが，この著作に収載されている講演の講師は，Hamson, Goodhart, Denning, Wade, Seaborne Davies, G.L. Williams, Cecil Carr である。これらの講師の中で，特にグランヴィル・ウィリアムズに注目しよう[70]。グランヴィル・ウィリアムズは，この著作では契約法の法典化を執筆しているが，むしろ刑法の近代化に大きな業績を残した。上述の第 11 報告書（証拠法総論）は同教授が執筆した報告書である。また，現在の刑法典も同教授により準備されたもので，「生命および身体の保護」を目的とした犯罪と「財産の保護」を目的とした犯罪を，それぞれ明快なことばで定義している。これらの法改革者たちが目標としたことは，「全部の法律の組織的な発展および改革のために，特に，法の法典化，変則の除去，古くなった法律の廃止，個別的な法律の数の減少，並びに法の単純化および近代化」であった。

---

(70) Glanville Williams, The Reform of the Law (1951) は，イギリスに法務省を設置し，本格的な法改革をおこなうことを提案した著作で，主要な法領域全般にわたり，法改革の必要な部分を説明している。

第3節　立法の正当性と立法の実質的制約

(1)　自然法による制約

§431.1　議会の立法が正当なものであるとされるのは，議会が国民の総意を確かめるのに最も適した機関であるからである。しかし，それはフィクションであって，そうであることの立証がなされたことはない。かつて伊藤正己は，『思想』という雑誌に「立法過程における法の支配」と題する論文を載せ，法の支配の実現のために「立法の内容から，専断，恣意性を排除すること」，および「立法の過程において，理に反する力の支配の加えられるものを否定すること」の必要性を説きながら，立法過程にも一定の民主的なルールがあると論じた[71]。その論文で，伊藤正己が「法の支配」の原理への「叛逆」の実例として取り上げた日本の法律が，実際にそうであるか否かは別として，与野党の取引ないし駆け引きのために倫理綱領とでも呼ぶべき一般条項が並べられているだけで，法的にはほとんど内容のない法律が存在していることは事実である[72]。先の「一定の民主的ルール」は，ハートのことばを借りれば，2次的認識ルールと呼ぶべきものであるが，そのようなルールとして，第1に「自然法による制約」をあげることができる。

§431.2　自然法は自然の法則に従った法を意味するが，法律学においては，これは厄介な理論である。自然法による議論をするためには，自然法則の存在を証明したうえで行うことになるが，その証明は容易ではなく，権力者は，その証明ができていないにもかかわらず，証明済みであると主張したうえ，自分の議論だけが正当であると主張する。これに反対するためには，しばしば命をかけなければならない情況がある。例えば，王権神授説は，神が国王に王権を与えたとする憲法理論であるが，この証明ができていないにもかかわらず，反論すれば殺されるおそれがある。ジョン・ロックらが唱えた自然権説も，人間の自然状態においても認められた権利があり，この権利は市民社会が形成された後においても守られると主張したが，証明が社会契約説という

---

(71)　思想337号（1952年）632-640［16-24］頁。
(72)　このような情況は法的安定性を傷つけ，民主主義を形骸化する。ハイエクの「法の支配」の理論は，このような情況を批判している。

第4章 権力分立と議会立法の正当性

フィクションに基づいている(73)。

§431.3 自然法による制約の理論と関連して，最初にコーク［クック］裁判官による傍論に注目しよう。コーク［クック］は，ボナム判決の中で次のように述べている(74)。

> 「われわれの典籍によれば，多くの事件において，コモン・ローが議会の法律を支配し，時々，議会の法律がまったく無効であると判決されたようである。議会の法律は，普遍的正義並びに理性に反しているか，抵触するか，または執行不能である場合，コモン・ローはそれを支配し，かかる法律を無効とするものである。」

この傍論は，アメリカで違憲立法審査が行われる基礎を与えたものと理解する見解があるが，この点にはかなりの疑問がある。田中英夫は，ハーバード大学のソーンの説に頼りながら，従来の見解を批判し，そもそもボナム医師事件においても，コーク［クック］は，コモン・ローの優位とか，「より高次の法」に照らして法律を無効にするという考えをもっていなかったという新理論を支持した(75)。

§431.4 しかしながら，アメリカ合衆国最高裁判所のMarbury v. Madison, 5 U.S.

---

(73) ディビッド・ヒュームは，エディンバラ大学で活躍した学者であるが，ジョン・ロックらの社会契約説がフランスの人権宣言などにつながり，市民革命に発展したことをおそれ，現実に基づかない虚構（フィクション）によることは危険であると主張した。Hume, Of the Original Contract, in Social Contract (Oxford, Barker Intro. 1947) pp.209-36. ベンサムもまた，ブラックストーンの自然法論を批判しながら，「擬制の季節は終わった」といういわば社会契約説の死亡宣言とでも呼ぶべき文章を書いている。Bentham, Works (Bowring ed. 1843) vol.1 p.269 およびBentham, The Theory of Legislation (Ogden ed. 1931) p.74 を見よ。ちなみに，ヒュームは，経験主義・現実主義の立場から，「法の支配」の理論を唱えており，この理論が，最近，国際関係法論の立場から新たなスポットライトが当てられている。最近の研究として，岸野浩一「国際社会における『法の支配』の基礎理論——デイヴィッド・ヒュームの法哲学における正義と社会の論理」法と政治（関西学院大学）63巻3号（2012年）39-77頁，J. Waldron, The Concept and the Rule of Law, 43 Georgia L.Rev. 1 (2008) 参照。

(74) Dr. Bonham's Case, (1610) 8 Co.Rep. 118. なお，City of London v. Wood (1701) 12 Mod. 669 も見よ。

(75) 田中英夫「コウクと＜法の支配＞」法律時報33巻4号（1961年）31-35頁。ここで引用されているソーンの論文は，Thorne, Dr. Bonham's Case, 54 L.Q.Rev. 543 (1938) である。ちなみに，従来の見解によれば，コークの時代には基本法に基づく違憲立法審査の考え方はあったが，19世紀以降の近代化のプロセスの中で徐々に廃棄された。Plucknett, Bonham's Case and Judicial Review, 40 Harv.L.Rev. 30 (1926). 38頁§222.2で引用したサイモン卿の意見も見よ。

(1 Cranch) 137 (1803) で説明された自然法思想とは異なるものであるかもしれないが，中世のイギリス法にある種の自然法論があったことは否定できないであろう[76]。1652 年の King v. Love, (1653) St.Tr. 43, 172 では，ケブル裁判官は，「聖書に書かれている神の法以外に，本当に，真のイギリス法であると言えるものはない」と述べている。法は神の意思と合致するものでなければならないとする考え方は，さらに遡って，ブラクトンの著書にも見られる[77]。ただ，コーク［クック］の自然法論にあっては，かかる神の意思は，自然的理性によって判断されるものではなく，長年の研鑽によって得られる技術的または司法的理性によって判断されるものである，と主張していることに注意する必要がある。

§ 431.5 「司法的理性」と「自然的理性」の区別は，微妙であるけれども，重要な意味をもっている。「神の法」を第 1 の法源とし，それが自然的理性によって確認されるとする説は，§ 214.2 で紹介した R. v. Hampden (The Case of Ship-Money), (1637) 3 St.Tr. 825 の多数意見にも見られるように，それは王権神授説に繋がるものである。アレンが述べているように，「神の法」の存在は，今日では当然に否定されるべきであることはいうまでもない[78]。これに対し，神の意思は司法的理性によって確認されるとする説は，法の最終的判断者は裁判官であるとする点では，今日の法の支配の思想にも繋がるものである。もっとも，司法的理性を尊重する見解をとるとしても，裁判官の恣意的判断をいかにして排除するかという問題が残されている。ベンサムがコモン・ローの法律家を詭弁者として激しく攻撃したのも，まさにその点が明瞭に回答されなかったからである[79]。その問題は，換言すれば，裁判の

---

(76) Gough, Fundamental Law in English Constitutional History 42-43 (1955) 参照。

(77) Bracton, On the Laws and Customs of England 33 (Thone ed. 1968) (原典は，De Legibus et Consuetudinibus Angliae [1259]):「国王は何人の下にもあるべきではない。しかし，神と法の下にあるべきである。なぜならば，法が国王を作るからである。」但し，ブラクトンは，同じ著書の中で，「国王は同輩を持たず」(id. at 52),「国王に対し法を強制できる者はいない」(id. at 107) などと述べていることから，ブラクトンにも「基本法の思想」はなかったとされる。Pollock and Maitland, The History of English Law 182 (Milsom ed. 1968). Cf. McIlwain, The High Court of Parliament and Its Supremacy 101-103 (1962) および Holdsworth, A History of English Law 197-200 (3rd ed. 1936)。

(78) Allen, Law in the Making 446 (7th ed. 1964) は，近親相姦の禁止の例をあげている。

(79) Bentham, A Fragment on Government 155 (Montague ed. 1891).

第4章　権力分立と議会立法の正当性

際に適用されるべき既存の法が何かを問うものである。そして，なぜその既存の法が，他のものに優先するものでなければならないかが，さらに問われることになる。

§431.6　Regina v. Secretary of State for Home Department, *Ex parte* Pierson, [1998] A.C. 539 at 591 において，シュタイン裁判官は，ダイシーの「法の支配」の第3原理と関連して，「もっとも明瞭な文言で反対のことが規定されていない限り，議会は法の支配に反する立法をできないと想定されるべきである」と述べている(80)。さらに，「法の支配は，実体的にも，また手続的にも，公正の最小限度の基準を強制する」という。正当性の原理（principle of legality）に照らして，Criminal Justice Act 1991 (c.53) s.35(2)が囚人の release の広い裁量を執行吏に与えている場合に，実質的に遡及的に刑期を長くする決定はその基本原理に違反する，と判決した。このような立法の制限は，手続的判断だけに限定されるべきであるとする見解もあるが，実体的判断に立ち入る裁判官も少なくない。

§431.7　R.T.E. Letham, The Law and the Commonwealth (1949) は，Pollock の見解を引用し，「最高の立法権も，それがどのように行使されるべきかを規定するルールに従って制限される」と述べている。Sir Ivor Jennings, The Law and the Constitution (5th ed. 1967) は，議会の文書を裁判所が利用することはできないので，その制限を強制することができない，と説明している。日本では，この著作はダイシーを厳しく批判したものと理解されているが，ダイシーにとっては，現実の政治が理想的な憲法理論に違反することがあることは当然と理解しており，憲法習律に強制力がないとしても，それに違反すれば，後に国家全体に大きな危害を与えるので，やがて政治家が憲法上の責任を問われることになると理解している(81)。

---

(80)　この事件に関係する法律は，イギリス刑事法の専門家たちの助言に従って，監獄制度を合理化しようとした法律である。懲役刑で15年以上生活を送ってきた囚人は，年齢，身体能力などの観点からも犯罪能力を失っており，それ以上の収監は，刑務所が老人ホームまたは国民保険療養所と同じサービスを提供することになる，という考えに基づいて作られた法律である。収監後15年目に見直し，囚人を家族，支援団体などの監督下に置くことを政策として定めているが，それを決定する裁量が濫用された事例である。

(81)　法の支配の第2原則は，政治家を特別に扱うことを禁止している。

(2) 制定法による制約

§432.1　立法を実質的に制約するような「既存の法」は何かが問われているのであるが，それは古い時代から存続している慣習法であると，イギリスの憲法学者は答えるであろう。具体的には，マグナ・カルタ，権利請願，人身保護法，権利章典，王位継承法などのいわゆる基本法を意味する[82]。ホールト裁判官は，R. v. Earl of Banbury, (1695) Skinner 517 at 527 でかかる基本法の存在を認め，問題の「議会の法律を解釈し，説明し，そして法律が無効であると判断する」のは，裁判官の日課であると述べた。裁判所がその判断をする権限をもつとする見解は，イギリスでは，はっきり確立された憲法原理とはなっていない[83]。しかし，ゴッホが精査して述べているように，議会の自律的規範として，基本法を尊重しようとする議会の態度は，イギリス憲法史の中で，しばしば見られた[84]。但し，これと関連して，2つのことに注意する必要がある。その1つは，基本法といっても，それは単なる法律であるにすぎず，後の法律によって廃止することができるということである。第2に，イギリスの基本法は，実体的権利を保障することより，かかる権利が侵害されないように，あるいは侵害から救済が得られるようにすることに重点を置いていることである[85]。

§432.2　前述のゴッホの研究は，アメリカの代表的法制史学者（Thone）のマグナ・カルタ研究に啓発され，アメリカの違憲立法審査をイギリス憲法に照らして比較法的考察をした研究である。その著作が示しているように，イギリスに

---

[82] Vinogradoff, Common Sense in Law 107-121 (3rd ed. 1959). マグナ・カルタなどの古い法的文書は，国王の一般慣習法を説明したものと理解されており，コモン・ローということば自身にその意味が込められている。高柳賢三『英米法源理論』（改訂版）（有斐閣，1965年）123-24頁。なお，J.W. Gough, Fundamental Law in English History (1955) この論点に関する諸文献（判例，著作，論文など）を末尾に一覧表として示し，重要なものについて本文で詳細に検討している。

[83] Lee v. Bude & C. Ry. Co., (1871) L.R. 6 C.P. 582 でウィルズ（Willes J.）は，「立法府も立法権を濫用することがあり得る」のであり，通常裁判所が，法律解釈を通じて，恣意性，専断性，不合理性を取り除く義務を負うと判示した。

[84] J.W. Gough, ibid., at 80-97 において，1641年11月に議会が国王に対し突きつけた専断的統治を抑止することを求める請願の中で「基本法」ということばを使い，その後，しばしば使われたことを説明している。

[85] イギリスの人権は，救済の結果にすぎないのであるから，救済の方式が重要であると説明されるのも，このことを意味している。

は違憲立法審査制はないが、それはアメリカ合衆国のような連邦国家ではなく、そのような形の審査が適していないということであろう。しかし、イギリスでも実際上審査がなされているのであり、その説明の仕方が異なるに過ぎない。ゴッホがこのように考える根拠は、必ずしも明瞭ではないが、上述のような基本法に示された憲法原理が、英米両国が共有する憲法原理となっていることにある。アメリカ合衆国では連邦制がとられているため、連邦最高裁判所が違憲立法審査を行うことになるが、イギリスでは、議会民主制のプロセスの中にその審査機能が存在しているという。

§432.3　（将来の議会に対する非拘束性）現在の議会は、将来の議会が一定のことを定めることを禁止することができるだろうか。一般論としては、マグナ・カルタでさえ、普通の法律によって廃止できると理解されており、将来の議会は、将来の議会が、いかなる過去の法律によっても拘束されることはない。それならば、議会制そのものを変える法律はどうか。例えば、議会が貴族院を廃止する法律を作った場合、庶民院の優位性により庶民院の政治力だけで作ったときは、この法律は有効なものとは認められない。議会が制定した法律が正当なものとして認められるのは、これまで説明してきたような実質を備えているからであって、それにかけるところのある法律は、法律としての正当性を主張できない[86]。

§432.4　Ellen Street Estates Ltd. v. Minister of Health, [1934] 1 K.B. 590 at 597において、モーム裁判官（Maugham L.J.）は、次のように述べている。

　「立法府は、われわれの憲法によれば、以後の立法形式について自分自身を拘束することはできない、また、同一の主題について、以後の制定法の中で黙示的廃止はできない、と議会（Parliament）が立法することもできない。もし後の法律の中で、以前の制定法が一定の限度で廃棄されていることを明確にすることを議会が選択するならば、正にそれも立法府の意思であるが故に、その意思に効力が認められなければならない。」

　この事件では土地の強制収用が問題になっている。被告が保有する土地は、都市開発計画の中に含まれており、この計画を実施するに当たり、国民健康大臣が、道が余りにも狭く、公衆衛生上、更地にすることを要求した。原告

---

[86]　Blackstone, Commentaries 151 (1675). なお、Parliament Act 1911, s.2(1)は、議会がその会期を5年以上に延長するために必ず両輪の決議を必要とすると定めている。裁判所は、同条の解釈を求められるならば、司法審査を義務づけられる。De Smith, Constitutional and Administrative Law 88 (1971).

第3節　立法の正当性と立法の実質的制約

は，その計画があることを知らずに土地を買い取った不動産業者であるが，土地収用に従う意思をもっていたが，正当な補償を請求した。これに対し，地方自治体は，国民健康大臣の決定があったため，補償額をゼロと査定した。そこで，原告は，大臣の決定を争った。その根拠は 1919 年の Acquisition of Land (Assessment of Compensation) Act 1919, s.7(1) であるが，これは Housing Act 1925 によって改正され，実際の収用時の時価が評価されると判決した。

§432.5　British Railways Board v. Pickin, [1974] A.C. 765 は，上述の論点に関する極めて興味深い見解を示している。この事件の主要な争点は，営業廃止となった鉄道の土地は，隣接して土地の所有者に帰属するか否かである。Bristol and Exter Railway Act 1836, s.259（私法律）は，英国鉄道会社がある地区の鉄道営業を廃止したとき，土地収用で買い取られた土地の所有者にその土地を返還すると規定していた。しかし，これは古い法律であり，法務省は，英国鉄道会社がその土地を所有すると定める規則を作っていたため，原告ピキンの請求を拒絶した。この規則は，国会の承認を得ており，手続上も，多くの参考資料が提出されている。原告ピキンは，問題の規則は詐欺的な立法事実に基づくものであり，違法であると主張した。貴族院［最高裁判所］は，British Railway Act 1968, s. 18(1) が「この法律の制定時から，本条の適用のある諸規定は，鉄道委員会に権限付与（vest）された土地には適用されない」と規定しており，1836 年の法律は黙示的に廃止された，と判決した。

§432.6　Human Rights Act 1998 を制定する準備段階の議論の中で，「硬性憲法」とすべきであるとする意見が出されていた。比較憲法の観点からみても，権利章典を改正するためには特別多数決（例えば，3 分の 2）が必要であると規定することが通常である[87]。1998 年法は，ヨーロッパ人権規約を国内法化することを意図した法律であるが，Wallington and McBribe, Civil Liberties and a Bill of Rights 142-146 (1976) は，アメリカ合衆国憲法のような「硬性憲法」にすることに反対した[88]。しかし，イギリス憲法に比べ，むしろヨー

---

[87]　Harris v. Minister of Interior, 1952 (2) S.A. 428, [1952] 1 T.L.R. 1245 で争われている法律は，まさにこのような「硬性憲法 (entrenchment)」の規定である。

[88]　アメリカ合衆国憲法による違憲審査がどのような意味をもつかについて，本書の末尾［付録 3］に収載したジャッフィの紹介の中に説明されている。アメリカ合衆国憲法とイギリス憲法との間に本質的な違いはないが，いわゆるサブスタンシーヴ・デュー・プロセスの理解には大きな相違点がある。本書 284 頁注(6)で引用する Griswold v. Connecticutt, 381 U.S. 479 (1965) で示された自然権論は，イギリスの

第4章　権力分立と議会立法の正当性

ロッパ人権規約の側に多くの欠陥があるが、それを国内法化することによって国民が最小限の人権が何かを理解するのには役立ち、それに基づく違憲審査が行われれば、裁判所の専断性のイメージを減らすことに貢献すると述べた。

(3) 国際法による制約

§433.1　条約は、それを締結した政府の政治責任を生むことがあっても、原則として、議会がその条約を国内法化する立法をしない限り、法的効力をもたない[89]。つまり、通常裁判所は、裁判においてそれを適用することを義務づけられない。このことは、議会主権の原則の論理的帰結である。また、たとえ立法の目的が国際法に反するものであっても、裁判所は、それを無効であると判決することはできない。アンゴード・トマス裁判官は、Cheney v. Conn (Inspector of Taxes), [1968] 1 All ER 779 at 780 の中でかかる事例について次のように述べている[90]。

「制定法それ自体が述べていることが違法なものではありえない。なぜならば、制定法が我が国で知られる最高の形式の法だからである。それは、他のあらゆる形式の法に優先するものであって、裁判所は、議会の立法が違法であるとは言えないのである。」

これは、イギリス法の国際法に対する伝統的な見解を述べたものである。

§433.2　しかし、問題の条約が本節第1項で述べた自然法を法文化したものである場合には、議会による国内法化の手続がとられていない場合でも、それに対し議会の法律より優先する効力が例外的に認められることがある。古い例ではあるが、Heathfield v. Chilton, (1767) 4 Burr. 2015, 2016 の中で、マンスフィールド裁判官は、「議会は確立された国際法原理に反する法律を立法する権限をもたない。」と述べている。フィルモア裁判官やケリー裁判官もまた、R. v. Keyn (The Franconia), (1876) 2 Ex.D. 63 で同趣旨の見解を述べているし、ブラックストーンもまた、その見解に支持を与えているように思わ

裁判官には理解できないと思われる。

(89)　Jennings, *The Progressive Development of International Law and its Codification*, 24 British Y.B.I.L. 303 (1947) 参照。この論文は、後に説明する1972年のヨーロッパ共同体法のように、将来、国際組織が制定する法律に直接適用の効果をもたせることができることを示唆している。

(90)　また、Collco Dealings Ltd. v. Inland Revenue Commissions, [1962] A.C. 1, [1961] 1 All ER 762 (シモンズ卿) も見よ。

れる。この見解が，自然法論が著しく後退した19世紀後半に議会主権の理論が最有力なものになった後においても，通用するかどうかは検討の余地はあるが，少なくとも判例法上，明示的に否定されてはいない。

§433.3　国際関係が益々緊密になりつつある今日の世界では，議会が直接国際法によって拘束されることはないとしても，国際法をいっそう尊重しなければならない情況がある。イギリスは，一方ではコモンウェルス諸国に対する支配力を弱め，他方，ヨーロッパ諸国との関係を強めた。これと関係する国際法は複雑であるので，本書では，第5章（コモンウェルス）および第6章（ヨーロッパ共同体法）で詳しく説明する。一般論として，イギリス憲法における国際法の扱いは，いわゆる二元主義によっている。行政府は外国と条約を締結することができるが，議会の承認が得られない限り，議会主権の原則のためその条約が直接的拘束力をもつことはない[91]。しかし，条約が既存の国際慣習法の存在を確認したものである場合には，もともと憲法習律も慣習法であり，古くから直接的拘束力が認められてきた[92]。さらに，第6章で詳しく説明する1972年のヨーロッパ共同体法は，立法権限そのものを一定の限度でヨーロッパ議会に移譲しており，後に説明するように，二元主義の考えが大きく修正されつつある[93]。

§433.4　最後に，54頁注(101)で言及したRegina v. Asfaw（United Nations High Commissioner for Refugees intervening），[2008] UKHL 31, [2008] 1 A.C. 1061 にも注目しよう。この事件では，エチオピア人が偽造パスポートを持参してアメリカ合衆国（首都ワシントン）へ移動中に，イギリスの飛行場で偽造が見つかり，Forgery and Counterfeiting Act 1981 および Criminal Attempts Act 1981 の違反の犯罪が問われた。しかし，被告には，人権保護団体の関係者が付き添っており，同人の説明によれば，アメリカ合衆国において難民保護を受けることが旅行の目的であり，出国に際してこのパスポートが必要

---

(91)　Cheney v. Conn (Inspector of Taxes), [1968] 1 All ER 779, R. v. Asfau, [2008] 1 A.C. 1061, [2008] 3 All ER 775.

(92)　Triquet v. Bath (1764) 3 Burr. 1478, Viveash v. Becker, (1814) B.& S. 284 など多数の判例がある。最近の事例として，Masri v. Consolidated Constructors International Co. SAL, [2009] 4 All ER 847, [2009] 3 W.L.R. 385; R. v. Jones, [2007] 1 A.C. 136; R. v. Secretary of State for the Home Department, [2005] 2 A.C. 68 を見よ。

(93)　Sales and Clement, *International Law in Domestic Courts: The Developing Framework*, [2008] 124 L.Q.R. 388 参照。

第4章 権力分立と議会立法の正当性

であったという。イギリス法上の犯罪があるために，イギリスの訴追機関は刑事手続を進めたのであるが，国際連合の難民弁護官が保護を要請したため，最高裁判所が慎重に憲法判断を示した。第1に，関係する国際連合難民保護条約が本件に適用されるかどうかについて判断している[94]。この点について，ダイシーの『憲法序説』を引用し，イギリス政府は当該国連条約を批准していないが，政府は難民保護政策をとっており，イギリス議会の意思は，その条約を支持していると思われると判示した。第2に，刑事責任の判断について，グランヴィル・ウィリアムズを引用し，刑事責任について免責の選択肢があることを判示した[95]。第3に，難民の「移動の自由」は，人道主義の法理により国際慣習法上の保護を受けていることを判示し，目的論的解釈により難民の「移動の自由」を保護する利益が多いとして，無罪判決を下した[96]。

---

(94) Convention and Protocol relating to the Status of Refugees, s.31 は，難民の移動の自由を規定している。
(95) G. Williams, Criminal Law (General Part) (2nd ed. 1961) p.723. ちなみに，問題のパスポートは，イタリアのパスポートであり，事件保護団体が用意したものである。
(96) この論点は，詳細な説明が必要であるが，ここでは，この判決がそれに関する重要判例であることを説明するだけにとどめる

第4節　裁判所による法律の解釈

(1) 法律解釈の方法

§441.1　議会の立法には一定の形式的・手続的制約があり，また，内容の点についても，一定の指導原理とでもいうべきものがあることを，これまで説明してきた。それらは，厳密には，議会が自己抑制のために設定した憲法習律ないし倫理規範であるにすぎず，その違反に対し政治責任が問われることがあっても，法的に直接強制されることはない[97]。少なくとも形式的には，議会は裁判所より上位に位置づけられている。その関係を示す一例として，Burmah Oil Co. v. Lord Advocate, [1965] A.C. 75 を否定した 1965 年の War Damage Act を説明しよう。まずビルマ石油会社事件では，貴族院［最高裁判所］が原告の私有財産を国が破壊したことに対し，国が原告に正当な補償を行う義務があることを判決した。議会は直ちに法律を制定し，第二次世界大戦中の特殊な事情によって破壊がなされた場合，補償をする必要がないことを定めただけでなく，この法律は既に判決が下された事件にも遡及して適用されることを規定した[98]。イギリスには違憲立法審査制がなく，もしそれがあれば違憲判決が下される可能性が非常に大きいにもかかわらず，なすべき術は何も残されていない[99]。

§441.2　議会は法律を執行する機関でないので，法律を文章の形にすれば，それ以外のことに余り関心を示さない。イギリスは，コモン・ローの国であり，通

---

(97)　しかし，違反があれば耐え難い不都合が生じるため，実際上，守られるのが通常である。

(98)　War Damage Act 1965. この立法の経過は，Note, *The Burmah Oil Affair*, 79 Harv.L.Rev. 43 (1971) に詳しく説明されている。また，伊藤正己「民事遡及法について」法学協会雑誌87巻2号（1970年）149頁で，民事遡及立法の観点から論考している。

(99)　イギリス人は現実主義的な側面をもっており，上述のビルマ石油事件においても，貴族院［最高裁判所］判決どおり「補償」が支払われればアメリカ資本を利することになるため，理論上，違憲な立法であることを理解したうえでの立法であり，イギリス人の利益を守っている。本書の末尾に掲載した［付録3］（ジャッフィの研究）は，この英米の相違点の意義を考察したものである。なお，たとえ違憲と考えられる立法がなされても，通常裁判所は，その立法を適用するに当たり，違憲となる結論を導くような解釈を回避するものと思われる。

第4章　権力分立と議会立法の正当性

常裁判所がそれをどう解釈するかが，著しく重要な意味をもっている。通常裁判所による裁判を受ける権利の保障は，「法の支配」の原則の欠くことのできない要件の1つである[100]。しかし，今日では，デヴリン卿が「コモン・ローは先例の発展によって完全に成熟しつくしていて，もはや新芽を出せない老大木になってしまった」と述べているように，判例法よりも議会の法律の方が，法改革について重要な役割を果たしている。とはいえ，少なくとも比較的最近まで，偉大な法律家たちがイギリス法形成の主役であったことは，否定できない事実である。例えば，コーク[クック]，ベーコン，ホルト，マンスフィールド，ベンサムなどがそれである。しかも，契約法や刑法について，法典化の提案があったにもかかわらず，議会は否定してきたのは，今日でもコモン・ローの伝統を守ろうとしている証拠である。

§441.3　議会主権の原則が確立された後においても，国会が制定する法律の意味が明瞭でなく，通常，複数の解釈が可能である。国会の法律が「解釈の枠」をはめたことになっているかどうか，疑問の余地があるが，その解釈の方法について，厳格なルールを設定することにより，解釈の客観性を維持しようとしている。その枠の設定の仕方は，単一ではない。利益衡量を手段とするものもあれば，自然主義的な立場から，それがなされることもある[101]。また，法文のことばの論理的操作によって得られる結論と，具体的事案の価値判断と，いかに組み合わせるかという実践的性質のものとしてそれを捉える見解もある[102]。しかし，いずれの見解をとるにせよ，我が国の判例評釈のよう

---

(100) たとえ立法（裁判禁止条項など）によって裁判管轄を排除しても，これも法律であり，「排除される管轄」の範囲を解釈するのは裁判所の義務（アニスミニック判決参照）であり，イギリス法では通常裁判所による裁判を受ける権利はもっとも重要な基本権である。

(101) この論点は，オックスフォードのハートやケンブリッジのグランヴィル・ウイリアムズによって論じられたが，これらの研究は日本でも注目され，大きな論争を生んだ。来栖三郎「法律家」『民事法の諸問題（末川先生還暦記念）』（有斐閣，1953年）235頁以下，および同「法の解釈と法律家」私法11号（1954年）16頁以下参照。なお，利益考量の立場を説明する研究として，加藤一郎「民法における論理と利益衡量」『岩波講座現代法』（岩波書店，1971年）15巻34頁以下，自然主義の傾向を示すものとして，星野英一『民法論集』（有斐閣，1970年）1巻1-47頁も見よ。これらの研究はイギリス憲法を特に意識したものではないが，イギリスでの議論に類似している。

(102) Williams, *Language and the Law*, 61 L.Q.R. 71, 179, 293, 384 (1945) では，ことばの不明確性を前提として意味を確定するプロセスに立法的性質があることを指摘している。これについて，詳しくは，田島裕『英米法判例の法理論（著作集8）』（信山

に,「判旨反対」というレッテルを貼ることはイギリスではない。

§441.4 　法律の解釈には3つの原理があるといわれている。第1の解釈原理は,「明白な意味」の原理である。これは,国語的解釈と呼ぶべきもので,法文の言葉は,通常,一般市民によって使われている意味に厳格に解釈されなければならないとするものである[103]。18世紀から19世紀にかけて裁判所が使った解釈方法であるが,法律を厳格に解釈し,コモン・ローの領域を広く残す傾向は,今日でも一般的に見られる。Sussex Peerage Case, (1844) 11 Cl. & Fin. 85, 143 で,ティンダル（Tindal）首席裁判官が,ことばを自然で通常の意味で解釈しなければならないと説明している。これは,法律の解釈に当たり,表題,見出し,議事録の説明など,法律の本文以外のものを参考にしてはならないということを意味する。また,この点は今日では修正されているが,前文も参考してはならない部分に含まれる。立法準備のための委員会報告書なども,法律解釈の補助資料として使うことが禁止されている。

§441.5 　第2の原理は,「法解釈の黄金律（golden rule）」とよばれる。これは,法文の意味が明白でない場合,法律の目的に照らして解釈すべしとするルールである。ここにいう法律の目的とは,必ずしも法律の前文や立法過程での立法者が説明した目的を意味するものではない。法律全体を読んで,裁判官が法律の目的と理解するものをいう。この第2の原理と関連して特に重要なルールがミスチーフ・ルールである。Heydon's Case, (1584) 3 Co.Rep. 7a, 7b で mischief という言葉で説明されたことから,ミスチーフ・ルールとも呼ばれる。その判決の説明によれば,第1に,法律が制定される前のコモン・ローが何かを確かめる。第2に,そのコモン・ローのどの部分に危害（mischief）があると議会が考えたかを明らかにする。第3に,この危害（mischief）を除去することが議会の目的であり,法律はそれに適合するように解釈されなければならない。

§441.6 　Lord Mayhew of Twysden's Motion, [2002] 1 A.C. 109 は,判決ではないが,世襲貴族が貴族院の「特権委員会」への質問の形で提起した争点につい

　　社,2001年）13頁を見よ。
（103）　モンテスキューは,「（イギリス）国民の裁判官は,法のことばを述べる口にすぎない」と表現した。これについて,本書103頁および田島裕・前掲注(102)11頁参照。

て，貴族院［最高裁判所］が憲法解釈を示したものである[104]。この事件では，庶民院で Peers の世襲制の特権を廃止する法案が通過されたが，もしこの法律が成立した場合，その時点で貴族院から排除されることになるのか，もしそうならば，その法律が違憲ではないか，が問われている。シュタイン裁判官は，大法官バーケンヘッド卿の判決を引用し，次のように答えた（at p. 115）。

> 「制定法の文言は，そこで使われた文言の自然でかつ文法的な意味から立法府の真意を確認するように解釈されなければならない。そして，当該文言を解釈するに当たり，コモン・ローの既存の状態，取り除かれる危害，および修理される欠陥が，その法律の一般的目的一緒にして，適正に読むことができる。バーケンヘッド男爵による判決［1922］2 A.C. 339, 365」

§441.7　上記の解釈方法は現在でも使われるが，特にヨーロッパ共同体法が制定された後，ヨーロッパ法の「目的論的解釈」がイギリスでも行われるようになった。例えば，Pepper v. Hart, ［1993］A.C. 593 では，§413.5 で説明したように，Finance Act 1976, s.61 が定める報酬（emoluments）という文言の解釈が争われたが，その解釈にヨーロッパ法が影響を与えている。イギリス法では，この判決の評価は，賛成と反対に大きく分かれている。しかし，筆者には，この議論は余り実益のある議論のようには思われない。この事件の審理が進められているときに，1998 年の人権法を制定する機運が高まり，この事件でも 1689 年の権利章典第 9 条（言論の自由）の解釈が問題になった。この規定は，議会の立法資料を裁判で使うことを禁止する憲法習律の根拠とされてきたが，この判決で見直された[105]。しかし，法律解釈の一般原理に関しては，伝統的な方法に従っている。また，この事件では，実際上の争点は行政の正当性（legality）の問題であり，立法資料も解釈に役立つところがなく，「第三者が納税者に与えた現物のため支払った金員」という文言をど

---

(104)　これは，世襲貴族による申立て（motion）に過ぎず，極めて異例な手続であるが，貴族院［最高裁判所］は，一般的かつ抽象的な形で，法律の解釈に関する意見表明を行った。

(105)　スカーマン裁判官は，権利章典第 9 条の解釈として，裁判で議会資料を参考にすることを禁止してきたのは，国会の意思を確認する名目で起こり得る混乱を避けるためであり，また，Black-Clawson International Ltd. v. Papierweke Waldhof-Aschsffenburg, ［1975］A.C. 591 でリード裁判官が述べているように，特定の議員の発言が国会の意思であるというのは正確でない。R. v. Secretary of State for Trade, ex p. Anderson Strathclyde plc, ［1983］2 All ER 233 は，全ての資料の利用を禁止すると判決したが，この判決は否定されたことになる。

のように解釈するかの問題であるにすぎない⁽¹⁰⁶⁾。

§441.8　Bailey, Ching and Taylor, The Modern English Legal System（5th ed. 2007）は，教科書であって，豊富な情報を提供している。この教科書は，Sir Rupert Cross, Statutory Interpretation（1976）を紹介し，現在使われている3つの解釈ルールを説明している。第1ルールは，110頁§413.5で説明したPepper v. Hart, [1993] A.C. 593の法理である⁽¹⁰⁷⁾。

　第2ルールは，Stock v. Frank Jones (Tipton) Ltd., [1978] 1 W.L.R. 231; R. v. Pigg, [1983] 1 W.L.R. 6で説明されたルールであるが，「ことばの第一の意味が不正，ばかげた意味，時代錯誤，または制定法の目的に反する矛盾（productive of injustice, absurdity, anomaly or contradiction or a result contrary to the purpose of the statute）もしくは結果を生み出すならば，第二の解釈を選択することができる。」とするものである⁽¹⁰⁸⁾。例えば，Crossの著作は，第2版が1987年に出版されているが，Crossの著作では，Maunsell v. Olins, [1975] A.C. 373が重要視されている。この事例では，コッテージの転借人がRent Act 1968 s.18(5)により契約更新の権利を主張したが，同項の「家屋（premises）」にコッテージまで含めるのは認められない，と判決された⁽¹⁰⁹⁾。

　第3ルールは，法律で実際に使われた言葉がもつ黙示的意味を解釈にとり入れることが許されるとするものである。

§441.9　『議会主権と法の支配』では，1969年にロー・コミッションズが作成した法律解釈法案⁽¹¹⁰⁾を詳しく説明したが，今日では前述の「目的論的解釈」の

---

(106)　ディプロック裁判官は，裁判官が問題にしているのはlegality of administrationであり，それを確認するために国会の立法資料を利用することが必要なことがあり得るが，正当性を確認することは他の方法によってもできると述べた判決があり，この判決に従っている。

(107)　但し，法律の解釈の方法については，各裁判官が，それぞれ異なる意見を述べており，この判決は，その点では確定的な判決ではない。

(108)　これらの事例は，Bailey, Ching and Taylorの著作が引用したものであり，Crossが引用した事例ではない。

(109)　この事件では，原告は賃借人に広大な農場を賃借していたが，転貸を禁止し，当該賃借人が死亡したときには，自動的に賃貸借契約が消滅することになっていた。被告が住んでいたのは，農場内にあったコッテージであるが，1ヶ月程度の短期間，当該賃借人が，客などをそこに宿泊させることが許されていた。被告は，常連の宿泊者であり，相当長期間にわたってコッテージに宿泊していた。

(110)　Law Commission's Report on the Interpretation of Statutes 1969 (Law Com. No.21), (Scot. Com. No.11).

第4章　権力分立と議会立法の正当性

中で実現されているので，ここでは省略することにした[111]。しかし，ロー・コミッションズが特に注目した2つの判例はここでも紹介しておきたい。第1は，Roberts v. Hopwood, [1925] A.C. 578 である。この事件では，地方自治体が「適切と思料する」給与を支払うことを規定した法律の条文の解釈が争われたが，実際に支払われた給与が「適切」であるかどうかは，地方自治体の主観的な判断に任されるものではなく，客観的な基準に照らして「合理的に適切」であると言えるようなものでなければならない，と貴族院［最高裁判所］は判決した。ところが，貴族院［最高裁判所］は，Liversige v. Anderson, [1942] A.C. 206, [1941] 3 Al ER 338 では，ある行為が行われたものと「国務大臣が信じる合理的理由がある場合」と述べている以上，裁判所が客観的基準に照らして合理的理由があるか否かを改めて判断しなおすべきでない，と判決した。現在では，Liversige 判決のアプローチより，Roberts 判決のアプローチの方がより一般的な法律解釈の方法となっている。

§441.10　1998年の人権法（Human Rights Act 1998）は，後に関連するいくつかの箇所で詳しく説明しなければならないが，法律解釈についても，それ以前のイギリス憲法にはない解釈方法を導入した。広い意味では，これも目的論的解釈であるが，イギリス憲法の教科書は「抵触性（incompatibility）の審査」と呼んでいる。これはアメリカ合衆国の違憲立法審査に類似していると誤解されがちである。しかし，最高裁判所により審査の実体は性格が異なったものである。同法第3条は，イギリスの立法府，行政府，司法府に対してヨーロッパ人権規約に抵触しないように法を運用する義務を負わせており，この義務に従って，法律解釈の選択肢がいくつかある場合には，規約に違反しない選択肢を優先させるということである。法律解釈の技術的問題を説明するために，次の3つの判例を紹介することにする。

§441.11　まず最初に，Ghaidan v. Godin-Mendoza, [2004] UKHL 30, [2004] 2 A.C. 557 を紹介しよう。この事件で問題になっているのは，Rent Act 1977, Sch.1, para.2 の解釈である。この規定により，残存配偶者は，死亡配偶者と共に過ごした家庭生活の思い出を守り，その住居に引き続き継続して住むこ

---

(111)　前注の報告書がロンドン（ダイヤモンド）とエディンバラ（スミス）の合同で作成されており，イングランド法とスコットランド法の融合，また国際法の解釈にも言及しており，法解釈の技術的な面とは別に，この報告書は歴史的重要性を失っていない。なお，The Preparation of Legislation 1975, Cmnd. 6053（110頁注(27)に引用したレントン報告書）は，この報告書を全面的に支持している。

とが許される。1998年に人権法が制定され，ヨーロッパ人権規約第3条は「家庭生活」を保護しているが，この規定は同性愛者同士の夫婦にも適用される。そこで，1977年のRent Actの解釈もまた，同性愛者同士の夫婦にも適用されることになるかどうかが争われた。貴族院［最高裁判所］は，ヨーロッパ人権裁判所は息抜きの空間（margin of appreciation）を認めており，たとえ抵触があるとしても，直ちに違法とする義務はないと判示した(112)。もし先例法の変更が社会政策の変更を意味する場合には，その変更は議会が行うべきである(113)。しかし，本件の変更は，社会政策の変更（新しい立法）を必要としないと判示し，同性愛者に1977年のRent Actを適用した。

§441.12　第2に，R. v. Director of Public Prosecutions, *Ex parte* Kebilene and Others, [2000] 2 A.C. 326を紹介しよう。この事件では，ヨーロッパ人権規約第6条2項が保障する「無罪の推定」に抵触するかどうかが争われている。Prevention of Terrorism (Temporary Provisions) Act 1989, s.16(1)は，「テロ行為，その準備または煽動と関連する目的のための物品を所持している合理的疑いをもたせる情況のもとで，当該物品を所持することは犯罪である。」と規定している。この規定は，ヨーロッパ人権規約第6条2項に抵触するが，同規約は，1998年人権法がまだ実施されていないため，1989年法に基づく公訴局長の訴追同意に何ら影響を与えるものではない，と貴族院［最高裁判所］は判決した。しかし，Supreme Court Act 1981, s.29(3)による司法審査を求める訴えは可能であり，刑事訴追が進められるプロセスの中で，抵触の問題が審理されるべきであると判決した(114)。この判決は，司法府の消極的な自己抑制の姿勢を示したものと理解され，学界の批判を受けている(115)。

§441.13　第3に，R. v. Offen, [2001] 2 All ER 154, [2001] 1 W.L.R. 253を説明し

---

(112) Rasmussen v. Denmark, (1984) 7 EHRR 371 (margin of appreciation) および Goodwin v. United Kingdom, (2002) 35 EHRR 447 (social policy)。

(113) 先例法（Fitzpatrick's case, [2001] 1 A.C. 27）では，同性愛者への適用が否定された。しかし，この事件は1998年の人権法が実施される前の事件である。

(114) これは裁判管轄にも係わる争点であり，被告は，この事件は国王裁判所（Crown Court）に訴えるべき事件であったと主張したが，刑事裁判が長引くことは被告の人権にも係わる問題であり，高等法院合議部の判決を前提に訴訟を続けるべきであるとも判示した。

(115) D. Hamer, *The Presumption of Innocence and Reverse Burdens: A Balancing Act*, [2007] C.L.J. 142-171, P. Roberts, *The Presumption of Innocence Brought Home?: Kebilene Deconstructed*, 118 L.Q.R. 41 (2002)参照。

よう。この事件では，Crime (Sentences) Act 1997, s.2 がヨーロッパ人権規約に抵触しないかどうかについて，審理を行った。5人の囚人の別個の事件を併合して審理が行われたが，共通する争点は，次の点である。囚人はいずれも凶悪犯罪者であり，無期懲役刑を受けていたが，当該第2条の規定では，その刑以外の選択肢を与えておらず，そのことが公正な裁判の障碍になっているか否かである(116)。ウルフ裁判官は，1997年法第2条の解釈において，2度目の重罪の場合に社会の公安を害する危険のおそれが高いことが「無期懲役刑」の前提として想定されており，被告が公安に対する危険が高くない証明が可能な場合に，当該条文を適用しないならば，ヨーロッパ人権規約との抵触はない，と判決した。

(2) 先例拘束性の原理

§442.1 法律解釈の客観性は，日本でも著しく重要なことであると理解されているが，これはイギリス憲法でも同じである。憲法判断をする場合，議会の解釈よりも裁判所による解釈が優先されるのは，裁判官が長年の研鑽を積んで法を正しい解釈をする能力をもつからである。法律解釈の客観性にその正当性の根拠がある。しかし，裁判官が判決を書くことには，法的安定性と予見可能性よりも具体的妥当性を重要視する傾向がある。先例拘束性の原理は，国民教育の教科書という意味をもつという意味で，功利主義的な利点もある。理論的にも困難な問題がかかわっており，最後に，その問題を検討することにしたい。その原理は，先例法理と呼ばれることもあるが，判例法は将来の類似の事件に対して拘束力をもつ，とする法理である。判決は，当該事件について既判力をもつだけでなく，将来の事件に対するほとんど絶対的な法源となる。下位の裁判所はもちろんのこと，その最終的判決を下した貴族院［最高裁判所］自身が，それに従わなければならない。

§442.2 前項で述べたように，イギリスは判例法の国であり，ゲルダートは，「イギリス法の中から判例法を取り除いたとすると，残るものは，相互に脈略のない穴だらけの法の網だけであると述べている(117)。従って，今日においてさえ，イギリスの判例法によってその骨組みが形成されていると言って良い。

---

(116) 刑罰が無期懲役しかない場合，情状証拠などを提出する意味がなく，このことが被告人の裁判の進め方に影響を与えるかどうかが問題になる。

(117) W. Geldart, Elements of English Law 2 (1911).

イギリスにおける法解釈は、法的安定性に特別な顧慮を払いながら行われる必要がある。この先例拘束性の原理は、まさにこの機能を支えている。しかし、その原理が適切に機能するためには、内田力蔵が日本の学界に対する批判の意味を込めてのべたように、裁判所組織の構造が法律上明確になっていること、および判例法が適切に編纂されていること、が前提条件となっている[118]。とくに憲法の領域では、法規範が明瞭でなければならず、先例拘束性の原理を憲法原理を明瞭なものにすることに役立ってきた。

§ 442.3 しかし、厳格な先例拘束性の原理は、それ自体論理的矛盾を含んでおり、必ずしも強力な説得力をもつものではなかった。ハートは、厳格な先例拘束性の原理は裁判所が自分で最終的な権威を確立するために作り出したもので、成功した例であると述べている[119]。通常、この原理を説明するためにブラックストーンの「法宣言説」が引かれるが、その論拠となっているヘイルの叙述によれば、「裁判所は法を創造することなく、国王と議会のみが法を作るものである」とする考え方が、その理論に含まれていることは明らかである[120]。その理論は、一種の自然法論である。常に裁判の時より以前に既存の「法」があり、「法」というものが普遍的なものである以上、裁判によってその存在が確認されたからには、その変更は許されないとするのが、その理論の核心部分である。普遍的な法であるため、判決を過去の事例にも当て嵌めることが原則となる。第2章で紹介したオースティンの議会主権の理論は、これは「イギリスの裁判官が用いる子供じみた擬制（フィクション）」であるに過ぎず、かかる先例拘束性の原理を批判した論拠となっている[121]。その批判の中心理由は、メートランドのことばを借りれば、「先例の朽ちかけた殻が、いつまでも法制度の中に残り」、その「破壊作業〔法改革〕が明瞭になされることは全くない」ということにあった、と想われ

---

(118) 1873年および1875年の裁判所法が、通常裁判所（最高法院）の機構を明確に定めている。その設置以来、通常裁判所は「記録裁判所（court of record）」と呼ばれ、その判例は判例集に収録されている。

(119) H.L.A. Hart, The Concept of Law (1961) at 153-4. R. v. Taylor, [1950] 2 K.B. 368 を引用している。

(120) Hale, History of the Common Law 89 (1820). *Cf.* 1 Blackstone, Commentaries 87 (1675).

(121) Maitland, Equity in Law, in 9 Encyclopedia Britanica 606 (11th ed. 1913). なお、引用したことばは、W. Geldart, *supra* note 117, at 14. また、この擬制（フィクション）の問題について、来栖三郎「≪法における擬制≫について」『私法学の新たな展開（我妻栄先生追悼論文集）』（有斐閣、1975年）64頁において詳しく論じている。

第4章　権力分立と議会立法の正当性

る(122)。しかし，数多くの激しい批判にもかかわらず，先例拘束性の原理が今日でも生き続けているのは，その法理がそれなりの利点をもっているからであると思われる。

§442.4　利点としてあげるべきことはいくつかあるが，第1にあげるべきことは，イギリス憲法の統一化または体系化に役だったということであろう。イギリス憲法は，議会主権の原理を憲法の第1原理としているが，その法体系の大部分はコモン・ローからなる。憲法の改正が行われることはなく，法的安定性の維持にも役だった。コモン・ローが育ててきた「法の支配」の原則も，通常裁判所による判決を重要視しているのであり，この伝統は守られるべきであった。さらに，これは必ずしも利点ではないかもしれないが，先例拘束性の原理は，事件の簡便な処理に役立つ。その原理が適用されるのは上位裁判所に限られるのであるが，実際上，特別裁判所でも慣行として使われているのは，そのためであると思われる(123)。

§442.5　先例拘束性の原理は，日本でも，学界だけにとどまらず，裁判官をはじめすべての法律家が関心をもつ大問題であるが，イギリス憲法原理としての先例拘束性の原則の理解は正しくない。まず第1に，グッドハート理論を説明しよう。グッドハートは，1932年に先例拘束性を支持する論文を発表したが，それは，ジェローム・フランクなどのリアリストによる判例法主義に対する批判に応え，その当時，既に出来上がっていた判例法体系を前提とし，判例法主義が法解釈の客観性を担保するものであることを説明しようとした(124)。その論文によれば，1つの事件には1つの重要な事実が含まれており，その事実に関する法的判断のみが先例法として拘束力をもつもの（レイシオ・レシデンダイ）であり，その部分以外は傍論（オビター・ディクトム）であって，

---

(122) この点を最初に指摘したのは，グランヴィル・ウィリアムズである。先例法理は一種の循環論法であり，論理的誤謬であると批判した。Salmond, Jurisprudence 187 (G.Williams ed. [11th ed.] 1957. *See also*, J. Stone, *1966 and All That! Losing the Chains of Precedent,* 69 Colum.L.Rev. 1162 (1969).

(123) Farmer, Tribunals and Government 179 (1974)；Micklethwart, The National Insurance Commissions 73-77 (1976)；Safford, *The Creation of Case Law under the National Insurance (Industrial Injuries) Acts,* 17 Mod.L.Rev. 197-210 (1954). 但し，Merchantise Transport Ltd. v. British Transport Commission, [1962] 2 Q.B. 173 at 193 で，「機械的な適用」を批判している。

(124) Goodhart, *Determining the Ratio Decidendi of a Case,* in Jurisprudence and the Common Law 1 (1931). また，Goodhart, *Precedent in English and Continental Law,* 50 L.Q.R. 40 (1934).

単なる参考資料であるにすぎない。先例をこのように読むならば、法律の条文よりも判例法の方が、より具体的で理解しやすく、客観的なものであって、法的安定性の維持にも役立つ、とグッドハートは主張した。この論文は、アメリカのリアリズムを批判したものであって、コモン・ローを守ろうとしたものである。先例拘束性の議論をするためには、イギリスの憲法判例そのものを読む必要がある。

§ 442.6　Cross and Harris, Precedent in English Law（6th ed. 1991）は、先例拘束性の原理を次のように説明している。

　事件の判決理由とは、裁判官が推論した時点を考慮に入れ、裁判官が結論を出すのに必要なステップとして、あるいは陪審に対する説示の必要な部分として、裁判官が明示的または黙示的に法準則として採用した法理である（The ration decidendi of a case is any rule of law expressly or impliedly treated by the judge as a necessary step in reaching his conclusion, having regard to the time of reasoning adopted by him, or a necessary part of his direction to the jury.）

　クロスが引用した最も重要な判例は、Quinn v. Leathem, [1901] A.C. 496, 506（per Earl of Halsbury L.C.）である。大法官ホールズベリは、その原理を次のように説明している[125]。

　すべての判決が、証明された、または証明されたと推定される、個々の諸事実に適用されるものと読まれるべきである。というのは、その判決に見られうる表現の一般性は、全体の法律の説明となることを意図されたものでないが、当該表現が見られる事件の個々の諸事実によって拘束され、かつ、修飾されるものだからである（Every judgment must be read as applicable to the particular facts proved, or assumed to be proved, since the generality of the expressions which may be found there are not intended to be expositions of the whole law, but governed and qualified by the particular facts of the case in which such expressions are to be found.）

§ 442.7　注（122）でグランヴィル・ウィリアムズの先例拘束性の原理の説明を引用したが、グランヴィル・ウィリアムズはその原理を支持している。しかし、その憲法上の論拠を調べてみると、London Street Tramways Co. v. London

---

（125）　この判例はイギリス労働法の最重要判例の１つであるが、その読み方について、田島裕『刑法・証拠法・国際法（著作集7）』（信山社、2010年）56-58頁参照。

County Council, [1898] A.C. 375 (H.L.) が重要であることが分かる。この事件は，路面電車を建設するために土地収用が行われたのであるが，強制収用に対する正当な補償金の額の算定が争われた事件である。類似の事件がエディンバラであり，その先例に従って，収用の決定時のおける公正市場価格が算定基準であり，その後の実際の引渡時の価格が基準とならないと判決した。先例拘束性について，Beamish v. Beamish, (1861) 9 H.L.Cas. 274, 11 E.R. 735 が憲法原理であると述べたが，これはアイルランドの婚姻法（カソリック）により離婚を求めた事件であり，土地収用とは全く関係のない事件である。先例法理は一種の循環論法であり，論理的誤謬であると批判したのは，この判決の書き方である。

§442.8　1966年に貴族院が発表した慣行声明（Practice Statement）は，厳格な先例拘束性の原理を緩和した。その声明は次のように述べている。

「（前略）……先例の遵守が厳格にすぎるときは，個々の事件において正義に反する結果を生ずることもあり，さらに法の適正な発展に対し不当な制約が加えられることもありえることも認めるものである。従って，裁判官諸卿は，現在の慣行を改めて，当院の従前の判決は，通例はこれを拘束力をもつものとして取り扱うが，これまでの判決から離れることが正しいと思われるときには，先例から離れるものとすることを提唱する。」

この声明はいろいろな面で不明確であるが，声明を発表した大法官ガーディナー卿（ロンドン大学）がグランヴィル・ウィリアムズらの批判を理解し，一定の支持を与えたものであることは間違いない[126]。しかし，これによって先例拘束性の原則が変更されたと理解するのも間違いである。また，第3章において，2009年に貴族院が最高裁判所に変わったことを説明したが，この新しい最高裁判所が貴族院の先例に拘束されるか否かが問題となる。その最高裁判所は，Austin v. Southwarl London Borough Council, [2010] 3 W.L.R. 114 [25] でその問題に答え，貴族院の先例は原則として最高裁判所を拘束すると判決した。しかし，情況によっては厳格な拘束が困難な場合も考えられ，その場合には，Practice Statement (Judicial Precedent), [1966] 1 W.L.R. 1234 に従うと判示した。

---

[126]　これは「声明」であって，コモン・ローの基本原理である先例拘束性の原理を修正するものではない。

第5章　コモンウェルス諸国との関係——女王の役割

第1節　「コモンウェルス」とは何か

§51.1　「コモンウェルス」の存在が，間接的にではあるが，イギリス憲法の在り方に影響を与えてきた。スカーマンの講演でも説明されているように，その衰退がイギリスの国際関係をヨーロッパ共同体に積極的に推進する方向へ転換された要因であるかもしれない[1]。「コモンウェルス」を構成する諸国（旧植民地）がイギリス憲法訴訟を提起し，より精緻な憲法理論をうみ出す力となってきた。コモンウェルス諸国の法学部の教授たちは，オックスフォードやケンブリッジを意識して，法学の理論の検証のためにテスト・ケースを起こすことがあり，イギリスの憲法の教科書でも「コモンウェルス」の判例がしばしば引用されている。本章は，「コモンウェルス」諸国の憲法を説明するものではないが，イギリスと「コモンウェルス」の法律関係は，イギリス憲法の一部であり，これに関係する限度で，カナダ，オーストラリア，ニュージーランド，インド，ナイジェリア，南アフリカなどのコモンウェルス諸国の憲法を比較検討する。

§51.2　「コモンウェルス」ということばは，良く聞く言葉であるが，この英語を日本語に訳すことはほとんど不可能であり，本書でもカタカナで表記する方針をとった。「コモンウェルス」とは，英国女王をシンボル的元首として承認し，互いに相談し，協力し合うことを約束した私的な組織・結合を意味する[2]。この組織・結合は任意団体であって，法律上，厳密な意味では法的拘束力をもつものではない。しかし，イギリスにとっては，少なくとも20世紀前半においては，その死活を左右するほどの重要性をもっていた。既に若干言及

---

(1) スカーマン（田島裕訳）『イギリス法——その新局面』（東京大学出版会，1981年）10-11頁参照。ちなみに，この著作は，一連のハムリン講演を小冊子の形でまとめられたものであり，本書で詳しく説明した20世紀後半におけるイギリス法の変遷の先導役を果たしたものである。
(2) インドが独立したとき，インドはイギリスとの関係を明確に切断しようとしたが，イギリス政府はインドを説得し，「ブリティッシュ・コモンウェルス」から「ブリティッシュ」を削除することによって，インドを引き留めた。

第5章　コモンウェルス諸国との関係

したことであるが，17世紀から18世紀にかけて，イギリスは東インド会社の経営を最重要課題としてイギリス議会は関連立法に関わってきた。これは国際取引事業であり，国内では「囲い込み運動」に続いて産業革命が起こり，国外では植民地政策の強化がはかられた。「コモンウェルス」は，大英帝国のなごりであり，この植民地政策に深く関わっている。

§51.3　少し歴史的に遡ることになるが，イギリスの植民地政策はエリザベス1世（1558-1606在位）の頃にはじまる。エリザベス女王は，クロムウェルが育てた強力な海軍を利用し，国際貿易を促進した[3]。即位してまもなく，通貨を安定させることに成功し，ポンドが強くなった結果，イギリスの主要な輸出品であった毛織物の価格が大陸で高騰し，オランダとの厳しい競争に勝利した。一方では，原料となる羊の外国への売却を禁止し，違反者を厳刑に処した。他方，オランダのアムステルダムの国際貿易市場を支配し，世界中の原料を安く買い，それを加工した質の良い製品を外国へ売るようになった。さらに，丸い地球を一周する大冒険の旅を支援し，船舶の建造などを支援した。インドに設立した東インド会社の経営についても，相当程度まで関与した。

§51.4　植民地には，移民により開拓されたもの，戦争により勝利を得て獲得したもの，売買により譲渡を受けたものがあり，それぞれ多岐にわたる異なった事情をもっていた。独立する前のアメリカは，最初の類型の植民地であった。南部のヴァージニアと北部のマサチューセッツとの間には，いろいろな[4]面で違いがあったが，アメリカ植民地では，イギリス法がそのまま使われた。ルイジアナは，アメリカがフランスから買い取った植民地である[5]。アフリカの植民地は，多かれ少なかれ武力により獲得した植民地であるが，原料を取得することが主要な目的となっており，イギリス法を強制することはしなかった。アダム・スミスは，政治経済学の見地から植民地経営の有用性を説き，経営方針について緻密な理論を展開した。この経済学のおかげで産業革

---

(3)　スペイン無敵艦隊との海戦に勝利し，海軍は海の支配力をもっていた。この海軍をイギリス商船の保護のために使った。

(4)　但し，アメリカ合衆国における各州の諸事情によって，イギリス法の継受の仕方には相違がある。これについて，田島裕『英米の不法行為法，契約法，救済法（著作集4）』（信山社，近刊）第1章で詳しく説明した。

(5)　フランス人の住民が多くいたため，フランス法が使われた。しかし，今日でも大陸法の影響が見られるが，最近では，統一法典などを採択して，他州と類似した州法が使われている。

152

命を成功させ，大英帝国の栄光をもたらした。1865年に作られたColonial Laws Validity Actは，法律の観点からそれを裏打ちした，著しく重要な法律である[6]。

現在，コモンウェルスのメンバーは，52ヶ国の主権国家からなっているが，これらの国は，その当時には植民地であった。香港，ビルマ，パレスチナ，スーダン，ジンバブエなどは，その後に植民地となって地域であるが，オブザーバーとしてコモンウェルスに参加している[7]。その外，女王の直轄地である海峡諸島およびマン島，英国海外属領地（フォークランド，セント・ヘレナなど）もコモンウェルス会議に参加している。法律上，メンバーまたは参加国と英国との関わり方はそれぞれの当事国ごとに大きな違いがあり，すべてを説明することはできないが，主要なものを説明することにしよう。

§51.5 「コモンウェルス」とは，54ヶ国からなる親睦団体であって，英国と歴史的関係のある諸国の集団である[8]。2年に1回，ロンドンでCommonwealth Heads of Government Meeting（CHJMと言う）が開催されてきた。この集団とは別に，Commonwealth of Nationsと呼ばれる団体（31ヶ国）がある。これはdominionsと呼ばれる主権国家諸国の会議体であり，数年に1回，CHJMと同時に不定期に開催されている。この起源は，1887年（ヴィクトリア女王のgolden jubilee）に話し合われ，1897年（ヴィクトリア女王のdiamond jubilee）から正式のものとなり，1931年には，ウェストミンスター法によりその植民地の立法の効力について規定し，コモンウェルスが形成された[9]。枢密院（Privy Council）がコモンウェルスの諸問題について管轄権をもっており，その司法委員会がいわゆる最高裁判所である[10]。

---

(6) Colonial Laws Validity Act 1865, 28 & 29 Vict. c.63. イギリスが制定した法律に抵触する自治領の法律は，すべて絶対的に無効であることを定めている。
(7) フィジーは，一時期，脱退したが，現在は復帰している。
(8) 元々は英国連合（British Commonwealth）と呼んでいたが，インドが独立に当たり，コモンウェルスに残る条件として，その名称からBritishということばを削除することを要求し，以後，単に「コモンウェルス」と呼ばれている。
(9) 1931年法の制定は，1926年および1930年にロンドンで開かれた国際会議での議論に従ってなされており，Cmd 2768およびCmd 3717は立法の意図などを理解するのに役立つ資料である。
(10) 枢密院司法委員会については，田島裕『英米の裁判所と法律家（著作集3）』（信山社，2009年）67-73頁参照。

第5章　コモンウェルス諸国との関係

§51.6　コモンウェルスは独立国家であり，主権をもっているが，ロンドンの枢密院司法委員会への上告は，現在でも完全に排除されているとはいえない。この上告権は 1833 年および 1844 年の Judicial Committee Act により認められた権利であり，憲法習律として確立された権利である。現在では上告が各国の憲法によって禁止されることがあるが，枢密院司法委員会の側から見れば，イギリス議会が法律により禁止しない限り，コモンウェルスからの上告を受理してはいけない理由がない。Ibralebbe v. Queen, [1964] A.C. 900 では，セイロンで傷害罪の裁判を受け，その判決に対し，被告は枢密院へさらに上告できるかどうかが争われた。枢密院は，セイロンは 1947 年に独立したが，その法律が上告を禁止しているわけではなく，イギリス憲法上，上告権があることを理由として上告を許可した。ちなみに，この理論の典籍 Anson, Law and Custom of the Constitution [vol. 2] (4th ed. 1911) at 319, 321 が引用されている。

§51.7　ロンドン（枢密院司法委員会）への上告では，原則としてイギリスのコモン・ローによる裁判が行われるが，原審裁判が行われた国の憲法および諸法律に一定の配慮が払われるため，判決を予測することはできない。実質的にイギリスの最高裁判所でありながら，枢密院の判決には厳格な先例拘束性が認められないのはそのためである[11]。Pratt v. Attorney General of Jamaica, [1994] 2 A.C. 1 を見てみよう。この事件は，1979 年に下されたジャマイカの死刑判決に関する事件である。世界の多数の国で死刑が廃止されていることから，アメリカ諸国間国際人権裁判所へ死刑の執行停止を求める請願が出されたが，1981 年にこの請願が拒絶された。そこで，国際連合人権委員会に同様の請願が出されたが，この請願も 1986 年に拒絶された。そこで 1993 年にロンドン（枢密院司法委員会）への請願が出され，その裁量により受理され，特別上告が認められた。その判決は，14 年間不安定な状態に置かれたこと自体が，非人道的な刑罰に該当すると判決した。しかし，Reckley v. Minister of Public Safety (No. 2), [1996] 2 W.L.R. 281 (P.C.) では，バハマ諸島の死刑判決から恩赦を求める形でロンドン（枢密院司法委員会）へ請願が出されたが，上告は認められなかった[12]。

(11)　枢密院判決では，貴族院［最高裁判所］裁判官だけでなく，関係するコモンウェルスの最高裁判所判事なども審理に参加でき，政治的・外交的な判断がなされる。

(12)　さらに，Ong Ah Chuan v. Public Prosecutor, [1981] A.C. 648（麻薬事件における有罪の推定）および Hector v. Attorney General of Antigua and Barbucla, [1990]

§51.8　1931年のウェストミンスター法(13)は，12条からなる短い法律である。第1条は，自治国（Dominion）を定義し，本法がカナダ，オーストラリア，ニュージーランド，アイルランド自由国およびニューファンドランドに適用されることを規定している(14)。同法第2条は，「1865年の植民地の法の効力に関する法律は，本法施行後は，自治領の議会が制定した法律には適用されない」ことを規定している。コモンウェルス諸国は，これに従って，各々，イギリス法のその国内での効力を制限する法律を次々と立法した。これは，ハートのいう議会の自殺行為とも呼ぶべき現象であるが，そのことには2つの問題が含まれている(15)。第1に，議会がその立法主権を自治国に移譲した後，一定の条件のもとでその主権を取り戻すことができるかどうかである。第2に，もし取り戻すことができるとしたとき，不確実な情況が生まれるが，新しい基本法の確認をだれが，どのような基準により行うかを決める第二次的憲法規範が必要であるということである。ハートは，1931年のウェストミンスター法第4条を実例として取り上げて，理論を組み立てている(16)。

§51.9　コモンウェルスの市民であることが，イギリス法上，何の意味もないというわけではない。British Nationality Act 1981, s.11 (Immigration Act 1971, s.2) は，コモンウェルス市民および植民地の市民を永住権者（patrials）とみなし，イギリス国内へ入国し，居住する権利（right of abode as a British citizen）を認めている。一定期間，イギリスで継続的に居住し，生活保護を受ける条件を満たせば，出身国よりもはるかに安定した生活をすることができる。R. v. Home Secretary, *ex parte* Phamsopkar, [1975] 3 All ER 497; [1976] Q.B. 606 では，バングラデシュ国民であった原告は，1971年のImmigration Act による入国することは比較的容易であったはずであるが，証明書を持参していなかったため，入国することが許されなかった。原告の夫は既にイギリスで居住しており，無審査で入国できるはずであるが，行政通達が出されていて，バングラデシュ人が入国するときにはバングラデシュ駐在イギリス領事が発行した家族証明書を持参することが義務づけられてい

---

2 A.C. 312（表現の自由と治安維持法との衝突）と比較検討せよ。
(13)　Statute of Westminster 1931, 22 & 23 Geo. 5 c.4.
(14)　South Africa Act 1962 により南アフリカは脱退し，Newfoundland は British North America Act 1949 により，カナダの1州となった。
(15)　H.L.A. Hart, The Concept of Law (3rd ed. 2012)［初版，1961年］pp.151-2.
(16)　この議論は，本章でコモンウェルスの各国について説明する中で，判決の分析検討をしながら詳しく紹介する。とくに，§522.2 を見よ。

第 5 章　コモンウェルス諸国との関係

たためである。実際上，イギリス領事は，社会保障の負担の増大を抑止する政策により，その証明書を発行することを著しく遅延させた。高等法院女王座部は，先の行政通達は原告の平穏な家庭生活を送る権利を侵害していると判示し，入国拒絶は違法であると判決した[17]。

---

(17) デニング，ロートンおよびスカーマンによる判決。「平穏な家庭生活を送る権利」は，次章で詳しく説明するヨーロッパ人権規約で認められる人権である。この判決が下されたときは，ヨーロッパ共同体法が制定された後であるが，イギリスは，その人権規約を批准していなかった。また，既に説明したように，国際法について二元主義がイギリス法の原則である。

第2節 カナダ

(1) カナダの統治機構

§521.1 いつカナダが独立したかは明らかでない。しかし、1982年4月17日に女王が布告を出し、カナダが独立したことを宣言したときに、Canada Act 1982（以下、カナダ憲法という）が制定された。1982年憲法第52条2項は、カナダ憲法を定義し、(a) Canada Act 1982, (b) 同法付則にリストされた基本法および枢密院令（ウェストミンスター法、1867年のカナダ憲法を含む約30余りの法律）、(c) 将来制定される憲法修正がそれであると規定している。カナダは、Canadian Charter of Rights and Freedoms1982 [Canada Act 1982 [U.K.]] を制定した。カナダは不文憲法の国であり、憲法に「司法権の独立」に関する規定が置かれていなくても、それは重大な憲法原理である[18]。地方自治に関しても、イギリスの伝統を受け継いでおり、カナダ法全体を論理的に整理したシステマティックな制度はない。しかし、少なくとも平等権および個人の権利については、全体的な理解（統一）を実現したい、という深い思いがその憲法改正の根底にある。P.J. Monaham and B. Shaw, Constitutional Law (4th ed. 2013) および P.W. Hogg[19], Constitutional Law of Canada (2008) がカナダ憲法の基本書である。

§521.2 コモンウェルス諸国の内16ヶ国はエリザベス女王を国家元首としている。カナダは、その代表的な国である。10の地方（Provinces）および3の属領（territories）からなる主権国家である。植民地の発展の歴史は複雑で、簡単に説明することはできない[20]。憲法上重要なことは、1982年に Constitution Act (Canada) が制定され、カナダ憲法および権利章典を制定して独立の自

---

(18) Reference Re Provincial Court Judge, [1997] 3 S.C.R. 3 では、地方の裁判官の休養が大幅に削減されたが、これを憲法違反と宣言した。なお、Reference re Secession of Quebec, [1998] 2 S.C.R. 217では、federalism, democracy, constitutionalism and the rule of law and protection for minority rights が憲法原理であると説明している。

(19) M. Mendes and S. Beaule (eds.), Canadian Charter of Rights and Freedoms (5th ed. 2103) も、カナダ人権法の基本書といってよかろう。

(20) R. v. Secretary of State for Foreign and Commonwealth Affairs, *ex p.* Indian Association of Alberta, [1982] Q.B. 892, 933, 935-6, [1982] 2 All ER 118 at 140, 142.

治権（自治国家となること）を許したことである[21]。カナダ法は基本的にはイギリス法である[22]。しかし，連邦制の国であり，ケベック州（Quebec）のようにフランス法を継受した州もある。地理的にも経済的にもアメリカ合衆国とつながっており，最近では，アメリカ法の影響も少なくない。連邦制という意味では，アメリカ合衆国と類似した側面をもっているが，憲法構造は著しく異なっている。カナダの場合，統治権限は一般的に連邦に与え，憲法に規定される限度で州権が認められる。これは，アメリカ合衆国の連邦制とはまったく逆に，連邦法の権限が一般的で，州法の権限が例外的なものであることを意味する[23]。

§521.3 イギリス憲法上は，先にも述べたように，英国女王がカナダの国家元首であるが，国家主権を行使するのはカナダのGovernor General（カナダ総督）である。このカナダ総督は，カナダ憲法によって選任され，首相が英国女王に報告することになっている。カナダは，連邦制の国であるが，その構成メンバーは，Alberta, British Columbia, Manitoba, New Brunswick, Newfoundland and Labrador, Northeast Territories, Nova Scotia, Nunavut, Ontario, Prince Edward Island, Quebec, Saskatchewan, Yukonである。カナダの外交については，British North America Act 1867（旧カナダ憲法）第132条に「カナダ議会およびカナダ政府は，大英帝国の一部として，大英帝国と外国との間の条約に基づき，当該外国に対して負う義務を履行するために，必要または適切であるすべての権限をもつ。」という規定がある。カナダが条約を締結する場合，イギリスが交渉を行い，カナダに代わって条約を締結することになる[24]。Attorney-General of Canada v. Ontario, [1937] A.C. 326, 355, 405では，ウェストミンスター法がカナダにおいてどのような

---

(21) 最初の憲法典は1867年のConstitution Actであり，この憲法改正という形がとられている。ちなみに，イギリスでは，この憲法はBritish North America Actと呼ばれている。

(22) 一般的に，森島昭夫，ケネス・M・リシック編『カナダ法概説』（有斐閣，1984年），桑原昌宏編『カナダの現代法』（お茶の水書房，1991年）を見よ。

(23) 但し，連邦憲法は，reserveやdisallowanceの規定により連邦優位を規定しているが，実際上，憲法習律としてこれらの権限は行使されておらず，むしろアメリカの法が連邦中心の制度になっている。P.J. Monahan and B. Shaw, Constitutional Law (4th ed. 2013) pp.11-12. 条約締結権は複雑である。§522.4で説明するAttorney-General of Canada v. Ontario, [1937] A.C. 326がそのことをよく示している。

(24) 但し，現在では，実際上はカナダが準備した条約に副書するのみであり，内容について干渉することはない。

意味を持つかが問われている。

§521.4　R. v. Secretary of State for Foreign and Commonwealth Affairs, *Ex Parte* Indian Association of Alberta and Others [1982] Q.B. 892 では，カナダがイギリスから独立したときの政府の説明の中に，女王の法的地位がカナダ政府に移行される旨の説明があり，インディアン部族の酋長たちが，1763年にイギリス国王と結んだ約束（Royal Proclamation）によりインディアン部族の諸権利を侵害することがないことの確認判決が求められた。この事件は，Calvin's Case (1609) 77 E.R. 377 における国王の法的地位についての説明を読むと理解できる。この事件の原告は，スコットランド王ジェームズがイギリス国王になったとき，その後に生まれたスコットランド人である。イギリスの土地の権利は，国王に対する忠誠の誓いの儀式を経て取得されると擬制されるが，スコットランド法とは異なる。イングランドの裁判所で，忠誠契約のない原告が土地訴訟を起こすことができるかが争点となっている。この判決も，カナダの判決も，いかにも歯切れの悪い判決であるが，事件で問題になっている国王はフィクションの国王であり，実質的権利には変更はないと判決している。

(2)　ウェストミンスター法第4条の解釈

§522.1　British Coal Corpoation v. The King, [1953] A.C. 500 では，英国石炭社が石炭業界を独占する目的で企業結合を推し進め，ケベック州（Quebec）が刑事訴訟を行い，有罪判決が確定した。これに対し，国王に対する請願の形で救済を求めたのがこの事件である。ロンドンへの上訴は，British North America Act 1867, s.129 により禁止されてはいるが，この法律はウェストミンスター法により効力が否定されている，と主張した。これに対し，同判決520頁で Sankey 卿は次のように述べている。

　「抽象的な法としては，帝国議会は，ウェストミンスター法第4条を廃止または無視することができた。しかし，それは理論であり，現実（realities）とは無関係である。」

　もしこのような請願が認められるとすれば，カナダの裁判所制度全体の改革をもたらすことになり，カナダ法を否定する権限を枢密院に与えることになると判示した。

第 5 章　コモンウェルス諸国との関係

§522.2　Manuel v. Attorney-General, [1983] Ch. 77 では，カナダがカナダ憲法の改正を承認する法律の制定をイギリス議会に要望し，これに応えて，イギリス議会が Constitution Act（Canada）1982 を制定した。この憲法改正によって，カナダの原住民であるインディアン酋長がイギリス政府と結んだ諸協定は御破算となるため，インディアン酋長たちが集団で，そのイギリス法の効力がカナダにおいては無効であるという宣言判決を求める訴訟を提起した。この訴訟は，1931 年のウェストミンスター法第 4 条の解釈にかかわる事件であるが，原告の主張は，連合王国の法律は第 4 条の要件を満たしておらず，カナダには適用がないというものである[25]。高等法院大法官部は，その主張と関連して，ウェストミンスター法はイギリス議会が制定した法律であり，ダイシーを引用して，イギリス議会は，その法律を修正して意思表示を取り消すことができると判決した。British Coal Corporation v. The King, [1935] A.C. 500, 520 における Viscount Sankey L.C. を先例として引用しているが，この議論は§235 で紹介したハート理論とも直接関係する。

§522.3　カナダ連邦とそれを構成する諸州との間での権限の配分を明瞭に定めた法律はなく，§521.3 で言及した British North America Act 1867（旧カナダ憲法）[26]が参照され，その解釈が争われるため，連邦または州の権限が争点となる場合，ロンドン（枢密院）へ上告することが少なくない。Attorney-General for Alberta v. Attorney-General for Canada［Alberta Bank Taxation case］, [1939] A.C. 117. では，連邦法によって銀行に対し特別課税が課されたが，連邦にこの課税権が付与されているか否かが争われた[27]。Attorney-General of Canada v. Ontario, [1937] A.C. 326, 355. 405 では，3 つの連邦法が「権限踰越（ultra vires）の法理」により無効か否かが争われた。これらの争点は，1867 年憲法第 91 条および第 92 条の解釈にかかっている。

---

(25)　1931 年法の実施後，イギリス議会がカナダに適用される法律を制定するとき，第 4 条では，カナダ（ドミニオン）が立法を要求し，かつ，それに同意した場合でなければ，「法律を制定してはならない」と規定している。「カナダ（ドミニオン）が立法を要求し，かつ，それに同意した」と前文に記載されていて，この要件は満たされているように見えるが，憲法慣習により，「同意」は，(a)連邦議会，(b)州議会，および(c)原住民インディアンの同意を意味し，原住民インディアンの同意のない法律は無効である，と主張している。

(26)　20 & 21 Vic. c.3（イギリス法）。

(27)　課税権が連邦にあることは明らかであるが，州の銀行の規制が「カナダの平和，秩序および良い統治」のためになることを説明が不十分であり，権限踰越であると判決された。

第2節　カナダ

また，Mellenger v. New Brundwick Development Corp., [1971] 2 All ER 593 (C.A.) では，New Brundwick 州（Province）が地域開発計画を立て，被告公社を設立したが，イギリスの控訴院は，州は独立した自治権をもっており，カナダ連邦の法律によるものでなくても，主権免責（sovereign immunity）を主張できると判決した(28)。

§522.4　British North America Act 1867 第91条は，第92条に列記された各州の排他的立法権に該当しない項目について，「カナダの平和，秩序および良い統治のために，連邦議会が法律を制定できる」と規定している。連邦の立法管轄に属する項目として，通商，郵便，貨幣の発行，著作権，婚姻・離婚など29項目を例示している。Attorney-General of Canada v. Ontario, [1937] A.C. 326, 355, 405 では，その条文の解釈が問題になっているが，第1の判決は，「条約締結権」がイギリスに留保されている（§521.3参照）が，事実上，既に締結された条約を無効と判決することはできなかった(29)。第2の判決は，Social Insurance Act 1935 の合憲性が争われているが，枢密院は，この失業者保険は権限踰越（ultra vires）であり，無効と判決した。第3の判決は，Dominion Trade and Industry Commission Act 1935 の合憲性が争われているが，枢密院は，市場商品価格の高騰を抑える消費者保護政策の実施は，第91条で認められており，有効であると判決した。

§522.5　カナダの裁判所は，一方では，自然資源の利用や経済的・社会的政策の決定については，立法府が優越的地位にある判断者と認めたが，国家の基本的価値が何かについての判断は，裁判所が適切に判断できるとするアプローチを示している。R. v. Oakes, [1986] 1 SCR 103; Sunday Times v. United Kingdom, App.No. 6538/74, 2 EHRR 245 (1980)] が説明しているように，Canadian Charter of Rights and Freedoms 1982 が「自由で民主的なカナダ社会の形成」ということばに，裁判所は，もっとも重要な責務を負っている。

---

(28) この事件では，ニュー・ブルンズウィック州の大統領が旅行中に原告からマッチ棒製造会社の設立について相談を受けた。同大統領は，New Brunswick Corporation Act 1959 を制定し，公営会社を設立し，州に大きな利益をもたらしたが，原告はその利益の一部がコミッションとして支払われるべきであると主張した。Crown Proceedings Act 1947, s.40(2)(b) による主権免責が認められた。

(29) ILO（国際労働機関）がカナダを独立国として扱い，条約を締結し，カナダは，それに従って，最低賃金法，労働時間制限法，産業請負工事の毎週の休息法を1935年に制定し，この3つの法律の効力が争われている。条約締結権は，連邦と州の協力により，行使されるべきであると判示している。

第5章　コモンウェルス諸国との関係

E. Mendes and S. Beaulac (eds.), Canadian Charter of Rights and Freedoms (5th ed. 2013) は，このような最近の動向を「国家の法化」ないし coming of legal age と呼んでいる。また，カナダでは，硬性憲法典を制定する途を選択したが，イギリス憲法の基本原理はカナダ憲法の基本原理でもあるという (Mendes and Beaulac (eds), *supra* at pp.22-23.)。

(3) カナダ憲法とイギリス法

§523.1　カナダはイギリス法を継受している。どのように継受されているかを示す一例として，R. v. Drybones, [1970] S.C.R. 282, 9 D.L.R.3d 473 (1969)[30]を紹介しよう。この事件では，英語を話す能力をもたないインディアンが，町で暴飲したためインディアン禁酒法による訴追を受けた。第1審裁判所は有罪判決を下したが，上訴裁判所は上訴を受けてそれを破棄した。その理由は，一般市民が飲酒を許されているのに，飲酒の自由をインディアンに対してだけ禁止することは，法の下の平等に反するから，問題の法律は違憲である，ということであった。カナダ最高裁判所は，この結論を肯定したが，それを支える理由は種々に分かれた。

　ホール裁判官の同調意見が最も説得力をもつように思われるが，この意見はリッチー裁判官の法廷意見に同調するものである。そのホール裁判官の意見によれば，カナダ憲法は「法の前の平等 (equality before the law)」を規定しており，アメリカ憲法の「法の下の平等 (equality under the law)」とは違う。インディアンが保護地区内であれば飲酒が許されていても，人種による実質的差別があり，この法律は違憲で無効である，と判決した[31]。しかし，この判決には強力な反対意見が付されている[32]。

§523.2　カナダの最高裁判所からロンドンの枢密院司法委員会への上告は禁止されている。刑事事件については，1888年にカナダ連邦法で禁止が定められ，この法律は1926年に無効と判決されたが，1935年に再び禁止を定める法律

---

(30)　R. v. Drybones, 9 D.L.R.3d 473 (1969).
(31)　アメリカ合衆国最高裁判決 Brown v. Board of Education, 347 U.S. 483 (1954) の法理は採用しないという。つまり，"separate but equal" を支持するということである。
(32)　反対意見は次のように述べている。インディアン禁酒法はインディアンの保護を目的とした法律であり，この法律が違憲というのならば，カナダ権利章典を制定したときに，議会は法律改正を行うべきであった。長年にわたって適法と信じられてきた法律が，本件のように突然に違法とされるならば，法的安定性が害される。

第2節　カナダ

が制定された。民事についても，1949年の法律によって禁止されている。Ibralebbe v. R. [1964] A.C. 900, [1964] 1 All ER 251（P.C.）; Attorney-General for Ontario v. Attorney-General for Canada, [1947] A.C. 127 at 147, [1947] 1 All ER 137 は，Supreme Court Act 1927, s.55 [カナダ] の修正が連邦の立法権を踰越（ultra vires）した無効な立法であることの確認を求めた上訴事件である。カナダ最高裁判所は，この判決が最も重要な憲法判例であることを述べて，ウェストミンスター法第4条により，Colonial Laws of Validity Act 1865 は廃止され，現実的な問題として，「オーストラリア，ニュージーランド，南アフリカ，アイルランド自由国およびニューファンドランド（そしてインドを含む）」と同じように，カナダでは枢密院への上告は廃止されたと理解すべきである，と判決した[33]。

§523.3　現在，カナダ最高裁判所は，最終審の裁判所であり，ロンドンへさらに上訴されることはない。この裁判所は，審理される法律の「骨髄と実体（pith and substance）」が何であるかをまず確定し，その法律の立法権が憲法によって授権されているか否かを審理する[34]。審査の対象であるものが法律の1条文または1条項である場合には，憲法に授権された立法権から派生するものか否かが審理される[35]。純粋な理論上の問題としては，それにもかかわらず，ロンドンの枢密院の権限がイギリス法上完全に消滅していないので，イギリス法による裁判が完全に排除されているとも言えない[36]。貴族院司法委員会は現在でも存続しており，イギリスの側では，イギリス議会が上告を受理することを禁止しない限り，貴族院司法委員会は，受理する義務があり，イギリス憲法の先例に従って審理を進めることがある[37]。

§523.4　カナダ憲法が全面的にイギリス憲法の同じであると言えない部分がある。カナダが地理的にアメリカ合衆国に隣接しており，アメリカに留学したカナダ人法律家も少なくない。そういう裁判官が，アメリカ法に類似した判決を

---

(33)　「現実的アプローチ」は，British Coal Corp. v. R., [1935] A.C. 500 を引用している。なお，Colonial Laws of Validity Act [British North America Act] 1865 は，Preamble, §§ 9, 17, 92(1)を検討している。

(34)　「骨髄と実体」は，カナダ憲法の憲法習律上の用語であり，立法事実により示された立法の主たる目的と内容を意味するものと思われる。

(35)　例えば，General Motors of Canada Ltd. v. City National Leasing, [1989] 2 S.C.R. 641 を見よ。

(36)　British North America Act 1867, Preamble, §§ 9, 17, 92(1)参照。

(37)　§511.9で引用した R. v. Home Secretary, *ex parte* Phansopker がその例である。

163

書くことがある。また，有力な学説によれば，ヨーロッパ裁判所（特にヨーロッパ人権裁判所）がしばしば使っている「比例配分原則（principle of proportionality）」が第1にカナダで採用され，北アイルランドでも採用され，イギリスにおいてもその原理が議論されるに至っているという。また，次に説明するオーストラリアやニュージーランドでも「比例配分原則（principle of proportionality）」が別のルートで採用されており，こういったコモンウェルス諸国の憲法解釈の変化が，イギリス憲法の解釈に影響を与えることもある(38)。

§523.5　G. Gentili, *Canada: Protecting Rights in a Worldwide Rights Culture*, in T. Groppi and Marie-Claire Pontoreau, The Use of Foreign Precedents by Constitutional Judges（2013）p.53 に憲法判例が引用した外国憲法の解釈を数字で示しているが，イギリス判例が502件であったのに対し，アメリカ判例は1,144件にも上っている。ヨーロッパ人権裁判所の判例が67件あり，その影響はオーストラリアやニュージーランドに匹敵する。カナダの判例法の中に，アメリカ法の影響があるだけでなく，ヨーロッパ法の影響も見られることを示している。

(4)　ケベック州問題

§524.1　ケベックはカナダの中で特殊な法的地位を占めている。ケベック地方は，元々はフランスの植民地であったため，フランス系住民が住んでいるが，フランスから移譲されたため，フランス法が維持された。公用語も，フランス語が認められている。連邦国家の中の1地域であるが，実際上，自律権をもっており，限られた範囲ではあるが，主権が認められてきた。州法は今日でもフランス法の影響を受けており，カナダから独立してもおかしくない州である。しかし，国家として自治を進めるためには，大使館などの施設を設置したり，数多くの行政負担を負うことになり，連邦最高裁判所は9名の裁判官によって構成されているが，そのうちの3名はケベック州から選出されることになっている。

§524.2　ケベック問題は Quebec Act 1774 にはじまる。この法律はイギリスの法律

---

(38)　§51.6 で紹介した Ibralebbe v. Queen 判決や §51.9 で紹介したパンソプカ判決参照。

第2節　カナダ

であるが，1763年にイギリス領に編入されたとき，Royal Proclamation（勅令）が出され，civil government が約束されていた。Campbell v. Hall, (1774) 1 Cowp. 204, 98 E.R. 1045, [1558-1774] All ER 252 において，その勅令を改正するためには法律の制定が必要であるとする判決が出され，これに従って制定された法律である。1774年法は，カナダの連邦政府に対し「平和，福祉および良い統治」のための立法権を付与し，ケベックに対しては，情況が変化したことを理由として，約束が履行できないことを確認した。その結果，ケベック州は，多くの点で苦悩を強いられた。多くの住民がフランス人またはフランス系カナダ人であり，ローマ・カソリック教徒であった。ケベックを分離独立させることは，ケベック住民の長い間の悲願であった。1998年にケベック州の分離独立が可能かどうかについて最高裁判所に reference が出され，同裁判所は，可能であるが，憲法改正が必要であると回答した(39)。もしレファレンダムが行われ，分離独立に賛成する票が過半数を占めた場合，憲法習律によって，カナダ連邦はそれを尊重しなければならないと述べた。

§524.3　2014年にスコットランドで分離独立についてレファレンダムが行われたことについて後に§783.8で説明するが，もしこのレファレンダムで分離独立に賛成する投票が過半数に達していたならば，ケベックでも同じようなレファレンダムが行われた可能性がある。スコットランド，ケベックおよびカタロニア（スペイン）は，同じような民族問題を抱えており，エディンバラ大学の共同研究の支援を受け，分離独立に向けた活動を推進してきた(40)。国際法上，民族自決権の行使として，ケベック州はなお分離独立の可能性がある。しかし松井茂記『カナダの憲法』（岩波書店，2012年。特に19-20頁）が指摘しているように，現在のカナダには多数の外国人（特に中国人）が移住しており，移住民にとっては，むしろ分離独立に反対するものと思われる。憲法理論としても，政治の現実としても，解決の困難な問題が残されている(41)。

---

(39) Reference はカナダ法固有の用語であるが，カナダで憲法訴訟が提起される場合，抽象的な憲法問題の解釈を最高裁判所に予め求める制度である。

(40) S. Tierney, Constitutional Law and National Pluralism (2004) は，3つの地域が抱える憲法問題を理論的に整理しているだけでなく，レファレンダムに係わる実際上の政治問題などについても，解決策を模索している。ちなみに，エディンバラ大学では，ローマ法との比較だけでなく，比較法研究が重要視されており，ヨーロッパ法の研究についても，重要な役割を果たしている。

(41) カナダには自然資源がたくさん残されており，カナダにおける憲法訴訟は，その資源の利用の仕方をめぐる連邦政府と州政府の間の紛争であることが多い。British

第5章 コモンウェルス諸国との関係

第3節 オーストラリア

(1) 歴史的背景

§531.1 オーストラリアは，国土の20％余りが砂漠であり，50％余りが乾燥した牧場である。国土は日本の20倍もあるが，人口は日本よりも少なく，コアラやカンガルーが棲んでいる。1788年にイギリスの流刑植民地[42]となったが，1851年にゴールドラッシュが起こり，多くのイギリス人が移民した。先のNSWに加え Tasmania (Van Diemen's Land) が1825年に，Victoriaが1851年に，Queensland 1859が1959年に，それぞれ植民地となり，これら4つがオーストラリア連邦となった。1829年に Western Australia が州（Territory）となり，1836年に South Australia が加わりこれら6つの植民地が1901年に連邦国家となった。1931年に英連邦の1国として独立した。独立に当たり，カナダは Dominion と呼んだが，オーストラリアは Commonwealth of Australia と呼んでおり，この国名の命名の仕方に，連合王国への関係についての国民感情がよく顕れている[43]。周辺の植民地[44]もこれにつながり，アメリカ合衆国憲法やスイス憲法などを参考にして連邦国家を形成するが，連合王国への忠誠は変えたくない，という国民感情が存在した。

§531.2 Hanks, Australian Constitutional Law (9th ed. 1913) は，オーストラリア憲

　　　Columbia v. Imperial Tobacco Ltd., [2005] 2 S.C.R. 473 もそのような事例である。この事件では，タバコ製造に関するブリティシュ・コロンビア州の立法の合憲法性が争われている。このような憲法訴訟の判断基準は，「立法球体の骨髄および実体」判断のアプローチによると言われている。本項で説明したケベック州問題も，このアプローチによって処理されてきたが，カナダ憲法の全体としては，イギリス憲法を尊重し，維持していると評価できると思われる。
　(42) 1770年に既に New South Wales が植民地となっていた。
　(43) Commonwealth of Australia Constitution Act 1900, s.9 は，連邦議会の議員の選出について，連邦法を制定することを許しているが，州議会については，各州の法律により定めることと規定している。同法第73条は，オーストラリア高等法院（High Court）の判決は，「最終的かつ確定的である」と規定しているが，同法第74条は，連合王国により付与された憲法上の権限に関する争点については，当該高等法院による証明付きで枢密院司法委員会（P.C.）へ上告することを許している。Australian Consolidated Press Ltd. v. Uren, [1969] 1 A.C. 590 at 630-3, [1967] 3 All ER 523 at 528-30; Commonwealth of Australia v. Bank of New South Wales, [1950] A.C. 235 at 293, [1949] 2 All ER 755 at 761.
　(44) ナウル共和国（Nauru）（1968年独立）など。

第3節　オーストラリア

法の基本書であるが，憲法構造それ自体，なかなか理解しがたいものがある。まず，その基本書が取り上げている Commonwealth of Australia Constitution Act 1900 に注目しよう。表題が示しているように，この憲法はオーストラリア連邦の統治機構を規定した重要な法律であるが，もともとイギリスとオーストラリアの関係は，その連邦を構成するそれぞれの旧植民地との関係であり，連邦との関係は新しい国際関係である。連邦憲法が連邦政府に付与した立法権は，通商等の経済的な問題に限られており，各州がイギリスとの関係を断ち切らない限り，イギリスの支配を排除したことにはならない。実際上，州の方がイギリスに対する親近感が強く残っており，今日でもイギリスとの関係が完全に断ち切られたわけではない。

§531.3　カナダの提案により，連合王国，カナダ，オーストラリア，ニュージーランド，ニューファンドランド，南アフリカの各首脳が会議を開き，バルフォア宣言が採択され，1931年のウェストミンスター法の基礎が作られた。この法律により，既にカナダと関連して説明したように，オーストラリア連邦は，イギリスから独立した立法権を獲得した。しかし，これは州の立法権とは別の問題であるし，ロンドンの枢密院への上告を禁止しなかったため，訴えは却下されるべきであると主張した。パイナップル生産者側は，クイーンズランド州法によるシステムに従って生産物を近隣の駅まで届けただけであり，連邦政府が一方的にその使い方を決定して軍の缶詰用に使ったことは，私有財産の公用収用に当たり，不法転換（conversion）の不法行為となると主張した。オーストラリア高等法院は，連邦政策の優位性を認め，原告の訴えを退けた[45]。

(2)　連邦憲法の立法権と司法権

§532.1　オーストラリアは連邦制の国家であり，連邦憲法と州憲法とが並立して存在している。一般原則としては，連邦憲法の優位性が定められており，州憲法および州法は，連邦憲法に抵触する限り，連邦憲法により否定される。しかし，連邦の立法権は列記されており，かなり厳格に解釈されてきたため，抵触する法領域はそれほど広くはない[46]。例えば，連邦には銀行および保

---

(45)　ちなみに，生産者が高額の商品として販売するならば，厳しい選別がなされるので，生産者に支払われた代金が著しく不合理なものであるともいえないように思われる。

(46)　P. Hanks, F. Gordon and G. Hill, Constitutional Law in Australia (3rd ed. 2012)

167

第5章 コモンウェルス諸国との関係

険を規制する権限が認められているが，州法による銀行や保険は除外されている[47]。オーストラリア連邦憲法上の統治機構は，イギリス憲法に類似しており，イギリス型の「三権分立」の原理が採用されている。とくに「司法権の独立」は，「法の支配」の原理と直接関係があり，最も重要な憲法原理であると理解されている[48]。

§532.2　司法権は，高等法院（High Court），連邦裁判所および連邦法により認められるその他の司法機関に付与されている（憲法第71条）。「司法権の独立」を確保するために，連邦裁判官の身分および給与の支払の保障が憲法に定められている（第72条）。このように，連邦憲法においては，モンテスキュー型の「三権分立」が規定されているが，各州が州憲法をもっており，その憲法は「当該州憲法に従って改正されるまで，共和国の設立後も存続する」と規定している（第106条）。例えば，ニュー・サウス・ウェールズ州が，国会による弾劾によらないでも，裁判官を罷免することができると規定する法律をもっていた。Kable v. Director of Public Prosecutions (NSW), (1996) 189 C.L.R. 51 で，この法律の合憲法性が争われたが，同州最高裁判所が州憲法に違反すると判示していないので，連邦最高裁判所が，それを違憲と判決することはできない[49]。

§532.3　オーストラリアは各州がイギリスの植民地で，それぞれの州が憲法をもっている。連邦憲法は，いくつかの州が集まって独立国家となったときに作られたが，その憲法とイギリス憲法との間の関係は，必ずしも明瞭ではない。Attorney-General (Cth) v. Colonial Sugar Refining Co. Ltd. (Royal Commissions), (1913) 17 C.L.R. 644 では，オーストラリア総督が，Royal Commissions Act 1902-1912 (Cth) に従って王立委員会を設置し，砂糖産業の振興を目的とした実態調査を開始した。しかし，調査対象者が協力しないため，同委員会は調査を強制し，命令に従わない者を処罰しようとした。そこで，調査対象者は本件訴訟を起こし，そもそも王立委員会の設置が憲法に

---

pp.257-258.
(47) Australia Constitution s. 51 (xiii) and (xiv) 参照。また，租税立法管轄について，id. s.114 参照。
(48) C. Saunders, The Constitution of Australia (2011) p. 185.
(49) Theophanous v. Herald & Weekly Times Ltd., (1994) 182 C.L.R. 104 参照。連邦憲法に関する R. Kirby, *Ex parte Boilermakers' Society of Australia*, (1956) 94 C.L.R. 254 と比較せよ。

第3節　オーストラリア

よって許されていないという宣言判決を求めた。オーストラリア高等法院の判決において，裁判官の意見が2対2に分かれ，結局，ロンドン（枢密院）で上告審理が行われることになった。枢密院は，オーストラリア憲法の解釈としては本件の調査は憲法に抵触しないが，イギリス憲法との関係では，旧植民地（各州）には立法権を移譲したが，連邦に対する授権はしていないので，コモン・ロー上当然に上述の強制権があるとは認められない，と判決した。

§532.4　Victoria v. Commonwealth (Australian Assistance Plan) (1975) 134 C.L.R. 338 では，Appropriation Act (No. 1) 1974-1975 (Cth) による社会福祉行政の合憲法性が争われた。この連邦法により社会福祉委員会が設置され，生活保護行政が進められたが，裕福な州であるヴィクトリア州は負担を負うだけで，恩恵が期待できないことから，連邦憲法がそのような立法権を認めていないと主張した。オーストラリア高等法院は，Attorney-General (Victoria) (*ex rel* Dale) v. Commonwealth (Pharmaceutical Benefits) (1945) 71 C.L.R. 237 を先例として引用し，本件には訴えの利益が認められないと判示し，訴えを却下した。しかし，傍論の中でオーストラリア憲法第81条の解釈にも言及し，その先例に照らしても，生活保護立法が禁止されるわけではないと述べている。

§532.5　前項で言及した Attorney-General (Victoria) (*ex rel* Dale) v. Commonwealth (Pharmaceutical Benefits), *supra* も説明しておこう。この事件では，Pharmaceutical Benefits Act 1944 の合憲法性が争われている。この連邦法は，国民健康保険に類似した制度の中で，連邦政府が一定の薬品を買い上げ，それを必要とする国民に無料で配布する仕組みを作った。ヴィクトリア州は，この仕組みによって不利益を被るので，そのような立法権は連邦政府には付与されていないと主張し，国家財政を買上に支出することを禁止する判決を求めて訴えた。オーストラリア高等法院は，「議会は公金を配分する，制限のない，一般的権限をもっている」と判示し，憲法違反はないと判決した。しかし，訴えの利益については，厳格に精査し，州の一般的利益が訴訟の「訴えの利益」の要件を満たすことはできないと述べている。本件の場合には，州の法務総裁が原告になっているが，Dale が，実際上，不利益を証明しており，訴えの利益があると判決した。

(3) トレソーワン判決の憲法上の意義

§533.1　1931年のトレソーワン判決[50]を紹介しよう。連合王国の議会の制定法の授権を受けてオーストラリアのニュー・サウス・ウェールズ州議会が制定した1902年の憲法（Constitution Act）を1929年に改正した同法第7条Aの解釈が争われた。その条項によれば，上院を廃止する法律を制定するためには，両院が議決をした後，国王の同意を得るために総督にその法案を提出する前に，州民のレファレンダムにより過半数の賛成を得なければならないことになっていた。1931年に，新政府は，上院を廃止する法案を作成して，両院を通過させ，レファレンダムを行わないで総督に提出した。そこで，州法務総裁が原告となってその差止命令を求める訴えを起こしたのであるが，州最高裁判所は差止命令を出した。

§533.2　この事件に含まれる論点は多岐にわたるが，伊藤正己の「国会主権の原則の再検討」と題する研究では，「議会は後の議会を拘束できるか」という問題に焦点を当てて深く検討している。伊藤正己は日本おける代表的なダイシー研究者であり，ダイシー伝統が修正されているかどうかを問題にしたものと思われる。これに関し，ウインタートンは，3つの解釈があり得ることを説明している[51]。その1は，議会の構成，権限行使の態様（方法と形式）および立法内容の無制約性は「基本的」であり，不変の原理である，とする解釈である。その2は，議会はその手続および立法の態様を変更できるが，立法の内容について制限を課し得ない，とする解釈である。その3は，議会主権の原則は，裁判所が自己抑制のために作り出した原理であり，いつでもそれを変更できるとする解釈である。上述の判決による解釈は，1929年憲法改正第7条Aは，両院が適正な手続によって上院を廃止することにした法律であるが，上院について定めた第7条はレファレンダムを要求しており，レファレンダムを定めて第6条も改正しなければ第7条Aは憲法違反である，とするものであった[52]。

---

(50)　Attorney-General (N.S.W.) v. Trethowan, 44 CLR 394 (1931). Attorney-General (N.S.W.) v. Trethowan, [1932] A.C. 526（枢密院上告事件）.

(51)　Winterton, *The British Grundnorm: Parlimentary Supremacy Re-examined*, 92 L.Q.R. 591 (1976).

(52)　Blackshield and Williams, Australian Constitutional Law and Theory (5th ed. 2010) pp.441-445 は，この解釈はダイシー理論に従ったものであると理解している。

第3節　オーストラリア

(4)　高等法院の裁判例

§534.1　ハンクスが取り上げた事例は，James v. Commonwealth, (1939) 62 C.L.R. 339である。この事件は，干しぶどうの取引規制のため損失を被った製造販売業者が起こした損害賠償請求事件である。ドライフルーツがオーストラリアの特産品となり，商品の価格が高騰し，沢山の業者が参入したため，激しい競争が起こった。この競争により価格が急落しはじめたので，高品質を維持する目的で Dried Fruits (Inter-State) Trade Regulation が作られ，これにより製造規制がはじめられた。James v. Commonwealth, [1936] A.C. 578 は，この規制を無効と判決した。そこで，政府の不法行為責任が問題となり，オーストラリア最高裁判所は，損害賠償を認める判決を下した。この判決の理論は，ダイシーに従っている(53)。

§534.2　McClintock v. Commonwealth (1947) 75 C.L.R. 1 も不法行為責任を追及した事例である。この事件では，パイナップルの缶詰の製造販売に関する事件である。オーストラリア軍が大量の缶詰を注文し，原告は注文通り商品を納入した。しかし，その代金の決定権は，注文書とは独立した委員会がもっており，公正市場価格よりもかなり低い代金が支払われた。注文者である軍は，法律に従った決定であることを主張し，国家の安全にも関係することがらであり，軍により強制的公用徴用の事例であるという。しかし，訴訟法では関係ないとして，この事件で問題となる取引はすべて普通の売買契約であり，「公用徴用」の手続がとられておらず，裁判所は，この事件は民事訴訟であると認定して，契約による公正な代金の支払いを命じた(54)。

(5)　1986年のオーストラリア法の制定

§535.1　キャンベラで州の知事の会議を開き，イギリスからの独立を完全なものにする目的で Australia Act 1986 を制定した。この法律により，州の立法権に対する植民地時代の法律によるイギリスの干渉も排除した(55)。ロンドンの

---

(53)　Hogg, Liability of the Crown 1971 [4th ed. 2011] at pp.76-77 参照。
(54)　但し，缶詰用のパイナップルには品質が低いものが含まれていることを認めて，代金額の調整が行われた。
(55)　1986年法第3条は，各州に対し，州憲法によって立法権の独立を定めることを要求している。シドニー港の遊覧船が事故を起こし，人身傷害に対する損害賠償責任額の算定が争われている。Merchant Shipping Act 1894 s.503 に拠れば賠償額が約

第5章　コモンウェルス諸国との関係

枢密院への上告については，オーストラリアの高等法院（High Court：オーストラリアの最高裁判所）の証明（certificate）がなければ上告できないと規定するにとどめている(56)。ロンドンの枢密院の側から見れば，その上訴を受理することが義務づけられているため，完全に関係が断ち切られたわけではない。しかし，Kirmani v. Captain Cook Cruises Pty Ltd. (No. 1), (1985) 58 A.L.R. 29, 108 159 C.L.R. 351 において，高等法院はその証明を出すことはないと宣言しており，実際上，枢密院へ上告されることはないと思われる(注)。また，1986法は連邦法であり，連邦の権限を超えたことについての立法であることを理由として，その効力が争われる可能性が考えられるが，Port MacDonnell Professional Fishermen's Association, Inc. v. South Australia, (1989) 168 ALR 88, 12 C.L.R. 340 により有効な立法であることが確認されている。但し，1986年憲法は遡及的効果をもつものではなく，過去の法的決定に影響を与えるものではない。

§ 535.2　1986年のオーストラリア法の制定は，前項で説明したように，連邦と州との管轄権に関する先例としての拘束力が否定されたことに大きな意味をもっている。Cook v. Cook (1986) 162 C.L.R. 376, 390 において，ヘイドン裁判官は，これについて次のように述べている。

　　「この国の歴史およびコモン・ローの歴史は，連合王国の裁判所の見識および推論から，オーストラリア裁判所が他の国の偉大なコモン・ロー裁判所の見識および推論から利益を得ているように，支援および指導を引き続いて得ることを不可避とし，かつ，望ましいものにしている。［しかし］外国の法制度の先例法は，拘束力をもたず，推論の説得力の限度でのみ有用なものである。」

§ 535.3　国際法の法源性についての考え方にも影響を与えている。Roach v. Electoral Commission, (2007) 233 C.L.R. 162, 225 において，オーストラリアでは，国際法の二元性の理論はとらないが，一般的な法源性は否定されるべ

　　　7000ドルに制限されているが，Navigation Amendment Act 1979 (Cth) s.104(3)により黙示的にその法律が廃止されていると原告は主張している。

(56)　前掲注(43)で述べたように，1900年憲法第73条は，上告を規定している。連邦憲法第51条(xxxviii)により制定されたCoastal Waters (State Powers) Act 1980, s.5 (c)の効力が争われている。Rock lobsterの漁業において，South Australiaの業者は，大陸棚が続いていることから200海里までの操業権を主張したが，ヴィクトリア州法の方が優先するならば，3海里までに制限されると主張して争った。ちなみに，オーストラリア，香港など，旧最高裁判所からロンドンの枢密院への上訴が許されていたことから，その最高裁判所は，高等法院（High Court）と呼ばれている。

きであると述べている。第1に，国際法は，議会の審議を経ていないため，「国益」に位置するかどうか不明であり，議会主権が否定される結果を生む。第2に，国際法の法源性について，理論的整理が不十分であり，資料が膨大であり，通常の裁判官の「職権上知り得る知識（judicial notice）」を認めるのは負担が大きくなりすぎる。Al-Kateb v. Godwin, (2004) 219 C.L.R. 562 at 589-592（per McHugh J.）では，不法入国の無国籍人の扱いについて国際慣習法の適用を検討したが，アメリカ合衆国最高裁判所のLawrence v. Texas, 478 U.S. 558 (2003) のアプローチを否定し，オーストラリアでは，存在することが明確な国際法のみに法源性が認められ，存在の推論は許されないと判決した(57)。

§535.4 South Australia v. Commonwealth (First Uniform Tax Case), (1942) 65 C.L.R. 375でも，第二次世界大戦中に制定された4つの連邦租税法の合憲法性が争われている。その法律は，州の所得税を併合して新しい連邦所得税を導入することを目的としていたが，これにより各州が重要な財源を失うことになった。各州が，イギリス憲法により付与された課税権を簒奪されたと主張し，連邦法を無効とする宣言判決を求めた。オーストラリア高等法院は，合憲と判決した。また，Victoria v. Commonwealth (Second Uniform Tax Case) (1957) 99 C.L.R. 575でも，State Grants (Tax Reimbursement) Act 1946-1948 およびIncome Tax and Social Services Contribution Assessment Act 1937-1956の一部の規定の合憲法性が争われたが，同じような理由により，合憲であると判決された。

§535.5 Department of Taxation v. WR Moran Pty Ltd., [1940] A.C. 838でも，連邦法の合憲法性が争われている。本件で争われた連邦法は，オーストラリアの小麦生産者を保護するための仕組みを作った法律である。一方で小麦を使った商品（パンなど）に対し高額の消費税を課し，他方，その課税によっ

---

(57) 飛行場に到着したときに無国籍人がビザを申請したが，ビザの発給が拒絶され，国外退去を命じられた。しかし，無国籍人であるために受入国がなく，移民局の施設に拘禁され，この拘禁がいつ解かれるか分からない状態になっている。しかし，法律は拘禁を命じており，裁判所は拘禁以外の扱いを命じることができない，とオーストラリア高等法院［最高裁判所］は判決した。ちなみに，比較されたアメリカ合衆国最高裁判所判決では，テキサス州の刑法（同性愛犯罪）が国際慣習法（Dudgeon v. United Kingdom, (1983) 5 EHRR 573, [1983] ECHR 7525/76, 24）に反する違法な法律であると判決した。

て得た税金を小麦生産者に戻す仕組みが作られた(58)。タスマニア（ニュー・サウス・ウェーイルズ）では小麦生産が行われていないため、高い消費税を払っても返還金をもらえないことになっており、州の間で差別をもうけることを禁止したオーストラリア憲法第51条に違反すると訴えた。しかし、この仕組みは、同憲法第96条が定める「州に対する財政的支援」の性質をもつ仕組みであり、差別を意図した法理ではなく、憲法に違反するものではないと判決した。この事件はロンドンに特別上告されたが、枢密院もその判決を肯定した。

§ 535.6　Commonwealth v. Tasmania (1983) 46 A.L.R. 625 では、World Heritage Properties Conservation Act 1975, s.9(1)(h) の解釈が問題になっている。この判決は、連邦の州に対する優越性を示している。世界遺産の保護は連邦の立法管轄であるが、タスマニア州は、その保護地域（Gordon River）の中にダム建設を計画した(59)。州政府は、エネルギー問題が産業の発展にとって最重要であり、水力発電によりその問題を解決しようとした。連邦政府は、その法律がダム建設を明文で禁止していることから、それを禁止した。これに対し、タスマニア州は、連邦憲法第100条が、州の産業・商業を促進する義務を規定しているため、禁止は憲法違反であると主張した。しかし、世界遺産の保護は条約上の義務でもあり、オーストラリア高等法院［最高裁判所］は、連邦勝訴の判決を下した。

(6) 国家元首

§ 536.1　上述のように、オーストラリアは連合王国からほとんど完全に独立し、むしろ独立国家として国際的な承認を得ている。日本とも強い外交関係を築き、経済的協力を促進する政策を推進している。このような条約の締結について、連合王国が干渉することはない。しかし、外国人には奇妙に感じられることであるが、今日でもオーストラリアの国家元首はエリザベス女王である。この国家元首は「象徴的な存在」であり、連邦政府の助言に従って女王が形式的な追認を行うだけにすぎず、The King never dies という格言が示しているように、国王は抽象的な存在であり、死亡することはない。エリザベス女

---

(58) 外国製の小麦粉を使っている場合、高額の消費税が課されるが、返還金の恩恵がないので、国産の小麦粉を使うことを奨励する効果が生じることになる。
(59) Gordon River Hydro-Electric Power Development Act 1982 (Tas.) を制定した。

174

王は同時のオーストラリアの女王でもある。この格言は、たとえ国王が突然に死亡した場合でも、王位継承法が王位を継承する者を定めており、抽象的な意味では「王」は一瞬たりとも不在となることがないことを意味している[60]。

§536.2 判決の中に事実関係が明瞭に書かれておらず、理解しにくい事件であるが、Fitzgibbon v. Attorney General for Australia, [2005] EWHC, [2005] All ER (D) 127 では、オーストラリアにおける女王の地位が問題になっている。この事件の原告は、イギリスとオーストラリアの両方の国籍をもつ弁護士で、オーストラリアに居住し、オーストラリアの納税者である。オーストラリアでもらった公的書面に、国家元首としてエリザベス女王が署名していたが、添え書きに the Great Seal of Australia と記されていた。この添え書きが the Great Seal of the United Kingdom と記されるべきであると主張し、訂正を求めた。この訴えに対し、イギリスの高等法院は、たしかに1900年のオーストラリア法は英国国王がオーストラリアの国家元首であると定めているが、オーストラリアは既に主権国家となっており、その公的文書について裁判を行う管轄権は高等法院にはなく、また原告には訴えの利益がないと判決した。

§536.3 帰化の問題は国王大権の問題である。Migration Act 1958(Cth) s.198 は、オーストラリアで生まれた子供は国籍を取得することができると規定している。その事件では、子供の両親がビザをもたずにオーストラリアに入国し、子供を出産した。そこで、インド人夫婦は、子供がオーストラリア国籍を取得しており、オーストラリアの居住権をもっており、その子供を扶養する必要があるので、自分たちにも居住権を認めるべきであると主張した（オーストラリア憲法第51条（xix））。Singh v. Commonwealth (2004) 222 C.L.R. 324 では、外国人の帰化に関するオーストラリアの法律の解釈が問題になった。オーストラリア高等法院は、Acts Interpretation Act 1901 (Cth) の多数の規定が、一般原則として、法律の言葉の意味は intention and purpose を参考にして解釈することを定めており、インド人夫婦が主張するような解釈が正当かどうか、検討しなければならないと述べている。結論として、インド人夫婦の子供は「外国人」であり居住権は認められないと判決した。

---

(60) 王位継承法は、自動的に法律が定めた順序に従って王位が継承されることを規定している。

第 5 章　コモンウェルス諸国との関係

§ 536.4　外交の権限もオーストラリア憲法第 51 条(xxix)により連邦政府に付与された権限である。この権限と関連して，Victoria v. Commonwealth (1996) 187 C.L.R. 416 at 480 and 482 を見ておこう。この事件は，連邦政府が ILO 条約を批准し，その結果，州の労働争議に関する法律の効果を部分的に否定することになったため，州政府が連邦政府を相手に起こした訴訟である。その批准が権限踰越（ultra vires）であり，憲法に違反する無効なものであるという宣言判決を求めた。この事件で争われている争点は多数あるが，高位の州公務員に対して高い給与が支払われていること，および調停並びに強制的仲裁の制度が強制的に導入されること，が主な争点である。オーストラリア高等法院は，オーストラリア憲法が条約締結権を連邦政府に与えており，ILO 条約を批准することは，連邦の権限内にあり，州政府がその一部だけを否定することは許されない，と判決した。

第4節　ニュージーランド

§54.1　ニュージーランドは，ポリネシア人が原住民として住んでいたが，オーストラリアと同じように，イギリスが1840年に領有化し，1907年に自治領となった。1947年にウェストミンスター憲章を承認して完全に独立した。南太平洋の箱庭とあだ名されるように，自然景観にめぐまれた農業国家（酪農，羊毛を中心とする）である。オーストラリア，アメリカ合衆国とアンザス条約を締結し，軍事同盟を結んでいるが，ロンギ政権以来，非核政策をとっているため，アメリカ合衆国との友好関係が壊れており，むしろ日本との関係を強化することを望んでいる。

§54.2　1947年にニュージーランドは独立したが，その後，ニュージーランドの方で自主的に憲法を制定し，ウェストミンスターとの関係を切断した。Constitution Act (NZ) 1986 s.26(1)は，次のように規定している。

「本法の実施後に制定された連合王国の法律は，その法の一部としてニュージーランドに extend されることはない。また，ウェストミンスター法および New Zealand Constitution (Amendment) Act 1947 は，ニュージーランドでは効力を失う。」

これはウェストミンスター議会との関係を断ち切ることを定めた規定であるが，この法律それ自体がウェストミンスター法第2条(2)項に従うものである。このように，曖昧さが残っているが，裁判所制度について，2003年12月31日にニュージーランド最高裁判所が設置され，2004年以後はロンドンへの上訴を禁止した。

§54.3　最近でも，ニュージーランド最高裁判所からロンドンへ上訴される事件がある。Prebble v. Television New Zealand Ltd. [1995] 1 A.C. 321 では，ニュージーランドの国営テレビが，元大臣が国有財産を不正な価格で私人である関係者に売却し，報酬をもらったということを内容とする番組を組んだ。元国務大臣は，国営テレビに対し名誉毀損の訴訟を提起し，その訴訟を進める過程で，国会での他の議員の発言や議会資料が証拠として問題になった。ニュージーランド裁判所は，議員特権を考慮して，それらの証拠を容認することについて，議会に照会をしたところ，議会の特権委員会は証拠能力を否定した。その論拠は，イギリスの権利章典第9条に定める「議会での発言は，

第5章　コモンウェルス諸国との関係

裁判所においても，またその他の場所においても，問われてはならない」と定める規定であった。この事件は，さらにロンドンの枢密院に上告され，枢密院は，国会の議論が内容となっていても，国会外の出版物などで十分に立証できるならば，それを証拠として使うことは許されると判決した[61]。

§54.4　以上のような説明をすると，ニュージーランドも，カナダやオーストラリアのように，イギリスとの関係を截然と切り放そうとしているような印象を与えるかもしれない。実際上，ニュージーランドの憲法はイギリス憲法と基本的に同じものであり，イギリスのコモン・ローを自分たちの法であるとして受けいれている。R. Miller, New Zealand - Government and Politics (3rd ed. 2003) は，21世紀を迎えるに当たり，首相が，ニュージーランド憲法典を制定して，エリザベス女王を象徴的な国家元首とせず，立憲共和国となることを提案したが，この提案が嘲笑されたという経緯を説明している[62]。それだけにとどまらず，イギリス憲法と同じように，不文憲法を維持していることの重要な意味の再確認をしたという。すなわち，憲法典がなくても国家が存続していることは，国民が憲法を理解し，ニュージーランドには生きた憲法が存続していることの証拠である。

---

(61)　論拠として引用された法源は，Blackstone, Commentaries vol. 1, p.163 である。But see, Rost v. Edwards, [1990] 2 Q.B. 460.
(62)　但し，今日，国旗を変えて，オーストラリアの国旗とちがったものにすることが検討されている。

第5節　インド

§55.1　第一に、インドは、世界文明の発祥地の1つであり、古くから古代法が存在していた。しかし、しばしば外来民族の侵略を受け、大きな勢力をもつことはなかった。モンテスキューもメーンもインド法についてかなり言及しているが、そこで書かれていることの多くは、17世紀のインド法についてである。メーンは、インド総督府の法務官を務めたことがあり、インドのための立法を経験しており、インド法を好意的に見ている[63]。しかし、モンテスキューは、インド法を最悪の例として言及している。インド社会は、「休息と虚無とがあらゆる事物の基礎になっている」が、法の精神をもち、その休息と虚無を排除すべきであるのに、これをしないために多数の悪が生まれたと説明している[64]。

§55.2　17世紀のインドでは、東インド会社が設立され、インド住民を脅迫して搾取する取引が進められた。1600年にイギリスが最初に東インド会社を設立し、1602年にオランダが同じような会社を設立し、1604年にフランスがこれに続いた。フランスは、3国間の競争に敗れ、早期に撤退した。残った2つの間の競争は長期にわたって続き、この競争がアジア諸国、とくにインドに大きな変化をもたらした。最初は両国の私的な会社が胡椒その他の香辛料をインドで安く買ってヨーロッパで売却する取引が行われていた。しかし、この取引が利益をもたらすことが分かると、両国政府はこの取引を国家事業と位置づけるようになり、取引の対象も、インド木綿（キャラコ）、絹織物にまで広げ、さらには茶やコーヒーまでも扱うようになった。

§55.3　意図的であったかどうかはともかく、イギリス政府のインドを中心としたアジア植民地政策は次のようなものであった。1662年に国王チャールズ2

---

(63) H.S. Maine, Village-Communities in the East and West (2d ed. 1872) の第3講（75頁）で、イギリス法がインド法に継受されてゆく事情を詳しく説明している。インド法は不文法（慣習法）であり、インドで導入された裁判所の裁判官は、イギリスのコモン・ローを普遍的な慣習法として使った。M.U. Hasan and Narayani Gupta (eds.), India's Colonial Encounter: Essays in Memory of Eric Stokes (1993) も、この問題を議論している。

(64) モンテスキュー（野田良夫他訳）『法の精神(中)』（岩波書店、1989年）35頁。モンテスキューは、「極端な暑熱がインド人を極端に受動的にして、幾多の害悪を生んだ」と理解している。

第5章　コモンウェルス諸国との関係

世はポルトガルの王女（キャサリン）と結婚し，この王女が紅茶を飲むことをイギリス人に教えた。その結果，イギリスへの茶の輸入が急速に増大するのであるが，その原料として中国茶が優れていることが分かり，イギリスは取引先をインドからさらに中国へと拡大した。この拡大プロセスにおいて，イギリス商人はインドで麻薬にであい，中国の広東州の住民にそれを売りつけた。その売上金で中国茶を買い，紅茶に加工して，ヨーロッパに紅茶を売りつけた。中継基地としてシンガポール港を作り，さらには香港を主要な国際貿易地にした。インド人や中国人が，イギリスから得たものは多くはないが，その多くは銀，その他の金属加工品であった[65]。このような形で進められた国際取引の推進のために近代的な契約法が必要であり，信頼のおける裁判制度を植民地でも確立しなければならなかった。この役割を負っていたのが上述のメーンである[66]。

§55.4　Indian Independence Act 1947 により，インドは連合王国から独立し，同時にパキスタンがインドから独立して，2つの Dominions が形成された。同法第6条は，各 Dominion が，その立法府を通じて「イギリス議会が制定した法律を Dominion でも適用する」という明示の意思表示をしない限り，効力をもたないと定めている。パキスタンは，1972年にコモンウェルスから脱退したが，1989年に再加入した。その1972年の脱退の時に，東パキスタンは分離独立し，バングラデシュという独立国となった。バングラデシュは，コモンウェルスに留まっただけでなく，Bangladesh Act 1973 は，バングラデシュ憲法が実施された後も，バングラデシュ議会が明文で個別的に排除しない限り，イギリス法はバングラデシュの法律である，と定めている（第1条参照）。バングラデシュはコモンウェルス内の独立共和国であるが，イギリス政府は，植民地時代と同じように，枢密院令（Order in Privy Council）により立法権を維持している。

§55.5　今日のインド法は，もちろん近代化されている[67]。インド憲法（Constitution

---

(65)　もともとイギリスは綿や羊毛製品を売ることを意図していた。しかし，羊毛はカシミアの方が上質であるし，綿はインドでも豊富にあった。
(66)　W.A. Anson, Law and Custom of the Constitution (4th ed. [Keith ed.] 1935) pp.117-130 に詳しく説明されている。
(67)　メーンは，ウェストミンスター寺院の墓地の中で，ほとんど国王に近い場所に置かれている。ちなみに，日本でもインド法の研究は古くから行われている。江木翼『印度の法律関係』（大正7年）は，東印度会社の研究をしたものである。

of India）が1949年に独立したときに制定され，1950年1月26日から実施されている。文面上は，インドはイギリスとの関係を截然と切ったように見えるのであるが，実際上，インド法は基本的にイギリス法を継受している。メーンが作った契約法や証拠法は，修正されてはいるけれども，現在でも残っている。インド憲法の前文は，アメリカ独立宣言の文体に類似している。また，基本的人権の規定もアメリカ型である。議会制度はイギリス憲法に類似している(68)。連邦制度はカナダ憲法を模倣している。「安全」制度や大統領の任命については，アイルランド憲法を参考にしている。「平等権」については，フランス憲法およびロシア憲法を参考にしている。インドは，社会民主主義共和国であり，ロシアの計画委員会制度（5年計画）も導入している。さらに，インドは28の州と7つの属領からなる，多民族，多宗教，多言語の国家であって，それらのすべてに配慮しているため，インド憲法は，世界で1番長文の憲法になっている。それに加えて，キリスト教徒よりも，ヒンズー教徒やイスラム教徒の方が圧倒的に多く，憲法の実体はイギリス憲法とはかなり異なったものになっている。

§55.6 *Re* Government of India and Mubarak Ali Ahmed, [1952] 1 All ER 1060（QB）では，インド人がBombayで詐欺罪の嫌疑（実質的にはスパイの嫌疑）を受けたためパキスタンへ逃亡し，さらにロンドンへ逃げた。ロンドンの警察官がこのインド人をFugitive Offenders Act 1881により逮捕し，インド政府に引き渡そうとした。そのインド人は，インドが独立したときにその法律は効力を失っているから逮捕は違法であると主張して，人身保護令状の発給を求めた。高等法院女王座部は，インド法では効力が否定されているかもしれないが，イギリス法上は廃止されておらず，国際儀礼としても，国際法上認められる特権の証明がない限り，身柄を引き渡す義務があると判決した。上述の事件は，イギリスの側からインドを見た事件であるが，今日のインド人のイギリスで教育を受けていない今日の裁判官ならば，異なった判決を書いたかもしれない。

§55.7 孝忠延夫＝浅野宜之『インドの憲法——20世紀「国民国家」の将来像』（関西大学出版会，2006年）を紹介しておこう。この著作は，現行のインド憲法の和訳が中心となっているが，歴史的解説と基本的な特質を第1章および第

---

(68) 議院内閣制をとり，議会は上院と下院からなる。但し，上院と下院は，オーストラリア憲法に倣って，合同で審議を行う。

第 5 章　コモンウェルス諸国との関係

2 章で説明している。この著作によれば，インド憲法は，イギリス領インドの統治に関する基本法（1935 年統一法）を発展的に継承している。そして，日本国憲法を含め，第二次世界大戦後に制定された各国の憲法典を参考にしているという。しかし，インド憲法は既に 100 回近く改正されており，どの部分がイギリス憲法を継受しており，どの部分に外国憲法の影響があるかを明らかにするのは困難である[69]。

---

(69) イギリス憲法について，一般的に，S.C. Kashap, Indian Constitution – Conflicts and Controversies（2010）およびB. Mohanty, Constitution and Politics in India（2009）も見よ。

第6節　ナイジェリア

§56.1　ナイジェリアは1861年に譲渡（cession）により獲得した植民地である。T.O. Elias, Nigeria——The Development of its Law and Constitution（1967）は，領土面積はイギリスの約4倍もの広い地域であるが，原住民が深い眠りから目覚めたらいつの間にかイギリスの植民地になっていた，と記述している。この地域は多数の部族からなるが，イギリスは，この地域は奴隷貿易の拠点として利用していた。しかし，有名なマンスフィールド裁判官のSommersett v. Stewart, (1772) 20 St.Tr. 1によって奴隷制はイギリス憲法では禁止されるという判決が出され，この憲法判例法理がSlavery Abolition Act 1807により明文化された。George Taubman Goldieは，ナイジェリアにおける奴隷取引を禁止し，イギリス商人のアフリカの拠点として発展させたため，「ナイジェリアの父」と呼ばれている。取引商品は，綿花，コーヒー，ピーナッツ，カカオ，原油，天然ガス，石炭などである。国際投資に強い意欲を示し，巨額の累積赤字を抱えているが，日本との関係は緊密である。

§56.2　Nigeria (Constitution) Order in Council, 1960により自治国家となることが許され，Nigeria Republic Act 1963によって独立共和国となった。このときに，Northern Nigeria, Western Nigeria, Eastern NigeriaおよびMid-Western Nigeriaの各州の憲法が制定され，また，その4つの州を統合するためのFederal Constitutionが制定された。この憲法の制定に当たり，グッドハートの助言を参考にし，イギリス憲法の基本原理は次の4つであると理解していたといわれている[70]。
- ①　何人も法の上にはいない。
- ②　権力者は代表者の資格でその地位にあるのであり，5年以上はその地位にいるべきでない。
- ③　言論の自由，思想の自由および集会の自由は，絶対に守られるべきである。
- ④　司法権の独立。

現行憲法は1999年憲法であるが，この憲法はこれらを憲法原理として規定している。

---

[70]　Goodhart, English Law and the Moral Law (1955) 参照。

第5章　コモンウェルス諸国との関係

§56.3　1966年にナイジェリア軍がクーデターを起こし，それ以後，ナイジェリアは軍事政権によって支配されている。長期にわたり戒厳令によって統治が行われてきたが，諸外国からの批判を受けて Constitution of the Federal Republic of Nigeria (Promulgation) Decree 1999 が制定され，この憲法に従った統治が行われている。Governor of Kwara State & Attorney-General for Justice, Kwara State v. Alhaji Issa Ojibara, [2006] 18 Nigeria Weekly L.R. (part 1012) 645 で Oguntade 最高裁判所判事は「憲法は変更ができず，大統領はこれを遵守しなければならない」と宣言する判決を出した。すくなくとも文言上は，1999年憲法第1条(2)項は，「ナイジェリア連邦共和国は，この憲法の規定に従わずに統治されてはならない。また，いかなる人々の集団も，政府またはその一部の支配権を奪ってはならない。」と規定している。

§56.4　K.M. Mowoe, Constitutional Law in Nigeria (2008) は，「法の支配が軍事政権のもとで存在することは可能でない，ということに疑いはない」と断言している。上に説明した憲法が制定されているにもかかわらず，軍事政権は戒厳令を出し，その実施を停止させ，大統領令 (Decree) によって，議会による法律の制定をまつことなく，多くの苦難を国民に押しつけているという。その著者は，日本国憲法の前文が述べているように，「平和を愛する諸国民の公正と信義に信頼して，」「平和を維持し，専制と隷従を地上から永遠に除去すること」がナイジェリア憲法の主要な目標であるという。

第7節　南アフリカ

§57.1　南アフリカは，1795年（1814年英国領）から1910年まで，イギリスの植民地であった。イギリスが征服によって獲得した植民地であるため，その植民地の法律が存続している(71)。この地域は4つの異なる民族からなるが，CapeおよびNatalはイギリス白人が侵略して1806年頃には支配権を獲得していた。白人を中心とするボーアが19世紀中頃までに統治組織を確立し，Orange Free State Constitution of 1854を制定したが，この憲法には，アメリカ合衆国憲法の違憲立法審査制が含まれている。ブッシュマンと呼ばれる平穏な部族があり，土地管理・環境保全の観点からPromotion of Bantu Self-Government Act of 1959を制定し，その地域を保護していた(72)。黒人地域はアパルトハイト政策をとり，国際的な支援を得て，South Africa Act 1909 (9 Ed. VII c.9) により，4つの地域を統合して共和国として独立した。この統合を目的としてUnion Constitution (1908-1910) が作られた。

§57.2　憲法の制定に当たり最も激しい議論がなされたのは，議会主権の原則の扱いであった。これについては，Brown v. Leyds NO, (1897) 40 Off.Rep. 17において，最高裁判所は民主主義の確立のため黒人にも投票権を認めるべきであると判決した。判決後，国内紛争が起こり，Kruger大統領は緊急事態を宣言し，その判決を書いた最高裁判所長官を直ちに罷免した。新たに任命された新長官は，全裁判官に対し，"the testing right is a principle of the devil"であり，悪魔の裁判方法に従ってはならないという訓辞を行った。一時，1934年に独立国家（王国）となったが，1961年に憲法を制定して再び共和国になった(73)。この憲法は，「残存する文言の条項を実施するものは別として，議会が制定した法律の効力について，司法裁判所が，審理し，かつ，宣言する能力はもたない。」と規定し，議会主権の優位性を確保する決

---

(71) Campbell v. Hall, (1774) 1 Cowp. 204 at 209, 98 E.R. 1045 at 1047："the laws of the conquered country continue in force, until they are altered by the conqueror."（征服された国の法律は，征服者がそれを改正するまで，実施され続ける）
(72) ジンバブエはダイヤモンドの産地であるが，取引拠点は南アフリカであり，その法律を継受している。
(73) 人種構成は，80％弱がバンツー族であり，約10％が白人であり，約9％が混血であり，残りの2.5％がアジア系住民（主にインド人）からなっている。

意を議会が示した。黒人には投票権を与えられておらず，イギリス白人の支配が継続されることになり，1994年にマンデーラ政権が成立するまでは，事実上，イギリスの支配下にあった。この法律がアパルトハイトの歴史を生んだ原因であった。

§57.3 ハリス事件[74]を紹介しよう。この事件は南アフリカで起こった事件であるが，この事件が起こる以前に，南アフリカは既にイギリスから自治領の地位を取得しており，南アフリカ議会は，1909年以後，南アフリカ法に基づいてウェストミンスターの議会に匹敵する独自の立法権をもつようになった。そして，この南アフリカ連邦議会は，選挙権について有色人種を差別する立法を行った。ところが，イギリス議会が制定した先の南アフリカ法第152条但書きは，かかる場合を予測して，その立法には，上下両院議員の合同会議を開き，第3読会において3分の2の多数の賛成を得る必要があることを定めていた。最高裁判所は，単純過半数で制定された分離代表法を無効と判決した。そこで南アフリカ連邦議会は，新しい国会高等法院と呼ぶ上訴裁判所を新設する同名の法律を制定して，それに対抗した。しかし，通常裁判所は，その国会高等法院の判決の効力を認めなかった。

§57.4 A. Johnston, Sipho Shegi and G. Bradshaw (eds.), Constitution-Making in the New South Africa (Leicester U.P. 1993) は，マンデーラが加わって作成した Republic of South Africa Act of 1993 を説明している。この憲法においても，通常裁判所による違憲立法審査は禁止されている。同憲法第98条は，憲法裁判所を創設し，憲法解釈の必要がある場合には，その裁判所が行うことを規定している。同憲法第101条は通常裁判所（最高裁判所，上訴裁判所，地方裁判所）の管轄権について定めているが，同条(5)項は，上訴裁判所が憲法裁判所の管轄とされることに関与してはならないと規定している。しかし，重要な指導的判例である Du Plessis v. DeKlerk, [1996] 3 S.A. 850 (CC)[75] は，同憲法第35条(3)項がコモン・ローとしての憲法の適用を通常裁判所に

---

(74) Harris v. Minister of Interior, (1952) 1 T.L.R. 1245, [1952] 2 S.A. 428 (A.D.).

(75) この事件は，政府要人がアンゴラ戦争に関連して空爆用武器の売買を行っていると論文の中で指摘され，その要人が著者を相手に起こした名誉毀損訴訟である。暫定憲法第3条は「表現の自由」を保障しており，被告がその規定の適用を抗弁として求めた。憲法裁判所は，憲法は vertical application を想定しており，本件のような horizontal application に使うことはできないと判示した。しかし，通常裁判所は，憲法の精神を尊重する義務を負っていると述べて，同条の間接適用を認めた。

義務づけており，憲法の「権利章典の精神や目的」を考慮して判決の中で憲法解釈することはできると判決している。

§57.5　南アフリカ憲法第34条は，非刑事事件の裁判手続における「公開かつ公平な裁判所」による公正な裁判を受ける権利を規定している。同第35条は，刑事被告人に公正な裁判を受ける権利を与えている。Osman v. Attorney-General, Transwaal, 1998 (11) BCLR 1362 (CC) は，無罪の推定と黙秘権について詳しく説明している。この事件では，盗品のタイヤを買取り，転売していた業者2名が逮捕されたが，黙秘権を行使し，尋問に対し何も答えなかった[76]。この判決は，黙秘権が憲法上の権利であることは認めたが，別個の証拠により合理的疑いを超える有罪の立証がなされたと認定し，憲法裁判所の判決により事件が確定した。

§57.6　David Bilchitz, Poverty and Fundamental Rights (2007) は，南アフリカが直面する「貧困」に関する法律問題を説明している。この著作は，S. v. Makwanyane, [1955] 3 S.A. 391 (CC); Government of the Republic of South Africa v. Grootboom, [2001] 1 S.A. 46 (CC); Minister of Health v. Treatment Action Campaign ("TAC"), [2002] 5 S.A. 721 (CC) を紹介し，南アフリカの憲法理論を分析し，「貧困」問題の解決策を模索している。とくに Grootboom 判決に注目しているが，南アフリカ最高裁判所の判決が司法審査を行う場合，司法審査の「手続志向」の裁判官と「平等権志向」の裁判官がいるという。「手続志向」の裁判官は，さらに「適正手続」派と「合理的解釈」派に分けることができるという。Grootboom 判決は，1997年の住宅に関する法律と憲法上の生存権に関係する事件であるが，南アフリカ最高裁判所は「手続志向」の「合理的解釈」をとっている。TAC 判決の方は，憲法第27条および第28条に関係する判決である。憲法第27条はヘルス・ケア・サービスへのアクセス権を規定している。

§57.7　Grootboom 判決は，ホームレスの憲法上の権利について，生活保護には財政上の限界があるし，福祉行政が適正に行われなければならないが，地方自治体に合理的な対策を立てさせることが良いとした判決である。TAC 判決

---

[76]　嫌疑をかけられた犯罪は General Law Amendment Act (6206) 1955, s. 36（黙秘権）の解釈として，(a)被告が物品を保有していたこと，(b)贓物であるという合理的疑いを生む情況があること，および(c) その保有の理由について，納得のゆく説明を被告がしていないこと，を検察がまず立証する必要がある。

は，南アフリカではHIVの問題は深刻であり，憲法上の義務として直ちに対策をとる義務があると判決した。生存権の重大性には，緊急な措置を必要とするものとそうでないものがあり，緊急な措置を必要とする生存権は，核心となる実体があるという。前述の著書のケンブリッジ市における経験から，本書第7章で紹介するエリザベス女王の「救貧法」のシステムが優れており，イギリスのホームレスの数が非常に少なく，自殺を防止することに役立っていることが説明されている[77]。

§57.8 1996年に新憲法が制定されたが，この憲法は上述のハリス事件などを参考事例と想定して，憲法裁判所を新設して問題を解決しようとしたものと思われる。この裁判所は，通常の上訴裁判所（Appellate Division）と同列に置かれ，憲法裁判所は憲法訴訟を扱い，通常裁判所はそれ以外の事件の裁判に当たることを規定している。同憲法第2条および第172条は，憲法の優位性（constitutional supremacy）の原則を規定し，改正を困難に（entrench）している[78]。Fedsure Life Assurance Ltd. v. Greater Johannesburg Transitional Metropolitan Council, [1999] 1 S.A. 374 (CC) で，固定資産税の決定の適法性が争われたが，行政行為ではないとして，憲法裁判所は訴えの利益を否定した。しかし，August v. Electoral Commission, [1999] 3 S.A. 1 (CC) では，囚人に対し選挙民登録の機会を与えなかったことが違憲であると判決した。この違憲の効果は，憲法が発効した時点で発生すると判示しているため，憲法裁判所では，選挙区割りの変更により選挙権が侵害されたという点にあったが，同裁判所は，そもそも選挙区割りに関する法律がなく，事件性がないと判決した。少なくともこの憲法裁判所の権限の及ぶ限度で，議会主権は制限されることになった[79]。地方自治体の権限踰越（ultra vires）が争われた事例であるが，新憲法が発効する直前であったため，裁判は一時停止さ

---

(77) ケンブリッジ大学には多数の学生寮があり，学生食堂の残り物を使えば40人程度のホームレスは面倒をみることができるという。

(78) 1994年の暫定憲法には，constitutional state の創造と規定されていたため，ドイツ法の Rechtsstaat の意味と理解されていたが，新憲法では法の支配（rule of law）という言葉が使われている。

(79) この違憲立法審査制が導入されたため，カナダ（860）やアメリカ（726）の方が，イギリス（482）よりも多く引用されている。多数の国の判例が引用されるが，憲法が「外国法を参照できる」と規定しているためであると思われる。C. Rautenbach, *South Africa: Teaching an "Old Dog" New Tricks*, in T. Groppi and Marie-Claire Ponthoreau, The Use of Foreign Precedents by Constitutional Judges (2013) p. 197.

れた。その後，新憲法裁判所に事件が移送されたが，争点がすでに争訟性を失っている（moot）として，憲法判断を回避した。

§ 57.9　最後に，C.G. van der Merwe and J.E. du Plessis, Introduction to the Law of Sourth Africa（2004）も紹介しておこう。この著作の第2章で説明されているように，南アフリカ憲法は，イギリス憲法とは違って硬性憲法であり，この憲法の優位性を保障するために，憲法裁判所が設立されている[80]。従って，南アフリカ憲法には，アメリカ合衆国憲法のような違憲立法審査の制度がある。一般的には，南アフリカ法はイギリスのコモン・ローであるが，オランダ系の移民を多数居住しており，ローマン・ダッチ法の影響が見られる。この本は入門書であり，詳しい研究には役立たないが，研究の手掛かりを提供してくれる親切な本である。

---

(80)　憲法会議（Constitutional Assembly）によって採択された1996年憲法が現行憲法である。

第5章　コモンウェルス諸国との関係

第8節　その他のコモンウェルス

(1)　コモンウェルスを構成する諸国（共和国と王国）

§581.1　コモンウェルス諸国には，上述の独立国以外に，植民地等も含まれている。もっとも広義のゆるやかなコモンウェルスは，英米法系のすべての国が含まれる。その正確なリストを作ること困難である。しかし，1994年以来，コモンウェルス・ロー・レポートと呼ばれる判例集が出版されており，この判例集には，コモンウェルスに属する54の諸国の重要判例が収録されている。上記の国以外に，アンティーグア・バーブーダ，バハマ，バルバドス，ベリーズ，グレナダ，ジャマイカ，パプアニューギニア，セントキッツ，ネビス，サンタルチア，サンヴィンセント，グレナディーン，ソロモン諸島，ツバル，バングラデシュ，ボツワナ，カメルーン，キプロス，ドミニカ，フィジー，ガンビア，ガーナ，ダイアナ，ケニア，キリバス，ナイジェリア，パキスタン，セーシェル，シエラレオネ，シンガポール，南アフリカ，スリランカ，タンザニア，トリダード・ドバゴ，ウガンダ，バヌアツ，ザンビア，ジンバブエ，ブルネイ，レソト，マレーシア，スワジランド，トンガである。香港などの旧植民地などを加えれば100余りの国が英米法系に属する[81]。

§581.2　上記のリストには，アメリカ合衆国は含まれていない。しかし，アメリカ合衆国が，英米法系の主要な国であることは間違いない。アメリカは，もともとイギリス人が移植して作った植民地であり，イギリス法が直接適用されてきた。アメリカ合衆国は，北部ではマサチューセッツ州（ボストン，ケンブリッジ［ハーバード大学］など）を中心として，信教の自由を求めて移住したピューリタンが茶の取引などに途方もない課税がなされたことに反対し，南部では大農場経営で奴隷を使うことを禁止し，国際取引に干渉しようとするイギリスの政策に反対し，イギリスから完全に独立した。しかし，今日でさえ，アメリカのロー・スクールでは，憲法学においては，本書で詳細に説明したコーク［クック］やブラックストーン，さらにはマグナ・カルタが，イギリス本国以上に熱心に読まれている。また，不法行為法，刑法，契約法な

---

(81)　ちなみに，フランスを中心にしてフランコフォーンのグループがあり，フランス法系を形成しており，世界を英米法系とフランス法系，二分する姿が密かに存在している。

第8節　その他のコモンウェルス

どコモン・ローの領域では，イギリスの教科書がそのままロー・スクールで読まれている。さらにいえば，アメリカの判例の中でイギリスの指導的判例が引用されているだけでなく，イギリスの裁判所が，アメリカの判例を参考にすることもあり，両者が一体となってコモン・ローを維持しているように思われる[82]。

§581.3（香港）　香港もコモンウェルスの中で特殊な地位を占めている。1847年の南京条約によって，中国から移譲された地域である。1898年にKowloon地域がさらに移譲されると同時に，New Territoriesを99年の賃借期間でイギリスにリースされ，これらを会わせて香港植民地となった。イギリスは，香港をアジアにおける金融拠点として使ってきた。その賃貸借契約の期間が終了し，1997年7月1日にイギリスは香港を中国に返還した。しかし，そのときに基本契約が締結され，主権は中国に移行するが，裁判制度を含め，香港の原状を50年間は変えないと約束された。今日でも，香港の事件はロンドンへ上告できる。香港では陪審裁判が行われているが，裁判が英語で行われるため，陪審員になる資格要件として英語が堪能であることが要求されており，かなり高いレベルの司法制度が維持されている。中国の側から見ると，香港は特別行政地区であり，共産主義の基本原則を貫くため，その地区の首長を中国政府が選任できるシステムを導入しようと試みはじめたため，香港市民との間で摩擦が生じている。

§581.4（ケイマン島）　ケイマン諸島やバミューダは，投資を目的とした金融取引の拠点として使われており，日本の銀行なども大きな関心を示している。これらの地域は，イギリス人が17世紀の中頃に移住して作った植民地である。ケイマン諸島については，West Indies Act 1962により，総督（Governor）による自治を獲得した。2009年には，憲法がOrder in Council（SI 2009/1373）の形で作られた。バミューダについても，Constitution Actが1968年にOrder in Council（SI 1968/182）の形で作られた。これらの地域の事件は，香港と同じように，ロンドン（枢密院）への上訴が認められている。

§581.5（フォークランド）　Falkland Islandsについても少し説明しておこう。この地域は18世紀の中頃にイギリス人が移住して作られた植民地であるが，イ

---

[82]　イギリスとカナダ，ニュージーランド，オーストラリア，南アフリカなどの諸国との間にも，同じような相互協力関係がある。

第5章　コモンウェルス諸国との関係

ギリスは南米の軍資拠点として利用してきた。British Settlement Act 1887 (1945年法により一部修正) による植民地であり，女王が立法権をもっている。Falkland Islands Constitution Order 2008 (SI 2008/2846) により統治機構が整理されたが，国防に関する重要な基地であることには変わりはなく，国防に関する事項は，すべてイギリス軍と協議することが義務づけられている。

(2) 保 護 領

§ 582.1　本書1頁脚注(1)でマン島および海峡諸島に言及したが，この2つの地域はイギリス憲法上特殊な地位を与えられている。Isle of Man Act 1979 に示されているように，イギリスの金融政策に重要な役割を果たしており，今日でも従順な属領である。チャンネル諸島の方は，ウィリアム王が1066年にイングランドを制服したときにそれに併合した地域であり，イギリス政府の直轄領である。この地域について規定した法律はないが，Interpretation Act 1978, Sch. 1 に British Islands, Jersey and Guernsey という言葉を定義している地域がそれに相当する。Jersey and Guernsey (Financial Provisions) Act 1947, 11 & 12 Geo. 6 c.2 は金融決済についての規定を置いているが，この地域もまた，イギリスの財政拠点として便利な属領として使われてきた。

§ 582.2　ガムビア (Gambia) は連合王国の属領であったが，1962年に保護領となり，憲法を制定して自治国家として自立することになった。憲法に基づいて立法府の国会議員の選挙が行われた。しかし，この選挙には数多くの欠陥があった。普通選挙の選挙権者は，一定の期日までに登録された有権者名簿により確認されることになっていたが，そもそもこの名簿が準備できていなかった。選挙の終了後，落選した候補者が，当該選挙の無効を確認する宣言判決を求める訴えをガムビアで起こし，無効が確認された。しかし，イギリス議会は，選挙をやり直しても大勢に大きな変化はないと判断し，Gambia Independence Act 1964 を制定し，当該選挙を有効とする法律を制定した。これに対し，当選した候補者も加わり，イギリスの法律がガムビアでは効力をもたないということの確認を求めて，ロンドンで訴訟が行われた。Sabally and N'Jie v. H.M. Attorney-General, [1965] 1 Q.B. 273 は，法理論上は，ガムビア憲法が制定されて実施された時点で，イギリス議会の主権は放棄されたと見るべきであり，その後にイギリス議会がガムビアの国政について立法を行う権限がないと理解できるが，現実の解決策がない。

第8節　その他のコモンウェルス

§582.3　（移住の自由）コモンウェルス諸国に関係する法律問題について，枢密院令の重要性を本章の随所で説明したが，最後に，R (Bancoult) v. Secretary of State for Foreign and Commonwealth Affairs (No. 2), [2008] W.L.R. (D) 322 を分析検討しておきたい。この事件は，1814年にフランスから移譲された Chagos Islands に関して出された枢密院令の効力が争われた事件である。1965年に British Indian Ocean Territory として植民地となったが，アメリカ軍が軍事目的でその諸島を50年間利用する必要があり，British Indian Ocean Territory Order 1965 により住民は強制排除された。現地の地方裁判所は，この枢密院令を違法と判決したが，イギリス政府は，British Indian Ocean Territory (Constitution) Order 2004 および British Indian Ocean Territory (Immigration) Order 2004 を出し，住民が島に戻ることを妨害した。現地の地方裁判所が再び違法とする判決を下したため，ロンドンで司法審査を求める訴えが提起された。枢密院司法委員会（最高裁判所）の判決の中で，ホフマン卿 (Lord Hoffmann) は，枢密院令（国王大権）は行政規則であり，議会が制定した法律とは性質が異なるので，厳密な司法審査に服すると判決した[83]。

---

(83)　議会の法律は国民の世論によって支えられているが，枢密院令は，住民の意思が反映されているとは限らない。

第6章　ヨーロッパ憲法とイギリス憲法

第1節　ヨーロッパ共同体法

(1) ヨーロッパ共同体法制定の歴史的背景

§611.1　イギリスとコモンウェルス諸国との関係の変化，そしてイギリスのヨーロッパ共同体への加盟という2つの現象の間には，法律上の因果関係はない。第1章でイギリス憲法の歴史の流れを多少説明しておいたが，ヨーロッパ共同体法（1972年）の制定は，新しい大きな歴史的節目となっており，この法律はイギリス憲法の法源の1つとなっている。20世紀に入ってから，イギリスは，戦争に勝利しているのに，法理論としては，むしろ戦争そのものを否定するようになった。第二次世界大戦（1939-45年）の終結後，ウィンストン・チャーチルは，1946年に，「アメリカ合衆国に類似したヨーロッパ合衆国」の創設を提案した。しかし，フランス，ドイツ，ベルギー，イタリア，ルクセンブルグ，オランダは，チャーチルの提案には反対し，ヨーロッパ全体の組織作りはフランスを中心に進められていった[1]。最初に作られたのは，第二次世界大戦のきっかけとなった3つの問題（石炭，鉄鋼，エネルギーなどの獲得）に関する条約である。

§611.2　1951年4月18日にヨーロッパ石炭鉄鋼共同体条約［European Coal and Steel Community: ECSC］が締結された。1957年3月25日には，ヨーロッパ原子力共同体条約［European Atomic Energy Community: Euratom］およびヨーロッパ経済共同体条約［European Economic Community: EEC］が締結された。1965年には，合併条約（Merger Treaty）が締結され，その3条約により創設された諸機関を整理し，統合した。その後，イギリスも1973年にそれらの条約に加盟し，ヨーロッパ連合の形成という方向に向かって行くことになった。後に説明するように，ヨーロッパ統合に向けて進んで

---

[1]　例えば，1950年5月9日，シューマン（フランス外務大臣）宣言は，「戦争を実際に不可能にするために，戦争の武器・弾薬の原料となる石炭・鉄鋼を共同管理する機関」を設立することが必要であると強調した。

195

第6章　ヨーロッパ憲法とイギリス憲法

はいるが，ヨーロッパ憲法の制定までには至っていない。現在，28ヶ国が加盟国である。20世紀末までに15ヶ国が加盟し，2004年にポーランド，チェコ，ハンガリーなど東欧諸国10ヶ国が加盟し，2007年にルーマニアとブルガリアが加盟し，2013年にクロアチアが加盟して28ヶ国となった[(2)]。

§611.3　1970年代に入ると，イギリスは，ヨーロッパ共同体との関係を再検討する必要に迫られた。1つには，前章で説明したイギリスとコモンウェルスとの関係において，コモンウェルスがイギリス本国の経済的支えとはなりえなくなったことがある[(3)]。第2に，ヨーロッパ共同体の形成は，予想以上に順調に進み，経済的・政治的・社会的意味において，イギリスが根本政策を変更し，ヨーロッパ共同体に参加して積極的に活動することが正しいとする判断が生まれた。イギリスは1973年にヨーロッパ連合に加盟した。このときの経緯は，スカーマン（田島裕訳）『イギリス法――その新局面』（東京大学出版会，1981年）によく表されている。その目次にも示されているように，海外からの挑戦，社会的挑戦，環境の挑戦，労働及び地域の挑戦を受け，イギリス憲法の在り方を再検討することを迫られた。

§611.4　ロンドン（女王）を中心としてコモンウェルス諸国が繋がっているが，イギリスの上位にヨーロッパがあり，本章ではそのヨーロッパとの法律関係を説明しようとしている。非常に限られた領域においてであるが，ブリュッセルを中心としてヨーロッパ諸国が繋がっており，イギリスは，ウェストミンスター議会の主権を一定限度でブリュッセルに移行した。この主権によりヨーロッパ議会が規則を制定すれば，イギリスはこれに拘束される。しかし，その立法がヨーロッパ指令の形で出されるときは，イギリスは立法を義務づけられるが，直接それに拘束されるわけではない[(4)]。さらに，ヨーロッパには，ストラスブールにヨーロッパ会議があり，人権裁判所がある。この両者の関係は，これまで実務上の協力関係によって維持されてきたが，後にヨーロッパ憲法が完成するときには，この問題はその憲法によって解決すると

---

(2) 残りの加盟国は，オーストリア，ベルギー，キプロス，デンマーク，フィンランド，フランス，ドイツ，ギリシャ，アイルランド，イタリア，ラトビア，リトアニア，ルクセンブルグ，マルタ，オランダ，フィンランド，ポルトガル，スロバキア，スロベニア，スペイン，スウェーデンおよび連合王国である。

(3) マクミラン首相はコモンウェルス諸国との損得関係を細かく計算させたところ，多額の財政の持ち出しになっていることを知ったと言われる。

(4) 但し，後述§613.6で引用する諸判例参照。

第1節　ヨーロッパ共同体法

思われる。ちなみに，国際連合がサンフランシスコ条約により作られ，そのもとで国際法秩序が形成されているが，これとヨーロッパ共同体法との関係がどのようなものかという問題もあるが，本章ではこれにはふれない。

(2) ヨーロッパ共同体の統治機構

§612.1　ヨーロッパの政治組織は，ブリュッセルとストラスブールに拠点を置いた二重構造になっている。前者はヨーロッパ連合と呼ばれ，後者はヨーロッパ会議と呼ばれている。それぞれが立法機関，行政機関，司法機関をもっている。ブリュッセルの組織は，ヨーロッパ議会，評議会（Council）[5]，ヨーロッパ理事会（European Council）[6]，委員会（Commission），司法裁判所（Court of Justice），ヨーロッパ中央銀行（European Central Bank）および監査人法廷（Court of Auditors）からなるが，ヨーロッパ議会が中心となる意思決定機関である。この議会は2009年の選挙時には，ベルギー22名，デンマーク13名，ドイツ99名，アイルランド12名，フランス72名，イタリア72名，ルクセンブルグ6名，オランダ25名，連合王国72名[7]，ギリシャ22名，スペイン50名，ポルトガル22名，スウェーデン18名，オーストリア17名，フィンランド13名，チェコ22名，エストニア6名，キプロス6名，リトアニア12名，ラトビア8名，ハンガリー8名，マルタ5名，ポーランド50名，スロベニア7名，スロバキア3名，ブルガリア17名，ルーマニア33名からなっている。各国に割り当てられた議員の数は，人口に比例しているが，格差が大きくなりすぎないように平準化されている[8]。

[5] 加盟国の大臣の中から送られる加盟国代表の会議で，政策決定を行う。この会議の投票権は，ドイツ，フランス，イタリア，連合王国が29票，スペイン，ポーランドが27票，ルーマニアが14票，オランダが13票，ベルギー，チェコ，ギリシャ，ハンガリー，ポルトガルが12票，オーストリア，スウェーデン，ブルガリアが10票，デンマーク，アイルランド，リトアニア，スロバキア，フィンランドが7票，キプロス，エストニア，ラトビア，ルクセンブルグ，スロベニアが4票，マルタが3票となっている。

[6] 各加盟国の首脳会議に相当する。少なくとも，2年に1回は開催される。Treaty on European Union, art. 15.

[7] European Parliament (Pay and Pensios) Act 1979により特別の報酬が定められている

[8] 選出された議員は個人の資格で発言できるので，政党とは無関係であるが，選出方法については各加盟国が決めることになっており，その加盟国の国会議員の普通選挙と同じ方法で選挙がなされれば，政党の勢力がその選挙に反映されることになる。制度改革の検討は現在も行われている。詳細について，Woods and Watson, Steiner & Woods EU Law (11th ed. 2012) pp.25-31 参照。

第6章 ヨーロッパ憲法とイギリス憲法

§612.2　1973年のヨーロッパ共同体法はヨーロッパ共同体法だけについて定めた法律であるが，ストラスブールの組織についても，一定限度で同じことが言える。同じように立法府，行政府，司法府を備えているが，ヨーロッパ共同体の組織と比較して，立法管轄についての論理的な枠はない。ブリュッセルのヨーロッパ議会は，ヨーロッパ経済共同体から発展したものであり，独占禁止や不公正競争の防止が主たる関心事である。ヨーロッパ評議会の司法府については，ヨーロッパ人権裁判所と呼ばれていることから理解できるように，人権について一般的管轄が認められており，人権の論理枠に当てはめることができれば，管轄に制限はない。これについては，第8章で説明する。

§612.3　ヨーロッパ議会は，ヨーロッパ共同体条約に定める一定の共同政策に関係する立法権をもっている。ヨーロッパ議会での立法のプロセスは，イギリス議会のそれよりもはるかに複雑であり，ヨーロッパ憲法が制定されれば，この問題も整理されると思われる。現在では，N. Foster, EU Law (2006) p.113 が図式化して説明しているように，26のプロセスを経て立法がなされている[9]。第1読会，第2読会などの重要な節目で行われる意思決定はヨーロッパ議会自身で行われるが，法案の作成，準備作業などの実質的な立法作業は，European Commission および European Council が行っている[10]。

(3)　1972年のヨーロッパ共同体法

(a)　法律制定の歴史的背景

§613.1　紹介した川北稔＝木畑洋一編『イギリスの歴史』（有斐閣，2000年）は，第二次世界大戦に続くコモンウェルスの崩壊に対処するための1つの「活路」の選択肢としてヨーロッパ共同体への参加があったと見ている。イギリスは，チャーチルが首相であったときに，ヨーロッパ合衆国の構想を提案しており，ヨーロッパ諸国と共存する政策をとったが，フランス大統領ドゴールがこれに強力に反対したために，ヨーロッパ共同体に加盟することは困難であった[11]。しかし，イギリス国内にも強い反対論があったにもかかわらず，マク

---

[9]　立法案を採択しない決定は，さらに2つのプロセスが加わり，28のプロセスになる。

[10]　Commission は共同体に帰属する専門職員の合議体であり，Council は各加盟国が選任する代表からなる専門家の合議体である。

[11]　反対の理由として，イギリス人はヨーロッパ人の顔をもっているが，その実体はアメリカ人と同じであり，それと緊密に繋がっており，イギリスの加盟はヨーロッパ

第1節　ヨーロッパ共同体法

ミラン首相は好機が到来したと判断し、ヨーロッパ共同体に加盟することを決断し、共同体の側もこれを受け入れた。これを法的に手当てするためにヨーロッパ共同体法（1972年）が制定された。

(b)　ヨーロッパ共同体法の内容

§613.2　1972年のヨーロッパ共同体法は、次のように規定している。第1に、同法第2条(1)項は、

「条約によって、または条約に基づいて、随時、制定される、または生じる全ての権利、権能、責任、義務、制約、および条約によって、または条約に基づいて、随時、規定される救済並びに手続は、改めて立法手続をとらなくても、条約によって法的効力を付与され、連合王国において使用されるものとなり、また、イギリス法上、承認されたものであり、利用され得るものであり、かようなものとして強制され、容認され、かつ、従われるものとする。そして、「強制できる共同体の権利」および類似の表現は、本項が定めるものを指すものと解釈される。」

と規定している。イギリスは、この法律を制定することにより、ヨーロッパ議会の立法を行う権限を付与し、これにより制定されたヨーロッパ法に法的に拘束されることを承認した(12)。

§613.3　ヨーロッパ共同体法第2条(1)項は、条約に基づいて、または条約により、将来随時創造される「権利、権限、責任および制限」および「救済方法並びに手続」は、連合王国内で立法手続をとらなくても、直接法的拘束力をもつことを規定している。また、同法第3条は、ヨーロッパ共同体法の解釈は「法律問題」であり、裁判所は、職権によりヨーロッパ共同体法を調査し、ヨーロッパ裁判所の解釈に従って適用する義務があることを規定している。これらの規定は、本書でこれまで説明してきた「議会における国王」の権限または国家主権を制約する部分を含んでおり、イギリスでは、この制約を承認するか否かについて、レファレンダムを行ったが、これについては後に§613.7で改めて説明する。

§613.4　ヨーロッパ共同体法は、さらに第3条で訴訟におけるヨーロッパ共同体の条約、規則などの解釈に関係する証拠の法的性質は法律問題であり、イギリ

　の利益を傷つける、と言ったという。
(12)　イギリス法は、国際法と国内法の二元性の理論を採用してきたが、この規定は、この理論を、ヨーロッパ共同体の立法管轄に関する限り修正した。

第6章 ヨーロッパ憲法とイギリス憲法

スの裁判所は，司法上知りうる知識（judicial notice）であると規定している。従って，裁判所は，Official Journal of Communities などの公的な資料を使って，自ら調査しなければならない。ちなみに，ヨーロッパ共同体法は，さらに第4条から第12条までの規定を置き，法律改正に関する諸規定（関税の廃止，共同農業政策，共同体の犯罪など）を定めているが，ここではそれらについてはふれない。

(c) ヨーロッパ共同体法の適用例

§613.5 具体的な事例として，Thoburn v. Sunderland City Council, [2003] Q.B. 151, [2002] 4 All ER 156 を紹介しよう。この事件は，いくつかの地方自治体が起こした「お伺い上訴（case stated）」の事件である。Weights and Measures Act 1985 は，地方自治体が度量衡の表示単位を利用した不正行為を監視し，違反者に対し刑罰を科することを職務とする官吏を置くことを義務づけている。ヨーロッパ理事会指令 89/617 がメーター制を採用することを命じたことから，イギリスではポンドを使うことができなくなった。しかし，イギリスでは非常に長い間ポンド制を採用しており，計量の計器を買い換えたり，多くの負担が生じるため，1985年の法律をどのように運用すべきかについて裁判所にお伺いを立てた。高等法院は，1985年の法律によって1972年のヨーロッパ共同体法が黙示的に否定されたと考えることはできず，むしろ1972年の法律がイギリス国内法となっていて，その法律がピラミッド型の上位に位置しているので，1985年法はそれと抵触しないように制定されたと考えるべきであると判決した(13)。

§613.6 この論点は，法律解釈と関連して重要な意味をもっており，R. v. Secretary of State for Transport, *ex p.* Factortame Ltd. [1990] 2 A.C. 835 [Factortame (No. 1)] や Pepper v. Hart, [1993] A.C. 593 の先例拘束性が検討されている(14)。この2つの判例は重要な判例であり，事実関係などについては，別に関連部分（§§615.3-616.6 および §§441.7, 615.8）で詳しく説明しているが，それらの事件では，貴族院［最高裁判所］は，ヨーロッパ指令の目的論的解釈に適合するようにイギリス法を適用した。この場合，イギリス憲法の先例拘束性の原則ではなく，ヨーロッパ法の先例法の扱いに従うことになるのか，

---

(13) 後述 §§615.1 でヨーロッパ法の優位性について説明するが，条約の違反があっても直ちにイギリス法が否定されるものではない。

(14) すでに説明したように，裁判所が立法資料を証拠とすることが原則的に否定されるが，これらの判決では，この原則を修正している。

あるいは先例拘束性の原則は従来どおり遵守されることになるのか，熱心に議論されている。まだ確定的な法理は確立されていないが，今日では，ヨーロッパ法に従った貴族院［最高裁判所］の判決にも先例拘束の効力があるとする意見が有力説であると思われる。

(d) レファレンダムによる国民の同意

§613.7　1975年にヨーロッパ共同体内にとどまるか否かについて国民投票が行われた。イギリスは代表制民主主義の国であって，スイスのような直接民主制はとられていないから，レファレンダムの制度はない。しかし，ヨーロッパ共同体に加盟すれば，「後戻り」が不可能になる可能性が指摘され，その歴史的重要性のゆえに，レファレンダムが行われたのであるが，理論上は，レファレンダムの結果が直ちに拘束力をもつものではない。議会での決定に，影響を与えるもっとも重要な資料とされるものであり，憲法習律として，その結果は尊重される。しかし，ここで述べているのは，国際法上の民族自決権の行使にかかわるレファレンダムであり，多少違った意味をもっている。

§613.8　現在では，Political Parties, Elections and Referrndums Act 2000 が制定され，レファレンダムがしばしば利用されている。第7章第2節で地方分権の問題を説明するが，北アイルランドへの権限移譲に関しては1998年（1973年にも）に，スコットランドへの権限移譲に関しては1977年および1997年に，ウェールズに関しては2011年に，レファレンダムが行われている。さらに，1998年にロンドンの広域選挙区が再導入されたときに，レファレンダムが行われ，Greater London Authority Act 1999 (s.3) を制定して，大ロンドン地区が復活した[15]。現行法においては，レファレンダムは主に政党の責任で行われることになっている。このレファレンダムにかかった費用は，レファレンダムを請求した政党が負担している。それは，スコットランドのレファレンダムと関連して後に詳しく説明するが，代表民主制をとるイギリス憲法の考えになじまない部分が含まれているためであろう。

(4) ヨーロッパ共同体法のイギリス国内での効力

§614.1　最後に，1972年のヨーロッパ共同体法の結果，ヨーロッパ共同体法がイギリス憲法判例においてどのような効果が認められているかを検討しよう。

---

(15) Regional Assemblies (Preparations) Act 2002 により，手当がなされた。

第6章　ヨーロッパ憲法とイギリス憲法

第1に，ヨーロッパ議会が制定した法律（Regulationsと呼ばれる）が，国内法と同一の効力が認められる。先に§613.6で紹介したFactortame事件では，Council Regulation（EEC）No.170/83の解釈が問題になっている。この規則は，海産物の保護のために，1973年ないし1978年の調査資料を基準にして，最大漁獲量を設定し，もしそれを超える漁獲が予想される場合，各関係国に対し過去の実績に比例配分された漁獲量を決定して，これに違反する場合に罰則を課することを規定している。この規則に従って，イギリスは，割り当てられた漁獲量はイギリス人の漁獲量を規定していると理解し，イギリス領海内での漁獲の登録許可を，既に述べたように，イギリス人だけに限定した結果，その事件が起きた。

§614.2　R. v. Secretary of State for Transport, *ex parte* Factortame Ltd., [2000] 1 A.C. 524, [1999] 4 All ER 906において，貴族院［最高裁判所］のシュタイン裁判官は，一連の訴訟を「大河ドラマ」と呼び，この判決が重要なステージであると述べている。原告ファクタテイム株式会社は実質的にはスペインの国営事業体であり，膨大な操業軍団をもっている(16)。この事件において，イギリス側は，ヨーロッパ委員会の意見（opinion）が規則違反であるという見解を述べているが，イギリスは意見に拘束されることはないと主張した(17)。しかし，貴族院［最高裁判所］は，既に規則違反が判決されている以上，損害賠償の義務は免れることができないと判決した。しかし，イギリスの裁判所は，①懲罰的損害賠償は認められないこと，および②損害賠償額の算定は国内法によることを既に判決しており，それを肯定することを判示した(18)。

§614.3　最後に，ただ単にヨーロッパ法に従うというだけでなく，それを積極的に利用しようとする事例も見られるようになっていることを指摘しておこう。ヨーロッパ共同体の指令（Directive）は，一般的な原則を定め，その原則に従って各加盟国の国内事情に適した立法を行うことを義務づける。そこで，例えば，R. v. Minister of Agriculture, Fisheries and Food, *ex parte* Hedley Lomas (Ireland) Ltd., [1996] All ER (EC) 493では，羊の輸出を技術的な理

---

(16)　判決でそこまで明瞭に書いているわけではないが，16世紀後半にスペインの無敵艦隊をイギリスが敗退させたBBCの大河ドラマの場面が想定されているように思われる。

(17)　ヨーロッパ委員会は，最大漁獲量は過去と操業実績に基づいて作られており，加盟国間で紛争を生むような外国排除を意図していないという意見を表明している。

(18)　Factortame (No.5), [1989] 1 All ER 736 (Q.B.).

由で制限することがEC法上許されるかどうかが争われたが，この事件では，Council Directive 74/577/EEC（18 Nov. 1974）を利用しようとされた。当該指令は，肉の製造過程において残酷な方法で殺害することを禁止している。そこで，イギリスは，被告が取引している羊の肉は「残酷な方法で殺害された羊」であると主張し，その取引を停止させようとした。しかし，「肉」等の商品の移動の自由をヨーロッパ法が規定しており，その取引の停止は，この一般原則に反すると判決された。

(5) ヨーロッパ裁判所の指導的判例

§615.1 （ヨーロッパ法の優位性［supremacy or primacy］）ヨーロッパ裁判所の立場からすれば，ヨーロッパ法優位の原則を確立する必要がある。イギリス憲法では，国際法は国内法化の手続がとられないかぎり，イギリス国内での直接適用は認められない（但し，国際慣習法として認められる人権は，イギリスのコモン・ローとして直接適用の可能性がある）。この2つの考え方の抵触が具体的事件としてしばしば争われる。この争点と関連するもっとも重要なヨーロッパ裁判所の指導的判例は，Van Gend en Loos, Case 26/62 および Costa v. ENEL, Case 6/64 である。Van Gend en Loos では，オランダ憲法とヨーロッパ法の優先順位が問題となり，ヨーロッパ司法裁判所は，「共同体は国際法の新しい法的秩序を構成しており，その利益のために，諸国はその主権を制限した」と判決した。Costa v. ENEL, Case 6/64 は，イタリアが電力会社を国有化したとき，その株主がヨーロッパ法の直接適用を主張した事件であるが，Van Gend en Loos 判決を先例として引用しながら，ヨーロッパ法の優先の原則を確立した。

§615.2 （目的論的解釈）ヨーロッパ法の優先の原則は論理的にも認められるところであるが，ヨーロッパ議会が制定した直接的執行力のある法律（ヨーロッパ規則）についてのみいえることであって，この原則が適用される領域は著しく限定される。実際上，しばしば問題になるのは，ヨーロッパ指令の解釈である。既に述べたように，ヨーロッパ指令は，その中に述べられた政策を実現する法整備を各加盟国が行うことを命じるもので，指令そのものが加盟国内において直接的効果をもつものではない。これと関連して，Van Duyn v. Home Office, Case 41/74, [1975] Ch. 358, [1975] 3 All ER 190 を検討しよう。この事件は，オランダの女性がイギリスで就職することになり，イギリスに

Getwick 空港から入国しようとしたところ，移民局の職員が入国を許可しなかったため，この処分がヨーロッパ指令 64/221 に違反すると争われた事件である。イギリスの裁判所は，ヨーロッパ指令の解釈について，ヨーロッパ裁判所にお伺い上訴をしたところ，ヨーロッパ裁判所は，イギリスの行政措置は原告の職業選択の自由を侵害すると判示した。ヨーロッパ指令には直接的効果はないが，関連指令の目的を否定する行政を行うことは許していないのであり，その限度で直接的効果が認められるというのである。

§615.3　Pubblico Ministero v. Ratti, Case 148/78 [1979] ECR 1629, 1 CMLR 96 では，イタリアの「危険溶剤等の包装およびラベル表示」に関する規則がヨーロッパ指令（Council Directive 67/548/EEC（27 June 1967））に違反すると判決された。この指令は，加盟国の規制を統一することが意図されていたが，イタリアは 18ヶ月の期間内に立法を行わず，その結果，国内法に従って処理されていた。ヨーロッパ指令には直接拘束力が認められないが，その指令の趣旨に明白に違反する場合，関係業者がヨーロッパ指令に従って市場商品に表示することを「禁止，制限，または侵害」する効果をもつと判決した[19]。

§615.4（縦の適用と横の適用）　ヨーロッパ裁判所の判例法理と関連して，縦の適用の外，横の適用の問題にも言及しておく必要がある。上記のヨーロッパ裁判所の諸判例は，伝統的な個人対国家という構造に関係する事件に関するものであったが，横の関係についてもヨーロッパ法の形成を意識していることを示す重要判例がある。例えば，Marshall v. Southampton and South West Hampshire Area Health Authority（Teaching）Case 152/84, [1986] Q.B. 401, [1986] 2 All ER 584 では，原告は 62 歳で dietician の職を解雇され，男子と同様に 65 歳定職を要求した。Sex Discrimination Act 1975 が定年について男女差別を許していることが，TFEU 第 177 条（現行法，第 267 条）に抵触しないかどうかが争われた。平等待遇指令が合理的区別を容認しており，ヨーロッパ裁判所は，違反はないと判示した。

§615.5　上の判例と MaCarthys Ltd. v. Smith, [1981] Q.B. 180 (CA) とを比較しよう。この事件は，ストックルームで株の売買を担当する支配人（manager）の給料に関係する事件である。前任者（男性）が週 60 ポンドの給料をもらっており，申立人（女性）が全く同じ仕事をしているのに，週 50 ポンドしか

---

(19) Council Directive 73/173/EEC (4 June 1973) 参照。

支払われなかったため，Equal Pay Act 1970 s.1(2)(a)(i)により，差別を訴えた。雇用上訴裁判所（Employment Appeal Tribunal）は，ヨーロッパ共同体法の解釈とは違うかもしれないが，単純な数字の比較だけで判断することはできず，本件では差別はないと判示した。

§615.6　法律解釈の方法にも問題が起こり得る。Blackburn v. Attorney-General, [1971] 1 W.L.R. 1037 は，ある意味で特殊な事例であるが，デニング裁判官は，原告が提起した2つの争点に答えている。第1は，議会は将来の立法について自らを拘束できるかという問題である。第2は，ヨーロッパ共同体法が制定されれば，目的論的解釈がイギリス法でも行われることになるか，という問題である。これについて，「そうである」と肯定しているが，この事件には事件性がなく，当事者には適格がないと判示し，事件を却下した。後に説明するゴルダー判決（§622.1）もその1例であるが，大陸法系の裁判官が使う法律解釈の方法とイギリスの裁判官が使うそれとの間に大きな相違があり，結論が異なることがある。

§615.7　Garland v. British Rail Engineering, [1983] 2 A.C. 752, [1982] 2 All ER 402 では，本書第4章§441で説明した目的論解釈を採用した。この事件は，英国鉄道の女子従業員が男女間の待遇の違いが違法であると主張した事件である。Sex Discrimination Act 1975 第6条(4)項の解釈について，ヨーロッパ司法裁判所に解釈を付託した後，制定されたイギリスの法律の事件であっても，EC条約第119条（TFEU第157条）に照らし，英国鉄道の差別的待遇[20]は違法であると判示し，ディプロック裁判官は，次のように述べている。

　「［ヨーロッパ共同体］条約に署名がなされた後制定された法律であって，連合王国の国際的義務の主題を扱う法律の文言は，もしそれらが合理的にそのような意味をもつことができるならば，当該義務を遂行する意図に合うように，また，その意図に抵触することがないように解釈することは，法源の引用のために参照できることは現在では余りにも確立した，連合王国の法律解釈原理である。」

§615.8　平等賃金法の事件でも，イギリス裁判所は，目的論解釈を採用している。

---

(20)　英国鉄道の従業員は，自己およびその家族が旅行するときに特別の割引を利用できる。しかし，退職した後は，女子の場合，自分だけがその特典を利用できるが家族の特典は失う。

Pepper v. Hart, [1993] A.C. 593, [1993] 1 All ER 42 は，私立学校の教員に付与された家族の特別の扱いに対し，所得税が賦課された事件であろう。教員の子供がその学校に入学するときは，入学金は5分の1を納めればよいとされていたが，税務当局は，免除された5分の4は，給与の上乗せ分と解釈し，その部分にも課税しようとした。この判決は，142頁§441.7で説明したが，イギリス法では立法の意図を立法過程の資料から推察することが許されていないので，判決の推論を説明するためにヨーロッパ法を参考にした。このような推論に対しては，イギリスの裁判官は批判的ではあるが，この判決は，伝統的なイギリスの手法とは異なる先例を生んだことになる。

§615.9　R. v. Secretary of State for Employment, *ex p* Equal Opportunities Commission, [1995] 1 A.C. 1 では，Employment Protection (Consolidation) Act 1987 により適法とされる男女間の賃金格差が条約第119条，Equal Pay Directive, Equal Treatment Directive に違反すると争われた。この事件では，現在の退職金の計算の方法において，長期間または長時間継続して勤務した者に累進的に一定の倍率で加算される仕組み及び1日数時間しか働かないパートタイマーの解雇が簡易手続でできることになっていることが，実質的に女性を差別することになっていると主張された[21]。貴族院［最高裁判所］は，申立人である女性従業員の訴えの中で，この法律についての国務大臣名による解説の違法性の確認を求めている部分については，使用者を相手に訴訟を起こすべきであるとして，当事者適格がないと判決した。しかし，最初の審判に当たった平等委員会（特別裁判所）もヨーロッパ共同体法の違反の疑いをもっており，その点について判断を示して，イギリスの雇用慣行はヨーロッパ共同体法に抵触していると考えると判決した。

§615.10（国家責任）「国家責任（State liability）」はヨーロッパ判例法理として認められており，個人が国家を相手に損害賠償を請求することができる。Francovich, Bonifaci v. Republic of Italy, C-6, 9/90, [1991] ECR 1-5357 はイギリスに関係する事件ではないが，その法理が適用されれば，大いに困惑するものと思われる。Directive 80/87 は企業倒産の場合に従業員を保護する最小限度の給付制度の導入を義務づけているが，この事件では，倒産会社がその補償の資金の積み立てをしておらず，イタリア政府も積み立て義務を

---

(21) 女性労働者の場合，家庭生活の都合があり，退職した後，再就職をすることが多く，勤務時間も1日5時間程度のことが多いため，恩恵を受けることができない。

強制する姿勢すら示していなかった。ヨーロッパ裁判所は，従業員個人が，イタリア政府に対し補償金の支払いを請求する権利をもち，イタリア政府にその支払いを命じると判決した。将来，このような判決が積み重ねられ，判決を強制できるようになれば，ヨーロッパ共同体の組織はより強力なものとなり，各国の主権は相対的により拘束されるものと思われるが，まだ画一的なルールが確立されてはいない。

§615.11　ヨーロッパ共同体では，自動車運転免許を共通のものにすると同時に，交通事故に対する損害賠償保険に強制的に加入することを義務づけた (Second Council Directive (EEC) 84/5)。White v. White and Another, [2001] UKHL 9, [2001] 2 All ER 43でこの指令の解釈が争われた。この事件は，兄弟で自動車を運転していたときに事故を起こし，弟が怪我をした。そこで兄が付保していた自動車損害賠償保険会社に対し，保険料の支払いを請求したところ，保険会社は運転手が強制保険を付けていないことを理由として，支払を拒絶した。弟は，兄が保険をかけていないことを知らなかったと主張した。保険会社の側は，ヨーロッパ指令が「当該の車は保険を付けられていないということを被害者が知っているべきである」(the injured person ought to have known that the vehicle was uninsured) と規定していることを理由に，その主張を否定した。貴族院［最高裁判所］は，その文言の解釈を確定しなくても，イギリス法では判例法理が確立されており，原告の訴えは棄却されるべきであると判決した。

(6)　イギリス裁判所によるヨーロッパ共同体法の解釈

(a)　バルマー対ボリンジャ判決

§616.1　このヨーロッパ共同体法の解釈と関連して，まずH.P. Bulmer v. Bollinger S.A., [1974] 2 All ER 1226に注目しよう。この事件では，フランスのシャンパン地方のワイン製造業者が，イギリスでchampagne ciderとかchampagne perryとかの名称で炭酸入りのワインを販売するのを差し止めようとした。この差止めができるかどうかについて，原告ワイン業者は，EEC条約第177条に基づいて，ヨーロッパ裁判所への事件の付託を求めた。控訴院はこの申立てを拒否した。デニング裁判官の判決によれば，同条の付託は，shallでなく，mayであるから，その判断は裁判所の裁量にかかっているという。そして，付託しない方が良いと考えると判示した。その理由と

していくつかのことが説明されているが，要するに，このような些細な事件がヨーロッパ裁判所に付託されることになれば，多忙でその機能が麻痺することになるし，適切な判断を期待できないという。

(b) **メガー・アンド・サンメロン農村地区議会事件**

§616.2　Magor and St Mellons Rural District Council v. Newport Corporation の事件でも，デニング裁判官が判決を書いている。港湾工事の大規模な請負契約が締結されたが，工事実施前に環境への影響評価が行われたが，その評価は公表されなかった。週刊誌が請負業者を非難したため，同業者は情報開示を求めたが，注文者が開示を拒否したため，仲裁による解決を図ったが，仲裁人は「開示義務があるかどうか」高等法院女王座部に法律解釈を求めた。同部は「開示すべき」であると回答し，これに対する上訴審裁判官として，デニング裁判官は，自然的正義がそれを要求すると判示した。Magor and St Mellons Rural District Council v. Newport Corporation, [1952] A.C. 189, 191 で，シモンズ卿は，その「法律解釈」を否定する意味をもつ，個人的批判をした。

「立法が書き込んでいないことは，裁判所が書かなければならない。この公理は，以前の判決 Seaford Court Estates Ltd. v. Asher, [1949] 2 K.B. 481, 498-9（この判決は，卿自身が引用している）の中で卿によって表現された新しい方式の見解と読めるけれども，支持され得ない。解釈を装った薄氷に立法権の露骨な簒奪となる典籍であるように思われる。もし立法府がその間隙を発見していたならば，それを埋めた内容であると推測したものであるならば，なおさら正当化できない。間隙が発見されたならば，救済方法は修正する法律に求められる。」

これはデニング裁判官に対する相当厳しい批判である。

(c) **ファクタテイム株式会社判決**

§616.3　R. v. Secretary of State for Transport, ex parte Factortame Ltd. (No.2), [1990] 2 A.C. 85, [1991] 1 A.C. 603 は，貴族院がその争点についての判断を示している[22]。この事件は，Factortame Ltd. が Merchant Shipping (Registration of Fishing Vessels) Regulations 1988 により漁業権の登録をしよ

---

[22] 中村民雄『イギリス憲法と EC 法——国会主権の原則の凋落』（東京大学出版会，1993 年）もこの事件に注目している。同著によれば，incorporation theory の事例であるという。

うとしたところ，登録要件を満たしていないことを理由として，受理されなかった。イギリスに常居所のあるイギリス人またはそのようなイギリス人が75％以上の株式をもっている会社でなければ，登録できないことが規定されていた(23)。申立人はスペイン人であり，その規則の制定前には同じ漁業を操業していたが，規則によって操業できなくなった。申立人は司法審査の訴えを起こした。この事件では，貴族院［最高裁判所］は，F. Hoffmann-La Roche & Co. v. Secretary of State for Trade and Industry, [1975] A.C. 295 と区別し(24)，申立人の訴えを認め，仮差止命令を出した。

§616.4 この事件は，ヨーロッパ裁判所へ上訴がなされ，ヨーロッパ裁判所は，ヨーロッパ共同体条約第177条により，当該事件が同裁判所に付託されるべきかどうかを審理した。この事件では，ヨーロッパ司法裁判所は，北アイルランド事件と併合し，イギリスの立法によって営業停止を余儀なくされたことに対し，損害賠償請求が認められるかどうかの判断を求めた事件として審理を行った。同裁判所は，結論として，イギリス議会は，ヨーロッパ政策に違反していると判決した。さらに，R. v. Secretary of State for Transport, *ex parte* Factortame Ltd. (No.4), [1996] All ER 301 (EC)を引用し，一般論として，「個人のreparationの権利」が認められる3つの条件を示した。第1に，問題のヨーロッパ法が個人の訴権を認める意思を示していることである。第2に，違反が「十分に重大なもの」であることである。第3に，義務違反と損害の間に因果関係が存在することである。

§616.5 ファクタテイム株式会社判決は，「次の3つの条件を満たしている場合，共同体法は賠償の権利を付与する」と判示した。第1の条件は，侵害された法の準則が，個人に対し権利を付与することが意図されていることである。第2に，その侵害が十分に重要なものでなければならない。第3に，国家に課された義務の違反と被害者が被った損害との間に，直接的な因果関係の関連性が存在しなければならない。原告ファクタテイム株式会社は，これらの条件を満たしていると認められ，Francovich v. Italian Republic, [1992] IRLR 84を引用し，Factortame (No. 5), The Times, 11 Dec. 1997において

---

(23) ヨーロッパ共同体側で関係諸国の漁業権の割当てを行ったため，イギリス政府は，外国人の操業を許していた慣行を改め，本文のような制度に改革した。

(24) Hoffmann-La Roche事件では，ヨーロッパ独占禁止法違反の調査報告書の基礎となっている資料・根拠の開示が請求された。本件では，私人が国王に対し，法律の適用を停止させることを求めている。

補償が確定した。ヨーロッパ共同体法の直接適用のある規定に抵触しないと思われる限度で，立法の効力を認める。しかし，ヨーロッパ共同体法を優先してイギリス法が修正を受けるのは，その直接適用が認められる限度に限られる。

§616.6　上述のヨーロッパ裁判所の判決に従い，原告が求めた操業禁止の仮差止めを認めた。R. v. Secretary of State for Transport, *ex p.* Factortame Ltd., [1991] 1 A.C. 603. この判決は，形式的にみれば，ヨーロッパ指令が，イギリス議会での審議を経ることなく，イギリスの立法を行ったことを意味し，本書第2章で説明した議会主権を否定したことになる[25]。仮差止めを認めることが議会主権の原則の否定になるという判決を述べたブリッジ裁判官は，次のように説明している。

> 「ヨーロッパ司法裁判所の判決に対する若干の一般のコメントは，英国議会の主権に対する新しい，かつ危険な，侵略であると言っている。しかし，そのコメントは，誤解に基づいている。もしヨーロッパ共同体内での，加盟国の国内法に対する優位性は，EEC条約（Cmnd. 5179-11）に常に固定されたものでないとしても，連合王国が加盟する以前に疑いなく確立されていた原理である。イギリス議会が1972年のヨーロッパ共同体法を制定したとき，その制限がどのようなものであれ，議会が自分の意思でそれを承認したものである。」(at p. 658)

要するに，上述の事件の扱いとしては，ヨーロッパ裁判所の判断に従ったが，理論的には否定することもできるというのである。

§616.7　イギリス裁判所が，ヨーロッパ法の適用を制限した事例として，Duke v. Reliance Systems Ltd. [1988] 1 A.C. 618 にも注目しよう。この事件の原告は，被告会社の従業員であるが，原告は女性であったため，同会社の退職規則に従って60歳で退職することを強制され，年金生活に入った。しかし，男性であれば，定年は65歳と定められており，原告は，この退職規則はヨーロッパ共同体法の平等原則に違反するものであり，65歳までの勤務を許可すること，あるいはその利益の損失に対する損害賠償を支払え，と訴えた。労働審判所，雇用上訴裁判所および控訴院は，原告の訴えを棄却した。貴族院［最高裁判所］は，上訴を受けて，EC法の解釈を検討した。貴族院［最高裁判所］は，この問題を「法律問題」ととらえ，職権でヨーロッパ法

---

[25] P. Allott, *Parliamentary Sovereignty――From Austin to Hart,* (1990) 49 C.L.J. 377.

の調査検討した後，Social Security Directive（79/7/EEC）が，平等の具体的な扱い方について，各国の判断を尊重しており，問題は当該差別に合理的正当性（legality）があるかどうかであると述べ，結論として，その合理性があると判断した。ヨーロッパ共同体法第2条(4)項によれば，男女差別禁止法は，EC Council Directive 76/207 より前に制定された法律であり，本件の退職制度は，私人間の契約によるもので，適法であるという確認を得たもので，無効ではないと判決された。

§616.8　ヨーロッパ共同体法（Directive を含む）に違反に対して損害賠償が認められることは KPblor v. Republik Sterreich, Case C-224/01, [2003] ECR1-10239 で確立された法理となっている[26]。そこで，Cooper v. HM Attorney General, [2008] W.L.R.（D）303 では，損害賠償が認められる範囲が問題になった。この事件では，地方自治体が開発事業に許可を与えるときに，事業者が申請時に任意の環境影響評価を提出していたが，同自治体は，正式な環境評価は要求しなかった。しかし，環境評価はヨーロッパ指令によって要求されているため，事業を進めることができなくなった。そこで事業者が当該自治体に対して損害賠償を求めた。控訴院は，①コミュニティ法違反に対する救済方法は損害賠償であること，②十分に重要な事件であること，および③違反と損害の間の因果関係が直接的であることが先の判決が示す要件であると判示し，本件はこの要件を満たしていると判決した。

---

(26) 救済方法について，一般的に，C. De Oninck and P. Flamey, European Public Procurement Law（Part II - Remedies）(2009) を見よ。水，エネルギー，輸送，電信電話に関しては，Public Sector Remedies Directive 89/665/EEC および Utilities Remedies Directive 92/13/EEC を改正した Directive 2007/66/EC 参照。

第6章 ヨーロッパ憲法とイギリス憲法

第2節 ヨーロッパ人権規約

(1) ヨーロッパ会議の組織

§621.1　上の§611.1でチャーチルの「ヨーロッパ合衆国」の構想に言及したが，1949年5月5日に，これに賛同する諸国の外務大臣がロンドンに集まり，ヨーロッパ会議基本法（Statute of the Council of Europe）を作り，これに署名した(27)。この人権規約は，世界人権宣言に法的実行力を付与することを目的として作られたものであるが，1950年11月4日に採択され，1953年9月3日から施行されているローマ条約に基づいて構成されたヨーロッパ会議（Council of Europe）の加盟国は，それを批准している。その条約により設立されたヨーロッパ人権裁判所は，ヨーロッパ会議の司法府である。しかし，イギリスは，ヨーロッパ会議には加わってはいるが，その人権規約は国内化していなかった。その理由は，ルネ・カッサンが主な起草者であったため，当該人権規約はフランス人権思想の影響を受けており，イギリス憲法の考えとは抵触する面がかなり含まれていることにあったと思われる。現在では，イギリスはこれも批准しており，ヨーロッパ会議は47ヶ国からなる(28)。

§621.2　ヨーロッパ人権裁判所は，47名の裁判官から構成されている。この裁判官は，各加盟国が推薦する3名の候補者リストに記載された法律家の審査を行う専門家委員会の評価報告書に基づいて，ストラスブールのヨーロッパ議会が選任する。47人の裁判官は，いくつかの小法廷（Chamber）に分かれて審理に当たることになる(29)。事件はまず委員会（committee）に集められ，この委員会が受理するか否か（admissibility）の決定をする（art. 35）。不受理（inadmissibility）の決定をする場合でも，複数の委員によるヒアリングをして再決定が行われることがある。ここまでは，ヨーロッパ議会が費用を負担

---

(27) 署名した国は，ベルギー，デンマーク，フランス，アイルランド，イタリア，ルクセンブルグ，オランダ，ノルウェー，スウェーデンおよび連合王国である。

(28) ヨーロッパ会議には，日本，アメリカ合衆国，カナダ，ホーリー・シーおよびメキシコが大臣委員会のオブザーバーとして加盟しており，またカナダ，イスラエルおよびメキシコが議会オブザーバーとして加盟している。

(29) Eur. Conv. Art.27参照。通常，Chamberは7人の裁判官によって構成されるが，重要な事件の審理については，17人からなるGrand Chamberが使われることもある。関係当事国が特定の裁判官を指名する場合には，その裁判官も審理に参加する。

第2節　ヨーロッパ人権規約

するので，無料で準備手続を進めることができる。事件が許容される場合，その申立人に代わって人権委員会（Commission）[30]が原告となり，小法廷（Chamber）で審理を行うことになる。この裁判には訴訟費用の負担が生じるが，貧困証明ができれば，リーガル・エイドによりその費用がまかなわれることになる。これらのことは，Jacobs, White and Ovey, The European Convention on Human Rights（5th ed. 2010）に詳しく説明されている。なお，救済方法が「被害者の正当な満足」というエクイティの救済である点にもこの制度の特色があるが，これについては，第8章で説明する。

§ 621.3　人権の内容についても後述（第8章）するが，イギリス法においては，人権保障もまた基本的にはコモン・ローの問題である。それを明文化することに消極的であり，国際法は，国内法化の手続がとられない限り，法的拘束力をもたないのが原則であるため，イギリス政府は，ヨーロッパ人権規約の批准には長い間留保を付してきた。上述のヨーロッパ共同体法の制定においても，その点には最大の配慮が払われている。イギリスがヨーロッパ共同体へ加盟したことの意味を考えるに当たり，重要な論点となるのは，イギリスが将来脱退することがあり得るか，ということであった[31]。

§ 621.4　Regina v. Director of Public Prosecutions, *ex parte* Kebilene, [2000] 2 A.C. 326 では，Prevention of Terrorism (Temporary Provisions) Act 1989 s.19(1)(aa)により，数人の被疑者を逮捕することを公訴局長（DPP）が決定した。その逮捕の根拠となる犯罪は，同法第16条Aに規定されている。その条文は，「テロ行為の実行，準備または煽動と関係する目的のため，化学容器，ラジオ機器，マニュアル，文書，クレジット・カードおよび金銭を保持しており，その物品が被疑者の占有下にあるという合理的な嫌疑を生む情況があること」を犯罪と定めている[32]。被告人は，この法律はヨーロッパ人権規約に違反する法律であり，その観点からの司法審査を求めた。貴族院［最高

---

(30)　この委員会は，ボランティアの法学教授から構成されている。
(31)　2016年6月23日にレファレンダムが行われ，過半数を僅かに上回る（約51％）イギリス国民がEU離脱に賛成する票を投じたため，これが現実のものとなった。このことが，イギリス社会（特に憲法構造）にどのような結果をもたらすかを予測することは容易ではないが，日本に直接影響を与えうる問題であるので，本書229頁に補説コラムを設け，若干の解説をしておきたい。
(32)　この犯罪に対し10年以下の懲役および上限の定めのない罰金を科することができる。

第6章 ヨーロッパ憲法とイギリス憲法

裁判所］は，公訴局長（DPP）は直接ヨーロッパ人権規約により義務づけられるわけではなく，1989年法の実行のみが同局長の義務であり，裁判所がそれ以外の義務を負わせる権限はなく，司法審査の管轄外の事件であるとして，その論点の訴えを却下した。

(2) ゴルダー判決と裁判を受ける権利

(a) ゴルダー判決

§622.1　イギリス議会が国内法化の手続を行わない限り，条約は国内法上の効力をもつものではないから，ヨーロッパ人権規約も，それに基づくヨーロッパ裁判所の判決も，イギリス法上は無視できるものであるかもしれない。しかし，イギリスを相手として訴えが提起されるのを防ぐ術はなく，また，イギリスがヨーロッパ社会において置かれている地位を考慮すると，実際には，それを無視することはできない。このことをよく示しているのがゴルダー判決（ヨーロッパ人権裁判所1975年2月21日判決）[33]である。この事件は囚人刑務所における処遇に関する事件である。

　イングランドのホワイト島監獄内で囚人の暴動が起こったが，直ちに鎮圧され，逃亡は未遂に終わった。その後，監獄吏の報告書などにより，暴動に関与したと思われる受刑者の処分が行われた。ゴルダーは，その当時，強盗罪で15年の懲役に服役中の囚人であったが，その報告書の中に，ゴルダーもその暴動に加わっていたかもしれないと記録されていた。日頃の成績は非常に良く，アリバイを証明する別の情報があったため，ゴルダーは処分を受けなかった。しかし，関与の疑いは監獄記録にそのまま残された。この出来事とは別に，パトロールの制度が行われており，通常，3分の1の刑期を終えたとき，成績がよければ保護観察処分に付される。ゴルダーは，この処分を拒否された。そこでゴルダーは，虚偽の報告をした官吏を相手とする訴訟を提起することについて弁護士と相談したい旨を内容とする手紙を国会議員および警察署長宛に書いた。しかし，その手紙は，監獄法に基づく監獄規則によって送付が拒否された。国務大臣に対する不服申立ても，簡易手続により却下された。

---

(33) この判決は，田島裕『英米法判例の法理論（著作集8）』（信山社，2001年）第15章で詳しく説明した。しかし，多少重複はするが，現在のイギリス憲法を理解するために重要な意味をもつ判例であるので，本書でも詳しく説明しておきたい。

第 2 節　ヨーロッパ人権規約

§ 622.2　国内法による司法救済は望めないので，ゴルダーは，直接ヨーロッパ裁判所に訴えを提起した。事件がヨーロッパ裁判所により受理されると人権委員会が最初の審理を行う[34]が，同委員会は，ゴルダー事件については人権規約第 6 条 1 項（公正な裁判を受ける権利）および第 8 条（通信の自由）の違反を認めた。この人権委員会の決定は，人権規約第 31 条に基づいて閣僚委員会に通知されることになっており，3 ヶ月以内であれば，政治的解決の可能性があった。しかし，イギリス政府は，政治的解決よりも司法的解決を選び，ゴルダー事件は，ヨーロッパ裁判所で争われることになった。この事件の審理に当たったのは，イギリス国籍の裁判官（最初はウォルドック，後にフィッツモーリス）のほか，抽選で選ばれた 7 名の裁判官（ルネ・カッサンを含む）である。人権規約第 8 条の通信の自由に関しては，判例法が固まっており，全員一致で違反が認められた。しかし，人権規約第 6 条 1 項の公正な裁判を受ける権利に関しては，意見が著しく対立した。

§ 622.3　人権規約第 6 条 1 項の関連部分は，次のように規定している。

「すべての人は，自己の市民的権利義務の決定または自己に対する刑事責任の決定について，法律によって設置された独立，かつ，公平な裁判所による公正な公開審理を合理的期間内に受ける権利をもつ。」

ゴルダー事件について，この規定の解釈で最初に問題となる点は，この事件には「刑事責任の決定」はもちろんのこと，「市民的権利義務の決定」も含まれていないことである。この点について，ヨーロッパ裁判所の多数意見は，当事者の主張にはなかったにもかかわらず，問題の報告書に虚偽の情報が含まれていることを裁判所に確認してもらうことは，原告の市民的権利である，ということが争点であると職権により確認した。

§ 622.4　第 2 の問題点は，イギリス法では，刑務所長の裁量権を広く認めており，ゴルダーの処遇に自然的違反がないと思われる場合，ヨーロッパ裁判所がその処遇に干渉することの正当性の根拠がどこにあるかである。事件が起こった当時には，イギリスは「個人の訴権」を認めることには留保を付しており，その判決に従う条約上の義務を負っていなかった。それにもかかわらず，イギリスの司法府がその判決に従ったことには少なくとも 2 つの重要な意味が

---

[34]　§ 612.2 で述べたように，複数の専門家により，訴えの中に人権侵害の問題が含まれているかどうかの予備的審査が行われるが，その専門家グループが事件受理（admissibility）を決定するとき，事件を担当する人権委員会を構成する。

ある[35]。第1に，イギリスとしては，ヨーロッパ裁判所の権威を傷つけることはせず，その新しい仕組みを育てることに協力する意思を示したことである。第2に，「裁判を受ける権利」は，イギリス憲法が保障する人権の中でも最も重要な権利であり，息抜きの空間（margin of appreciation）の理論は使いたくなかったということである[36]。

(b) 裁判を受ける権利

§622.5 実際上，ヨーロッパ人権規約がイギリス法に抵触するとされる領域は，「裁判を受ける権利」の領域である。R. Clayton and H. Tomlinson, Fair Trial Rights (2d ed. 2010) は，これに関係する判例を網羅的に検討し，整理している。ここでは，この研究に頼りながら，抵触するとされる諸問題について，若干の考察をすることにしたい。一般的に，イギリスは当事者主義をとってきた国であり，フランスなど大陸法諸国とは歴史的事情が異なり，フランス法の影響力の強いヨーロッパ人権裁判所が，イギリス法の違法性を指摘することになりがちである。

§622.6 先の研究によれば，ヨーロッパ人権規約第6条が保障する権利は，つぎのようなものである。
　① 合理的時間内に聴聞を受ける権利
　② 法律によって確立された独立かつ公平な法廷をもつ権利
　③ 道徳，公的秩序，国家の安全の利益のため出版界および一般人を審理の全部または一部から排除すること，または，幼児または私生活を保護すること，が必要である場合を除き，もしくは公開が裁判の諸利益を傷つける場合でなければ，公開の聴聞を受ける権利
　④ 公開の場所で判決の宣告を受ける権利
　⑤ その他，無罪の推定，検察側の情報の開示を求める権利，弁護を準備するのに必要な適切な時間および便宜を受ける権利，被告人が本人で，

---

(35) ヨーロッパ人権規約第34条は，「裁判所は，当該規約またはその付属議定書に定めて権利について，加盟国の1つによる人権侵害の被害者であると訴える，人［個人］，非政治団体，または個人の集団からの訴えを受理できる。加盟国は，この権利の有効な行使をいかなる方法によっても阻止してはならない。」と規定している。1998年に人権法を制定したとき，イギリス個人の当事者適格（locus standi）の留保を取り払った。
(36) 息抜きの空間（margin of appreciation）の理論は，各国の諸事情を考慮して，一定の枠内において，ヨーロッパ法に抵触する部分があっても，抵触を是正する努力を示している限り，違反を容認するものである。

または弁護人を通じて，自己を弁護する権利，反対尋問をする権利，通訳を付けてもらう権利

§622.7　さらに，第6条の規定から黙示的に認められる権利は，次のようである。
① 裁判所へのアクセス権
② 対審的聴聞において在席する権利
③ 武器の平等の権利
④ 証拠を公正に提出する権利
⑤ 反対尋問権
⑥ 理由を説明した［証拠に基づく］判決を受ける権利
⑦ 判決を執行してもらう権利

§622.8　Wilson v. First County (No.2), [2004] 1 A.C. 816 [36] では，1974年の消費者信用法第60条1項の解釈が問題になっている。この事件の実質的申立人は，5000ポンドでBMW318を買った消費者が，高利貸から借りた借金を支払えなくなり，その消費者契約の無効を主張したが，その立法趣旨に不明瞭な部分があり，それを明瞭にするために，議会の議長および発案者に説明を求めたが，回答が拒否された[37]。しかし，その回答が得られなくても一定の証拠の利用は許容できるし，上記のヨーロッパ人権裁判所の判例には類似の事件があり，その判決に適合する解釈が合理的であると考えられるとして，原告の訴えを認めた。この判決の結論は，多少奇異に感じさせるが，「ヨーロッパ裁判所による裁判を受ける権利」をこのように利用した点では，注目すべき論点が含まれている[38]。

§622.9　リーガル・エイドは裁判を受ける権利と深い関係がある。Granger v. United Kingdom, (1990) 12 EHRR 467 では，偽証罪に関する刑事事件において，被告人がリーガル・エイドを求めたが，拒絶されたため，十分に弁護できない状態が生まれ，リーガル・エイドの拒絶が裁判を受ける権利を侵害していると主張した。ヨーロッパ人権規約第6条(2)項が規定するリーガル・エイドは，複雑な事件において，本人が自分の利害を正しく判断できな

---

[37] *Cf.* Black-Clawson Internaional Ltd. v. Papierwerke-Ashhaffenburg A.G. [1975] A.C. 591. 立法準備委員会などの報告書は外部資料であり許容性があるが，議会の意見は議長が証明する。

[38] イギリスのコモン・ローは，19世紀の自由放任の思想の影響を受けており，自己責任と考えがちであるが，本件では，悪名の高い高利貸であったことが結論に影響を与えたものと思われる。

い状況を避けること，および本人訴訟により迅速な裁判が妨害されないことを目的としている。この事件では，グラスゴーで起こった集団暴行に関する証人が偽証したとして5年の懲役に処せられたけれども，ヨーロッパ人権裁判所は，法律上，理解の困難な法律問題は含まれていないと判示した[39]。Boner v. United Kingdom, (1994) 19 EHRR 246 および Maxwell v. United Kingdom, (1994) 19 EHRR 97 は，イングランドの類似の事件であるが，これらの判決は Granger 判決に従っている[40]。

(3) 1998年の人権法の制定

§ 623.1　1998年の人権法の制定は，イギリスがヨーロッパ連合において指導的地位を築くために必要なプロセスの1つであった。1つには，前述のゴルダー判決のような事態にそなえる必要があった。第2に，21世紀を迎えるに当たり，ヨーロッパ共同体の中で孤立するより，リーダーシップをとる政策をとることを確認し，その方向を明確に示す必要があった。但し，1998年の人権法は，抵触性（compatibility）の審査をする機関を導入したもので，新しい人権を導入したものではない。イギリス最高裁判所は，この法律によって「ヨーロッパ人権規約」に抵触することがないかどうか確認することを義務づけた。さらに，独立の機関として，Commission を設置したことが重要である。この委員会は，イギリスの立法及び行政がヨーロッパ人権規約に違反するかどうか常時検討を続けて，必要に応じて議会，行政，司法に対し，助言を行う。必要があれば，当事者として訴訟を提起する適格も認められている。1998年の人権法は，この目的のためのいわばチェック・リストを示したもので，とくに差別禁止については，関連するイギリスの法律を明記している[注]。

§ 623.2　比例配分原則（proportionality）がヨーロッパ法の基本原理として確立されているという見解には異論があると思われる。しかし，この原理は，非常にしばしば使われているし，イギリス憲法にも影響を与えている。A. Barak, Propertionality – Constitutional Rights and Their Limitations (2012) は，そ

---

[39] 法廷で暴動に関する証言をするに当たり，証人は，面前調書は警察に強制されたものであり，虚偽であると陳述した。そのために，偽証罪で訴追されることになった。
[40] イギリスのリーガル・エイドの現状については，池永知樹＝藤井祐剛「持続可能な法律扶助の追求——ニーズに基づく資源の効率的活用」日本司法支援センター『2014年法律扶助国際会議報告書』（2015年3月）に詳しく説明されている。

第2節　ヨーロッパ人権規約

の原則を非常に詳細に説明しているが，この著者はイスラエルの元最高裁判所裁判官であって，イギリス憲法の観点に立って書かれたものではない[41]。その著作の説明によれば，その原則は次のように働く。第1に，民主主義社会では，個人の自由が原則であり，個人の自由な行為を規制するために，国は法律を制定する必要がある。しかし，法律の正当性を示す義務が議会にあり，①目的適合性，②合理性，③必要性，④（教義の）比例配分性が裁判の過程で審査される。たとえ法律がこの審査に合格しても，個人は「人権」を切り札としてさらに法律にチャレンジできる。これに対し，国の側は，「国家の安全」「公共の利益」の必要を立証して，法律を強制することが許されるという。

§ 623.3　1998年の人権法の制定の結果，この法律が過去の法律にどのような効果を与えるかという問題を生んだ。例えば，比例配分原則（proportionality）は，プロシアの刑事訴追において，罪と罰が均衡のとれたものでなければならないとする理論として登場したが，もっと広く意味で「比較考量」を要求する原則として発展した。前述の著書182頁で，この原則が世界の各国で継受されてゆくプロセスを図式化しているが，それによれば，ヨーロッパ人権裁判所の判例を通じて，現在では，イギリス憲法でも受け入れられているという。この図式は，余り正確でないと思われるが，イギリス憲法においても，比例配分原則（proportionality）があることは間違いない。例えば，刑事裁判において，「過大な刑罰を禁止」したり，誰が犯罪者であれ，同じような罪に対し同等な刑罰によって対処すべきである，ということはコモン・ローが守ってきた憲法習律である。また，イギリスがヨーロッパ共同体法を制定する前に下された Associated Provincial Picture Houses Ltd. v. Wednesbury Corporation, [1948] 2 K.B. 223 は，実質的に比例配分原則（proportionality）に従っている[42]。しかし，その原則に直接言及することはなく，制約的に受け入れているように思われる[43]。

---

(41) 整理が観念的になされすぎており，検証の必要な部分がかなり含まれている。
(42) 比例配分原則はヨーロッパ裁判所の判例法理であるが，イギリス憲法学者は，その原則がコモン・ローにも存在していることを示すために，この判決を引用することが多い。しかし，判決の中でそのことばを使っているわけではない。
(43) Belfast City Council v. Miss Behavin Ltd.,「2007」1 W.L.R. 1420 (Lady Hale); Regina.(BS) v. Governors of Denbigh High School, [2007] 1 A.C. 100 参照。「その比較配分の分析を行うのは決定者ではなくて，裁判所であるということは，堅固に確立された原理である。」

第6章　ヨーロッパ憲法とイギリス憲法

第3節　ヨーロッパ憲法の制定

(1) ヨーロッパ憲法の制定の歴史的背景

§631.1　1992年2月27日にヨーロッパ連合条約（通称，マーストレヒト条約）が締結された。この条約は，第1に，ECをEUに移行させ，第2に，共通外交安全保障政策を策定し，第3に，司法および国内事項についての協力関係の構築を目的としている。2001年2月26日にニース条約（Treaty establishing a Constitution for Europe）が作られ，2003年2月1日にこの条約は発効した。イギリスは，2004年10月29日に，レファレンダムを行わずに，その条約を批准した[44]。しかし，オランダとフランスが国内のレファレンダムを行い，ヨーロッパ憲法の制定に反対したため，その憲法は成立しなかった[45]。そこで，オランダとフランスの国民を説得できるように修正が行われ，新憲法案が作成された（リスボン条約）。European Union (Amendment) Act 2008は，リスボン条約を国内法化した法律であるが，この法律には，妊娠中絶を許容する条項が含まれており，アイルランドがそれに気付いて修正憲法案に反対した[46]。さらに，チェコ共和国およびドイツで憲法訴訟が起こり，最終的な決定を保留している。

§631.2　新憲法にはすべての加盟国が署名すると予想されていたが，ヨーロッパの情況が変わり，まだ署名が得られておらず，施行には至っていない。ヨーロッパ憲法の内容については，すべての加盟国の大方の同意が得られているのに全員の批准が得られない理由は，ただ単なる政治情勢の不安定が原因であるというのではなく，実質的に大きな問題の検討が不十分であることに原因があるのではあるまいか。ニース条約のヨーロッパ憲法案では，ドイツで準備された権利章典がついていたが，その内容は§86.1から§86.5で説明

---

(44)　R, on the application of Wheeler v. Office of the Prime Minister, Secretary of State for Foreign and Commonwealth Affairs and the Speeker of the House of Commons, [2008] EWHC 1409でレファレンダムを要求する訴えが提起されたが，それは必要ないと判決された。

(45)　イギリスでは，European Union (Accessions) Act 2003が制定された。

(46)　アイルランドはニース条約に積極的に賛成してそれを批准したが，十分な検討がなされていなかったように思われる。リスボン条約については，軍事的中立義務に関しても多少の懸念をもっているように思われる。

第3節　ヨーロッパ憲法の制定

するヨーロッパ人権規約と実質的に異なるものではない。ヨーロッパ共同体はもともと経済的協力が意図されており，憲法の理論と噛み合わないところがあり，その調整を意図して文言を修正するものであった。しかし，その裏では，比例配分原則（proportionality）の理論の導入，そして行政行為の司法審査に関しては「法的安定性」の理論の導入，が意図されており，リスボン条約では，ヨーロッパ人権裁判所の実績を高く評価し，ドイツ案を廃案とし，その裁判所をヨーロッパ憲法上の司法府に位置づけている。

§631.3　比例配分原則（proportionality）の理論については，すでに§623.3で説明したので，ここでは「法的安定性」の理論について若干の説明を付加しておこう。この理論は，Defrenne v. Sabena (No. 2), Case 53/75 で説明されているが，(a)正当な［加盟国の］期待（the principle of legitimate expectations），(b)不遡及性の原則（the principle of non-retroactivity），(c)既判力の原則（the principle of res judicata）を内容とする。イギリス憲法の司法審査の理論は，トランプのブリッジ・ゲームに例えれば「切り札」のようなもので，ヨーロッパ憲法ではそのような理論は排除されるという効果をもつことになる。

§631.4　Legislative and Regulatory Reform Act 2006 は，European Communities Act 1972, s.2(2)によりイギリス国内法との調整を必要とするとき，暫定的に過剰の立法・規則に与える負担を取り除く，または減小させることを目的とした法律である。EEC条約第119条は，平等賃金（equal pay）の原則を定めており，イギリスにおいても直接適用があることから，イギリスの雇用環境に適したガイダンスを作成し，それに対応した[47]。このガイダンスによって，例えば，EEC条約第119条は，平等賃金（equal pay）以外の問題には適用がない。

(2) ヨーロッパ憲法

(a) ヨーロッパ連合の統治機構と加盟国の憲法上の地位

§632.1　上述のような理由により，ヨーロッパ憲法は，まだ署名が得られておらず，発効していないが，憲法の内容はかなり明確なものになっている。J.D. Dinnage and Jean-Luc Laffinear (eds.), The Constitution of the European Union (3rd ed. 2012) に詳細に説明しているので，これを参考にしながら，憲

---

(47) equal pay の原則は Defrenne v. Sabene, Case 149/77 に説明されている。

第6章　ヨーロッパ憲法とイギリス憲法

法の内容を説明しよう。第一に，統治機構に関しては，ヨーロッパ議会があり，この議会が一定の立法権をもつ。司法権はヨーロッパ連合司法裁判所に付与されているが，この裁判所は，Court of Justice および General Court からなる。裁判管轄は，Council, Commission, European Central Bank, European Parliament に対する訴訟，またはヨーロッパ連合の書記官並びにその職印および加盟国に対する訴訟の審理に及ぶ。さらに，各加盟国の国内裁判所に提起されたヨーロッパ法の解釈について，上訴審としての役割を果たす。行政府としては，ヨーロッパ連合大統領が条約の署名権をもつことなどが決まっているが，現在では，定期的に開催される大臣会議が合議制でその役割を果たしている。

§632.2　第2に，権利章典の部分については，ヨーロッパ人権規約の精神とは相当に異なるものがある。そもそも，ヨーロッパ共同体は，経済的協力関係の構築を意識しており，法の平準化（harmonization），関税連合，商品（労働力を含む）の移動の自由，決済機構の通貨・システムの合理化，社会的権利（労働者の平等権など）に強い関心があり，ヨーロッパ人権規約のように，民主主義の確立を意識して精神的自由権を保障することに強い関心を示していたわけではない(48)。しかし，ヨーロッパ憲法の下では，イギリス人とかフランス人という「市民」のとらえ方をせず，「ヨーロッパ市民」がその主権者となるため，権利章典をもっと一般化する必要があり，ヨーロッパ人権規約をヨーロッパ憲法の権利章典に位置づけることにより，それを実現しようとしている。ヨーロッパ連合のすべての加盟国がその規約を批准しているので，これを実現することは困難なことではない。ヨーロッパ人権規約が保障する，民主主義の確立のための精神的自由権については，本書第8章で詳しく説明する。

§632.3　ヒースローの飛行場でヨーロッパ人がイギリスへ入国するとき，パスポートがなくても，例えばオランダ人であることを身分証明書などで証明できれば，イギリスは入国を拒絶できない（移動の自由）。しかし，そのオランダ人がテロリストのリストに記載されていれば，オランダの国家主権を侵害することなく，その場で逮捕することができる。その他にもイギリスにとって利便となることも少なくない。しかし，この新しい制度が新しい複雑な問題を

---

(48)　端的にいえば，独占禁止や不公正競争防止がもっとも強い関心を示した領域である。

生んだ。例えば、Chen Case（C-200/02）では、中国人夫婦がベルファーストへ旅行中、子供を産んだ。子供はアイルランド法によってアイルランド国籍を取得した。しかし、中国法では中国国籍を取得することができなくなり、その結果、母親は中国へ帰国しなければならないのに、子供が中国へ入国することができず、家族生活ができなくなった。ヨーロッパ裁判所は、子供がヨーロッパ人である以上、母親もその身分から認められる権利として、イングランドで国籍を取得し、社会保障の恩恵を受ける権利があると判決した。

§632.4　MaCarthy（Case C-434/09）では、申立人はアイルランド人であり、連合王国の国籍をもっていた。ジャマイカ人と結婚したが、このジャマイカ人には連合王国に滞在する権利はない。しかし、静穏な家庭生活を送ることがヨーロッパ法上の権利であるならば、夫がアイルランドに居住する権利を認められるべきかが問題となる。ヨーロッパ裁判所は、この権利はないと判決した。Zambrano v. ONEM（Case C-34/09）もこれと類似な側面のある事件であるが、この事件では、コロンビア人が妻と息子と一緒にベルギーに入国し、妻はベルギーで2人の子供を産んだ。2人の子供はベルギーの国籍を取得し、この子供を育てる必要上、夫はベルギーでの労働許可が与えられなければならないと判決した。しかし、ヨーロッパ人の国籍が与えられたわけではなく、強制退去の可能性が残っている。

§632.5　第3に、ある意味で将来に問題になる部分であるが、ブリュッセルとストラスブールという2つの政治組織をどのように1つにするかという問題がある。例えば、Matthews Case, ECtHR Judgment, 18 Feb. 1999 では、ヨーロッパ議会の直接選挙が行われたとき、原告はジブラルタルに居住するイギリス人であったが、連合王国はジブラルタルでは選挙をしなかったため、投票の機会を失った。そこで、ヨーロッパ人権規約第1議定書第3条が投票権を規定しており、ヨーロッパ人権裁判所に条約違反を訴えた。この場合、ストラスブール議会の選挙でない事例でも、同じように選挙権が保障されるかという問題があるが、同裁判所は規約違反を判決した。この場合とは逆に、ブリュッセル議会は、国際通貨、商品の移動の自由、会社設立の自由（会社法）、人の移動の自由、サービス提供の自由などには関心があるが、例えば刑事事件がブリュッセルのヨーロッパ裁判所に提起されたとき、どのように処置すべきかという問題がある。そもそも、訴えの利益についての考え方に違いがあり、さらなる調整が必要であると思われる。

第6章　ヨーロッパ憲法とイギリス憲法

(b) ヨーロッパ憲法のもとでのヨーロッパ国民の権利

§632.6（移住・職業選択の権利）　ヨーロッパ憲法が成立し，新しい連合が成立することになれば，イギリス人であれ，フランス人であれ，全ての加盟国の市民がヨーロッパ人となる。ヨーロッパ人であれば，その領域内で自由に移動できる。もしオランダ人がオランダ人であることを示すパスポートまたは運転免許証などの公的証明書を提示すれば，イギリスは，そのオランダ人の移入を拒絶することはできない。そのオランダ人は，イギリスにおいて就職することも自由となり，それと関連して，イギリスに居住し，年金，労働者の健康・安全の保護，差別の禁止などの保護を受ける。大学の卒業資格についても，統一基準を策定しようとしている。

§632.7　TFEU 第57条(3)項は，(Treaty on the Functioning of the European Union, 9 May 2008) は，4つの自由を保障している。第1に，物品の移動の自由，第2に，人の移動の自由，第3に，会社設立の自由（ヨーロッパ会社法），第4に，サービスを提供する自由である。第1の自由が目的としているのは，独占禁止や不公正競争の禁止により自由貿易を促進することの外，連合の加盟国間の関税撤廃が意図されている。しかし，この問題は，GATT と重複しており，加盟国以外の諸外国との調整も必要となる。そこで，GATT のもとで設置された World Trade Organisation (WTO) は，これまで，Kennedy Round (1964-1967)，Tokyo Round (1973-1979)，Uruguay Round (1988-1993)，Doha Round (2001-present) を開催し，その調整を行ってきた。

§632.8　もともと「商品の移動の自由」がヨーロッパ共同体形成の目的であったが，その原則は TFEU 第34条および第35条に規定されている。第34条は量的制限を設定することを禁止し，第35条は同様の効果をもつ輸出制限の課することを禁止している。ヨーロッパ司法裁判所は，Procureur du Roi v. Dassonvilles, Case 8/74 において，実質的に制限になっていれば同条違反の可能性があると判示し，多くの事件がヨーロッパ法のレベルで争われるようになった[49]。Rewe-Zentrale AG v.

---

(49) Procuereur du Roi v. Dassonvilles, Case 8/74 では，ベルギーの関税法がスコッチウィスキーの生産地表示を要求していたのにこの証明書がなく，刑事訴追をした事件である。

Bundesmonopolverwaltung fur Branntwein, Case 120/78⁽⁵⁰⁾（以下，Cassis de Dijon という）では，ドイツがカシスの果実酒について 25％以上のアルコールが含有されていることを要件として規定し，一般的にこの要件を満たさないフランスのカシス酒は高い税金を課税されることになる事実が第 34 条に違反するかどうかが争われた。ヨーロッパ裁判所は，アメリカ法の「合理基準（rule of reason）」を参考にして，規制に合理的な積極的理由があれば第 34 条に違反しないが，ドイツの課税は規制の正当性を支える十分な根拠を説明できないと判示した。

§ 632.9　TFEU 第 36 条は，加盟国が一定の規制を維持することは許されている。TFEU 第 36 条は，「公的道徳，公序，または国家の安全」，「人間，動物または植物の健康もしくは生命」，「芸術的，歴史的または建築的価値をもつ国宝の保護」，または「産業的（industrial）または商業的（commercial）財産権の保護」を理由とする制限がそれである。Cassis de Dijion, Case 120/78 は，国民の健康，消費者保護などを理由として制限の可能性を示唆しているが，この基準にはあいまいな部分があり，suitability test や necessity test がさらに議論されることになると思われる。例えば，§ 724.1 で説明する北アイルランド問題は「テロ行為」を規制することが「国家の安全」のために必要か，またその法律で採用した方法が適切か，検討が必要となる。イタリアの芸術品保護法についても，同じような問題があり，この条文に関しては，さらに検討を必要とする重要な問題が残されている。

§ 632.10　TFEU 第 57 条は，「サービスを提供する自由」を規定しているが，これと関連して，ヨーロッパ連合にとっては，ユーロの問題がもっと重要な課題かもしれない。ヨーロッパ連合はヨーロッパ中央銀行を設立し，共通通貨としてユーロを発行している。「国際金融決済」ヨーロッパ中央銀行は，ヨーロッパ連合条約第 13 条(1)項により設立されたが，この銀行は，① EU の金融政策を定め，②国際金融決済を行い，③各加盟国の外為準備金を保有して管理し，④決済システムをスムーズに運用することを任務としている。これらの諸目的のために，必要な立法を行い，行政をする権限を付与されている。

---

(50)　通常，この判決は Cassis de Dijon と呼ばれており，もっとも重要な指導的判例となっている。

第6章　ヨーロッパ憲法とイギリス憲法

§632.11　「サービスの移動の自由」は，イギリスの弁護士がヨーロッパ諸国でリーガル・サービスを提供できるようになるが，フランスの弁護士がロンドンでそのサービスを提供することを禁止することができなくなる。少なくとも，歯科医，外科医，会計士，薬剤師，美容師，旅行業者，保険業者などについては，専門職資格の相互承認が行われている。1989年には，高等教育の資格についても相互承認がなされ，イギリスは教師の不足を補うため，大陸諸国から4000人ほどの教師がイギリスの学校に赴任した。多国籍企業の管理職および技術者が子会社や支店の間を自由に移動することも許されている。イギリスでは，イギリスのバリスタが同席する限り，外国弁護士が法廷で弁論に当たることも許すようになったが，弁護士については，法曹倫理など検討すべき問題が残されている。さらにまた，労働者の雇用について，国籍による差別が禁止されている。

§632.12　イギリスは，このユーロ金融システムには参加していない。通貨には国籍がなく，その普及はヨーロッパの統合に役立ち，国際金融決済の合理化に貢献するが，それに参加すれば，ヨーロッパ財政政策に拘束され，大きなリスクを負うことになりかねない[51]。イギリスは，保守党政権の時代に，5つの条件が満たされれば，ユーロに参加すると表明している。その条件は，①ユーロ金利とイギリスの景気・経済構造が共存できること，②ユーロに関する財政問題の解決が弾力的であること，③イギリスへの長期投資に有利であること，④イギリス金融業の競争力を傷つけないこと，⑤ユーロ参加後，経済成長・安定性・雇用政策に悪影響が出ないことである。

(c)　ヨーロッパ憲法の司法機関

§632.13　最後に，ヨーロッパ憲法の下で設置されるヨーロッパ司法機関について若干の説明を付記しておこう。これについては，未確定の部分もあるが，司法制度は既に先行して相当の発展を示しており，おそらくこれを利用することになると思われる。これに関係する条約の規定は，Treaty on European Union [TEU]（1992年，2008年に一部修正）第19条であるが，この規定は，ヨーロッパ司法裁判所として，司法裁判所，一般裁判所（第1審裁判所），および特別裁判所を設置することを規定している。司法裁判所は，①予備的審

---

(51)　過大な借金を抱える「過度の赤字」国への救済を義務づけられるおそれがある。但し，EUの財政政策は，金融の健全性に特別の注意を払っており，「過度の赤字」国に一定の無利子預金を強制するなど，制裁措置をとっている。

査事件の審理(52)，②ヨーロッパ委員会または加盟国が提訴した事件の審理，③原告が加盟国またはヨーロッパ共同体の機関である，連合法の合法性（legality）を問う事件の審査，④一般裁判所からの上訴審理を行う，裁判管轄権が与えられている。一般裁判所は，各加盟国の最高裁判所が，ヨーロッパ憲法上の裁判権を行使する場合の名称であり，ヨーロッパ裁判所への提訴数が膨大になりすぎたので，負担を配分したものである。特別裁判所は，後に述べる Union Civil Service Tribunal がその例である。将来，独占禁止や不当競争の紛争に特化した紛争処理機関などを置くことが予想されている。

§632.14　ヨーロッパ司法裁判所の歴史は複雑であり，本書で詳しく説明する余裕はない(53)。この裁判所は，EU 条約第289条（旧第216条）によれば，全加盟国間で合意される場所に設置されることになっている。現在では，暫定的に Luxembourg, Brussels and Strasbourg に設置されている。この裁判所の裁判管轄権は，非常に広く，ほとんど一般裁判管轄に近いものであると理解されている。しかし，法律上は，①加盟国に対して EU 法を強制する訴訟，②ヨーロッパ共同体法の司法審査，③完全な裁判権（Plenary Jurisdiction），④スタッフ訴訟，⑤付託についての予備的決定（preliminary rulings）の外，意見表示（Opinions）および外部団体との関係（External Relations）に関する若干の事項であるとされている。③の類型は，EU 条約第229条により，ヨーロッパ行政における罰金等の処分に対する司法審査を意味する。④のスタッフ訴訟は，ヨーロッパ共同体職員（国際公務員）に関する訴訟である(54)。1980年代には膨大な数の訴訟がヨーロッパ司法裁判所に提起され，これに対処するために1989年に The Court of First Instance が新たに設置された(55)。この裁判所が第1審裁判所となり，従来のヨーロッパ司法裁判所は，法律問題についてだけ司法審査を行う上訴裁判所となった。

---

(52) イギリス法では，お伺い上訴（case stated）の制度があるが，これに類似した制度。国内の裁判において，ヨーロッパ連合法の解釈が争われる場合，その解釈をまず確定するために，ヨーロッパ司法裁判所にその解釈を示すことを求める訴えを意味する。
(53) L.N. Brown and T. Kennedy, The Court of Justice of the European Communities (5th ed. 2000) には，歴史だけでなく，その機能・実績，将来展望などについても，詳しく説明されている。
(54) 現在では，第4のカテゴリーの事件は，Union Civil Service Tribunal により審理されている。
(55) この裁判所は，ヨーロッパ司法裁判所の内部に設置されることもあるが，各加盟国の最高裁判所がその裁判所としての審理に当たることもある。

§632.15　第1に，ヨーロッパ司法裁判所への付託手続について説明しよう。加盟国の裁判所でヨーロッパ共同体法の解釈が争点となる場合，その裁判所はヨーロッパ司法裁判所に付託（reference）することができる。この付託に対する回答は判決（judgment）と呼ばれるが，これは通常の意味での判決とは異なる。当該事件に対して拘束力をもつものではない。この付託手続は，ヨーロッパ司法機構における，加盟国の裁判所とヨーロッパ司法裁判所との間の相互協力関係（interplay and allocation of tasks）であるに過ぎず，それは予備的決定（preliminary rulings）である[56]。これを参考にして加盟国の裁判所が判決を下し，国内のすべての上訴手続が終了した後に，事件がヨーロッパ司法裁判所へ上訴されることになる。ちなみに，この付託手続は，1951年のECSC条約により行われていた手続を一般化し，ヨーロッパ連合条約で採用されたものであるといわれている。

§632.16　ストラスブールにはヨーロッパ人権裁判所（ヨーロッパ評議会）が設置されているが，ヨーロッパ憲法が制定されるときに，ヨーロッパ司法裁判所と統合されるものと考えられている。ヨーロッパ人権裁判所の裁判管轄は，従来どおり，人権に関する訴訟の裁判に限られる。新しいヨーロッパ裁判所への個人の訴権が問題となるが，ヨーロッパ人権裁判所は，個人の訴権を原則として認めている。ヨーロッパ司法裁判所の場合にも，EU条約第230条（旧第173条）は個人や法人にも訴権を認めているが，判例法では，その訴権は著しく制限されている。International Fruit Case, [1971] ECR 411, [1975] 2 C.M.L.R. 515では，個人の当事者適格が認められたが，その個人が事件に直接関係をもっているだけでなく，訴訟の結果が公益に大きなかかわりがあったからであると思われる[57]。ヨーロッパ人権規約第6条(3)項が司法アクセス権を定めており，その権利には「法律扶助（legal aid）」も含まれると理解されており，個人の訴訟当事者はこれを利用することができる[58]。

---

[56]　M. Broberg and N. Fenger, Preliminary References to the European Court of Justice（2010）に付託手続が詳しく説明されている。

[57]　ロー・コミッションは，直接的な不利益を被った当事者が，その不利益な決定をチャレンジして聴聞を求めることは当該当事者の権利であると認めている。しかし，教員の給与の決定のように，差別があったり，偏見があるか，合理的な基準がないなどのことを主張する訴えは，司法審査に当たる者の裁量により，当事者適格が認められる。Law Commission, Administrative Law: Judicial Review and Statutory Appeals（1994）参照。

[58]　§622.9参照。CEPEJ Studies No. 12: European Judicial System（Council of

第 3 節　ヨーロッパ憲法の制定

【補　説】　連合王国の EU 離脱とイギリス議会主権

　2016 年 6 月 23 日に行われたレファレンダムにおいて，離脱に賛成する票が残留支持派の票より上回ったのは，多くの難民が高いレベルの社会保障を求めてイギリスに移住したため，イギリス人労働者の権利が脅かされつつあることに主な原因があったと言われている。しかし，賛成票を投じた者の大多数は高齢者であり，経済的合理性よりも，イギリスの主権を改めて国際社会に対し主張したいという感情が大きく働いたのではないかと思われる。若年層の大部分が残留に賛成する票を投じたこと，またスコットランドがたとえ連合王国から独立することになっても，EU に残留することを望んでいることなどを考えるならば，実質的に EU との協調関係は維持されるものと思われる。ちなみに，現在でも，イギリスは，共通通貨であるユーロよりポンドを使っているし，田島裕『英米の不法行為法・契約法・救済法――コモン・ローの法理（著作集 4）』（信山社，近刊）で詳しく説明したように，EU に加盟後も固有なコモン・ローの歴史的伝統を維持しており，イギリスの現状が EU から離脱したからといって，大きく変わるものではない。金融面では，中国との関係を強化しており，ロンドン金融界の世界的支配力が強くなるとも見ることができる。イギリスがヨーロッパ共同体法（1972 年）を制定して EU に加盟したとき，スカーマン卿が「EU 加盟後も，スイスのレマン湖に流れ込む 2 本の川のように，筋をなして永遠に混じり合うことなく流れゆく」と述べ，またデニングが「EU 加盟後に主権を取り戻すために EU を離脱しても，元に戻ることはできない」と述べた。L・スカーマン著（田島裕訳）『イギリス法――その新局面』（東京大学出版会，1981 年）28 頁および 125 頁参照。今回のレファレンダムは，いずれも正しかったことを証明している。EU の組織の側にも改革の必要な部分が多くあり，EU 離脱の問題をきっかけに，その組織が再検討される可能性がないとは言えない。

　　Europe Pub. 2010）に実体が統計の形で示されているが，法廷弁論だけでなく，訴訟前の助言・準備にも利用できる。ちなみに，ヨーロッパ司法裁判所でもリーガル・エイドを利用できるが，実際に利用された事例は極めて稀である。

第7章　行政法の展開と市民社会の形成

第1節　行政法の展開

(1)　歴史的背景

§711.1　本書のはじめに「現在イギリスを統治しているのは内閣である」と述べたが，本章では，行政府による統治に関する憲法上の諸問題を説明することにしたい。ダイシー伝統によれば，イギリスには行政法が存在していない。しかし，ダイシーが晩年になって譲歩を示し，自然的正義に基づく司法審査が行われることを条件として，行政法（特に福祉行政）が発展した[1]。この司法審査の部分は憲法であると理解されており，その一般的理論は既に第3章3節で説明した。イギリスの大学では，行政法としてこれが講義されている。行政法を独立の研究領域とする大学もあるが，その内容は著しく法哲学に近い観念的ものになっており，難解な部分がある。本章では，自然的正義に基づく司法審査が憲法の重要な部分であることを前提として，行政権の行使に関係する司法審査の事例を具体的に分析検討したい。また，イギリスは固有の地方自治を認めてきたので，行政も地方自治が重要な部分を占めている。それに関連する重要な法律（地方分権法）が制定されており，第2節でまずその説明をすることにしたい。

§711.2　本章では，次のようなことを研究課題としている。本書のこれまでの議論では，議会主権の原則が主要な憲法原理であり，その主権が適正に行使されるようにコントロールする憲法原理として法の支配の原則が存在していることを説明した。両者の関係は，「寛容の精神」で結ばれており，対立関係にあるというよりは，憲法の目的を実現するために補完的機能を果たしてきた。ところが，とくに20世紀の後半では，議院内閣制を巧妙に利用して，内閣（行政権）が議会をコントロールするようになってきたため，法の支配の原

---

(1) Dicey, *The Development of Administrative Law in England*, 31 L.Q.R. 148 (1915). ちなみに，フランクファータは，これを「男らしい譲歩」と評価した。Frankfurter, *The Task of Administrative Law*, 75 U.Pa.L.Rev. 614 (1927).

第7章　行政法の展開と市民社会の形成

則がしばしば否定されるような事例が起こった。そこで，行政府と裁判所の関係において，「法の支配」をどのように守るかが重要な課題となる。換言すれば，裁量的行政行為の在り方を説明することが本章の主要課題である(2)。

§711.3　問題をもう少し具体的にするために，ダイシー以降の現代憲法の変遷の情況を少し説明しよう。20世紀になって警察国家から福祉国家へ移行し始めると，イギリスでも行政法を作る必要が生じた。福祉国家政策が法律により採択され始めると，行政権は積極的に国民の生活を支援する給付サービスを行うようになり，行政法がますます重要なものになった。ロンドンのジェニングスやロブソンがダイシー理論を批判した背景には，このような行政法の展開が時の流れであったということがある(3)。しかし，新しい憲法学者が，行政法の必要性を主張したとはいえ，彼らが主張したイギリス行政法はフランス行政法とは著しく性質の異なるものであった。本章では，このことを社会保障および都市計画の行政の視点から説明する(4)。

§711.4　筆者は，スカーマン裁判官のハムリン講演を『イギリス法の新展開』（東京大学出版会，1981年）という形で日本に紹介したが，スカーマン裁判官の講演の論理による順序に従うならば，本章は本書第5章におかれるべき章である。しかし，その講演から50年近い年月が過ぎており，国際化の流れがいっそう強くなり，むしろイギリス憲法の変遷を牽引しているのはグローバリゼーションの流れに沿っていると考えられる。また，スコットランドやウェールズへの地方分権法が成立したのもごく最近のことである。従って，本章では，イギリス憲法の国際化を説明したうえで，新しい福祉国家の再構築に向けた憲法の変遷を説明することにした。

§711.5　上述のように，イギリス行政法の展開が主な研究対象となるのであるが，20世紀の初め頃にダイシーが批判した行政法は，1903年の教育法，1903年の労働争議法，1911年の労働争議法であった(5)。これらの立法に共通する

(2)　筆者は，「公務員の罷免と司法審査」アメリカ法1972-1号44-71頁，および「行政裁量行為の恣意性についての司法審査——ディヴィス＝バーガー論争の紹介」アメリカ法1970-2号205-218頁という研究を公刊したが，この問題については，アメリカ法はイギリス法に類似している。
(3)　この歴史的動向については，付録2「『憲法序説』訳者解題」の中で詳しく説明した。
(4)　但し，行政法の内容は，日本の行政法とは異なり，ほとんど全部がjudicial reviewからなっている。
(5)　行政機関に広い裁量を与えており，通常裁判所のコントロールが及ばない点に危

特色は，行政府に対して立法権（委任立法）および司法権もしくは準司法権を付与している点にある。これらはいわゆる社会立法と呼ばれる法律であるが，その適法性が貴族院［最高裁判所］において初めて問われたのは，Board of Education v. Rice, [1911] A.C. 179 と Local Government Board v. Arlidge, [1915] A.C. 120 においてであった。これらの事件は，我が国でもよく知られており，改めて詳しく説明する必要はないと思われるが，前者は，教員の給与に関して当時の教育法第 7 条 3 項に基づく文部省の決定が争われた事件である。後者は，1909 年の住宅都市計画法による古い家屋の閉鎖命令に対する異議申立についての審判が争われた事件である。貴族院［最高裁判所］は，いずれの事件でも，審判もしくは決定の手続において自然的正義が守られなければならないと判示しているが，行政機関の審判もしくは決定が最終的かつ確定的なものであり得ることを認めた[6]。

(2) ドノモア委員会およびフランクス委員会による自然的正義の検討

§712.1 これまた我が国でもよく知られているように，それらの判決にはダイシー伝統に反するものが含まれていることから，行政法の在り方について検討する専門委員会が設置された。1932 年にはドノモア委員会が，大臣の権限の観点から，また 1957 年にはフランクス委員会が，特別裁判所の観点から，自然的正義の在り方を検討している。これらの委員会が問題にした事例は，上述の Board of Education v. Rice, [1911] A.C. 179 や Local Government Board v. Arlidge, [1915] A.C. 120 であった。ドノモア委員会の当時（1932 年）には，行政裁判所が試行的に使われたが，行政に対する苦情は「調査（inquiry）」の形で解決が模索されており，行政裁判所の判決の司法審査も問題にしたが，むしろ調査手続における司法審査の在り方を助言した[7]。

§712.2 フランクス委員会は，「揺りかごから墓場まで」というキャッチ・フレーズ（1942 年のベバリッジ報告書で使われた言葉）で世界の関心を集めた社会保

険性があると主張した。
(6) 本書では，移民審査などの行政決定や土地収用の決定で 6 月の不服申立期間が経過したものなどについて，司法審査が排除されることを説明した。しかし，アニスミニック判決が説明しているように，司法審査排除条項（ouster clauses）も法律の文言であり，「排除の範囲」などの法律解釈の問題があれば，その最終的解釈権は裁判所にあり，司法審査が完全に排除されることはない。
(7) Report on the Committee on the Ministers' Powers, 1932, Cmd. 4060.

障法などの適切な運用のためには，専門知識をもっている特別の機関を必要とするのであって，むしろ更に促進されるべきであると判断した[8]。この勧告を受けて，その後，イギリス行政法が急速に展開されることになる。しかし，この点に関して注意しなければならないことは，形式的な意味での行政法は，今日でもイギリスには存在しないことである。判例の中で「行政法」という言葉が使われたのは，Ridge v. Baldwin, [1964] A.C. 40 が最初であると言われている[9]。これに従い，信頼のできる法律百科事典といってもよい Halsbury の『イギリス法』(第4版) にも，ド・スミス (de Smith) によって執筆された「行政法」という項目が追加され，多くの大学で行政法が講義されるようになった[10]。

§712.3　以上のことを背景として，その後，イギリス行政法は急速に展開されることになる。第1章で憲法の基本的教科書を紹介したが，最近の憲法の教科書は，ほとんどすべてが行政法の説明にかなりの紙面を割いている。しかし，講義の内容は，本書67頁§331.3で紹介したディプロック裁判官の講演の中で説明されているように，自然的正義の原則に関係する判例法が中心となっており，日本の行政法とは著しく異なる。イギリスの行政法は，アメリカ行政法と類似しているが，著しく異なる特徴をもっている。英米法学交流の1つの成果として，ウェイドおよびシュウォーツは，共著の中で，「当事者に弁護士を付けることを認めず，裁判官として素人を使うことは，イギリスの特別裁判所では多く見られることであるが，アメリカ合衆国では例外的なことである。部分的には，これは異なった憲法の背景によるものであろう。もっと重要な点は，イギリス法の中に非常にかたく根付いている素人裁判官 (law magistracy) および素人裁判所 (lay tribunal) の伝統が，アメリカ法に

---

(8)　Report on the Committee on Administrative Tribunals and Enquiries, 1957, Cmnd 218. 伊藤正己「フランクス報告書について」法律時報30巻6号75-79頁 (1958年) および山田幸男「フランクス・レポート」ジュリスト212号13-19頁 (1960年) 参照。

(9)　リード裁判官が，「我々は発達した行政法の体系をもっていない。──それは，おそらく，ごく最近まで，我々がそれを必要としなかったからであろう。」と述べている。[1964] A.C. 40, at 72. しかし，Breen v. A.E.U., [1971] 2 Q.B. 175, at 189 で，デニング裁判官は，「現在では，確かに我々は発達した行政法の体系をもっていると言ってよい」と述べている。

(10)　但し，Halsbury's Laws of England (2014) では，別個の扱いはせず，行政法は憲法の中で扱われている。ちなみに，Abel-Smith and Stevens, Lawyers and the Courts 69 (1967) によれば，行政法が大学の1教科とされるべきであるという意見は，1846年に既に出されていたという。

第1節　行政法の展開

は欠けている」と述べている(11)。

(3) 公　務　員

§713.1　市民社会（civil society）とは，社会契約説によれば，社会契約によって作られる市民の共同体を指すが，その共同体の中で行政を担当する公務員は，公僕（civil servants）と呼ばれる。19世紀は夜警国家であり，警官，消防官，軍人などが中心であったが，今日では，市民に対するサービスは，医師，教師，ソーシャル・ワーカー，不動産鑑定人，鉄道運転手，その他非常に多くの分野に及んでいる。行政組織の観点から見れば，内閣府（Cabinet Office），外務省（Foreign and Commonwealth Office），国務省（Home Office），司法省（Ministry of Justice），財務省（Her Majesty's Treasury），その他の独立行政諸機関などからなる。内閣府の長は首相であり，首相と共に大臣が内閣を構成する。ロード・チャンセラーも内閣の一員である。内閣を構成する大臣はministersと呼ばれ，それぞれ自分が担当する所管事項の行政を行う。これらの行政組織または行政機関に帰属し，大臣の命令に従って働く者が公務員である。内閣府の中に設けられた人事院（Civil Service Office）が公務員を分類し，格付けして一定の給与が支払われている(12)。

§713.2　イギリスの行政組織には法律上の基礎がなく，憲法習律によって存続しているものもある。例えば，財務省（The Treasury）は建国当初から存続しており，法律上の根拠のない組織である。人事院も1855年に創設されたときには，法律上の根拠のない団体であったが，2010年にその職責などがやっと法律で明文化された。Council of Civil Service Unions v. Minister for the Civil Service, [1985] A.C. 374, [1984] 3 All ER 935 では，人事院の内部に作られた審議会の委員が突然解雇され，解雇された委員たちが自然的正義の違反を主張し，解雇無効の確認をもとめた。貴族院[最高裁判所]は，慣行として事前の相談が行われるが，この事件では「国家の安全」がかかわっており，行政府の判断を尊重した。しかし，「国家の安全」の概念があいまいであること，このような事例でも適正手続が重要であることなどが，この判決

---

(11) Wade and Schwartz, Legal Control of Government 108 (1972). さらに付け加えれば，特別裁判所の手続でもアメリカでは当事者主義が貫かれているが，イギリスでは，むしろ弾力的な審問主義をとっているように思われる。

(12) 現在の公務員制度は，Green Paper, The Governance of Britain (Cm 7179) (July 2007) に詳しく説明されている。

第7章　行政法の展開と市民社会の形成

で説明されている。

§713.3　法務総裁（Attorney-General）および法務次官（Solicitor General）も公務員であるが，これらの職は一般公務員とは異なる。これらの職は，国の法律問題について助言し，ときには訴訟の当事者となる司法職である。ウェストミンスター議会が開かれるときは，その初日に貴族院に出席する義務があり，peerage claim に決定を下し，committee of privileges の事例について専門家としての意見を述べることが求められる。この出席は，正義の泉（a fountain of honour）としてであり，議員としての資格が与えられるものではない。国会議員には不逮捕特権が認められることを第4章§413.3で説明したが，この不逮捕特権は，法務総裁が発行する公訴取下げ（nolle prosequi）の形で行われる。ちなみに，刑事訴追長官（Director of Public Prosecutions）を任命し，刑事事件の訴追について，適正な運用を図ることもその職務の1つである(13)。

(4)　1947年の国王訴追手続法

§714.1　行政法が発展し始めると，国民間に「法の支配」の原則が侵害されるのではないかという不安が起こり，この不安を取り除くために，Crown Proceedings Act 1947が制定された。この法律の第1条は，国王（行政府ないし公務員）に対する訴権をもつ者は，国王（行政府ないし公務員）に対する訴権を強制してもらう権利をもつ，と規定している。この訴権と関連して，同法第2条は，公務員または公的機関（agents）による不法行為について，国民間のコモン・ローの訴訟と同じように，不法行為責任を負うと規定している(14)。しかし，その訴訟の管轄権については，高等法院（High Court）が原審管轄をもつと規定している。後に説明するように，行政行為の司法審査について，高等法院（High Court）が原審管轄をもっており，統一をはかっ

---

(13)　中央政府の公務員と地方自治体の公務員は別の組織に組み込まれている。イギリスでは，地方自治に任される領域が多くあり，行政権の実際上の行使を問題にする場合，地方自治行政が争点となることが少なくない。警察官は基本的に地方公務員である。

(14)　Crown Proceedings Act 1947, s.2. 例えば，Home Office v. Dorset Yacht Co. Ltd.，[1970] A.C. 1004 では，数人の非行少年が訓練所から逃亡し，訓練所の近くのヨットに逃げ込んだ事例で，訓練所の責任者に過失責任（negligence）があったことが認められた。Cf. Anns v. Merton London Borough Council, [1978] A.C. 728. この不法行為責任については，田島裕『英米の不法行為法・契約法・救済法（著作集4）』（信山社，近刊）で詳しく説明する。

第1節　行政法の展開

たものと思われる。訴権については，不法行為法上の訴権だけでなく，知的財産権訴訟などに若干の規定を定めているが，コモン・ロー上の訴権は，国王（行政府ないし公務員）に対しても同じように認められる。この法律に基づく訴訟では，証拠開示がしばしば重要な争点となるので，同法第28条は，特別な規定を置いている(15)。

§714.2　1947年法第21条は，救済方法について定めた規定である。この規定は，通常，コモン・ローで認められる救済方法（コモン・ロー上の救済方法や差止命令などエクイティ上の救済方法）が利用できることの外，他の適切な救済方法が認められ得ることを定めている。例えば，高等法院は，司法審査の訴えにおいて，大権令状による救済を認めることがあるが，この救済はその一例である。また，国王（行政府ないし公務員）に対する訴訟では，しばしば訴えの利益が争点となるが，「公益訴訟」であれば，この訴えの利益の要件が緩和される。先に法務総裁による公訴に言及したが，もともとイギリス法では，刑事事件についても私訴が原則とされており，私人が起こした訴訟において，差止命令や宣言判決を求める訴えでは，法務総裁が「公益性」が高い訴訟であると認めるならば，これを積極的に支援することがある。例えば，R. v. Commissioner of Police of the Metropolis, *ex parte* Blackburn (No.1), [1968] 2 W.L.R. 893では，ブラックバーン（市民）が，ロンドン警察局長に対し，公認賭博の規制を強化することを求めるmandamus訴訟を起こした。ブラックバーンは，古くから賭博場が近隣に悪影響を与えることが理解されており，不適切な規制は義務違反に相当すると主張した。控訴院は，裁判の進め方について「形式的にはこの訴えは認められないが，実質的に勝利（victory）を得ており」，奨励されるべきであると判示した(16)。このような訴訟は，「関係人訴訟（relator's action）」と呼ばれるが，その多くは納税者訴訟である(17)。

---

(15) Official Secrets Act 1911（現行法は1989）により，非公開とされている資料などについても，裁判所は，この規定により，証拠開示を命じ，説明を求めることができる。

(16) ブラックバーンは，類似の訴訟を多数起こしており，この市民訴訟のお陰でロンドンのピカデリー・スクエア当たりの劣悪な環境が著しく改良された。ちなみに，ブラックバーンが提出した証拠には，「警察署長が特定のパブで定時に酒を飲み，捜査状況などについて独り言をいっている」という供述証書や，「ピカデリー・スクエアは怖くて嫌いです」と書いた小学生の作文などが含まれている。

(17) 関係人訴訟について，Attorney-General v. Independent Broadcasting Authority,

第7章　行政法の展開と市民社会の形成

第2節　地方分権

(1) 序　説

§721.1　イングランドが建国された当時，7つの自治地域（ヘプターキ）があり，それぞれが独立した慣習法をもっていた。行政も基本的にはそれぞれの地域が責任を負っていたため，各地に固有な地方自治が育った。とくにケント地方は，カンタベリー教会を中心とする地域であり，大司教が直接政治に関わったことから，教会法（ローマ法）の影響が相当見られる。固有な地方自治がイギリス憲法の1つの特色であることは既に第1章で説明したが，その内容については，本著作集では，第5巻（エクイティの法理）の中で詳しく説明した。本節では，少し視点を変えて，連合王国内の組織的再構成に伴うイギリス議会主権の原則の動揺という観点から，地方自治の憲法問題を説明しよう。スコットランドの法的地位がいかなるものであるかが最も重要な論点となるが，そこでの主要な問題は，現在，イギリス議会主権が国際法上いかなる意味をもつかという主要課題とも関わりをもっている。

§721.2　スコットランドの話に入る前に，地方自治の観点から見た連合王国の法的構造を説明しておこう。本書のこれまでの叙述において，英国をイングランドと呼んできたが，賢明な読者ならば，この表記が不正確であることに気付いていたかもしれない。1972年のヨーロッパ共同体法の解釈について説明したときには，連合王国という表記を使った。連合王国は，イングランド，ウェールズ，スコットランド，および北アイルランドからなる。法律上は，イングランド法とウェールズ法は古くから同一であるが，スコットランド法は，大陸法の影響を受けた独自の法制度をもっている。イングランド，ウェールズ，スコットランドの3つを会わせるときは，グレート・ブリティンと呼ばれる。北アイルランドは，カソリックの影響を強く受けており，立法権および司法権についても，むしろ独立した自治が認められてきた[18]。

　　[1973] 1 All ER 689 を見よ。
　(18)　アイルランドは，古くからイングランドと対立しており，しばしば内戦が繰り返されたが，1920年にレファレンダムが行われ，独立を主張したグループが勝利したため，アイルランドは1921年に条約により独立した。しかし，反対派は，北アイルランドとして連合王国に留まった。

裁判所判例集はEWLRと表記されるようになっている[19]。

§721.3　1947年以降，20世紀の終わり頃まで，労働党政権が掲げた地方自治政策は，中央政府がリーダーシップをとり，各地方の特色を残しながらも，イギリス全体の大きな政策の中にマッピングを行うというものであった。しかし，2011年の地方主義に関する法律（Localism Act）により，この政策は大きく変わった。イギリスは地方自治の伝統をもつ国であり，地方のイニシアティブを尊重し，中央政府指導型の政策を廃止する方向に転換した。しかし，ロンドン地域については，むしろグレーター・ロンドンが有機的に発展してきているので，グレーター・ロンドンとして首都圏政策を策定し，それを支える形でグレーター・ロンドンを構成する市の役割を強めてゆくという政策をとっている。グレーター・ロンドン内での1つの統一政策が模索されることになる。

(2) スコットランド

(a) **1707年の併合法（Union Act）**

§722.1　地方分権を議論する場合，まずスコットランドが問題になるが，スコットランドは，Scotland Act 1998により，イギリス議会（ウェストミンスター）とは独立してスコットランドに関する無制約の立法権を獲得した。連合王国の視点に立てば，地方分権を行ったことになるが，イギリスは連邦国家ではなく，連合王国は連邦政府ではない。イングランドとスコットランドが対等な立場で立法できるようになったと見るべきであろう。この立法に至までには，深いいきさつがあり，簡単に説明することは困難である。そもそも，話は1603年にスコットランドのジェームズ6世を国王として迎え，イングランドのジェームズ1世としたことに始まる。イングランド王室とスコットランド王室の併合がなされたことになる。王室の併合だけでなく，政治的にも1つの国家とするために，1707年に併合法（Union Act）が制定された。

§722.2　ジェームズ6世の母メアリ・ステュアートは，敬虔なカソリック教徒であり，イングランド征服の夢が，息子のジェームズによって無血で叶えることになったとはいえ，ジェームズが実際に統治をするためには，多くの妥協を要求された。併合法は，約100年をかけて事実上の妥協点を法文化したもの

---

[19]　England & Wales Law Reports の略語で，オン・ライン上の判例集。

第7章　行政法の展開と市民社会の形成

である。1707年5月1日に併合法（Union Act）に調印がなされ，両者はグレート・ブリテンと呼ばれるようになった。この法律の第1条は，「イングランドとスコットランドはこの法律により永久に併合される」と規定していて，この併合法は分離することを予定していない。しかし，この併合は，スコットランドにとってさまざまな不利益をもたらすことになった。この不平等と取り除くことがスコットランドの長年の悲願であった[20]。

§722.3　1707年の併合法の制定によって，ウェストミンスターの議会は，少なくとも原則として，両方の地域に適用される法律を制定することができるはずであるが，実際に統一がはかられているのは商取引に関する部分だけに限られているように思われる。商取引に関する法律は，統一の必要性があり，ほとんど完全に同一なものになった[21]。裁判所制度は，古いものが存続したので，判例法にはイングランド法との相違がしばしば見られる。1707年の併合法は，この解釈を許している。とくに刑事裁判については，スコットランドの最高裁判所の判決からさらにロンドンの貴族院［最高裁判所］へ上告することは許されていなかったので，判例法においても，オランダ法の影響を受けたスコットランド法が残っている[22]。しかし，イングランド法とスコットランド法の相違点を強調しすぎるのも正しくない。

(b)　T.B. Smith のスコットランド法

§722.4　筆者は1974年にスコットランドのスミス（T.B Smith）を訪問した[23]。

---

(20)　スコットランド選出の国会議員の数は著しく少なく，政治的解決は不可能であった。第4章§§414.1-414.3でビルマ石油事件を説明したが，アバディーンに石油が埋蔵されていることがスコットランドを分離独立する方向に引く強いベクトルとして働いた。今日では，イギリス議会の政党間の力関係が拮抗しており，スコットランドの票の価値が相対的に高まっている。また，本書213頁注(31)で述べたEU離脱のレファレンダムは，スコットランドの独立運動を活気づけている。

(21)　併合法第18条は，「取引，関税，消費税に関する法律は，イングランドにおいても，スコットランドにおいても，同一であるべきこと」を規定している。

(22)　Criminal Appeal Act 1968, s.33(2)は，法務長官が公益上特別に重要であると思料する特別の事件について，ロンドンへ上告することができると規定しているが，この規定が使われた事例の記録が残されていない。なお，民事事件について，Administration of Justice (Appeal) Act 1934, s. 1(1)を見よ。

(23)　T.B Smith は, Stair, The Institutions of the Law of Scotland Deduced from Its Originals and Colated with the Civil and Feudal Laws and with the Customs of Neighbouring Nations (Rev. ed. 1963) ［スコットランド法の権威的書籍］の編纂者であり，本項で問題としているスコットランドの分権運動の思想的な支柱となっていた学者。

第 2 節 地方分権

ロー・コミッションズの委員長であったダイヤモンド（A. Diamond）の助言を受けて，スコットランド法の相違点を学ぶ意図で訪問したのだが，イングランドとは違った文化がそこにあった。当時，スコットランド独立運動が政治的課題となっており，すでにスコットランド議会の建物は完成していた。T.B Smith の客であったため，スコットランドの最高裁判所（Court of Session）も見学した。スコットランドの裁判所の裁判官席には多くのボタンが並べられており，法廷で乱暴を働く者がいれば，ボタンを押せば床が抜け，その者を法廷から排除できる仕組みになっていた。これが古い時代の法廷侮辱罪の意味であることを知った。エディンバラ大学は，比較法研究（大陸法，とくにオランダ法やフランス法）が非常に進んでおり，本書で説明したヨーロッパ法との融合については，この大学が果たした役割は，決して少なくない。

§ 722.5 『議会主権と法の支配』では，スコットランド法の相違点を次のように説明した。

「かようにスコットランドの法律家たちの愛国心は，法制度の名称の付け方にもよく表われているように思われる。先に言及した最高裁判所がコート・オブ・セッションと呼ばれるのも，イングランドでは見られないものであるし，弁護士がイギリスではバリスターと呼ばれるのに対し，スコットランドではアドボケートと呼ばれるのもその例である。また，イングランドの法務総裁（attorney-general）は，スコットランドではロード・アドボケートと呼ばれる。訴訟方式の名称にも違いが見られる。例えば，イングランドのサーシオレアライに類似した救済方法は，スコットランドではインターディクトと呼ばれている。さらに，名称は同じものが遣われている場合でも，内容に微妙な差違が見られることも少なくない。」

§ 722.6 T.B Smith は，ドノヒュー対スティヴンス判決の理解の仕方について，かなりの時間を使った。この判決は，消費者保護法の核心となる判決であり，この判決の意味するところを理解することが重要であったためである。このときのエピソードは別稿で紹介したので，ここでは繰り返さないが，T.B Smith によれば，過失責任（negligence）の法理はスコットランド法が発信源であり，イングランドがその法理をドノヒュー対スティヴンス判決で承認し，さらにはコモンウェルス諸国にも拡大し，さらには高柳賢三を通じて，日本にまでも伝播しているというのである[24]。当時，筆者はケンブリッジ大学のブリティシュ・カウンシル・フェローであり，この訪問の成果の中で

---

(24) T.B. Smith, British Justice: The Scottish Contribution 51-52 (1961).

第7章　行政法の展開と市民社会の形成

これについて報告したとき，大学で激しい批判にさらされ，「スコットランドで毒されてきた」と評価された。

　T.B Smith は，A. Diamond と共に，不公正契約条項法の法案を内容とするロー・コミッションズの報告書を作成し，これに基づき1977年の不公正契約条項法が制定された。この法律は，日本の法律にも大きな影響を与えた。

§ 722.7　『議会主権と法の支配』では，重要な憲法判例として「国王称号事件」と称される，McCormick v. Lord Advocate, 1953 S.C. 396 にも言及した[25]。この事件では，グラスゴー大学の学長および法学部学生が申立人となり，エリザベス1世はスコットランドの国王ではなかったので，エリザベス2世の称号をスコットランドの大学に使用させることは正当ではないと争われた。この事件は，その称号の使用を強制することが違法であることの宣言および使用差止命令を求めた公益訴訟である。原告の訴えは却下されたのであるが，クーパー裁判官は，その判決の傍論の中で，スコットランド法がもっと尊重されるべきであると強調している。

　　「議会の無制約の主権という原則は，明らかにイングランドの原則であって，スコットランド憲法は，それに相応するものをもっていない。その原則は，その起源をコーク，ブラックストーンにもち，19世紀にバジョット，ダイシーによって広く知らしめられた。……（中略）……併合の立法が，スコットランドとイングランドの議会を消滅させ，それに代えて新たな議会が設立されたことを考えるならば，グレート・ブリテンの新しい議会が，イングランド議会のすべての特殊な特徴を承継し，スコットランド議会のそれを何ら承継しないと……（中略）……考えなければならない理由を見いだすことは困難である。」

　スコットランド人の憲法解釈が，この傍論の中によく表わされている。

　(c)　**1998年の地方分権法（Scotland Act 1998）**

§ 772.8　1978年の地方分権法（Scotland Act）について『議会主権と法の支配』で言及したが，さて，本項のはじめに Scotland Act 1998 が制定され，スコットランドが一定の主権を獲得したと述べた。スコットランドは，これによりまずスコットランド憲法を作り，「ウェストミンスターとは本質的に異なる，世界の叡智を集めた，最先端の合理的な議会制度を作る」と宣言している。しかし，どのような形のものができるかは，まだ未知数である。スコットランド議会がウェストミンスターから独立した立法権をもつようになり，イン

---

(25)　この判決は，伊藤正己「議会主権の原則の再検討」国家学会雑誌81巻5・6号（1968年）38-42頁で検討されている。

第2節　地方分権

グランドとの関係が枢密院を通じてなされることになるならば，抽象的な法律の仕組みの問題としては，スコットランドは，カナダやオーストラリアなどコモンウェルス諸国と同じ地位に置かれることになり，スコットランドは，ヨーロッパ共同体法に拘束されないという主張が成り立つかもしれない。Montgomery v. HM Advocate, [2003] 1 A.C. 641, 664（per Lord Hope）は，ヨーロッパ人権規約第6条は，直接，スコットランドに対しても拘束力をもつと判示している。

(3)　ウェールズ

§723.1　ウェールズは，エドワード1世によって征服され，それ以来，インランドとの連合を維持してきた。主として慣習法ならなる当時のウェールズ法は，イングランド法とはかなり異なっていた[26]。おそらく，多くのウェールズ人が穏健なキリスト教徒であったため，両者の間で衝突が起こることはほとんどなく，今日まで友好関係が維持されてきた[27]。ヘンリー8世の時代には，法律の明文によって，「イングランドだけが，ウェールズにおいて使用される」と規定され，それ以降，ウェストミンスター議会が制定した法律は，当該法律の中に「ウェールズには適用されない」旨の規定が置かれていない限り，ウェールズにも適用される[28]。

§723.2　イギリスで1969年に設置された憲法に関するロイヤル・コミッションが1973年に最終報告書を出し，その中で，ウェールズに対しても一定の地方分権が行われるべきであると勧告した。ウェールズには，言語や教育などについて固有の文化が引き継がれており，ウェールズ固有の行政が行われるべきであると考えたものと思われる。しかし，1975年に政権が労働党に変わり，改めてホワイト・ペーパーを作成したうえ，Wales Act 1978 を制定した。しかし，これを受け入れるか否かについてレファレンダムが行われ，住民の80％が反対したため，この法律が実施されることはなかった。労働党は，政

---

(26) 例えば，イングランド法によれば，土地相続は長男に限られていたが，ウェールズの慣習法では，すべての子供に均等に相続させることになっていた。

(27) 古い時代には，ウェールズの王子たちはイングランドの国王に忠誠（homage）を誓う慣行があったが，後に国王の長男がウェールズ王子（Prince of Wales）の称号をもらうようになった。

(28) 27 Hen. VIII, c.4. この法律は，イングランドとウェールズの連合が永遠のものであることを定めている。34 & 35 Hen. VIII, c. 26 は，連合関係の在り方について若干の規定を追加したが，改めて先の法律を追認している。

第7章　行政法の展開と市民社会の形成

権を失ったが，1997年に政権を取り戻し，レファレンダムを考慮したホワイト・ペーパーを作成し，1998年に Government of Wales Act 1998 を成立させた。この法律では，移譲される権限の内容が明瞭でなかったが，Government of Wales Act 2006 が制定され，ウェールズに関係する立法権を National Assembly に移譲し，ウェールズの行政府として Welsh Assembly Government が設立された。

(4) 北アイルランド

§724.1　スコットランドやウェールズと同じように，北アイルランドについても地方分権法が制定されている。法律の形式は，いずれも類似しているが，北アイルランド問題には複雑な問題があり，その内容について大きな違いがある。1998年の地方分権法の背後には，複雑な歴史があり，それを考慮することなくその法律を正しく理解することはできない。アイルランド問題は，イギリス近代史の最重要問題であった[29]。アトリー労働党内閣が成立して，石炭，電力，鉄鋼，航空産業などの主要産業を国有化し，失業保険，年金制度などの福祉政策を確立したとき，アイルランドの独立を認め，1949年アイルランド共和国ができた。しかし，同じケルト人であってもイングランドのプロテスタントを信仰していた住民は，北アイルランドに集まり，連合王国にとどまった。そして，1973年の北アイルランド憲法に関する法律（Northern Ireland Constitution Act 1973）が制定され，北アイルランドが，(1)アイルランド共和国と統治権限の問題について協議し，(2)北アイルランドに移譲された問題に関して，アイルランド共和国と条約を結ぶことができることになった[30]。この北アイルランド憲法の規定は，地方分権法の前提となっている。

§724.2　1998年の地方分権法（北アイルランド）は，スコットランドの場合とは違

[29] Government of Ireland Act 1920 [GOIA]. さらに遡れば，クロムウェルが征服してアイルランドをイングランドに吸収したが，それ以後，自治権をめぐって両者の間で武力紛争がしばしば起こっている。「コモンウェルス」の成立時（1931年）にコモンウェルスにすることも合意された（国名をエールと命名した）が，北アイルランドがこれに反対し，実現しなかった。アイルランド人のテロ問題は今日でも完全には解決されていない。

[30] Northern Ireland Constitution Act 1973, s.12(1). N.I. Constitution Act 1973 [NICA]. なお，イギリス憲法と北アイルランド憲法との関係について，詳しくは Harry Calvert, Constitutional Law in Nothern Ireland (Stevens, 1968)；R.J. Lawrence, The Government of Northern Ireland (Clarendon P. 1965) を見よ。

い，すべての立法権をウェストミンスターから北アイルランド議会へ移行し，例外について付則2に具体的・個別的に定めることにしている。また，付則3には，移行する予定なので北アイルランドが立法することは許されるが，当分は移行を留保される具体的・個別的事項が定められることになっている。現在ではまだこれらの内容の詳細は明らかになっていない。しかし，ベルファスト合意（Belfast Agreement）が締結されており，これに従って具体的な規定が作られていくことになる。困難な問題はIRAと関わる問題であり，刑事捜査手続，裁判手続などに関して，完全な移行が困難な状態があるため，様々な形で臨時措置または緊急措置がとられている[31]。

§724.3　1998年の地方分権法（北アイルランド）第6条は，「北アイルランドの立法権の範囲内にない立法は法律でない。」と規定されており，将来，北アイルランド分権法に関して法的紛争が生じることが考えられる。そのとき，本章§783で説明する委任立法の司法審査が行われることが考えられるが，ウェストミンスターと北アイルランド議会の間には上下関係はなく，むしろコモンウェルスの法的な論理枠に当てはめて解決が図られることになると思われる。事件の審理に当たる最終審裁判所は，最高裁判所ではなく，枢密院司法委員会がそれにあたることになると思われる。

§724.4　アイルランドには，複雑な歴史的経緯があり，このことが上述の諸法律にも反映されている。もともとアイルランドは，ケルト族およびゴート族のバイキング集団が住む地域であり，一部は，イングランドに住んでいたが，クロムウェルの戦争により北に逃げてきた者もいる。この地域には，Brehon Lawと呼ばれる慣習法が残っている。1800年にはAct of Unionにより，グレート・ブリテンとの併合が図られたが，アイルランドには独立の議会が維持され，完全な立法権が認められてきた。しかし，司法システムについては，イギリス法の中に組み込まれ，ロンドンの貴族院［最高裁判所］への最終上訴が認められてきた。この面では，かなり良好な関係が維持されていた。例えば，離婚訴訟の要件に関するR. v. Millis, (1844) 10 Cl. & F. 534やBeamish v. Beamish, (1861) 9 H. & C. 274，一事不再理（autre fois aquit）の原則に関

---

(31)　『議会主権と法の支配』では，Prevention of Terrorism (Temporary Provisions) Act 1973, s.3を一例として説明したが，この法律は，IRAの過激な戦闘活動に対処するため，警察署長に嫌疑者を令状なしに逮捕する権限を与えている。当時，ロンドンの主要な地下鉄の駅でしばしばテロ行為が行われ，駅が閉鎖された。ちなみに，IRAとはIrish Republican Armyを意味し，この団体は，多数のテロ行為を行なってきた。

する Gray v. R. (1844) 11 Cl. & F. 427, 土地の復帰権を放棄した賃貸人の権利に関する Pluck v. Digges, (1832) 2 H. & B. 1 は, アイルランドの判例であるが, イギリスの重要判例としてしばしば引用されてきた。歴史上は, 1919 年から 1921 年まで, アイルランド戦争が起こり, Irish Free State（後に, Irish Republic に改名）として連合王国から離脱したが, アイルランド法は, イングランド法と類似している。

§ 724.5　北アイルランドの法律家は, 親英派と反英派に分裂し, このことが北アイルランドの分離をもたらした[32]。Dublin には King's Inn があり, すべての法律家がこれに加入していたが, Inn of Court for Northern Ireland が組織され, 分裂した。北アイルランドは, インドランドと友好関係を維持しているが, 利害が対立する事例がないわけではない。R. v. Minister of Agriculture, Fisheries and Food, *ex parte* Hedley Lomas (Ireland) Ltd., [1996] All ER (EC) 493 では, 北アイルランドから羊をスペインに輸出することをイギリス政府が禁止しようとした。その主要な理由は, スペインでの精肉のプロセスにおいて, 残酷な殺戮行為が行われるので, Council Directive 74/577/EEC (18 Nov. 1974) に従って, 残酷な殺戮行為を抑止することである。しかし, 羊の輸出禁止が技術的な基準によるものである場合, カシス・ド・ディジョン（Casis de Dijon）型の輸出入規制を許すことになりかねないし, 残酷な殺戮行為はスペインで行われることであり,「物の移動の自由」の例外をもうける十分な根拠とはなりえない, と高等法院女王座部は判決した[33]。

§ 724.6　地方分権が実際に実施された場合, さまざまな新しい問題が生じるものと思われる。例えば, スコットランドにイギリス議会の立法主権が移行された場合, ヨーロッパ共同体との関係において, スコットランドはイングランドと対等の関係に立つことになるのかが疑問となる。また, 連合王国が外交上の国家であるが, イングランドがそれを代表することになり, スコットランドも黙示的に代表権を委任したことになるかも疑問になる。さらに, これまでの関係が 1707 年の併合法によるものであったとすれば, 地方分権法のそ

---

(32)　北アイルランドはカソリック教徒が多く, ケルト人の血を引く住民が多い。イングランドは, プロテスタントが強く, 歴史上, しばしば武力対立を見た。

(33)　上述 § 614.3 参照。この判決が採用した論理は比例配分原則（proportionality）の一種であると考えられる。

れを修正した法律であり，その1707年法はなお存続することになるのかも問題となる。しかし，これらの諸問題について，現在，ここで議論するだけの余裕はないので，話を本論に戻し，行政の内容についての議論に移ることにしたい。

第7章　行政法の展開と市民社会の形成

第3節　行　政　政　策

(1) 貧困者対策

§731.1　さて，本節では話を中央政府による行政の問題に戻し，主に福祉国家政策に関する行政について説明することにしたい。福祉行政は今日の行政の主要な部分であり，これに関与する公務員の数も非常に多い。イギリスの福祉行政と関連して，「揺りかごから墓場まで」とか「夜警国家から福祉国家へ」ということばが使われる。このことをシンボリックに法制度として定めた法律の規定が，1966年の生活扶助法第4条1項の規定である[34]。この規定は，国民の所得が一定の基準以下であることを客観的に証明することができれば，国民が権利としてその保護を求めることができると規定している。3ヶ月の居住条件を満たしているならば，イギリスに居住するイギリス人だけでなく，居住者であるコモンウェルスの市民等も，同じ権利を享受することができる。その法律が実現しようとしている目的を説明するため，歴史的背景を少し見ておこう。

§731.2　福祉行政の領域でイングランド教会が果たしてきた役割は，かなり大きなものであった。イングランド教会は，27 Hen. 8 c.25 により貧困者を救済する政策にかかわりはじめた。エリザベス女王の「救貧法（Poor Relief Act）」（29 Eliz. c.3）は，その政策を具体的に定めた[35]。この法律により，各教会は，観察官（overseers）を任命することを義務づけ，違反があれば20シリング（1601年当時）の課金（rate）を負担させた（第2条）。教会が貧困者に対し住居を準備することも義務づけられた（第5条）。しかし，観察官（overseers）の職務の内容が明確でなく，この制度は必ずしも上手く機能しなかった。そこで，22 Geo. 3 c.83（1782年）は，観察官（overseers）を廃止して保護官（guardians）を任命することにし，さらに教会・地方自治団体の間にネットワークを構築して，協力体制を確立した。1834年にはPoor Law Amendment Actが制定され，Commissionersが地方行政組織の中に置かれ，さらに

---

(34) Supplementary Benefit Act 1966 s.4(1)は「グレート・ブリテンにいる全ての者が給付を受ける権利を有する」と規定している。
(35) 5 Eliz. c.3 は，牧師（最終的には司教）が富裕者に救済を命じ，その者が命令に従わなければ10ポンド（1587年当時）の罰金を科することを許した。

第3節 行政政策

1925年のRating and Valuation Actにより，救貧行政は教会とは直接関係のない地方自治体の義務となった[36]。

§731.3　Webb, English Poor Law History（W.A. Robson ed. 1963）は，上述のような救貧法の発展の歴史を6つのステージに区切り，それぞれのステージの政策目標を説明している。第1ステージは封建時代の救貧法であるが，社会秩序を形成するのに貧困者の保護が重要であったと説明している。第2ステージはエドワード1世の頃の救貧法であるが，職のない者が犯罪を犯す傾向があり，犯罪防止に重点を置いていたという。この時代の貧困者は奴隷となる可能性も高かった。第3ステージがエリザベスの救貧法の時代であるが，はじめて行政政策として救貧が法律に従い行われるようになった[37]。第4ステージは，名誉革命後の救貧政策の時代であるが，地方自治との関連づけが行われた。第5ステージは産業革命の時代であるが，自由放任（laissez-faire）の思想の影響を受けて，貧困者は消費財としての労働力として扱われている。第6ステージは，20世紀以後であるが，自由放任（laissez-faire）の副残物として貧困問題を捉え，市民社会の形成のために，一種の社会的身分として貧困層をとらえている[38]。

§731.4　最近になって，司法の在り方もまた，福祉国家の諸政策を推進するものでなければならないと理解されている。その詳細を説明するために別著を必要とする大きな問題であり，ここで詳しく説明することは出来ないが，Legal Services Act 2007を紹介することにしよう。その詳細を説明するためには小冊子を必要とするので，ここでは，Legal Services Act 2007（まだ完全には実施されていない法律）を検討するだけにとどめたい。この法律は，前項で言及したプロ・ボノに関わる法律家に関係のある法律であり，一般市民がどのような司法権のサービスを享受できるかについて定めている。同法律第

---

(36)　G. Nicholls, A History of the English Poor Law（New ed.［Willink ed.］1898）は，本文でのべたような救貧法の発展の歴史を説明している。この著作によれば，救貧法の起源はエセルバートの時代まで遡るという。

(37)　父親であるヘンリー8世の遺志を継いだという形をとっているが，エリザベスは，幼少の頃，母親が国民に嫌われたアン・ブーリンであったため，いじめにあっており，この経験が救貧法の制定に反映されている。

(38)　生活保護に関する法律は，National Assistance Act 1948, National Insurance Act 1965, Social Security Act 1973, Social Security and Housing Benefit Act 1982, National Health Service and Community Care Act 1990, Social Security Administration Act 1992, Social Security Contributions and Benefits Act 1992である。

1条1項は，(a)公益性を促進すること，(b)法の支配を遵守すること，(c)司法アクセスを改善すること，(d)消費者利益の保護に努めること，(e)自由競争の原理を尊重すること，(f)法曹という職業における独立性，多様性，効率性を高めること，(g)市民の法的権利および自由を守ること，(h)法曹倫理を遵守すること，を目的とした立法であることを述べている[39]。

§731.5 福祉行政で問題になるのは，生活保護，年金，国民健康保険などである。Regina v. North and East Devon Health Authority, ex parte Coughlan, [2001] Q.B. 213 では，特別障害者寮への入居ができなくなったことが争われている。この事件の申立人は，道路上の事故に出会い，重大な障害が生じたため，NHS（国民健康機構）の奨めに従ってその寮へ入居した。その時には，NHS は life home であり，申立人は生涯そこで生活できると約束されていた。しかし，その寮は財政上経営が困難になり，突然，廃止されることになった。そこで申立人は，specialist ホームから一般療養所へ移されることになったが，一般療養所では本人の自己負担であった。申立人が司法審査を求め，高等法院は，次のような判決を書いた。

「もし法律上の機能を果たす公的団体が，将来どのようなことをするかについて約束を与え，その約束が，単なる手続というよりは実体的な利益の正当な期待を生むようなものである場合，その期待を挫くことは，余りにも不公正であり，権力の濫用に相当する。」(That if a public body exercising a statutory function made a promise as to how it would behave in the future which induced a legitimate expectation of a benefit which was substantive rather than merely procedural, to frustrate that expectation could be so unfair that it would amount to an abuse of power)[40]

(2) 国民健康保険・労働者災害補償

§732.1 「揺りかごから墓場まで」ということばは，ベヴァリッジ報告書[41]で使わ

---

(39) これらの目的を実現するために，Legal Services Board を設置し，具体的な政策（オンブズマンの利用など）を策定し，法律の諸目的を実現する義務を負わせている。その政策には，貧困者がリーガル・サービスを受けられるようにする法的扶助の利用も含まれている。

(40) 高等法院は，さらに，前の約束から離脱しなければならない正当な理由があるか否かを審理し，約束違反が正当でなければ，公正な救済を判決しなければならない，と述べている。

(41) Report of Social Insurance and Allied Services (Beveridge Report), Cmd. 6404

第3節　行政政策

れたことばであるが，現在の社会においては，人間は生まれた瞬間から死ぬまで，社会に守られている。すべての人が最低の文化的生活を送る権利を認められている。この目標を実現するために，National Health Insurance Act 1946 や National Assistance Act が 1948 年に制定され，国民健康保険の制度が導入された。Supplementary Benefit Act 1966 は，生活保護を求める請求権を認める規定を置いた（s. 4）。1975 年に多数の福祉行政に関する法律を統合し，Social Security Act 1975 が制定された。その後も何度も小さな技術的改正が行われているが，国民健康保険については，National Health Service Act 2006 が総合的な法律となっている。この法律は，所得に応じて一定の積立金の納付を義務づけているが，他方，医療サービスを無料で受けることのできる制度を確立している。その目的のために，病院を設置したり，医師と契約をしたり，さまざまな市民サービスを提供している。

§732.2　National Health Service は，経営の面だけでなく，さまざまな法的問題を抱えている。R. v. Pennie NHS Trust, [2003] EWCA Crim. 3436, [2004] 1 All ER 1324 では，NHS（Rochdale）を廃止し，新しい NHS（Pennie）に移行することが決定されたが，それに伴い，廃止される病院の責任が新しい病院にそのまま移行するかどうかが問題になっている。特に問題になっているのは，Health and Safety at Work etc Act 1974 の違反に対する刑事責任である。控訴院は，刑事責任は移行しないと判決した。ちなみに，この刑事事件では，Criminal Procedure and Investigations Act 1996 s.29 による予備的審理（preparatory hearing）が行われたが，司法審査の訴えにおいて，刑事裁判の審理（hearing）を出来るかが争われたが，この点については，出来ると判決した。

§732.3　先に言及した Health and Safety at Work etc Act 1974 は，労働者の職場の安全を保障した法律である。同法第 2 条は，従業員の職場における「健康，安全および福利」を出来る限り守る義務を課している。同法第 10 条は，この法律を強制するために，健康・安全行政局を設置したが，この行政局は，関係者に助言し，調査研究する権限をもっている。また，個別的な事例について是正勧告（improvement notice）を出すこともできる。この法律が定め

(1942)．この報告書は，イギリスの福祉政策の基礎を築いたものであると考えられるが，主に財政上の理由から，現実にはかなり修正されている。具体的な事例について，第 8 章 4 節で説明する。

る労働者の救済方法はソフトなものであり，不法行為訴訟を通じてこれが強制されることが多い。ちなみに，行政局が個別的事件を扱うときは，特別裁判所の機能を果たすと理解され，その決定に対する上訴は，健康・安全委員会（Health and Safety Commission）に対して行われていたが，この委員会は廃止された[42]。

§732.4 上述の職場の安全に関する法律は，使用者に雇用契約上の義務として，労働者の「健康，安全および福利」を守る義務がコモン・ロー上存在していることを確認した法律である。この義務違反は，不法行為（negligence）であり，使用者は，損害賠償をする義務を負う。しかし，労働者が訴訟を起こすことは必ずしも容易ではなく，補償の形で労働者の生活の安定をはかるため，Workman's Compensation Act 1897 が制定された。Workman's Compensation Act 1897 では，労働者が負傷または死亡した場合に，その家族が生計を維持できるようにするために，使用者に補償の支払いに向けた保険金の支払いを義務づけた。National Insurance（Industrial Injuries）Act 1946 も，ベヴァリッジ報告書の勧告に従う立法ではあるが，基本的には Workman's Compensation Act 1897 の理念を踏襲する法律である。現行法は，Social Security Contributions and Benefits Act 1992 および Social Security Administration Act 1992 であるが，現行法は，1946年の法律の理念を大きく変えている。労働災害補償のための基金は，国民健康保険に一体化され，労働災害補償給付金は全額が統合基金（consolidated fund）から支払われるようになっている。このことは，労働者が労働者が災害補償基金に拠出しているか否かに関係なく，補償が支払われることを意味し，この制度が社会保障制度の一部になっていることを意味する。

§732.5 （環境保護）環境保護は，コモン・ローでは，ニューサンスの法理によって古くから行われていたが，産業革命後，さまざまな汚染の問題が深刻化し，具体的な個々の問題（水汚染，空気汚染など）について法律を制定して，個別的に解決が試みられるようになった。20世紀の初めには公衆衛生に対する関心が高まり，国民健康保険などの制度が導入された。今日では生活環境が問題になっている。環境保護は，20世紀後半には国際的な問題となり，地球温暖化の問題を含め，数多くの条約が作られた。都市計画などによる大

---
(42) これに関するコモン・ローは，複雑であるが，これについては，田島裕『英米の不法行為法・契約法・救済法（著作集4）』（信山社，近刊）で詳しく説明した。

規模な開発についても，環境に対する影響を評価することが義務づけられ，イギリスは，ヨーロッパ共同体法による規制に従っている。本書で取り上げた重要判例の中にも，これらの問題に関係するものが数多く含まれている。これらの問題に関する判断は，専門的知識が必要であり，その判断能力をもつ特別裁判所が多数設置され，特別裁判所は，自然的正義の原則によって司法審査を行うことにより，「法の支配」を実現してきた。

§732.6 （消費者保護）1970年代にジェフリー・ハウが消費者保護政策を推進し，1973年の公正取引法（Fair Trading Act）および1974年の消費者信用法（Consumer Credit Act）を制定した。この法律の制定プロセスは，田島裕『英米の不法行為法，契約法，救済方法（著作集4）』（信山社，近刊）第4章で詳しく説明した。そのプロセスは，議会民主政治における立法過程を教育するための特別番組をイギリスのテレビジョンが作成したことからも理解できるように，本書で説明した立法手続が模範的に守られた立法のサンプルである。消費者保護政策は，アメリカ合衆国のケネディー政策に刺激を受けたものと思われるが，少なくとも2つの重要な意味をもっている。第1に，消費者信用法制は，経済的先進国に見られるものであって，国際金融の世界において，消費者信用を重要視するシステムである[43]。第2に，現金や現物の担保に頼らない信用社会を形成したということである[44]。

§732.7 （福祉行政における証明問題）Chief Adjudication Officer v. Faulds, [2000] 2 All ER 961 では，消防士が火災現場で奮闘した後，トラウマに襲われるようになり，日常生活が乱れ，仕事を続けることができなくなって退職した。Social Security Contributions and Benefit Act 1992 s. 94(1)により労働災害補償の給付を求めたが，審査当局は，事故とトラウマとの間の因果関係が証明されていないので給付はできないと決定した。この事件のように，法律が要求する前提条件の証明が困難なことが少なくない。Child Support Act 1991, s.39A の解釈が問題になった Karoonian v. Child Maintenance and Enforcement Coimmission, [2012] EWCA Civ. 1379 では，親が子供の扶助

---

[43] この立法にバーミンガム大学のボーリー教授が大いに貢献した。詳しくは著作集4で説明するが，理想に走りすぎた側面があり，消費者保護政策は余り成功していないように思われる。

[44] 消費者信用は，ある意味で無担保貸付を意味し，借金が大きくなり過ぎると別のリスクが発生する。1973年の公正取引法は，特別裁判所を設置したが，問題点を抱えている。

第7章　行政法の展開と市民社会の形成

責任を果たさなかったため高額の罰金を支払うことになったが，この罰金も払えず，拘置所に拘禁された。この拘禁によってさらに子供の保護のための高額の責任が発生し，法律を定めどおりに運用できない状態が生じている。このような問題は，PB v. Child Maintenance and Enforcement Commission (CSM)，[2009] UKUT 262 [Upper Tribunal (Administrative Appeals) Chamber] の実例に見られるように，特別裁判所で対策が検討されているが，混乱状態にある。

§732.8　労働基本権に関する法律は1996年に制定されたEmployment Rights Act 1996に整理された。この法律の第1条は，使用者が被用者を雇用するときに，雇用条件説明書を作成して被用者に渡すことを義務づけた。この説明書は，最初の3ヶ月以内に数回に分けて渡してもよいが，最初の説明書には，①使用者と被用者の氏名，②雇用の開始日，③従業員の継続的雇用期間の算定起算日が記載されなければならない（第1条(3)項）。さらに，給与の条件，労働条件，雇用契約解除の通知，職場での身分，雇用期間，労働の場所などについて，記載する書面が被用者に渡されなければならない。また，育児休暇，残業，基本賃金，団体協約，不当解雇の禁止などについても規定している。

(3) 教　育

§733.1　教育は基本的には地方自治の問題であると考えられてきた。しかし，義務教育に関しては，新しい一連の法律により，中央政府が直接関与するようになった。イギリス政府は，Education Act 2002によって新しい基本方針を示した。この法律は，すべての公立学校および私立学校に義務づけられる全国統一のコア・カリキュラムの外，一定の宗教教育および性教育をほどこすことを義務づけている。実際の教育を進める進め方などは，今日でも地方自治に委ねられているが，中央政府は，随時視察をしたり，教育の実態を監視する方針をとっている。中央政府は，教師の高い質の維持に関心を示しており，教師の研修制度や懲戒制度を導入した[45]。

---

(45)　後述§784.2で説明するSecretary of State for Education and Science v. Tameside Metropolitan Borough Council, [1977] A.C. 1014は，この法律に関係する重要な事件であるが，この事件では，いわゆるパブリック・スクールの存続が争点となっている。パブリック・スクールは，日本の制度と比較すれば，私立中学であるが，厳しい入学試験があり，エリート教育が行われている。

第3節　行政政策

§733.2　どの国家においても，大学の果たす役割は大きい。イギリスでは，オックスフォードとケンブリッジ大学が学問の中心的役割を果たしているが，憲法が保障する「学問の自由」は，大学での学問に関わっている。本書で説明してきた「イギリス憲法」は，その大部分がオックスフォードやケンブリッジの学問が生んだ成果である。日本の大学とこれらの大学の間には，格段の差がある。例えば，日本の最高峰のイギリス憲法の専門家は，学界がSir Edward Cokeを「コーク」と呼んでいることを批判したが，その議論はコーク［クック］の法思想ないし学問の研究を深めることに何ら役だっていない。ちなみに，筆者が本書に収載した『憲法序説』に付した「解題」についても，コスグロウヴ（助教授）の研究に頼ってことについて批判的に言及した最近の研究があるが，コスグロウヴが『憲法序説』の編集者であり，その古典的名著が生まれた事情を詳しく説明していることを理解すべきである[46]。これと対比して，イギリスでは，大学の中で研究者が，互いに建設的な批判を交わしつつも，本書第1章で紹介したオリジナリティに富んだ著作が産み出されている。

§733.3　筆者が経験したイギリスの研究生活（ケンブリッジ大学）は次のようなものであった[47]。朝7時頃に起床し，カレッジ（あるいは，コッパー・ケトル）で朝食をとる。帰宅後，図書館へ行き読書する。カレッジへ戻って昼食をし，午後の数時間をスポーツ（ボート，テニスなど）で楽しむ。夕食の前の時間を散歩や買い物に当て，ガウンを着て夕食に望む。夕食後，指導教官の家を訪ねたり，コンサートやパーティに出る。街が静かになったころ，論文を執筆する。指導教官の家では，世界中の研究者が入れ替わり，立ち替わり，招かれており，自分の研究について話をし，たくさんの情報を得る。これが平均的な日常生活であるが，朝食中に部屋は掃除されており，メイドが日常生活のようすを当局に報告している。ほとんどすべての行動が他人に見られており，研究を怠っていれば，カレッジを追放される。このような厳しい生活が毎日つづくのであるが，この生活は修道院の生活に似ている。このような生活の中から数知れない歴史に残る研究が産み出されている[48]。

---

(46)　ダイシーは普通の家庭の出身者であるが，オックスフォードがこのような人物を育てたことがよく説明されている。

(47)　ちなみに，筆者が住んでいたのは16 Jesus Lane, Cambridge (Little Trinity) で，現在でも残っている。

(48)　このような研究教育は，明らかにエリート教育であり，問題点がないわけではな

255

第 7 章　行政法の展開と市民社会の形成

(4)　防衛・公安

§734.1　防衛・公安の行政は古くから行われていたが，法律学の観点から，その内容を調べた文献はほとんどない。しかし，本書で紹介したいくつかの重要判例が示しているように，通常の憲法の適用が「国家の安全」「防衛上の機密」などの理由により，停止されることがあった。国際人権規約も，ヨーロッパ人権規約も，条約の停止を厳しい条件のもとで行うことを許している。ダイシーも，戒厳令と陸軍について，多少詳しく検討しているが，その部分は，その規約の規定のコンメンタリーのような説明になっている。ダイシーの理論によれば，民主主義国家の憲法である以上，安全保障も文民統制（civilian control）の下にあり，「国民の生命を脅かす公の緊急事態があること」をまず首相が宣言し，その事態が必要とする緊急性が必要とする限度で，規約上の義務に反する措置をとることが許されている。そのような措置であっても，個人の生命が最も尊重されなければならず，法の下の平等は守られなければならない。国際人権規約は，そのような緊急事態の措置は国際連合に報告することを義務づけており，必要性の限度を超えた措置がとられていれば，事後的な責任追及が行われることになる。

§734.2　ダイシーは，軍隊について，国防大臣も内閣の一員であるにすぎず，首相（文民）の支配下にある。軍人は契約によってその身分を得ているにすぎず，契約上の義務として上官の命令に従う義務を負うが，軍人も市民であるので，普通の市民の場合と同じように，その行為について刑事上・民事上の責任を負い，いかなる免責を与えられるものではない。義勇兵についてもダイシーは言及しているが，これらの研究領域は，筆者がほとんど研究していない領域であり，これ以上，言及することはないが，「法の支配」の原則はこれらの領域でも憲法規範であることにかわりがないことを強調しておきたい。「法の支配」は民主主義とほとんど同義であり，その原則が否定されるならば，イギリス国家が専断的な専制国家に変質していることを意味する。軍人も公務員であり，通常裁判所の裁判に服する。

い。しかし，オリンピック選手の育成のためにかける熱意は，大学教育にも向けられるべきであろう。また，大学の試験は，指導した教官以外の公正な専門家が行っているし，教官の評価も，自ら正直に真面目に研究しており，落第生に近い学生を素晴らしい学生に育てる能力が高く評価される。

第4節　都市計画と土地利用規制

(1)　都市計画法

§741.1　福祉行政は都市計画（まちづくり）と緊密な関係をもっている。都市計画法などの居住環境を改善する法律，重要産業の国有化（私有化）や公社の設立（廃止）に関する法律，経済的統制を目的とした法律に目を移すことにしよう。これらの法律の内容は，エクイティ法理と関係するものが多く，本著作集では，第5巻で一通り説明している。ここでは，次節の検討課題となる「特別裁判所」の設置に関係する部分に関する説明を中心に補足することにしたい。これについては，『議会主権と法の支配』では家賃裁判所と家賃評価委員会など，不動産取引適正化に関係する特別裁判所の制度を説明した。1973年頃，イギリスには不動産の家賃を適正に維持するため，2つの法律があり，いずれも賃借人が「公正な家賃」の決定を特別裁判所に求めることを許していた。1つは，1968年の家賃法（Rent Act）により設立された家賃裁判所（rent tribunal）で，他の1つは，1965年に制定された家賃法（Rent Act）により設立された家賃評価委員会（rent assessment commission）である。これら2つの特別裁判所の管轄権の違いは，賃貸された不動産が家具付きか否かの違いにかかっている。家賃が高い理由として，家具が高価であると家主が主張するとき，特別裁判所は，家具の評価をする必要に迫られるため，評価が主観的になるだけでなく，2つの裁判管轄に重複する部分があり，結局，収拾がつかなくなって1つの裁判所に統合された。

§741.2　都市計画法では「開発（development）」が主要なキーワードである。開発計画は，地方自治体がイニシャチブをとって策定する場合と，開発業者が発案する場合がある。いずれの場合でも，開発許可を得るために，開発計画の評価を受けるが，その評価において，「公共性」の高いものが優先される。例えば，Great Portland Estates v. City of Westminster, [1985] A,C. 661, [1984] 3 All ER 744では，ロンドンのウェストミンスター市は都市再開発計画を策定し，一定の地域で事務所（office）として土地を利用することを禁止しようとした。原告不動産業者は，その計画が権限踰越（ultra vires）で無効であると主張した。ウルフ裁判官は，この主張を否定したが，控訴院

はウルフ裁判官の判決を破棄し，貴族院［最高裁判所］も控訴院判決を肯定した。ウェストミンスターという地域の特徴および活性力（character and vitality）を考慮に入れていないことを理由として，その都市計画の大部分が無効となった。

§741.3　Regina v. Wicks, [1998] A.C. 92 は，都市計画の事件である。この事件の被告は，地方自治体による審査手続に不服があり，争うつもりでいたが，特別裁判所を信頼しておらず，通常裁判所による審理を希望して，開発停止命令に違反し，この刑事裁判が行われることになった。この事件の被告は，開発許可を得ていたが，それにより建設した建物の建て直しを行おうとした。これに対し，地方自治当局は，建物の建て直しのために新しい「開発許可」が必要であると助言したが，被告は建て直しを押し進めた。Town and Country Planning Act 1971 s.87（1990年法では s.172）により，強制命令を出した。この命令に服従しなかったため，刑事手続が開始されることになった。被告は，そもそも地方自治当局が自然的正義に適合する適正な手続をとっておらず，刑事訴追の根拠が違法であると争った。この主張に対し，貴族院［最高裁判所］は，刑事裁判では substantive invalidity を審理することができるが，procedural invalidity は管轄外であり，このような形の司法審査は認められないと判決した[49]。

§741.4　Planning Act 2008 についても多少説明しておこう。この法律は，全国的に重要と思われるインフラ整備事業を推進するための法律である[50]。その事業には，電力発電，主要ガス関連施設，高速道路，鉄道，運送関連施設（港湾を含む），危険廃棄物処理施設，飛行場が含まれる。これらの施設を設置するためには，最初の計画を策定する段階で，関係地方自治体と相談し，この議論の内容を公表することが義務づけられる。

(2)　土地利用規制

§742.1　筆者が最初にイギリスを訪問したのは1970年であった。ストラスブールから鉄道でロンドンに向けて移動しているとき，突然に町並みが暗くなり，

---

[49]　実体的デュー・プロセスと手続的デュー・プロセスの区別に類似しているように思われる。
[50]　これに関連する事業計画は Nationally Significant Infrastructure Projects（NSIPs）と呼ばれる

イギリスは落ちぶれた老大国であるという印象を与えた。ロンドンの建物は，チャールズ・デキンズの時代がそのまま存続しているような印象を与えた。その後，数年間，ケンブリッジ大学で学んでいる間に，第6章で説明したヨーロッパ共同体法が制定され，他方，都市再開発が進められた。ロンドンを原色を使った美しい街に再開発するために，Clean Air Act 1957（1968年および，ロー・コミッションズの勧告により1993年に修正）が大きな役割を果たしたものと思われる。先に紹介したGreat Portland Estates v. City of Westminster, [1985] A.C. 661, [1984] 3 All ER 744の当事者であるウェストミンスター市も，その法律の恩恵を受けている[51]。

(3) ヨーロッパ法の影響

§743.1　第6章でヨーロッパ法がイギリス憲法に与えた影響を説明したが，環境保護はその具体的な例の1つである。一般的には，ストラスブールのヨーロッパ議会も環境問題には関心を示していたが，現在では，ブリュッセルのヨーロッパ議会も環境問題に関心を示し，ヨーロッパ指令を制定している。TFEU第191条は，環境保護のための具体的な規定を置いている[52]。この条文により作られた指令の数は，現在では数百にも上っている[53]。その中で，都市計画に関係して特に重要な指令は，Environment Impact Assessment Directive, No. 85/337 and No.97/11である。この指令は，「開発」許可の審査手続においてその開発が環境にどのような影響を与えるかの審査を義務づけ，審査基準を満たさない開発に許可を与えることを禁止している。例えば，原子力エネルギーの利用などに関しては，非常に厳しい審査基準が定められている。

§743.2　Berkeley v. Secretary of State for the Environment, Transport and the Regions (No. 1), [2001] JPL 58では，開発申請手続において，環境影響評価が上述のヨーロッパ指令に従って行われなければならないと判示した。その

---

(51)　主に煙突から出る煙りやゴミの排出（汚染）などが禁止されるが，建物の壁の塗り替えなどに補助金が支給された。この法律は，船舶や鉄道にも適用される。
(52)　環境の質を高めること，人間の健康を保護すること，賢明でかつ合理的な資源利用を図ること，自然保護を図りながら地球温暖化に対処することに積極的に取り組むことを義務づけている。
(53)　都市計画に関係する指令として，EIADの外，Strategic Environmental Assessment Directive, Habitats Directive, Control of Major Accident Hazards Directivesなどがある。

評価は，①計画の性質，②計画の地域的特徴，③潜在的な影響の大きさの観点から行われる(54)。

R. v. Secretary of State for the Environment, *ex p* Alconbury Developments Ltd., [2003] 2 A.C. 295, [2001] 2 All ER 929, [2001] JPL 920 では，環境大臣が検査官（inspector）を使わないで土地収用を決定した場合，判断者の中立性が疑われる状況があり，ヨーロッパ人権規約第6条の「公正な裁判を受ける権利」が侵害されたと主張された。この事件は，High Ways Act 1980 により高速道路を建設するために Acquisition of Land Act 1981, s.2(3) により強制収用が行われた事例である。高等法院合議法廷（Divisional Court）は，検査官（inspector）の聴聞を行わないでなされた大臣による決定は，ヨーロッパ人権規約第6条が保障する「公正な裁判を受ける権利」を侵害していると判決した。しかし，貴族院［最高裁判所］は，このような訴追をする訴えの利益（standing）は認めたが，本件の建設計画については，議会で十分な討論が行われており，実質的な「公正」が害されているとはいえないと判示して，その判決を破棄した。ヨーロッパ人権裁判所も，類似の決定が争われた事件において，第6条に抵触しないと判決している(55)。

---

(54) ちなみに，「開発許可」は「鉱業（mining）」にも必要とされ，EC環境影響評価は鉱業についても行われる。R (on the application of Wells) v. Secretary of State for Transport, Local Government and the Regions, [2005] All ER (EC) 323, [2004] Env.L.R. 27.

(55) Chapman v. United Kingdom, (2001) 10 BHRC 48 参照。

第5節　特別裁判所

(a)　特別裁判所の種類

§75.1　本章第1節において、いわゆる序論の意味を込めて、フランクス委員会などの報告書を紹介したが、その結果、実際に導入された制度が特別裁判所 (special tribunals) の制度であった。これは、ダイシーが行政法の展開に強く反対した自分の説を修正した後の方向を示すものでもあった。『議会主権と法の支配』においても、当然、この問題については詳しく説明している。その部分は、今日でも、重要な意味をもっているので、多少冗長な印象を与えるかもしれないが、その一部をここに引用しておこう（134-135頁）。

「フランクス委員会の勧告に従って、ウェストミンスター議会が、1958年に制定した審判所および調査に関する法律に見られる二つの基本的な、議会がこれまでとってきた立場を説明しよう。

第一に、議会は、問題の迅速で適切な処理のためには、法律で詳細な要件もしくは基準を定めるよりも、専門機関を設置し、その機関にできるかぎり広い裁量権を与えることが適当であると考えてきたことである[56]。しかし、その裁量権は濫用されてはならず、個人の自由や権利［本書第8章参照］に関係のある決定が下される場合には、少なくとも自然的正義[57]が確実に保障されなければならない、という点を強調してきた。そして、個人の自由や権利を侵害する事件が起こり得ると考えられる場合には、同じように専門知識を有する素人を含む特別裁判所を設置し、さらにかかる裁判所の一般的監督機関として、特別裁判所委員会を設置した。

……（中略）……前述の1958年法に見られるもう1つの基本的な点は、たとえ通常裁判所への提訴を禁止する条項があっても、サーシオレアライおよびマンディマスによる訴えを高等法院に提訴できることを定めている点である。これは1958年法第11条1項（1971年の同名の法律第14条1項）の規定であるが、貴族院で同項を説明するとき、デニング裁判官は、それは「法

---

[56]　Report of the Committee on Administrative Tribunals and Enquiries (Franks Report), 1957, Cmnd. 218, para. 121 and Evidence, Days 9-19, at 306.

[57]　ここでいう「自然的正義」は、Report of the Committee on the Ministers' Powers, 1932, Cmd. 4060で説明された公正な調査手続を意味している。

第7章　行政法の展開と市民社会の形成

の支配」の要となるものであることを述べている[58]。」

§75.2　上述の説明に続き,『議会主権と法の支配』では,その後の更なる法改革についても説明している。この部分を要約すれば,特別裁判所がフランスの行政裁判所をモデルとして導入されたが通常裁判所（コモン・ロー裁判所）による厳格な司法審査が,特別裁判所の決定についても維持されるべきかどうかの検討が必要になっているということである。その司法審査は,大権令状による司法審査の形で行われてきたが,この訴訟の形が修正を必要とする。原則として,書面審査にとどまるのであるが,デニング裁判官の場合,「記録（records）」に疑問が残っているならば,記録に関する実質的審査を行うべきであるとしており,口頭審理を含め,広く司法審査が行われる[59]。また,後に述べる,1947年の国王訴訟手続法（Crown Proceedings Act）の改正が必要かどうかである[60]。このような大権令状の諸先例に従う司法審査の進め方を説明し,1967年には,ロー・コミッションズが「行政法の改革」を必要性を認めて蓄積された判例法の再検討を行い,「司法審査手続法案」を作成したことを説明した。

§75.3　特別裁判所の制度は,非常に多数の法律の中で使われるようになり,このような立法の手法により通常裁判所の負担を軽減することに役だった。裁判官がより多くの時間を遣って論理的に緻密な判決を書くことに貢献しているとも思われるが,他方,特別裁判所は,迅速な処理には適しているとはいえ,乱雑な審理を行うことも考えられ,新たな問題を起こす原因にもなり得る。

　このような制度的な欠点があるにもかかわらず,福祉政策に関する法律は,ほとんどすべて特別裁判所を設置している。現在,イギリスには1万を超える特別裁判所があるが,5つの類型に分類することができる。第1は,国民健康保険法や国家扶助法などの給付（生活保障）行政に関する諸法律により

---

(58) 208 H.L.Deb. col. 601 (1st April 1958). すべての法律問題が,行政裁量により決定されるのではなく,司法審査を受けることを意味している。

(59) R v. Northumberland Compensation Appeal Tribunal, ex parte Shaw, [1952] 1 K.B. 338, [1951] K.B. 711参照。記録の文言の意味を確かめるために,他の証拠の提出を求めたり,釈明を求めたりできると判示している。

(60) 同法第22条2項によれば,国に対する差止命令は許されず,そのかわりに,権利宣言が出されることになっているが,仮差止命令を認めるべきでないか,という論点である。ロー・コミッションは,仮差止命令を認めるべきであると勧告した。Law Commission's Report on Remedies in Administrative Law, Cmnd. 6407 (1976) paras. 51-52.

第5節　特別裁判所

設置された特別裁判所である。第2は，都市計画などの居住環境を改善する法律である。第3は，重要産業の国有化や公社などを設置する法律である。第4は，経済政策を促進することを目的とした法律である。そして，第5に，紛争解決方法について特別な機関を設置する法律である。

(b) **特別裁判所評議会**（Council on Tribunals）

§75.4　特別裁判所評議会については，さらに説明を付け加えておく必要がある。この評議会は，ウェイドやジャクソンの提案を基礎におくものであるが，それはある意味でフランス行政裁判所がモデルになっている[61]。同委員会は，具体的な事件を調べ，助言を与えることができる。しかし，その助言は，ロード・チャンセラーに対して，特別裁判所制度の整備統合を目的としてなされるのであって，それはいかなる意味でも法的拘束力をもつものではない。また，その権限は，司法的機能に関するものだけに限られており，その点に疑問がある場合には，後に説明するように，オンブズマンの協力を得なければならない[62]。その評議会は，1つの慣行としてではあるが，特別裁判所に関係のある法律および規則の制定に際して，事前の相談を受けることになっており，特別裁判所における手続的正義の実現に立法過程を通じてかなりの成果をあげたことは事実である[63]。

(c) **2007年の Tribunals, Courts and Enforcement Act**

§75.5　特別裁判所が処理している事件の数は，毎年100万件に及ぶようになっているという。特別裁判所の数は，数万に及んでいる。そして，種々の複雑な問題が生まれている。このような混乱した状況を解決するために，2007年に Tribunals, Courts and Enforcement Act 2007年が制定された[64]。この法律により，第1段階裁判所（First-tier Tribunals）とその上訴審に当たる上位段階裁判所（Upper-tier Tribunals）に分類して整理されることになった。現在，第1段階裁判所には6つの法廷（Chambers）が設置されており，上位段階裁判所には4つの法廷（Chambers）が設置されている[65]。

---

(61) Franks Report, *supra* note 56, (Evidence Days 9-10 and Days 13-14).
(62) 後述§76.1参照。
(63) 特別裁判所が設置されるとき，審判に当たる者の資格を有能な法律家に限定し，自然的正義の確保に最大の注意を払っていた。
(64) 2005年の憲法改革法により，ロード・チャンセラーの地位が廃止されたことが，この立法を後押ししたものと思われる。
(65) 第1段階裁判所の6つの法廷は，Social Entitlement Chamber, War Pensions

§75.6　R（on the application of Cart）v. Upper Tribunal [2009] EWHC 3052（Admin. Q.B.）は，上述の新しい制度の有効性が争われた事件である。この事件では，アフガニスタンのテロ活動に関与したと思われる外国人（Cart はアルジェリア国籍）が難民の申請をし，移民局がその申請を拒絶した。国外退去を強制することもできず，拘置所に勾留されたが，申請人たちが特別裁判所による裁判は，ヨーロッパ人権規約第5条に違反すると訴えた事件である。Special Immigration Appeals Commission Act 1997, s.1(3)により，このような事件は，同法によって設置された委員会（Commission）の決定が最終決定であると規定されている。上述の2007年法は，法律問題（法律の解釈）に関しては，上位段階裁判所（Upper-tier Tribunals）への上訴の途を開いた。これで事件が確定するとすれば，ヨーロッパ人権規約第5条が「裁判所による審理」(66)を要求しており，この規定に違反するというのである。

§75.7　高等法院（女王座部）の Laws LJ は，問題の委員会および上位段階裁判所の法的役割を論じるために，a superior court of record という法律の文言に注目している。イギリスの司法機構においては，上位段階裁判所の判決に対してさらに上訴するとすれば，控訴院に対して上訴することになるので，上位段階裁判所は高等法院の alter ego（分身）であると判示した。従って，高等法院への司法審査の訴えが，その規定により排除されているという解釈が上位段階裁判所の側の主張であるが，高等法院の裁判権を排除するためには，具体的に明確な文言で，「裁判してはならない」と定める規定が必要である。しかし，高等法院が行う司法審査は，アニスミニック事件のような特別な事件(67)に限られるのであり，本件では司法審査を必要とするような状況がないと判決した。

---

and Armed Forces Compensation Chamber, Health, Education and Social Care Chamber, Tax Chamber, General Regulatory Chamber, Immigration and Asylum Chamber である。上位段階裁判所の4つの法廷は，Administrative Appeals Chamber, Tax and Chancery Chamber, Lands Chamber, Immigration and Asylum Chamber である。

(66)　第5条：「逮捕または拘禁により自由を奪われた者はすべて，その拘禁の適法性について裁判所により迅速に決定してもらい，もしその拘禁が違法であれば，釈放してもらう手続を求める権利をもつ。」

(67)　アニスミニック判決では，特別裁判所が法律によって付与された管轄権を，法律が定めるように適正に行使したかどうか，という法律問題だけが問題になっており，事実問題の審理は行われていない。

§75.8　『議会主権と法の支配』の説明の最後の部分で，1947年に制定された国王訴訟手続法（Crown Proceedings Act）の改正についても言及した（同書137頁）。この立法も特別裁判所の事件の司法審査に重要な意味をもっているので，若干の説明を付加しておこう。問題の改正案は，国王訴追手続法が国王を相手にコモン・ロー上の損害賠償責任を追及する手続を定めた法律であり，エクイティの救済方法を結びつける試みは否定された。しかし，Davidson v. Scottish Ministers（No.2），2005 S.C. 7, [2004] UKHL 34 では，同法第21条による救済が検討されたが，この判決でも司法審査が否定された。この事件では，スコットランドの囚人が刑務所内での待遇が劣悪であり，改善を求めたが，第三者委員会は門前払いにした。そこで，適正な待遇を保障するヨーロッパ人権規約第3条違反を訴えたが，スコットランド担当大臣が国王訴追手続法第21条の事件として扱うことを提言した。これに対し，囚人は，この干渉は偏見（bias）を生んでおり，同規約第6条が保障する「公正な裁判」が傷つけられたと訴えた。しかし，司法審査の範囲がこのような事件にまで及ぶものではない。

第7章　行政法の展開と市民社会の形成

第6節　オンブズマン

§76.1　オンブズマンは，特別裁判所評議会の委員の1人である。もっとも，ここでいうオンブズマンは議会調査局長（Parliamentary Commissioner for Administration）を意味しているが，それ以外にもこの言葉は適称としてしばしば使われる。地方自治団体にもオンブズマンが置かれることもある。議会調査局長は，国民が国会に出した請願に目を通して，重要な案件について職権で関連諸事実を調査し，必要があれば，対処の仕方について国会に対して助言することがその職務である(68)。特別裁判所評議会は，準司法機関に関係する評議会であり，法律問題を審議する。したがって，法律問題の解決に必要な限度でのみ事実問題に関係することになるが，オンブズマンはあらゆることを調査することを許されており，司法機関にはできない部分について，適切な解決を図ることが期待されている(69)。

§76.2　Parliamentary Commissioner Act 1967, s.5(1)は，オンブズマンの権限について定めているが，その権限は「間違った行政（maladministration）」に関係する事実の調査だけに限られている。オンブズマンは，司法機関ではないから，権利義務関係について判決ないし決定を出すことはできない。具体的な事件について事実関係の調査結果を公開し，解決策について勧告を出すことができるが，この勧告は拘束力をもたない。議会調査局長は，事件の司法的解決を望む場合，特別裁判所評議会において，相談することになる。いずれにせよ，議会オンブズマンは，苦情の対象となる社会問題を立法により解決することを意図した制度であり，特別裁判所のように個人の権利義務関係を明確にして，紛争を解決することを目的としていない(70)。

§76.3　上述第2節で説明した地方分権法の中に，スコットランドおよびウェールズのオンブズマンが設置されている。地方議会調査局長が正式名称であり，

---

(68)　手続上，苦情申立人の居住する選挙区を代表する国会議員を通じて，請願がなされることになっている。しかし，その他の国会議員に申立をすることもできる。

(69)　Parliamentary Commissioner Act 1967の付則3には，医療サービスおよび司法サービスに関する各オンブズマンの権限に干渉できないことが規定されているので，その限度で議会調査局長の調査権には制約がある。

(70)　田中孝和「議会オンブズマンと司法審査」榊原秀訓編『行政法システムの構造転換』（日本評論社，2015年）89-111頁参照。

第6節　オンブズマン

スウェーデンなど北欧諸国に見られるオンブズマンとは異なった性質の職務を行うことが意識されている。議会調査局長の場合とほとんど同じように，地方議会の議員を通じて請願を受け付ける制度になっており，管轄がスコットランドの事件またはウェールズの事件に限られる点を除き，議会調査局長と同じ役割を果たしている。しかし，北欧のオンブズマンと比較し，そもそも請願の数は非常に少なく，オンブズマンの知名度は低く，この制度は市民に利用されているとは言い難い状態にある。

§76.4　前述注(69)で言及したように，ヘルス・サービス・オンブズマンおよびリーガル・サービス・オンブズマンが導入されている。この2つ制度では，オンブズマンが正式名称であり，むしろ北欧のオンブズマンに近い機能を果たすことが期待されている。個人が直接請願することが許されているし，議会オンブズマンが議会に対し調査報告をするが，このオンブズマンは，国民の信託を得て調査を行うものであり，調査結果も国民に対して行われることになる。ヘルス・サービスは，国民健康保険と関係しており，担当官庁の不祥事が前提に作られた新制度である。リーガル・サービスは，サッチャー元首相が法曹界を批判し，大規模な調査を受け，いくつかの法改革が行われ，リーガル・サービス・オンブズマンは，その改革の1つとして導入された新制度である[71]。

---

(71)　国民健康保険が濫用され，またバリスターの弁護士報酬額は余りにも高額になりすぎていた。これらの領域では，医師と患者，また弁護士と依頼人，の間には法律上秘守義務があり，事実関係の調査が困難である。特別裁判所が適切に機能できない主な理由がこの点にある。ちなみに，261頁注(56)で引用したReport of the Committee on Administrative Tribunals and Enquiries (Franks Report), 1957, Cmnd. 218という表題が示しているように，フランス型の行政裁判所の導入を検討したものであるが，結論としては，特別裁判所（special tribunals）を通常裁判所の仕組みの中に導入した。同報告書の表題は，調査（enquiries）も検討課題としており，Parliamentary Commissioner Act 1967, s.1(5)が規定しているように，報告書は，オンブズマンを特別裁判所委員会のex officio member（職務上の委員）として，オンブズマンが特別裁判所を支援することを想定していた。

第7章　行政法の展開と市民社会の形成

第7節　情報公開法

§77.1　オンブズマンの機能は，調査権を行使して，真実に関する諸事実を公開することによって，問題について正しい判断ができるように信頼できる資料を提供することにある。情報公開法の発展の歴史は100年以上にも及ぶが，ここでは Patrick Birkinshaw, Freedom of Information — The Law, the Practice and the Ideal（4th ed. 2010）を紹介するだけにとどめよう。この著作は，民主主義社会においては，情報が一般に公開されることが重要であるが，国家の安全，プライヴァシーの保護など，様々な理由により多くの情報が非公開とされてきたことを説明し，1911年の国会法制定前後から Freedom of Information Act 2000 の制定に至るまでの経緯を詳しく説明している。そして，第12章では，アメリカ合衆国，カナダ，オーストラリア，ニュージーランドとの比較検討を行っている。社会的文化的背景の違いのために，技術的な面では相違が見られるが，どの国においても，政府および強力な大企業が情報を独占し，公開情報を操作しているため，一般国民に必要な情報が十分に伝えられていないという。

§77.2　Official Secrets Act 1989 および Public Interest Disclosure Act 1998 は，公的機関に対して，特定の事項に関する情報を保持しているかどうかを問い合わせ，もし保持している場合，その情報の書面による開示を求める個人の権利を定めている。同法付則により指定された公的機関は，原則として，求められた情報を開示しなければならない。§77.5 で説明するように，国家機密法などにより「秘密」とされる情報の開示が求められた場合には，情報は開示されない。また，法律に「秘密情報」と定められていない場合でも，例外事例に該当する場合には，その旨を説明して，情報提供を拒絶することができる。

　例えば，（非公開の情報）R. v. Secretary of State for Home Department, ex parte Hosenballo, [1977] 3 All ER 452 では，アメリカ人が請求した情報公開が国家の安全を理由に拒否された。ダブリンの Trinity College に留学したアメリカ人が，卒業後雑誌社に就職し，スパイ活動に関する記事を書いた。その記事の中に国家の安全にかかわることが書かれており，国務大臣はそのアメリカ人に退去命令を出した。これに対し，当該アメリカ人が，退去命令

を出す根拠となった情報の開示を求めたが、デニング裁判官は、国家の安全を守る必要性により、情報を開示すべきでないと判決した。

§77.3 Freedom of Information Act 2000 の開示義務が免除される場合として、上述のような「国家の安全」に関わる場合の外、次のような場合があげられている。
　・その情報が他の方法（公的刊行物など）で容易に得られる場合
　・公益性のない個人情報
　・とくに個人の健康・安全にかかわる情報
　・議会特権にかかわる情報
　・刑事手続にかかわる情報
　・監査人の秘密情報
　・極秘に扱うことを了解して得られた情報
　・弁護士特権にかかわる情報
　・取引機密（trade secret）にかかわる情報
　・環境情報

　これらの「免除情報（exempt information）」の中で、もっとも問題になるのは個人情報の扱いである。Public Interest Disclosure Act 1998 は、個人情報の中でも犯罪歴などの開示について規定し、履歴書などでその情報を得た使用者がそれを漏洩したとき、被用者が刑事訴追する権利を与えている。

§77.4 Data Protection Act 1998 は、ヨーロッパ共同体の Data Protection Directive（EC Council Directive 95/46, OJ L281, 23.11, p.31）に従って制定された法律である[72]。この法律は、コンピュータに保存された個人情報およびマニュアル化された個人情報の取扱いにおいて、個人のプライヴァシーを保護することを目的とした法律である。保護されるのは「個人データ」であるが、特に「センシティブな個人データ」については、一般人が見ることができないようにする措置をデータ管理者がとる義務を負わされている。そのデータには、①人種・民族の出生情報、②政治的見解、③個人の信仰・信条、④労働組合員か否か、⑤健康状態、⑥性生活にかかわる情報、⑦犯罪歴、⑧司法手続きにかかわる情報が含まれている。

---

[72] この法律により、Data Protection Act 1984 および Access to Personal Files Act 1987 が廃止された。

§77.5　Official Secrets Act 1911 が制定されてから今日まで，国家機密の漏洩は正式起訴犯罪とされてきた[73]。現行法は Official Secrets Act 1989 であるが，この法律は，1911年法の「国家機密」の広すぎた定義を限定したものである。「国家機密」は，国防（defence）に関する機密で，法律に定められたもの（軍隊の組織，態様，武器保有の状況など），犯罪の捜査に関わる情報，極秘に提供された情報（医療情報など），国際関係に関わる情報で，「秘密扱い」とされたもの，などが含まれる。この法律に関わる裁判では，秘密情報が問題となるので，原則として非公開の裁判が行われる。本節で説明した情報公開法との関係では，「国会機密」は「免除情報」として公開されないが，裁判官だけに情報が公開されることがある。

§77.6　環境情報については，1998年の Aarhus Convention により，情報の扱いが規制されているため，Freedom of Information Act 2000, s.74 は，これについて別個の規定を置いている。同法第39条(1)項が，第74条の実施に関する規則を制定することを義務づけている。環境情報は，公開が一般原則であるが，規則によって認められた一定の情報については，非公開にすることができる。しかし，§77.3の「免除情報」と関連して，公的機関は，情報の存在についての問い合わせに対し，肯定するまたは否定する義務を負わされていない。ヨーロッパ連合は，環境保護の問題に強い関心を示しており，多数の規則や指令を作っているが，もともと環境保護の問題は地方自治の問題であり，本書で説明したいくつかの判例が示しているように，ヨーロッパの政策と地方の政策がしばしば抵触する。また，環境保護のために厳格な調査が必要となるが，調査によって得た情報は，しばしば国家機密とすべきものが含まれており，「情報公開」の一般原則と抵触する場面がある。この問題については法律は，非常に遅れているが，日本でもこの問題に注目されつつある[74]。

---

(73) スケッチ，プラン，モデル，ノートなどを使って機密情報を敵国に渡す目的で作成することを重罪（felony）と定めている（第1条）。現行法では，2年以下の懲役もしくは罰金またはその両方が科せられる（10条）。このスパイ行為を犯した者が匿われていた場所を捜査する場合には，司法令状の発給は必要ではないが，この捜査は，Attorney-General の同意が必要とされている。

(74) 例えば，友岡史仁「環境情報法制から見る『行政的正義』」榊原秀訓編『行政法システムの構造転換』（日本評論社，2015年）151-174頁がその1例である。

第8節　行政行為の司法審査

(1) 大権令状による救済

§ 781.1 Judicial review ということばは，アメリカ合衆国憲法では，違憲立法審査を意味することが多いが，イギリス憲法では「司法審査」を意味する。この言葉については，本書では，すでに § 344.2 で説明し，それに関係する 1981 年の最高法院法についても，75-77 頁で詳しく説明した。そこでは，三権分立の憲法原理と関連して，司法府が「自然的正義」の原理により司法府が立法府に対する抑制機能を果たしていることを示した。ここで改めて「司法審査」の問題を議論するのは，司法府が行政府に対して，どのような抑止機能を果たしているかを説明する必要があるためである。実際に行政を行うのは公務員であるが，公務員は法律に従って行政を行っている。しかし，法律は明瞭でないことが少なからずあり，公務員が恣意的に「法律」を解釈している場合がある。司法審査の機能は，主にその「恣意性」を排除することにある。本節は，そのことを具体的な事例を分析しながら，「司法審査」の重要性を説明することに目的がある。

§ 781.2 「司法審査」に関する重要な指導的判例として，本書 71-75 頁でアニスミニック判決を詳しく説明した。そこで述べたように，貴族院［最高裁判所］の各裁判官の意見は，それぞれ微妙に異なっており，先例拘束性の原則の観点からみるならば，この判決には強い拘束力は認められない。その判決は，司法府が立法府と対立する姿勢を示した判決であり，本節で取り上げるべき判例ではない。しかし，事項で説明する 1981 年法の制定の基礎となっている判例であり，あらためてその重点をお復習いしておこう。この事件では，在外財産員補償委員会（特別裁判所）の決定が，「確定的で最終的な決定」であり，サーシオレアライ等の司法審査を禁止することを定めた法律があった。それにもかかわらず，貴族院［最高裁判所］が，外財産員補償委員会（特別裁判所）がその管轄権外の決定を下した場合，それを是正することは「法の支配」の原則が裁判所に課した義務であると判示して，問題の決定が無効であると宣言する判決を下した。

§ 781.3 行政を実際に行うのは公務員であるが，公務員に対する問題が起こるのは，

271

公務員の判断が間違っていたり，不適切であったりする場合である。問題の公務員は，法律が命じるとおりに行政を行ったにすぎないと主張するが，その法律解釈は，当該公務員の解釈であって，法律家が見た場合，解釈が間違っていることがある。この部分に司法審査の必要性がある。しかし，市民の側の苦情に動かされて，司法府が行政に干渉しすぎると，第4章で詳しく説明したように，三権分立の原則に抵触するところが見られるようになり，一定のルールを設定して司法審査を行うようになる。本節で主に議論する課題は，そのルールである。ドイツ行政法では，違法な行政行為，不利益処分などの行政行為に対しては，裁判所が干渉するけれども，原則として，裁判所がそれ以上干渉することはない。イギリス憲法のもとでは，「法の支配」の原則という別の観点に立って審査をするのであるから，少なくとも理論上は，司法審査はすべての行政に及ぶ[75]。

§781.4　オンブズマンは，調査権しかもっておらず，紛争の具体的な解決を図ることはできない。特別裁判所がその部分を補足することが期待されているが，司法審査の一般理論について既に第3章4節(2)で総論的に説明したように，行政の手続を司法審査することがその主たる役割である。その各論として，譲受けの行政法の展開の中で司法審査が実際にどのように行われてきたか説明しよう。ここでいう「司法審査」とは，アメリカ合衆国憲法でいう「違憲立法審査」とは異なる。しかし，アメリカの違憲立法審査権を確立したといわれる§431.4で説明したMarbury v. Madison, 5 U.S. (1 Cranch) 137 (1803) も，イギリスのマンディマス訴訟にならったものであり，まったく関係がないとも言えない。マンディマス訴訟もその1つであるが，イギリスの司法審査は，大権令状に基づく訴えの伝統を引き継ぐものである[76]。

§781.5　大権令状による訴えで最も多いのがサーシオレアライの訴えである。サーシオレアライとは，国王のところへ苦情が持ち込まれた際，それについて調べるために同事件に関連する記録を国王のところへ持参するよう命じるときに使われた大権令状である。後には，通常裁判所（今日では高等法院）が，国王に代わってその令状に基づく調査をするようになった。これは特別な手続（請願）によるものなので，一般的に通常裁判所による裁判が禁止されて

---

[75] Administrative action の司法審査であって，administrative act の審査ではない。
[76] Writs of mandamus, certiorari, or prohibition に由来する裁量的な救済方法は，中世にまで遡ることができる。

いる場合でも利用できる。しかし，サーシオレアライに基づく訴えは，事件後6ヶ月以内に出訴されなければならず，また，司法審査の範囲についても，「記録」の上に明らかな法律上の間違いを改めることに限られる。ダイシーの著書の中には，この令状は言及されていないのであるが，20世紀の福祉行政の裁量行為を司法的にコントロールするのに都合のよい令状であるので，盛んに使われるようになった。

§781.6 そこで，Tribunals and Inquiries Act 1958, s.11(1)のように，サーシオレアライ訴訟を明示的に禁止している場合，その他の大権令状（例えば，mandamus）による訴えも禁じされるかどうかが争点となるようになった。その規定がフランクス委員会の報告書の勧告に従って制定されたことを考えれば，その規定は，限定的に解釈されるべきであろう。しかし，マンデイマスについては，その権利について影響を与えないと定めており，マンデイマスは存続していると理解すべきであろう。R. v. Inland Revenue Commission, *ex p* National Federation of Self-Employed and Small Businesses Ltd. [1982] A.C. 617 を最初に取り上げよう。この事件では，自営業者および小企業に対する課税について，両者の全国連合会が当該課税の違法を主張し，その廃止を求めた。スカーマン裁判官は，廃止を求める訴訟はmandamus訴訟であり，この訴訟の要件を原告が満たしているかどうかについて検討している（*supra* at 650B）。

§781.7 Clark v. University of Lincolnshire and Humberside, [2000] 3 All ER 752, [2000] 1 WLR 1988 にも言及しておきたい。この事件では，女子大生が単位認定に関して大学当局を相手に争った。女子大生は，試験のために一生懸命勉強したが，すべての資料が試験の前日に紛失し，やむを得ず記憶をたどって試験を受けたと主張し，一応答案を提出しているので，無認定の決定は不当であるといった。大学当局は，成績表を書き直し，零点の評価をしたことを記載した。この事件は私立大学に関する事件であり，大学内に設置された専門委員会が判断を下したものであり，大学の判断が尊重されるべきであって，そもそも原告には訴えの利益がない，と大学側は主張した。この事件は，書面を読む限り，直ちに却下できるように思われるのであるが，控訴院（民事部）は，大学側が自然的正義を守っているかどうかを審査する義務を負うことは明らかであり，私立大学だからといって司法審査を回避することはできない，と判示した（ウルフ裁判官）。この判決にも示されているよう

第7章　行政法の展開と市民社会の形成

に，「恣意性の排除」が問題なのであって，公法・私法の区別は，イギリス法では重要ではない。

§781.8　しばしば，先に紹介した判決のような事例では，原告が訴えに必要となる情報を取得することが困難である場合がある。とくに生活保護や年金受給の申請に関する事件では，情報が得られないことが深刻な結果を生むことがある。LCB v. United Kingdom, Eur. Ct. H.R., Judgment of 9 June 1998, RJD1998-III, 27 EHRR 212 では，原子力汚染のため自分の身体に対する真の危険（real risk to one's health）が疑われる情況があり，年金受給者が補償を申請したところ，関連情報の開示を拒否し，申請を拒絶した。しかし，ヨーロッパ人権裁判所は，父親が1958年のクリスマス島では4回の核実験により原子力汚染を受け，その4歳の子供が白血病 leukaemia に罹った。その因果関係を立証するために，情報開示を求めたが，その開示は拒否された。人権規約違反は認めなかったが，第8条が幸福な家庭生活を保護を求めており，第2条は国家が国民を保護することを義務づけていることから，その論理が成り立つことは認めた。

(2)　司法審査の訴え

§782.1　Supreme Court Act 1981, s.31 は，司法審査の結果，裁判所が利用できる救済方法について規定している。この規定に合わせて民事訴訟規則（Civil Procedure Rules [CPR]）を改正し，改正規則（Rule 54.2）は，mandamus order, prohibitory order, quashing order, および宣言判決もしくは差止命令を利用できることを定めている。これらの救済方法は，上述の大権令状に類似しているが，大権令状ほど厳格なものではない。ヨーロッパ人権規約が「正当な満足」を救済方法としているが，これに近い弾力的な救済方法である。司法審査は，①権限踰越（ultra vires）または違法性（illegality），②権限の濫用（abuse of power），不合理性（irrationality），比例配分（proportionality），不適切な目的のための裁量権行使，重要な事実の間違い，③手続的公正（自然的正義），④正当な期待（行政法上のエストッペル），⑤人権違反を審査する訴えである。

§782.2　特別裁判所の管轄することの性質上，通常裁判所が内容について判断する能力がないと考えられる場合がないわけではない。例えば，国民健康保険に

関する医療関係の専門知識は，すべての裁判官が備えているわけではなく，一次的には，その医療の知識をもつ専門家から構成される特別裁判所の判断に委ねられる。場合によっては，ウェストミンスターの議会は，通常裁判所が干渉する範囲を制限することがある。既に言及したように，このような場合でも，サーシオレアライやマンディマスの訴えができる。しかし，議会の立法によって，「司法審査」を明確に禁止している法律が作られたとき，通常裁判所は訴えを直ちに却下しなければならないかどうかが問題となる。

§782.3　前述のCPR 54.2は，その(2)(a)(ii)において，「公的職務・機能の行使」と関連して，「決定および作為または不作為の行為」を審査できることを定めており，本章で説明した行政についても，司法審査ができることは明らかである。しかし，アニスミニック判決によってその存在が確認された司法審査の憲法習律が，行政行為の司法審査において，どのような形で行われるかを定める規定がない。上述の規則は，民事訴訟に関する規則であるが，その後，Bowman委員会がその性質について検討し，司法審査は一般的な習律であると結論し，Crown Officeの中に行政裁判所（Administrative Court）を設置し，この訴え（請願）を認めるか否かについて，一次的判断をさせることを勧告した。この訴えは一方当事者だけで起こすことができるが，申立書の写しが関係人に送付され，関係人は，送達を受理した日から35日以内に，それに反対する理由などを述べることができる。

§782.4　アニスミニック判決と関連して，強制的土地収用の事例であるSmith v. East Elloe Rural District, [1956] A.C. 736を説明した。この事件では，収用の決定が出された後，6週間以上経ってから，その決定が詐欺に基づいて地方自治体が下したものであると主張して，収用の命令を受けた者が，その効力を争った。イギリス行政法では，行政行為の「確定性」を担保するために，「決定の通知後，6週以内に」不服を申し立てない場合，「裁判所による救済を求めることができない」と規定することが多い。スミス事件においても，同様の「裁判排除条項（ouster clause）」があったが，貴族院［最高裁判所］は，詐欺などについての法的責任を問う訴訟を別途起こすことができるが，強制的土地収用の決定は，「6週間後」に効力を発生すると判決した[77]。こ

---

(77)　R. (on the application of Kides) v. South Cambridgeshire District Council, [2002] EWCA Civ. 1370も見よ。

第 7 章　行政法の展開と市民社会の形成

の判決は，アニスミニック判決以後の事件でも先例として使われている(78)。そこで，誰が（当事者適格），どのような場合に，行政に対する司法審査の訴えを提起できるかが問題になるが，これを明確に説明した判例はない。

§ 782.5　一般的には，正当な期待権（legitimate expectations）があると思われる場合であって，救済を与えることが公益に役立つと考えられるとき，当事者適格が認められることが多い。Walumba (Congo) 1 and 2 v. Secretary of State for the Home Department, [2011] UKSC 12 では，コンゴの難民が，アメリカ合衆国ワシントンへ移動する途中，ロンドン（ヒースロー）で飛行機を乗り換えたとき，パスポートに不備があり，退去命令により拘留された。法律上，この手続に問題はないが，ボランティア団体の付添人がおり，アメリカ政府の受け入れが証明でき，またコンゴの出国時にそのパスポートが必要であったと説明している場合，申立人にはアメリカへの移動を保護される期待権があり，司法審査を受ける訴えの利益が認められた。電力会社が大きな施設を建設し，その近隣の住民が子供たちの健康への危害を危惧して，電力会社に対して情報公開を求める場合，電力会社は当局の審査を受けていること，また黙秘権は法人にも認められることを主張するとき，近隣の住民に当事者適格が認められることが多い(79)。しかし，環境保護の NGO などの団体が「公益訴訟」を提起する場合，個人の訴えの場合とは違って，その団体が「公益」を代表するに相応しいかどうかの証明が必要となる(80)。

§ 782.6　訴えの利益が認められる場合，申立人は行政裁判所（administrative court）に定式の書面に申立てを記載して提出しなければならない。被申立人は，その書面を受理したときから 21 日以内に受理書（acknowledgement）を提出しなければならない（CPR 54）。この受理書には，真実説明書または証拠が添付される。21 日の返答期間は合意により延長することはできない。受理書が提出された段階で，法律扶助の申請があれば，その決定が行われる。ここまでが公判前の手続であり，この手続を担当した裁判官は，高等法院に対し司法審査を進める指示を与える。そのときに，必要があれば，仮救済を

---

(78) R. v. Secretary of State for Foreign Affairs, *ex p* World Development Movement Ltd., [1995] 1 All ER 611.
(79) R. v. Hertfordshire County Council, *ex p* Green Environmental Industries Ltd and Another, [2000] 2 A.C. 412, [2000] 2 W.L.R. 373.
(80) R. v. Somerset District Council, *ex p* Dixson, [1998] Env.L.R. 111. この証明は Vexatious or unmeritorious な訴えを排除するためのフィルターになっている。

認めることもできる。高等法院で審査が行われ，その判決が下された後，控訴院に上訴することもできる。

§ 782.7　たびたび引用したアニスミニック判決は，法律の解釈の誤りを正した判決であるが，この判決の拘束力の及ぶ射程距離が問題になる。デニング裁判官は，Parlman v. Harrow School Governors, [1979] Q.B. 56ですべての法律解釈の誤りの事件において，司法審査権を行使できると判示した。しかし，この判決は，司法審査の管轄権が行使できる場合を「法律の解釈の間違い」にかかわる事件だけに制限しようとしているように思われる[81]。In re Racal Communications Ltd., [1981] A.C. 374において，ディプロック裁判官は，この点でParlman判決を否定している。この事件は，1948年の会社法第44条(1)項による会計監査に関する事件であるが，第1審裁判所は，企業会計の管轄権はもっていたが，一般的詐欺事件は管轄外であるとして，独立な監査人の調査を認めなかった。会社法は，高等法院が最終裁判所で，それ以上の上訴を認めていなかった。一般的には，アニスミニック判決の適用のある事件は管轄権に関係のある事件のみに限定される，と理解しているように思われる[82]。

(3)　委任立法の司法審査

(a)　キュア・アンド・ディーリ社事件——合理性判断のルール

§ 783.1　公務員がその職務を遂行するとき，法律による権限の委任を受けているわけであるが，その権限が委任立法による場合に事件が起こりやすい。法律自体に明確な権限が規定されていないのは，行政の性質上，担当者に裁量をもたせることが適切であると考えられるためであるが，この裁量が濫用されたり，恣意的に行使される場合に問題が起こる。そこで，そのような濫用や恣意性を排除するため，公正な行政を行うルールを模索して司法審査が行われ

---

(81) 公営住宅の住民が暖房器具を設置しようとしたところ，建物の構造変更であるとして禁止された。この決定は，事実認定の間違いか，法律の解釈の間違いかが争われている。

(82) 控訴院は犯罪が疑われる事件であると判断し，公訴局長に事件を告訴し，犯罪捜査を行うことを命じた。In re Racal Communications Ltd., [1981] A.C. 374において，ディプロック裁判官は，「議会が特別裁判所に権限を付与しており，この権限が法律の目的に反して使われた場合，権限踰越（ultra vires）の原理により，裁判所が関与して是正したのがアニスミニック判決であり，イギリス行政法の画期的（landmark）判例法である」と説明している。

第7章　行政法の展開と市民社会の形成

ることになる。

§783.2　委任立法の司法審査の法理を説明するために，Commissioners of Customs and Excise v. Cure & Deelly, Ltd., [1962] 1 Q.B. 340 を説明しよう。この事件の被告はバーミンガム市で主として真鍮製品の製造並びに卸売り販売をしていた業者である。1940年の Finance (No.2) Act 1940 が一定の金属製品に物品税の支払いを義務づけており，被告はこの法律に従って物品税を自己の売却した製品の数量を基礎として計算し，それを申告して支払った。原告税務局長は，被告の申告に申告漏れがあると主張して，差額の支払いを命じた。この支払請求は，Finance (No.2) Act 第33条(1)項により制定された物品税規則 (Purchase Tax Regulations 1945) 第12条に基づいて出されたものである。被告は，一部の間違いは認めたが，残りを争い，結局，裁判で争われることになった。被告は，納税額の算定を争うことはせず，物品税規則第12条が権限踰越 (ultra vires) で無効であると主張した。この争点に関係のある規定は，次のように定めている。

　　Finance (No.2) Act 第33条(1)項：「局長は，いかなる事項についてであれ，本法の本章の諸規定を実施し，かつ，それによる局長の職務を遂行できるようにする目的のために，局長が必要であると思料する規定を定める規則を制定することができる。」

　　物品税規則第12条：「ある者が，本規則によって要求される申告をしないか，または不完全な申告をした場合には，局長は，その者に科せられうる刑罰とは無関係に，その者が支払うべきであると局長が思料する税額を決定し，かつ，その支払いを請求することができるが，その額は，その者が支払うべき適正な税額であると局長が思料する額でなければならず，かつ，それは当該命令の日から7日以内に支払われるものとする。」

　　先の主張に対し，原告局長は，この規則により局長が適正と思料した税額であるから，権限踰越はないと主張したことはいうまでもない。

§783.3　この事件の判決を書いたサックス裁判官は，その判決の冒頭で，「国王と臣民との間の問題として，広い適用範囲をもつ問題であり，かつ，高度の重要性をもつ」と述べて，関連のある判例を詳細に分析検討し，委任立法に対する司法審査の一般原則を説いている。それによれば，本件のような問題については，当該の規則を通常の解釈に従って解釈し，その結果，その規則がいかなる効果をもつかを明らかにした上で，法律全体の性質，目的および構

第8節　行政行為の司法審査

成に照らして，規則がそれに抵触する（repugnant）ところがないかどうかを判断することになる。本件の物品税規則第12条を通常の解釈方法によって解釈すれば，適正な税額は局長によって決定されているので，裁判所はこの決定に干渉できない。しかもその決定は，理由や証拠を示さず，納税者に対し司法的救済など行われるはずがない。換言すれば，この決定には自然的正義が欠けている。しかるに租税法は，税金を納付する前に宣言的判決を求めて無効を確認してもらうか，あるいは，税金を一端納付したうえで，還付命令を求める訴訟を提起することが一般的に認められている。従って，物品税規則第12条は，高等法院の裁判官の裁判権を奪い，法律上の基準によらないで局長の裁量によって恣意的な税額の決定を許し，納税者から裁判を受ける権利を剥奪することになるから，権限踰越であり，かつ，同規定は無効であると判決した。

(b) 司法審査の一般的基準

§783.4　議会が，上に紹介したキュア・アンド・ディーリ社事件で問題となった「局長（多くの場合には，大臣）が，必要であると思料する規定を定める規則を制定することができる」という規定を置くことは，決して少なくない。このような規定に基づいて作られた規則が適法なものであるためには，それを制定する「必要があると局長（又は大臣）が思料したこと」を示せば足りるのであり，アレンは，このような委任立法を激しく批判した[83]。かかる議会の立法は，局長（又は大臣）に実質的な立法権を付与するものであって，議会がその立法の職責を果たしたことにはならない。アレンが引用した事例の中には，戦時中の特別な事情の下で作られた委任立法が多く，全ての批判が当を得ているとは言えないかもしれないが，本章第2節で言及した北アイルランド問題に関する臨時措置法などの委任立法のような場合には，警察署長にほとんど全権を付与してしまっており，人身の自由に対する不安を生ぜしめるような委任立法は，重要な問題を含んでいるといわなければならない。

§783.5　正当性の疑わしい委任立法を排除する方法は，規則が法律によって与えられた権限を踰越して作られたことを認め，それが無効であることを判決する以外にない。その権限踰越（ultra vires）の原則は，19世紀中頃の会社法に

---

(83)　Allen, Law and Orders (3rd ed. 1965) が出版されたころ，本書277-279頁で詳しく説明したキュア・アンド・ディーリ社事件のような事件が多く起こっており，委任立法の問題を一般的に検討している。

起源のある判例法上の原則であるが，20世紀になって行政法の領域でも盛んに使われるようになった[84]。裁判所は，行政管轄の内部での間違い（intra vires）には干渉できないが，その枠をはみ出た行政行為については，その無効を確認し，それを排除できるものとすることが司法審査の原則である。

§783.6 今日でも，司法審査は権限踰越（ultra vires）の原理によるものであると説明されることがある。Paddington v. British Transport Police [1999] 2 A.C. 143 at 171 において，スタイン裁判官は，the juristic basis of judicial review is the doctrine of *ultra vires* と述べている。しかし，ド・スミスが考えていた司法審査の基準は，実体的権限踰越（substantive ultra vires）であり，司法審査の基準は，「合理性（reasonableness）」である。この基準は，通常は規則が有効であると解釈すべきであるとする一種の儀礼的慣行があるため，規則を有効とすれば法律そのものの意図が曖昧なものになって法的安定性が害されることが示されなければならない。先のキュア・アンド・ディーリ社判決では，法律全体の性質，目的および構成を明確にし，抵触（repugnancy）があったと判決したのであるが，「合理性」の基準に従ったと理解することも不可能ではない。

§783.7 前述の英国鉄道警察官の事件では，英国鉄道委員会が Transport Act 1962 により車内での禁煙を定める規則を制定し，これに基づいて警察官がたばこを吸っていた客を制止したところ，客は吸うのを止めなかった。鉄道警察官が客の身柄を拘束し，治安判事裁判所で罰則を科することを求めたところ，その客がいきなり司法審査を求めた。事件の審理に当たった常任治安判事（stipendiary magistrate）が，お伺い上訴（case stated）により，審理の進め方についての指示を求めた。最終的に貴族院［最高裁判所］は，司法審査の訴えでは，問題の規則が権限踰越があるか否かが問題とされるが，前述の規則は Transport Act 1962 に従って適正に制定されており，権限踰越はないと判示した。しかし，この判決の中で，貴族院は，Bugg v. Director of Public Prosecutions [1993] Q.B. 473 を先例として引用しているが，この先例はウルフ裁判官が下した判決であり，実質的な審査を行っており，アニス

---

(84) Roberts v. Hopwood, [1925] A.C. 578; Chertsey U.D.C. v. Mixnam's Properties Ltd., [1965] A.C. 735, [1964] 1 Q.B. 537. なお，この基準を示した古典的な判決として，Kruse v. Johnson, [1898] 2 Q.B. 91 参照。会社法における権限踰越（ultra vires）の原則について，Gower, The Principles of Modern Company Law 83-87 (3rd ed. 1969) 参照。

第8節　行政行為の司法審査

ミニック判決の読み方についての論理的対立を甦らせる結果を生んだ[85]。

　(c)　**地方分権法に関する事件の司法審査**

§783.8　最後に，スコットランド，ウェールズ，北アイルランドへの地方分権法と関連して起こりうる訴訟について，若干のコメントを付記しておきたい。確かに，スコットランドが制定した法律が，地方分権法により付与された権限内の立法であるか否かが争われることになれば，その立法が地方分権法の基づく委任立法であるとする論理の立て方は可能であるが，スコットランドの最高裁判所は，イングランドの最高裁判所と同等の地位に置かれているので，その判決からヨーロッパ裁判所へ直接上訴することになる。この場合，アニスミニック判決のような重要な判例の適用について，コモンウェルス諸国と同じように，スコットランドには適用されないことになるのかどうか，争われることになる。また，イングランドとスコットランドとの間の立法管轄が問題になるときに，ヨーロッパ裁判所が上訴審裁判所となり得るのかどうかが問題になっている。もし2014年のレファレンダムにおいて，独立賛成の投票が上回っていたならば，これらの問題は現実の問題となっていた。

§783.9　仮定の問題ではあるが，地方分権法は立法に関しても重大な問題をもたらしている。現在のように，スコットランドの国会議員がウェストミンスター議会の議員である場合，イングランドの国会議員がスコットランド議会に出席して意見を表明することを許すべきであるという主張がある。しかし，問題は，もしこの論理が正しいとすれば，イングランド議会を新たに設立する必要がある。

　(4)　**行政裁量行為の恣意性の排除**

§784.1　前述91頁§344.5で説明したPadfield判決の重要な意味は，「行政裁量」の行使において,「恣意的なもの」または「不合理なもの（unreasonableness）」を取り除くことが司法審査の機能であるということである。この司法審査の機能を適切に果たすことは容易ではない。本節で取り上げたいくつかの判例が示しているように，恣意性の問題が起こる原因は，たいていの場合，法律の文言があいまいであることにある。「大臣が……と思料する場合」とか

---

(85)　ウルフ裁判官は，「刑事裁判所は，実体的な効力に関する争点を決定するものであり，手続的な効力に関する問題はその権限を超えており」変えることはできないと述べている。

第7章　行政法の展開と市民社会の形成

「……であると委員会が考える場合」という文言が使われているとき，行政府は自分の裁量で自由に行政を行うことができると解釈しがちであるが，自然的正義の憲法原理は，なぜそのように考えるかについて，正当性の根拠を示すことを要求する。判断の根拠として使われた資料は，国家機密に関わりがあれば，公開されることはないが，裁判官だけがその資料を読むという開示の方法も存在している。裁判官が，決定の内容を変えることはできないが，その決定が手続的観点から見て，適正に行われているか否かを審査することが裁判所の役割である。

§784.2　Secretary of State for Education and Science v. Tameside Metropolitan Borough Council, [1977] A.C. 1014 では，地方自治体がその地域の中学校の設置について出した決定の効力が問題になっている。Education Act 1944 は，公立の総合中学校（comprehensive schools）の制度を導入したが，原告地方自治体は，1975年11月に，その地区内にあるすべての中学校を総合中学校にする条例を制定し，教育・科学担当大臣がその議決どおりすべてを総合中学校にすることを認可した。しかし，その認可後すぐに地方自治体の議会の普通選挙が行われ，伝統的なパブリック・スクールも維持されるべきか否かが選挙の重要な争点となった。選挙の結果，維持派が勝利をおさめ，新しい議会は，存続を内容とする条例を制定した。これに対し，教育・科学担当大臣が，既に新校舎等の準備が進んでおり，急激な変更は住民を混乱させるのでその条例による中学校の設置を認めなかった。大臣には認可権が与えられており，この決定には法律違反があるわけではない。しかし，大臣の不認可の決定は地方条例を否定するものであり，その否定の論拠は，「急激な変更は住民を混乱させること」であるから，このことを証明できなければ，大臣の決定の正当性が否定される[86]。裁判所が，この正当性の証明を求めることが，今日の裁判所の重要な役割であると考えられている。

---

(86) この事件では，入学試験を行うすべての中学校が，入試予定，試験問題，選定方法など，すべて準備ができていることを説明しており，すべての教育関係者が，混乱が起させませんという確約書を提出している。

第8章　人権と市民的自由

第1節　基本概念の説明

§81.1　本書の最後の章である第8章では，裁判所が，法の支配の原則を守るために，トランプのコントラクト・ブリッジにたとえれば，手元に大切に残してきた「人権と市民的自由」の切り札をどのタイミングで，またどのような形で使うかという，法解釈の技術的な問題を議論することになる[1]。その問題は技術的な問題ではあるが，価値判断と深く関わる問題であり，本章は本書の中でもっとも重要な章である。医学にたとえれば，筆者が現在かかっている難病は，現在の医学では最先端の薬や医療機器の力を借りて，相当程度まで治療が可能になっているが，この治療に当たる能力のある医師は非常に少なく，医療技術を誤れば患者を死に至らしめるおそれがある。人権と市民的自由は，だれにでも強い関心がある問題であるが，それを正しく理解することは容易なことではない。

§81.2　イギリス人にとっては，憲法典に人権が規定されているかどうかということよりも，実際上，裁判所によって人権が保護されることの方が重要なことである。議会の立法は，国会議員の利害調整の結果であり，自然的正義の原理に反する立法は稀ではない。討論の時間が限られており，その立法の結果，どのようなことが起こるかについて，議論されることなく，立法がなされる。しかも，政党間の力関係が拮抗している場合には，政治的妥協が行われ，法律の文章それ自体が曖昧になることも少なくない[2]。「法の支配」の原則による司法権の行使は，民主主義が産み出す欠陥商品を見分け，民主主義の安

---

(1) アメリカにおける違憲立法審査の1例として，後掲注(6)のアメリカの判例を見よ。アメリカ合衆国で行われている違憲立法審査は，本書付録3に収載した書評で説明された考えに基づいて行われている。ちなみに，著者ジャッフィは，イギリスでも同じ考えに従って裁判が行われていると理解していたと思われるが，イギリスではその著作は厳しく批判された。

(2) アニスミニック判決で解釈が争われたForeign Compensation Act 1950 and 1959がその例である。また，War Damage Act 1965は，最高裁判所の判決を否定した法律であるが，アメリカではあり得ない法律である。

第8章 人権と市民的自由

全弁としての機能を果たすことにある。イギリスの人権体系はコモン・ローによって作られたが，このことは人権が画に描いた餅ではなく，裁判所によって確実に保護されることの証である。本書で紹介した多くの判例がそのことを示しているが，本章は本書の最後の章であり，その体系を本書で整理して説明することにしたい。

§81.3　イギリス憲法の専門家（裁判官および学者）は「基本的人権」という用語を使わない。それは，基本的なものでない人権を軽視する傾向を生むことをおそれているためであると思われる。人権に重要なものとそうでないものとの違いがないからである。第1章で憲法の法源の1つとしてマグナ・カルタに言及したが，法律専門家（主に裁判官）にとって，最も重要な規定は，その第39条である。同条は，次のように規定している。

「自由人は，その同輩の合法的裁判（lawful judgment of his peers）によるか，または国法（law of the land）によるのでなければ，逮捕，監禁，差押，法外放置，もしくは追放をうけ，またはその他の方法によって侵害されることはない。」(3)

この規定は，コーク［クック］裁判官の多くの判決における解釈を経て，アメリカ合衆国憲法では，適正手続条項（due process of law）を規定した最も重要な憲法規範（法の支配）を表現したものであると理解されている。(4)

§81.4　本書第1章§14.4において，human rights と civil liberties のことばのもつ意味の相違について言及したが(5)，human rights は「人権」と訳され，それは主に自然権としての基本的人権を意味した。これは王権神授説により，絶対的王権が神から付与されていると国王が主張しているのと同じレベルでの議論であり，証明が不可能な権利である。「市民的自由（civil liberties）」という場合には，「市民社会」によって承認された個人の自由を意味するので，裁判所によって不法行為法により保護された法律上の権益（例えば，プライヴァシーの権利）であり，市民社会が生んだ人権（市民権）である(6)。イ

---

(3) この条文の解釈について，高木＝末延＝宮沢編『人権宣言集』（岩波文庫，1957年）45-46頁［田中英夫］の訳によった。国王の peer はいない。

(4) この点について，田島裕『アメリカ憲法（著作集1）』（信山社，2004年）232頁を見よ。

(5) §431.2で述べたように，人間が自然状態にあるときに，既にもっていた基本権を意味する。

(6) Griswold v. Connecticut, 381 U.S. 479 (1965) は，第1修正（結社の自由）を三日月に喩え，その影の黒い部分にも権利が隠れており，その隠れた部分に「プライヴァ

ギリスの憲法学者は，コモン・ローが守ってきた保護法益は一定の体系を
　　もっており，例えば，アメリカ合衆国憲法や1998年のイギリスの人権法が
　　保障する人権は，それらを明文化したものであるにすぎないという。「財産
　　権」などの具体的な人権は，先に引用したマグナ・カルタ第39条の適正手
　　続によりその存在が確認された最も重要な法価値である。

§81.5　ジョン・ロックの理論によれば，「生命，自由，財産」が包括的に人権を
　　表現することばである[7]。自然法は自然の法則に従う法を意味するが，法律
　　学においては，これは厄介な理論である。自然法による議論をするためには，
　　自然法則の存在を証明したうえで行うことになるが，その証明は容易ではな
　　く，権力者は，その証明ができていないにもかかわらず，証明済みであると
　　主張したうえ，自分の議論だけが正当であると主張する。これに反対するた
　　めには，しばしば命をかけなければならない情況がある。例えば，王権神授
　　説は，神が国王に王権を与えたとする憲法理論であるが，この証明ができて
　　いないにもかかわらず，反論すれば殺されるおそれがある。ジョン・ロック
　　らが唱えた自然権説も，人間の自然状態においても認められた権利があり，
　　この権利は市民社会が形成された後においても守られると主張したが，証明
　　が社会契約説というフィクションに基づいている[8]。

§81.6　イギリス憲法が保障する人権を自然権であると理解する説は必ずしも有力
　　説ではない。自然法論に対して分析法学の立場からなされる説明は，人が市
　　民社会を形成したとき，市民社会を維持していくことに責任を負う者が人権

　　　シーの権利」があると判示したアメリカ合衆国の最高裁判決である。進化論を否定し，
　　避妊の助言を犯罪とした州法を違憲無効とした。*Cf.* Epperson v. Arkansas, 393 U.S.
　　97（1968）および Scopes v. State, 154 Tenn. 105, 289 S.W. 363（1926）。プライヴァシー
　　の権利の理解には，イギリス法とアメリカ法の間に大きな違いがあるが，アメリカ憲
　　法の理解について，田島裕『アメリカ憲法（著作集1）』（信山社，2004年）252頁を
　　見よ。

(7)　ジョン・ロック（加藤節訳）『統治二論』（岩波文庫，2010年）458頁参照。「絶対
　　的で恣意的な権力，あるいは確立された恒常的な法を欠く統治は，いずれも，社会お
　　よび統治の目的とは両立しえない。人は，自らの生命，自由，財産を保全し，権利と
　　所有物とに関する一定の規則によって平和と静穏さとを確保するためでなければ，自
　　然状態における自由を放棄したり，統合して社会および統治に服したりすることはな
　　いであろう。」

(8)　John Locke, An Essay Concerning Human Understanding（1690）at 352-353。
　　ロックの「財産権」は，労働によって得た価値を「財産権」として保全することを市
　　民社会の目的としている。ジョン・ロック（加藤節訳）『統治二論』（岩波文庫，2010
　　年）333-4頁参照。

第8章 人権と市民的自由

を守ることを約束したとき、守るべき人権として確約された権利である、と理解されている。今日の市民社会は民主主義社会であるから、民主主義を支える政治的権利（選挙権の平等、言論の自由など）が当然その中に含まれている。それが何を意味するかは、必ずしも明確ではないが、コモン・ロー裁判所の裁判を通じて、守るべき権利の検証が行われ、長年にわたる検証の蓄積によって、人権の体系ができあがり、国民の世論の中に深く根付いている。マグナ・カルタなどの文書は、人権の存在を証明する証拠ではあるが、それは法律ではなく、その文書が拘束力をもつものではない。

§81.7 それでは、具体的に「人権と市民的自由」が何であるかという問題に答えることになると、イギリスの憲法学者の間に微妙な意見の相違があるように思われる[9]。ブラックストーンによれば、3種類の絶対的権利が保護されなければならない[10]。第1は、生命または身体に危害を受けない権利がある。この人身の自由は、ただ単に判例法によって保護されてきたというだけでなく、マグナ・カルタ、権利章典、人身保護法などの基本法が明文の規定によって保護してきた権利である。第2は、言論の自由などの「精神的自由権」である。国民の政治的意思の形成または世論の形成にとって非常に重要な意味をもつ権利であり、人身の自由と同じように絶対的に守られなければならない権利である。第3に、私的財産を奪われない権利がある。ちなみに、本章は、ブラックストーンの分類を参考にして構成されている。

§81.8 最近では、この問題に関する指導的学者がディヴィット・フェルドマンであることに異論を唱える者はいないであろう。D. Feldman, Civil Liberties and Human Rights in England and Wales（2nd ed. 2002）は、「生命、自由および身体の安全」、プライヴァシー権、表現の自由という3つの部に分けて人権と市民的自由の具体的内容を説明している。筆者の本書では、この分類には従っていないが、フェルドマンの第1部で述べている「［人間の］根本

---

[9] たとえば、後注(11)で引用するフェルドマンの著書は、殺人現場を目撃した通行人は、フランス法では救済義務を負わされるが、イギリス法では負わされることはない、という例を挙げている。G. Mead, *Contracting into Crime: A Theory of Criminal Omissions*, (1991) 11 Oxf. J. of Legal Studies 147-73; A. Ashford and E. Steiner, *Criminal Omissions and Public Duties: The French Experience*, (1990) Legal Studies 153-64 参照。

[10] 1 Blackstone, Commentaries (1675) at 125, 130, 134.

的価値（basic values）」の説明には注目しておきたい[11]。フェルドマンは，民主主義社会において裁判所が果たすべき役割について，民主主義の多数決原理の働きの中で，多数がおかす誤りを是正する役割の重要性を強調し，その是正の判断の基準になるのが人権であるという。このことを2つの観点から説明している。

§ 81.9　民主主義による多数決の決定は，表現の自由，報道機関の言論・出版の自由，国民の投票権，議会への請願権，抵抗権，政府機関（主に警察）による恣意的な身体的拘束からの自由などが保障されていることを前提とし，適正に進められたのでなければ，その正当性に欠ける。実際の裁判においては，私的な領域と公的な領域（private and public spheres）を区別し，公的な領域においてのみ人権が保障されるという議論がなされることがあるが，問題は守るべき「基本的価値」を保護することであり，その区別は意味がない。その基本的価値は，厳密に定義することはできないかもしれないが，相当程度まで正確に説明することは可能であり，それらは憲法的価値として保護されなければならない。このようなフェルドマンの考えについては，本書の筆者もまったく同感である。

---

(11)　D. Feldman, Civil Liberties and Human Rights in England and Wales (2nd ed. 2002) at 32.

第8章　人権と市民的自由

第2節　個人の権利と自由

(1) 裁判を受ける権利と人権

§821.1　ダイシーはブラックストーンの後継者であり，人権のとらえ方に大きな違いはないが，ダイシーは人権に強い関心を示し，人身の自由の権利，討論の自由の権利，公の集会の権利を詳しく説明している。ダイシーは，人権をそれだけに限定することを意味してはいない。第1に，個人の自由は法律によって禁止されない残余の部分であると説明し，第2に，具体的には，通常裁判所の裁判の結果，特別重要な意味をもつ法的利益としてその存在が確認された個人の利益が人権であり，従って，「法の支配」の原則の一部分として，通常裁判所による裁判を受ける権利の保障が必要とされると述べている[12]。このような人権の保護は，たとえ加害者が国王であっても，法の下の平等の原理により，国王でもコモン・ローに従わなければならないという考え方は，今日の憲法学者によっても支持されている。

§821.2　「人権」は通常裁判所の裁判の結果であると説明されることがあるが，このことを示す事例として，Nagle v. Feilden, [1966] 2 Q.B. 633 を見てみよう。この判決では，女調教師をクラブから除外することが許されるかどうかが問題になっているが，デニング裁判官は，次のように述べている。

「我々は社交クラブのことを問題にしているのではない。我々が問題にしているのは，人間の活動の1つの重要な領域において，実質的に独占している一団体のことである。……(中略)……裁判権の真実の根拠は，人間の働く権利である。……(中略)……その者が事業を行い，または専門職につく権利は，その者の財産権である。裁判所は，財産権を保護するために干渉するように，その者の労働の権利を保護するためにも干渉する。」(at 693-4)

この判決は，いわば日本国憲法第22条にいう職業選択の自由を女調教師

---

(12) Dicey, Law of the Constitution (10th ed. 1959) pp. 195-202, 472. ダイシーは，フランス憲法，スイス憲法，ベルギー憲法などと比較しながら，「これらの法律［人身保護法］は，諸外国においてしばしばなされている人間の権利の一般的宣言よりも，はるかに重要であるだけでなく，権利請願，権利章典のような非常に法律家らしい文書と比較しても，はるかに重要である」と述べ，適正手続による裁判の重要性を説明している。Id. at pp. 221-2. これについて，伊藤正己『イギリス公法の原理』(弘文堂，1954年) 142-167頁は，このようなイギリス憲法における人権の保障について，具体的な判例を示しながら，詳しく説明している。

について認めた判例であるといってよい。憲法典をもたないイギリスにあっては，人権の体系も同様の判例（コモン・ロー）の蓄積によってなりたっている。

(2) 表現の自由

(a) マスコミの報道の自由

§822.1　民主主義社会を作るために最も重要なことは表現の自由を保障することである。多数決原理に基づく民主主義の制度では，もっとも根本的な人権である。だれかが政策を思いつき，それを提案し，反対意見を突き合わせて検討し，多面的な調査をした結果，生き残った提案について，議会が投票を行い，法律を作ることになる。この民主的なプロセスを確実に保障するために，思想および良心の自由，学問の自由，言論の自由，出版の自由，その他の表現の自由が必要となる。まず表現の自由について，Rex. v. Secretary of State for the Home Department, *Ex p.* Brind [1991] 1 A.C. 696 を検討しよう[13]。この事件は，政府が専門家委員会で検討したうえに出した，「テロリストの映像を音声付きで放映してはならない」という禁止令に関係する。この命令を受けたBBC（国営テレビ）およびインデペンダント放送局（民放）は，この命令は国際人権規約が保障する表現の自由を侵害する違法なものであると主張して，宣言判決を求める訴えを起こした。

§822.2　貴族院［最高裁判所］は，当然，表現の自由はイギリス憲法が保障する重要な権利であることを認めている。しかし，必ずしも絶対的な権利ではなく，ゴルダー判決を参考にしながら，その自由の限界がどこにあるべきかを深く検討している。放送免許の基本合意に基づいて命令が出されているので，当該の命令が「法の支配」の原則に反することはなく，違法でないと判決した[14]。ヨーロッパ人権規約第10条が保障する表現の自由も，「公安」を理

---

(13)　同じようにBBCが放送禁止命令を受けた事件として，*In re* British Broadcasting Corporation, [2010] 1 A.C. 145 も見よ。この事件（強姦罪）では，被害者に付着していた精液のDNAと被疑者の毛髪のDNAが一致したが，原審裁判官は，判決確定まで被疑者の氏名の公表をジャーナリストに対し禁止した。Police and Criminal Evidence Act 1984, s.64（3B）に違反した証拠であったためであるが，BBCの1つの番組で被疑者の氏名は公表しなかったけれども，推測できそうな微妙な部分があり，裁判所侮辱罪に問われるおそれがあった。そこで，BBCの側から禁止の違法性確認を求めた。

(14)　Broadcasting Act 1981, s.29(3)および放送免許合意第13条(4)項により命令が出

由とする制限を認めている。同条(2)項は，各加盟国の諸情況を考慮して，その自由が制約される場合について具体的に規定している(15)。貴族院［最高裁判所］は，その命令に関わる市民の生命の安全性を守る法的利益を説明しながら，それとは独立してイギリスの民主主義を確立するために，何が必要であるかを検討しなければならないと判示している。禁止の内容は，貴族院［最高裁判所］は，コモン・ローによる表現の自由の保障は，国際人権規約による保障よりも強力なものであり，その判決はコモン・ローに基づく判決であると考えたものと思われる(16)。

§822.3 表現の自由が問題になる事件では，裁判所侮辱罪が関係することが多いが，この場合には，裁判所が報道の自由などを制限する立場にある。前述のテレビ会社に対する禁止命令の事件でも，もしテレビ局が事前に禁止命令の効力を確認する訴えを起こさず，その命令に反する放映をすれば，裁判所が裁判所侮辱罪を使うところまで発展したかもしれない。実際上，その判決の中で引用している Sunday Times v. United Kingdom, [1981] A.C. 1096 では，イギリスの裁判所は，タイムズ社に対し陪審による審理が行われている医療過誤訴訟（サリドマイド事件）に直接影響を与える論文記事の継続掲載を禁止したが，タイムズ社がこの命令に従わなかったため，裁判所侮辱罪が科された。ヨーロッパ人権裁判所が，最終的に報道の自由の重要性に重点をおいた判決を書き，ヨーロッパ人権規約第10条違反があったと認めた。これを受けてイギリス政府は Contempt of Court Act 1981, s.10 の改正を行った(17)。

§822.4 国家機密の開示を新聞社側が求め，政府側が開示を拒む形の紛争が多くある。Secretary of State for Defence v. Guardian Newspapers Ltd., [1985] A.C. 339 では，それとは異なる奇妙な形で訴訟が進められた。Deliveries of

---

されている。ゴルダー判決については，田島裕『英米法判例の法理論』（信山社，2001年）199-210頁で詳しく説明した。また，この判決は，国際法と国内法の関係についても言及し，margin of appreciation や doctrine of propertionality などを詳しく検討しているが，これについては，§441.11および§622.4で説明した。

(15) 筆者は別の論文の中でこれについて詳しく説明した。
(16) Rantzen v. Mirror Group Newspapers Ltd., [1994] Q.B. 670 at 690 (C.A.) (per Neill LJ) 参照。
(17) 「裁判所は，自分が責任を負う出版物に含まれる情報の情報源をその者に，あるいは開示を拒絶して裁判所侮辱に問われた者に，開示することを要求してはならない。但し，正義または国家の安全の諸利益のために，または動乱もしくは犯罪の防止のために，開示が必要であることを証明して，裁判所を納得させる場合はその限りではない。」と規定している。

Cruise Missailes to RAF Greenham Common――Parliamentary and Public Statements と題する記事がガーディアン誌に掲載され，その情報源の開示を国防省が求め，新聞社がこれを拒絶した。原子力ミサイルをウガンダに売却したという最高機密情報（国防大臣から首相への報告）は，7 通だけ作成され，受理した者の特定ができるように特殊な印が付けられていた。内閣府の Grade 10 clerk の公務員が内部で違法コピーを作成し，新聞社に渡したものと思われる。政府は，Contempt of Court Act 1981 s.10 により，情報源の開示を強制しようとしたが，裁判所は大いに困惑した。同条は，求められる情報が，司法の利益または国家の安全もしくは秩序紊乱または犯罪の防止のために開示が必要であると裁判所が納得する場合でなければ，開示を強制できないと規定しており，この条文に従えば，すべての関連機密情報が公開されることになる。

(b) **デモンストレーション**

§ 822.5 （集会の自由と治安維持）集会の自由は一種の表現行為である。ロンドンのハイド・パークのスピーカーズ・コーナー[18]は別として，一般の個人が意見を表現する場所はなく，政治力をもつ表現をするためには，集会を開いてデモンストレーションをする以外にない。しかし，単独の著者の出版物による表現とは異なり，その集会が暴徒化するおそれがあり得る。そこで，治安維持の観点から警察がその行動を監視することになる。警察は，人身被害が生じる「明白で現在の危険」が存在している場合にのみ，それを制止することができる。Hubbord v. Pitt [1976] Q.B. 142 では，ロンドンの Islington 地域住民が都市再開発の目的で進められたまちづくり事業に反対する運動を起こし，ピケッティングをはり，開発業者がその差止めを求め，妨害排除を請求した。高等法院は，この請求を認めたが，デニング裁判官は，住民運動はまちづくりの基本的な考え方についての問題提起をしており，ピケッティングは「言論の自由」と同等の価値をもつと述べている[19]。

§ 822.6 （事前の検閲の禁止）　言論の事前の審査または検閲は禁止されている。しかし，言論の自由は，アメリカ憲法のように絶対的な権利ではない[20]。ダイ

---

(18)　ロンドンの地下鉄マーブル・アーチ駅の近くのハイドパーク公園の一角に，だれでも自分の意見を市民に訴えることができるコーナーが設けられている。

(19)　低所得層の住民が居住する地域であり，開発により行き場を失う。デニングは，対話による解決の重要性を説いているように思われる。

(20)　本書でもサリドマイド事件に関する Sunday Times 事件（§ 822.3）など，若干の

シーが特別な重要性を認めた新聞報道の自由についてさえ，裁判所は，新聞記者が情報源を開示するのを拒絶するのを許したが，アメリカのように新聞報道の特別の意義（国民の知る権利）を認めたのではない。財産権としての新聞記者の職業（財産）を保護することに重点を置いている。しかも，イギリス法では，報道の内容が裁判に関係する場合には，裁判所侮辱罪による制約を受ける(21)。R. v. Alfred, [1909] 22 Cox. 1 において，中央刑事裁判所は，一方では，抽象的な学説に対する絶対的な自由を認めながら，他方，一般向け雑誌記事の中で「使われた言葉が，国家の問題について，大衆の混乱または物理的力もしくは暴力を助長するために精密に計算されたものである」(id. at 4) ときは，言論の規制が許されると判決した(22)。

(c) わいせつ出版物

§822.7　わいせつ出版物と表現の自由は，古くから議論のある研究テーマである。わいせつ出版物の出版が禁止されるのは，「公共の道徳」を害するからであると説明されるが，道徳は倫理的判断を必要とするが，分析法学は「法」の世界に「道徳」を持ち込むことを厳しく批判してきた。倫理的判断の客観性が疑われるし，どのような実害があるかの証明が十分になされていない。R. v. Penguin Books Ltd. [1961] Crim.L.R. 176 では，D.H. Lawrence の Lady Chatterley's Lover がわいせつ出版物であるか否かが争われた。中央刑事裁判所は，陪審による裁判を行い，わいせつ性に関する専門官の意見表明を許さなかった。陪審は，その小説はわいせつ性があるが，文学的価値が非常に高く，無罪と判定すべきものであると評決した。ちなみに，弁護側は，外国法の鑑定書も提出しようとしたが，倫理判断は国によって異なることから，

　事例を紹介したが，裁判所侮辱に当たる出版が事前に禁止されることがある。ヨーロッパ人権裁判所も，言論の自由の重要性を強調し，この権限の行使には抑止的な意見を述べているが，「法によって定められた方式，条件，制限または刑罰であって，民主主義にとって必要なもの」として人権規約に適合すると判示している。Goodwin v. UK Application 17488/90, (1996) 22 EHRR 123. Cf. X Ltd. v. Morgan Grampian (Publishers) Ltd., [1991] 1 A.C. 1 (H.L.).

(21)　上述§822.3 で説明したサンデー・タイムズ判決によって確立された法理であるが，この事件では，サリドマイド（薬品）の副作用により流産したという母親が起こした薬害訴訟が進行中に，因果関係の立証が困難であった状態にあったとき，新聞社がその立証を助ける論文を連載し，裁判所は，この連載が訴訟を妨害していると認定して，裁判所侮辱を適用した。

(22)　H. Street, Freedom, the Individual and the Law 34-5 (2d ed. 1963) は，J.S. ミルの「自由論」を支持し，この判決を Dennis v. United States, 384 U.S. 855 (1966) と比較し，これと類似した悪例であると批判している。

(3) 宗教の自由

§823.1 （信教の自由）アメリカ合衆国憲法第1修正は信教の自由を無制約で保障しているが，この規定によって，信仰をもたない自由，政教の分離，一定の信仰をもつことにより不利益を被らない権利などが保障されている。イギリスでは，本書の中で既に説明したように，イングランド教会が国教であり，信教の自由はアメリカ憲法上のそれとは異なった意味をもっている[23]。これを説明するために，イングランド教会とは何かについて多少説明する必要がある。イングランド教会は，ヘンリー8世がローマ教皇庁に離婚の許可を求めたが，許可がおりず，カンタベリ大司教クランマに離婚の宣言をさせた[24]。ローマ教皇はヘンリー8世を破門したので，これに対し，ヘンリー8世は国王至上法（1559年）を制定し，イギリス国内の教会をイングランド教会に改組させ，みずからその首長となった[25]。これがイングランド教会の出発点である。この歴史的大改革は，ケンブリッジ大学（主にジーザズ・カレッジ）を中心拠点として進められたが，プロテスタントの影響を強く受けたとはいえ，ヘンリー8世自身は，イギリス国内のカソリック教会の教義を変えることはしなかった[26]。

---

[23] アメリカ合衆国憲法上の信教の自由については，『アメリカ憲法（著作集1）』（信山社，2004年）137-157頁で詳しく説明した。

[24] ヘンリー8世はローマ教皇から「信仰の擁護者」の称号を受けたほど敬虔なカソリック教徒であったが，兄の死後，直ちにその妻キャサリン（スペインのアラゴン家出身）と結婚したが，子供が生まれず，離婚して侍女アン・ブーリン（エリザベス女王の母）との結婚を望んだが，ローマ教皇はヘンリー8世を破門した。トマス・クランマは，ローマに留学し，ローマ教会に強いパイプをもつ文学者であったが，ローマ教会から独立することが賢明な途であると助言した。古代ギリシャ・ローマ時代の研究者であり，ヘンリー8世はクランマをカンタベリ大司教にした。イギリス国内における教会の頂点に位置した人であり，「寛容の精神」を唱えた。

[25] Act of Supremacy, 26 Hen. VIII, c.1. これにより，国王は the only Supreme Head on earth of the Church of England となった。メアリはこの法律を廃止してカソリックを復活させたが，エリザベスは，別の法律を制定して，ヘンリー8世の国王至上法（1559年）を復活させた。1 Eliz. 1, c.1. なお，マグナ・カルタ第1条，31 Hen. VIII, c.10, s.2, Caudrey's Case, (1591) 5 Co. Rep. 1a も参照。

[26] エラスムス（1469-1536）はオランダ人であったが，1511-1515年，ジーザズ・カレッジに滞在し，神学の講義を行った。新約聖書を編纂し，クランマはその英語版を作った。ルネッサンスの代表的な文化人の1人であり，エラスムス著（沓掛良彦訳）『痴神礼賛』（中央公論社，2014年）を書いたヒューマニストである。

第 8 章　人権と市民的自由

§823.2　ヘンリー8世が宗教改革について曖昧な態度をとったことが，名誉革命にいたるまでの約100年にわたって内紛が起こる原因となったということもできる。本書で取り上げた17世紀の判例のほとんどすべてが，このことに間接的に関わっていると理解することもできる。ヘンリー8世とアン・ブーリンとの間に生まれたエリザベス女王は，教会改革を推進し，救貧法（Poor Laws）を制定して，戸籍，救貧者救済などの行政的責任を教会に負わせ，イングランド教会の独自な性格を確立した。イングランド教会はクランマの「寛容の精神」に従っており，カソリック教徒を迫害したり，排除するようなことはなかった[27]。しかし，今日まで続いているアイルランド問題は，見方によってはプロテスタントとカソリックの間の紛争と見ることもでき，実際上，カソリック教徒にとって住みにくい情況があったのかもしれない。

§823.3　ヘンリー8世の宗教改革について，注目すべきもう1つの出来事は，ローマ教皇への上訴を禁止したことである。1533年に制定された 24 Hen VIII, c.12 は，国王が教会の司法権をもつことを確認し，国王の裁判所からローマ教会へ上訴することをローマ教会尊信罪（penalties of a Praemunire）で処罰することを定めた[28]。このようにして，司法権についても，国王が最高位についたが，親友トマス・モアの助言を受けて，司教の任免，洗礼，婚姻・離婚などの教会に関係する諸事項については，立法および司法の自立権を認めた。しかし，少なくとも理論上は，ウェストミンスター議会が絶対的立法権をもっていたし，19世紀の司法改革のプロセスにおいて，教会裁判所の管轄権は著しく制限され，今日では，その自律権はほとんどなくなっている[29]。

§823.4　国教としてのイングランド教会は，エリザベス女王の救貧法以来，行政機関として機能してきた（§731.2参照）。少なくとも1848年には，法律と宗教とは明確に切断され，法律のあつかいにおいて，宗教に基づいて差別されることはない。どの宗教を信仰していても，すべての市民が平等に扱われる。

---

[27]　但し，イングランド教会は国教であり，宗教教育などについて一定の特権が認められている。

[28]　この法律は，アセルスタンやカヌートの時代の憲法習律に言及し，emperor が司法権をもっていたと説明している。

[29]　教会裁判所の管轄権について，田島裕『英米の裁判所と法律家（著作集3）』（信山社，2009年）参照。なお，国王と教会の関係について，W.A. Anson, Law and Custom of the Constitution（4th ed. [Keith ed.] 1935）pp.249-270 に詳しく説明されている。

第2節　個人の権利と自由

Wheeler v. Leicester City Council, [1985] 1 A.C. 1054 at 1080 では、市の教育委員会が宗教教育をカリキュラムに組み入れたが、プロテスタント以外の宗教をもつ子供がその授業を拒絶する権利をもつ、と判示された。しかし、1828年に制定された審査法は、カソリック協会という政治団体を設立したオコンネル（O'Connel, 1775-1847）に対するあからさまな政治妨害であり、アイルランド問題の原因の1つとなっている。この審査法は、イングランド教会以外の宗教の信者から国会議員になる資格を奪った法律である[30]。

---

(30)　但し、この法律は、1829年の Catholic Emancipation Act により廃止された。

295

第8章 人権と市民的自由

第3節 警察権能

(1) 生命の保護を受ける権利

§831.1 「すべての人権の中で最も重要な人権は個人の生命に対する権利である」と Bugdaycay v. Secretary of State for Home Department, [1987] A.C. 514 at 531 は述べている。さらに，Airedale NHS Trust v. Bland, [1993] A.C. 789 at 826-828 で，生命に対する権利の意義について，詳しく説明されている。この事件では，18歳の少年がフットボールのゲームに出ていて，ボールを取ったときに沢山の少年がぶつかり，不幸にも肺が破裂し，脳震盪を起こして，不幸にも永久に植物人間になった。親は安楽死を望み，治療に当たった病院も，その選択が正しいと判断した。そこで，病院が安楽死が正当であることの確認を求めた訴えがこの事件であるが，貴族院［最高裁判所］は，次のように答えた。

　「生命の神聖性（sanctity of life）は，我々がどのように生きるべきかについての決定に適用される倫理的諸原理の1つの cluster であるにすぎない。もう1つの cluster は，個人の人間の在り方，とくに自分自身の人生をどのように生きるかを選択する権利の尊重である。我々は，この権利を個人の自律権，または自己決定権と呼んでいる。もう1つの原理は，それと密接に関連するが，個人の人間であることの尊厳である。」

　このように説明をしたうえ，貴族院［最高裁判所］は，本人も安楽死を選択するものと思われると判決した。

§831.2 生命の保護を受ける権利が基本的な権利であることを疑うものはいない。しかし，その権利が具体的に何を意味するかについて議論を始めると，上の判決でも見られるように，微妙な意見の相違が顕在化する。ヨーロッパ人権規約第2条は，「人はすべて自分の生命を法によって保護される。」と規定している。この規定は，すべての加盟国が人（外国人を含む）の生命を保護するための警察を組織することを義務づけている。しかし，同条は，まず第(1)項において，刑罰（死刑）が法により定められている犯罪の判決執行として生命を奪うことは，その例外としている。また，その第(2)項において，(a)違法な暴力行為から身体を守ること，(b)適法な逮捕を行うため，もしくは拘禁された者の逃亡を防止すること，または(c)反乱（riot）または暴動

(insurrection) の鎮圧 (quelling) を目的としてなされた行為, を例外として定めている。上記の第(1)項の例外については, 規約第6条は,「すべての人間は, 生命に対する固有の権利をもつ。この権利は法により保護される。」と規定したうえ,「何人も自分の生命を恣意的に奪われることはない。」と規定している。そして, 現在では, 刑事裁判における誤審を排除できないし, 死刑が残酷な刑罰であることから, 死刑は廃止されている[31]。

(2) 捜査手続に関する人権

(a) 1984年の警察および刑事証拠に関する法律

§832.1　ヨーロッパ人権規約第5条は,「すべて人は, 身体の自由および安全を守ってもらう権利をもつ」と規定している。警察は国民の安全 (生命および自由) を守ることを職務とするが, 実際に個々の市民と接触するとき, 警察権能が, この人身の自由を制約することがある。正当な範囲を超えない限度で捜査が行われるように, Police and Criminal Evidence Act 1984 には, 警察の捜査手続および証拠収集などに関する詳細な規定を置いている。いくつかの実務規律コードを定めているが, 最初のコードAは, 通行人を停止させ, 捜査する場合の手続について定めたものである。コードBは, 室内で財物を操作し, 押収する手続について定めている。コードCは, 拘留し, 尋問する手続について定めている。コードDは, 犯罪者の特定の手続について定めている。コードEは, 被疑者との接見中の記録をテープで保存する義務などについて規定している。コードFは, 被疑者との接見中の記録をビデオで保存する義務などについて規定している。コードGは, 逮捕に関する規範を定めている。さらに, コードHがあるが, このコードはテロリストの拘留に関するものである。

(b) コードA

§832.2　警察官 (constable) が, 通行人を停止させ, 質問をするときは, 身分証明書を示し, 所属を明らかにし, 停止させた理由を説明しなければならない。そのうえで, 犯罪が直前に行われたと疑う合理的な理由がある場合には, 証拠を保全したり, 重要な犯罪に関する嫌疑であれば, その場で令状なしに逮捕することもできる。Misuse of Drugs Act 1971, s.23(2)に関する麻薬事件

---

(31) Six Protocol をイギリスは1999年に批准した。

の捜査のR(Laporte) v. Chief Constable of Gloucester, [2007] 2 W.L.R. 46 が示しているように,「違法薬物」を保持していた事実だけで, 違法性を推定することを許している。また, Austin v. Metropolitan Police Commissioner, [2009] UKHL 5 (HL), [2009] 1 W.L.R. 372 では, ロンドンのオックスフォード・サーカスに集まった3000人余りの群衆をテロ行為の疑いがあるとして警察が7時間にもわたって拘束したが, この手続にも違法性はないと判決された[32]。さらに, Criminal Justice and Public Order Act 1994, s.60 は, テロリストによる武器犯罪の捜査に関して規定している。R (Gillan) v. Metropolitan Police Commissioner, [2006] 2 A.C. 307 [2006] UKHL 12 では, ロンドンで武器販売のフェアの会場へ訪れた大学生およびジャーナリストが, 約30分, 誰何を受け, 拘束された。この事件でも, テロ行為に繋がる可能性があれば, 犯罪の嫌疑がなくても拘束ができると判示し, ヨーロッパ人権規約の規定にも違反するところはない, と判決した[33]。

§ 832.3　被疑者の黙秘権が憲法上の権利であることもいうまでもない。むしろ, この権利はイギリスの憲法判例が生んだ権利である。被疑者は, 有罪が立証されるまで, 無罪であると推定され, 原告の側がその有罪の証明の立証責任を負う[34]。Smith v. Director of SFO, [1992] 3 All ER 456 では, Mustill 卿は, 黙秘権に関する免責法理 (immunities) を6つに分類して説明しているが, 結局,「犯罪捜査に当たる者による権限の濫用から市民を守る」ことが当該憲法原理の目的であり, 本件では公正な裁判を通じて「権限の濫用」がなかったことが確かめられている。この事件では, スミス (申立人) は, イングランド銀行に倒産状態にあることを報告し, 倒産手続を奨めようとしたとき, イングランド銀行は偽装倒産を疑い, 警察に告訴した。警察は, 当初, Police and Criminal Evidence Act 1984 第66条により, 黙秘権を説明したうえ, 質問をした。スミス (申立人) は黙秘権を行使し, 返答しなかった。そこで, Criminal Justice Act 1987 第10条による重大詐欺局 (Serious

---

(32) 拘束された集団の中に沢山の通行人も含まれており, 大きな社会問題となったが, Terrorism Act 2000, s.4 により, 法務大臣の許可を得て行われたことであり,「テロ行為を防止するのに便利であると思料された」ことが適法性の判断の基礎となっている。

(33) ヨーロッパ人権規約第5条が関係する事件であるが, テロ犯罪の性質上, 30分程度の誰何は第5条に反する捜査ではない, と判示された (proportionality)。

(34) Woolmington v. DPP, [1935] A.C. 462 (夫が妻を銃でせで殺害した事件) は, 立証責任についての判例法を古い典籍に遡って説明している。

Fraud Office) の事件捜査に切り替えた。この場合，返答しなければ刑罰が科せられる[35]。この情況で行った証拠の許容性が否定されるべきであるとスミス（申立人）は主張した。

§ 832.4　Police and Criminal Evidence Act 1984 [PACE] 第 76 条(2)項(a)は，自白の証拠能力についても規定している。同法第 64 条は，強迫（oppression）によって得られた自白は許容されない。R. v. Fulling, [1987] Q.B. 426, [1995] Crim.L.R. 234 では，被告人が偽の burglary の事件をつくり出し，保険会社から約 5000 ポンドの保険金を詐取した。数ヶ月が経った後，別の事件の犯罪者が，多数の仲間の犯罪について警察に情報を提供したときに，本件の被告人の詐欺事件が明らかになった。被告人は警察で厳しい取り調べを受け，犯罪を自白した。物証がほとんどなかったことから，被告人は，法廷で「自白」を否定したが，警察の自白の強要が証明できず，有罪が確定した[36]。また，R. v. Conway, [1989] Q.B. 290 [1994] Crim.L.R. 838 では，情況からの有罪の推定が許されるかが問題になった。本件の被告人は，自動車を運転中，危険運転の嫌疑で停車させられ，2 人の警官による尋問を受けた。自動車には 2 人の乗客が乗っていたため，乗客を下車させたとき，乗客が下車した瞬間，「逃げろ」と叫んだ。乗客の 1 人は警官になじみのある犯罪者であった。刑事被告人は，necessity を主張したが，高等法院刑事部は，これを認めなかった。

§ 832.5　黙秘権は R. v. Allen, [2002] 1 A.C. 509, 537-546 でも別の観点から説明されている。この判決は 2 つの事件を併合して審理されたものであるが，いずれの事件でも，被告人はジャージの投資会社を利用して租税回避を図った。Inland Revenue は脱税を疑い，調査を進めた。その調査の過程で裁判官の面前で，一定額の課徴金が支払われれば刑事訴追はしないという約束がなされた。その約束の後，被告人は自白をしたが，Inland Revenue の担当者も裁判官も替わり，重大な詐欺事件として扱われた。貴族院［最高裁判所］は，公正な裁判を受ける権利の一原理として黙秘権が認められるが，自白と関係のない事実によって有罪が証明されており，免責が認められる事例ではない

---

(35) 無回答であれば，懲役もしくは罰金またはその両方に処せられる。
(36) 被告人は，同棲していた愛人と共同して犯罪を起こしたのであるが，その愛人が別の女性とも交際していたこと，またその女性が隣室で取り調べを受けており，被告人が騙されていたことを説明して，被告人の自白を取得した。

と判決した。事件が発生した時点では1998年の人権法は実施されていなかったが，自白の時点では実施されていたため，ヨーロッパ人権規約第6条の解釈も問題になっている。しかし，たとえ同条がこの事件に適用されるとしても，この判決はそれに抵触しないと判示した[37]。

§ 832.6　R. v. Lambert, [2001] 1 All ER 1014, [2002] WLR 211 は，麻薬保持罪に関する事件であるが，この事件では，Misuse of Drugs Act 1971 第5条の適用がヨーロッパ人権規約第6条(2)項の無罪の推定に抵触すると争われた。麻薬保持罪の先例法によれば，(1)被告人が自分の袋を保持していることの認識，および(2)当該の袋の中に麻薬があったという事実が証明された場合，被告側が袋の中味が麻薬であることの認識はなかった，ということの立証責任を負う。第1審裁判官は，陪審への説示の中でこの立証責任に言及した。この説示が争われたのであるが，この事件にはもっと複雑な問題が関係していた。第1審判決が下されるまでは，ヨーロッパ人権規約を国内法化した1998年法はまだ実施されていなかったが，第1審判決から上訴までの間に実施された。上訴審は，1998年法を適用する義務を負うが，このことが第1審判決にどのような効果を与えるかである。ランバート判決では，裁判官たちの意見は多岐に分かれたが，判決としては，4対1の多数によって貴族院［最高裁判所］の先例に従うと判決した。

(c)　コードB

§ 832.7　コードBは令状による家宅捜査の実務ガイドラインを定めたものである。イギリス人の住居はその所有者の城であり，立ち入るためには，その所有者の許可（licence）が必要とされる。Entick v. Carrington, (1765) 2 Wils 275, 19 St.Tr. 1029, 1065, [1558-1774] All ER 41 では，納税者が滞納したため強制徴収を行った事例であるが，Camden 卿は，「国務大臣は［強制取立のため家屋を破壊する］権限があると主張したが，それを支持する判例も書籍も1つもない」と判決した[38]。一般的には，上述の1984年法［PACE］第8条(1)項は，治安判事が発付した捜査令状が必要とされ，その令状には，起訴犯罪（indictable offence）が犯されたこと，捜査に重要な価値のあると思われる財物が当該家屋に隠されていると思われること，当該財物が関連証拠であ

---

(37)　Saunders v. United Kingdom, (1996) 23 RHRR 313 を引用して比較検討している。
(38)　ちなみに，この事件は，日本の最初の文部省留学試験の問題で説明を求められた事件であり，日本でも古くから知られていたものと思われる。

ること，当該財物が免責の認められるような例外的なものでないこと，その他特別な条件が記載されていなければならないと規定している。Redknapp v. Commissioner of Police of the Metropolis, [2008] EWHC 1177 では，被疑者は温泉娯楽施設の経営者であり，フットボール関連の取引で詐欺を行い，脱税を図ったと疑われていた。その他，多数の犯罪が行われたとされていた。ハウスとよばれる大きな敷地の中に多数の建物があり，捜査令状には，どの部分で何を捜査するかが特定されていなかった。被疑者の妻が招き入れて捜査が進められたが，被疑者自身は 1984 年法 [PACE] 第 8 条違反を申立て，高等法院女王座部は，この申立てを認め，令状が違法なものであり，それに基づく捜査も違法であったと判決した。

§832.8 証拠収集手続と関連して，Halliday v. Nevill, (1984) 155 CLR 1, 57 ALR 331, 59 ALJR 124 では，私人の土地に進入することがどの程度まで許されるかが問題となった。この事件では，被疑者がテロ活動に関与していると疑われ，その家屋に盗聴器が付けられた。被疑者の同意は得ていないが，それが付けられたのは一般道路に面した外壁であった。高等法院は，コモン・ロー上，ホーム，庭，ヤードなどにプライヴァシーの権利が認められていて，私人の土地へ許可なしに立ち入ることを不法侵害 (trespass) になるが，ドライブ・ウェーは一般的な許可の意思表示であると理解できると判決した。

§832.9 上の判決では，警察官が私人のドライブ・ウェーへの立ち入りを許した事例であるが，指導的判例は，立ち入りの場所および捜査する物の特定を明確にすることを義務づけている。R (on the application of Power-Hynes) v. Norwich Magistrate Court, [2009] EWHC 1512 (Admin.), (2009) 173 J.P. 573 では，ある企業の理事が重大な金融詐欺を行っているという強い嫌疑をもった警察当局が，その企業の会計士 (Power-Hynes) の事務所を捜査した。この捜索のために発付された捜索令状は，"letters, notes など" と記載していたが，余りにも一般的に書かれており，会計事務所の中ならばどこでも捜索が許されるものと主張できるようなものであった。高等法院は，その特定は，捜索を受ける者の側で，何を探しているか具体的に理解できる程度まで詳細に書かれなければならないと判示した[39]。

---

(39) 例えば，嫌疑のかけられた企業の "records of financial business details" という言葉が追加されるべきであった。この事件では，捜索令状 (search warrant) が発付されたが，もっと穏やかな方法が選択されるべきであったともいう。

第8章 人権と市民的自由

(d) コードC

§832.10 コードCは，勾留手続を定めている。このコードには，面通し (identification) の手続なども定められている。接見に当たる者は，被疑者にリーガル・アドバイスを受ける権利があることを説明し，被疑者がそれを求めた場合，事務弁護士 (solicitor) に弁護を依頼しなければならない。

(e) コードD

§832.11 コードDには，R. v. Chief Constable of South Wales *ex parte* Merrick, [1994] Crim.L.Rev. 852 (Q.B.) では，カーディフの治安判事により被疑者が収監されたとき，被疑者が事務弁護士 (solicitor) との面接を求め，その弁護士が接見を要求したのに拒否された。Golder v. United Kingdom, (1975) 1 EHRR 523 により弁護士に相談する権利が「公正な裁判を受ける権利」の一部であると判示され，その後のイギリスの判決とも照らして，その権利が侵害されたと主張した。高等法院女王座部は，その権利が認められるのは「公正な裁判」と関連する手続であり，それと関連のある手続が問題になるが，この事件では，まだ罪科が確定していない捜査の段階の手続が問題となっており，確定後は制限なしに相談を受けていたので，「公正な裁判 (fair trial)」は何ら傷つけられていないと判示した。

(f) コードEおよびF

§832.12 コードEおよびFは，捜査手続をテープやビデオに記録し，手続の可視化を求めている。証拠収集手続に違法の疑いがあれば，原則として排除される。伝聞証拠もまた，反対尋問をすることができないため，原則として排除される。アメリカ憲法の場合と同じように，一定の例外が認められている。R. v. Horncastle and Blackmore, [2009] UKSC 14, [2010] 1 Cr. App. R. 17 では，陪審裁判において伝聞証拠が読み上げられた。1つの事件を併合して判決が書かれているが，第1の事件では，重大人身傷害罪の目撃者の調書が読み上げられたが，その目撃証人は既に死亡していた。第2の事件では，幼児誘拐罪の被害者の証言が読み上げられたが，本人の行方が不明であるとして証拠能力が認められた[40]。この事件でも，ヨーロッパ人権規約第6条の「公正な裁判」が問題になっているが，フィリップ裁判官は，ヨーロッパ裁判所の法理は不明であり，イギリス法のコモン・ローが先例として参照され

---

[40] Criminal Justice Act 2003 第116条(1)項および(2)項(a)は，伝聞証拠排除則の例外を定めている。

るべきであると判示している⁽⁴¹⁾。

　(g)　コードGおよびコードH

§832.13　コードGは犯人を逮捕するときにとられるべき手続を定めている。コードHは，テロリストを勾留する場合の手続を定めており，通常の手続より，迅速性を重んじ，厳格さを緩めている。Serious Organised Crime and Police Act 2005 は，テロ犯罪を含めた重要な犯罪について，捜査手続の厳格性を緩和した。例えば，この法律第110条により修正された PACE 第24条(5)項によれば，次のようなことが起こると警察官が合理的に信じる場合には，司法令状なしに被疑者を逮捕することができる。

(3)　裁判を受ける権利

§833.1　ヨーロッパ人権規約第6条が迅速で公正な裁判を受ける権利を規定しているが，それが何を意味するかについては，すでに §622.5～622.9 で説明した。本項で改めてその権利について説明するのは，イギリス憲法上の「裁判を受ける権利」とヨーロッパ法上の権利との間に重要な相違点があるためである。その相違点の説明のために相当の紙面が必要であるが，R. Clayton and H. Tomlinson, Fair Trial Rights (2010)⁽⁴²⁾に詳しく説明されているので，詳細についてはこの著作に譲ることにして，この著作が指摘する主たる相違点に注目することにしよう。第1に指摘していることは，イギリス憲法の「裁判を受ける権利」はアメリカ憲法の「デュー・プロセス」原理に類似していることである。この権利は，サブスタンティブ・デュー・プロセスが含まれている⁽⁴³⁾。これに対し，ヨーロッパ人権規約第6条の「裁判を受ける権利」は手続的側面のみに注目し，その権利が新しい実体的権利を生むことはないという⁽⁴⁴⁾。

---

(41)　フィリップ裁判官は，国際派の裁判官として知られる裁判官であるが，伝聞証拠の法理はイギリス憲法の法理であると理解していると思われる。

(42)　但し，この著作は同じ著者による The Law of Human Rights (2d ed. 2009) の第11章をリプリントし，§833.4 で言及するように，諸外国の法律との比較検討を行ったものであり，学術研究というよりは，資料的性質の強いものである。

(43)　これについて，田島裕『アメリカ憲法（著作集1）』（信山社，2004年）129-130頁参照。

(44)　R. Clayton and H. Tomlinson, Fair Trial Rights (2010) p.7 ［§11.16］. R(Kehoe) v. Secretary of State for Work and Pension, [2006] A.C. 42 参照。ちなみに，Kehoe v. United Kingdom, (2009) 48 EHRR 2, paras. 44-50 は，司法アクセス権の問題として扱っている。

第8章　人権と市民的自由

§833.2　日本国憲法第39条は，一事不再理（double jeopardy または autrefois convict）の原則を定めているが，この憲法法理も起源をたどればイギリス憲法に行き着く。この憲法原理が争点となった事例として，Richards v. The Queen, [1993] A.C. 217 (P.C.) を説明しよう。この事件の被告人は，殺人罪で刑事訴追を受けた。刑事裁判が開始された後，判事室で当事者間の話し合いが行われ，検察側は manslaugher で裁判を進めるならば，被告人側は有罪を認めるので，手続を迅速に進め，事件を終結させることになった。しかし，弁護側は，量刑についても有利な「性格証拠（character evidence）」を提出したいので，審理を延期してほしいと申し出たため，審理が停止された(45)。審理が遅れていることに検事総長が気付き，審理が再開されたが，担当の裁判官が替わっており，murder で審理が進められ，殺人罪で有罪が確定した。そこで，被告人は一事不再理の原則（ジャマイカ憲法第20条(8)項）違反を主張したが，枢密院（最高裁判所）は，一事不再理の原則がイギリスのコモン・ロー憲法上の権利であることは認めたが，終結の合意で裁判が確定していないので，その原則が適用される事件ではないと判決した。

§833.3　上述の著作は，ダイシーの憲法理論と関連づけ，その理論が自然的正義の理論と司法審査の法理を生み，本書でも既に詳しく説明したように，様々な実体的権利を生んだことを説明している。ダイシーについては，手続の詳細を議論せず，「法の支配」の原理がより高い立場から現在の国際社会において，紛争を武力（戦争）によって解決するのではなく，民主的な討論を尽くし，個別的な紛争については通常の裁判所の判断を求めるという「国際レベルでの法の支配」の実現を指導する新思想を示す重要な役割を果たしている。この新思想の詳細は，ビンガム裁判官の IBA マドリッド大会の講演で詳しく説明されている(46)。

　ビンガム裁判官は，ダイシーに忠実に従っているが，今日的意義としては，Cooper v. Wandsworth Board of Works, (1863) 14 CB (NS) 180 を引用し，「公正な聴聞」の重要性を説明している。

---

(45) Nolle prosequi（公訴取下げ）による手続。
(46) この講演は本書93頁注(84)で引用した著作の形で出版されている。

第3節　警察権能

§833.4　前述の判決には一事不再理（double jeopardy または autrefois convict）の意味が詳細に説明されている。一事不再理の原則が適用された指導的先例として，Rex v. Sheridan, [1937] 1 K.B. 223 を引用し，再検討している。しかし，法制史の観点からみるならば，Ashford v. Thornton（1817）によりその原則が確立されたというべきかもしれない。少なくとも，J. J. Marke, Vignettes of Legal History（1965）はそのように考え，その著作の263-268頁において，Ashford v. Thornton（1817）を詳しく説明している。

　上述の著作について，さらに注目すべきところは，6つの付録を付け，本書第5章で説明したコモンウェルス諸国などの法律との比較検討を行っていることである。付録1は，ヨーロッパ人権規約第6条との比較検討であり，付録2は，同じ比較検討であるが，スコットランド法に視点に立ったものである。付録3は，カナダ法との比較検討である。付録4は，ニュージーランド法との比較検討である。付録5は，南アフリカ憲法との比較検討である。最後の付録6は，その他の諸国の「人権」事件を概観している。その他の諸国には，アメリカ合衆国[47]，オーストラリア，バルバドス，香港，インド，モーリシャスなどが含まれている。

　なお，§833.1 で言及した R. Clayton and H. Tomlinson の著作は，一事不再理について最近の Micallef v. Malta, 15 Oct. 2009（一事不再理により injunction を求めることは市民的権利であり，これを否定するのは fair trial に反する）を説明している。

(4)　医療に関係する「生命保護」の諸問題

§834.1　本節の課題である「ポリス・パワー」には，ソーシャル・サービスとしての公衆衛生も含まれている。この公衆衛生に関する行政でもっとも重要な役割を果たすのが NHS（National Health Service）であるが，その組織は複雑であり，この組織が憲法訴訟を産み出すこともなくはない。本書ですでに紹介した判例の中にも，そのような事例があるが，NHS に関係する判例を改めて紹介しておこう。なお，この NHS の組織に関しては，『公衆衛生』78巻

---

(47)　Hamdi v. Rumsfeld, 542 U.S. 507（2004）を引用している。ちなみに，この判決はアル・カイダによる飛行機ハイジャック事件に関する判決であるが，オコンナ裁判官は，敵国の戦闘員の嫌疑をかけられた者の取り調べにおいて，「国家の安全」が直接関係していても，勾留された理由の開示を求め，弁明する機会が与えられなければならないと判示している。

1号（2014年）が「公衆衛生の原点を学ぶ」という特集を組んで，NHSの仕組みを詳しく説明している[48]。また，公衆衛生に関する行政では，中央政府と地方自治との間の協力関係があるが，これについてもかなり詳しく敷衍している[49]。国民の生命を守る義務は，国民健康保険機構（NHS）の医師にも負わされている。医師は，しばしば人の生死に関わる重要な瞬間に関与する。

§834.2（妊娠中絶）　イギリス法では，胎児（foetus）は人間として完全な生命を得ておらず，法の保護の対象ではない。Re F. (in utero), [1988] Fam. 122, [1988] 1 All ER 193 (C.A.) では，母親に精神異常があったが，妊娠しており，病院は胎児（foetus）の生命を守るために，ward of court の選任を求めた。しかし，胎児（foetus）は人間でなく，ward of court を付けることはできないと判決した。別の事件において，病院は帝王切開を実施して，出産を強制し，胎児の生命を守ろうとした。St. George's Healthcare NHS Trust v. S., [1999] Fam. 26, [1998] 2 All ER 673 (C.A.) では，Mental Health Act 1983 s.2により母親を拘禁して精神病院へ入院させ，その病院から直ちに総合病院へ連れて行って帝王切開を行い，その後，元の精神病院へ戻し，母親を退院させた。医療上，妊娠中絶が必要とされるとき，子供を産むかどうかは母親が決定する権利をもつとされている。

§834.3　生命が法が守ろうとする最も重要な法価値であると§831.1で説明した。「生命」を守るために刑法が殺人罪を定め，これによって生命に対する侵害から警察が保護している。福祉国家においては，国家は病気による死亡からも国民を守ろうとしている。Airedale NHS Trust v. Bland, [1993] A.C. 789 は，国民健康保険機構の医師が患者の生死の場面に直面したとき，国民の生命を守る義務があることを判示している。生命は神聖なものであり，その権利は基本的なものではあるが，特殊な情況がある場合，生命の権利が否定されることがある。エアデイル事件では，17歳の少年がフットボールをしていたときに，他の競技者と衝突し，胸を押し潰され，脳に酸素が回らなくなったため植物人間（persistent vegetative state）になった。病院は，両親に懇願され，安楽死が違法でないことを宣言する判決を求めた。貴族院［最高

---

(48) 特に，高鳥毛敏雄「イギリスにおける公衆衛生の歩みと新たな展開」6-13頁参照。
(49) 特に，堀真奈美「NHS改革による地方自治を基盤とする新たな地域保健体制に向けて」14-19頁参照。

裁判所]は，植物人間の状態でいることが患者のためになるとは思われないし，この状態で患者自身の意思を確かめることもできないので，治療を停止することは犯罪とならない，と判決した。

§834.4　生死の決定は最終的には個人自身の権利であり，安楽死を選択することが許されることがある。Suicide Act 1961 (9 & 10 Eliz.2 c.60) は，安楽死の要件を緩和しているが，本人以外の者が自殺を幇助，教唆，相談または実行することは，14年以下の懲役に処し得る犯罪であると規定している（第2条）。しかし，責任の免責が例外的に認められることがあるとしても，コモン・ローの法理は原則として残っている。

第8章　人権と市民的自由

第4節　経済的権利・団体の利益と平等

(1) 財　産　権

§841.1　国際人権規約は，社会的・経済的権利について，政治的権利とは別の条約に規定している。本節で扱う人権は社会的・経済的権利である。これについて，世界人権宣言第25条(1)項は，「何人も，衣食住，医療および必要な社会的施設を含め，自己および自己の家族の健康と福利のために十分な生活水準を享有する権利を有し，かつ，失業，疾病，能力喪失，配偶者の喪失，老齢，または不可抗力によるその他の生活能力の喪失の場合に，保障をうける権利を有する。」と規定している。教育を受ける権利，職業選択の自由，労働基本権，勤労者の団結権などが，社会的・経済的権利の内容に含まれる。労働する権利，平等の労働に対し平等の賃金を得る権利，年金などによる生活支援を受ける権利が含まれる。これらの権利が，イギリス法において保護されていることは，本書で取り上げた諸判例を理解すれば明らかであるが，本節では，特にヨーロッパ人権規約の解釈との調和を意識しながら，実際にそれらの諸権利が，どのように保障されているかを説明する。

§841.2　Convention for the Protection of Human Rights and Fundamental Freedoms（Rome, 4 Nov. 1950）の第1プロトコール第1条は，「すべての自然人または法人は，その占有物を平穏に享有する権利をもつ。公益のために，かつ，法により，また国際法の一般原則により，定められた条件に従う場合は別として，何人もその占有を奪われることはない。」と規定している。イギリス憲法においても，「財産権（property right）」は古くから保障されている[50]。一般的に，財産法（知的財産法を含む），財産犯罪を規定する刑法，不法行為法など，多くの法律が財産権をさまざまな観点から保護してきた。Ahmed v. HM Treasury, [2010] 2 A.C. 534, [2010] 4 All ER 745では，国際連合の議決に基づくテロ行為に対する制裁として，テロ犯罪者と思われる者の英国内の財産を凍結し，財務省のその措置の合法性が争われた。この事件で，最高裁判所は，その措置を適用と判決したが，先のプロトコールと抵

---

[50]　Entick v. Carrington, (1765) 19 St.Tr. 1030, 95 E.R. 807; Cooper v. Wandsworth Board of Works, (1863) 14 CB (NC) 180.

触するところはないと思われる。ヨーロッパ人権規約は，①財産権（right to property）は適法でなければならない，②正当な公的または一般的利益に役立つものでなければならない，③その目的が比例配分原則（proportionality）に従うものでなければならない，ことを定めている(51)。しかし，ヨーロッパ人権規約では，property ではなく，possession という用語を使っており，「財産権」の価値評価に関しては，多少の違いが見られる(52)。

§841.3（ポリス・パワー） 土地所有者が土地を強制収用される場合には，正当な補償を請求することができる。その補償額は，収用による損失額であるが，その補償額は，所有者にとっての土地の価値，および，それに加えて，土地利用できないことから所有者が負わされる危害，不便などに対する補償として計算される。Westminster Bank Ltd. v. Minister of Housing and Local Government [1971] A.C. 508 では，銀行が地方自治体に建築許可申請をしたところ，高速道路の建設計画があるため，その許可が認められなかった。地方自治大臣に不服を申し立てたが，大臣も訴えを棄却し，裁判所もまた本件の手続に違法はないと判示した。そこで，銀行は，高速道路の予定地の境界線を示してくれなかったために損失が生じたと主張したが，この補償請求も認められなかった(53)。

§841.4 また，JA Pye (Oxford) Ltd. v. Graham, [2003] 1 A.C. 419 でも土地利用の権利が争われているが，この事件では，土地利用者が勝訴した。被告は，原告が買い取った土地の所有者と土地利用契約を結んでおり，10年の契約期間の終了後も，そのまま利用していた。10年の契約期間が終了する前に，土地所有者が死亡しており，相続人が，その土地を原告に売却する約束をした。原告は，土地の明け渡しを求めたが，被告は，12年の時効取得により，

---

(51) Beyeler v. Italy, (2000) 33 EHRR 1224. この事件では，ゴッホの名画（portrait of a young peasant）がベニスのペニー・グーゲンハイム美術館に売却されたとき，イタリア法では指定された名画がイタリアから移出されることを禁止した法律があり，イタリアはその名画を取り戻したが，美術館に対する補償額が問題になっている。

(52) Lithgow and Others v. United Kingdom, (1986) 8 EHRR 329 86/5 では，英国航空が国営化されたときに，私営の航空会社の飛行機が国により買い取られたが，その買取代金の算定はイギリス法の場合と多少異なっている。Aircraft and Shipbuilding Industries Act 1977 (c.8) 参照。

(53) Town and Country Planning Act 1962 および Highways Act 1959 が関係するが，境界線の確定は実際上困難であるし，それを確定する義務もない。銀行は，既成事実を作り上げ，建築物取り壊しに対する補償による利得をもくろんだと思われる。しかし，それを確定する義務もない，と判示された。

利用権を得ていると主張した。この判決では，土地開発会社が広大な土地を取得時効によって取得したという確認を求める訴訟を起こした。元の所有者の見積もりではその土地は1千万ポンドの値打ちがあると証言したが，裁判所は250万ポンドに算定した。その開発会社は，財産権の侵害を主張したが，この事件は1998年の人権法が施行される前の事件であったため，古いコモン・ローに従って裁判が行われ，被告は適正な賃料を支払って，従来どおり羊の放牧に利用する権利があると判決された[54]。

§841.5　イギリス憲法の「財産権」は，ジョン・ロックによれば，次のように説明される。自然状態にあるものは，誰のものでもなく，あえていえば，全ての者の共有財産である。しかし，自然のものに人間の手が加えられたとき，そのものは手を加えた者の排他的私有財産となり，法律の保護を受ける。大陸法では，カントの無主物の先占という考えが使われているようであるが，ジョン・ロックは，多少，それとは異なる説明をしている。

　「自然の諸物は共有物として与えられているが，人間は彼自身の主であり，また，自分の身体およびその活動や労働の所有者であることによって，自らのうちに所有権の偉大な基礎をもっていること，そして，発明や技術が生活の便宜に改良を加えたときには，彼の存在を支え，快適にするために彼が用いたものの大部分は完全に彼のものである。」（ロック，前掲265頁注6, 326頁）

　自然に存在するものは人類の共有物であり，それに人間の労働価値が付加されたとき，付加した者がいちおうの優先的権利をもつと考えているように思われる[55]。

(2) 教 育 権

§842.1　Convention for the Protection of Human Rights and Fundamental Freedoms (Rome, 4 Nov. 1950) の第1プロトコール第2条は，「何人も教育を受ける権利を否定されない。教育および授業に関連して引き受けられた職務を行うとき，国家は，両親の信教および思想的信念に適合するように，その教育および授業が行われることを求める両親の権利を尊重しなければなら

---

[54]　現在では，Land Registration Act 2002, Sch. 6により，被告の権利が認められるためには登記が必要とされる。
[55]　ちなみに，イギリス土地法において，絶対的所有権という観念が使われていないことについて，田島裕『エクイティの法理（著作集5）』（信山社，2013年）52頁。

ない。」と規定している。教育に関する関心が高まっており，Education Act 2002, Education and Inspections Act 2006, Education and Skills Act 2008, Academics Act 2010, Education Act 2011 などの法律が次々と制定されている。ところで，Ali v. Head Teacher and Governors of Lord Grey School, [2006] 2 A.C. 363 at [14], [2006] 2 All ER 457 は，学校教育に関する複雑で困難な問題を提起している。この事件の原告アリは，被告の学校に放火した犯人の1人であったが，未成年者であったため刑事訴追は免れた。学校当局は，短期間停学処分にし，その間に態勢をととのえ，通学を許したが隔離して教育を行った。しかし，同級生が怖がり，教育に悪い影響が見られたので，新学期から退学するよう命じた。貴族院［最高裁判所］は，教育を行うのは学校側の義務であり，地方自治体と相談して転校措置をとらない限り，単に退学を一方的に決めることはできないと判決した。

(3) 労働者の権利

§843.1 　職業選択の自由がイギリス憲法上の権利であることは §821.2 で説明したが，労働者の基本権が憲法上の権利であることも疑いない。Employment Rights Act 1996 は，労働賃金，労働時間，さまざまな福祉給付など，労働者を保護する多くの規定を定めている。労働者は売る商品としては自分の労働力しかなく，雇用者に対し社会的に弱い立場に置かれている。従って，不正な解雇（unfair dismissal）からも保護している。National Minimum Wage Act 1988 は最低賃金を定め，同法の強制官吏を置き，労働者の求めに応じ，その情報を提供すること，違反が認定されれば強制措置をとることを規定している。労働者は自分たちの利益を代弁してもらうため労働組合を結成し，労働争議に参加する権利が認められている。これに関する法律の変遷の歴史は長く，複雑であるが，現行法は Trade Union and Labour Relations (Consolidation) Act 1992 である。また，職場の安全と健康管理のため，Health and Safety at Work etc. Act 1974 が制定され，労働災害補償の仕組みが作られている。

§843.2 　前述の諸法律に関係する法的紛争は，ほとんどすべて雇用特別裁判所によって処理されている。雇用裁判所（employment tribunals）が一次的審査を行い，雇用上訴裁判所（Employment Appeal Tribunal）がその上訴審に当たっている。雇用上訴裁判所は3人によって構成されているが，裁判長は実際の

第8章　人権と市民的自由

職業裁判官である。陪席の2人の裁判官は，1人は使用者代表としての法律専門家であり，もう2人は労働者代表としての法律専門家である。この特別裁判所は，高等法院（High Court）と同格として扱われるので，その判決に対する上訴は，控訴院に対してなされる。審理の手続は普通の裁判と類似しており，弁護人または代理人を付けることもできるし，証拠調べも普通の裁判と変わるところがない。ここで審理される事件の多くは，§845で説明する「法の下の平等」の原理による訴訟である。

(4) 社　会　権
　(a) 生活保護・年金給付

§844.1　イギリス憲法が現在直面している重要な人権問題は，憲法典を制定するか否かと言うことよりも，人権体系それ自体の中に含まれる価値相互間の矛盾または衝突をどのように解決するかということであるように思われる。ヨーロッパ人権裁判所の憲法判例法理として，比例配分原則（principle of proportionality）がある。ドイツ共和国ボン憲法（ドイツ連邦共和国基本法，1945年）は人間の尊厳が不可侵の権利であることを規定し，立法府，行政府，司法府が基本権を守ることを義務づけられると定めている（第1条）。しかし，同憲法第2条は，しかし，この義務を負う主体は「国家権力」であり，そもそも「人間の尊厳を侵害する者」も同じ国家権力であるとすれば，この憲法の条文は道徳的規範以外の何ものでもない。「比例配分原理」がヨーロッパ人権理論の一部となっていることから，イギリスの憲法判例にもその原理に一定の配慮はしているが，とくに「社会権」に関する領域では，イギリスの裁判所は，抽象的・一般理論を避けているように思われる。イギリスは，このような憲法解釈を嫌い，長い間，ヨーロッパ人権規約を批准しなかった。

§844.2　『議会主権と法の支配』では，R. v. West London Supplementary Benefits Appeal Tribunal, *ex parte* Taylor, [1975] 2 All ER 790, [1975] 1 W.L.R. 1048 (Q.B.) を取り上げてイギリス憲法における「生存権」の問題を説明した[56]。本件の申立人は，1963年に非嫡出子（illegitimate child）を生んだ。その2年後に相手の男性（事実上も夫）とは別居したが，その時に，その子供の扶養について話し合われた。

　申立人が生活保護給付を受けることに全く問題はなかったが，その決定を

(56)　『議会主権と法の支配』193-196頁。

行った特別裁判所（生活扶助委員会）は、離婚に際して元夫が週2.5ポンドの扶養料を支払う約束をしていたことに気付き、元夫に対する請求権の行使を特別裁判所（生活扶助委員会）が行うことを了承させた。その結果、元夫は、最終的に958.75ポンドを支払った[57]。705ポンド余りが原告に支払われることになったが、この金額が「生活資本」であるか、あるいは「所得」であるか、法律解釈が争われている。

§844.3　生活扶助を受ける時点において、申立人が実際上文化的生活ができない状態があれば、その給付が行われるのであり、元夫に対する扶助請求権の有無はその決定とは無関係である。しかし、約束どおり元夫が扶養料を支払っていたとすれば、税法上、「所得」とみなされる金員である。「所得」であるとすれば、過去に受け取った生活扶助給付金との調整が必要となる。しかし、705ポンド余りの金員に法律上の根拠がないとすれば、「生活資金」として贈与された金員であり、将来の生活扶助給付金の金額の決定に影響を与えることはあり得るが、その全額が申立人に支払われるべきものとなる。問題は、1966年法は生活扶助の義務が国にあることを定めているが、元夫、親、兄弟などが生存しているときに、これらの者の扶助義務が存在しているか、また、もし存在しているならば、この義務は国の義務に優先するか、ということである。ダイシーが「個人主義の団体主義による修正」という考え方は、この議論と直接関係がある。

§844.4　現在のイギリスでは、90％以上の者が居住する建物をもっている。しかし、地方自治体が用意した居住地（建物）を利用する場合、その利用について一定のルールが課せられる。Doherty v. Birmingham City Council, [2009] A.C. 367では、ジプシーの強制立ち退きが問題になっている。原告はジプシーであるが、市が所有するモバイル・ホームの敷地内に違法に居住していた。Mobile Homes Act 1983は、ジプシーにprotected siteを許していなかったことから、ジプシーには居住する場所がなく、ヨーロッパ人権規約第8条が保障する「家庭の尊重」の権利が侵害されていると主張した。最高裁判所は、同人権規約に抵触する可能性を認めたが、Housing and Regeneration Act 2008により法律の文言が修正されたので、事件性がないと判示して、事件を却下した。

---

(57) この金額から実費手数料を差し引き、704.75ポンドが残金であり、この残金の扱いが問題になっている。

第8章　人権と市民的自由

(b) **パンソプカ判決**

§844.5　パンソプカ判決を説明する前に，生活保護の給付金を受ける権利の法的性質について，一般的に説明しておこう。本書250頁で言及したベヴァリッジ報告者に従って制定された社会保障関係の法律は，生活保護給付を受けることを国民の権利として認めているが，最近では，この考えは現実的に大きな修正を受けている。一方では，ヨーロッパ共同体法との平準化（harmonisation）から修正が必要になっていると説明されている。他方，イギリス憲法における「平等」の観念がアメリカ憲法のそれとはかなり異なっており，合理的な区別が容認する結果を生んでいる。本書で深く説明することはできないので，この問題に関係する指導的判例を説明するだけにとどめたい。

§844.6　イギリス憲法には，コモンウェルス市民との関係では，平等権の概念が欠如している。R (Hooper) v. Secretary of State for Work and Pensions, [2005] 1(2) W.L.R. 1681 は，Social Security Contributions and Benefits Act 1992 に関係する。この法律は，死亡時給付金をもらうことができるのは，妻（女性の残存配偶者）であると規定しており，夫（男性の残存配偶者）には言及していない。夫が死亡したときに得られたと思われる給付金の支払いを本件原告（4人の寡婦）にも支払われるべきであると主張した。原告の論拠は，1998年の人権法第6条(2)項が男女差別を禁止していることにあった。貴族院［最高裁判所］は，生活保護の給付金の問題は社会政策の問題であり，議会が法律改正の義務を負うと判示した(58)。しかし，貴族院［最高裁判所］は，その差別が正当化どうかについて，コモン・ローによる審査が行われることを強調している。貴族院［最高裁判所］は，議会が「男性には扶助が必要ない」と積極的に判断しており，裁判所はそれに従わざるをえないと判決した。

§844.7　同じような論理に従って，社会権と関係して，外国人がしばしば差別されることがある。『議会主権と法の支配』では，事実上の差別の問題を R. v. Home Secretary, *ex parte* Phansopker, [1976] Q.B. 606 を使って説明した(59)。しかし，司法裁判所は，コモン・ローの法理に従って司法審査を行ってきた。

　前述の諸権利の大部分は，前章で説明した福祉行政に関わる権利であり，それらの権利を保障するために，膨大な国家予算を準備する必要がある。そ

---

(58)　Belgian Linguistic Case (No.2) (1968) 1 EHRR 252 および James v. United Kingdom (1986) 8 EHRR 123 は，このような判決を要求するともいう。

(59)　Immigration Act 1971, s.2(2).

314

第4節　経済的権利・団体の利益と平等

こで，財政的考慮がこれらの権利の保護に直接関係する部分があるが，このことをパンソプカ判決はよく示している。この事件は，1971年の移民法に関係のある事件である。一般的に，コモンウェルスの国または旧植民地であった国の市民がイギリスへ入国することは比較的容易である[60]。バングラデシュ国民であった本件原告の場合も，1971年の移民法のもとで，原告はイギリスに居住していた夫の妻であることを証明書を持参すれば，自由に入国することが許されていた。しかし，その証明書は，行政通達により，バングラデシュのイギリス領事によって発行されることになっていたが，その証明書を発行してもらうことは実際上困難であった。イギリス領事が証明書を発行しなかったことの背後には，社会保障を実施して生活支援給付をする財政的負担をできる限り増大させないようにする考慮が働いていたといわれる。その点は判決ではふれられていないが，原告は，証明書をもたないでロンドンのヒースローに到着し，そこでコモンウェルス市民の入国の権利を主張した。

§844.8　パンソプカ事件の最終審は控訴院であったが，この判決は§51.9この判決の中でデニング卿およびスカーマン卿は，ヨーロッパ人権規約の規定を参考にし，先の行政通達は，原告の家庭生活の権利を侵害するものであり，その行政通達はヨーロッパ人権規約第8条に違反するので無効であると確認できると判決した。このパンソプカ判決は，1998年の人権法が制定される22年も前の判決であり，その規定の適用は一般的には否定的であった頃の判決であるが，デニング卿およびスカーマン卿は，いずれもヨーロッパ人権規約の国内法化を推進した有力な裁判官である。ウォリングトンとマクブライドの研究によれば，むしろヨーロッパ人権規約の法に多く欠陥があるので，国内法化によって悪い影響が生まれると主張していた[61]。しかし，国内法化すれば，最小限の人権保障が何であるかを推測しやすくなるし，違憲立法審査に近い形で裁判が行われるので，裁判所の専断性のイメージを減らすことに役割つことも認めている。

---

(60)　コモンウェルス市民の権利についても，既に§51.9で説明した。
(61)　Wallington and McBribe, Civil Liberties and a Bill of Rights 142-146 (1976). この文献は，本書135頁§432.6で引用したが，そこで説明したように，市民的自由の概念を明確にすることには大きな利点があり，1998年の人権法の制定に反対した研究ではない。

第8章　人権と市民的自由

(5) 法の下の平等

(a) 「平等権」の不存在

§845.1 「平等権」という理念には，個人に等しく自由を認めるという意味において，イギリス憲法にも「平等権」は存在している。しかし，アメリカ合衆国憲法第14修正に規定するような「平等権」はイギリス憲法にはない。19世紀のイギリスにおいて，J・S・ミルが『自由論』（1859年）の中で，自由の現代的意味を説明し，議会民主制による自由を保障することの重要性を主張したとき，他方，ダーウィンの『種の起源』（1859年）が盛んに読まれ，イギリス人の価値観は大きく変わりつつあった。進化論が「法というものの考え方」に与えた影響は大きなものである。何よりも，一方で，イングランド教会を国教として維持しつつ，その教会が自ら法律に対するコントロールを放棄したことは，非常に大きな意味をもっている。人間の生きる意味は，神によって既に定められたものでなく，個々の個人が，自己の幸福を追求するために，自分の理性を使って何をなすべきかを判断し，自分の人生を進んで行くべきであると考えるようになった。もはや「神」ということばを使って「法」を説明することができなくなり，合理主義に従って，コモン・ローの契約法や不法行為法のシステムが構築された。今日でも，このコモン・ローの法システムがイギリス憲法を支えているが，このコモン・ローは，男女差別などを認めている(62)。

(b) 個別的な平等権

§845.2 （信教の自由）ダーウィンの「適者生存」の考えは，極端な自由競争を産み出した側面があるが，これを修正する意味で，ベンサム流の団体主義の視点から，不合理な差別を取り除くという意味において，最近，イギリス憲法でも「平等権」が個別的な事例に対応する形で論じられるようになった。Race Relations Act 1965 は，国際連合の人種差別禁止年のキャンペーンに押されて作られたアメリカ型の立法であるが，「法の下の平等」に関するアプロー

---

(62) 田島裕『英米の不法行為法・契約法・救済法（著作集4）』（信山社，近刊）で詳しく説明するように，妻が不法行為の被害者になったとき，コモン・ローは，夫の財産に対する侵害として扱っていたし，普通選挙の制度を導入したときも，相当長い間，女性に選挙権が求められることはなかった。また，イギリスでは，今日でも貴族制が維持されており，社会的身分についても，古い考えが残っている。

第 4 節　経済的権利・団体の利益と平等

チは，アメリカとイギリスの間に大きな違いがある[63]。最近の事例として，R (E) v. Governing Body of JFS, [2010] 2 A.C. 728 に注目しよう。この事件では，ユダヤ人が息子をユダヤ教の学校に入学させようとしたが，入学は拒否された。学校は，Office of the Chief Rabbi による承認を受けた教派に属する子供であることを選抜条件としていた。母親がこの条件を満たしていなかった。シナイ山上でのモーゼの十戒が，母親がユダヤ教徒でなければ子供は異教徒であるとしており，学校はこれに従ったものと思われるが，最高裁判所は，ethnic or national origins を根拠とする実質的な差別であり，その理由による入学拒否は違法であると判決した。

§ 845.3　(同性者間の婚姻) Bellinger v. Bellinger, [2003] 2 A.C. 467 は，同性結婚に関する事件であるが，男性夫婦のうち妻の側が手術を受け，女性の体に近づいたとき，Matrimonial Causes Act 1973 s.11(c)(aa) による夫婦の登記変更を求めた[64]。同性愛結婚であっても，一定の福祉給付が認められるが，普通の夫婦とは福祉行政において不利な部分があるため，これを求めたものと思われる。貴族院［最高裁判所］は，1973 年法は biological gender による male と female の婚姻を想定しており，同法の夫婦とは認められないと判決した。また，これは違法な差別ではないと判示した。なお，この事件では，ロード・チャンセラーが訴訟に参加し，同性結婚に関するイギリス法の考えを説明している。

§ 845.4　(雇用上の男女差別) 労働法上の差別がしばしば訴訟で争われている。まず，Radcliffe v. North Yorkshire County Council, [1995] 3 All ER 597 では，公立学校の dinner ladies が，市の予算の削減のため退職を強いられたため，女性たちが団結して抗議運動を起こした。市当局は，25％を解雇したが，男性は 1 人も解雇されておらず，女性たちは男女差別を訴えた。市当局がそれぞれの職場の困難さを考慮して職員の配置を決定した結果であって，男女差は考慮していないと主張したのに答え，雇用裁判所 (employment tribunals) は，その判断基準を明確に示すよう求めた。最終的に，貴族院［最高裁判所］は，特別裁判所が要求した実体審理は無理であり，市当局の差別の意図は認定しがたいと判示して，その決定を棄却した。ところで，Derbyshire v.

---

(63)　そもそも，この法律は雇用関係には適用されない。その後，Race Relations Act 1968 や Equality Act 1970 により改正されたが，この法律が使われた事例は多くない。
(64)　最初の登記時点では，男性同士の同性愛結婚と記載されていた。

St. Helens Borough Council, [2007] 3 All ER 81 もまた，私立学校のmeal servicesを職とする職員が起こした事件であるが，これと対比してみよう。この事件では，市当局は，抗議運動に参加した女性全員にその運動を止めなければ不利な結果になるという趣旨の手紙を送った。それでも運動が継続されたので，市当局は39人の女性だけに，継続すれば長期雇用の可能性がなくなるという趣旨の手紙を送った。この差別が争われた。雇用上訴裁判所は，女性であることがdetrimentとなってはいるが，どのような被害が生じているかの証明がなく，Sex Discrimination Act 1975による訴えが成り立たないと決定した。しかし，貴族院は，2通の手紙の効果を審査すべきであり，honest and reasonable testによる審理を行うべきであると判決した。

§ 845.5 （雇用上の賃金差別）Rainey v. Greater Glasgow Health Board, [1987] A.C. 224も市の予算の削減が事件の背景にある。この事件の申立人は，市民病院に勤務する人口器官技師であるが，申立人より前に雇用されていた技師と比較して差別されていることを知り，賃金差別を訴えた。市立病院は，それ以前には人口器官技師は外注しており，請負契約であったため，比較的高額の契約金が支払われていた。その請負技師を雇用したため，技師の家族の生活状況を考慮して給与を決定したため，その差別が結果として生じたものであった。裁判所は，その格差をなくすように配慮すべきであるが，このような裁量の行使は違法ではないと判決した。

§ 845.6 （障害者差別）Archibald v. Fife Council, [2004] 4 All ER 303 では，Disability Discrimination Act 1995による障害者差別が問題になっている。この事件の申立人は，道路清掃人であったが，手術後その仕事を続けることができなくなった。そこで，雇用者である市と相談し，座ったままで出来る仕事に転職することにした。その目的のために訓練講習を受け，最終試験に合格したが，市の職場ではmanual worker grade 1でそのような職についている者はおらず，釣り合いを考えて申立人を採用しなかった。資格を取るように奨め，申立人も努力して試験を受けたが，いずれも失敗に終わった。市当局は，申立人を解雇した。雇用特別裁判所は，差別はなかったと認定し，最終的に，貴族院［最高裁判所］も，この認定に間違いはないと判決した。高齢者差別についても，同じような事件が起こっている[65]。

---

[65] Seldon v. Clarkson Wright and Jakes, [2012] UKSC 16, [2012] ICR 716. この判決で基準とされたhonest and reasonable test（正直かつ合理性基準）とは，Coote v.

第4節　経済的権利・団体の利益と平等

§845.7　国籍による差別も禁止される。しかし，R. v. Secretary of State for the Home Department, [2005] 2 A.C. 296 では，差別の申立てが認められなかった。本件の申立人は，ウガンダ人（女性）で，他人のパスポートで入国し，asylum（難民保護）の申請をした。その申請時に，事務官が HIV 患者であることに気づき，病院に入院させた。その間に亡命者（asylum）の審査が行われ，国外退去が命じられた。申立人は，入院患者は治療が終わるまで滞在が認められていると主張したが，医師は「旅行に問題はない」と診断しており，緊急性のある治療でないため，この事件は差別とは関係なく強制退去が認められるべきであると判決した。これに対し，R（SB）v. Head Teacher and Governors of Denbigh High School, [2007] 1 A.C. 100 では，女子高生の制服とイスラム教の関係が問題となったが，裁判所は，イスラム教の考えを認めるべきであると判決し，外国人の申立てを認めた。

(c)　2010 年の平等権に関する法律

§845.8　平等権について包括的に規定する法律が 2010 年に制定された。Equality Act 2010 がそれであるが，この法律は，アメリカ合衆国憲法第 14 修正の「平等保護条項」や日本国憲法第 14 条の規定などとは著しく異なった法律である。平等に関するコモン・ローの重要判例の法理を維持しつつ，諸判例の中に見られる不整合を取り除いて，画一的な法の適用を目的としている。§ 821.2 で説明した Nagle v. Feilden, [1966] 2 Q.B. 633 は重要な憲法判例であるが，この法理は 2010 年の法律によって影響されるものではない。イギリスの平等権に関する考え方を説明する判例として，ここでは，Cummings v. Birkenhead Corp., [1972] Ch. 12 に注目しよう。この事件では，バーケンヘッド市教育委員会が出した中学入試選抜指針の合憲法性が争われた。受験生に送られた手紙には，「普通中学への入学希望者数が多すぎるので，ローマ・カソリック系の小学校出身者は，特別な事情がない限り，ローマ・カソリック系の中学校に割り当てる」と記載されていた。原告は，この選抜方法は信教に基づく差別をしており，違法であると主張した。しかし，普通中学では，宗教教育についてはイングランド教会の教育以外の教育を与える余裕はなく，その指針は市の実情に照らして合理的である，と高等法院大法官部

Gradada Hospitality Ltd. Case, C-189/97 の法理をいう [1998] All ER (EC) 865, [1998] ECR I-5199 で説明された判断基準を指す。手紙の効果が差別を生むか否かが問題となる。

第 8 章　人権と市民的自由

は判決した[66]。このように，差別があっても事実上の合理性が証明できるならば，無効（nullity）は認められない。

§ 845.9　2010 年の Equality Act は，人間の社会的・経済的関係において，公的部門にいる者が，①年齢，②（身体的）障害，③性転換，④婚姻または同性婚，⑤妊娠，⑥人種，⑦信教，⑧性，または⑨元の性を理由として，差別を行うことを禁止している。この規定は，「信教の自由」を保護しているので，上述の Cummings v. Birkenhead Corp., *supra* で問題になった教育委員会指針は形式的には違反することになるが，過去の判例法理を否定するものではない。それぞれの項目について，どのような態様・状態が見られる場合に違反になるかが具体的に法律で規定されている。この法律は，「差別」以外に「嫌がらせ（ハラスメント）」についても規定している。これについては，「本人の意に沿わないことを強要すること」が違反に当たると規定している（s. 26）。さらに，「嫌がらせ（ハラスメント）」の具体的事例として，契約労働者，企業の幹部とその部下，バリスターなどについて，どのような場合にその違反が成立するかを定めている（ss.41, 46, 47, 50 など参照）。

---

(66)　ちなみに，この事件では，訴えの利益と関連して，当該指針は Education Act 1944, s.8 によるものであり，不服は教育担当大臣に出されるべきであり，司法審査の訴えの利益としては不十分であると判示している。

第5節　人権侵害に対する救済方法

§85.1　人権侵害は，権利侵害の中で特に重要なものであり，それが不法行為であることは疑いなく，人権侵害に対して，コモン・ロー上のすべての救済方法が認められる。コモン・ローの救済方法の中でもっとも普通に使われるものは金銭による損害賠償である[67]。しかし，人権侵害の訴訟では，その性質上，大権令状に由来する救済方法が利用されてきた。とくに「人身の自由」が問題になる事例では，人身保護令状が使われ，この令状はイギリス憲法を特徴づける重要な役割を果たしてきた[68]。20世紀では，サーシオレアライ，プロヒビション，マンディマスのによる救済が盛んに使われるようになっている。もちろん，差止命令，宣言判決などのエクイティの救済方法も利用できる。損害賠償の請求をしながら司法審査の訴えを起こし，上述の裁量的救済方法を求めることも許されないわけではないが，「迅速な裁判」も著しく重要な憲法原理であり，訴権の濫用として拒否される可能性が大きい。

§85.2（人身保護法）　最近でも人身保護令状がしばしば使われている。その実例として，Phillip v. DPP of Trinidad and Bobago [1992] 1 A.C 545 at 560 を紹介しよう。この事件では，トリニダドで114人の反乱者が内戦を起こし，国会議員ら多数の市民を拘束し，立てこもった。この内戦を解決するために，大統領代理（acting President）が，恩赦を条件に拘束者を解放することを要求し，反乱軍は解放した。しかし，その恩赦の約束を無視して，トリニダド政府は，直ちに反乱者を treason, muder, and other offences により逮捕し，刑事裁判にかけた。そこで，反乱者はイギリスの高等法院に人身保護令状による保護を求めた。高等法院は，トリニダド憲法がアメリカ合衆国憲法を参考にして作られた憲法典であることを説明したうえで，アメリカの判例を引用し，フェデラリスト No. 74（1788）の恩赦に関する説明を引用し，本件の恩赦は有効に成立していると判示した[69]。従って，トリニダド刑務所長および法務総裁による原告らの拘禁は違法であるから，その身柄を高等法院へ

---

(67)　これについては，田島裕『英米の不法行為法・契約法・救済法（著作集4）』（信山社，近刊）で詳しく説明する。

(68)　刑事訴訟法が20世紀に近代化され，チューダー時代と比較すればその役割は失われているが，今日でも児童などの保護のために使われている。

(69)　憲法第4条(b)は，法の保護を受ける個人の権利を保障しており，同憲法第14条は，恩赦等の申立を許している。

第8章　人権と市民的自由

引き渡せと命じた。

§85.3　人身保護令状は，大権令状の1つである。日本国憲法第16条は請願権を保障しているが，イギリス憲法では，請願権の行使は大権令状の発給の申立てを意味する。ウィグモアは，証拠法の世界的な権威であるというだけでなく，日本法の研究者でもあったが，その古典的な著書『世界の法のパノラマ』（1936年）の中で，目安箱の制度に言及し，日本にもイギリスと同じように請願権の制度があったと説明している。イギリス人は，人身保護令状には特別の感情をもっており，大権令状の使い方には慣れており，長い歴史に支えられている。本書で説明したように，最近では，その司法慣行をよりいっそう明確化するため，法改革が進められているが，あえて「裁量」にかかる不明確さが残されている。しかし，このような司法慣行は，イギリス法だけに限られる固有なものではない。しかし，日本の場合には，救済が得られるか否かは完全に将軍の裁量にかかっているのに対し，イギリスの場合には，大権令状による訴訟の類型ができており，結果を予測することが可能である。イギリス憲法上の請願権は，ただ単に申立てが許されるというだけでなく，少なくとも調査を求めることが許され，かなり実体的な内容を含んでいる。

§85.4　日本国憲法第17条は，「国および公共団体の賠償責任」について規定しているが，イギリス憲法では，この権利はCrown Proceedings Actの問題である。日本国憲法においても，第40条は「何人も，抑留又は拘禁された後，無罪の裁判を受けたときは，法律の定めるところにより，国にその補償を求めることができる。」と規定しており，警察の違法捜査により逮捕され，拘禁されるようなことがあれば，国がその補償を支払うことになる。しかし，イギリス憲法では，国または公共団体の不法行為（過失責任を含む）に対して一般的にコモン・ロー上の[70]損害賠償責任を負うことを認めている。日本国憲法との間の理解の仕方とは，多少の違いがあるように思われる。最近の事例をあげれば，ブレア首相は，十分な論証をしないでアメリカ合衆国のイラク戦争を支持し，軍隊を派遣して国民に大きな損失を与えたことについ

---

(70) 日本の刑事補償法では，捜査手続が適法であっても，無罪となれば補償対象となるが，イギリス法では，適法であれば刑事補償は認められず，無罪判決が下されれば悪意訴追（malicious prosecution）が推定され，被害者が不法行為訴訟を起こすことになる。これについては，田島裕『英米の不法行為法・契約法・救済法（著作集4）』（信山社，近刊）で詳しく説明する。

て，この責任を追及された。ダイシーが「法の支配」の原理と関連して説明したように，首相は国民に対して政治責任を負うだけでなく，個々の一般国民と同じように，コモン・ロー上の不法行為責任を負う（損害賠償による救済）。

§85.5 憲法上の権利侵害も不法行為であるから，重要な救済方法が損害賠償であることはいうまでもない。この損害賠償額の算定と関連して，Rantzen v. Mirror Group Newpapers (1986) Ltd., [1994] Q.B. 670 at 690 を見ておきたい。この事件の原告は，ChildLine という番組の有名な女性テレビ・プレゼンターである。ミラー・グループは，そのプレゼンターの番組がいかに欺瞞に満ちたものであるかを暴き立て，批判した。例えば，番組に招かれた友人が，ことばとは違って実際上子供を虐待していることを非難した。そのプレゼンターが原告となり，名誉毀損の基づく損害賠償を求める訴えを起こしたところ，陪審は 25 万ポンドもの損害賠償を認めた。被告ミラー・グループは，Courts and Legal Services Act 1990, s.8 に基づいて減額を求めて訴え，高等法院女王座部は，損害額を 11 万ドルに減額した。その判決は，損害賠償額の算定において，現実の損害を考慮に入れ，相当額であるという理由を説明する必要があると判示した。

§85.6 （正当な満足を付与すること）その他，被害者を満足させる正当な救済をエクイティの見地から認められることがある。1998 年の人権法は，ヨーロッパ人権規約を国内法化したが，同規約が定める救済方法は「被害者が満足する正当な救済」であり，コモン・ローが準備している救済方法をはるかに超える救済の選択肢を与えることになる。そこで，1998 年法が主要な争点となる訴訟では，抵触性（compatibility）がまず争点とされ，不適合の宣言判決が出されれば，エクイティの救済が検討されることになる[71]。R (Anderson) v. Secretary of State for the Home Department, [2003] 1 A.C. 837 では，Murder (Abolition of Death Penalty) Act 1965 のため自動的に mandatory life sentence に処せられた囚人が，刑務所内での行状評価は量刑・酌量の問題に関係しており，自然的正義に反する評価は，ヨーロッパ人権規約第 6 条の「公正な裁判を受ける権利」の侵害に当たると主張した。貴族院［最高裁判所］は，ヨーロッパ裁判所の判決が直ちに法的拘束力をもつわけではないが，自然的正義に違反していれば，同条文に抵触していると判決した。

---

(71) 例えば，A v. Secretary of State for the Home Department (the first Belmarsh case), [2005] 2 A.C. 68; R (Hindawi) v. Secretary of State for the Home Department, [2007] 1 A.C. 484: and R (Wright) v. Secretary of State for Health, [2009] A.C. 739.

第8章　人権と市民的自由

第6節　国際人権とイギリス憲法

(a)　ヨーロッパ人権規約の人権

§86.1　ヨーロッパ人権規約が1998年の人権法により，その規約で保障された人権が，イギリス憲法によっても保護されるようになった。しかし，その人権は，「ヨーロッパ人権」とか「規約上の人権」と呼ばれ，イギリス憲法が保障する人権とは必ずしも一致しない。1998年の人権法は，イギリス政府に対し立法に当たってヨーロッパ人権規約に抵触がないようにすることを義務づけた法律であり，人権を定義した法律ではない[72]。同じ「表現の自由」ということばが使われていても，規約上の自由とイギリス憲法上の自由の間に相違があるかもしれない。相違があるとしても，イギリス憲法上の自由が直ちに否定されることはない。国際法の用語では，この相違は息抜きの空間（margin of appreciation）として許容される。

§86.2　Barrett v. Enfield LBC, [2001] 2 A.C. 550 では，ヨーロッパ裁判所の Osman v. United Kingdom 判決[73]は理解できないと述べ，人権規約に抵触する判決を下した。この Osaman v. Furgson, [1993] 4 All ER 344 では，警察の捜査に過失があり，被害者に損害が生じ，被害者が損害賠償請求をしたが，イギリスの裁判所は賠償責任を認めなかった。イギリス法では，公務員が職務の遂行のプロセスで行われた行為について，Crown Proceedings Act による不法行為責任を訴求することはできるが，ヨーロッパ裁判所は，不法行為法で救済が認められる救済を認めないのは，被害者の「裁判を受ける権利」（司法アクセス権）を侵害していると判決した[74]。最高裁判所は，Osman判決の人権規約の解釈に従った場合に生じる多数の不都合を説明し，抵触するにもかかわらず，申立人の訴えを拒絶した。

R. v. Secretary of State for Home Department, *ex parte* Saleem, [2001] 1 W.L.R. 443（C.A.）は，難民保護に関係する事件であるが，権限の行使の仕方が，個人の安全保護に大きな影響を与えることを示している。この事件の

---

(72)　これまでの説明からも理解できるように，人権もまたコモン・ローの結果であって，イギリス憲法にはアメリカ合衆国のような違憲立法審査制は存在しない。
(73)　The Times, 5 Nov. 1998.
(74)　この事件では，母子家庭の子供2人が，地方自治体のソーシャル・ワーカーの判断で母親と離され，5回も他人の家庭へ転々と移され，重病などの悪い結果が生じた。

第6節　国際人権とイギリス憲法

申立人は，4人の子供を連れたパキスタン人の母親であり，飛行場に到着したときに難民救済を求めた。国務大臣はこの申立てを拒絶し，申立人は移民上訴裁判所（Immigration Appeal Tribunal）に上訴した。この事件の審理が，1998年2月10日に設定された。しかし，当局は，申立人のために1997年7月11日に審理日を変更する決定をし，6月12日にその通知を郵送した。その通知には，5日以内に都合を返答することが求められていたが，申立人は郵便を受け取っていなかったため，返答をしなかった。申立人は，1998年2月9日に審理日の確認のため特別裁判所に出かけたところ，その事件はすでに処理済みであることを知らされた。むろん控訴院は，特別裁判所に審理を行うことを命じた。

§86.3　上述§832.6でランバート判決を説明したが，この判決はR. v. Kansal (No.2), [2001] 3 W.L.R. 751, *reversed*, [2002] 1 All ER 257, [2001] 3 W.L.R. 1562で間違いであったと判示した。カンサル事件の事実関係は，ランバート事件の諸事実と類似していたが，カンサル事件の場合，控訴院が上訴審判決を下したときには，既に1988年法が施行されていた。従って，ヨーロッパ人権規約を適用しなければならないが，貴族院［最高裁判所］の裁判では，カンサル判決の方が判決が遅れた。ランバーと判決では，ヨーロッパ人権規約の適用は，不遡及的になされるべきで，貴族院［最高裁判所］の厳格な拘束性を強調したが，カンサル事件には遡及的にヨーロッパ人権規約を適用すべきであると判決した[75]。ちなみに，1966年の実務通達（先例法理）を利用することも可能であったが，貴族院［最高裁判所］はこれを利用することは否定している。

§86.4　（Mirror原則）*Re* McKerr, [2004] 1 W.L.R. 807と *In re* McCaughey, [2012] 1 A.C. 725の判決にも，ヨーロッパ人権裁判所の判決の扱いについて，同じような問題がある。マッコーイ事件では，北アイルランド人が警官によって殺害され，その遺族に対し，10000ポンドの国家賠償がなされた。しかし，遺族は，殺害の事情などについて強制調査を求めた。ヨーロッパ人権規約では，第2条が違法捜査についての調査を規定しており，「被害者の正当な満足」が救済方法であることから，調査の強制が可能であると主張した。被害者家族のこの主張に対し，マッコーイ事件では，貴族院［最高裁判所］は強

---

[75]　1988年の人権法の制定によって，過去のイギリス法（法律および判例）が修正されたと読むべきでない，という見解が不遡及効果を判示した主たる理由である。

制調査を認めなかった。しかし，マッコイ事件では，最高裁判所は，マッコイ判決に従った控訴院判決を破棄し，ヨーロッパ人権規約が強制調査を要求していると判決した(76)。但し，この判決を書いたフィリップ裁判官は，「ヨーロッパ人権裁判所の判例法理以上でもなく，それ以下でもない，その法理を参照しなければならない」と判示している(77)。

§86.5　イギリス最高裁判所は，ヨーロッパ人権規約により違憲立法審査を行うことはできない。規約との抵触があるか否かは，議会主権の原則のため，議会が自ら判断することになる。しかし，1998年の人権法は専門家による事前審査を義務づけており，専門家が出した助言を無視して議会が立法を行う場合には，議会の立法は正当性を失い，法律としての効力が否定されうる。また，行政規則が審査の対象となる場合には，1998年の人権法はヨーロッパ人権規約に抵触しないようにする義務をすべての統治機関に負わせているので，裁判所は違憲立法審査を行うことになる。法律制定後，まだ時間がたっていないので，多くの事例はないが，本書では，すでにいくつかの具体的な事例を紹介した(78)。

(b)　国際連合法の人権

§86.6　A. v. HM Treasury, [2010] 2 A.C. 534 では，国際連合の安全保障理事会に決議に基づいてアルカイダのイギリス国内にある資産凍結が問題になっている。イギリス財務省は，国際連合から送られてきたテロリスト・リストに基づいて，イギリスの銀行などに保管されている関係者の資産に対し凍結処分を行った。しかし，銀行口座の取引停止によって無関係の第三者までも影響を受けることが多く，この処分は慎重に行われなければならない。実際の事件では，ほとんど機械的に手続が進められたため，その手続の正当性が争

---

(76)　Silih v. Slovenia, (2009) 49 EHRR 37 で，ヨーロッパ人権裁判所が類似の事件で強制調査を認めており，イギリスの裁判所は判決にそれを反映しなければならないと解釈している。ちなみに，この事件では，原告の息子が病院で治療を受けるに際し，アレルギーを起こす薬物を医師が注射したため死亡した。業務上過失致死の訴訟が提起されたが，病院は情報提供を拒否し，証拠不十分で処理されたことから，この事件が起こった。

(77)　ヨーロッパ人権裁判所の立場に立った解釈に従うことを意味していると思われる。

(78)　イギリス憲法は現在大きな変遷の時機を迎えており，本文で述べた問題は，若い研究者に残された喫緊の研究課題である。イギリスは，本書で説明したように，ヨーロッパ共同体で積極的な役割を果たす政策をとってきたが，最近になってから，イスラム問題を中心とした新しい法律問題が生じており，その政策を変更しようとする強い世論が生まれている。難民問題もその1つの問題である。

第6節　国際人権とイギリス憲法

われた。最高裁判所は，私有財産の没収ないし公用収用に似た性質をもつ手続であり，たとえ国際連合からの指示があったとしても，財産が特定されているかどうか，その資産停止が第三者にどのような影響を与えるかなどを検討したうえで，その手続が進められるべきであると判決した。しかし，凍結を解除すれば直ちに資産移転が行われることを許すことになるので，凍結を維持したまま正当な手続を進めることを命じた。

§86.7　チリ共和国の元大統領がロンドンで逮捕された事件も紹介しておこう。この事件は，元チリ共和国大統領（Augusto Pinochet）が病気の治療を受けるためロンドンに滞在中，ロンドンの警察官により逮捕され，その身柄がスペインへ移送されるときに同元大統領の弁護団が「主権免責（state immunity）」を主たる理由として移送を阻止しようとした事件である。元大統領は，現職中，チリ共和国に滞在していたスペイン人を奴隷的に拘束し，拷問を行った。スペイン裁判所はこれを国際法上の犯罪と認め，逮捕令状を発付し逮捕について全世界に協力を求めていた。イギリスの貴族院［最高裁判所］は，State Immunity Act 1978 は国家行為に対する免責を認めているが，問題の奴隷的拘束および拷問は国際法上「国家行為」と認められるものではなく，本件で主権免責を認めることはできないと判決した。この判決について，ヒギンズは，国際法の優越性または ius cogens をイギリス法上はじめて認めた画期的な判決であり，この法原理によりイギリス議会の法律の明示的文言が否定される可能性が生まれたと評価した[79]。

§86.8　先に言及した判決を下した裁判官の中にホフマン裁判官がおり，同裁判官がかつて Amnesty International と関係があったことから，弁護団は「偏見（bias）」を問題にし，貴族院［最高裁判所］は審理のやり直しを決定した[80]。新しく構成されたメンバーによる審理では，Criminal Justice Act 1988, s. 134 の解釈として，主権免責の原理は現在でも存続しており，問題の奴隷的拘束および拷問が行われた当時は，国際法（ius cogens を含む）上の犯罪とは明確に認識されていたとはいえず，主権免責を認める事例から除外するの

---

(79)　R. Higgins, *International Law*, in Blom-Cooper, Dickson and Drewry (eds), The Judicial House of Lords 1876-2009 (Oxford U.P. 2009) 466-9. 本書137頁§433.3を改めて見よ。

(80)　R. v. Bow Street Stipendiary Magistrate, *ex parte* Pinochet Ugarte (No. 2), [2000] A.C. 119. Amnesty International は，政治犯罪で刑務所に入れられた善良な囚人を救済することを目的とした国際的法律団体である。

は正しくないと判示した。しかし、貴族院［最高裁判所］は、チリ共和国も、スペインも、イギリスも、いずれも国際連合の拷問禁止条約を批准しており、スペインへの身柄引渡を決定した判決は jus cogens[81]の法規範（norm）により維持されるべきであると判決した[82]。

§86.9　上に紹介した事件は、法律学の理論を根本的に覆すような大問題を提起しているが、本書ではこれ以上深く立ち入ることはできない[83]。ここでは、§822.1 で説明した Re. v. Secretary of State for the Home Department, Ex p. Brind [1991] 1 A.C. 696（以下、BBC 事件という）の中で論じられている国際法上の人権とイギリス憲法上の人権との関係について、説明を付加することにしたい。その判決では、既に述べたように、ゴルダー判決を再評価しているが、この判決は、囚人が法律問題について相談したいと刑務所長に依願したが弁護士との接見が拒絶され、この拒絶がヨーロッパ人権規約第 6 条（公正な裁判を受ける権利）に違反するとされた事件である。法的強制力がないにもかかわらず、イギリスはこの判決にしたがったのであるが、囚人の処遇については、各国の間に相違があり、国際裁判所が、すべての国に共通な普遍的処遇基準を示すようなことはしていない。換言すれば、国際裁判所が各国の判断に任せている部分が残されている。筆者は、これを息抜きの空間（margin of appreciation）と呼んだことがあるが、表現の自由について、とく

---

(81)　Jus cogens は国際法上の用語であって、コモン・ローの用語ではない。しかし、最近の裁判所は、極めて例外的な場合に限られるが、これを法源と認めている。R. (on the application of Al-Jedda) v. Secretary of State for Defence, [2007] UKHL 58, [2008] 2 All ER 28, [2008] 2 W.L.R. 31 参照。Aggression, genocide, slavery and reial discrimination, crimes against humanity and torture, and the right of self-determination などのように、国際社会全体に対する犯罪行為に対する強行法規範を意味する。§86.7 で言及したスペイン裁判所の判決は、これによる判決の典型例である。

(82)　R. v. Bow Street Metropolitan Stipendiary Magistrate, ex parte Pinochet Ugarte (No. 3), [2000] 1 A.C. 147. この判決は、Browne-Wilkinson, Goff, Hope, Hutton, Saville, Millett および Phillips の 7 人の裁判官によるものであるが、ゴフ裁判官は反対意見を付した。ゴフ裁判官の意見によれば、主権免責を認めない根拠となる法律、典籍などが全くなく、世論に対する説得力に欠ける。Democratic Republic of the Congo v. Belgium, [2002] ICJ Rep. 3（Arrest Warrant 事件）および A v. Secretary of State for the Home Department (No. 2), [2006] 2 A.C. 221（第二 Belmarsh 事件）と比較検討せよ。

(83)　スペインの裁判所は、国際法を実行する国際裁判所の委任を受けたものとして、問題の判決を下しており、イギリスの裁判所は、間接的にではあるが、当該スペインの判決が正当なものであるとしたことになる。

にこの憲法原理が問題になる。

§86.10　BBC事件は，有名なサンデー・タイムズ事件を検討している[84]。この事件では，サンデー・タイムズがサリドマイドの副作用について詳細な学術論文を掲載し続けたのであるが，この論文は，当時別件で審理が進められていたサリドマイド事件に薬品製造者の過失責任を立証するのに直接役立つものであり，イギリスの裁判所は，連載を禁止し，この禁止命令に違反したタイムズ社に対し，裁判所侮辱罪で対処した。これに対し，タイムズ社はヨーロッパ裁判所に上訴したのであるが，ヨーロッパ裁判所は，当該裁判所命令は，タイムズ社の言論の自由ないし出版の自由を侵害すると判決した。この判決をどのように評価するかが問題となっている。1981年にイギリスは裁判所侮辱法を改正し，そのヨーロッパ裁判所の判決に敬意を払ったのであるが，BBC判決[85]は，ヨーロッパ裁判所の判決がイギリス憲法に抵触するところがあるか否かを検討している。比較検討されるイギリス法の憲法法理は，Padfield（本書91頁）およびAssociated Provincial Picture（本書70頁）で示された法理である。これらの法理は，§341.2で説明したように，合理性の基準（権限踰越）の違反があったかどうかを司法審査した自然的正義の法理である。

§86.11　BBC事件が問題にしたもう1つの国際法の問題はdoctrine of proportionalityである。ここでも先の有名なサンデー・タイムズ事件を例として取り上げるならば，裁判所侮辱罪の訴追を禁止しているわけではなく，一流新聞が書く記事の内容を裁判所が事前審査することの危険に注目しているのであり，イギリスのように裁判官に対する信頼の高い国でなければ，言論の自由の制約の方がはるかに重要な関心事となる。つまり，判決は白黒を付けることでなく，重点の置き方を問題にしているのである。この問題はまだ明確に整理がなされているわけではないが，BBC事件の判決は，当該事件に関する限り，ヨーロッパ憲法とイギリス憲法の間に抵触はないとしている。しかし，もし抵触があると判断した場合，現在のイギリス憲法では，イギリス議会主権は，ヨーロッパ法に譲り，一歩退くことになるのではあるまいか。

---

(84) Sunday Times v. United Kingdom, (1979-80) 2 EHRR 245. なお，Attorney General v. Times Newspapers Ltd., [1974] A.C. 273 がイギリス国内の最終判決であり，この判決に対する上訴の形がとられている。

(85) Attorney General v. BBC, [1981] A.C. 303.

§86.12　BBC事件では，実際上，内務省とBBCおよびINAの3者で協議を行い，和解によって事件が解決された。この和解で確認されたことは，①テレビ放送は，真実の報道（事実を国民に伝達すること）を使命としており，政府にもこの使命を妨害する権限はない，また，BBCは国営テレビであり，IBAは民放であるため，前者については，内部合意の条項を引用し，後者については，法律の規定を引用したが，この点では両者に相違はない。②放送は公正なものでなければならず，その判断のための資料として，政府の要望も参考にするが，放送の内容については，放送局が自立権をもっている。政府の要望に従わないことに対する制裁をしてはならない。③イスラム国のテロ行為について，放送局がコメントを付する（フィクションの部分）については，国家政策が重要であることを認め，政府の要望を尊重する，ということである。BBC判決は，この和解が成立していることを前提に判決を書き，この和解が守られるならばヨーロッパ人権規約第10条（表現の自由）の違反はない，と判決した。

　(c)　**国際慣習法上の人権**

§86.13　最後に，国際裁判所またはヨーロッパ裁判所が国際慣習法による人権の保護を判決した場合，イギリスの通常裁判所が，この国際慣習法を拘束力のあるイギリス法の法源と認めるか否かという理論的な問題を説明しよう。コモン・ロー自体が慣習法であるとみることもでき，この慣習法には「国際慣習法」も含まれると理解することは可能である[86]。

　しかし，国際法は，すでに説明したように，議会の同意を得ていない法律であるから，原則的にイギリス法ではないとされてきた。国際法の法源の1つである条約は，議会の同意を得て批准されるものであるから，国内法と同等に扱われる（国際法の二元性）。しかし，1972年のヨーロッパ共同体法のように，ヨーロッパ議会が制定する法律については，イギリス議会が改めて立法手続で手当をしなくても，拘束力がある。それでは，国際慣習法は，イギリス憲法上，イギリス法とみなされるものか，そうでないか，という問題があるが，この問題をどのように理論上説明するかについて，若干の事例を既に示した。国際法学では，かなり緻密な議論がなされているが，憲法学に

---

(86)　そもそも，コモン・ロー自身が「超記憶時代（time immemorial）」から存続する慣習法であると定義されることすらある。New Windsor Corp. v. Mellor, [1974] 2 All ER 510. このように，その定義はフィクションである。しかし，国際法の定義とコモン・ローの定義は異なっている。

第6節　国際人権とイギリス憲法

おいては，まだ憲法法理が確立されていない。

§86.14　先に言及したゴルダー判決はヨーロッパ人権規約上の人権を国際慣習法により保護されるとした判決であり，イギリスもこの判決に従った。国際慣習法については，古くからイギリスの裁判所も，それがコモン・ローであると認めてきた[87]。Chung Chi Cheung v. R. [1939] A.C. 167 では，国際慣習法は，イギリス制定法との抵触がないことを裁判所が最終的に確認した限度で，イギリス法の一部となっている，とアトキン裁判官が述べている。しかし，Trendtex Trading v. Bank of Nigeri, [1977] 1 Q.B. 529[88]において，デニング裁判官は，国際法の法理が日々変わっており，イギリス議会の法律［ヨーロッパ共同体法］が，将来作られる国際法の法理を，議会による同意なしに自動的にイギリス法となることを認めているので，随時，存在すると裁判所により確認されて国際法の法理（国際慣習法を含む）は，イギリス法の一部となる，と判決した。この法理はまだ確立されたものとはいえないかもしれないが，イギリス憲法は，その方向に向けて変遷していることは事実である[89]。

---

(87) Buvot v. Barbut (1736) 3 Burr. 1481, 4 Burr. 2016; Triquet v. Bath (1764) 3 Burr. 1478 and De Wutz v. Hendricks, (1824) 3 Bing. 314.
(88) この事件はナイジェリア銀行が外国債を発行しその満期が到来したのに，ナイジェリア政府の命令に従って支払いを拒絶した事件である。ナイジェリア銀行は，主権免責（sovereign immunity）を主張したが，国際慣習法により主権免責は否定された。
(89) イギリスがこの判決に従ったのは，①その当時の政治的判断によるものか，②国際法の二元性の原則を放棄したものか，③人権の理論として当然にその結論になると判断したものか，厳密に詰めてみる必要がある。

結　論

§1　さて，本書ではイギリス憲法の諸原理を一通り説明した。本書は学術研究であるよりは，イギリス法全体にわたって説明することを意図した基本書であり，あえて結論の章をもうける必要はないかもしれない。とはいえ，はしがきで設定した研究課題について，どこまで答えを出すことができたかを示しておくことは，筆者の責任であるとともに，将来の若手研究者に研究の手掛かりを与え，刺激を与えることになるものと信じている。見方によっては，本書で示した研究の中に稚拙な間違いが含まれているかもしれないが，その弱点の批判を受けることは，学問の性質上，当然なことである。しかし，本書には先人の研究を本格的に改訂した部分も多く含まれているし，オリジナリティにとんだ研究がかなり含まれている。その検証をするのはわたくし自身であるよりは，将来の研究者に残された課題である。

§2　本書は議会制民主主義の基本理念となっている「議会主権」の理論に真正面から取り組んだ専門書である。その基礎理論は，オックスフォードのダイシーによって整理され，この理論を理解することが研究の出発点となっている。ダイシーは，イギリス憲法が不文憲法であることに誇りをもって，主に通常裁判所によって確立された憲法原理を詳しく説明した。通常裁判所は，何百年にもわたる多数の判例法を蓄積することによって，コモン・ローの体系を構築し，法の支配の伝統を育ててきた。議会の起源については，いくつかの学説があり得るが，イギリス法学界では，名誉革命のときに通常裁判所の支援を得て，国会が国王を選んだ事実に注目し，このときに「議会主権の原則」ができたと理解されてきた。しかし本書では，国民の選挙による議会制度が成立したのは 19 世紀になってからであり，19 世紀後半から 20 世紀の初めの頃ではないかと考えている。本書第 2 章において今日の議会を詳しく説明したが，その基本構造はだいたいその頃に出来上がったものである。

§3　本書第 3 章では，イギリス議会の現実の立法過程を精査してみると，「法の支配」の原理が機能していることを説明した。イギリス憲法には違憲立法審査制は存在しないが，議会の内部にいわば「民主主義の安全弁」とでも呼ぶべきフィードバック装置がある。歴史的にはロード・チャンセラーの果たす役割が大きかったが，その職は 2005 年の憲法改革法により（法務大臣として

333

結　論

の役割は別として）廃止された。しかしイギリスの最高裁判所裁判官は，すべて貴族の称号が与えられており，貴族院において憲法解釈を行うことが期待されている。この解釈をするに当たり，政治権力が暴走するのを抑止する理論として，内部的制約が機能することを説明した。第1に，自然法による制約であり，第2に，制定法による制約であり，第3に，国際法による制約である。むろんいろいろ見解が分かれ得る部分であるが，マグナ・カルタ等の基本法の存在が大きな意味をもっている。ちなみに，本書では，マグナ・カルタ等の基本法の読み方についても，最新の研究を検証し直している。

§4　第4章は，先の叙述による「議会主権の原則」と「法の支配の原則」の関係を説明した。これと関連して重要なことは，イギリス憲法上，「通常裁判所による裁判を受ける権利」に特別な意味があることである。本書では，アニスミニック判決を例にとり，たとえ国会が「通常裁判所による裁判を禁止」していても，この禁止も法律であり，通常裁判所は，この法律を解釈する義務を負っている。エピソードとしてしばしば引用される，国王とコーク［クック］裁判官の論争において，国王が憲法に反する課税を阻止した歴史的事実は，古くから「法の支配」が存在していたことを示している。一裁判官が国王と論争できるという事実そのものが，民主主義の存在の証拠である。しかし，一般的には，「議会主権」と「法の支配」は，「寛容の精神」（クランマの理論）によって支えられており，両者は協力して「国益」を守ってきた。ビルマ石油判決と戦争損害法の立法は，この協力関係をよく示している。

§5　20世紀の後半から21世紀にかけて，イギリス社会は大きく変わった。当然，社会が変われば，生きた憲法も変わることになる。筆者は，スカーマンのハムリン講演を翻訳したが，その講演が示しているように，その変動は3つの側面に見られる[90]。第1は，イギリスとコモンウェルス諸国との関係の変化である。第2は，ヨーロッパ共同体と協調する国家政策を推進したことである。第3は，福祉国家が成熟すると「行政権の濫用」の問題が顕著なものとなり，これに対処する新憲法理論が必要となったことである。本書では，第1の変化については，第5章で詳しく説明した[91]。第2の変化については，

---

(90)　この訳書について，本書§611.3を見よ。
(91)　52ヶ国の独立国以外に数十の旧植民地国があり，全部を調べることは出来なかったが，本書では，主要な加盟国である，カナダ，オーストラリア，ニュージーランド，インド，ナイジェリア，南アフリカ，香港など，主要な加盟国との関係を調べ，イギリス憲法との関係を説明した。

334

第6章で詳しく説明した。第3の変化については，第7章で詳しく説明した。イギリスがヨーロッパ共同体と協調してヨーロッパ社会の中で活路を見いだす政策に踏み切った主要な理由は，一方で，コモンウェルス諸国がイギリス経済を支える力を失っているという事実があり，他方，スコットランドなどの地方分権の動向が顕著になっており，全体として成熟した福祉国家の完成に向け，新しい憲法原理が生まれている。

§6 本書では，「行政裁量の恣意性」の排除について，「法の支配」の原則が果たす重要性を説明した。この問題は，司法審査の訴えと「自然的正義」の原則と関連しているが，ダイシー伝統でいう「法の支配の原則」を福祉国家の中で具体化する姿を示したものである。ここにいう「自然的正義」は，①偏見のない公平な審判者が，②公正な通知を当事者に与えて，その意見を十分に聞き（聴聞），③客観的な証拠に基づく決定を要求する。さらには，原則として審理を公開にするというだけでなく，証拠の開示を請求する権利が認められる。この聴聞のデュー・プロセスは，当事者に法を正しく理解させるために重要であるだけでなく，判決が判例集に掲載して公表されるならば，社会教育の教材としての意味をもっている。ちなみに，「法の支配」の原則は，裁判所に強すぎる権限を与えるという危惧を述べる者もいるが，司法審査の訴えは，裁判所が行政官に代わって決定をやり直すものでなく，決定の手続を問題にするものである。また，判決の客観性ないし法的安定性は，先例拘束性の原理によって担保されている[92]。

§7 21世紀になってから，国際連合をはじめとして国際社会も「法の支配」の実現に大きな役割を示しているが，最近のイギリス憲法は，この国際的な動向の中で，指導的な役割を果たしている。本書でも，国際法のレベルでの「法の支配」の原則に言及しているが，これまで，イギリス憲法は，国際法の二元性の考えをとっており，この考えに一定の修正が加えられつつあると，筆者は理解した。ダイシー伝統は，イギリスの議会主権の理論であるが，今日のイギリス憲法においては，国際社会の現実にそれを当て嵌め，「議会主権」と「法の支配」を改めて定義しなおす必要がある。また，地方分権の動向については，便宜上，第7章2節で論じたが，この問題にも国際法がかかわっている。たとえば，カナダのケベック州の独立の問題は，民族自決権の

---

[92] 日本の英米法研究者の間に，本書150頁で説明した慣行声明によって先例拘束性の原理が廃棄されていると理解する者がいるが，この理解は間違いである。

結　論

問題でもあり，カナダ憲法と無関係に，国際法により，独立を宣言することも可能である。これと対比して，スコットランドの独立にも言及したが，この問題は，筆者にはケベック州の独立とはまったく異なったものであるように思われる(93)。いずれにせよ，テロリズムの対処の仕方についても，国際的な協力が必要となっており，「議会主権」の原則の修正が迫られているが，これらの問題については，不確定要素が多数かかわっており，将来，改めて検討する必要がある。

§8　本書の最後の第8章ではイギリス憲法上の「人権」を説明した。イギリス憲法においては，個別の「人権」を保障する法律の規定はなく，憲法判例が守った重要な法価値（判決の結果）に対し，ヨーロッパ憲法と比較して，「人権」と呼んでいるにすぎない。イギリスの憲法学者は，イギリス憲法上の「人権」は，ヨーロッパ人権規約等によって保障される「基本的人権」よりも，より洗練されたものであると信じており，両者の間に基本的な抵触はないが，万一相違が見られる場合でも，イギリス憲法上の「人権」の方が優先されるべきであると考えている(94)。議会制民主主義は，多数の意思を尊重するものであるが，多数者が政治力を濫用するとき，民主主義は崩壊する。裁判所は，個別的な事例の裁判を通じて，「力の支配」を排除し，「法の支配」を実現することを使命としている。平和な社会秩序を作るためには，利害が対立する個人の間で十分に話し合い，偏見のない公正な第三者による判断を参考にして，すべての当事者が納得したうえで，問題を解決しなければならない。「人権」を侵害する主体は，国家や行政機関だけでなく，現実に権力をもつ私人も含まれる。権力者による「恣意」を排除することが，「法の支配」の原則が要求することであり，通常裁判所の裁判官は，その意味において，憲法上の「人権」を保護する義務を負っている。

---

(93)　イングランドとスコットランドの間に国境線が引かれている訳ではなく，両者の間にある基本的な対立は存在しないのではないかと思われる。スコットランドの国会議員は常に少数であったため，スコットランドの「利益」が不当に扱われてきたと主張されているが，実際には，利益の対立がないため，1つの政党派閥として機能しているにすぎない。

(94)　一般的に，E. Shorts and C. de Than, Civil Liberties–Legal Principles of Individual Freedom (1998)を見よ。

〔付録1〕
イギリス憲法典——1998年の人権法

[付録1はHuman Rights Act 1988の本文である。この法律は本書でしばしば言及されているし，将来のイギリス憲法の発展に大きな意味をもつ法律である。筆者は，この法律が制定されてからまもなく，『イギリス憲法（著作集別冊2）』（信山社，2002年）を書いた。この著作にはこの法律の概観が説明されており，本書の理解に役立つところがあるので，それも参考にしてほしい。]

解　説

§1　「はしがき」で述べたように，1998年人権法を「憲法典」と呼ぶことに抵抗を感じる者がいるかもしれない。しかし，アメリカ合衆国憲法（連邦憲法）だけが憲法典であるというわけではない。フランス憲法典やドイツ憲法典もそれとは著しく異なっている。何を憲法典と呼ぶかはその定義にかかっている。イギリス憲法は不文憲法であると言われてきたが，マグナ・カルタや権利章典などの基本法は存在していたのであり，そもそも不文憲法ということばがどのようなことを意味していたかを考えてみる必要がある[1]。少なくとも権利章典と同じ程度に1998年人権法は基本法であり，イギリス憲法の主要な部分をなすものとなっていることは疑いない。

1　イギリスの国家主権

§2　1998年人権法は，ヨーロッパ人権規約を国内法化するものであるが，憲法が主権者の主要な意思を表明ないし宣言するものであるとすれば，それは国家主権の外部組織への移譲を意味するものであり，その意味でも伝統的な憲法典とは違っている。しかし，主権者として，その規約を国内法と同等に扱うと宣言しているにすぎないとすれば，国際政治上の責任が生じるとはいえ，何らかの不都合があれば，いつでもその主権者はその意思を撤回できるはずである[2]。この意味において，1998年人権法は，イギリスの主権者の基本

---

(1)　田島裕『議会主権と法の支配』（有斐閣，1979［新刊］1991）188頁，伊藤正己＝田島裕『英米法』（筑摩書房，1985年）270頁。
(2)　この国家主権に関する議論について，後掲注(22)で言及した訳書の「訳者解題」

的な意思を表現した法律であると言える。

§3　この立法がイギリスの主権を放棄したものでないという証拠として,「離脱」および「留保」が付されていることがあげられるかもしれない。しかし,これらは,ヨーロッパ人権規約によって定められているものであり,ヨーロッパ会議の意思に従ったと解釈できなくもない(3)。とくに,この立法によって主権をヨーロッパ会議に委譲したと主張する者は,現実の問題として,国際戦争のような異常な手段によることなく,後戻りの道が残されていないということに注目しなければならない。ヨーロッパ人権規約自体が,国家主権者に対して制裁を課すこと(4)を想定しており,ヨーロッパ法の優位性は一般的に認められているからである。上述の論点はともかくとして,1998年人権法は,いわゆる北アイルランド問題に関して規約の機構から「離脱」し,「教育問題」について留保を付している(5)。

2　人権の内容

§4　この人権法に制定により,イギリス法システム全体が大きな影響を受けることは事実であるが,とくに注目すべき領域は「表現の自由」および「思想,信条,信教の自由」の領域である。これらの自由についてはヨーロッパ人権規約の規定があるにもかかわらず,1998年人権法第10条および第11条がわざわざ特別な規定を定めているのはそのためである。イギリスは,サン

およびN. MacCormick, Questioning Sovereighty (Oxford U.P.1999), pp.107-108, 128, 134, 177 を見よ。

(3)　1998年法に付された「離脱」条項および「留保」条項は,ヨーロッパ人権規約第15条3項に従って付されたものである。

(4)　規約第41条は「侵害された当事者に正当な満足を与えなければならない」と規定し,同第42条は「この判決が確定的なものである」ことを規定する。ただし,同第26条は「まず国内法による救済方法を使い尽くすこと」を訴願の前提条件としている（ヨーロッパ法の優位性については,§13のほか,後掲注(25)の諸判例を参照せよ）。

(5)　北アイルランド問題に関するテロ行為に対処するために,イギリス議会はいくつかの臨時措置法を制定しているが,この法律は規約と抵触する規定を含んでいる。たとえば,被疑者の勾留期間は規約のもとでは4日が限度とされているのに対し,その法律のもとでは7日におよぶことができ,しかも弁護士との接見についても限度がある。「教育権」に関しては,義務教育に関する財政問題について,検討の余地がある。

〔付録1〕イギリス憲法典

デー・タイムズ事件[6]，ボウマン事件[7]，ハンディサイド事件[8]，オブザーバー事件[9]，グッドウイン事件[10]，トルストイ・ミロスヴィスキ事件[11]において，ヨーロッパ人権規約第10条を争った。結論としては，ヨーロッパ裁判所の解釈とイギリス裁判所の解釈との間に大きな本質的な相違はないが，問題となりうるあいまいな部分を含んでいるので，上述の明文を1998年人権法においた。

§5　ヨーロッパ法に「息抜きの空間（margin of appreciation）」とでもいうべき法原理があることも説明しておかなければならない[12]。例えば，ヨーロッパ人権規約第10条は表現の自由を保障しているが，第2項により「わいせつ」の規制は許されている。そこで，何が「わいせつ」かが争点となるが，その内容は各国の裁判所の判断に任されている。もちろん，ヨーロッパ裁判所が，一定の判断基準を示すこともできるのであるが，そうしていない場合には，各国の裁判所は「息抜き」をすることができるのである。1971年にイギリスの子供向けの参考書（"Little Red School Book"）に性教育に関する節があり，行き過ぎた描写があったために警察は1959年の猥褻出版物に関する法律によってその書籍を押収するとともに，訴追を行った。被告人はヨーロッパ人権規約第10条違反を訴えたけれども，ヨーロッパ裁判所は，イギリス裁判所の判決を支持した[13]。しかし，支持された判断基準は，たと

---

(6) Sunday Times v. United Kingdom, (1979) 2 EHRR 245（この事件は，奇形児の出産と薬との因果関係を争う製造物責任訴訟において，サンデー・タイムズ紙が「因果関係」の証明に役立つ論説を掲載し，その裁判に影響を及ぼそうとしたので，裁判所が差し止めたものである）。
(7) Bowman v. United Kingdom, (1998) 26 EHRR 1（選挙前に配布された政治的文書を選挙法違反で訴追した事件）。
(8) Handyside v. United Kingdom, (1976) 1 EHRR 737（この事件は§5で説明する）。
(9) Observer v. United Kingdom, (1991) 14 EHRR 153。
(10) Goodwin v. United Kingdom, (1996) 22 EHRR 123（ジャーナリストに情報源の開示を求めたのにそのジャーナリストが拒絶をすれば裁判所侮辱罪に問われうるが，本件の情況のもとではジャーナリストの黙秘権が許された）。
(11) Tolstoy Miloslvavsky v. United Kingdom, (1995) 20 EHRR 442（名誉毀損の損害賠償額が不当に「表現の自由」の行使を抑止する程度まで高すぎると判示された事件）。
(12) N. Lavender, *The Problem of the Margin of Appreciation*, [1997] EHRLR 380. これに賛成する P. Mahoney, *Universality Versus Subsidiarity in the Strasbourg Case Law on Free Speech*, [1997] EHRLR 363；および反対する Lord Lester of Herne Hill Q. C., *Universality Versus Subsidiarity: A Reply*, [1998] EHRLR 73 の議論を比較せよ。
(13) Handyside v. United Kingdom, (1976) 1 EHRR 737; Lawless v. Ireland, (1961) 1 EHRR 15 も見よ。

〔付録1〕イギリス憲法典

えばデンマーク法の判断基準とは、明らかに異なっているように思われる[14]。

§6　ヨーロッパ人権規約第6条は「公正な裁判を受ける権利」を保障している。この規定の意味については、はしがきで言及したゴルダー判決の中で詳しく説明されている。同規約第7条がいわゆる刑法の罪刑法定主義について規定しており、この第6条で問題とされるのは、個人の権利義務および刑事責任について決定を下す手続の公正さである[15]。第6条は、聴聞ないし審問のプロセスを迅速に進め、関係当事者の意見を十分に述べさせ、それを考慮に入れた「偏見」のない決定を下すことを要求している。ゴルダー事件〔本書214頁-216頁参照〕がそうであったように、弁護士に相談する権利（access to justice）もまた、この規定によって保障されると理解されている。

§7　ヨーロッパ人権規約第8条は「家族生活を尊重される権利」を規定している。この第8条の規定は、家族関係（夫婦と親子）、ホーム、通信に関係する。非嫡出児に対する差別は禁止される。しばしば問題になるのは、移民の処遇に関してであるが、移民自身の責任において、家族が同居できなくなったり、平穏なホームを維持できなくなることについては、ヨーロッパ裁判所は各加盟国の行政裁量を大幅に認めている。ジプシーがケンブリッジ市にキャラバン生活をする権利があるかどうかが争われた事件では、排除決定の手続に問題があるとヨーロッパ人権裁判所は判決した[16]。「通信」の自由については、家族の問題とは異なる個人のプライバシーが争点となることが多い。例えば、マローン対連合王国判決[17]においては、警察による電話の盗聴が違法と判決された。

§8　「財産権」の規定は、ヨーロッパ人権規約を制定するときにもっとも議論が白熱した規定である。「財産権」に関する各国の考えは大きく異なっており、この権利は「市民権」のリストとは切り離して、第1付属議定書の中に

---

(14)　Kjeldsen v. Denmark,（1976）1 EHRR 711.
(15)　いわゆるデュー・プロセスの法理を規定したものであり、契約法、商事法、保険法、相続法、家族法、不動産取引法などの領域にも適用された事例がある。被疑者の無罪の推定は、第6条2項に規定されている。
(16)　Buckley v. United Kingdom,（1997）23 EHRR 101（この事件では都市計画によりキャラバン生活を禁止された女性に、3人の子供があり、家庭生活を考慮に入れる必要があると判決された）。
(17)　Malone v. United Kingdom,（1984）7 EHRR 14（古物商の売買交渉を電話盗聴した事件）。

規定されている[18]。一般的な憲法原理としては、日本国憲法第29条の規定と同じように、「私有財産は公共の利益のために制約されうる」ことを規定している。この制約の条件は各国の法律および国際法の一般原理に従うものでなければならない。しかし、正当な補償をして公用収用を行うことは認められており、税金を課したり、刑罰として罰金を取ることも許されている。

3 司法制度改革

§9　1998年人権法は、ヨーロッパ人権裁判所だけでなく、イギリス司法裁判所にも影響を与える。ゴルダー判決でも問題になったように、ヨーロッパ裁判所での当事者となる「被害者（victim）」という概念は、イギリス法にいう「訴えの利益（standing to sue）」をもつ者よりは広い概念である。たとえば、グリーンピースのような環境保護団体には当事者適格をイギリスでは認められることはないと思われるが、ヨーロッパ司法裁判所では認められる可能性がある[19]。さらにまた、イギリス憲法は「議会主権の原則」を大原則としているので、違憲立法審査の制度に類似のものを導入することになる、ヨーロッパ人権規約の国内法が、この原則の運用にどのような影響を与えるか、考察しなければならない。

§10　ヨーロッパ人権規約の影響を受けた判決の一例として、ここで少年犯罪に関する事件の判決を紹介しよう。この事件では、10歳の2人の少年が2歳の幼児を殺害し、その刑事責任が問題となった[20]。1933年の青少年法第53条(1)項によれば、これらの少年は成人の殺人罪の場合とは違って、強制的監護の下におかれることになっていて、その期間は1991年の刑事裁判法第35条により、法務大臣の裁量によって、決められることになっていた。しかし、

---

(18) Sporrong v. Sweden, (1982) 5 EHRR 35（「都市再開発のための土地収用に関する事件」が、これに関する指導的判例である。ちなみに、「財産権」については各国の合意を得るのが困難であり、その規定を権利章典の主要な部分から切り離すことによって、各国が留保を付することを許し、ヨーロッパ人権規約を批准しやすくした。しかし、現実には、留保はほとんど付されていない）。

(19) これについては、ウェストミンスター議会（国会）において、詳細な議論が展開されている（Hansard HC（24 November 1997）。大法官は新しい当事者適格を認めることは必ずしも要求されるわけではなく、amicus curiae（裁判所の友）として意見書の提出を認める形で対処することを説明し、R. v. Khan, [1997] A. C. 558; R. v. Secretary for the Home Department, *ex parte* Venerables [1998] を実例としてあげている。

(20) R. v. Secretary for the Home Department, *ex parte* Venerables, [1998] A.C. 407, [1997] 3 All E. R. 97.

〔付録1〕イギリス憲法典

世論はこれらの少年たちに刑事制裁を科することを求め，無期懲役の判決が下されるべきであると請願した。これを受けて最低15年以上の拘留を条件にして強制的監護の下に置くとする判決が下された。貴族院［最高裁判所］は，不定期の拘留を認める判決は無期の懲役刑の判決とは性質上ことなっており，世論にある「最低15年以上の拘留」判決は，ヨーロッパ人権規約が定める教育刑の理念に反するものであり，それらの少年を常時監護下において観察し，社会復帰できる状態になったときには，いつでも釈放するのでなければならないと判決した[21]。

§11 法律の解釈についても，大きな問題がある。イギリス法の法律解釈は，厳格解釈を第1原理として守ってきた[22]。しかし，ヨーロッパ裁判所による法律解釈は，フランス法などの大陸法の影響を受けて，目的論的解釈を第1原理としてきた。§6で言及したゴルダー判決の重要な論点の1つは，このことと関係している。しかし，国際条約の解釈については，条約法に関するウィーン条約に法律解釈についての規定がおかれているし，イギリス国内の判例法にも，目的論的な解釈を示したものもあり，この問題は技術的な問題にとどまるであろう[23]。

§12 司法改革は刑事法だけにかかわる問題ではない。1996年7月に民事司法の本格的な改革を提案したウルフ・レポートが公刊され，1999年の終わり頃からその勧告の一部分を立法しはじめた。さらにその勧告の残りの部分も，用意ができしだい立法されていくものと思われるが，この立法の動向もまたヨーロッパ人権規約第6条を考慮にいれていることは疑いない。§9および§10で述べたことは，ヨーロッパ裁判所のイギリス法への間接的な影響であるのに対し，ウルフ・レポートに従う改革は，より本格的，直接的な

---

(21) この事件の審理に当たった高等法院合議法廷の裁判官は，「8年というとても，とても長い拘留期間」の刑を言い渡したが，法務大臣はその期間をさらに15年に延長した。

(22) 田島裕「法解釈に関する若干の考察」現代イギリス法（成文堂，1979年）437-456頁［著作集第8巻第1章］，また，田島裕『イギリス法――その新局面』（東京大学出版会，1981年）「訳者解題」を見よ。

(23) ヨーロッパ人権規約第2条は，ストラスブール判例法の法源性を規定し，第3条は規約と適合する解釈を要求している。イギリスの先例法はこれにより修正を受けるけれども，ヨーロッパ法には厳格な先例拘束性の原則は無い（目的論解釈の一例として，上述§6で言及したゴルダー判決を見よ。また, G. Marshall, *Interpreting Interpretation in the Human Right Bill*, [1998] Pub. L. 167 参照)。

21

世紀の司法の基礎作りである（これについては多くの紙面をさいて説明する必要があるが，別の書籍で詳しく説明する）。

4 ヨーロッパ法の影響

§13　EC（EU）法との関係も微妙な問題である。1972年のヨーロッパ共同体法第2条により，EC（EU）法（その判例法を含む）は，イギリス国内において直接的執行力を認められている(24)。EC（EU）法の形成については，イギリスは積極的に協力する姿勢を示してきた。そして，EC（EU）法の国内法に対する優位性が一般原則として確立しているので，EC（EU）法に基づく国内法の司法審査は，いわばアメリカ憲法における違憲立法審査と同じ機能を果たすのである(25)。しかし，1998年人権法は，ヨーロッパ人権規約とイギリス法が抵触する場合には，「不適合の宣言」をし，省令または政令による手直しシステムとして考えているのであり，ヨーロッパ人権規約に照らした違憲立法審査を念頭においているとは考えられない。実際上の問題としては，EC（EU）法とヨーロッパ人権規約とを切り離して運用することは困難であり，ヨーロッパ人権規約に関する訴訟も，EC（EU）法の前例にならって進められることになろうと思われる。

§14　ルクセンブールの国際裁判所（EU裁判所）との関係を説明するために，ここで女王[国]対ヘン・アンド・ダービー判決(26)を紹介しよう。この事件は，ヘンとダービーがオランダを経由してデンマークで作られた「わいせつ」フイルムと雑誌を輸入し，関税法違反で違法とされたものである。第1審も控訴院も有罪の判決を下し，貴族院［最高裁判所］への上訴も否決されたので

---

(24) R. v. Secretary of State for Employment, *ex parte* Equal Opportunities Commission, [1995] 1 A.C. 1. European Community Act 1972, s. 2(1)は，「条約によって，または条約に基づいて，随時制定される，または生ずるすべての権利，権能，責任，義務，および，条約によって，または条約に基づいて，随時規定されるすべての救済並びに手続は，改めて立法手続をとらなくても，条約によって法的効力を付与され，連合王国において使用されるものとなり，かつ，イギリス法上，承認されたものであり，利用されうるものであり，かようなものとして強制され，容認され，従われるものとする。（以下，省略）」と規定されている。

(25) Administrazione delle finanze dello Stato v. Simmenthal S. p. A (Case106/77), [1978] ECR 629, para. 22. *But see*, Van Schijndel & Van Veen v. Stichting Pensioenfonds voor Fysiotherapeuten (Cases C-430～431/93), [1996] All ER(EC) 259.

(26) Regina v. Henn and Darby, [1979] ECR 3795, [1980] 1 CMLR 246.

〔付録1〕イギリス憲法典

あるが，貴族院は請願を受けて上訴を認め，予備審問の後，直ちに国際裁判所（EU裁判所）へお伺い上訴をしたものである。第1に，ヨーロッパ共同体法は物品の移動の自由を保障しているのであるが，関税法により物品を没収し，刑事責任を科することは，その自由を規定する条約第30条に違反するかどうか，第2に，もし違反するとして，EEC条約第36条〔EC条約第30条〕により公共道徳の保護を理由としてイギリスが刑罰を科することが許されるかどうか，条約の有権的解釈を求めた。ルクセンブールの国際裁判所（EU裁判所）は，条約との抵触はないと判決した。

ヨーロッパ国際裁判所は，イングランド，ウェールズ，スコットランド，北アイルランド，マン島の法律の間に判断基準の相違があり，また関税法の基準がわいせつ罪の刑法よりも厳しくなっていることに問題があることを指摘したが，基本的には，上述§5で説明した「息抜きの空間」の理論を使って，イギリスの裁判所が独自に判断を示す裁量が国際法上認められることを決定した。そして，わいせつとヨーロッパ法の関係の理解について，ヨーロッパ人権規約第10条を引用し，ハンディサイド判決（前掲注(8)）を法源として説明しているのである。このことに示されているように，EEC条約第36条〔EC条約第30条〕が「公的道徳」の保護を理由とする「物品の移動の自由」の制約を許すものならば，この「公的道徳」の定義はヨーロッパ人権裁判所の判例法によると判決したのである。ヨーロッパの裁判官にとって，すでに2つの国際裁判所の判例法は相互に融合し合っていると思われる。

5　国会主権の原則の修正

§15　上述のことからも，イギリスの憲法原理である「議会主権」の原則が修正を余儀なくされていることが分かる。伝統的な憲法学の説明によれば，イギリスの議会は万能の機能をもつものであり，比喩的にいえば，「男を女にし，女を男にすること以外は」何でもできる。イギリス法が最も重要な究極的価値とする「人の生命」ですら，「刑法」に「死刑」を規定することによって合法的にそれを奪うことができるのである。しかし，現在のヨーロッパ人権規約は「死刑」を廃止しているので，もはや，イギリス議会はそれをできない[27]。同様に，その他の点でも，多くの制約を受けるに至っているのである。とくに，ヨーロッパ共同体法は直接的執行力が明文で認められており，その

---

(27)　イギリス議会は1965年にすでに死刑を廃止している（Abolition of Capital Punishment Act 1965）。

一部であるとされるものについては，イギリスの国内法と同等の扱いを受ける。このことを説明するために，2つのヨーロッパ裁判所（ルクセンブール）の判決を紹介する。

§16　第1に，ヨーロッパ評議会指令（Council Directive）の法的性質を説明するために，メロン対ギリシャ判決[28]を取り上げよう。この事件では，会社法に関する第2指令の拘束力が問題になっている。この指令は，株主保護のために一定の開示などを義務づけているが，ギリシャ政府の認可により設立された有限責任会社については，株主保護について欠けた面があったことから，ヨーロッパ共同体法違反が問われた。たしかに，指令は立法とは異なり，直接的拘束力が直ちに生じるものではないが，会社法指令は直接的執行力を付与することを念頭に置いて作られており，少なくとも，ヨーロッパ諸国が一般的国際慣習法と位置づけられている法理に関しては，その理念に反する法システムを維持するのは加盟国の指令を尊重する義務に違反するものであると判決した。

§17　第2に，平準化（harmonisation）を求める指令の使い方を示す，女王対農業・漁業・食料大臣判決[29]を説明しよう。平準化（harmonisation）を求める指令は，その指令の中に示された諸原理を内容とする国内法を各国が制定することを義務づけるもので，これはヨーロッパ共同体法を具体化する法律であると理解される。上記の事件では，動物保護の観点から作られた動物の屠殺の方法に関するヨーロッパ指令が，まだ国内法化されていない場合に，これに違反した商品の輸入を制限することが，EEC条約第36条［EC条約第30条］によって許されるかどうかが争点となっている。この第36条は，第30条の量的輸入制限の禁止に対する例外を規定しており，「公的道徳の保護」「人，動物，植物の生命の保護」などを理由として制限することを認めている。ヨーロッパ裁判所は，その指令が明白に記述している一般法原則に加盟国は違反することはできない，と判決した。

6　結　語

§18　最後に，もう1つの理論上の問題にも言及しておこう。そもそも刑法は，

---

(28) Melon and Others v. Greece (Case C-381/89), 24 March 1992.
(29) Regina v. Ministry of Agriculture, Fisheries and Food, *ex parte* Medley Lomas (Ireland) Ltd. (Case C-5/94), [1996] All ER(EC) 493; [1996] 2 CMLR 391.

〔付録1〕イギリス憲法典

主として個人の法的利益（価値観）を保護するために一定の行為を犯罪として禁止している。たとえば，殺人罪は人の「生命」を守ろうとするものであるが，ヨーロッパ人権規約第2条もまた，人の「生命」の保護を規定している。ちなみに，ヨーロッパ人権規約は，死刑を廃止し，犯罪者についてさえその生命の尊厳を認めている。したがって，純粋な論理の問題としては，基本的人権の侵害は犯罪に匹敵する行為であると考えることも可能であるが，イギリス憲法では，そこまでは認めていない。1998年人権法第7条8項は，「本法のいかなる規定も刑事犯罪を生むものではない」と規定している。しかし，公務に名を借りた人権侵害が責任を問われないままに放置されることは無い。

Introduction

1. 〔The Convention Rights〕

(1) In this Act "the Convention rights" means the rights and fundamental freedoms set out in——
  (a) Articles 2 to 12 and 14 of the Convention,
  (b) Articles 1 to 3 of the First Protocol, and
  (c) Articles 1 and 2 of the Sixth Protocol,
  as read with Articles 16 to 18 of the Convention.

(2) Those Articles are to have effect for the purposes of this Act subject to any designated derogation or reservation (as to which see sections 14 and 15).

(3) The Articles are set out in Schedule 1.

(4) The Secretary of State may by order make such amendments to this Act as he considers appropriate to reflect the effect, in relation to the United Kingdom, of a protocol.

(5) In subsection (4) "protocol" means a protocol to the Convention——
  (a) which the United Kingdom has ratified; or
  (b) which the United Kingdom has signed with a view to ratification.

(6) No amendment may be made by an order under subsection (4) so as to come into force before the protocol concerned is in force in relation to the United Kingdom.

2. 〔Interpretation of Convention rights〕

(1) A court or tribunal determining a question which has arisen in connection with a Convention right must take into account any——
  (a) judgment, decision, declaration or advisory opinion of the European Court of Human Rights,
  (b) opinion of the Commission given in a report adopted under Article

31 of the Convention,

(c) decision of the Commission in connection with Article 26 or 27(2) of the Convention, or

(d) decision of the Committee of Ministers taken under Article 46 of the Convention,

whenever made or given, so far as, in the opinion of the court or tribunal, it is relevant to the proceedings in which that question has arisen.

(2) Evidence of any judgment, decision, declaration or opinion of which account may have to be taken under this section is to be given in proceedings before any court or tribunal in such manner as may be provided by rules.

(3) In this section "rules" means rules of court or, in the case of proceedings before a tribunal, rules made for the purposes of this section—

(a) by the Lord Chancellor or the Secretary of State, in relation to any proceedings outside Scotland;

(b) by the Secretary of State, in relation to proceedings in Scotland; or

(c) by a Northern Ireland department, in relation to proceedings before a tribunal in Northern Ireland—

(i) which deals with transferred matters; and

(ii) for which no rules made under paragraph (a) are in force.

Legislation

3. 〔Interpretation of legislation〕

(1) So far as it is possible to do so, primary legislation and subordinate legislation must be read and given effect in a way which is compatible with the Convention rights.

(2) This section――
   (a) applies to primary legislation and subordinate legislation whenever enacted;
   (b) does not affect the validity, continuing operation or enforcement of any incompatible primary legislation; and
   (c) does not affect the validity, continuing operation or enforcement of any incompatible subordinate legislation if (disregarding any possibility of revocation) primary legislation prevents removal of the incompatibility.

4. [Declaration of incompatibility]

(1) Subsection (2) applies in any proceedings in which a court determines whether a provision of primary legislation is compatible with a Convention right.

(2) If the court is satisfied that the provision is incompatible with a Convention right, it may make a declaration of that incompatibility.

(3) Subsection (4) applies in any proceedings in which a court determines whether a provision of subordinate legislation, made in the exercise of a power conferred by primary legislation, is compatible with a Convention right.

(4) If the court is satisfied――
   (a) that the provision is incompatible with a Convention right, and
   (b) that (disregarding any possibility of revocation) the primary legislation concerned prevents removal of the incompatibility,
   it may make a declaration of that incompatibility.

(5) In this section "court" means――
   (a) the House of Lords;
   (b) the Judicial Committee of th Privy Council;
   (c) the Courts-Martial Appeal Court;

        (d) in Scotland, the High Court of Justiciary sitting otherwise than as a trial court or the Court of Session;
        (e) in England and Wales or Northern Ireland, the High Court or the Court of Appeal.
    (6) A declaration under this section ("a declaration of incompatibility")—
        (a) does not affect the validity, continuing operation or enforcement of the provision in respect of which it is given; and
        (b) is not binding on the parties to the proceedings in which it is made.

5. 〔**Right of Crown to intervene**〕
    (1) Where a court is considering whether to make a declaration of incompatibility, the Crown is entitled to notice in accordance with rules of court.
    (2) In any case to which subsection (1) applies—
        (a) a Minister of the Crown (or a person nominated by him),
        (b) a member of the Scottish Executive,
        (c) a Northern Ireland Minister,
        (d) a Northern Ireland department,
    is entitled, on giving notice in accordance with rules of court, to be joined as a party to the proceedings.
    (3) Notice under subsection (2) may be given at any time during the proceedings.
    (4) A person who has been made a party to criminal proceedings (other than in Scotland) as the result of a notice under subsection (2) may, with leave, appeal to the House of Lords against any declaration of incompatibility made in the proceedings.
    (5) In subsection (4)—
    "criminal proceedings" includes all proceedings before the Courts-Martial

Appeal Court; and

"leave" means leave granted by the court making the declaration of incompatibility or by the House of Lords.

Public authorities

6. 〔Acts of public authorities〕

(1) It is unlawful for a public authority to act in a way which is incompatible with a Convention right.

(2) Subsection (1) does not apply to an act if——
  (a) as the result of one or more provisions of primary legislation, the authority could not have acted differently; or
  (b) in the case of one or more provisions of, or made under, primary legislation which cannot be read or given effect in a way which is compatible with the Convention rights, the authority was acting so as to give effect to or enforce those provisions.

(3) In this section "public authority" includes——
  (a) a court or tribunal, and
  (b) any person certain of whose functions are functions of a public nature,

but does not include either House of Parliament or a person exercising functions in connection with proceedings in Parliament.

(4) In subsection (3) "Parliament" does not include the House of Lords in its judicial capacity.

(5) In relation to a particular act, a person is not a public authority by virtue only of subsection (3)(b) if the nature of the act is private.

(6) "An act" includes a failure to act but does not include a failure to——
  (a) introduce in, or lay before, Parliament a proposal for legislation; or
  (b) make any primary legislation or remedial order.

7. 〔Proceedings〕

(1) A person who claims that a public authority has acted (or proposes to act) in a way which is made unlawful by section 6(1) may—
  (a) bring proceedings against the authority under this Act in the appropriate court or tribunal, or
  (b) rely on the Convention right or rights concerned in any legal proceedings,
  but only if he is (or would be) a victim of the unlawful act.

(2) In subsection (1)(a) "appropriate court or tribunal" means such court or tribunal as may be determined in accordance with rules; and proceedings against an authority include a counterclaim or similar proceeding.

(3) If the proceedings are brought on an application for judicial review, the applicant is to be taken to have a sufficient interest in relation to the unlawful act only if he is, or would be, a victim of that act.

(4) If the proceedings are made by way of a petition for judicial review in Scotland, the applicant shall be taken to have title and interest to sue in relation to the unlawful act only if he is, or would be, a victim of that act.

(5) Proceedings under subsection (1)(a) must be brought before the end of—
  (a) the period of one year beginning with the date on which the act complained of took place; or
  (b) such longer period as the court or tribunal considers equitable having regard to all the circumstances,
  but that is subject to any rule imposing a stricter time limit in relation to the procedure in question.

(6) In subsection (1)(b) "legal proceedings" includes—
  (a) proceedings brought by or at the instigation of a public authority;

and
- (b) an appeal against the decision of a court or tribunal.

(7) For the purposes of this section, a person is a victim of an unlawful act only if he would be a victim for the purposes of Article 34 of the Convention if proceedings were brought in the European Court of Human Rights in respect of that act.

(8) Nothing in this Act creates a criminal offence.

(9) In this section "rules" means—
- (a) in relation to proceedings before a court or tribunal outside Scotland, rules made by the Lord Chancellor or the Secretary of State for the purposes of this section or rules of court,
- (b) in relation to proceedings before a court or tribunal in Scotland, rules made by the Secretary of State for those purposes,
- (c) in relation to proceedings before a tribunal in Northern Ireland—
  - (i) which deals with transferred matters; and
  - (ii) for which no rules made under paragraph (a) are in force,

  rules made by a Northern Ireland department for those purposes,

and includes provision made by order under section 1 of the Courts and Legal Services Act 1990.

(10) In making rules, regard must be had to section 9.

(11) The Minister who has power to make rules in relation to a particular tribunal may, to the extent he considers it necessary to ensure that the tribunal can provide an appropriate remedy in relation to an act (or proposed act) of a public authority which is (or would be) unlawful as a result of section 6 (1), by order add to—
- (a) the relief or remedies which the tribunal may grant; or
- (b) the grounds on which it may grant any of them.

(12) An order made under subsection (11) may contain such incidental, supplemental, consequential or transitional provision as the Minister

〔付録１〕イギリス憲法典

making it considers appropriate.

(13) "The Minister" includes the Northern Ireland department concerned.

8. 〔Judicial remedies〕

(1) In relation to any act (or proposed act) of a public authority which the court finds is (or would be) unlawful, it may grant such relief or remedy, or make such order, within its powers as it considers just and appropriate.

(2) But damages may be awarded only by a court which has power to award damages, or to order the payment of compensation, in civil proceedings.

(3) No award of damages is to be made unless, taking account of all the circumstances of the case, including——

  (a) any other relief or remedy granted, or order made, in relation to the act in question (by that or any other court), and

  (b) the consequences of any decision (of that or any other court) in respect of that act,

the court is satisfied that the award is necessary to afford just satisfaction to the person in whose favour it is made.

(4) In determining——

  (a) whether to award damages, or

  (b) the amount of an award,

the court must take into account the principles applied by the European Court of Human Rights in relation to the award of compensation under Article 41 of the Convention.

(5) A public authority against which damages are awarded is to be treated——

  (a) in Scotland, for the purposes of section 3 of the Law Reform (Miscellaneous Provisions) (Scotland) Act 1940 as if the award were made in an action of damages in which the authority has been found liable in respect of loss or damage to the person to whom the award is made;

(b) for the purposes of the Civil Liability (Contribution) Act 1978 as liable in respect of damage suffered by the person to whom the award is made.

(6) In this section——

"court" includes a tribunal;

"damages" means damages for an unlawful act of a public authority; and "unlawful" means unlawful under section 6(1).

9. 〔Judicial acts〕

(1) Proceedings under section 7(1)(a) in respect of a judicial act may be brought only——

(a) by exercising a right of appeal;

(b) on an application (in Scotland a petition) for judicial review; or

(c) in such other forum as may be prescribed by rules.

(2) That does not affect any rule of law which prevents a court from being the subject of judicial review.

(3) In proceedings under this Act in respect of a judicial act done in good faith, damages may not be awarded otherwise than to compensate a person to the extent required by Article 5(5) of the Convention.

(4) An award of damages permitted by subsection (3) is to be made against the the Crown; but no award may be made unless the appropriate person, if not a party to the proceedings, is joined.

(5) In this section——

"appropriate person" means the Minister responsible for the court concerned, or a person or government department nominated by him;

"court" includes a tribunal;

"judge" includes a member of a tribunal, a justice of the peace and a clerk or other officer entitled to exercise the jurisdiction of a court;

"judicial act" means a judicial act of a court and includes an act done on the instructions, or on behalf, of a judge; and

"rules" has the same meaning as in section 7(9).

Remedial action

10. 〔**Power to take remedial action**〕

(1) This section applies if—

(a) a provision of legislation has been declared under section 4 to be incompatible with a Convention right and, if an appeal lies—

(i) all persons who may appeal have stated in writing that they do not intend to do so;

(ii) the time for bringing an appeal has expired and no appeal has been brought within that time; or

(iii) an appeal brought within that time has been determined or abandoned; or

(b) it appears to a Minister of the Crown or Her Majesty in Council that, having regard to a finding of the European Court of Human Rights made after the coming into force of this section in proceedings against the United Kingdom, a provision of legislation is incompatible with an obligation of the United Kingdom arising from the Convention.

(2) If a Minister of the Crown considers that there are compelling reasons for proceeding under this section, he may by order make such amendments to the legislation as he considers necessary to remove the incompatibility.

(3) If, in the case of subordinate legislation, a Minister of the Crown considers—
  (a) that it is necessary to amend the primary legislation under which the subordinate legislation in question was made, in order to enable the incompatibility to be removed, and
  (b) that there are compelling reasons for proceeding under this section,
  he may by order make such amendments to the primary legislation as he considers necessary.
(4) This section also applies where the provision in question is in subordinate legislation and has been quashed, or declared invalid, by reason of incompatibility with a Convention right and the Minister proposes to proceed under paragraph 2 (b) of Schedule 2.
(5) If the legislation is an Order in Council, the power conferred by subsection (2) or (3) is exercisable by Her Majesty in Council.
(6) In this section "legislation" does not include a Measure of the Church Assembly or of the General Synod of the Church of England.
(7) Schedule 2 makes further provision about remedial orders.

Other rights and proceedings

11. 〔Safeguard for existing human rights〕

A person's reliance on a Convention right does not restrict—
  (a) any other right or freedom conferred on him by or under any law having effect in any part of the United Kingdom; or
  (b) his right to make any claim or bring any proceedings which he could make or bring apart from sections 7 to 9.

12. 〔Freedom of expression〕

(1) This section applies if a court is considering whether to grant any relief which, if granted, might affect the exercise of the Convention right to freedom of expression.

(2) If the person against whom the application for relief is made ("the respondent") is neither present nor represented, no such relief is to be granted unless the court is satisfied——

   (a) that the applicant has taken all practicable steps to notify the respondent; or

   (b) that there are compelling reasons why the respondent should not be notified.

(3) No such relief is to be granted so as to restrain publication before trial unless the court is satisfied that the applicant is likely to establish that publication should not be allowed.

(4) The court must have particular regard to the importance of the Convention right to freedom of expression and, where the proceedings relate to material which the respondent claims, or which appears to the court, to be journalistic, literary or artistic material (or to conduct connected with such material), to——

   (a) the extent to which——

      (i) the material has, or is about to, become available to the public; or

      (ii) it is, or would be, in the public interest for the material to be published;

   (b) any relevant privacy code.

(5) In this section——

   "court" includes a tribunal; and

   "relief" includes any remedy or order (other than in criminal proceedings).

13. 〔Freedom of thought, conscience and religion〕

(1) If a court's determination of any question arising under this Act might affect the exercise by a religious organisation (itself or its members collectively) of the Convention right to freedom of thought, conscience and religion, it must have particular regard to the importance of that right.

(2) In this section "court" includes a tribunal.

Derogations and reservations

14. 〔Derogations〕

(1) In this Act "designated derogation" means——
   (a) the United Kingdom's derogation from Article 5 (3) of the Convention; and
   (b) any derogation by the United Kingdom from an Article of the Convention, or of any protocol to the Convention, which is designated for the purposes of this Act in an order made by the Secretary of State.

(2) The derogation referred to in subsection (1)(a) is set out in Part I of Schedule 3.

(3) If a designated derogation is amended or replaced it ceases to be a designated derogation.

(4) But subsection (3) does not prevent the Secretary of State from exercising his power under subsection (1)(b) to make a fresh designation order in respect of the Article concerned.

(5) The Secretary of State must by order make such amendments to Schedule 3 as he considers appropriate to reflect——
   (a) any designation order; or
   (b) the effect of subsection (3).

(6) A designation order may be made in anticipation of the making by the United Kingdom of a proposed derogation.

15. 〔Reservations〕

(1) In this Act "designated reservation" means—

(a) the United Kingdom's reservation to Article 2 of the First Protocol to the Convention; and

(b) any other reservation by the United Kingdom to an Article of the Convention, or of any protocol to the Convention, which is designated for the purposes of this Act in an order made by the Secretary of State.

(2) The text of the reservation referred to in subsection (1)(a) is set out in Part II of Schedule 3.

(3) If a designated reservation is withdrawn wholly or in part it ceases to be a designated reservation.

(4) But subsection (3) does not prevent the Secretary of State from exercising his power under subsection (1)(b) to make a fresh designation order in respect of the Article concerned.

(5) The Secretary of State must by order make such amendments to this Act as he considers appropriate to reflect—

(a) any designation order; or

(b) the effect of subsection (3).

16. 〔Period for which designated derogations have effect〕

(1) If it has not already been withdrawn by the United Kingdom, a designated derogation ceases to have effect for the purposes of this Act—

(a) in the case of the derogation referred to in section 14 (1)(a) at the end of the period of five years beginning with the date on which section 1 (2) came into force;

   (b) in the case of any other derogation, at the end of the period of five years beginning with the date on which the order designating it was made.

(2) At any time before the period——
   (a) fixed by subsection (1)(a) or (b), or
   (b) extended by an order under this subsection,

   comes to an end, the Secretary of State may by order extend it by a further period of five years.

(3) An order under section 14 (1)(b) ceases to have effect at the end of the period for consideration, unless a resolution has been passed by each House approving the order.

(4) Subsection (3) does not affect——
   (a) anything done in reliance on the order; or
   (b) the power to make a fresh order under section 14 (1)(b).

(5) In subsection (3) "period for consideration" means the period of forty days beginning with the day on which the order was made.

(6) In calculating the period for consideration, no account is to be taken of any time during which——
   (a) Parliament is dissolved or prorogued; or
   (b) both Houses are adjourned for more than four days.

(7) If a designated derogation is withdrawn by the United Kingdom, the Secretary of State must by order make such amendments to this Act as he considers are required to reflect that withdrawal.

17. 〔Periodic review of designated reservations〕

(1) The appropriate Minister must review the designated reservation referred to in section 15 (1)(a)——
   (a) before the end of the period of five years beginning with the date

on which section 1 (2) came into force; and

(b) if that designation is still in force, before the end of the period of five years beginning with the date on which the last report relating to it was laid under subsection (3).

(2) The appropriate Minister must review each of the other designated reservations (if any)──

(a) before the end of the period of five years beginning with the date on which the order designating the reservation first came into force; and

(b) if the designation is still in force, before the end of the period of five years beginning with the date on which the last report relating to it was laid under subsection (3).

(3) The Minister conducting a review under this section must prepare a report on the result of the review and lay a copy of it before each House of Parliament.

Judges of the European Court of Human Rights

18. [Appointment to European Court of Human Rights]

(1) In this section "judicial office" means the office of──

(a) Lord Justice of Appeal, Justice of the High Court or Circuit judge, in England and Wales;

(b) judge of the Court of Session or sheriff, in Scotland;

(c) Lord Justice of Appeal, judge of the High Court or county court judge, in Northern Ireland.

(2) The holder of a judicial office may become a judge of the European Court of Human Rights ("the Court") without being required to relinquish his office.

(3) But he is not required to perform the duties of his judicial office

while he is a judge of the Court.
(4) In respect of any period during which he is a judge of the Court—
   (a) a Lord Justice of Appeal or Justice of the High Court is not to count as a judge of the relevant court for the purposes of section 2 (1) or 4 (1) of the Supreme Court Act 1981 (maximum number of judges) nor as a judge of the Supreme Court for the purposes of section 12 (1) to (6) of that Act (salaries etc.);
   (b) a judge of the Court of Session is not to count as a judge of that court for the purposes of section 1 (1) of the Court of Session Act 1988 (maximum number of judges) or of section 9 (1)(c) of the Administration of Justice Act 1973 ("the 1973 Act") (salaries etc.);
   (c) a Lord Justice of Appeal or judge of the High Court in Northern Ireland is not to count as a judge of the relevant court for the purposes of section 2 (1) or 3 (1) of the Judicature (Northern Ireland) Act 1978 (maximum number of judges) nor as a judge of the Supreme Court of Northern Ireland for the purposes of section 9 (1)(d) of the 1973 Act (salaries etc.);
   (d) a Circuit judge is not to count as such for the purposes of section 18 of the Courts Act 1971 (salaries etc.);
   (e) a sheriff is not to count as such for the purposes of section 14 of the Sheriff Courts (Scotland) Act 1907 (salaries etc.);
   (f) a country court judge of Northern Ireland is not to count as such for the purposes of section 106 of the County Courts Act (Northern Ireland) 1959 (salaries etc.).
(5) If a sheriff principal is appointed a judge of the Court, section 11 (1) of the Sheriff Courts (Scotland) Act 1971 (temporary appointment of sheriff principal) applies, while he holds that appointment, as if his office is vacant.
(6) Schedule 4 makes provision about judicial pensions in relation to the

holder of a judicial office who serves as a judge of the Court.

(7) The Lord Chancellor or the Secretary of State may by order make such transitional provision (including, in particular, provision for a temporary increase in the maximum number of judges) as he considers appropriate in relation to any holder of a judicial office who has completed his service as a judge of the Court.

Parliamentary procedure

19. 〔Statements of compatibility〕

(1) A Minister of the Crown in charge of a Bill in either House of Parliament must, before Second Reading of the Bill――
   (a) make a statement to the effect that in his view the provisions of the Bill are compatible with the Convention rights ("a statement of compatibility"); or
   (b) make a statement to the effect that although he is unable to make a statement of compatibility the government nevertheless wishes the House to proceed with the Bill.

(2) The statement must be in writing and be published in such manner as the Minister making it considers appropriate.

Supplemental

20. 〔Orders etc. under this Act〕

(1) Any power of a Minister of the Crown to make an order under this Act is exercisable by statutory instrument.

(2) The power of the Lord Chancellor or the Secretary of State to make rules (other than rules of court) under section 2 (3) or 7 (9) is exercisable by statutory instrument.

(3) Any statutory instrument made under section 14, 15 or 16 (7) must be laid before Parliament.

(4) No order may be made by the Lord Chancellor or the Secretary of State under section 1 (4), 7 (11) or 16 (2) unless a draft of the order has been laid before, and approved by, each House of Parliament.

(5) Any statutory instrument made under section 18 (7) or Schedule 4, or to which subsection (2) applies, shall be subject to annulment in pursuance of a resolution of either House of Parliament.

(6) The power of a Northern Ireland department to make—

(a) rules under section 2 (3) (c) or 7 (9) (c), or

(b) an order under section 7 (11),

is exercisable by statutory rule for the purposes of the Statutory Rules (Northern Ireland) Order 1979.

(7) Any rules made under section 2 (3) (c) or 7 (9) (c) shall be subject to negative resolution; and section 41 (6) of the Interpretation Act (Northern Ireland) 1954 (meaning of "subject to negative resolution") shall apply as if the power to make the rules were conferred by an Act of the Northern Ireland Assembly.

(8) No order may be made by a Northern Ireland department under section 7 (11) unless a draft of the order has been laid before, and approved by, the Northern Ireland Assembly.

21. [Interpretation etc.]

(1) In this Act—

"amend" includes repeal and apply (with or without modifications);

"the appropriate Minister" means the Minister of the Crown having charge of the appropriate authorised government department (within the meaning of the Crown Proceedings Act 1947);

"the Commission" means the European Commission of Human

Rights;

"the Convention" means the Convention for the Protection of Human Rights and Fundamental Freedoms, agreed by the Council of Europe at Rome on 4th November 1950 as it has effect for the time being in relation to the United Kingdom;

"declaration of incompatibility" means a declaration under section 4;

"Minister of the Crown" has the same meaning as in the Ministers of the Crown Act 1975;

"Northern Ireland Minister" includes the First Minister and the deputy First Minister in Northern Ireland;

"primary legislation" means any—

(a)　public general Act;

(b)　local and personal Act;

(c)　private Act;

(d)　Measure of the Church Assembly;

(e)　Measure of the General Synod of the Church of England;

(f)　Order in Council-

　(i)　made in exercise of Her Majesty's Royal Prerogative;

　(ii)　made under section 38 (1)(a) of the Northern Ireland Constitution Act 1973 or the corresponding provision of the Northern Ireland Act 1998; or

　(iii)　amending an Act of a kind mentioned in paragraph (a),(b) or (c);

and includes an order or other instrument made under primary legislation (otherwise than by the National Assembly for Wales, a member of the Scottish Executive, a Northern Ireland Minister or a Northern Ireland department) to the extent to which it operates to bring one or more provisions of that legislation into force or amends any primary legislation;

"the First Protocol" means the protocol to the Convention agreed at Paris on 20th March 1952;

"the Sixth Protocol" means the protocol to the Convention agreed at Strasbourg on 28th April 1983;

"the Eleventh Protocol" means the protocol to the Convention (restructuring the control machinery established by the Convention) agreed at Strasbourg on 11th May 1994; "remedial order" means an order under section 10;

"subordinate legislation" means any—
(a) Order in Council other than one—
   (i) made in exercise of Her Majesty's Royal Prerogative;
   (ii) made under section 38 (1)(a) of the Northern Ireland Constitution Act 1973 or the corresponding provision of the Northern Ireland Act 1998; or
   (iii) amending an Act of a kind mentioned in the definition of primary legislation;
(b) Act of the Scottish Parliament;
(c) Act of the Parliament of Northern Ireland;
(d) Measure of the Assembly established under section 1 of the Northern Ireland Assembly Act 1973;
(e) Act of the Northern Ireland Assembly;
(f) order, rules, regulations, scheme, warrant, byelaw or other instrument made under primary legislation (except to the extent to which it operates to bring one or more provisions of that legislation into force or amends any primary legislation);
(g) order, rules, regulations, scheme, warrant, byelaw or other instrument made under legislation mentioned in paragraph (b), (c), (d) or (e) or made under an Order in Council applying only to Northern Ireland;

(h) order, rules, regulations, scheme, warrant, byelaw or other instrument made by a member of the Scottish Executive, a Northern Ireland Minister or a Northern Ireland department in exercise of prerogative or other executive functions of Her Majesty which are exercisable by such a person on behalf of Her Majesty;

"transferred matters" has the same meaning as in the Northern Ireland Act 1998; and

"tribunal" means any tribunal in which legal proceedings may be brought.

(2) The references in paragraphs (b) and (c) of section 2 (1) to Articles are to Articles of the Convention as they had effect immediately before the coming into force of the Eleventh Protocol.

(3) The reference in paragraph (d) of section 2 (1) to Article 46 includes a reference to Articles 32 and 54 of the Convention as they had effect immediately before the coming into force of the Eleventh Protocol.

(4) The references in section 2 (1) to a report or decision of the Commission or a decision of the Committee of Ministers include references to a report or decision made as provided by paragraphs 3, 4 and 6 of Article 5 of the Eleventh Protocol (transitional provisions).

(5) Any liability under the Army Act 1955, the Air Force Act 1955 or the Naval Discipline Act 1957 to suffer death for an offence is replaced by a liability to imprisonment for life or any less punishment authorised by those Acts; and those Acts shall accordingly have effect with the necessary modifications.

22. 〔Short title, commencement, application and extent〕

(1) This Act may be cited as the Human Rights Act 1998.

(2) Sections 18, 20 and 21 (5) and this section come into force on the

passing of this Act.

(3) The other provisions of this Act come into force on such day as the Secretary of State may by order appoint; and different days may be appointed for different purposes.

(4) Paragraph (b) of subsection (1) of section 7 applies to proceedings brought by or at the instigation of a public authority whenever the act in question took place; but otherwise that subsection does not apply to an act taking place before the coming into force of that section.

(5) This Act binds the Crown.

(6) This Act extends to Northern Ireland.

(7) Section 21 (5), so far as it relates to any provision contained in the Army Act 1955, the Air Force Act 1955 or the Naval Discipline Act 1957, extends to any place to which that provision extends.

はじめに

〔付録2〕
訳 者 解 題
ダイシー著『憲法序説』(学陽書房,1983年)

〔付録2は,ダイシー著(伊藤正己＝田島裕訳)『憲法序説』(学陽書房,1983年)に付した筆者の解題である。本書の最後に述べたように,ダイシー伝統は改めて注目を浴びており,その古典の歴史的背景を理解するために役立つ資料である。〕

は じ め に

　本書は,憲法学の古典であり,改めて解説する必要のないほどよく知られた本である。1885年に初版がマクミラン社から出版されて以来,10版を重ね,しかもほとんど毎年のように増刷が行われている。広く世界各国で読まれた本であり,わが国でも,明治時代から今日に至るまでさかんに読まれ,憲法研究の諸著作の中でしばしば引用されている。
　本書は,イギリス憲法の指導的原理を,明快な法的論理と流麗な名文章でもって,しかも19世紀のイギリス憲法を比類なきものとする愛国的な熱情をおりまぜながら,叙述したものである。後に説明するように,19世紀の価値観の激動の中にあって,オックスフォード大学のヴァイナ講座担当教授としての強い責任感をもって本書は書かれている。この中で,ダイシーは,イギリス憲法の基本原理として3つのものをあげている。第1が「国会主権」の原理であるが,それは国王,貴族院,庶民院の3者から成る「国会における国王」,簡単には国会が,イギリスにおいて法的意味における主権をもち,そこではいかなる内容の法も定立できるし,またそこで作られる制定法は絶対的効力をもち,何人もその無効を主張することのできないことを意味する。第2の原理は,「法の支配」であって,それは,中世以来の法優位思想に源を発するものであるが,ダイシーの分析によれば,近代におけるそれは,専断的権力と対立する正式の法の絶対的優越,一切の階級が通常の司法裁判所の運用する通常法に均等に服従すること——このことから官吏(首相を含む)に特殊の法的身分を認める行政法が存在しないことになる——,憲法上の規範が判例法の形成する個人の権利の結果であって,その根拠ではないことを意味するとされる。第3の原理は,憲法上の法と区別される憲法

371

〔付録2〕訳者解題 ダイシー著『憲法序説』

上の慣例（憲法習律）がもつ重要な意味に求められ，慣例の性質や機能，またその拘束力の根拠について分析が行われている。

　本書の内容については，分かりにくい部分にすでに訳注を付したことでもあり，これ以上ふれることはせず，本書（『憲法序説』）のより深い理解に役立つと思われることをつぎの順序で若干補説するのみにとどめる。まず第1章では，この著書が生み出される背景となった著者の生い立ちと，19世紀の時代的背景を説明することからはじめたい。そして，第1章の後半の部分では，ダイシー理論のより深い理解に役立つように，ダイシーの他の業績にふれておきたい。第2章では，ダイシーのもっともよい理解者であったと思われるウェイドによる補説を紹介した後，ダイシー理論に対する批判とそれに対する反論とを説明したい。そして，第3章では，ダイシー理論が今日においていかなる意味をもつかについて考えるところを少しく述べて結びに代えたいと思っているが，この部分で，本書がわが国に与えた影響についても述べたい。

　解題の本題に入る前に，この訳書の底本についてもここで説明しておくべきであろう。底本は1915年に出版された第8版にした。この版がダイシー自身手を加えた最後の版だからである。ただし，1908年の第7版をもって，ダイシーは最終的なものとし，序文と脚注によってその後の法の変更を補うという方針をうち立てた。このやり方はウェイドの編集による版によっても受け継がれており，本文の内容は，第8版（または第7版）とウェイド版とでほとんど変わるところはない（若干の形式的な手直しがあるのみである）。そこで，この訳書では，現在でも入手できるウェイド版の対照頁数を，読者の便宜のために下欄にゴチックで示しておいた。ダイシー自身の手になる部分は，すべて日本語だけで読者に理解していただけるよう配慮し，ウェイドの解説および訳者自身の付した訳注は各章の末尾にもっていき，専門家の研究にも役立つよう関連文献名などをその中で示すことにした。

1 ダイシー——人と業績

(1) ダイシーとその時代

1 ダイシーの略伝

ダイシーはオックスフォード大学の著名な教授でありながら，その伝記は，レイトによって書かれたもの[1]以外にはほとんど皆無であると言ってよかった。それは，1つには，彼は貴族ではなく，活動家であるよりは傍観者であることを好んだ人であり，本当の意味での学者であったためであろう。さらに，彼は私的な手紙などを残すことを嫌ったらしく，伝記に役立つ文書が乏しいことによる。しかし，最近，アリゾナ大学の歴史学の助教授であるコスグロウヴが立派な伝記を書きあげ，ダイシーの生涯がかなり明らかになった[2]。ここでも，それに頼りながら，ダイシーの略歴を紹介しておきたい。

ダイシーは1835年に生まれ，1922年に逝去した。1835年2月4日に，レスターシャ県クレイブルック・ホールで生まれたとき，父親は，『ノーザンプトン・マーキュリー』という新聞の社主であり，その地方の有力者であった。しかし，彼の祖先は，薬を売り歩く旅商人であり，1660年以降のことはいちおう分かってはいるが，詳細は明らかではない[3]。母親の方は，著名

---

[1] R. S. Rait (ed.), Memorials of Albert Venn Dicey : Being Chiefly Letters and Diaries (1925) ; R. S. Rait, *Dicey*, in Dictionary of National Bibliography 1922-1930 (1937) pp. 259-61.

[2] R. A. Cosgrove, The Rule of Law: Albert Venn Dicey, Victorian Jurist (1980). この著作は本格的な伝記であるが，後掲注(41)の著作の編集序文の中にも，同じ執筆者によるダイシーの紹介がみられる。

[3] コスグローヴの研究に従って，ダイシーの家系について多少説明しておこう。ダイシーの先祖に関して分かっているもっとも古い人は，1660年頃にライセスタシャー県に生まれたトーマス・ダイシーという人である。彼は行商人であった。彼は17世紀の終わり頃，サトンという人とパートナーシップを組んでロンドンでいくつかの特許薬品の製造販売をはじめた。トーマスは2人の息子をもっていたが，その2人を印刷業者の見習いに出した。上の息子ウィリアムは，父親が行商に出るときにミニ・コミ紙のような軽い読み物を売ることを思いつく。最初は失敗に終わるが，1720年5月2日には「ノーザンプトン・マーキュリー（Northampton Mercury）」と題する新聞の創刊にこぎつけ，大成功をおさめる。弟のクリュアの方も，婦人層を読者としてねらった廉価な新書版の刊行をはじめ，ダイシー一家は，出版業によって巨額の富を蓄積した。本書の著者アルバートの祖父の時代には，すでに地方の有力者となっており，その息子トーマス・エドワード・ダイシー（アルバートの父）をケンブリッジ大学トリニティ・カレッジに入学させ，また法律家の家系として著名であったスティー

〔付録2〕訳者解題 ダイシー著『憲法序説』

な法律家で，貴族でもあったジェイムズ・スティーヴン卿の娘アン・メアリーであり，ダイシーは母方の影響をより強く受けているように思われる(4)。彼がチャパム福音派のキリスト教徒であったのも，そのせいであろう(5)。

ヴィクトリア女王治世第 11 年に当たる 1848 年頃には，恐慌がイギリスを襲い，労働運動が 1 つのピークに達し，政治問題が少年であったダイシーの関心を強くひきつける。ダイシーが一生を通じてアイルランド問題にかかわるきっかけがここにあるのであるが(6)，彼は 1852 年にはロンドンのキングズ・カレッジに入学し，熱心に勉強をはじめる。ロンドンでの好成績に勇気づけられ，オックスフォードのバロワール・カレッジへ進み，ジョウエットをテューターとした。オックスフォードは新しい学風を発展させるために新たな人材を求めていたときである。ダイシーは，まさにその流れにかなった人であった。

しかし，オックスフォードに在学中，父親を失い，母親とともに再びロンドンに移り，1861 年にインナー・テンプルで弁護士になるための修習を受けはじめる。そこでジョン・オースティンの法理学にふれ，非常に大きな影響を受ける(7)。後に述べるように，彼の著作の全体にわたり，分析法学の手法が見られるのはそのためである。オースティンの法理学を熱心に学んだことは，シジウィックやポロックなど，ロンドンで活躍していた有力な学者たちの支持を得るのには役立ったが，ダイシーがしようとしていた実務の道にはほとんど役立たなかったようである。資格をえて彼は弁護士になるが，実務家としては失敗の連続であったようである。

このダイシーのロンドンでの生活の中で起こった2つのことにふれておこう。その1つは，1872 年にポーツマス出身の国会議員の娘であるエリナ・メアリー・ボナム＝カーターと結婚していることである。少年時代に夏の避暑のために家族とともにヨーロッパへ出かけたときに，当時避暑地に彼女

　　ヴン家の愛娘と結婚させるだけの力をもっていた。
(4)　ダイシーは，幼い頃から虚弱な体質であり，家庭の中で教育を受け，大人になってからもつねに母親に見まもられていたということによるかもしれない。
(5)　ちなみに，ダイシーのミドル・ネームである「ヴェン」は，母親の信仰していた福音派の思想的指導者であり，ダイシー家と遠い血縁関係にあったジョン・ヴェン (John Venn) の名前からとったものである。
(6)　後掲注(23)に対応する本文に続く部分で説明するように，オックスフォード大学で得た親友ブライスによる影響も無視できない。
(7)　ダイシーのオースティンに対する考え方については，彼の業績の紹介の中で説明する。

374

1 ダイシー

も家族とともに来ており、それ以後、家族ぐるみの交際が続き、その年の8月31日になって1つのけじめをつけたことになる[8]。そして、ダイシーの性格を非常によく示すエピソードとして、彼は、その結婚式の間、法律制度としては婚姻の登記のみで済むようにするべきではないか、また、その結婚のどの時点で法律上の効果が発生するか、などと考え続けていたと言われる。

ロンドンの生活に関して第2に重要なことは、ダイシーが『枢密院』と題する論文を完成させ、1860年のオックスフォード大学の1つの懸賞論文に応募し、1等に当選したことである。この論文は、今日ではほとんど読まれなくなっているが、ダイシー自身は、非常に誇りに思っていたものである[9]。それは、ロンドンで実務家として生活しながらも、オックスフォードでの研究生活の夢を失っていなかったことをよく示していると思われる。そして、彼の研究を仔細に調べてみると、研究の手法としてはオースティンのそれを採用し、いわゆるロンドン学派の研究に深い理解を示しはしたが、法思想ないし法的考えについては、むしろオックスフォード学派の伝統（とくにブラックストーンのそれ）を受け継いでいたと思われる。

1882年にオックスフォード大学のヴァイナ講座担当教授[10]の席が空いたとき、その候補者は、決してダイシーだけではなかった。少なくとも有力な競争者として、ポロックやアンソンが存在していた。しかし、人選に当たったハンベリ卿やソウルズベリ卿らは、先に述べたようなダイシーの研究の特色を高く評価した[11]。また、無二の親友ブライスの引き立ても有利に働い

---

[8] この結婚前に、ダイシーは、親友ブライスとともにアメリカ旅行にでかけているが、この経験は後にも説明するように彼の後半の人生に大きな影響を与えている。

[9] ただし、その研究は、神聖ローマ帝国に関するブライスの名著に大きな影響を与えているし、ホイッグ的自由主義に基づく議会制に関する考えを明快に述べており、前掲注(1)のレイトは、その意味でそれを高く評価している。

[10] Abridgment of Law and Equity（全23巻、1742-1753年）の著者として知られるヴァイナ（Charles Viner, 1678-1756）の遺産によってオックスフォード大学に設立されたコモン・ローの講座であり、ブラックストーンはその最初の担当教授であった。その信託の原文およびその講座の意義の説明は、Holdsworth, A History of English Law（1938）第12巻の末尾に収載されている。

[11] ハンベリ卿はダイシーの前任者であり、ソウルズベリ卿はスティーヴン家と並ぶ法律家の家系の貴族である。ポロックやアンソンは、いわゆるロンドン学派の有力な学者であり、オックスフォード大学に対し批判的であったので、彼らが学内で争いを起こすことをおそれていたと言われる。ただし、ポロックは、翌年に別の講義の担当教授として招かれて、それ以後、ロー・クォータリー・レヴューを創刊するなど、オックスフォードで活躍した。

た(12)。ダイシーがアメリカのホームズ裁判官に宛てた手紙の中で書いているように(13)、その地位につくことは立派な裁判官になる夢を放棄することを意味し、ダイシーが必ずしも望んでいたことではないが、ある種の義務感からその申し出を受けいれる。その時のダイシーの気持ちは、就任講演の中によく表われている(14)。先に述べた「義務感」とは、平たく言えば、失われつつあるブラックストーンの伝統を、本来あるべき姿に戻すということであった(15)。その意気込みをもって書かれたのが本書である。本書が、19世紀の法思想の代表的な古典であると言われるのもそれ故である。父親から受け継いだ優れた分析力と表現力を利用し、オリジナルな手法によってそれまでの研究を集結させたのが本書なのである。

もっとも、ダイシーのオックスフォード大学での生活は、満足できるようなものではなかったようである。彼は、徐々に政治にまき込まれ、大学内でも自分の考えは実現できず、ハーヴァード大学での講義をまとめた名著『法と世論』（1905年）を出版してまもなく、1909年にオックスフォードを去り、1922年に逝去するまで、ロンドンで政治・憲法問題にとりくみつつ生涯を終わる。この最後の部分の説明は、時代的背景と合わせて説明した方が読者には分かりやすいので、次の小節の中で続けることにしよう。

2　時代的背景

ダイシーが生まれたのは、ウィリアム4世治世第5年である。しかし、2年後にはヴィクトリア女王の時代になり、その時代は、彼がオックスフォード大学教授を退官する数年前まで続くのであるから、彼はヴィクトリア時代の代表的法学者であると言われる。もっとも、この小節では、彼の晩年に当たる、それに続くエドワード7世（1901年−1910年）およびジョージ5世（1910年以後）の激しい変化の時代についても、少しく紙面を割かなければ

---

(12) ブライスはダイシーを推薦して、地方の大学での非常勤講師や講演など学術活動を続けさせている。ダイシーとブライスの関係については、後掲注(23)およびそれに対応する本文で説明する。

(13) ハーヴァード大学に保存されている Holmes Papers 中にある、ダイシーのホームズ宛の手紙（1900年4月3日）〔Cosgrove, *op. cit.* note 2, at 48-49 にも引用されている〕を見よ。

(14) その講演は、Dicey, *Blackstone's Commentaries*, 4 Camb. L. J. 280-287 (1939) という一論説として活字になっている。

(15) 当時のオックスフォード大学は、実力を失っていたと言われる。オックスフォード大学に対する批判的評価の一例として、Adam Smith, The Wealth of Nations (Cannan ed. 1904) p. 718 を見よ。

ならない。

　さて，ダイシーが生まれた当時のイギリスは，カーライルが巧みに表現したように，一方では，産業革命によって種々な生産物が作られ，あらゆる種類の欲求を充たしうる大きな富と力が生み出されたが，他方，「イギリスは栄養不良で死にかかっていた」[16]。既存の価値観は破壊され，表面上の華やかさとは裏はらに，一般国民は窮乏化し，苦しんでいた。1848年にはチャーティスト運動が頂点に達し，革命の前夜を思わせるような状態にあったが，1850年のロンドン万国博をきっかけに，植民地政策の成功と相まって，明るくて裕福な時代がくる。ダイシーは，このような時代に青年時代を送った。

　ヴィクトリア時代の歴史について書かれた書物はわが国でも数多く出版されているので，こまごまとした話は，ここでは省略したい（読者の便宜のために，本書に関連のある歴史的に重要な諸条件の一覧表を原訳書520頁に付した。）。

　ただ，アイルランド自治問題については少しふれておく必要[17]がある。イングランドとアイルランドは1800年に併合を果たすが，その後も政治的紛争はくすぶり続ける。グラッドストン内閣のときには，最近の状態のように，激しい内戦にまで発展し，グラッドストンが3度目に首相の座につくと間もなく，「自治法案（Home Rule Bill）」を提案した。おそらくは親友であったブライスのせいで，ダイシーはその問題に関心をもっており，その法案に反対する論文をいくつか発表した。とくに注目すべき論文は，1886年の『自治に反対するイングランドの立場』である。

　ダイシーは，大学時代に読んだジョン・ステュアート・ミルの『自由論』に感動し，それ以来，ホイッグ的な自由主義者であったが，先のアイルランド問題では，自由党を批判し，保守党と結びつくことになった。これは誤解を生むことになり，ダイシーは，批判にこたえて，自治を認める前提としてレファレンダムが必要であると考えていたという趣旨のことを補説する[18]。これは，そのときには政治的に無視された見解であったが，最近の自治法の制定に当たって実際に採用された考えであることをここで指摘しておきた

---

(16)　角山・川北編『路地裏の大英帝国』（1982年）34-5頁参照。
(17)　この問題にかかわる憲法問題の一応の説明として，田島裕『議会主権と法の支配』（有斐閣，1979年）を見よ。
(18)　ダイシーのレファレンダムに関する論説として Contemporary Review, vol. 57（1890）pp. 489-511; National Review, vol. 23（1894）pp. 65-72 ; Quarterly Review, vol. 212（1910）pp. 538-62 を見よ。

〔付録2〕訳者解題 ダイシー著『憲法序説』

い[19]。

ダイシーのもう1つの古典である『法と世論』の中で詳しく説明されているように，ヴィクトリア時代の後半は，経済的に再び不況に見舞われはじめるが，労働運動がかなりの結実をみる時期（ダイシーはベンサムの団体主義の勝利の時代と呼んでいる）でもある[20]。この歴史の流れは，イギリスにおける議会民主制の確立と密接な関連をもっている[21]が，彼は，その流れの精神的指導者として重要な役割を果たしたとみることもできる。ロンドンに労働者大学を設立させたのは彼であったし，オックスフォードを最終的に去ってからは，その大学の総長となって教育によりいっそう力を注いでいる。また，ヴィクトリア時代が終わった後の彼の晩年には，彼は，1904年に創設された労働党の立場を，少なくとも3つの重要な立法と関連して支持した。その1は，1906年の労働争議法であり，その2は，1911年の国会法であり，その3は，第1次世界大戦中の1916年に再発したアイルランドの暴動の解決のためにアイルランドに自治を認める法律である。

1920年には枢密院顧問官に推薦されるが，ダイシーはそれを受けることを拒否する。イギリスの将来がより暗いものになるであろうということを予見しつつも，彼は1922年4月7日に平和にその生涯を終わった。

(2) ダイシーの業績

1 三大著書

ダイシーの業績としてあげるべき著作物は，著書が20点，論説，評論等が100点あまりある[22]。しかし，学術的な評価の対象となる業績は，本書で訳出した『憲法序説』（1885年），『国際私法』（1896年）および『法と世論』（1905年）の3点であろう。

(a) **『憲法序説』**——これは本書のことであり，内容についての詳しい説明は省きたい。一口で言えば，本書は，19世紀のイギリスの思想の主流をなす個人主義，自由主義のうえにたち，豊かな実定法の知識に裏付けられた彼

---

(19) これについて，田島・前掲注(17), 27-8頁, 105頁, 218頁を見よ。
(20) 伊藤正己『イギリス法研究』(1978年) 68-87頁が詳しく説明している。
(21) 1832年に選挙法が立法され，数度の改正により普通選挙制度が完成し，1911年の国会法の制定により，国民の選挙による庶民院を中心とした議会制ができあがる。
(22) 前掲注(2)のコスグローヴの著書の末尾にダイシーの著作の一覧表の他，ダイシーに関する二次的資料などの一覧表が付されている。また，本書のウェイド版には，ダイシー理論を研究した最近の著書，論文などの一覧表が付されている。

の所論を，鋭い分析力と優れた表現力によって巧みに展開した名著である。次章で紹介されるような多くの批判を受けつつも，現在なお高く評価されている。本書の評価については次章で細部にわたって検討することになるので，ここでは2つの一般的な補説を付するだけにする。

第1に，ダイシーがこの著書を著わした頃，他にも数冊の憲法の優れた著作があったけれども，それらと比べて，はるかに広い比較法的視野からそれが書かれていることに注意を喚起したい。もちろん，これについては彼の育った家庭の教育環境に負うところが多くあったにちがいない。とくに，オックスフォード大学に在学中に，ブライスを親友として得たことは大きな意味をもっている[23]。そのブライスは，1838年にアイルランドのベルファーストで生まれたスコットランドの貴族の御曹司であり，後には法史家として，また外交官として活躍すると同時に，数多くの立派な著作を著わした。彼はつねにダイシーの学問の上でも良い相談相手であったし，ダイシーが結婚する前の2年間，ド・トクヴィルにならってあこがれのアメリカ合衆国へ彼とともに旅をしたことは，本書の構想を練るにあたって大きな意味をもった。その旅行中，いとこのレスリー・スティーヴン[24]の紹介により，数多くのアメリカの法律家たちと親しくし，とくに，アメリカの生んだ優れた法律家であるホームズ[25]とは，それ以後死亡するまで交友関係が続くのである。

第2に，この著書がオースティンの分析法学の手法を使って書かれていることについても，少しく補説しておきたい。すでに前節でも述べたとおり，ダイシーは，ヴァイナ講座担当教授としての責務を果たすために本書を著わしたのであった。つまり，少なくともダイシーの就任講演に表われている限りでは，その講座の最初の担当者であったブラックストーンの研究を補完することを意図したものと思われる。そして，おそらくはそれ故に，ダイシーが分析法学の手法を用いようとしていることを知って，オックスフォード大学の知人たちは，失敗に終わるであろうと忠告した。たしかにブラックス

---

[23] ダイシーはブライスと一緒にOld Mortalityというカレッジ・サークルを作り，それ以来1922年に2人が前後して死亡するまで，私的な面でだけでなく，学問上も互いに助け合っている。ちなみに，そのサークルは日本の学生サークルのようなものではなく，カレッジ生活の中で，気の合った者同士が定期的に同じ食卓に並び，自分たちの信条を語りあう親睦グループのようなものであったと思われる。

[24] 数多くの哲学に関する著作がある。前掲86頁訳注(57)も見よ。

[25] このホームズ（O. W. Holmes, 1841-1935）は，言うまでもなく，『コモン・ロー』の著者であり，後に最高裁判事となるあの著名なアメリカの法律家である。

〔付録2〕訳者解題 ダイシー著『憲法序説』

トーンの『釈義』(全4巻, 1765-69 年) にはオースティンの法理学とは相容れない自然法論の響きがあるだけでなく, 19 世紀末頃では時代錯誤になった部分も少なくない[26]。さらに, 公法についての叙述は, ベンサムが批判したとおり, 著しく断片的で不完全なものであった[27]。オックスフォード大学の同僚たちは, ブラックストーンの研究を補完することには賛意を示しながらも, 当時の多くの憲法学者がそうしたような, 憲法史的な手法でその仕事をすることを期待していたと思われるのである。しかし, ダイシーは, あえてそれに反した手法を採用し, ダイシー伝統とも呼ぶべきオックスフォード学派の憲法学の特色を確立したのであった。おそらくダイシーの憲法研究の出発点は, その時代の具体的な政治政策上の課題にあったのではなく, 「主権」とは何か——あるいは「主権者」は誰か——という抽象的な法哲学上の課題にあったと思われる[28]。その定義については, オースティンの考えを一応尊重し, それに従って現実の生きた憲法を理論的に分析しようと試みたのが本書であると思われるのである[29]。ダイシーのその分析は, 歴史的順序に従ってなされてはおらず, しかも, 数年の年月をついやして何度も試行錯誤を経て書き直し, 最後にたどりついたのが本書だったのである。

ジェニングスによる本書に対する批判については後に詳しく述べなければならないが, 先に述べたことと関連して, 1点だけここでもふれておきたい。わが国でこの著書を引用する場合,「ホイッグ的憲法観」に立って書かれたヴィクトリア時代の1つの代表的教科書という表現で紹介されることがしばしばあるが, それは, ジェニングスの著作の中で,「ダイシーは 1885 年の憲法をホイッグの諸原理によって見ていた」と述べているためである, と思わ

---

(26) 『釈義』はブラックストーンのヴァイナ講義を出版した本であるが, これについて詳しくは, 伊藤・前掲注(20), 21-3 頁を見よ。

(27) Bentham, A Fragment on Government (Montague ed. and intro., 1891) ; Id., A Comment on the Commentaries (Everett ed. 1928) などを見よ。

(28) Cosgrove, op. cit. note 2, at 71-78 参照。シンプソンは, この点を非常に高く評価している。A. W. B. Simpson, The Common Law and Legal Theory, in Oxford Essays in Jurisprudence (Simpson ed. 1973) p. 96. ちなみに, ダイシー伝統を受け継いだヒューストンは, 憲法上の概念としての「主権」をダイシーの考えに従って明確に定義しようと試みている。R. F. V. Heuston, Essays in Constitutional Law (2nd ed. 1964) pp. 6-7.

(29) 先に述べた「主権」の考え方の他, 憲法もまた裁判強制力をもつものでなければならないとする考え方については, オースティンに従っていると思われるが, 本書の中でも明らかにされているとおり, オースティンの理論に対し批判的な部分も少なからずあった。2人の憲法理論の関係について, 田島・前掲注(17), 23-31 頁参照。

れる。しかし，コスグローヴが慎重な検討の後にはっきり結論づけている[30]ように，そのような引用は，2つの意味で不正確であると言わなければならない。第1に，先に見たとおり，ダイシーは1885年のイギリス憲法を問題にしていたのではなく，政治とは切離された純粋な法理論として憲法を論じていたのである。第2に，ジェニングスの先の言葉は，彼の感情的な傍論にすぎず，彼の批判の核心は，そこにはないと思われるからである。

(b) 『国際私法』——この著作は，ダイシーの後継者たちによってほとんど全面的に書き直されているし，今日ではそれ以外にも優れた標準的教科書が出ているので，ダイシーが自分で書いた部分は，今日ではあまり意味をもたなくなっている[31]。ダイシー自身も，比較研究の副次的産物と考えていたようである[32]。しかし，この著作は，地味で堅実な実証的研究であり，当時の学界では，彼の他の著作以上に確定した高い評価を得ていた作品である。後に述べるように，わが国で明治時代の外国法研究が盛んに行われていたとき，本書と同程度に注目されたのもそれゆえであろう[33]。

この著作がイギリス法に貢献した点として評価すべきところは，第1に，国際私法の領域を明確にし，独自の学問領域として確立したことである[34]。

---

(30) Cosgrove, *op. cit.* note 2, at 69-70.
(31) もっとも，この著作も9版（1973年）を重ね，非常に高い評価を受けている。前掲注(2)の著書の中で，コスグロウヴは，フランス，アメリカなどの諸国でのその著作に対する最高の評価を引用しながら，「この法領域に対するダイシーの影響は誇張しすぎることはむずかしい」という讃辞を述べている。後掲注(35)のグレイヴソンの評価も同じようなものである。
(32) ダイシーは，オックスフォード大学の教授になる数年前に出版した『住所 (domicile) の法』(1879年) を本格的に改訂することを意図して書いたものである。コスグロウヴ・前掲注(2)，165頁に引用されたダイシーのホームズ宛の手紙 (1896年4月19日) を見よ。
(33) わが国における当時の研究の一例として，久保岩太郎「ダイシー氏の英国国際私法準則」『商学評論』813号（1930年）111-47頁を見よ。また，『法学協会雑誌』9巻8号（1891年）32頁も参照。
(34) ホールズワースも同じ見方をしているが，イギリスの「国際私法」を最初に定義したのはウェストレイク（Westlake）であったことを指摘している。Holdsworth, A History of English Law, vol. 15 (1965) p. 334. たしかにそのような見方もできなくもないが，ダイシーは，「イギリス法の一領域としての国際私法について」と題する本格的な論文の中でそのことにふれ，ウェストレイクの定義よりも，国際公法がコモン・ローとは性質を異にする単なる政治的約束にすぎないのに対し，国際私法は裁判規範としてのコモン・ローであるとするホランドの定義を採用すると述べている。Dicey, *On Private International Law as a Branch of the Law of England*, 21 L. Q. Rev. 1-21 (1890); 22 *Id.* 113-27 (1891) 参照。ちなみに，ダイシーの著書の表題をウェストレイクやヨーロッパ諸国の学者のそれのように International Private Law と

〔付録2〕訳者解題 ダイシー著『憲法序説』

第2に、ヨーロッパの国際私法とは違って、アメリカ法と同じように法廷地、裁判管轄の問題を含めるという英米法の特色を生んだことである。第3に、6つの基本原理を柱にしたイギリス国際私法の網羅的な体系書を完成させたことなどであろう(35)。

　(c)『法と世論』——この著作は、1898年のハーヴァード・ロー・スクールの特別講義のために書かれたものである。この講義はハーヴァード大学のエリオット総長からの招きに応じたものであるが、同総長の招待の手紙の中で「19世紀のイギリスにおける法と世論の関係」というテーマが一案として軽い気持で書かれていたのを、ダイシーが正直に受けとめて苦心して作り出したものである(36)。ダイシーは講義の成功に気をよくし、その後、慎重に手を加え、注を付し、1905年に1冊の本として出版した。この著書は、ダイシー自身がその序文の中で認めているように、歴史研究ではなく、メイトランドのような本格的な歴史家の目から見れば、その研究には不満がかなりあった(37)。しかし、ホールズワースをはじめ、多くの広い層にわたる研究者たちが、その研究を高く評価した(38)。わが国でも、この著書は早くから全訳され、法律、歴史、経済、労働、その他種々な領域の研究者たちによって、今日なお盛んに読まれ続けている(39)。

　この著書が、19世紀のイギリス法と世論の関係を、数多くの具体的な実

　　　　せず、アメリカのストウリにならってConflict of Lawsとしたのもそれ故である。ダイシー自身も、つぎに紹介する『法と世論』第11章の中でその趣旨のことを述べている。
(35)　これは現在のイギリス国際私法の権威であるグレイヴソンの評価である。R. H. Graveson, The Conflict of Laws (7th ed. 1974) p. 30.
(36)　そのテーマについてダイシーは断片的な小論説を書いてはいたが、『法と世論』は、十分な研究と検討の結果得られた結論を整理したものではなく、アイディアが先にあってそれに合う素材を後でさがしてまとめたものであり、歴史は執筆者の主観をまじえずに書かれなければならないとする当時の風潮には反するものであったと思われる。ただし、ダイシーは、執筆に当たってウィルソンおよびレスリー・スティーヴンという2人の歴史専門家の助力を受けている。
(37)　ダイシーは、100年間のイギリス法の発達とイギリスの法思想の変化とをつなぐための推論ないし考察の著作であると言っている。メイトランドの批判については、Cosgrove, op. cit. note 2, at 177で引用された彼のダイシーに宛てた書簡を見よ。前注も参照。
(38)　たとえば、前掲注(10)に引用したホールズワースの古典的歴史書の第13巻には、随所でその評価が見られるが、とくにダイシーによるベンサム思想のイギリス法に与えた影響を評価した部分（120-23頁）をあげておこう。
(39)　わが国では、清水訳、菊池監修『法と世論』(1972年)が現在でも入手できるが、その監修者のことばの中でわが国における研究にふれられている。

382

例を示して説明したものであるから、歴史を尊重する傾向をもつイギリスの法律家（とくに労働法、経済法）たちが関心をもつことは理解できるが、先に述べたような高い評価を受けた理由は、むしろ次のような点にあったのではあるまいか。簡単に言えば、19世紀は価値観の混乱の時代であるが、それを明快に整理して説明し、19世紀から20世紀へ移行する際に、イギリスが進むべき1つの方向を暗示したことである。つまり、19世紀前半の自由放任（laissez-faire）の状態の中でマルクスやエンゲルスが期待したような労働者の革命は起こらず、とくにその後半に、徐々に、自由主義を基盤としながらも、ベンサムの功利主義または団体主義によって社会改革が進み、世論によって支えられた議会民主制を確立しようとしている、ということを示そうとしたのではあるまいか[40]。最近、『法と世論』は、新たにコスグロウヴによって編纂しなおされて出版されている。それは、今日のアイルランドの状態を議会民主制に対する挑戦ともみることができ、その著書が今もなお古さを覚えさせない清新なかおりを保っているからであろう[41]。

2 ダイシーのその他の業績

これまで何度も引用してきた、コスグロウヴによるダイシーの伝記の末尾には、ダイシーの100を越える業績が一覧表になっている。それら全部をここで紹介することは不可能であるし、その必要もなかろう。ここでは、本書と関係のある若干の業績を取り上げるだけにしたい。

(a) **イギリスにおける行政法の発展**——ダイシーが第8版の出版とほとんど同時にロー・クオータリー・リヴュー第31巻（1915年）に発表した「行政法の発展」に関する論文[42]は、次章のダイシー理論に対する批判でもみられるように、本書と合わせて読まれ、評価されることが多いので、最初に紹介することにしたい。

その論文では、ダイシーはまず、「イギリスの政治制度の発展または議会の立法を実際に支配する立法的世論の形成に関心をもつ」研究者が注意深く読むべき貴族院［最高裁判所］判例として、教育委員会対ライス判決および

---

(40) 次注で紹介するコスグロウヴの編者注の文献を見よ。
(41) Dicey, Lectures on The Relation Between Law and Public Opinion in England During the Nineteenth Century (Cosgrove ed. 1981).
(42) Dicey, *The Development of Administrative Law in England*, 31 L. Q. Rev. 148-53 (1915). ちなみに、本書のウェイド版は、ダイシー自身による版に付されていた数多くの付録（小論文）を全部廃棄しているが、この論文を新たに付録として付している。

地方自治委員会対アーリッジ判決を紹介している[43]。そして，つぎのように述べている。

「これら2つの貴族院判決の中で説明された諸原理は，それ自体が著しく重要なものである。それらは疑いなく，現在では国会の法律による以外には修正されえない国法（the law of the land）となっている。それらはまた，つぎのような一般的な問題を提起する。すなわち，最近の立法は，今日イギリスの裁判所によって解釈されているように，フランスの法律家や立法者たちに何世紀にもわたって知られており，過去何百年にもわたって発展してきたフランス法と，確かに決して同一であるとは言えないけれども，精神において類似した行政法の体系をイギリス法に導入した，あるいは導入する傾向をもつのであろうか。」と。

ダイシーは，この問題を4点[44]にわたり詳細に検討したうえで，フランス行政法と類似した新しい法体系がイギリスでも発展しつつあることを認めた。

ここで，ダイシーのフランス公法の研究にも少しくふれておきたい。イギリスでは，比較法の目的のために外国法を研究対象とする場合，ローマ法に注目することが少なくないが，彼は，憲法を主要な研究テーマとしたこともあって，フランス法に注目した。それは，フランス法が英米法と対照的な大陸法の代表的なものであると考えていたからであろう。しかし，彼のフランス法研究の信憑性については，しばしば疑問がもたれてきた。たとえば，本書の第5版をフランス語に翻訳してフランスで訳本を出版したガストン・

---

(43) その2つの判例は，Board of Education v. Rice [1911] A. C. 179, 80 L. J. K. B. 796; Local Government Board v. Arlidge [1915] A. C. 120, 84 L. J. K. B. 72である。ちなみに，これらの判例は，伊藤正己『イギリス公法の原理』（1951年）171頁以下で詳しく紹介され，関連のある法律問題が論じられている。

(44) 第1点は，19世紀後半以降，行政部が国会の法律によって多くの新しい義務を負わされるようになり，その結果，1832年以前にはまったく見られなかった種々な行政が行われるようになったことである。第2点は，政府が新しい義務を負うようになった結果，政府の権限が不可避的に拡大される必要があるが，かかる新しい政府の機能の中に司法的ないし準司法的機能が含まれている（たとえば，教育委員会や地方自治委員会など）ということである。第3点は，その新しい機能に関係のある事件の裁判管轄権を行政部に移すことが考えられるし，実際にも国会の立法によりコモン・ロー裁判所の管轄権の一部を移行することを定めたものがあるが，この移行の法的効果を検討する必要があるのではないかということである。最後の第4点は，移行された場合でも，一定の抑制装置が働いているということである。

ジェーズは、ダイシーのフランス行政法に関する叙述を厳しく批判した(45)。これらのことも含め、ダイシーのフランス行政法研究については、わが国のフランス法研究者の間で真剣に検討されているので、ここでは、ダイシー自身が、ガストン・ジェーズの批判に反論する論文を1910年に発表していることのみを指摘するにとどめる(46)。

(b) **連邦制の研究**——ダイシーは、連邦制の研究にも大きな関心を示した。その1つの理由は、彼がアイルランド問題に関心をもっており、1つの解決策としてイギリスを連邦制の国家にする可能性を考えていたことにあると思われる。また、彼は、ド・トクヴィルがもっていたあこがれに似た、アメリカ合衆国に対する好感をもっていたことも多少の関係があると思われる。さらに、イギリスのような単一国家であれば、成文憲法はいらないが、連邦国家には成文憲法が必要不可欠であるという仮説をもっていた。本書でも第3章でダイシーの連邦制に関する研究を披露してロー・クォータリー・リヴューの第1巻にも、まとまった研究を発表している(47)。

(c) **判例法主義、その他の研究**——ダイシーの研究は多方面にわたるものである。しかし、ここでは、本書のより深い理解に直接役立つと思われる、彼の判例法主義についての考え方を示した研究のみを最後にとりあげることにしたい。

まず『法と世論』第11章「司法的立法」および同書の付録4として付された「裁判官立法」(48)と題する小論文について述べたい。それらの著作ではいくつかの論点が論じられているが、ここでは立法と判例法との関係に関する部分に主な焦点を当てることにする。というのは、『憲法序説』によって議会制を唱道したダイシーが、イギリス法の主要な特色である判例法主義についてどのように考えていたかは、非常に興味の深い点だからである。

焦点をかように絞る場合、メーンとベンサムの2人の法律家の名前が、それと関連して浮かびあがってくる。メーンは、イギリス法の骨格はコモン・ローでできており、それを補足するものとして法的擬制、エクイティ、立法

---

(45) ジェーズ (Gaston Jeze) とバテュ (R. Batut) によって第5版が仏訳された。
(46) Dicey, *Droit Administratif in Modern French Law*, 17 L. Q. Rev. 302 (1901).
(47) Dicey, *Federal Government*, 1 L. Q. Rev. 80-99 (1885).
(48) 原語は judge-made law であるが、これはベンサムの造語であると言われている。もっとも一般的参考文献として引用しているのは、ポロックの法理学に関する著作だけであって、後に述べるようにベンサムの理論に従ってはいない。

〔付録2〕訳者解題 ダイシー著『憲法序説』

がある、と考えた⁽⁴⁹⁾。しかも、立法は最後に使われるものであって、立法自体が整合のとれたものであるべきであるとは考えていなかったようである。これに対しベンサムは、コモン・ローは時代の変化に対応できないものであって有害であり、法的擬制の季節は終わった、と考えた⁽⁵⁰⁾。しかも、彼は、最大多数の最大幸福の実現を目的とした憲法典を書き、そのもとで議会の立法による法体系を完成しようとした⁽⁵¹⁾。ダイシーは、それらの見解をよく知っていたはずであるが、『憲法序説』ではまったくふれていない⁽⁵²⁾。『法と世論』およびそれに付された論文の中で、はじめてそれらの見解についての彼の見方を明らかにした。

　ダイシーは、メーンに対してはあまり好意的ではなかったと思われる⁽⁵³⁾。ベンサムに対しては、『法と世論』で示されているように、一面では非常に高く評価しながらも、憲法理論に関しては、ほとんど全面的に無視している。それは、議会の立法は法と世論との調和をはかることを目的としているのに対し、司法的立法は第1に法律の論理的調和を目的とし、第2に、法律の欠陥を修正することより確実性を確保することを目的とするものであり、相互に補完しあうべきであると考えていたからであると思われる。法と世論との調和をはかるためには、判例法には技術的制約からも一定の限界があるし⁽⁵⁴⁾、議会の立法はその目的に適しているとはいっても、確実性ないし安定性を保つためには、判例法を尊重しなければならないということである。ダイシーは、最初に述べた文献の中で、妻の財産に関する法改革、住所地は離婚の裁判権の基礎であるかどうかに関する判例法の発展などを実例として、彼の考えを説明している⁽⁵⁵⁾。

---

(49) Maine, Ancient Law (Pollock ed. 1963) p. 24 参照。この点に関し、メーンは、彼自身ことわっているように、「法的擬制」という言葉を、当時イギリス人が使っていたローマ法的概念としてのそれとは異なった意味で使っていることに注意せよ。
(50) Bentham, Works (Bowring ed. 1843) vol. 1. p. 269.
(51) 前注で引用したベンサムの著作集第9巻には、ベンサムの詳細きわまる憲法理論が憲法典案とともに収載されている。
(52) メーンは、ダイシーの母親の実家であるスティーヴン家に繁く出入りしており、伯父ジェイムズ・フィッツジェイムズ・スティーヴンの生涯の友であった。また、インズ・オブ・コートの教官でもあった。ベンサムについては、オースティン、ミル、ポロックらにダイシーが強い関心を持っていたことから当然推測される。
(53) Cosgrove, *op. cit.* note 2, at 179 参照。
(54) かかる制約として、ダイシーは、新原則を公然と宣明できないこと、制定法を廃棄できないこと、判例法上確立された原則も廃棄できないことなどをあげている。
(55) ちなみに、最近、最高裁としての貴族院についての膨大な研究を発表したス

ダイシー理論については他にも述べるべきことは少なくないが，それは別の機会にすることにして，つぎにダイシー理論の評価と批判について，章を改めて説明することにしよう。

　ティーヴンは，ダイシーの判例法主義にもふれ，ダイシーは裁判官立法に賛成していたようであるが，ハーヴァード大学のセイヤー教授の考えに見られるような消極的なものであったと思われる，と述べている。R. Stevens, Law and Politics : The House of Lords as a Judicial Body 1800-1976 (1978) pp. 103-104.

〔付録2〕訳者解題 ダイシー著『憲法序説』

2 ダイシー理論の評価

(1) ウェイドの補説

　ウェイドという名前の著名な法律家が数人いるので，本論に入る前に，本節の主役となるウェイド自身を紹介しておくべきであろう。ここに言うウェイドが，本書の第9版以後の編者であることは言うまでもない。このウェイドはゴンヴィル・キーズ・カレッジのフェローであって，ケンブリッジ大学のダウニング講座（イギリス法）担当教授であった[1]。このウェイドは，第9版以後の編者であったというだけでなく，ダイシーの方針に従って最初の序説の中で新しい憲法の動向を補説し，さらに，読者のためにダイシー理論のより正確な理解に役立つ詳細な編者注を付した。引用などの形式的な点については，編者の序説では原文に手をつけていないとことわっているにもかかわらず，若干の部分で手をつけている。この訳書では，古典としてのダイシーの業績を紹介することが目的となっているので，ウェイド版は底本として採用せず，彼の編者注も参考にするのみにとどめたことは，すでに述べたとおりである[2]。しかし，ウェイドの補説が，この訳書の読者のためにも，ダイシー理論のより正確な理解に役立つであろうことは疑いないので，改めてここでその要旨を紹介することにしたい。

　1 ウェイドの第10版への序文
　第10版の最初にウェイドは編者の序文を付しているが，これは彼の編集方針だけでなく，彼のダイシー評価をも示していると思われる。まず最初に，編集方針について，つぎのように述べている。
　「1914年に著者〔ダイシー〕による最後の版となるものを準備するときがきたとき，彼は異なったやり方を採用した。本文をさらに書きかえる代わりに，彼は，2つの目的に役立つ長い序説を書いた。〔つまり〕(1)1885年と1914年の期間中に起こった，著者が説明したような憲法またはその機能の変化が憲法の主要原理に対して与えた効果を跡付け，注釈すること，および，

---

[1] ウェイドは，1895年8月31日に生まれ，1978年4月28日に死亡した。1931年からゴンヴィル・キーズ・カレッジのフェローとなり，生涯をケンブリッジ大学で送った。
[2] ウェイドの編者注は，本書の各章の末尾に付した訳者の注の中で，できる限り尊重して紹介した。

388

(2)主要な憲法の思想であって，当該の期間中に現われたか，または新しい影響力をもちはじめたために，1914年には公正に新しいものと呼ばれうるものを研究し，分析することである。1939年に第9版を編集したときには，わたくしはこの方法に従おうと試みた。ダイシーの影響力は，1914年の序説の中に描かれたような現代的論争の諸問題にあるというよりは，むしろ本書の全体で述べられた諸原理にある。そのようにすることによって，古典である著作の本文を維持すると同時に，彼の諸原理を説明するためにダイシーが使った憲法の諸側面を現在の光に当てて検討しなおすことができる。」と。

ウェイドはこのように述べてから，自己のダイシー評価を示して，ダイシー自身も認めていたように，行政法に関する部分は書き直す必要がある[3]としても，彼の3つの一般原理は現在の諸情況のもとでも正当であるという。この立場にたって書かれる彼の序説の主要な論点を簡潔に述べてから，最後に，ローソンによって書かれたばかりのダイシー批判（この批判については本章第3節で紹介する。）に答えている。この最後の部分では，ダイシーがサーシオレアライを見落したことについての弁明に，特に注目したい[4]。

2 ウェイドの序説

ウェイドの序説は，198頁にも及ぶ非常に長いものである。それは，第1部が総論[5]，第2部が主題の概要，第3部が国会主権，第4部が法の支配，第5部が憲法習律，第6部が結論という，6つの部分で構成されている。こ

---

[3] この点に関し，ウェイドが後に述べるローソンの批判を部分的に認め，つぎのように述べている部分は，最近の行政法の法典化の動向と関係のある重要な叙述である。すなわち，「なぜダイシーがサーシオレアライを見落したかについて，興味深い理由がある。それは，違法な行為を行おうとしている官吏を思いとどまらせることの探究に彼があまりにも熱心すぎたため，責任ある官吏に対し損害賠償をさせることを問題にできない事件において，その違法行為を無効にさせるという主要な道具を見落したということである，と考えられる。」現在の行政法に関する議論は，そのサーシオレアライをめぐって行われていることが少なくない。

[4] 前注を見よ。ちなみに，サーシオレアライは，行政救済の手段の中で最も重要なものとされている。後掲注(16)も参照せよ。

[5] ウェイドは，この総論の中で，ダイシー評価の型を3つに分類している。その1は，ダイシー理論は執筆当時のことについてのみ妥当するものであって，それ以後の新しい諸問題に対処するためには新しい理論が必要であるとするものである。その2は，ダイシー理論は，憲法理論として誤りを含むと主張するものである。その3は，新しい諸問題に当てはめるには修正が必要であるとしても，原理的にはダイシー理論は正しいとするものである。必ずしもこの分類に従ったわけではないが，第3節の執筆の際に参考にした。

〔付録2〕訳者解題 ダイシー著『憲法序説』

こでは,国会主権,法の支配,憲法習律に関する部分の補説を簡潔に紹介することにしたい。

　(a)　**国会主権の原則**——第1に,ダイシーの国会主権の原則は,要約すれば,つぎの3つのことを意味すると述べている。すなわち,(1)国会はいかなる法律でも好きなように制定したり,廃止したりできること,(2)イギリス法は国会の立法を変えたり,廃棄したりする権利を誰に対しても認めていないこと,(3)国会の権限は女王の領土の全域に及ぶということ,である。

　つぎに,このようにダイシーの理論を簡潔に説明してから,その理論に関係のあるいくつかの重要な新しいできごとを取り上げ,ウェイドは,ダイシー理論がなお有効であると言えるかどうかを検討しているのである。第1に,国会の委員会報告書の効力を争ったハーパー対国務大臣事件[6]で,裁判所が国会に対してなしうることの限界を明らかにしたが,ウェイドは,その判決はダイシー理論と合致すると述べている[7]。第2に,スコットランドの自治権に関するT・B・スミスの論文に注目し,ダイシーの本書の中では十分に論じ尽くされていなかったイギリスで連邦制をしく可能性を検討している[8]。第3に,1931年のウェストミンスター法とコモンウェルス諸国の立法権に関する諸判例を分析し,ダイシー理論を弁明している。最後に,1911年の国会法およびその後の関連する立法の国会主権に与える効果について考察している。これら4点のうち,大部分は本章第2節,第3節で説明することになるので,最後の1911年の国会法に関する問題だけをここで説明することにしたい。

---

(6)　Harper v. Home Secretary, [1955] Ch. 238. この事件はつぎのような事件である。すなわち,国会の両議院が市の境界線を変更する決議をし,この決議は,女王の裁可をえれば法律上効果が発生することになっていたが,マンチェスター市の市長が,権限踰越を理由として裁可の差止めを求めた。しかし,上訴裁判所は,国会が権限をもつような領域において,司法手続を用いることは認められないとして,事件を却下した。さらに,国会は,その後の立法の方式について自らを拘束することはできず,したがって,のちの法律の規定は,これがそれ以前の法律と抵触する場合に,優先的効力をもつということを判示した。Bilston Corporation v. Wolverhampton Corporation [1942] Ch. 391; Vauxhall Estates Ltd. Liverpool Corporation, [1932] 1 K. B. 733; Ellen Street Estates Ltd. v. Minister of Health, [1934] 1 K. B. 590 を紹介している。

(7)　Dicey, Law of the Constitution (Wade ed. 1958) pp. xliv-xlviii.

(8)　T・B・スミスの論文は,Smith, "The Union of 1707", [1957] *Public Law* 99 である。ちなみに,スミス氏は,エディンバラ大学の名誉教授であるが,ロー・コミッションズの委員をつとめたこともあり,スコットランドの自治権獲得のための市民運動の有力者である。

2 ダイシー理論の評価

　1911年の国会法は，ダイシーが，その国会主権の理論を自ら検証できる最後の素材であった。それについての彼自身の結論は，国会法の立法にもかかわらず，主権が国王と国会の二議院にあり，それにより庶民院の役割が著しく増大したことは認めなければならないとしても，自分の理論を変える必要はないとするものであった。しかし，1945年には労働党内閣が誕生し，貴族院の採択を得ないで1949年の国会法（先の法律の改正法）[9]を成立させた。ウェイドは，これについての詳しい補説を付け加えなければならなくなった。これについて，ウェイドはつぎのようにいう。すなわち，まず第1に，1958年の生涯貴族法の制定前に貴族院の役割について国会の内外で盛んに議論されたが，極端な立法がなされるのを抑制する役割を果たしうる貴族院を完全に廃止しようとする案はまったくなかった。それでは，1949年の立法の際に貴族院が無視されたのはなぜかという疑問が起こるが，むしろ貴族院が1911年の国会法の枠内でなしうることを考慮したうえで，立法に関与しないという態度を自らとることによってその抑制的役割を果たした，というのである[10]。

(b)　**法の支配の原則**——ウェイドは，つぎに法の支配の原則に関する最近の動向を補説しているが，ここでもまずその原則の意味するものの説明からはじめている。その意味については，わが国でもよく知られており，改めて繰り返す必要はないと思われるが，ウェイドの補説の中で注目すべきであると思われることが2点ある。つまり，第1に，司法権の独立ということが法の支配と密接なかかわりをもつということである[11]。第2に，たとえ行政

---

(9)　1911年の国会法は，庶民院を通過した法案に貴族院が反対した場合であっても，一定の条件を満たせば法律を成立させることができることを定めていた。1949年の改正法は，貴族院での審議のために認められていた2年の期間を1年に短縮した。詳しくは，田島裕『議会主権と法の支配』（有斐閣，1979年）44-5頁参照。

(10)　見方によっては，立法府としての国会の制度の中で，貴族院の果たす役割が完全になくなったとも見られなくもないが，ウェイドは，国会法によって貴族院に認められた審議期間を有効に利用し，法案について決議をしないという手段によって，その役割を果たしたとみている。なお，ウェイドは，「国会は後の国会を拘束できるか」という国会主権の原則に関して，後に紹介する南アフリカの判決などにもふれている（Dicey, *op. cit.* note 7, at 1）が，その理論はもう1人のウェイドのそれ（490-96頁参照）の中に吸収されているので，ここでは省略する。その理論について，詳しくは，伊藤正己『イギリス法研究』（東京大学出版会，1978年）226-30頁を見よ。

(11)　歴史的にもこれが言えるということを，Holdsworth, A History of English Law, vol. 2 (1923), pp. 121, 133, 195, 196 および *Id.* vol. 10 (1938), pp. 647-650 を引用し，強調している。

391

〔付録2〕訳者解題 ダイシー著『憲法序説』

機関に対し広い裁量権を与えても，司法機能を行う際に適用される抑制の諸原理をその裁量権の行使にも当てはめれば，法の支配が侵されることはない，という点である(12)。

ところで，ウェイドは，つぎに「法の支配」の今日の問題として，国際社会におけるそれの問題と，最近の行政法の展開の問題を取上げている。前者については，この解題の第3章2節でふれなければならないし，ウェイドも単なる問題の指摘にとどめているので，ここでは説明を省きたい。後者については，行政法の実体にかかわる諸問題と行政事件における司法的救済との2部に分けて，詳しく論じている。この部分は，次節以下の説明の理解に役立つので，ここで少しくふれておきたい。

第1に，通常ならば裁判所が不法行為法や契約法上の責任を強制できる場合に，一方では，公務員がその職務の執行においてなした行為についてその責任を免責することを認める法律が存在するしこと(13)，また他方では，1947年の国王訴追手続法によって，逆に一定の限度でかかる責任を認めようとする傾向があることを指摘している(14)。また，行政事件を特別裁判所によって解決させることを目的とした法律があるが，司法的正義が特別裁判所でも実現されるよにするために，1958年の審判所および調査に関する法律ができていることも指摘している(15)。第2に，司法的救済について，ダイシーの本書では，ほとんどふれられることのなかった，プロヒビション，サーシオレアライ，マンデイマスなどの大権令状について補説している(16)。さらに，一定の限度で差止命令や宣言判決も救済手段として利用できること

---

(12) Dicey, *op. cit.* note 7, at civ-cvi.
(13) *Id.* at cxx. ここでは，国民健康法などのいくつかの法律が紹介されているが，それらの立法の基礎に「国王は悪をなさず」というコモン・ローの免責原則があることはいうまでもない。
(14) 1947年の国王訴訟手続法の主要関連条文およびその改正について，スカーマン（田島訳）『イギリス法——その新局面』（東京大学出版会，1981年）175-87頁を見よ。
(15) この法律も前注の引用文献の中で全訳されているが，ウェイドは，その立法に至るまでの経過の説明の中で，フランクス委員会へ提出されたロブソン教授の意見などを詳しく説明している。これについては，第3章1節で紹介するわが国の研究の中でもしばしば検討されている。
(16) 1958年のTribunals and Inquiries Actの第12条（1971年改正法の第14条）は，サーシオレアライおよびマンディスによる救済について定めているが，プロヒビションも性質上それに含まれるものとされている。これらについて詳しくは，田島・前掲注(9)，135-7頁参照。

392

も指摘している[17]。

　最後に，先の行政法に対する見方に関しては，ダイシー自身が後に自己の見解を修正していることをウェイドが説明している。ダイシーは，『法と世論』の第2版（1914年）の中で，「現代の立法は，……内閣に対し，または内閣によって影響を受けたり導かれたりする公務員に対し，かなりの程度の司法権ないし準司法権を付与していることは疑いない」ことを認め，フランス行政法に類似したものがイギリスにも導入されたと述べている[18]。そして，この解題の前章第2節で紹介した1915年の論文では，イギリス行政法の基本原理として，つぎの2つの結論を出している。つまり，(1)行政権が厳密に制定法の文言に従って行使されなければならないこと（権限踰越〔ultra vires〕の原則），および(2)準司法権は通常裁判所が守っている手続規則に従って行われる必要はないが，司法的公正と衡平は守られなければならないこと（自然的正義の原則）である。

　(c)　**憲法習律の原則**——ダイシーの憲法上の習律に関する理論に対しても，次節で見るように批判は少なくないが，ダイシーのもっとも強力な批判者であるジェニングズも認めているように，理論的に整理された習律は立法化され，それとは別に新しい数多くの習律が生み出された。その新しい習律の主要なものとして，A,(1)総選挙で敗北したときには内閣は辞職すべきこと，(2)国民の道徳的感情に適合しない国王は退位させるという習慣，(3)国会での法案等の審議の際に庶民院の手続を妨害してはならないこと，B, 1911年の国会法の立法に関係する習律の例として，(1)コモンウェルス諸国との関係を定めた成文憲法の増加，(2)貴族の創設にかかわる習律，(3)国会議員の任期を5年とする習律，(4)庶民院と選挙民団との関係，(5)庶民院議長の地位を，ウェイドは説明している。憲法上の習律の問題に関して，ウェイドは，最後に，習律の範囲が非常に拡大された現状のもとでも，ダイシーの理論は妥当するかどうかを検討している。そして，習律が政治的便宜の問題にすぎないとしても，ダイシーの理論は「絶対的に正しかった」のであり，この点に本

---

(17) 差止命令や宣言判決も元来は民事救済の手段であって，前注で説明したプロヒビションの場合と同様に，1971年法第14条の類推解釈によって利用が認められる。ただし，利用の仕方等について複雑な制限がある。宣言判決を利用した一例としてAnisminic Ltd. v. Foreign Compensation Commission [1969] 2 A. C. 147 および田島・前掲注(9)148頁の解説を見よ。

(18) Frankfurter, *The Task of Administrative Law*, 75 U. Pa. L. Rev. 614 (1927). フランクファータは，ダイシーが「男らしい譲歩」を示したとして称讃している。

書のもっとも重要な価値を見出すことができると結論している。

3　第2章冒頭の編者注

以上がウェイドの序説の主な内容であるが，彼は第2章（国会と非主権的法定立機関）の冒頭にも特別の注を付しているので，最後にそれも訳出しておこう[19]。

「著者が主権的国会との対照物として使っている非主権的法定立機関によって，読者が誤解させられてはならない。著者が1885年に英領インドの立法部について書いたことは，もちろん，1947年にインドが独立国の地位を獲得する以前のことである。彼は，代表責任制政治の英領植民地の一実例としてニュージーランドを選んだ。102-21頁（本訳書99-117頁）で述べられていることは，今日では独立途上にある1, 2の植民地だけにしか当てはまらない。矛盾したことに，ニュージーランドは，純粋にダイシー理論を全体にわたって再現した，コモンウェルス諸国の中で一番よい例である。というのは，ニュージーランドは，一院制の立法部であるにもかかわらず，いかなる法律であれ，あらゆる法律を変更できる権限のある国会を有しているからである。」

このウェイドの注が，本書の第2章と合わせて読まれるべきであることは言うまでもない。

(2)　ジェニングスによる批判

1　総　　説

前節で紹介したウェイドの説明は，すべてがダイシー理論を支持するものではなかったが，異なる部分は歴史的発展にともなう社会の変化による修正か，せいぜい批判に対する妥協案を示したものにすぎず，全体としては，ダイシー理論を補足し，それを強化するものであった。これに対し，ジェニングスが1933年に出版した『法と憲法』[20]に見られるそれに対する批判は，非常に厳しいものである。彼の表現をかりれば，ダイシー理論が「正統」なものであり，彼のそれは「異端」なものであるが，それを逆転させることを意図したものであった[21]。このように，ジェニングスの批判は，本書の全

---

(19)　Dicey, *op. cit.* note 7, at 86.
(20)　Jennings, The Law and the Constitution (1933). この著作は，1938年に第2版，1943年に第3版，1952年に第4版，そして1959年に第5版が出され，この最後の版は現在でも入手できる。
(21)　ジェニングスはつぎのようにいう。「……《正統派》も最近創造されたものであ

体にわたるものである，が，主要なものだけ紹介しておこう。

2 ダイシーの「法の支配」の理論に対する批判

ジェニングスがもっとも厳しく批判しているのは，「法の支配」の原則に関する考え方を述べた部分である。ジェニングスは，先に言及した著書の本文の中で，ダイシーのいう「法の支配」はすべての文化国家の特質ともいえる「法と秩序」と同意語であり，かかる曖昧な用語は，「暴れ馬」と同じように，学問上はむしろ有害であると述べている[22]。そして，同書の末尾に「ダイシーの法の支配の理論」と題する小論文を付して，より具体的な批判を展開している。それは，(1)正規の法の優位，(2)法の前の平等，(3)通常法の結果，という3つの部分から成っている。

(a) **正規の法の優位**——ダイシーは恣意的な権力を抑制するために行政部が「正規の法」に従うことを要求したが，ジェニングスは，恣意的な権力行使は行政部だけに限られたことではないという。そもそも，国会が熟慮しないで法律を制定することもありうるのであり，正規の法自体（とくに委任立法）が恣意的でありうる[23]。ダイシーが「イギリス人は法によってのみ支配される」と述べたとき，「裁判によってのみ支配される」ということを考えていたのであろうが，裁判官が裁判所侮辱に対する制裁権を濫用した例も少なくない。そこでもし，ダイシーが言わんとしたことの本意が，権限が法

る。それはまた，それほど苦労をしなくともその起源がジェラミー・ベンサム学派の哲学的急進主義にあることを示しうるのであるから，学術的創造物である。もっとも，それを完全にはじめて説明したのは，1885年のA・V・ダイシー〔の著書〕であった。ダイシーの不明確な，主要な仮説は，19世紀後半の諸情況のもとで，それより10年ないし20年後になるより，それ以前の方がもっと受け入れやすいものであったが，通常そうであるように，実務家の意見は学者の意見より遅れた。しかし，今世紀のはじめ以降には，学者の意見は，主としてF・W・メイトランドの影響力が支配的であったケンブリッジで，変わりはじめた。その頃の《正統派》の理論は，ダイシーの見解は基本的には正しいが，欄外の注で修正を必要とすると考えていた。」前掲注(20)の著書の第5版（1959年）序文5頁。これはジェニングスのダイシー評価を非常によく示しているが，その序文の最後の部分で，今日では，ダイシー理論こそ「異端」と呼ばれるべきものであると述べている。

(22) 前掲注(20)のジェニングスの著書の第5版（1959年）60頁。ちなみに，「暴れ馬（unruly horse）」という言葉は，ホウルト裁判官が「公序（public policy）」について使った言葉で，解釈がいかようにもできる一般条項という悪い意味で使われている。

(23) ジェニングスは，恣意的な立法の若干の実例（たとえば，1913年の租税徴収臨時法）を示し，「1911年の国会法の規定は，予算法案に関し，貴族院の役割をゴム印のそれに変えてしまった」と述べている。このジェニングスの批判は，本書381頁注(1)に付されたウェイドの注〔本書378頁参照〕の中でも引用されている。

395

に基づくものでなければならないという一般的な命題であるとすれば，それは憲法原理として取りたてていうまでもないことである，と結論する。

　(b)　**法の前の平等**——法の前の平等についてダイシーが述べたことを分析してみると，究極的には，公務員が不法行為をおかしたときには通常裁判所でその責任を問われる，ということだけしか述べていないという。もしそうであるとすれば，裁判過程は異なっているとしても，フランス行政法の下でもそれは可能であり，イギリス憲法の特色として，取りたててあげるまでもないという。

　(c)　**通常法の結果**——ダイシーは「憲法が通常法の結果である，すなわち，通常裁判所が個人の権利を守るために下した諸判決の結果である」と述べている。これについては，ジェニングスは，今日では国会の権限が他のそれに優越することは憲法原理となっているので，国会の法律が基本権は何であるかを決定できるという。したがって，憲法は判例法によって示されるものではなくて，国会が制定する法律のうちで重要なものが憲法であると言わざるをえなくなる。また，行政部の権限は制定法によって定められるものであるから，その権限に含まれていない部分が個人の自由であるということになる。したがって，行政権は個人の自由によって制約されることを認めるとしても，個人の自由が行政部の権限によって制約されていることも認めざるをえない。ダイシーの理論は，「基本権」の存在を認め，それを絶対的なものとするホイッグ的自由主義を前提としなければ理解しがたいものである，というのである。

　3　「国会主権の原則」に関する批判

　ジェニングスは，先に見たように，ダイシーの「法の支配」の理論を厳しく批判したが，とくに最後の批判は，「国会主権の原則」に基づく批判であった。しかし，ダイシーのその原則に関する理論についてもまた，彼は厳しい批判をしている。最初に，彼の著書のつぎの部分に注目しよう[24]。

　　「もっとも重要な原理，すなわち，国会優位のそれは，疑いなくコモン・ローの原則である。だが，それは司法判決によって確立されたものではない。それは，武力衝突および権利章典と王位継承法によって確定された。裁判官たちが，はっきりそうすることを一度も要求されたことはなかったけれども，政治権力の単純な事実を黙認したものにすぎない。」

---

(24)　Jennings, *op. cit.* note 20, at 39.

このように，ジェニングスは，事実として国会主権とも呼ぶべきものが存在していることを認めている。しかし，それによるダイシーの理論づけには，少なからず異論をもっていたのである。3つの主要な異論を簡潔に紹介しておこう。

(a) **「主権」の練念**——ジェニングスは，「主権」の概念はヨーロッパで中世の終わり頃からボダンらによって使われ始めたが，ホッブス，ベンサムおよびオースティンがイギリス法の中にそれを導入したことをまず説明している。そして，主権は，とくにオースティンの定義によれば，最高でかつ絶対的な権力であるから，国会は主権を持たない，と主張する。というのは，ダイシーやラスキも認めているように，国会ができないことはたくさんあるからである[25]。要するに，「国会主権」という言葉でダイシーが言わんとしたことは，国会の権力と裁判所のそれと比べた場合，裁判所は法律に従わなければならないから，国会の方が優位にあるということであって，「国会の優位」と表現すべきであった，というのである。

(b) **法的主織と政治的主権の分離**——ジェニングスの先の批判は，1つのことを前提としている。つまり，ダイシーの国会主権の理論は，国会主権を制約するのは政治的権力であるとして法的な考慮に入れていないが，そもそも法的権力と政治的権力とは区別できないものであるということである。それを述べてから，ジェニングスは，つぎのように国会主権の種々の形の制約を分析している。

(c) **国会主権の制約**——ジェニングスの議論の第1点は，国会は後の国会を拘束できるかどうかに関するものである。彼は，これについてまず1913年のオーストラリアの判例（トレソーワン判決）[26]を紹介し，「《法的主権者》

---

[25] Id. at 148. ジェニングスがここで引用しているラスキの見解は，H. J. Laski, The Grammar of Politics (1925), p. 53 に見られるものである。ジェニングスがいう国会主権を制約するものについては，後に本小節の(3)で説明する。

[26] Attorney-General for New South Wales v. Trethowan [1932] A. C. 526. この判決は，後にもしばしば言及しなければならないので，簡潔に紹介しておこう。トレソーワン事件では，連合王国の議会の制定法の授権を受けてオーストラリアのニュー・サウス・ウェールズ議会によって作られた1902年の憲法（Constitution Act）を1929年に改正した同法7条Aの解釈が問題となった。その条項によれば，上院を廃止する法律を制定するためには，両院の決議の後，国王の同意を得るために総督に提出する前に，州民のレファレンダムで過半数の賛成を得なければならないことになっていたが，1931年に，新政府は，上院を廃止する法案を作成して，両院を通過させ，レファレンダムを行わないで総督に提出した。そこで，法務総裁が原告となって提出を差し止めさせる訴訟を提起したのであるが，裁判所はその主張を認めて

〔付録2〕訳者解題 ダイシー著『憲法序説』

は，自らに法的制限を課することができる」という結論を導き出す。彼によれば，「法的主権」とは，単に，立法部がその時において法によって必要とされる態様によりいかなる種類の法をも作る権限をもつことを一示す名であるにすぎない。すなわち，国王（女王）が「本国会に集合した聖職および俗界の貴族，庶民の助言と同意をうけ，かつその権威により」制定したと述べた規範は，そのような法自身を変更する規範を含めて，裁判所によって認められるであろう。もしそうであるならば，「法的主権者」は，自らに法的制限を課することができる。なぜならば，法を変更する権限は，それ自身に関する法を変更する権限を含んでいるからであるとする。そして，『法と憲法』の第5版（1959年）では，その考えをよりいっそう補強するために，植民地との関係を定めたウェストミンスター法の解釈をめぐる南アフリカのハリス判決(27)などの説明を追加しているのである。

差止命令を出した。
(27) Harris v. Minister of Interior (1952) 1 T. L. R. 1245, [1952 (2)] S. A. 428 (A. D.). この判決も後でしばしば引用されるのでここで紹介しておこう。この事件は南アフリカで起こった事件であるが，この事件が起こる以前に，南アフリカはすでにイギリスから自治領の地位を取得しており，南アフリカ連邦の議会は，1909年以後，南アフリカ法に基づいてウェストミンスターのイギリス国会に匹敵する独自の立法権を持つようになった。そして，この南アフリカ連邦の議会は，選挙権について有色人種を差別する立法を行ったのである。ところが，イギリス国会が制定した先の南アフリカ法第152条但書は，かかる場合を予測して，その立法には，上下両議員の合同会議を開き，第三説会において3分の2の多数の賛成を得る必要があることを定めていたので，最高裁判所は，単純過半数で制定された分離代表法を無効と判決した。そこで南アフリカ連邦の議会は，新しい国会高等法院と呼ぶ上訴裁判所を新設する同名の法律を制定してそれに対抗したのである。しかし，通常裁判所はその国会高等法院の判決の効力を認めなかった。
　これでハリス事件は落着したように見えたのであるが，南アフリカ連邦議会は，つぎの総選挙で与党の議席が増加したことをみて，両院合同会議を招集して，3分の2の特別要件を廃止する憲法改正案，分離代表法を有効とする法案，裁判所の立法審査権を否定する法案を提出したが，政府の予期に反して3分の2の多数を得ることができなかった。しかし，それからしばらくして，政府は，合同会議において3分の2を確保できるように上院を改革する法律をまず通常手続によって成立させ，それによって上院を改組した後に，分離代表法を有効とする南アフリカ法改正法を3分の2の多数で成立させた。そして，新立法によって新たに任命された裁判官が加わった最高裁上告部は，その2つの法律は有効に成立したと判示した。このように，数年にわたった南アフリカの憲法紛争は，1957年のその判決によって，政府の目的がとうとう達成されたのであった。この事件の最終的結末は，不幸にして裁判所の「法の支配」の保障機能にも一定の限界があることを示すものになってしまったが，最初の2つの最高裁判決（とくにセントリーヴル首席裁判官の意見）は，後にも述べるように，多くの憲法学者の注目をひき，議会主権の原則の再検討を促したのであった。

ここでジェニングスの理論を詳細に説明する余裕はないが、要するに、国会の優位が法的な意味をもつとするならば、それはあくまでも法に基づくものでなければならず——もしそうでなければ、それは単に政治的な理論にすぎなくなって、法学の問題でなくなる——、それが成文法にみつからない以上、コモン・ローに由来するといわざるをえない。そうとすれば、およそ国会制定法によってコモン・ローを修正することができるのであるから、法律によって国会自らの制約を課することができるし、少なくとも、立法の態様方式についてはそう考えてもよいとするのである。先に述べたような国会主権に対する法的制約の説明に続き、ジェニングスは、事実上の制約ないし政治上の制約として、国王や内閣の影響、議会制度上の内的制約について述べている。ジェニングスの理論の紹介ではなく、彼のダイシー批判の説明を目的とした本節では、これ以上の説明は省きたい(28)。

4 「憲法上の習律」に関する理論の評価

最後に、ダイシーの習律に関する理論に対するジェニングスの批判を説明しよう。この部分の批判は、これまで紹介してきたような厳しいものではなく、むしろ逆説的にそれを高く評価している面もある(29)。ダイシーの定義によれば、憲法習律とは、厳格には法といえない格律または慣行にすぎないが、もしそれに違反すればやがて法の違反へと導かれるので強制力をもつのであり、別の側面から説明すれば、それは国王大権の行使の仕方を決定するものである。ジェニングスは、これを全面的に否定せず、むしろそれ以外にも憲法習律がたくさんあるというのである。彼の言葉を借りれば、法律が無味乾燥な骨格であるとすれば、習律はそれを包む筋肉のようなものであって、いかなる法律であれ生きたものとなるためにはなくてはならないものである。そして、憲法を動かす時代の精神ないし思想の発展とともに変化するのはその部分である、という(30)。

ジェニングスは、そのような観点から、まず内閣の制度に関する習律と国王大権に関する習律とを説明している。この部分ではダイシーの説明を支持しているのであるが、ダイシーの時代の習律の多くは法文化され、今日では新しい習律がたくさん生まれている、という。つぎに国会の二議院に関する

---

(28) ジェニングスの見解について詳しくは、伊藤・前掲注(10)、206-10頁、およびこの解題の第3章の注(17)を見よ。
(29) Jennings, *In Praise of Dicey*, 13 Pub. Ad. 2 (1935).
(30) Jennings, *op. cit.* note 20, at 81-82.

〔付録2〕訳者解題　ダイシー著『憲法序説』

習律を説明している。その内容は前節で紹介したウェイドの説明とかなり重複する。最後に，コモンウェルス諸国との関係に関する憲法習律を詳しく説明しているが，この部分は，ジェニングスが自分の研究によって新しい理論を展開しており，ダイシーの本書ではほとんど説明がなされていなかったところである。もっとも，それはダイシーの時代には憲法問題になっていなかったものであるから，当然のことではあるが。

　このように，憲法習律の具体的な説明の部分には，あまり激しい批判は含まれていないが，それに続く習律の法的性質の説明の部分では，ジェニングスはまたダイシーを厳しく批判している。すでに述べたとおり，ダイシーによれば，習律もまた裁判所によって強制されうる法源の1つであるが，ジェニングスは，裁判所によって強制されない習律であっても法規範でありうるという(31)。彼によれば，法と習律との真の相違は，つぎの点にあるという。つまり，第1に，法は，その違反があった場合に裁判所によりその旨宣言されるものであるが，習律は必ずしもそうではない。第2に，法は裁判所の判決が正式に説明するものであるのに対し，習律は慣行から生まれるものであり，政治的困難の度合いに応じて，事実上の慣行が習律となったり，逆に習律が慣行に戻ったりしうるものである。

　以上で，ジェニングスのダイシー理論に対する批判ないし評価を一通り説明し終わったことになるが，最後にもう一言つけ加えておきたい。それは，ダイシーの本書では，憲法習律に関する説明は一番最後になされているのに対して，ジェニングスの著作では，憲法習律に関する章が，いわば憲法各論の最初の章になっており，国会や行政法の説明より前で扱われているのである。しかも，その章は非常に長いものになっている。このことは，ジェニングスが憲法習律を重要視していたことを示しているが，ダイシーがそれをはじめて理論化したことを認めているのであるから，彼はダイシーに高い評価を与えていると言えなくもない。

(3)　その他の評価

　ジェニングスほど全般にわたる批判ではないが，ダイシー理論を部分的に批判ないし再評価した者は，他にも数多くいる。ここでは，ジェニングスが批判者の筆頭にあげたメートランドを最初に取りあげ，その考えを少しく紹

---

(31)　むしろ，政治上，実際に慣行が守られることが重要であると考えていると思われる。

介したい。第2に，この解題の本章第1節1で言及したローソンの論文は，ダイシー理論を真正面から検討した論文であるので，それも紹介したい。第3に，前節で紹介したジェニングスのいわゆる新理論を支持する形でダイシー理論に対する批判的考えを表わしたレイサム，ヒューストン，ミッチェルの3人を取りあげたい[32]。そして最後に，それに対する再反論の形でダイシー伝統を擁護しようとする傾向をもつフィリップスとH・W・R・ウェイド（第1節で紹介したウェイドとは別人である）を紹介したい。

1 メートランド

メートランドは1850年に生まれ，1906年に死亡したイギリス法制史学の巨匠である。彼の伝統と業績については，田中英夫教授が，メートランド（河合訳）『イギリス私法の淵源』（1979年）の155頁以下の付録の中で詳しく書いておられるので，解説は省略する。前節で紹介したジェニングスよりも明瞭にケンブリッジの人と言ってよい法学者であるが，温厚な人柄であることから考えても，ジェニングスがいうほどダイシーに対し批判的であったかどうかは疑わしい。それはともかく，まずメートランド自身の言葉を読むことにしよう。

メートランドは1908年に『イギリス憲法史』を出版したが，その中で憲法の定義にふれ，憲法が何かは便宜の問題であって，何らかの権威に基づいて結論を導き出すことのできる問題ではないと断ったうえで，ダイシー自身の理論ではなく，それに大きな影響を与えたと思われるオースティンの定義を批判している[33]。批判されたオースティンの定義とは，「憲法は実定道徳ないし実定道徳と実定法の複合物であって，最高の政治機構ないし構造を定めるもの——そのときに主権をもつ〔一人の〕者の性質または複数の者の各々の性質を決定するもの——である」[34]とするものである。これに対し，メートランドは，「国王は国会の同意なしに課税できない」という明白な憲法原理さえもその定義は憲法の領域から排除することになるはずであり，あまりにも狭すぎるという。少なくとも，国王大権の行使と国会の特権に関する基本原理がその定義に含まれるように，オースティンの定義は改められる

---

[32] ちなみに，フリードマン（W. Friedman）やグレイ（H. R. Gray）などもダイシーの国会主権の原則について同じく批判的な意見を述べているが，彼らの意見は，伊藤・前掲注(10)，212-8頁に詳しく説明されている。

[33] Maitland, The Constitutional History of England (1906) pp. 531-8.

[34] Austin, Jurisprudence (Campbell ed. 1885) vol. 2, p. 510.

〔付録2〕訳者解題 ダイシー著『憲法序説』

べきであるというのである。

たしかに，メートランドのかかる記述は，ダイシー理論にも当てはまるので，ジェニングスが述べているように批判的であると理解できなくもない。事実，国王大権の行使や国会の特権に関するダイシーの説明は，ウェイドによる多くの補説を必要とした。しかし，1971年に出版された『憲法理論』の中でマーシャルが示唆していると思われるように，ダイシーの研究とメートランドの研究は，むしろ補完関係にあるのではあるまいか[35]。もっとも，マーシャルにあっても，歴史と政治を憲法の領域から截然と区別できるかどうかに疑問をいだいており，純粋な理論的整合性を重んじたダイシーの研究にはそこに欠点があると指摘している。そして，憲法は歴史的産物であると考えたメートランドが，ダイシーの方法論に批判的であったことも容易に推測できる。しかし，かかる批判は次元の異なる批判であるといわなければならない。

2 ローソン

つぎにオックスフォード大学のローソンのダイシー評価に移ろう。ローソンは，1959年に「ダイシーの再来」と題する非常に長い論文を書いているだけでなく，ケアとの共編の憲法のケース・ブックの中で「国会は後の国会を拘束できるか」という問題をめぐってダイシー理論を検討している。ここでその2つの文献を少しく紹介しておこう。

(a) 「ダイシーの再来」[36]——ローソンのダイシー評価は，この論文の中ではっきり述べられている。ローソンは，ダイシーの本書はモンテスキューやメインの著作と並ぶ古典であり，何十年にもわたって聖書のように使われてきた著作であるが，「この本は彼が書いたときに存在していた諸情況に照らして読まれるべきである。」と述べている。しかし，ダイシー理論が現実に必要とされるときが再び来ているので，それの現代的解釈を試みようとするのが，ローソンのその論文の意図である。

このような見地に立って，ローソンは，第1に，ダイシーが初版から第7版に至るまでどのように改訂を重ねていったかを説明した後に彼の憲法学の方法論を明確にしている。つぎに，その方法論を前提とすれば，ダイシーに対する諸批判の中で注目すべきところは彼のフランス行政法の理解に関する

---

(35) Marshall, Constitutional Theory (1971) pp. 3-12 を見よ。
(36) Lawson, Dicey Revisited, Political Studies (1959), vol. 7, pp. 109-26, 207-21.

部分であろうという(37)。そこで、彼の理解が正確であったかどうかを検証すると同時に、今日の「法の支配」の課題は行政法の展開にかかわるものであることを論証していく。そして最後に、彼は、第一次世界大戦および第二次世界大戦中の経験からしても、司法的なコントロールの欠如ということが非常に大きな害悪であって、行政権が著しく拡大した今日の社会においても、ダイシーの「法の支配」の理論から学ぶべきものは少なくない、という。

最後の部分は、最近のイギリスで見られる憲法典論争にもつながるものを含んでいる。それは、現在のイギリスにおいて、基本的人権を定めた憲法典を作り、裁判所に憲法の番人としての役割を果たす義務を負わせるべきか否かに関する論争である(38)。もちろん、ローソンが論文を書いた1959年には、その論争は起こっていなかったからそれには直接ふれてはいないけれども、論文の最後に付した注(39)の中で、人権は通常法（コモン・ローないし判例法）の結果であるとするダイシーの考えは時代錯誤になっていることを認め、アメリカ合衆国の権利章典に関する研究に注意を喚起している。

(b) 「国会は後の国会を拘束できるか」という問題に関するローソンの見解——先にも述べたように、その見解が見られるのは、ケアとローソンのケース・ブックにおける注釈(40)である。ここでは、裁判所が立法の内容について審査したり、また立法過程に介入することはできないとしながらも、「国会の立法権について、少なくとも理論の問題として、疑いをさしはさむことを許されるならば、それはその権限の範囲に関してではなく、その権限を行使する機関の構成および立法過程の必要な部分と定められた手続に関して生じてくる」とし、国会法の規定により、その適用ある場合に、主権をもつ機関は国王と庶民院に限られる、と述べている。さらに、「レファレンダムが導きいれられたとすれば、選挙民がある目的のためには国会の両院に加えられたことになるといえよう」とつづけ、オーストラリアの事件でのディ

---

(37) Id. at 119. ダイシーが、フランスでは公務員の不法行為に対し責任を問うことはできないと書いている部分については、たしかに多くの批判が向けられている。フランス行政裁判所に類似した制度をイギリスに導入することを望んだロブソンの批判には、とくに峻烈なものがある。Robson, Justice and Administrative Law (3rd ed. 1951) pp. 437-44 参照。
(38) この論争について、詳しくは、前掲注(14)のスカーマンの著書の末尾に付された訳者解題を見よ。
(39) Lawson, *supra* note 36, at 221 n. 1.
(40) Keir and Lawson, Cases in Constitutional Law (5th ed. 1967), pp. 1-14.

クスン裁判官の意見[41]を引用したのちに「レファレンダムを要求する法律を制定したと同じ構成をもつ国会は，同じ手続を用いて，その法律を廃止できるであろう。しかしこのことは，ただ，練達した法案起草者であれば，それを廃止しようとする法案もまたレファレンダムによって承認されなければ効果を生じないと規定することによって，その法律を保護する——南アフリカで用いられた表現を用いれば『堅固に防備される』——であろうことを意味している」[42]と述べている。この叙述は，イギリスの国会について述べているのであり，論者は，疑いを残しながらではあるが，国会が後の国会を拘束しうる規範を制定できることを指摘したものといえるであろう。

さらに，ローソンがベントリとともに著わした教科書のなかでは，これよりも明瞭に新理論に与する立場をとっている。すなわち，その第4章においてイギリスの国会の立法権の範囲については限定がないことを示したのちに，イングランド以外の地域に生じた憲法上の変化のために，ダイシーの考えていなかったような問題が国会主権をめぐって生じてきていると指摘し，ついで第14章において，オーストラリアと南アフリカの二判決を引用したのち，「われわれは，国会が有効な立法のために必要な要件をつけ加えることができると主張することができる」と述べている。さらに，「トレソーワン事件およびハリス事件は，このような国会の権限という争点をあつかっているのではなく，定義の問題をあつかっているのである。いいかえれば国会は，それ自身またはその継承者を拘束できるかではなくて，国会とは何であるかをあつかっているのである」[43]と述べて，第4章で述べた原則との矛盾の解決をはかろうとしている。つまり，国会とは何を意味するか，すなわち主権をもつとされる国会の構成の問題は法的に定められるのであり，それは後の国会を拘束するというのが，その論旨となっているのである。

3 レイサム，ヒューストン，ミッチェル

国会主権に関する議論は，先にも見たように，最近になって，南アフリカのハリス判決やオーストラリアのトレソーワン判決をめぐって再び活発に行われている。これについては，伊藤正己教授による本格的な研究が発表されているが，最近の憲法論争を理解するうえに欠くことのできないものなので，

---

(41) Attorney general for New South Wales v. Trethowan (1931) 44 C. L. R. at 425.
(42) 前掲注(40)のケース・ブックの第4版 (1954年) 7頁。ただし，この表現は第5版では削られている。
(43) Lawson and Bentley, Constitutional and Administrative Law (1961) p. 117.

それに頼りながらここでもふれておきたい。

　第1に，ダイシー理論に批判的ないわゆる「新理論」を支持する研究者たちは，つねにレイサムの著作を引用している。オックスフォード学派の伝統を受継ぐヒューストンも，とくに「国会は後の国会を拘束するか」という問題に関しては新理論を支持し，その理論をまとめた論文を発表している。さらに，エディンバラ大学の憲法学者であるミッチェルも，とくにスコットランドの問題を考察しながら新理論を支持している。新理論を支持する学者は他にもあるが，以下，3人の見解を代表的なものとして簡潔に紹介しておこう。

　(a)　**レイサム**——彼の理論は，ケルセンにならって，憲法の諸原理の中でも，国会主権の原理を根本規範と考えるものであり，それを頂点とするピラミッド型の法体系を描くものである。先の諸判決の中で問題になった「国会は後の国会を拘束するか」については，「主権者と称する者が一人の現実の自然人以外のものである場合には，それを指定するものは，その意思を確定するための規範を定めることを含んでいなければならない。これらの規範は，これを遵守することが，その立法の有効性の条件であるのであるから，論理的に主権者に先行する規範である」[44]と彼は述べ，後の国会を拘束できるとする結論を支持している。

　(b)　**ヒューストン**——ヒューストンは新理論をうまくまとめているので，それに従って紹介することにしよう。まず序説的な部分で彼はつぎのようにいう[45]。

　「国会は主権的機関であり，それは両院の単純多数決によって，憲法のもっとも年古りた原理をさえ廃止し修正することができることが，一般的に承認されている。しかし，この原則も，拘束力ある裁判所の判決によってよりも，むしろすぐれた人びと——それは裁判官であれ専門的研究者であれ——による一連の傍論によって確立されている。イギリスの首席裁判官は，判決の問題として，いかなる裁判所も国会制定法の効力を問題とすることができないと判示したことがあるけれども，その判決は不明確なやり方で報告されているにすぎないことは注目される。さらに，その原則の道義的な妥当性も

---

(44) Latham, The Law and the Commonwealth (1949) p. 523. この論稿は，はじめHancock, Survey of British Commonwealth Affair (1937) の第1巻に収録されていたものであるが，つぎの注で引用するヒューストンは，これを「ダイシー以後のイギリス憲法の文献のうちで，もっとも光輝ある寄与」と評価したものである。

(45) Heuston, Essays in Constitutional Law (2nd ed. 1964) pp. 5-6.

〔付録2〕訳者解題 ダイシー著『憲法序説』

疑われてきた——それも，しばしばその原則を唱道した同一人物によって疑われてきた。しかし，1940年までに，新しい理論が相当に進行しはじめた——その理論は，政治学者の漠然とした情緒的な言葉よりも，むしろ，コモン・ローの法律家の冷静で，がっちりした堅く編まれた文体であらわされるという魅力をもっている。主権概念は，いわばそれ自身の隅々の内部からの慎重で微妙な再検討の結果として，かつて考えられたよりも，いっそう複雑で，かつ同時にいっそう人をおびやかさないものであることが示された。法律家は，留保もごまかしもなしに，国会の無制限の権能に賛成するのみならず，それとともに（少なくとも）その権限の行使の方式に法的な制限を加える可能性にも賛成することができるように思われる。かくてイギリス的な解決は，多くの人の同意をうけることができなくはないのである」と。

そして，多くの論証と反論(46)に対する答えを準備して，つぎのようにその結論を要約している。この点は，いわば新理論には細部の点で差異があり，またこの要約にはやや強すぎる主張も含まれている(47)にしても，ほぼ新理論の立場を明確に総決算したものと評してよいと思われる。すなわち，

（i）主権は法的な観念である。つまり，主権は何かを定め，その構成と機能とを規定する規範は，論理的にみて主権者に先行するものである。

（ii）一方で，主権的立法部の(a)構成と，(b)手続を規制する規範と，他方でその(c)権限の範囲を規制する規範との間には，相違がある。

（iii）裁判所は，(ii)の(a)と(b)を理由として，国会制定法と主張されているものの効力を問題とする権能を有する。しかし，(ii)の(c)を理由としてはそうする権能をもっていない。

（iv）この権能は，法案に国王が裁可を与える以前でも，その以後でも，行使することができる。前者の場合には差止命令により，後者の場合には宣言的判決によって，行使される。

ヒューストンは，このような新理論は，重要な憲法問題が通常裁判所において通常法によって決定されることを可能にし，そこにコモン・ローの本能的な英知が示されたものと指摘しているのであって，この新理論が国会主権と法の支配を調和せしめるものであることを示唆していることも注目されてよい点であろう。

（c）ミッチェル——つぎにミッチェルの理論を紹介しよう。彼の所説は，

---

(46) これらは，つぎの小節で紹介するフィリップスらの意見を意味する。
(47) たとえば，(iv)の記述と前掲注(17)を比較せよ。

406

先の2人とはちがった立場から憲法をとらえ，国会主権の原則に批判的であるが，それは彼がスコットランド人であることを考えるならば当然なことであるかもしれない。彼によれば，憲法とくに不文憲法において，事実が先行し，理論がそのあとでそれを合理的に説明するように構成されることが多いのである。ことに憲法の一般原則の場合にその傾向がつよく，そのことは，ある時期には正統的な説明であっても，事実状況の変動によってそれが妥当しなくなることがありうるというのである。国会主権の原則はまさにその適例であり，ダイシーが著書を刊行したときと現在とでは，国会の機能，それに対する世論のうけとめ方が変化している以上，現在の事実にてらして反省してみるべきであると主張し，国会主権の現代的意味について，つぎのような興味ある見解を展開しているのである[48]。

　ミッチェルは他の問題にも言及しているが，国会は後の国会を拘束できるかという点にしぼって論じるならば，問題となる法律を分けて考えるべきであるという。まず，国会そのものを設立する基礎となっている法律はどうか。これは形式的には法律であっても，国会の存在の前提となっているもので，性質上他の法律とは異なるとみるべきである。それを自由に改廃することは，国会が自らの存在の基礎を動かすこととなり，理論上許されないというべきである。その例は，連合王国の国会を設立したイングランドとスコットランドの合併法であり，これは，そのある規定が「永久に」などという文言が使われているから改廃できないのではなく，論理上からいって法律をもってそれを改廃できないと解される。しかし，こう解すると，この種の法律を改正する手段が存在しなくなり，憲法が社会的発展に即応できなくなるおそれがある。したがって，ミッチェルの考えによれば，合併法についてきわめて柔軟性のある解釈を許すべきことになり，その解釈によって実際には同法に反するような後の法律は生ずることがないことになるのである。しかし，ともかく理論上は，このような国会の存在の基礎となる法律は，内容的にも改廃できず，後の国会を拘束することになるわけである[49]。

---

(48) Mitchell, *Sovereignty of Parliament —— Yet Again*, 79 L. Q. Rev. 198 (1963). 彼の教科書『憲法』(1964年) の第4章でも同じ見解を述べている。
(49) この点でアイルランドとの合併法について疑問が生ずる。周知のように同法は後の法律で改正されているからである。ミッチェルはこの事実を説明して，ダイシーのようにそれだから後の国会は拘束されないというのではなく，アイルランドとの関係が事実において合併の時期とはまったく変化した状態となり，合併法そのものの基礎が崩壊する過程にあったのであり，改正はこのような憲法的事実の変更を確認したに

〔付録2〕訳者解題 ダイシー著『憲法序説』

　問題になるのは，その他の法律である。伝統的理論を支持するかにみえる判例はあるが，これらも精査すれば，結局，かつての法律が後の国会を拘束しようとする意思のなかった場合などであって，適切な先例とはいえない。ただ考慮に値する問題は，もし後の国会を拘束するとすれば，立法上，手をふれることのできない，いわば真空状態が生ずるということである。そこから，ヒューストンと同様に，彼は，立法の内容については後の国会を拘束できないことに賛意を表する。しかし，法の内容について完全な立法権をもっている以上は，その点で法的主権が国会にあるといえるのであり，その他の点，たとえば一定の領域について立法の方式や手続に制限を加えても，立法的真空状態が発生するわけではなく，その方式手続に従いさえすれば，その領域において立法できるのである。そこで後の国会がこのような方式手続を無視できないとしても不当ではないとされねばならない。このような考え方は，最近の国会の慣行にも，コモンウェルスの判例にも合致しているのではないかと主張されている。

　ついで，このような方式手続についての規定は，有効に後の国会を拘束するとして，それに反した場合に，裁判所が審査できるかという問題がある。伝統的理論はそれを否定し，判決のうちでの意見もそれに同調しているようにみえる。しかし，その判決をみると，国際法は裁判所のとりあげる問題でないとするものや，議院の内部手続はその自律権に属するとするものや，立法の前提になった事実は裁判所で争えないとするものであり，国会の定めた方式手続に従わない場合の司法審査権とは関連のない場合である。ミッチェルの所論の基礎となっているのは，スコットランドの判決であるマッコーミック事件(50)であり，そこでも司法審査は否定されているが，これもきわ

とどまるものであるとしている。

(50)　McCormick v. Lord Advocate, 1953 S. C. 396. この事件も，論争の中でしばしば引用される判決であるが，「国王称号事件」と呼ばれることもある。この事件では，グラスゴー大学の学長および法学部学生が申立人となり，エリザベス1世はスコットランドの国王ではなかったので，エリザベス2世の称号の使用は正当でないということが主張され，違法であることの宣言およびその使用の差止命令が求められたのであった。原告の申立ては却下されたのであるが，合議部の判決を述べたクーパー卿は，傍論の中で，議会主権の原則の下ではスコットランド法ももっと尊重されるべきであることをつぎのような言葉で説明している。「議会の無制約の主権という原則は，明らかにイングランドの原別であって，スコットランドの憲法は，それに対応するものをもっていない。その原則は，その起源をコーク［クック］，ブラックストーンにもち，19世紀に，バジョット，ダイシーによって広く知らしめられた。……合併の立法が，スコットランドとイングランドの議会を消滅させ，これに代えて新たな議会を設けた

408

めて政治性の濃い問題について政治的性質をもつ救済を求める請求を裁判所が処理しないことを理由としているものであり，そこから直ちに一般的な司法審査の否定はでてこないのである。そして，伝統的理論による司法審査の否認の前提として，そもそも後の国会をすべてについて拘束できないという基本的な考え方があったのであり，この点が現在うけいれられなくなったとすれば，そこで司法審査が否認されるという結論がひきだされていることも当然にそのまま支持されないことにならざるをえない。

このように，伝統的な立場からの司法審査の否認の根拠が十分でないことを指摘しつつ，積極的には，既にふれたような彼の基本的考え方にたって，現在のような複雑な政治機構の発展からみて，国会を抑制する何らかのしくみを考慮することは，すべての国の共通の問題となっており，イギリスの社会的実態からいっても，ある限度での司法審査が国会の立法に及ぶことは，当然の要請であるとしている。ただ，ミッチェルもまた，国会の内部の機能に直接に干渉することは望ましくないとしており，したがって司法上の救済方法を用いる場合には特別の考慮が払われるべきものと主張している。たとえば，審議中の立法過程に対して，たとえその手続が法定のものに反していても，差止命令を出すことは稀であるとみている。これは，差止命令が裁量的救済方法であることからも当然であり，妥当な救済方法については別に考える必要があると考えている[51]。

4 フィリップスおよびウェイド

最後に，以上に説明したように最近の論者の間にはダイシー理論に批判的な意見を述べる者が少なくないにもかかわらず，ダイシー伝統に忠実な見解が，今日のイギリス公法学界に重きをなす学者によってとられていることも，ここで指摘しておきたい。第1にあげるべき学者がE・C・S・ウェイドであることは言うまでもない。彼はごく最近までイギリス公法学界の第一人者であった人であるが，彼の所説については第1節で紹介したので，ここでは，

ことを考えるならば，グレート・ブリテンの新しい議会がイングランドの議会のすべての特殊な特徴を承継し，他方，スコットランドの議会のそれを何ものも承継しないと……考えなければならない理由を見出すことは困難である」と。

(51) ここにあげておく必要があると思われる論文は，Cowen, "*Legislature and Judiciary : Reflections on the Constitutional Issues in South Africa*", 15 Mod. L. Rev. 282 (1952) ; 16 Mod. L. Rev. 273 (1953) である。この論文は，ハリス事件の判決の背景，そこでの議論を考察し，それを精密に分析し，国会主権に関する裁判所の介入できる権能に論及したものである。なお，差止命令について，前掲注(17)を見よ。

〔付録2〕訳者解題 ダイシー著『憲法序説』

彼自身の『憲法』の著作の中でも新理論に反対し，伝統的理論をとっていることを指摘するにとどめよう。ここでは，伝統的理論の立場からの反論を述べた学者として，フィリップスとH・W・R・ウェイドを紹介することにしたい。

(a) **フィリップス**——バーミンガム大学の有力な憲法学者であるフィリップスも伝統的立場にたっている[52]。彼によれば，国会優位とは，女王，貴族院，庶民院の3者から成る国会は，何人についても，いかなる事項についても，法を作りうるのであり，通常の方式で改廃できない法は存在しないということを意味するのである。この立法部の優位は法的観念であり，裁判所がそれを承認し，それに基づいて行動しているのであって，コモン・ローの原則であるといえるが，実際には，それはイギリス憲法の基本法の1つと呼んでよいものである。というのは，それは法律をもっても変更できないものであり，これを変更するのは革命以外にないという点で，特殊の規範であるからであると説いている[53]。もとより主権国家であっても，立法部がこのような無制約の権能をもつのではなく，裁判所が法律を審査できる体制をとることは可能であり，ハリス判決は南アフリカ連合でこれを認めているが，その基礎にはイギリスと異なる南アフリカの歴史的事実があるとするのである。

このような国会の優位は判例法で直接に認められたことはないが，このことは近代においてあまりにも自明のこととされ，裁判所で争う価値がないと考えられたからにほかならない。しかもそれを示唆する傍論は少なくないという[54]。そして，フィリップスも，問題の焦点は，国会が後の国会を拘束できるかにあることを認め，2つの場合に分けて検討している。1つは，立法の内容を拘束しようとする場合で，この点では，いかに後の国会で改廃できないと定めても廃止できることを認めた例がある，とする。ここではとくに2つの事例が問題になる。第1の事例は合併法である。これも現に修正が行われてきた。スコットランドのマッコーミック事件ではこの点で疑いが出されたが，政治的にはともかく，法理論の問題としては，立法部の優位がイギリス国会の特性として合併法以来発展してきたのであり，司法裁判所とし

---

(52) Phillips, Constitutional and Administrative Law (4th ed. 1967) pp. 51-60.
(53) 既に述べたとおり，ジェニングズはこの規範そのものを修正できると考えている。
(54) もっとも，ここで引用される判例は，いずれも立法の内容についての無制約に関するものであることに注意してよい。

ての貴族院もこの見解をとっていると結論している。第2の事例は，コモンウェルスの加盟国が自主性を獲得したとき，イギリス国会はその後それに対する立法ができるかどうかである。サンキイ卿は，現実にはともかく，理論的に自治権を容認したウェストミンスター法自身を廃止する可能性のあることを傍論で認めている。もとよりイギリスの国会が自治権をえた地域について立法をしても，その地域の裁判所はそれを認めないであろうから，この政治的事実は一種の法的革命としてイギリスの裁判所に反映せざるをえないであろう。しかし，理論的には，外国における人や行為に関してイギリスの国会が立法できるのと同じく，自治権をえた地域について立法する権能は存在し，イギリスの裁判所としてはそれを有効な法として，適用できることは否定できないとされるのである。

以上のような立法の内容の規制の場合よりも，もっと問題となるのは，いま一つの場合である立法の態様ないし方法の規制の場合である。主権的であると否とを問わず，立法部の制定した法律と認められるための規範は，たしかに法の成立に論理的に先行する。しかし，このような問題に裁判所が介入することは適当ではない。かりに，両院が合同会議を聞いて議決したときでも，裁判所はその効力を問題にしないであろう[55]。ともかく手続的な規範について，裁判所はその遵守を問題にしないし，少なくともつねにそれがまもられたと推定するであろう。有力な説は，立法部の構成を定める規範は別であるというが，手続と構成との区別は困難である。たとえば，ある法案の成立についてレファレンダムや労働組合の同意を必要とすることが政策上適当なこともあり，それが定められれば，その要件をふんで成立した立法も有効である。しかし，後の国会はその要件を無視してもよく，その無視を抑止するのは，道徳的，政治的なもので，法的なものではないのである。オーストラリアの判決は，高次の法に従属する立法部であってはじめて成りたつ議論であるとされている。

フィリップスはこの立場にたって2つの具体的な例を検討して，理論の正当性を主張する。1つの例は，国会法により貴族院が排除される場合のありうることである。彼によれば，国会法は貴族院の審議期間を制限したもので

---

[55] この点は伝統理論のうちでも，異論のでるところであろう。ここでフィリップスは，現に用いられているイギリスの法律の制定文言でも，両院別個に審議することは示されていないとしている。また実際の国王裁可の儀式も形式的に3者が合同して行われていることを指摘する。

〔付録2〕訳者解題 ダイシー著『憲法序説』

あって，貴族院は賛成しようと思えばその期間内に賛成できるのであり，その権限を制限したのではなく，選択的に許される手続を認めたものというべきである。そして，かりに特別手続によって貴族院の同意なくして立法がなされたとすれば，正規の国会の構成要素たる3者の意思の合致がないのであるから，その法は実質的にみて国会制定法といえず，法律たる国会法の授権による立法，厳密にいって委任立法であるというほかはないことになる。いま一つの興味のある例としてあげられるのは，摂政法である。それによれば，摂政と両院の同意をもってしては，王位継承法などは廃止できないとされている。たしかに摂政はこの種の法案に裁可を与ええないから，後の国会を制限しているかにみえるが，そうではない。摂政，貴族院，庶民院の3者による立法は，第1の例の場合と同じく，摂政法という法律の授権による委任立法であり，もしそれが法律上定めることができない事項に手をふれるときは権限踰越の立法として無効となるのである。逆に，摂政がおかれているにもかかわらず，18歳以下の国王の裁可をえたときはどうか。この方式はすべての立法について利用できると解される。コモン・ローは国王について未成年を認めておらず，国会は摂政法に拘束されないからであり，フィリップスの考え方によれば，この場合，国王，貴族院，庶民院の構成する主権的立法部と，摂政と両院とから成る制限された権能をもつ立法部とが併存していることになる。このようにみるとき，彼の理論の基礎となっているのは，主権をもつ国会は国王と両院の構成するものにかぎられ，それは万能の権能をもつとする伝統的見解であるといってよいのである。

　(b)　H・W・R・ウェイド——伝統的見解にとってもっとも理論的な支持を与えて，新理論と対時したのは，H・W・R・ウェイドの論文[56]である。これは，さきにふれたE・C・S・ウェイドが，ダイシーの著書の序論において，伝統的理論のためのもっとも強力な支柱として高く評価しているものであり，その新理論への反論を含めてもっとも考察に値するものである。以下にその論旨を追ってみよう。

　(i)　ハリス判決の解釈——ウェイドもハリス判決の重要性を否定しない。それは，法的主権の問題に関する多くの法律家の考え方を転換させたようであり，イギリス法のもとで政治制度の支配的特徴といわれる国会主権の原則がきわめて単純明快なものと考えられていたのに，いまやダイシーの古典的

---

(56) H. W. R. Wade, *The Basis of Legal Sovereignty* [1955] Camb. L. J. 172.

説明が広く争われるにいたったとし,そしてこの判決の論評の多彩なのをみると「裁判所が定めてきた正統的命題と,憲法理論の岩床に向かって地表下に深く掘りさげていく批判者たちの思索的推論との間には,ますます広がっていく切れ目があるように思われる」[57]と述べている。正統的見解に属するイギリスの法律家たちは,国会主権とは,国王,貴族院,庶民院の構成する主権的立法部の制定した法律は,裁判所によって無効とされることなく,この3者の意思の合致はいかなる法律も廃止することができ,過去の国会によっても拘束されないのであり,2つの法律が抵触するときにはつねに後法が優先し,後法を制限することは法的に不可能である(もとより,そのような制限をおく法律を作ることはできるが,それは後の国会が通常法で廃止できるから,法的には無意味なことになる)と考えている。たとえば,前述のオーストラリアの判決で問題となったように,ある法律の廃止にレファレンダムを要するという規定があるにもかかわらず,後の国会がそれを無視して通常の手続でそれを廃止しても,正統的見解はこの廃止法を有効とみることになる。その根拠となる先例として,ウェイドは,土地収用の補償に関する諸判決[58],およびブリティッシュ石炭会社事件をあげ[59],それらの判決の基礎にある考え方からいって,正統的理論には権威ある支持が確保されていると主張する。

(ii) 新理論に対する反論——ジェニングス,ローソンなどの多くの権威者が伝統的理論に反する見解をもつのは驚きに値するとして,それらの所説を批判的に紹介したのち,これらの論旨は,その立場に若干の差があるが,ともかくダイシーの主権についての古典的理論に信頼をおいていないことを指摘する。そして,果たしてそれには先例の根拠があるかと問い,少なくともイングランドには先例が存在しないし,他の場合も傍論にすぎず,判決理由のうちにとりあげられていないと主張している[60]。しかるに反対論がかなり有力なのは何故か。これには反対論(とくにジェニングス)の用いる巧妙な論理があるからであるとする。

---

(57) Id. at 172.
(58) ウェイドが,前掲注(6)で引用した判決である。
(59) British Coal Corporation v. The King [1935] A. C. 500.
(60) ジェニングスが,伝統的理論にも先例がないとしているのに対し,ウェイドは,もとより,根本規範にかかわるもので判例が多いわけはなく,むしろエレン・ストリート・エステイト会社事件〔前掲注(6)参照〕の判例だけで十分でないかと反論している。ここでもE・C・S・ウェイドと同じくこの判例でのモーム裁判官の意見が重視されている。

〔付録2〕訳者解題 ダイシー著『憲法序説』

　その反対論の論理は，すでに詳しく説明したので，その詳しい説明は省くことにしよう。要するに，法的主権をもつ国会はその好むままに法を変更できるのであるから，それは国会自身についての法も当然に変更できるというのである。また実際にも，国会法のように主権的立法権の行使の態様ないし方式に関する法を変更した例がある。適正な立法の方式によって制定された法のみが裁判所の認めるところである以上，その立法のための要件はまもられねばならないというのである。ウェイドもこの論理が成りたつことを承認する。しかし，彼によれば，論理として成立しうることだけで，イギリスの国会が，他の議会，たとえばニュー・サウス・ウェールズの議会と同じ制限に服するということはできない，という。

　とくにジェニングスの主張についていえば，既にみたように，国会主権が法的意味をもつとすれば，国会制定法の優越性はコモン・ローに基づくとされるが国会はどのようなコモン・ローをも変更できるから，国会は国会制定法の万能の基礎となっているコモン・ローそのものをも変更できるという論理にほかならない。そして，この論理を破るためには立法手続について新たな方式を定める法律は無効であるというのが残された唯一の道であるが，誰も国会法が無効であるといわないように，その道は不可能といってよいというのである。

　(iii)　ウェイドの理論——ウェイドによれば，無効の法律というものはありえないが，いかなる法も，明示の規定はもとより，それに矛盾する立法をすることによって黙示的に廃止できるというところから，将来の立法を拘束するような規定は，たとえ有効であっても法的に無意味な規定であるというのである。そして，むしろ問題の中心となるのは，ジェニングスらの論理の核ともいうべき点，すなわち，裁判所は法律を必ず実施強行すべきものと定めるコモン・ローの規範それ自体が法律によって変更できるかどうかであると考える。将来の国会を拘束できないという考えをとる伝統的理論に立つ者は，これに否と答えざるをえない。これを然りと答えるならば，彼らはジェニングスの論理に屈せざるをえなくなるのである。しかし，裁判所は法律に必ず従わねばならないというこの特定の規範をも国会が変更できるということを否定することは，一見して思われるほど大胆なことではない。というのは，その規範の神聖さは，国会が継続的に主権をもつことの動かしえないコロラリーであるからである。1つの命題が主張されるならば，いまひとつの命題もまた認められねばならない。しかしながら，法律に対しても効力が優越す

るコモン・ローの規範については，その特殊の地位を説明するにはもっと掘りさげた理由づけが必要であることを承認し，「この特殊性は，裁判所も法律に従うことを命ずる規範が法体系の基礎となっている根本法則である点にある」[61]と述べ，サーモンド (Salmond) の所説[62]を引用したのち，つぎのように説いている。これはウェイドの見解の基本的部分であって引用に値しよう。

「この真理（すなわち，右の特殊の規範がいわば根本規範であること）がつかめるや，ジレンマは解決する。というのは，もしいかなる法律も裁判所が国会制定法に従うという規範を確立することができないとすれば，同様に，いかなる法律もその規範を廃止することもできないからである。その規範は，サーモンドがきわめて適切に説明したように，法律の及ぶところをこえ，その範囲外である。なぜならば，それは，それ自身が法律の権威の源泉であるからである。このことは，それをコモン・ローの規範のうちで特殊の種類のものとする。そして，それが国会によって変更できないという外見上のパラドックスは，結局いわば公理であることが明らかになる。裁判所が法律に従うという規範は，ある意味ではコモン・ローの規範である。しかし，別の意味——その意味は他のコモン・ローの規範には適用されない——では，それは，立法の全組織が依存している政治的事実なのである。立法は，その権威をこの規範に負っており，その規範がその権威を立法に負っているのではない。国会がいかなる他の規範をも変更できるというだけの理由で，この規範を変更しうるというのは，あたかも馬の前に車をおくようなものである」と[63]。

要するに，国会と裁判所との以上の関係は，何よりも政治的な事実の決定

---

(61) H. W. R. Wade, *supra* note 56, at 187-88.
(62) Salmond, Jurisprudence (10th ed. 1949) p. 155.「すべての法規範は歴史的な源泉をもっている。事実および歴史の問題として，たとえわれわれがそれが何かを知らないとしても，それはどこかにその起源をもっている。しかし，それらのすべてが法的な源泉をもつわけではない。もしそうであるならば，法は，その原則の血統をどこまでもたどっていくことが必要になろう。……人が歩道で自転車にのってはならないという規範は，その源泉を市の条例にもっている。そして，この条例が法的効力をもつということを定める規範は，国会の法律のなかにその源泉をもっている。しかし，国会の法律が法的効力をもつという規範はどこに由来するか。これは，法的には究極的なものであり，その源泉は法的なものでなく，歴史的なものである。……それは法であるという理由だけで法なのであり，法自身が考慮にいれうる他の理由によるのではない。いかなる法律も国会にこの権能を与えることはできない。なぜならば，これは，与えるべき権限そのものを仮定し，それに基づいて働くべきものであるからである」。
(63) H. W. R. Wade, *supra* note 56, at 187-88.

〔付録2〕訳者解題 ダイシー著『憲法序説』

したものである。かつての17世紀の革命をみても，それによって主権者の構成の変わったことを裁判所が認めたのであり，それは何も立法によってきめられたのではない。革命によって究極の法原理が変更されたので，裁判所がそれをそのまま容認したからにほかならない。また，この立場にたてば，ダイシーが重視する（これに反して新理論が軽視する），主権的立法部と従属的立法部との区別が明瞭になる。すなわち，前者はその根拠を根本規範にもつのに反して，後者は，何らかの優越した法的権能に根拠をおいている。まさにその理由によって，前述のオーストラリアの判決のように，イギリスの国会はニュー・サウス・ウェールズの議会に，自己にない権能すなわち後の議会を拘束できる権能を与えることができたのである。このように考えると，伝統的理論は，先例として利用できるものの支持があるのみならず，イギリスの法律家の常識に基礎をもつものといってよく，新理論よりも強固な根拠にたっているといえる。かくて，立法の態様ないし方式に関すると否とを問わず，後の国会を拘束できないのが継続的主権をもつイギリスの国会の特性であり，たとえばレファレンダムなしに廃止できない要件をおいても，後の国会は通常手続で廃止できると解される。これを否定するには，そこに法的革命の生じたことを前提としなければならない。もとより革命は過去の遺物でなく，現にコモンウェルス内で主権をもつ立法部を新設することは，この意味での革命をもたらしていると解される。法的な装いをつけ協調的に行われるため，革命という赤裸々な政治的事実を見出しにくいかもしれないが，それは，チャールズ1世の処刑やクロムウェルの共和制樹立と同様に，過去との断絶をもたらす政治的事実とみるべきである。しかし，立法の態様ないし方式を変更することをこのような法的革命とみることはできないから，後の国会はそれを無視してよく，また裁判所もその国会の意思に従うことになるのである。

(iv) 補足的説明──以上がウェイドの所論であるが，最後に2点について補説している。これは具体的問題をとりあげているだけに彼の見解を明確にしていると思われる。

第1は，国会法が，ある場合に貴族院を排除して法律を制定できることを認めていることをどう説明するかである。新理論は，既にみたように，この法律は立法部の構成（または立法の手続）の変更が後の国会を拘束する場合の適例としてあげている。しかし，ウェイドによれば，同法は特殊の種類の委任立法を作りだしたものと考えれば，伝統的理論にとって障害とはならな

2　ダイシー理論の評価

いとする。主権をもつ立法部はつねに国王，貴族院，庶民院の三者で構成されているから，貴族院の同意を欠く立法は，主権的国会の法律ではない。それは究極的法原理に基づくのではなく，この根本規範に基づく国会法という法律によって授権された従位的立法の一種であり，要するに三者構成の主権者が，二者構成の非主権的機関に制限つきで権限を委任したものと解するのである。ただ，その結果制定された立法にも，同じ国会制定法という名称が用いられるために，混乱と曖昧さが生ずるけれども，根本規範と上位の法的根拠との区別をするかぎり，以上のことは明らかであると主張している。

第2の点は，主権的機関がその権限を他に委譲する場合である。アイルランド自治法案の場合にも，ウェストミンスター法の制定のときにも，この問題が論議されたが，その中心となるのは，このような権限を委譲した法律を後のイギリス国会が廃止できるかである。ここでは既にみたように伝統的理論をとるアンソン，ダイシーらも，これを廃止できず，後の国会を拘束するとして譲歩している，が，しかし，これも純粋に法的に考えると，プライス[64]やサンキ卿[65]のように，廃止可能という結論になるとしつつも，いずれの側も，問題を法的にのみ考える誤りを犯しているとしている。かりにそれが法的な偽装をもってあらわれ，法律の根拠にたって行われたようにみえるとしても，その実体は，法的な根拠だけで構成できない政治的事実であることを認めるならば，問題は解決されるとするのである。要するに，もしそのような法律を廃止してみても，独立した国家の裁判所が，事実として分離を認め，イギリス国会の廃止法に従うことをしないならば，法的主権の継続性を説いてみても無益であるのであり，そこにまさに革命があったとみるほかないのであると結論するのである。

　以上，異なったときに，異なった目的のために，そして異なった形式で書かれたものを，本節で「ダイシー評価」としてまとめて解説したために，散漫な叙述になってしまったが，少なくともダイシー理論をめぐってイギリスでなされている論争の争点だけは明らかにできたと思う。そこで最後に，つぎの第3章では視点をかえ，ダイシーの法思想がわが国でどのように受けいれられ，わが国の法学研究にどのような影響を与えてきたか，さらにまた，日本を含む新しい国際社会が形成されつつある今日，ダイシーの理論が新たに検討されつつあることを説明し，この訳者解題を終えることにしたい。

---

(64)　Bryce, Studies in History and Jurisprudence (1901) vol. 1, pp. 206-7.
(65)　前掲注(59)の判決におけるサンキイ卿 (Lord Sankey) の意見を見よ。

〔付録2〕訳者解題 ダイシー著『憲法序説』

3 ダイシー研究の今日的意味

(1) わが国におけるダイシー研究

既に述べたとおり、本書が1885年に出版されて以来、イギリス以外の諸外国でも、またわが国でも、非常によく読まれてきた。本章では、それがわが国の法学研究にどのような意味をもったかについて少しく考察してみたい。もっとも、明治時代の時期と第二次世界大戦後の時期との間では、本書の読み方に大きな違いがあると思われるので、その2つの時期に分けてダイシー研究の意義を考えることにしたい。そして本章の後半の部分（第2節）では、この解題の結論に代えて、新しい国際社会の形成にともなって、ダイシー理論が新しい意味を持ちはじめつつあることを指摘しておきたいと思っている。

1 明治時代のダイシー研究

本書が出版された1885年は明治18年に当たるが、それは西欧諸国の憲法に対する関心が非常に高まっていたときであった。明治14年には、明治23年を期して国会を開くことが決まり、そのために憲法は必要不可欠のものとされたからである。後に初代の首相となる伊藤博文に対し、「欧州立憲ノ各国ニ至リ、其政府又ハ碩学ノ士ト相接シ、其組織及ビ実際ノ情形ニ至ルマデ観察シテ余蘊無カラシメ」るべく勅命が出されていた[(1)]。この勅命が出されたことは、明治時代の初期から政府部内の多数の者が抱いていた議会と憲法に対する関心の高まりが、1つのピークに到達したことを示していると思われる[(2)]。憲法制定に熱心であった大隈重信にかかわる明治14年の政変が起こった頃には、当時の青年官僚たちを中心とするいくつかのグループによっ

---

(1) 明治9年に明治天皇が憲法の起草を有栖川宮親王に命じられたとき、Tod, On Parliamentary Government in England (1866) が参考文献として渡されたといわれる。ジョージ・アキタ（荒井・坂野訳）『明治立憲政と伊藤博文』（東京大学出版会、1971年）14-5頁参照。

(2) 明治14年3月には、大隈重信の立憲政体に関する奏議が、また同年10月には、憲法制定、国会開設に関する参議連署の奏議が行われている。これらについて、大久保利謙編『近代史史料』（吉川弘文館、1965年）161-7頁参照。ここで「憲法」という用語を何のことわりもなく使ったが、Constitution または constitutional law という言葉に「憲法」という訳語を当てるべきかどうかについても、大論争があった。その訳語が当てられるに至ったきさつについて、穂積陳重『続法窓夜話』〔岩波文庫版〕(1980年) 第2話（憲法という語）を見よ。

418

て，憲法起草の準備が既に行われていた[3]。それらの草案には，イギリス憲法の著しい影響がみられる[4]。これらのことから，明治18年に本書が出版されたとき，関心をもって読まれたであろうということが推測されるのである。

　明治憲法制定のいきさつについては少しくふれなければならないが，その前に，時代的背景を説明しておこう。江戸時代には鎖国政策がとられていたが，イギリス船の漂流などによる日英間の接触はすでにその頃からあった[5]。イギリス側では，この解題の第1章でも述べたように，19世紀には植民地の拡大をはかっており，東洋の島国日本に対してもかなりの関心をもっていたようである[6]。これに対し，日本の側では，一方では中国の文献を通じて「英夷」に対する警戒心をもちながらも，イギリス人は「貪るこころすくなき」紳士であるとするイメージをもっていた[7]。明治維新は，その歴史的事情から日本人の目を西欧に向けさせたが，その頃の青年たちは，ヴィクトリア朝の華麗なロンドンにあこがれた。当時のイギリスについて，福沢諭吉は，つぎのように説明している[8]。

　　「欧羅巴，……（中略）……富國強兵天下一，文明開化の中心と名のみにあら

---

[3] 森有礼，西周，福沢諭吉，加藤弘之らを中心とした「明六社」や，小野梓，金子堅太郎，島国三郎，鳩山和夫らが作った「共存同衆」のグループの活動がとくに目立った。それ以前に，木戸孝允や大久保利通らも，それぞれ憲法の起草を試みているが，これについては，尾佐竹猛『日本憲政史大綱』上巻（日本評論社，1937年）310-69頁参照。木戸孝允は，イギリスを模範にして議会を設置し，憲法を制定しようと考えており，西郷隆盛もそれに同意していたといわれる。ジョージ・アキタ・前掲注(1)，20頁注(8)参照。

[4] 初期の憲法草案の内容およびそれらが作成されるに至るまでの歴史的経過については，浅井清『明治立憲思想史におけるイギリス国会制度の影響』（有信堂，1969年）が詳しい。

[5] 前注の著書の中でも，日本と笑国との間の接触について詳しく説明されているが，とくに有名な事件は，文化5年（1808年）のフェートン号事件である。イギリス人については，中国を通じてアヘン戦争の話なども日本に伝わっており，日本側に不安を覚えさせることがまったくなかったわけではないが，後に述べるように，一般的にはイギリスに対し好感をもち，青年たちはあこがれすらいだいていたようである。

[6] 安政5年（1858年）に日英修好通商条約を締結するために来日した特派使節エルギン伯は，日本に対しては武力行使の必要はなく，日本貿易が大いに推奨できることを本国に報告している。エルギン卿（岡田訳）『遣日使節録』（雄松堂書店，1968年）230-2頁。

[7] 浅井・前掲注(4)10頁に引用された「長崎夜話草」を見よ。

[8] 『福沢諭吉全集』第2巻（岩波書店，1959年）610-15頁。福沢は同書の中に収録された「英国議事院談」の中でイギリス議会制についての詳しい説明をしている。

〔付録2〕訳者解題 ダイシー著『憲法序説』

ず其實は人の教の行届き德誼を修め知を聞き文學技藝美を盡し都鄙の差別なく諸方に建る學問所，幾千萬の數知らず……（中略）……「英吉利」は「佛蘭西國」の北の海，獨り離れし島の國，「蘇格蘭」「阿爾蘭」「英倫」の三國を合せて合衆王國と威名耀く一强國。人民二千九百萬，百工技藝，牧，田畑，產物遺る所なく，中にも多き鐵，石炭，蒸氣器械の源は用て盡きぬ無盡藏，知惠極めて勇生じ，水を渡るに蒸氣船，萬里の波も恐なく，陸地を走る蒸氣車は人に翼の新工夫，飛より疾き傳信機，瞬く暇に千萬里，告て答る急飛脚，内と外との新聞を互に聞て相傳ふ。百の都會の中心は「廷武須」河畔の「論頓府」，廣き世界に比類なき萬國一の大都會。東西三里，南北は二里の間に立籠る軒端は櫛の齒を並べ錐を立べき地もあらず。人口二百八十萬。往來群集雲を成し，夜は三十六萬の瓦斯の燈火耀き晦日の暗も人知らず。晝夜絶なき馬車の聲，四海の浪も音靜，港に繫ぐ萬國の船の遠望は森林，木の葉を散らす河蒸氣，河に架たる鐵橋を走る蒸氣車矢の如く今朝見し友も夕には千里隔る旅のそら。急ぐ旅路に心せき悉しき事はまたの日と名殘おしくも「論頓」を別れて南「宇字留」の瀨戶の渡は九里餘わたり上れば……（以下略）。」

この記述は，日本の最初の使節として竹内下野守に從って福地源一郎らとともにイギリスへ隨員として行ったときに得た知識をもとにして書いたものであると思われるが，これは當時の日本人がイギリスについて抱いていたイメージに近いものであったと思われる。星亨，伊藤博文，穗積陳重などの青年たちが，つぎつぎ渡英し，法学を学んだ(9)。日本人留學生の多くは，ロンドンでアトキン卿のもとで学んだ後，歸國してから日本の法律の近代化に大いに活躍した(10)。

このような時代を背景として明治憲法の制定作業が行われた。この明治憲

---

(9) 唐沢富太郎『貢進生』（ぎょうせい，1974年）を見よ。中村菊男『明治的人間像』（慶応通信，1957年）33-41頁も，星亨のロンドン留学当時の様子を詳しく描写している。

(10) 前注の文献の他，「穗積陳重先生の渡英日記（8）」『書斎の窓』35号（1956年）11頁を見よ。ちなみに，イギリスへ留学した者たちの間にも，「憲法のごとき学ぶべき点は多いが，日本とイギリスとは国柄を異にし往々典拠としがたきものあり」とする気持ちが強かったと思われる。中村・前掲注(9)37-8頁参照。先に引用した穂積陳重の日記にもそれが見られる。当時の日本人たちが，ベンサム，オースティンらの影響を強く受けたこともこのことに関係があるかもしれない。民法典の制定について書かれた論説であるが，当時の日本人のイギリスでの研究について，小柳春一郎「穂積陳重と旧民法」『法制史研究』31号（1982年）108-9頁も参照。当時の知識層のイギリス文化に対する見方は，必ずしも憲法研究についてだけのものではなかったようである。たとえば，夏目漱石のロンドン留学当時の日記を見よ。『漱石全集』第27巻（1957年）127頁以下

3 ダイシー研究の今日的意味

法の制定が，1つには，それが近代国家としての日本の要となることを期待してなされたことは疑いないが，他方，開国の際に押しつけられた不平等条約の改正の道具として利用する意図があったということも事実である[11]。この2つのことが，明治時代のダイシー研究に，大きな意味をもったのではあるまいか。すなわち，一方では，西欧の諸国に似た文明国家の見せかけを作り出す必要があったのに対し，他方，積極的に富国強兵策を推進して早急に日本を近代化する必要に迫られており，中央政府に強力な権限を与えなければならなかった。かかる目的のためには，イギリス憲法の議会民主制の思想やフランス憲法の自然権思想には不都合な点が含まれており，政治的諸事情を考慮したうえ，伊藤博文は，井上毅，伊東巳代治，金子堅太郎らと入念な検討を重ね，最終的には井上毅がレースラーの協力を得て準備したプロイセン流の憲法草案を手直しして採用し，明治憲法を苦心のすえ成立させたのである[12]。

このように，明治憲法は内閣に強力な権限を与えるプロイセン型のものになったにもかかわらず，ダイシー理論の研究は，それ以後にも盛んに行われている。たとえば，明治憲法および皇室典範の逐条説明書としてひろく知られている伊藤博文の『憲法義解』には，日本書紀などのわが国の古い諸文献に並んで，ダイシーの本書がしばしば引用されている[13]。明治22年には，吉田熹六という徳島の人が，本書を翻訳し，出版したという記録が残っている[14]。また，明治32年には，高田早苗（東京大学文学士）が，梅若誠太郎とともに，新しい翻訳書を出版している[15]。これらのことは，当時，本書

---

[11] この点について，『伯爵伊東巳代治』上（晨亭会，1938年）96-8頁を見よ。
[12] 伊東と金子は，イギリス憲法の影響を受けており，『憲法義解』に付された注釈からも推定できるように，しばしば本書を引用して議論をしたものと思われる。憲政資料室に所蔵されている伊東巳代治関係文書には，アンソン，シジウィック，ブライスらの意見書とともに，ダイシーの財政篇に関する意見書も含まれている外，イギリス憲法に関する参考書も数冊含まれている。伊藤は，グナイストおよびスタインについて憲法を学び，ビスマルクにあこがれて，ビスマルク流の草案を準備していた。しかし，プロイセン憲法およびベルギー憲法をフランス語から日本語に翻訳したことのある井上毅が，レースラーの意見を聞きながら作った憲法草案が明治憲法に大きな影響を与えた。この憲法制定のいきさつは，明快に説明できない点も少なくないが，それについては，とりあえず前掲注(1)で引用した著書の第4章を参照せよ。
[13] たとえば，第63条の注釈には，『憲法序説』301頁がそのまま引用されている。典拠がはっきり示されていない部分のイギリス法の叙述も，ダイシーによるものが多い。
[14] 吉田熹六訳述『憲法論』（集英社，1889年）。
[15] 高田・梅若訳『英国憲法論』（東京専門学校出版部，1898年）。

〔付録2〕訳者解題 ダイシー著『憲法序説』

に対する関心がいかに強かったかを示している。もっとも，日本とイギリスとの結びつきは，中国とのそれのような多面的なものというより，通商上の都合による面が強く，明治35年（1902年）に日英同盟の締結によって1つのピークに達した後，どういうわけか徐々に弱まる。ダイシー研究も，昭和8年（1933年）に広文堂から高塚謙氏による本書の新しい訳本が出された後には，ドイツ法でなければ法学にあらずとする軍国主義時代の社会的風潮の中に消えていった。

2 第二次世界大戦後の研究

大正時代に入ってからは，ダイシー研究はしばらく停滞するが，戦後には民主主義が高揚され，再び本書が読まれはじめる。かかる観点から最初に本書を読むべきであると主張したのは，故高柳賢三教授であった。昭和23年に出版された『英国公法の理論』の中で，ダイシーの本書は，「現代公法思想の出発点」であり，「公法思想の原理をもっとも鮮かに提供する」著書であるので，最初に読まれるべきであると述べている[16]。そして，「これとは対蹠的な集産主義的な志向を以てダイシーを批判して，20世紀のイギリス公法の原理を展開せんとする」ジェニングズの著書も，ダイシー理論と対比しつつ紹介している[17]。ダイシー理論をめぐる研究は，その後盛んに行われ，その数は枚挙にいとまがないほどである。その多くは読者の記憶に新しいところであるし，残された紙面でそれらを紹介しつくす余裕はないので，それは別の機会にすることにして，ここでは各々の研究の特徴と思われるものを類型別に紹介するだけにとどめたい。

第1に，主として英米法研究の立場から，ダイシー理論およびそれに対する批判などを正確に紹介し，日本での研究に資することを目的とした研究がある[18]。第2に，大陸法の諸国にみられる「法治主義」の理念とを比較検

---

[16] 高柳賢三『英国公法の理論』（有斐閣，1948年）60頁。ちなみに，この著書は，高柳教授が昭和16年（1941年）に『法学協会雑誌』に発表された一連の論文に基づいて書かれたものである。

[17] 同書，185-202頁。ちなみに，高柳教授はジェニングズの理論を「左翼的」とし，本書の編者であるウェイドは「ジェニングズほど左翼的ではないが，やはり相当ジェニングズの影響を受けている」と評価している。

[18] 前掲注(16)の文献の他，内田力蔵「立法と《法の支配》——ダイシーの所論にそくして」『法律時報』25巻1号（1953年）14-23頁，道田信一郎「変革期における《法の支配》序説」『法学論叢』59巻6号（1954年），岡久男「《法の支配》について」『甲南論集』4巻3号（1956年）187-207頁などをあげることができる。

3 ダイシー研究の今日的意味

討した研究がある[19]。第3に，行政法学の立場からダイシー以後の展開も含めて，英米行政法に1つのモデルを求めた研究がある[20]。第4に，日本の民主化，近代化ということを念頭に置いて，ダイシー理論が日本の社会でいかに妥当するかを検討した政治学の観点からなされた研究がある[21]。そして，最後に，国際社会における「法の支配」の実現という将来の理想を描こうとした研究がある。

最後の類型の研究は，アメリカや西欧諸国に比べると，わが国の研究はかなり遅れていて，あまり知られていないので，もう少し説明を加えておこう。日本では，1959年以後，日本法律家協会が機関誌『法の支配』を刊行し，この領域の研究が行われてはきたものの，おそらくは実際上，切迫した必要性がわが国ではあまりないために，大きな発展は見られなかった。この領域では，故田中耕太郎最高裁長官，故高柳賢三教授，久保田きぬ子教授，平野龍一教授，杉村敏正教授らの名前をあげることができるが[22]，この領域の研究をよりよく発展させるためには，国際法研究者によるもっと緊密な協力が望まれるところであろう。それはともかくとして，これまでの動向は，1977年に久保田きぬ子教授が『法の支配』第32号に発表された「現代における《法の支配》」と題する論文からうかがい知ることができる[23]。

---

(19) 杉村敏正「法の支配」『法学論叢』60巻5号（1954年）110-48頁，高田敏「《法律による行政》と形式的法治国」『公法学の諸問題（渡辺宗太郎博士還暦記念）』（有斐閣，1956年）17-65頁などをあげることができる。鵜飼信成「法の支配の現代的意義」『法の支配』32号（1977年）3-19頁は，より本格的な比較研究をした論説であるが，わが国の行政指導を具体的な素材として取上げている点で興味深い研究である。
(20) この立場からダイシー理論を本格的に検討した研究として，山田幸男『行政法の展開と市民法』（有斐閣，1961年），特にその106-15頁をあげることができる。同教授の最近の論説「イギリスにおける《法の支配》と行政法」『現代における《法の支配》〔磯崎辰五郎先生喜寿記念〕』（法律文化社，1979年）1-18頁も見よ。ちなみに，本書には，法の支配の原理をめぐって書かれた，佐藤幸治教授（アメリカの委任立法）や種谷春洋教授（言論・出版の自由）らの論文も含まれている。
(21) 辻清明「法治行政と法の支配」『思想』337号（1952年）10-5頁，柳瀬良幹「法治行政と法の支配——辻教授の所説について」『法律時報』24巻9号（1952年）58-63頁もこれに含めてよかろう。
(22) 杉村敏正「《法の支配》の現代的意義」『法学論叢』69巻6号（1961年）1-30頁は，わが国におけるこの類型の研究を跡づけている。
(23) 久保田きぬ子「現代における《法の支配》——その今日的展開」『法の支配』32号（1977年）20-30頁。

〔付録2〕訳者解題 ダイシー著『憲法序説』

(2) 国際社会の形成とダイシー理論

　前節の最後に言及した久保田教授の論文の中で詳しく紹介されているように，国際連合やその他の国際的な諸組織によって，「法の支配」をいかに実現するかが討議されている(24)。ヨーロッパ会議や第三世界の地域的国ブロックにおいては，憲章を制定し，「法の支配」の原理をすでに実定法化したところさえある。たとえば，1953年9月3日に効力の発生したヨーロッパ人権保護条約は，その前文の中で，ヨーロッパ社会に「法の支配」を実現し，ヨーロッパ共通の「文化遺産」を発展させることを定めていて，その解釈がヨーロッパ人権裁判所の判決の中でしばしば争われている(25)。後に述べるように，解釈は必ずしも確立されてはいないが，少なくとも審議の過程の資料からは，ダイシー理論を基礎としていることがうかがわれるのである。

　条約の条文だけでなく，国際会議の決議や国際セミナーの討論までも含めれば，ダイシー理論の影響はもっと広範に見られる。先の久保田教授の論文でふれられているものだけでも，1948年にボゴタ（コロンビア）で開かれた第9回米州国際会議の決議と1969年の米州人権協定，1965年にバンコックで開かれた東南アジア・太平洋地域の16ヶ国の法律家会議の提案，1959年にニューデリーで開かれた国際法律家委員会の宣言(26)，1976年にタンザニアで開かれた東アフリカおよび中央アフリカの諸国の国際セミナーの結論，1977年に開かれた国際法律家委員会のウィーン総会の暫定的結論などがある。さらに，他の多くの文献でもしばしば言及されている，1957年にユネスコが主催した「西欧諸国で理解されている法の支配」の会議（シカゴ）の一般的見解の要約にも注目すべきである(27)。また，杉村敏正教授の「《法の支配》の現代的意義」と題する論説では，1955年のハーヴァード大学での

(24) 国際連合の『世界人権宣言』の前文の中で，「人権を法の支配によって保護することが肝要である」という表現を用いているし，国際人権規約にも類似の表現が見られる。これらの文言は，法的拘束力のない単なる目標の宣明にすぎないが，国際司法裁判所規程第38条に定める裁判の基準となる法源としての力を認める見解もある。後掲注(28)も参照せよ。

(25) 田島裕「ゴルダー判決とイギリス法」『ジュリスト』645号（1977年）119-22頁で紹介されたヨーロッパ裁判所のゴルダー判決を見よ。

(26) この宣言は，平野龍一「国際法曹委員会のデリー宣言《法の支配の観念は変った》」『ジュリスト』176号（1958年）64-5頁に紹介されている。

(27) これについては，ウェイド版の編者序説，108-110頁で，ケンブリッジ大学トリニティ・カレッジのフェローであるジョロヴィッチ（J. A. Jolowicz）による会議要約とあわせて紹介されている。

424

3　ダイシー研究の今日的意味

会議，1955年にアテネで開かれた国際法律家会議の決議書，ユネスコ主催のシカゴ会議の翌年に共産主義諸国が開いたワルシャワ会議などが紹介されている[28]。

このように，とくにダイシーの「法の支配」の理論は国際社会において種々の議論を直接または間接に喚起しているが，ダイシー理論がどの程度まで正確に理解された上でかかる議論が展開されているかについては大きな疑問がある。かつて内田力蔵教授が，わが国におけるダイシー理論の理解がいかに不正確であるかを指摘されたことがあるが，その論文での指摘は，よりいっそう国際会議での討論に当てはまるものであるかもしれない[29]。実際にヨーロッパ人権裁判所のゴルダー判決では，先に言及したローマ条約の前文の「法の支配」という文言の解釈について，有力な2人の裁判官の見解がはっきり対立した[30]のであるが，解釈が分かれることは決してめずらしくない。

とくに「法の支配」の概念については，アメリカの法律家の考えはかなりイギリス人のそれとは異なっており，少なくとも第二次世界大戦後の国際社会において，アメリカの発言力が強くなっていることを考慮するならば，それは無視できないものであろう。この観点からすれば，アメリカのもっとも有力な行政法学者であるデイヴィスの見解は無視できない[31]。彼の所説は，先の杉村教授の論説でも紹介されているように，ダイシーの理論は「法の支配」の観念を多義的に使っており，それは不明確で，法的意味よりも政治的または情緒的信念を表明しているにすぎない，とするものである。彼は，7つの観点から「法の支配」の意味を説明しなおしているのであるが，要するに，適正な手続を保障することによって「恣意性」を排除することに彼の主

---

(28) 前掲注(23)の論文。また，シカゴ会議の結論とワルシャワ会議の結論をふまえて，ダイシー理論は国際司法裁判所規程第38条1項にいう「文明国が認めた法の一般原則」となっているのではないか，という疑問を提起した，Marsh, *The Rule of Law as a Supra-National Concept*, in Oxford Essays in Jurisprudence（Guest ed. 1961）at 223-64 も示唆にとんだ論文である。

(29) 前掲注(18)で引用した内田教授の論文を参照せよ。

(30) 多数意見は大陸法系の裁判官たちによって書かれたものであるが，イギリスのフィッツモーリス裁判官は，それに対する力強い反論を書いている。事件の背景およびこれらの裁判官の意見について，詳しくは，田島裕「ゴルダー判決とイギリス法」『ジュリスト』645号（1977年）を見よ。

(31) デイヴィスのダイシー理論に対する評価は，Davis, Administrative Law Treatise (1958) vol. 1, pp. 55-64 に見られる。彼の主要な考えは，事実上の利害関係者に聴聞 (hearing) の機会を与え，行政から恣意性を排除することにあると思われる。

〔付録2〕訳者解題　ダイシー著『憲法序説』

眼が置かれているようであり，結論としては，彼はその「デュー・プロセス」の理論をダイシーのそれと置き換えようとしていると思われる(32)。

　先に言及した国際会議の決議等に関連して書かれた，あるいはそこで問題になっているテーマについて論じた論文の数は決して少なくない。しかし，ここでは，とくに非常にしばしば引用されているグッドハートの論文を紹介するだけにとどめたい。この論文は(33)，1958年にペンシルヴァニア大学のロー・レヴューに発表されたものであるが，つぎの2つの点で注目すべきものである。第1に，ダイシー理論が利用できるのは民主社会に限られるなど，その理論の利用が可能な社会的条件を検討していることである。第2に，その(34)条件が満たされていることを前提としたうえで，「法の支配」が国際社会において実現するために必要なこととして，結論の中で3つのことを指摘していることである。その1は，それを実行するための手続が設けられることである。その2は，官吏がつねに法によって拘束されることである。その3は，法の支配の実現は社会の構成員の各人の意思にかかっているという認識が存在することである。

　ところで，現実の国際社会をながめるとき，「法の支配」の重要性についての認識は一般的に広まりつつあると言ってよいのではあるまいか。しかし，それを法的規範として認め，司法的に強制するための手続は，やっと作られたばかりである(35)。国際社会において「法の支配」を破った者の政治的責任を問うことさえ，非常に困難である(36)。それでも，徐々にその原理は国際慣習法の一部になりつつあり，その法的強制力を認める理論が見られるよ

---

(32) Jones, *The Rule of Law and the Welfare State*, 58 Col. L. Rev. 149 (1958) も，手続的な面からの「法の支配」の実現を支持している。

(33) Goodhart, *The Rule of Law and Absolute Sovereignty*, 106 U. Pa. L. Rev. 943-63 (1958). この論文は，1958年にペンシルヴァニア大学で行われたオーエン・J・ロバーツ記念講演に基づいて書かれたものである。

(34) この前提条件の問題は，ロバーツ裁判官が提起したものであるらしく，グッドハート教授はその結論を最初に引用している。すなわち，「私〔ロバーツ裁判官〕の基準は，第1に，代表制の政治形態の国であること，第2に，人身の自由やその他の自由が守られている国であること，（そして第3に）政府が個人に対してなしうることについて，境界と限界がある地域であること」である。

(35) 司法的強制の役割を担う裁判官について書かれた著作として，L. V. Prott, The Latent Power of Culture and the International fudge (1979) は，興味深い文献である。

(36) 今日，国連総会がかかる責任を問うためのもっとも適した場所であると思われるが，その決議でさえ従われないことが少なくない。

うになってきている(37)。おそらくは，ダイシーの憲法習律に関する理論は，ここでもかなり参考になるところがあり，新たに見直されるときがくるのではあるまいか(38)。

---

(37) 国際慣習法の形成に関する研究として，Thirlway, International Customary Law and Codification (1972) は，本文で指摘した論点と関連して読まれるべき著作であろう。なお，Hickey, *Custom and Land-Based Pollution of the High Seas*, 15 San Diego L. Rev. 409-75 (1978) は，「法の支配」には直接ふれてはいないが，海底資源の保護のために本文の考えを適用することを試みた一例である。
(38) ウェイドも，Lauterpacht, Function of Law in the International Community (1933) の第19章2節を引用して，恣意性の排除のために国際慣習法の利用の可能性を指摘している。

〔付録3〕ルイ・L. ジャッフィ著「法創造者としての英米の裁判官」(1969年)について

〔付録3〕　　　ルイ・L. ジャッフィ著
　　　　　「法創造者としての英米の裁判官」
　　　　　　　　（1969年）について

　〔付録3は日米法学会の機関誌「アメリカ法」（1973-2号）に筆者が執筆したジャッフィ教授の著書の書評をそのまま転載したものである。その著書の原文は，Louis L. Jaffe, English And American Judges as Lawmakers, Clarendon Press, Oxford, 1969, pp.x,116 である。本書にこの書評を付録として掲載したのは，筆者がケンブリッジ大学での研究テーマを設定したとき，その著書が大きな影響を与えたからである。この著書は，イギリスでは厳しい批判を受けたが，その批判は，コモン・ロー（イギリス憲法を含む）が裁判官によって創造されたという理解に向けられたものではなく，アメリカ法と比較して，アメリカ法をイギリス人に押しつけようとしたこと［いわゆる司法府積極主義］に向けられているように思われる。〕

　本書の著者は，わが国でもかなり知られているので改めて紹介する必要はないかもしれない。しかし，本書が扱っているようなテーマについては，著者がどのような経験を持っているかによって，影響を受けるところが大きいと思われるので，はじめに簡単に著者を紹介しておくことにしよう。
　ジャッフィ（Jaffe）教授は，1905年にシアトル（Seattle）に生まれ，ジョンズ・ホプキンス大学を卒業した後，ハーヴァード・ロー・スクールに入学し，1928年に卒業し，法学士（LL・B）となっている。その後，大学院に進み，1932年に法学博士（S・J・D）の学位を得た。大学院を卒業してからは，ブランダイス裁判官のロー・クラークとして連邦最高裁判所に1年間，連邦農業調整委員会の職員（legal staff）として1年間，その後，連邦労働関係委員会の職員（legal staff）として1年間，合計3年間の実務経験を経ている。この3年間の実務経験をつんでから，バッファロウ大学の教壇に立ち，1948年から2年間，同大学の法学部長を勤めた後，ハーヴァード・ロー・スクールの教授の地位につき，現在に至っている。ジャッフィ教授の担当科目は，主として行政法であるが，他のアメリカの教授たちがそうであるように，いくつかの異なった科目を教えた経験を持っている。
　ジャッフィ教授の著書，論文等に見られる研究は，密度が高くて難解であ

〔付録3〕ルイ・L.ジャッフィ著「法創造者としての英米の裁判官」(1969年)について

るといわれている[1]。「法創造者としての英米の裁判官」と題する本書も，著者が1967年にオックスフォード大学に招聘されて行なった一連の講演の原稿に基づいて書かれたものであるが，難解な部分が何箇所かある。しかし，それはともかくとして，筆者に理解できるかぎりにおいて，正確に本書の内容を紹介することにしよう。

本書の構成は5章からなっている。「偉大な裁判官はもういないか」と題する第1章は，本書の問題提起にあてられ，その問題に対して，「司法的法創造の民主的性格」と題する第2章，「英米の裁判官の役割の比較」と題する第3章，「司法的法創造の危険性」と題する第4章において1つの答を見出そうと試みている。そして，最後の第5章に短いエピローグを付けて1冊の本にまとめている。

第1章には，「偉大な裁判官はもういないか」という表題がふされているが，これは，デヴリン（Devlin）卿[2]が，コモン・ローは先例の発展によって完全に成熟しつくしていて，もはや新芽を出せない老大木になってしまっ

---

(1) ジャッフィ教授の著書や論文のうち比較的最近発表されたものをあげれば，JUDICIAL CONTROL OF ADMINISTRATIVE ACTION (1965)の他，放送，新聞等の報道に関係のある論文として，Editorial Responsibility of the Broadcaster : Reflection on Fairness and Access, 85 HARV. L. REV. 768 (1972); Fairness Doctrine Equal Time, Reply to Personal Attacks, and the Local Service Obligation : Implications of Technological Change, 37 U. CIN. L.REV. 550 (1968); Trial by Newspaper, 40 N. Y. U. L. REV. 504 (1965)，環境権に関する論文として，Two Days to Save the World, 24 OKLA. L. REV. 17 (1971); Administrative Agency and Environmental Control, 20 BUFFALO L. REV. 231 (1970)，行政訴訟に関する論文として，Standing Again, 84 HARV. L. REV. 633 (1971); Citizen as Litigant in Public Action : The Non-Hohfeldian or Ideological Plaintiff, 116 U. PA. L. REV. 1033 (1968)。ジャッフィ教授に強い影響を与えたと思われる2人の恩師の法律観について書いた論文として，Professors and Judges as Advisors to Government: Reflections on the Roosevelt-Frankfurter Relationship, 83 HARV. L. REV. 366 (1969); Was Brandeis An Activist? : The Search for Intermediate Premises, 80 HARV. L. REV. 986 (1967)。イギリス行政法に関するResearch and Reform in English Administrative Law, [1968] PUB. L. 119 (1968)がある。さらに，これらの著作のほか，人権問題に関するシンポジウム等の報告が2, 3ある。なお最近トライブ（Tribe）教授と共編のケイスブック ENVIRONMENTAL PROTECTION (1971)が公にされている。

(2) ジャッフィ教授と同じく1905年の生まれ。ケンブリッジを出てから法曹の道を歩み，1961年から1963年まで，貴族院裁判官（Lord of Appeal in Ordinary）の職にあり，有能な法律家として知られている。わが国にも，後掲注(7)，注(30)に引用した文献の他，TRIAL BY JURY (1956); CRIMINAL PROSECUTION IN ENGLAND (1958)（児島武雄氏による訳書あり）等によって知られている。

〔付録3〕ルイ・L. ジャッフィ著「法創造者としての英米の裁判官」(1969年)について

た，と述べている⁽³⁾のに対応して付けられたものであると思われる。デヴリン卿によれば，イギリスでは，コーク（Coke），ベイコン（Bacon），ホールト（Holt），マンスフィールド（Mansfield），ブラックバーン，ウィルズ等⁽⁴⁾の偉大な裁判官たちが果した役割を今日の裁判官たちに期待する余地が無くなってしまっていることになるのであるが，ジャッフィ教授は，はたしてそうであろうかと問うているのである。

そこで，ジャッフィ教授は，イギリス司法部が法創造に対して消極的であった20世紀にアメリカ司法部がどのような態度をとっていたかを紹介する。適正手続条項や平等保護条項について言えば，あたかも巨大なアコーディオンを奏でるかのように拡大したり縮小してきたりしてきた⁽⁵⁾。また，州裁判所は，慈善団体の不法行為免責やその他のコモン・ローの分野について積極的態度を示し，新しい法創造を行ってきた⁽⁶⁾。もっとも，後に説明するように，司法部の積極的態度が常に正当であるというのではなく，議会や行政府の態度も参照して，司法的法創造が法の目的の実現に役立つものであると判断される場合でなければ正当であるとはいえない⁽⁷⁾。

現代民主世界における司法部は，広義の立法という国家の大事業の一端を担うパートナーの役割をもつものであって，議会が時間的制約その他の理由から立法機能を十分に果していない時には，司法部がその機能を補助することが適当であると思われる⁽⁸⁾。例えば，マンスフィールド卿の諸判決は，

---

(3) DEVLIN, SAMPLES OF LAWMAKING 113, 115, 119 (1962). ちなみに，デヴリン卿のこの著書は，法創造に関する一般的考察，商法と商慣習，傭船契約等に関する諸原理，制定法上の犯罪，薬事関係法，行政法等についての立法学的側面から書かれた6つの論文を集めたものである。上の引用部分は，そのうちのイギリス行政法とコモン・ローの関係について論じている部分である。

(4) これらの裁判官たちについては，本書72-73頁を見よ。

(5) この点に関して，ジャッフィ教授は，「1人，1投票権」の原則をたてた判例，学校・食堂・公園等の公共の場所における人種差別の禁止に関する判例，適正な刑事手続に関する判例など，きわめて有名な諸判例を引用している。

(6) この点に関しては，判例は引用されていないが，最近の私法の分野におけるコモン・ローの発展を詳しく説明している文献として，KEETON, VENTURING TO DO JUSTICE : REFORMING PRIVATE LAW (1969) がある。ちなみに，この本については，田中英夫教授による紹介がある。アメリカ法〔1972-1〕87-90頁。

(7) このような立場から，イギリスの裁判所の消極的態度が，例えば，女王の大赦による救済や立法的救済を前提として裁判所が安楽死の違法性阻却を認めなかった場合のように，総合的な判断に基づくものであるならば必ずしも不当であるとはいえない，とジャッフィ教授は述べている。

(8) この点に関して，Evershed Committee の報告書を引用する。Final Report of the Committee on Supreme Court Practice and Procedure, Con1, A 8878 pend. 642

431

〔付録3〕ルイ・L. ジャッフィ著「法創造者としての英米の裁判官」(1969年)について

今日では時代遅れなものになっているにもかかわらず，歴史的，社会的背景を総合的に判断してマンスフィールド卿が偉大な裁判官であったと評価されているのも，このような意味においてである[9]。必要な場合に司法部が積極的態度を示したからといって，司法部の公正のイメージを傷つけ，その信頼を失わせるということにもならない。

このような立場から，ジャッフィ教授は，すでに引用したデヴリン卿の「コモン・ローは老大木」であるとする見解，グッドハート (Goodhart) 教授の厳格な先例拘束性の原則の主張[10]，ラドクリフ (Radcliffe) 卿の立法機能と司法機能を明確に区別する考え方[11]は，一般論としては受け入れられないと述べている。そして，ダイシー (Dicey) の予想に反して，20世紀になって発展してきた行政法，特に自然的正義 (natural justice) に関する諸判例の態度[12]，また，1966年のイギリスにおける先例拘束性の原則の変更[13]

   (1953). なお，別の個所で，イギリスの裁判官で本文で述べた見解を支持するものとして，デニング (Denning) 卿の Magor v. Newport Corporation, [1950] 2 All E. R. 1226, at 1236 における反対意見を引用している。ただし，シモンズ (Simonds) 卿は，それは「立法機能の明白な簒奪」であるとして批判している。同事件，[1952] A. C. 189, at 191.
(9) マンスフィールド卿については，フィフット (Fifoot) の著書が引用されている。FIFOOT, LORD MANSFIELD (1936). なお，マンスフィールド卿に関して，日本語で書かれた文献としては，堀部政男「イギリス近代法の形成——18世紀後半における司法的立法研究序説」社会科学研究19巻 (1967年) 1号1頁，同2号1頁が参考になる。
(10) GOODHART, ESSAYS IN JURISPRUDENCE AND THE COMMON LAW 68-9 (1931). なお，グッドハート教授の見解について，田中英夫「外国判例の読み方」ジュリスト312号 (1964年) 101頁参照。
(11) RADCLIFFE, THE LAW AND ITS COMPASS 14, 16, 27, 40 (1960).
(12) イギリスにおける行政裁判の重要な先例である Local Gov't Board v. Arlidge, [1915] A. C. 120 は，ダイシー的な「法の支配」の原理に対する深刻な打撃であったといわれている。この点について，詳しくは，伊藤正己『イギリス公法の原理』(弘文堂，1954年) 167-200頁参照。この後「自然的正義」の原理は，告知と聴聞の権利および偏見 (bias) の排斥という側面において発展していくのであるが，Liversidge v. Sir John Anderson, [1942] A. C. at 206 や Duncan v. Cammell, Laird & Co., [1942] A. C. at 624 では，行政機関の認定の基礎となった資料を提出させたり，覆したりすることはできないと貴族院［最高裁判所］は判示していた。しかし，Barnard v. National Dock Labour Board, [1953] 2 Q. B. 18；Cortledge v. Joplin, [1963] A. C. 758；Ridge v. Baldwin, [1964] A. C. 40；Vidyodaya University of Ceylon v. Silva, [1964] 3 All E R 865；Conway v. Rimmer, [1968] 1 All E. R. 874 では，自然的正義は資料の提示や聴聞の機会を与えることを要求すると判示するに至っている。さらに，もう1つの好ましい例として，伝聞証拠の法則に新しい例外を認めることを拒否した。Myers v. D. P. P., [1965] A. C. 1001 をジャッフィ教授は紹介している。
(13) Practice Statement (Judicial Precedent), July 26, 1966, [1966] 1 W. L. R. 1234.

〔付録3〕ルイ・L. ジャッフィ著「法創造者としての英米の裁判官」(1969年)について

を歓迎している。

　第2章では，ジャッフィ教授は，司法部による法創造の民主的性格を明らかにしようとしているが，それを明らかにする前に，法創造が必要である場合について，次の2つをあげている。第1に，いわゆる「個人および少数者」の保護が必要である場合であり，第2に，一定の社会問題の解決のために法の積極的利用が必要であるときに，理論的説得によるリーダーシップをとることが要請される場合である。

　このように裁判所による法創造機能を肯定する立場に立った場合，次の3つの問題が生じてくる。第1の問題は，裁判所が法創造を行ないうる法的根拠は何か，第2の問題は，裁判所による法創造の限界はどこにあるか，そして，第3の問題は，個々の事例についてなされる法創造による副産物として法の持つ柔軟性 (flexibility) を傷つける技術的障害を取り除くことができるかどうかの問題である。第2章は，主としてこれら3つの問題に答えることにあてられている。

　まず第1の問題について，ジャッフィ教授は，法的根拠は「法に従って (pursuant to law) 事件および争訟を審判する」憲法上の権限[14]であるという。これについて，「事件性」もしくは「争訟性」の要件が重要であることはいうまでもないが，よりいっそう重要なことは，「法」の概念が司法部の行動を規律する有権的諸原理 (authoritative principles) の集合体として理解されることである。判決は既存の法に基づいて下されなければならないが，ここにいう「既存の法」の中には，「切迫した必要性 (deeply felt need)」も含まれている。但し，法は国民の意思でなければならないという民主主義の原理から，そのような広義の法は，判決後に国民の一般的支持 (popular acceptance) によって準正されることが必要であり，またその適用にあたってなされる法的推論も，すでに確立した方式によってなされる必要がある[15]。

　これについては，田中英夫教授の全訳とその簡潔な解説があるのでそれを参照されたい。田中英夫「イギリスにおける先例拘束性の原理の変更について」法学協会雑誌84巻7号 (1967年) 922頁。

(14)　Cf. U. S. Const. art. 3.
(15)　但し，ここにいう確立した方式と言うのは，例えば，制定法の解釈について機械的な文理解釈を必要とする Heydon's Case, 3, Co. Rep. 7a, 76 Eng. Rep. 637 (Ex. 1584) の準則のようなものを指してはいない。理由を十分に示して国民を説得できる論理ぐらいの軽い意味で使われていると考えてよい。本文と関連して具体的に取り上げられている事例は，Shelley v. Kraemer, 344 U. S. 1 (1948)；Brown v. Topeka, 347 U. S. 483 (1954) などの人種差別に関するものである。

〔付録 3〕ルイ・L. ジャッフィ著「法創造者としての英米の裁判官」(1969 年)について

　第 2 の問題は，上に述べた条件を満たしている限り，裁判所は，全く自由に法を創造できるかどうかという問題である。これについては，ジャッフィ教授は，A.F. of L. v. American Sash 判決におけるフランクファーター (Frankfurter) 裁判官の意見の次の部分を引用する。

　　「裁判官は，合理的基準によってその判決を形成することができる限度においてのみ，民主社会におけるその責務を果たすことができる。そして，（ここにいう）合理的基準とは，個人的感情によって影響を受けないものであって，かつ言葉で伝達可能なものである。政策（policy）の問題は，……定義上，価値の対立の調整を必要とするものであり，諸価値を対立させている諸要素は，大部分，（客観的）評価のできないものである」[16]。

　ジャッフィ教授は，この見解には一種の誇張が含まれていることを指摘する。つまり，法律の条文を適用するにあたって，政策について選択可能な選択肢を合理的に説明することはできるし，また選択した結果がどのようになりうるかを合理的に記述することも可能であるというのである。ジャッフィ教授は，フランクファーター裁判官の上述の見解を支持するものと思われるハート (Hart) 教授の見解と対比させて，ジョナサン・コーエン (Jonathan Cohen) の意見を取り上げ[17]，最近の不法行為責任に関する法律問題[18]，死刑の廃止に関する問題[19]について検討した上で，裁判官は，立法が明示的に禁止していない限り，自己の良心と理性に従って，一般人の意思だと思うものを法として適用する自由（裁量）を持つと説く。また，時には，制定法それ自体が，裁判官に対して倫理的判断を要求していることがあることを指摘する[20]。

　第 3 の問題に関しては，2 つの側面から問題が生じてくる。1 つは，司法的法創造は立法機能に干渉を与えないかどうかである。これについては，多

---

(16)　A. F. of L. v. American Sash & Door Co., 335 U. S. 58, 557 (1948).
(17)　ARISTOTELIAN SOCIETY, Supplementary Volume XXIX (Problems in Psychotherapy and Jurisprudence) 236, 261 (1955) 参照。
(18)　この点について判例の引用はないが，前掲注(6)のキートン教授の著書の巻末の一覧表に掲げられている不法行為に関する諸判例を具体的には考えているものと思われる。
(19)　Rudolph v. Alabama, 375 U. S. 889 (1963) におけるゴールドバーグ (Goldberg) 裁判官の見解が引用されている。ちなみに，連邦最高裁判所は，Furman v. Georgia, 408 U. S. 238 (1972) において，死刑は残酷で異常な刑罰であると判示した。
(20)　障害児殺害を理由として国籍申請を拒否した Repouille v. United States, 165 F. 2d 152 (2d Cir. 1947) をその例として取り上げている。

〔付録3〕ルイ・L. ジャッフィ著「法創造者としての英米の裁判官」(1969年)について

数決原理を実質的にとらえてみれば，そうでないことが分る。いかなる問題についても，最初は一人の見解でしかない。時には，重要な見解も無視されてしまうこともあるし，また時には，多数の興味を引くことができないというだけの理由で立法が出来ないこともある。議会は，社会にとって何が必要かということについて，コンピューターのように正確な判断を下すものではなく，立法は，その時々に目につく社会問題を試行錯誤的に解決するために，「肯定（yes）」または「否定（no）」の二者択一という方法で，作られていくものである。裁判所もまた，窮極的には社会問題の解決をその役割とするものであって，裁判所が新しい解決方法を最初に示したからといって，上に述べたような立法機能が損なわれるとは思われない。むしろ，裁判所は法については専門家であって，詳細な理由を示すことによって立法機能を助けることすらできると思われる。しかも，裁判所の新しい見解を法として認めるか否かの選択権が議会にあるのである[21]。また，判決の効力が個別的なものであるということから考えて，国民の一般的支持が得られないかぎり，それは完全な法とはなりえないものであるから，法の民主的性格を傷つけることもないと述べる[22]。

　第3の問題に関して起こりうるもう1つの側面は，判決の遡及的効果に関するものである。立法と対比して，判決には遡及的効力があると考えられているために，判決の変更によって過去の判決の効力にどう影響を及ぼすかという問題が生じる[23]。この副産物を回避する方法として，アメリカの裁判所は，まず当面の事件で判例変更の警告を与えてから次の事件以降変更するという方法と，当面の事件で判例を変更するがその時点までに終結している

---

(21) 本文で述べてきたことを支える具体例として，公立病院に不法行為に関する主権免権の原則の適用があるかどうかに関する Muskopf v. Corning Hospital, 55 Cal. 2d 211, 359 . P. 2d 457 (1961) を取り上げている。
(22) この点に関して，効果的な救済手段が与えられるかどうかという側面から，Baker v. Carr, 309 U. S. 186 (1962); Reynolds v. Sims, 377 U. S. 533 (1964)，また判決の社会全体に及ぼす実行力という側面から，Brown v. Board of Education, 347 U. S. 483 (1954) などを議論している。
(23) 一例として，Gideon v. Wainwright, 372 U. S. 335 (1963) を説明している。国選弁護人依頼権について，Powell v. Alabama, 287 U. S. 545 (1933) は，死刑事件について国選弁護人を付することを適正手続条項は要求すると解釈していたが，Betts v. Brady, 316 U. S. 455 (1942) では，死刑以外の事件ではその必要はないと判示した。しかし，上の Gideon 判決は，その解釈は誤りであったと判示したために，Betts 判決以後，死刑以外の重罪判決について国選弁護人が付かないで有罪となった者をすべて救済する必要が生じてきたわけである。

〔付録3〕ルイ・L. ジャッフィ著「法創造者としての英米の裁判官」(1969年)について

事件に対しては遡及させないという方法を考え出してきた[24]。

このような裁判所の積極的役割を肯定する見解に対して，例えばRaynolds v. Sims のハーラン (Harlan) 裁判官の反対意見[25]に見られるように，裁判所に政治的改革の役割を担わせるものであって，政治制度そのものを弱体化するという批判がある。しかし，立法府は立法のために完全に適した機関であるとは言いきれないし，問題によっては，立法の指針を示してくれるリーダーもしくはいわゆる教師を必要とする。少数者の地位にあって現体制に不満を持つ者にとってのみ重要な意味を持つ市民的自由権の分野に関しては，裁判所は，法の中にそれを積極的に実現していくよう助力することが最大の公共利益をもたらすと思われるし，国民，ことにその代表である議員たちに，たえずその重要性を説得することが裁判所の義務ですらあると思われるのである[26]。

第3章では，これまで述べてきた観点に立って，英米の裁判官の役割を比較している。そして，この比較の前提条件として，ジャッフィ教授は，まずイギリス司法部と異なって，アメリカ司法部は強い政治的性格を持つことを指摘する。これについて，アメリカの裁判官の選任方法[27]，日常生活における一般国民との交際，係争中の事件についてのコメントが裁判所侮辱とならないことなどを説明している[28]。さらにまた，もう1つの前提条件として，イギリスが単一の法制度の国であるのに対し，アメリカが多元的法制度の国

---

(24) 最初の事例として，Great Northern Ry. v. Sunburst Oil & Refining Co., 287 U. S. 358 (1932) が引用されている。なお，この問題については，関連のある諸判例およびそれに関連のある問題点を詳細に論じている田中英夫教授の論文を参照せよ。田中英夫「判例の不遡及的変更」法学協会雑誌83巻7・8号 (1966年) 1005頁。

(25) Raynolds v. Sims, 377 U. S. 533, 624 (1964).

(26) もっとも，一般論としては，ジャッフィ教授は，司法的法創造を義務的 (mandatory) なものであるというよりは，許容的 (permissive) なものであると考えている。

(27) 裁判官の選任の問題については，田中英夫教授による一連の研究があるので，ここでは説明を省略した。田中教授のこの点に関する主な文献をあげれば「アメリカの裁判官」公法研究24号 (1962年) 112-20頁，「アメリカにおける裁判官の選任方法 (1，2)」法学協会雑誌78巻 (1961年) 2号135頁，3号277頁，「裁判官の選任に関するいわゆるミズーリプランの地位」ジュリスト244号 (1962年) 51頁がある。

(28) アメリカのTimes-Mirror Co. v. Superior Court, 314 U. S. 252 (1941)；Pennekamp v. Florida, 328 U. S. 331 (1946)；Craig v. Harney, 331 U. S. 367 (1947)，またイギリスのR. v. Balfour, 11 T. L. R. 492 (Q. B. 1895) などを紹介した後，かつてジョンソン大統領がK. K. K. を違法とする立法の必要性を説くテレビ演説の中で起きたばかりの事件についてのかなり詳細なコメントをしたことがあったが，このようなことはイギリスでは裁判所侮辱として罰せられるであろうと述べている。

〔付録3〕ルイ・L. ジャッフィ著「法創造者としての英米の裁判官」(1969年)について

であることを指摘する。

　これらの相違を考慮に入れた上で裁判官の役割を比較してみると，イギリスの議会が新しい社会的必要に応じて盛んに立法活動を行っている現況の下では，最初に言及したデヴリン卿のような考え方も理解できなくはない。しかし，20世紀に入ってからコモン・ローは完全に成熟しきってしまったという議論は一般論としては成り立つであろうか。デヴリン卿は Donoghue v. Stevenson 判決[29]は誤りであると言っているのであるが，本当にそうであろうか。デヴリン卿が加わっている Shaw v. Director of Public Prosecutions[30] が示しているように，裁判官が適用しうる法は制定法に限られるものではない。制定法は，法原理の体系を含む一般政策もしくは概念の指標を示す一つの資料であって，かかる政策や概念を導き出す法源として，裁判官が慣習や道徳等を利用することも許されるはずである。このような立場から，ジャッフィ教授は，最近の判例によるイギリス行政法の発展[31]を評価している。これまでのところでは，ジャッフィ教授は，司法的法創造の長所またはその必要性について説明してきた。第4章では，司法的法創造に内在する危険性を説明し，それには一定の限界があることを述べている。

　ジャッフィ教授は，ロー・スクールの学生時代の思い出から話を進めている。ジャッフィ教授の先輩であるフランクファーター裁判官（当時ハーヴァード大学教授）らを中心として，Marbury v. Madison[32]におけるマーシャル (Marshall) 裁判官の意見は「立法権の侵害」であって，不当であるとする見解が有力であった。そして，これらのいわゆる当時の進歩派の法律家たちは，適正手続条項に基づいて社会経済立法，労働立法等の内容の不合理性を理由とする最高裁判所の違憲判決は，誤っていると批判していた[33]。このような背景の下にアメリカ司法部の改革が行われていったのである。

---

(29) [1932] A. C. 562. ちなみに，デヴリン卿のこの判決に対する見方は，DEVLIN, op. cit. note 3, at 6 et al. に見られる。

(30) [1962] A. C. 220. デヴリン卿のこの判決の背後にある考え方を知るための手がかりとして，DEVLIN, THE ENFORCEMENT OF MORALS (1965), 特にその第1章が役立つ。

(31) 一例として，行政機関の資料の閲覧を拒否する権限を認めなかった Conway v. Rimmer, [1968] 1 All E. R. 874 を取り上げて，これに賛成している。

(32) Marbury v. Madison, 1 Cranch 137 (1803).

(33) 有名なものとして，Lochner v. New York, 198 U. S. 45, 75 (1905) におけるホウムズ (Holmes) 裁判官の反対意見。なお，当時，フランクファーターやブランダイスは適正手続条項の廃棄を唱えていた。また，1937年に West Coast Hotel Co. v. Parrish, 300 U. S. 379 (1937) が出る前年には，適正手続条項の修正案がいくつか準備されている。

〔付録3〕ルイ・L. ジャッフィ著「法創造者としての英米の裁判官」(1969年)について

このような歴史的事実に見られるように，裁判官選任権が司法部をコントロールするための重要な道具の1つとなり，権力間の均衡を維持するのに役立ちうる。しかし，この側面を強調しすぎて，司法部は政治的コントロールの下に置かれていると見てしまうのも行きすぎである。例えば，ヒューズ(Hugles)首席裁判官やブランダイス(Brandeis)裁判官の選任のときの事情と選任後に出された判決を比較してみれば，このことは理解できるはずである(34)。選任したときに予想できなかった方向に裁判官が法を発展させていくことは，しばしばあることである。

ところで，裁判官は或る程度まで自由に法を創造できるものとして，果たして，正しい方向へ法を発展させていくことができるかどうかという問題がある。イギリスの Rookes v. Barnard(35) に見られるように，リベラルな学者から見れば，1906年の労働争議法（Trade Disputes Act）の保護を無意味にしてしまう保守的な法創造が行われることもある。また，積極主義者であるブラック(Black)裁判官やダグラス(Douglas)裁判官のように，リベラルな方向に行きすぎてしまうこともある。例えば，Schmerber v. California における4人の裁判官による少数意見(36)は，飲酒運転の嫌疑で運転手の血液検査をすることは第5修正の黙秘権を否定するものであるという独断論を探っている。

もっとも，イギリスに比べて，アメリカにおいてこのような誇張された自由主義的独断論は，それほど珍しくない。かつてドックヴィル(Tooqueville)が指摘したように(37)，アメリカ人はすべての問題を法律問題にしてみようとする傾向を持つし，またアメリカ市民的自由権連合（ACLU）とかアメリカ・ユダヤ人会議（AJC）などの法律活動によって，それは支えられている

---

(34) ヒューズ裁判官については，Freund, *Charles Evans Hughes us Chief Justice*, 81 HARV. L. REV. 4 (1967). ブランダイス裁判官については，Jaffe, *Was Brandeis an Activist?*, 80 HARV. L. REV. 986 (1967) が参考文献としてあげられている。

(35) [1964] A. C. 1129. なお，これに対するリベラル派の批判として，Wedderburn, *Intimidation and the Right to Strike*, 27 MOD. L. REV. 257 (1964) をあげている。

(36) 384 U. S. 757, 778-9 (1966)（ブラック，ダグラス，ウォーレン，フォータスの反対意見)。多少前後するが，ジャッフィ教授は，本文に述べた観点から HART & SACKS, THE LEGAL PROCESS 1299 (1958) に取り上げられている，Tennessee Coal Co. v. Muscoda Local, 321 U. S. 590 (1944) さらに Italia Societa per Azioni di Navigazione v. Oregon Stevedoring Co., 376 U. S. 315 (1964)；Miranda v. Arizona, 384 U. S. 436 (1966) などを検討している。

(37) 引用文献に脚注が付されていないが，DEOCQUEVILLE, DEMOCRACY IN AMERICA (1835) からの引用文である。

〔付録3〕ルイ・L. ジャッフィ著「法創造者としての英米の裁判官」(1969年)について

のである[38]。

また，同じ裁判官であっても1つの問題について積極的主義の立場をとっても，他の問題について保守主義の立場をとっていることがある[39]。また，たとえ極端な見解が裁判所の多数説をしめたとしても，それが国民の中に滲透し，法として一般的に実現されていくまでには，かなりの障碍があるのである。

最後の第5章では，本書で明らかにしたような英米の裁判官の役割に見られる差異は，法学教育の在り方に深い関係を持つことを説明する。今日のアメリカ司法部が，ホウムズ，カドーゾ，パウンド，ヴィグモア，ルウェリン，フランクファーターおよびジェロウム・フランク等[40]の教えに大きな影響を受けていることを指摘する。そして，これらの教えを滲透させていく上に，ロー・レビューが果たした役割の重要性を説く。

教育方法についていえば，グッドハート教授が説明しているように，イギリスの法学教育は，判決の内容を説明し，その背後にある諸原理を解説し，その過程で法原理を理解させる講義方式の教育である[41]。これに対し，アメリカにおいては，ケイス・メソッドが採用されている。もっとも，一口にケイス・メソッドと言っても，ラングデル（Langdell）法学部長がはじめた時のそれは，判例を教材に使ったというにすぎないのであって，官僚主義的であり，先例の呪縛から抜け出していない[42]。大切な点は，その教育方法の背後にある精神であるという[43]。

---

(38) American Civil Liberties Union の言論の自由の分野における諸活動，また American Jewish Congress の信教の自由の分野における諸活動を評価している。
(39) 一例として，ダグラス裁判官と同じくリベラル派に属するものと見られているブラック裁判官は，デモンストレーションの事件に関しては，保守的な態度を示していることを指摘している。
(40) ホウムズ（O. W. Holmes），1841-1935年，カドーゾ（B. N. Cardozo），1870-1938年，パウンド（R. Pound），1870-1964年，ウィグモア（J. H. Wigmore），1863-1943年，ルウェリン（K. N. Llewellyn），1893-1962年，フランクファーター（F. Frankfurter），1882-1965年，フランク（Jerome Frank），1889-1957年。
(41) Cf. GOODHART, op. cit. note 10, at 70.
(42) ジャッフィ教授によれば，いわゆるラングデル方式は，科学からの類推から研究の客体に直接触れさせようという意図ではじめられたものであるにすぎず，学生に教義をたたきこむという態度は捨て去られていないという。
(43) アメリカの法学教育の問題についても，田中英夫教授によって紹介がなされているので詳しい説明は省略した。田中英夫「アメリカの法学教育・1970年」アメリカ法〔1971〕239-52頁，同「アメリカ法学教育」法学協会雑誌79巻4号（1962年）439-508頁参照。

〔付録3〕ルイ・L. ジャッフィ著「法創造者としての英米の裁判官」(1969年)について

　ジャッフィ教授によれば，もしケイス・メソッドに長所があるとすれば，法学の目的は社会問題の解決にあることを知らしめ，一見無関係であると思われるかもしれない種々な情報を利用し，また各州の法律（時には，外国法も含め）を比較研究したりして，一つの妥当な結論を導き出すやり方を学ぶことにある。このような見地に立てば，どのような教育方式をとるかは必ずしも重要ではなく，大切なことは，法律家に開かれた態度と自ら十分な調整をする習慣を身につけさせることである。

　ところで，以上が本書の内容であるが，筆者の知る限りでは，本書が出版されてから4つの書評が出ている(44)。そのうち3つの書評を読むことができたが，いずれも，一般的に批判的な態度で書評を行っている。

　ハーヴァード・ロー・レビューに載ったシェイファ（Schaefer）判事（イリノイ州最高裁判所）の書評は，本書は，時代，国，裁判官の構成によって司法部の機能は異なりうると言っているにすぎず，イギリスの読者にとっては，厳格な先例拘束性の原理は適当でない理由を知りえても，その原則が変更された現在，どのように法創造をしていくべきかという問題には答えてくれるものではないと指摘している(45)。また，フレンドリー（Friendly）判事（連邦第二巡回区上訴裁判所）は，コモン・ローの判例と憲法判例を十分考慮に入れないで英米の制度を比較していることに，不満を示している(46)。つまり，アメリカ憲法の修正の困難さが最高裁判所の憲法解釈の態度に及ぼしている影響は大きいので，本書で扱っている多くの判例の評価にも，この点を考慮すべきであるというのである(47)。さらに，イギリスのロー・クォータリ・リビューの書評は，ジャッフィ教授の結論には一般的には好感を示しているが，「保守主義」「民主主義」「司法部の役割」「積極主義」「法創造」などの言葉が，十分定義しないまま使われていることから起こる混乱を指摘するとともに，本書のテーマと深い関係のあるルヴェリンやジェロウム・フランクの業績をジャッフィ教授が十分評価していないことに不満の意を示し

---

(44) 後掲注(45), (46), (48)に引用する。3つの書評のほか，C. Harvey, *Book Review*, 4 MAN. L. J. 407 (1971) がある。

(45) W. V. Schaefer, *Book Review*, 84 HARV. L. REV. 1558 (1971).

(46) H. J. Friendly, *Book Review*, 15 AM. J. LEGL HIST. 239 (1971).

(47) この点に関してフレンドリー判事は，ジャッフィ教授が信頼するブランダイス裁判官のErie R. R. v. Tompkins, 304 U. S. 69, 77 (1938) における意見を引用する。また，最後に，ジャッフィ教授の本書に示された見解によれば，最近のBoys Markets, Inc. v. Retail Clerks Union, 398 U. S. 235 (1970) をどのように評価できるかという疑問を提起している。

440

〔付録3〕ルイ・L. ジャッフィ著「法創造者としての英米の裁判官」(1969年)について

ている(48)。

　筆者は，この3つの書評で指摘されているところは，上に述べた限りでは，正当であると思う。しかし，これらの欠点にもかかわらず，本書は，その1行1行の文章の背後にジャッフィ教授の深い研究の跡がうかがわれ，考えさせられるところの多い本である。特に，裁判官が法を解釈することの意味が，社会全体の問題を解決していくための広義の立法事業の一端を担うものであって，その問題に関連のある資料を広く求めようとする態度の重要性を説いている部分は，正にその通りだと思う。そして，人権保護等の問題の分野では，立法の正当性を疑問視し，積極的にそれをかかる資料に基づいて確認することの必要性，もしくは義務をはっきりさせていることは興味深い(49)。

　このような裁判官（法律家）と法の解釈についての見方は，扱っている素材は異なってはいるが，来栖三郎教授の見方と共通するものがあるのではなかろうか(50)。英米とは異なった背景を持つ我が国の法制度の問題を考えていく上に，本書がどれだけ役立つものであるかはよく分からないが，少なくとも，例えば来栖三郎教授が提起されたような法解釈の諸問題を考察するとき，種々の参考になる考え方を提供してくれる重要な文献の1つである(51)。

---

(48) W. Twinings, *Review*, 87 L. Q. Rev. 398 (1971).
(49) 誤解をさけるために私見を一言述べることが許されるなら，筆者は，裁判所規則制定権と類似する機能に基づくものとして，行政機関の資料の閲覧請求権等，手続的権利に関して積極的法創造を行なうことに賛成するが，現在のところ，実体的権利に関する法創造の根拠として「切迫した必要性」までも利用できるかどうかについては疑問を持っている。しかし，本文で述べた限りにおいて，ジャッフィ教授の研究は高く評価されるべきであると思う。
(50) 来栖三郎「法の解釈と法律家」私法11号（1954年）16-25頁。なお，『現代法第15巻・現代法学の方法』（岩波書店，1966年）に見られる碧海純一，加藤一郎，平野竜一各教授による現代法解釈学に関する論文にも共通の問題関心が見られる。
(51) もっとも，筆者がアメリカ人であり，しかも講演の原稿として書かれたものであることから当然のことながら，イギリスに関する文献としては，きわめて不十分である。比較研究のためには，別の研究に頼る必要がある。ちなみに，イギリスの裁判官について書かれた最近のコンパクトな文献として，Henry Cecil, The English Judge (1970) なども合わせて読むと面白い。ちなみに，この著書は，内田力蔵「書評」国学院法学10巻2号（1972年）72頁以下，同4号（1973年）151頁以下，同11巻2号（1973年）126頁以下，同12巻1号（1974年）114頁以下に詳しく紹介されている。

索　引

［ゴチック体の数字は，当該項目が詳しく説明されているページ，イタリック体の数字は，付録のページを示している。］

【事項・専門用語索引】

（あ　行）

アイルランド共和国〔北アイルランドも見よ〕……32n.35, 220n.46, 244, 245, 294
アイルランド自由国… 155, 163, 246, *377*, *383*
アイルランド法……………… 150, 181, 223
アメリカ合衆国……………158, 177, 190, 234
　合衆国憲法〔法令索引も見よ〕
　　……4 n.6, 20n.48, 162, 271, 272, 283n.1, *343*
アメリカ植民地………………… 15, 152, 190
　ヴァジニア………………………………… 152
　マサチューセッツ…………………… 152, 190
　ルイジアナ………………………………… 152
アパルトハイト…………………… 185, 186
安全（職場の）………………………… 251
安全保障……………………… 97, 256, 326
安楽死……………………………… 296, 307
生きた憲法…………………………… 3, 4, 334
息抜きの空間（margin of appreciation）
　……… 145, 216, 290n.14, 324, 328, *339*, *344*
イギリス公法………………………………… 10
違憲立法審査………… 9, 19, 49, 51, 102, 130, 133, 135n.88, 144, 188n.79, 189, 271, **272**, 283n.1, 326
意思決定機関………………………………… 21
医事評議会（General Medical Council）
　………………………………… 85n.62, 88
医師免許…………………………………… 86
移住の自由………………………………… 193
イスラム教………………………………… 319
イスラム法………………………………… 60n.5
一事不再理の原則………………… 245, 305
移動の自由…………………… 138, 222, 224

サービス……………………………… 223, 226
　商品（物）………………………… 224, 246, *344*
　人……………………………………… 222-224
イニシャティヴ……………………………… 48
委任立法……………… 120, 233, 277, 279, 281
違法性（illegality）……………………… 274
違法捜査……………………………… 297-298, 322
移　民………………………………… 268, 325
移民上訴裁判所（Immigration Appeal Tribunal）………………………………… 325
医療サービス……………………………… 251
医療上訴裁判所（Medical Appeal Tribunal）………………………………… 88
イングランド…3, 238, 242, 243, 281, *344*, *402*
イングランド教会………… 11, 113n.38, **248**, *293-295*, 319
インディアン部族………………… 159, 160, 162
インド………………… 151, 153n.8, **179-182**
インド憲法…………………………… **180-182**
ヴィクトリア州……………………… 169, 172n.56
ウェールズ………… 3, 32, 38, 120, 201, 238, 243-244, 266, 281
ウェストミンスター〔法令索引ウェストミンスター法も見よ〕……… 21, 22, 34-35, 121, 242, 257, 258, 275, 294
訴えの利益（standing）………… 76, 169, 175, 260, 273, 320n.66, *341*
ウルサック……………………………… 34, 122
ウルフ・レポート…………………………… 69
エクイティ…………………………… 237, 257, 323
エジプト憲法……………………………… 94
永住権……………………………………… 155

443

索　引

エディンバラ大学················ 165, *390.n8*, 241
援助金·· 22, 27
お伺い上訴（case stated）··········220, 227n.52, 280, *344*
黄金律（golden rule）································· **141**
王位継承法（1700 年）···············4, 30n.31, 40, 113, 118, 175
王会（curia regis）·· 21
王権〔国王特権，主権免責も見よ〕·····40, 284, 285
王権神授説································· 129, 284, 285
オーストラリア······ 55, 155, 163, 164, **166-176**
　　——諸州·· 166
オーストラリア憲法
　州憲法·· 168
　連邦憲法····················· 166-167, **168**, 169, 170
オーストラリア高等法院················· 168-169
オックスフォード··············· 34, 38, 47, 59, 106, 140n.101, 255, *333, 371, 373, 375, 376, 430*
恩赦・特赦··· 31, 113
オンブズマン···························· 263, **266-267**
　ヘルス・サービス——············· 266n.66, 267
　リーガル・サービス——·········· 266n.66, 267

（か　行）

戒厳令··· 98, 184, 256
外交官特権··· 17
外交権限··· 174-175
外交問題（外交政策）·········· 103, 109n.26, 112
外国人··································· 38, 39, 175, 264
外国の承認··· 112
解散権··· 39, 111
開示（disclosure）〔証拠開示も見よ〕
　··············· 78n.47, **84-86**, 108n.22, 113n.35
会社法·· 17n.40
解釈権·· 40
開発（development）···················· 257-259
確定性··· 275
学問の自由〔大学も見よ〕···········255, 289
課税〔議会－課税同意権も見よ〕····15, 23n.10, 24, 31, **32-33**, 35, 173, 225, 278-279
課税権···································· 32-33, 160, 173

課税承認権·································· 15, **32-33**
家族法改革·· 126
カソリック·············· 165, 238, 294, 295, 319
家宅捜査··· 301
学校教育·········· **254**, 266, 282, **310-311**, 317, *339*
家庭生活（平穏な）······ 156, 223, 313, 315, *340*
カナダ······················ 55, 155, **157-165**, 167
　諸州·· 158
カナダ憲法〔Canada Act 1982 を見よ〕
カナダ法··· 158
管轄権················· 30, 71, 91, 140n.100, 175, 213, 222, 228, 236, 267, 277, 294
管轄権の間違い··· 74
環境影響評価·································· 211, 259
環境保護···80 n.51, 211, 252-254, 259, 270, 276
関係人訴訟（relator's action）············· **237**
慣行声明（Practice Statement）（1966 年）
　··· 150, 325, *432-433*
監察官（overseers）······························· 248
監視機能（国会の）······················ 21-24, 104
慣習法··· 96, 331
カンタベリー·· 238
カントの国際平和······························· 96-97
ガンビア（Gambia）····························· 192
寛容の精神································· 101, 231, 293n.24
議　員····································· 37, 39
　——の定数································· 37-38
　——の任期································· 39, 111
議員提案の法案·· 124
議員特権·························· 8, 39, 108-109, 110
議院内閣制··············· 7, 13, 23, 34, 104, **107-108**
議員報酬···································· 37, 39, 40
帰　化··· 76, 175
議会〔国会および Parliament も見よ〕
　·················· 7n.16, 21-29, 44, 104, 121, 281
　——の自殺行為·························· 51, 54, 155
　——の自律権·· 109
　——の父（Fathers of the House）········ 121
　短期の——··· 29
　長期の——··· 29
　万能な——〔万能の機能も見よ〕·········· 41, 49, 50, 102, 104
模範——··· 32

444

事項・専門用語索引

課税同意権 ················ 15, 31, 32-33, 35
議会侮辱 ····································· 30, 109
高等法院（High Court of Parliament）
 ··· 30, 43
議会主権の原則 ·········· 6, 9, **40-55**, 101, 106, 136,
 185, 332, *341, 344, 371, 384*
議会主権論 ·································· 44-53
議会制民主主義〔民主主義も見よ〕····· 22, 37,
 39, 48, 60, 315, 336, *378*
議会調査局長〔オンブズマンも見よ〕····· 266
擬制〔フィクションも見よ〕·········· 46, 48, 147,
 159, *385-386*
規　則 ··· 121, 278
貴　族 ························· 8, 32, 36-37, 123n.58
　世襲 ······································· 142n.104
貴族院 ·········· 32, **35-37**, 110, 121-123, 134, 236
　議長 ··· 34, **37**
　司法委員会〔枢密院 – 司法委員会を
　　見よ〕
貴族院改革 ·································· 35-37
貴族院（最高裁判所）················ **19**, 37n.51
北アイルランド ······· 3, 48, 59n.1, 120, 201, 225,
 244-246, 281, 325, *338*
キツネ狩り ·· 36
基本的人権〔人権も見よ〕······· 17, 107, 284
基本書 ···································· 5, **6-10**
基本法 ···························· 9, 133, 286, *337*
機密情報〔国家機密も見よ〕··············· 291
救済方法 ································ 62, 237, 323
牛乳市場 ·· 91
救貧法〔法例索引 Poor Relief Act も見よ〕
 ··· 294
教　育 ······································· **254-255**
教育問題 ····································· 254-255
教会〔イングランド教会を見よ〕
教会裁判所 ····································· 294
教会法 ··· 238
行政行為 ································ 66, 68, 188
不法行為責任〔法令索引 Crown
 Proceedings Act 1947 も見よ〕
 ·· 104, 110, 113
行政裁判所 ························ 87n.70, 275, 276
行政裁量 ···················· 62, 67, 71, 281-282, 334

強制収用 ············· 134-135, 150, 167, 275, 309
行政組織 ·· 235
行政訴訟 ·· 63
強制退去 ······· 29, 105, 108n.22, 173n.57, 223, 263
行政法 ······················· 9, 58, 66, 86, 231-233,
 261, 383-384, 425
共謀罪（conspiracy）··················· 28, 53n.100
漁業権 ····························· 202, **208-210**
居住する権利（居住権）········· 155, 175, 223
記録（records）····· 79n.50, 91, 262, 273, 301n.38
記録移送命令〔certiorari を見よ〕
記録裁判所（court of record）········· **147n.118**
禁止命令〔prohibition を見よ〕··········· 90
銀　行 ······································· 160, 225
金融決済 ·· 225
グリーン・ペーパー ··························· 126
グレート・ブリテン ················ 3, 238, 242,
 245, 248n.34
軍　隊 ··· 256
君臨すれども統治せず ························ 13
経済的権利 ······································· 308
警察官（constable）················· 80, 83, 297
警察権能（police power）〔ポリス・パワー
 も見よ〕·· 296
刑事訴追長官（Director of Public
 Prosecutions）···························· 236
芸術品保護法（イタリア）······· 225, 309n.51
刑法改正委員会 ································ 125
ケイマン島 ······································· 191
契約責任 ··································· 104, 113
ケベック州 ··················· 158, 159, **164-165**, 335
検閲の禁止 ······················· 109n.24, 291-292
権限踰越（ultra vires）の法理 ············· 17,
 73n.36, 74, 84, 160, 176,
 188, 257, 274, 278, 279, 280
権限踰越（ultra vires）の法理（会社法）
 ······································· 17, 161, 279, 280n.84
健康，安全および福利 ················· 251-252
元首〔国家元首を見よ〕
原子力汚染 ······································· 274
賢人会 ·· 21n.2
ケント地方 ······································· 238
ケンブリッジ ·········· 39, 10, 66, 140n.101, 188n.77,

445

索　引

　　　　　　　241, 254, 255, 259, 293, *340*, *367*
憲法改正 ································ 4n.6, 83, 96
憲法史 ·· **10-16**
憲法問題省（Department of
　　Constitutional Affairs）················· 116
憲法習律 ············· 4, 5, 8, 13, 23, 34, 39, 61, 65,
　　　　　　　104, 107, 108, 112n.34, 120,
　　　　　　　132, 139, 142, 154, 201, *399*
憲法典 ······························· 3, 283, 312, 334
権利章典（1689年）··········· 4, 28, 33n.37, 40
権利請願（1628年）························ 4, 28n.25
権力の濫用 ··························· 102, 274, 298
権力分立〔三権分立を見よ〕·········· 107, 117
言論の自由 ················ 34, 39, 107, 109, 110,
　　　　　　　142, 183, 286, 289, 291
公益訴訟 ···································· **237**, 276
公益の保護 ···················· 85, 84, 112, 276
高次の法 ··· 130
公衆衛生 ···································· 305-306
硬性憲法 ······················ 5, **96**, 135, 162, 189
公正原理 ······························· 63, 77, 89
公正な裁判（fair trial）········ 95, 187, 260, 302,
　　　　　　　303-305, 323
公正らしさの外観 ····································· 81
紅　茶 ··· 180
公的道徳（public morality）··· 53, 292, *344-345*
高等法院（High Court）〔オーストラリア
　　高等法院など，各国の高等法院も見よ〕
　　··· 236
幸福な家庭生活 ··························· 274, *340*
公　法 ·· 10
公務員········ 64, 99, 104, 113, **235-236**, 271, 324
拷問禁止 ··· 327
公用語 ··· 164
公用徴収（公用収用）······················· 167, 171
合理基準（rule of reason）···················· 225
功利主義 ······························· 25, 46, 119
合理性（reasonableness）············· 67, 70, 277,
　　　　　　　280, 281
国　王 ···················· 40, 104, 112, 131n.77,
　　　　　　　159, 174, 293, 294
　――の系譜 ···································· 12-13
　――の退位（Abdication）····················· 13

　――は悪をなしえず（King could do
　　no wrong）····················· 64, 112, 131n.77
　――は死なず（King never dies）········· 174
　――は同輩をもたず························ 131n.77
　議会における―― ············ 5, 10-11, 27, 119,
　　　　　　　122, 199, *371*
国王至上法（1559年）···························· 293
国王大権（prerogative）·········· 8, 28, 32, 33, 89,
　　　　　　　104, 105, 111, 113
国王特権（Royal francise or Crown
　　prerogative）············ 60, 64n.14, 85, 111-112
国語的解釈 ··· 141
国際慣習法······ 54, 132, 173, 203, 330-331, *339*
国際金融決済 ······························· 225, 226
国際司法裁判所 ····························· 100, 328
国際人権保障 ··································· 94, 252
国際組織 ························ **16-17**, 92, 97, 100
国際犯罪 ··· 97
国際紛争 ··· 96
国際法········ 17, 54, 92, 97, 136-137, 144n.111,
　　　　　　　173, 289n.14, 330, 328n.78
　国内法化 ····························· 136, 220, *337*
　二元主義 ······························ **17**, 54, 92, 137,
　　　　　　　172, 199n.12, 330
　「離脱」および「留保」························ *338*
国際連合 ················ 16, 69, 92-93, 96-97,
　　　　　　　100, 138, 197, 256
国　璽 ····································· 115, 175
国　籍 ····································· 175, 192, 223
国選弁護 ··· *435n.23*
国法（law of the land）··················· 284, *384*
国民健康保険機構（NHS）··· **250**, 267, 305, 306
国民の安全 ··· 297
国民の知る権利 ······································ 292
個人情報 ··· **269**
個人の権利 ···································· 288, *371*
国会〔議会も見よ〕
　――の解散 ···················· 7, 26, 39, 111, 113
　――の議事録 ·································· **110**
　――の招集 ····································· 99, 113
　――の同意 ······································ 15n.32
国会主権 ················· 40, 100, 170, *344*, *371*
国会は後の国会を拘束できるか········· 51, *403*

446

事項・専門用語索引

国家機密〔機密情報も見よ〕……………268, **270**, 282, 291
──漏洩罪……………………………**269-270**
国家元首………………40, 111, 151, 158, **174-176**
国家主権………………17, 42, 54, 92, 222, 285
国家責任（State liability）………………206
国家の安全………………219, 235, 256, 269
国　教………………………………………254
コマンド・ペーパー………………………124
コモンウェルス……17, 55, **151-156**, 180, **190**, 196, 244n.29, 305, 334, *408*
──構成国………………………………153, **190**
──市民……………32n.35, 155, 314n.58, 315
コモン・ロー……19, 23, 27, 28, 38n.56, 43, 53n.100, 62-63, 79, 105, 112, 120, 127n.68, 130, 138, 140, 141, 148, 172, 178, 189, 191, 213, 219, 237, 252, 284, 285, 288, 290, 303, 316, 321, 330, *414*, *415*, *430-431*
コモン・ロー裁判官…………28, 105, 131, 140, *406*, *431*
コモン・ロー裁判所…………19, 28, 172, 286
雇用裁判所（employment tribunals）………………………………87, 311, 317
雇用差別…………………………………204, 206
雇用上訴裁判所（Employment Appeal Tribunal）…………………………205, 311
ゴルダー判決〔判例索引 Golder v. United Kingdom を見よ〕
根本規範……………………………………51

（さ　行）

在外財産補償………………………………72
在外財産補償委員会……………………72, 271
罪過がない限り（during good behavior）…………………………………63, 113
罪刑法定主義………………………………62, *340*
最高裁判所〔貴族院(司法委員会)も見よ〕…………………………………19, 31
最高法院法（1981年）〔法令索引 Supreme Court Act 1981 を見よ〕
財産権…………107, 114, 115, **285**, 288, **308-309**, 310, *340*

裁判官………………94, 103, 105, 113, *429*
──の身分保障………………94, 113, 118
裁判管轄〔管轄を見よ〕
裁判所侮辱罪〔法廷侮辱罪も見よ〕……74n.37, 105, 290, 291n.20, 329, *339n.10*
裁判を受ける権利………215, **216**, 288, 299, 302, **303-305**, 324
裁量権（の濫用）……………………………66
詐欺罪……………………………………298, 299
サーシオレアライ〔certiorari を見よ〕
差止命令〔injunction を見よ〕
サービス………………………251, 267, 305
サリドマイド事件……………292n.21, 329
産業革命…………………………………………25
三権分立………60n.4, **101-103**, 107, 121, 168
残酷な刑罰………………………………………297
サンデー・タイムズ事件………292n.21, *329*
恣意性の排除………60n.6, 68, 100, 274, 281
支援金………………………………………………29
時間の観念…………………………………………95
司教……………………………11, 27, 34, 293
死刑〔Murder (Abolition of Death Penalty) Act 1965 も見よ〕………**78**, 86, 154, 296, 297, 323, *344n.27*, *346*, *435n.23*,
事件受理〔admissibility を見よ〕
私権剥奪法………………………………114n.42
自然的正義………10, 20n.48, 66, 70, 71n.30, 76-78, **79-80**, 86-88, 233, 261, 273, 274, 283, *432*
自然的理性………………………………**50**, 131
事前の検閲………………………………………291
自然法……………18, 107, **129-131**, 137, 285
自然法論………………………………18, 129, 285
思想の自由………………………183, 289, *338*
自治権………………………………………………120
自　白……………………………………299, 300
ジプシー…………………………………313, *340*
司法アクセス………………**68-69**, 89, 93, 217, 228, 249, 324, *340*
司法権………………………………105, 167-168
──の独立………………6, 94, 113, 168
司法審査（judicial review）……61, 66, 75, 87, **91**, 120, 193, 221, 233, 262, 271-272

447

索　引

――手続法 262
――の訴え 70-79, 85, 86n.68, 89-91, 105, 251, 264, **274-277**, 321
――排除条項（ouster clause） 233n.5, 271, 275
司法的法創造（司法的立法） 18-19, 105, *424, 431, 433*
司法的理性〔理性，技巧的理性も見よ〕 23, 131
私法律（private Acts） 8, 31, 43, 135
市民〔国籍も見よ〕 222
市民革命 27, 30, 99
市民権 284, *340*
市民社会 18, 44, 129, 235, 249, 284, 285
市民的自由（civil liberties） 18, 283, **284**, 286
社会契約説 45-47, 60, 107, 129, 235, 285
社会権 308
社会的・経済的権利 308, 312
社会福祉行政（国民健康保険など） 169, 274
社会保障 88, 156, 221, 312-315
ジャマイカ 63n.13, 154, 221, 223
シャンパン飲料事件 207
州（Province） 158, 183
州（State） 152
州（Territory） 167-170
集会の自由 62, 183, 291
宗教教育 254, 294
宗教の自由 254
州憲法 167
私有財産 101, 114, 311
囚人の権利 63, 78, 86, 214, 265, 328
自由党 26, 119
自由放任（laissez-faire） 25, 217n.38, 249
自由民主党 31
主権者の命令 89
主権免責（sovereign immunity） 111, 161, 331n.87
主権免責（state immunity） 161, 327
主権論 39
首　相 5, 104
――の指名・任命 5, 104, 108
出訴期限 89
出版の自由〔言論の自由も見よ〕 109, 289

障害者 69, 318
証拠開示（discovery） **64**, 67, 85-86, 237
証拠収集 297, 302
証拠能力（証拠の許容性など） 299, 304
上訴（appeal） 90, 317
象　徴 104, 111, 151
消費者信用法 253
消費者保護 26, 161, 217, **253**
消費税 173, 174
情報公開 **268-270**
　免除情報（exempt information） 269
条約〔国際法も見よ〕 136-137
条約締結権 112, 161, 176
職業選択の自由 288
植民地 14, 15, 24, 26, 29n.29, 33, **152**, 153, 166, 167, 171, 180, 183, 185, 190
助言と同意 **10**
女　性 39, 109
所得税 173
庶民院 33, 34, 38-39, 48, 108-111, 121-122
　課税に対する同意 31
　議員の任期 111
　貴族院に対する優位性 7, 32, 121, 134
　法案の先議権 121
所有権 304
自律権（議会の） 109
自律権（州等の） 120, 164
素人裁判所（lay tribunal） 234
シンガポール 180
信教の自由〔宗教の自由も見よ〕 190, 293, 319
人権（自然権）〔human rights も見よ〕 **18**, 283-287, 288-289
人種差別 162, 316-317
人身の自由 62, 286, 297, 321
人身保護法（habeas corpus） 29, 321
迅速な裁判 69, 218, 321
身体の自由 256
ジンバブエ 153, 185
枢密院（Privy Council） 14, 15, 85, 153
　司法委員会 14n.**28**, 86, 153n.10, **154**, 162, 163, 166n.43, 169, 191, 241
枢密院令（Order in Council） 180, 191

事項・専門用語索引

スエズ動乱··72
スコットランド···············3, 29n.28, 38, 114,
　　　　　　　　　120, 165, 201, 232, 238,
　　　　　　　　　239-244, 265, 281,
スコットランド法···············238, 241, 305
スーダン··153
ストラスブール···········196, 197, 212, 258, 259
生活資本··313
生活保護（生活扶助）···········169, 187, 249n.38,
　　　　　　　　　　250, 262, 312-313
請願権····································28, 267, 322
税金〔課税を見よ〕
政策決定··24-27
性差別··················204-206, 210-211, 316, 317
政治的権利··286
精神的自由権··································220, 286
聖　書··131
生存権··312
制定法〔法律, statutes, statutory
　　　　instruments も見よ〕···············27
正当性（立法の）···········47, 50, 53, 56, 59,
　　　　　　　　　89, 77, 101, 279
正当性（legality）········36, 59, 89, 101, 142, 211
政党政治〔二大政党政治も見よ〕·············25
正当な期待（just expectations）·······16, 76n.39,
　　　　　　　　　　　221, 274, 276
正当な補償············114-115, 135, 139, *341*
正当な満足（just satisfaction）·······74n.37, 97,
　　　　　　　　　　213, 274, 323, 325
成年年齢··126
生命（個人の神聖性）·········97, 296, 306, *346*
生命，自由，財産·········53n.98, 60, 101, 285
セイロン··154
世界遺産··174
選挙区割り···································37, 38, 188
選挙権（franchise）···········31, 38-39, 186, 192
選挙制度·····································31, 43, 47, 56
選挙法改革··119
宣言判決（declaration）·············89, 91, 279
戦　争·····························32, 96, 98, 111, 112
煽動罪··28, 145
先例拘束性の原理（先例法理）·········5, 6, 52,
　　　　　　　　　95n.85, 146-150, 200, 201, 271

捜査手続·····································302, 303
捜査令状（search warrant）·······300-301
総辞職···111
争訟性···189, *433*
総選挙··98
訴　権··215
　　個人の──····································215
訴訟方式（訴訟令状）···························28, 89
訴訟令状
　　開始令状（original writ）·········28n.26
　　権利令状（writ of right or writ of
　　　　course）·····································28n.26
　　司法令状（中間令状）（judicial
　　　　writ）···28n.26
租税回避··299
租税法律主義··33
ソフト・ロー··97
損害賠償·····················202, 209, 211, 321

（た　行）

大　学································90, 97, 255
　　──の試験····················90, 97, 273
大権令状···················66, 77, 89, **91**, 271-273
大臣（Ministers）·················91, 104, 108,
　　　　　　　　　　233, 235, 256
　　──の任免権································113
代表制民主主義·······················38-39, **55-57**, 201
代表なければ課税なし·····················15, 33
多数決原理·································287, 335
タスマニア··**174**
タスマニア州··174
　　ヴィクトリア州································169
　　ニュー・サウス・ウェールズ州·········166,
　　　　　　　　　　168, 170
男女差別〔性差別を見よ〕
団体主義··316
治安維持··291
治安判事裁判所······································88
地方自治························236n.13, 238, 258
地方条例··120
地方分権································238-247, 281
チャンネル諸島（Channel Islands）·······3, 192
調査（inquiry）······································85

449

索　引

聴聞（hearing）……………**82-83**, 216-217, 260
直接拘束力（直接執行力）………137, 204, *345*
勅令（proclamation）…………………27, 165
チリ共和国……………………………………327
賃金差別……………………………………318
通常裁判所……………19, 20, 73, 74, 87n.71,
　　　　　　　　　　106, 139-140, 288, 336
通常法…………………………………54, 61, 65
通信の自由……………………………………215
抵抗権………………………………107n.16, 287
抵触性（incompatibility）〔適合性も見よ〕
　　　　　…55, 123n.58, 144, 145, 219, 279
適正手続条項………………62, 284, *437n.33*
適正手続請求権……………………………………70
鉄道会社………………………………135, 205
デモンストレーション……………………291-292
デュー・プロセス………20n.48, 63, 77n.43, 82,
　　　　　135n.88, 303, 335, *340n.15*
テロリズム…………98, 145, 225, 264, 297,
　　　　　　　　　298, 301, 303, 308, 326
伝聞証拠…………………………………302, 303
当事者適格……………………228, 276, *341n.19*
同性愛…………………………………………145
道　徳〔公共道徳を見よ〕
同輩の合法的裁判（lawful judgment of
　　his peers）…………………………………284
投票権………………………………………119
討論の自由………………………………32, 62
独占禁止法…………………………209n.24, 224
特別裁判所…………………75, 84, 86-88,
　　　　　　　　　227, 257, 261, 312, 311
　　──の構成………………………………86
　個別的裁判所〔土地裁判所，雇用裁
　　判所（employment tribunals），雇用
　　上訴裁判所（Employment Appeal
　　Tribunal），医療上訴裁判所（Medical
　　Appeal Tribunal）などを見よ〕
特別裁判所評議会（Council on Tribunals）
　　　　　　　　　　　　………87-89, 263
都市計画………………………………257-258
土地開発………………………………84, 309-310
土地裁判所………………………………………84
土地収用……………………………………275

土地利用規制………………………………258
読会（reading）…………………………122-124
特権（privileges）…………………………107
奴隷制……………………15n.32, 29n.29, 99, 183
奴隷的拘束……………………………………327
ドノモア委員会……………………87n.70, 233
トーリー党〔労働党も見よ〕………24, 31, 35
トリニダド憲法………………………………321

（な　行）

内　閣………………………………108, 111, 235
　総辞職………………………………………111
ナイジェリア……………………**183-184**, 331n.87
ナイジェリア憲法（1999年）………………183
軟性憲法…………………………………………4
難民保護……………………105, 138, 276, 319
二次的法規範……………………………52, 90, 129
二大政党政治……………………35, 55, 119, 120
日曜日の朝の事件（［1619］8 Co.Rep.114）‥49
入学試験………………………90, 282, 316, 319
ニュージーランド…155, 163, 164, 177-178, 305
ニューファンドランド…………………………155
ニュー・ブルンズウィック…………………161
年金給付……………………………………312-313

（は　行）

パキスタン…………………………………**180**
白書〔ホワイト・ペーパーを見よ〕
パスポート……………………………………276
バハマ諸島……………………………………154
パブリック・スクール（イートン，ハ
　　ローなど）……………………39, 254n.45, 282
バミューダ……………………………………191
バーミンガム市…………………………83, 313
バーミンガム大学………………10, 253n.43, *416*
ハラスメント（嫌がらせ）…………………320
ハリス事件……………………………………186
バルフォア宣言………………………………167
バルマー対ボリンジャ判決……………207-208
パレスチナ……………………………………153
バロン…………………………4, 11, 23n.23, 27
バングラデシュ…………………155, **180**, 315
パンソプカ判決〔判例索引R. v. Home Sec-

450

事項・専門用語索引

retary, *ex parte* Phansopker, [1976] Q.B. 60 を見よ〕
反対尋問権 ………………………………… 217
万能の権能（議会の）………… 41, 50, 102, 104
判例法 ……………………………………… 125
東インド会社 ……………… 14, 24, 31, 152, 179
ビザ（旅券）……………………………… 173n.57
1人1投票権 …………………………… 38, *431*
ピノッチェ裁判 …………………………… 95
批判を流す ………………………… 24, 26, 27
罷免（手続）……………………………… 83
ピューリタン ………………… 12n.23, 41, 190, 205
ピューリタン憲法（クロムウェル共和制
　憲法）………………………… 30, 35, 109
表現の自由 ………………… 186n.75, **289**, 290, *339*
平等権 ………… 60, 63, 162, 181, **316-319**, 320
平等賃金 ……………………………… 221, 318
平等賃金法〔Equal Pay Act を見よ〕
平等法（2013年）………………………… 272, 310
ビルマ ………………………………………… 153
ビルマ石油事件 ……………………… 113-115
比例配分原則（proportionality）……… 71n.30,
　　　　　　　　　　　77n.42, 164, **218-219**,
　　　　　　　　　　　　221, 274, 309, 312
貧　困 ………………………………… 187-188, **248**
フィクション〔擬制も見よ〕…… 17, 94, 129,
　　　　　　　　　　　　130n.73, 147, 159, 285
フォークランド（Falkland Islands）…… 153,
　　　　　　　　　　　　　　　　　191-192
福祉行政 ……………………… 67, 232, 262, 314
福祉国家 ……………… 24, 59, 66, 67, 232, 248, 249
復讐（retribution）………………………… 86
不信任決議 ………………………………… 5
不遡及原則 ………………………………… 221
不逮捕特権 ……………………… 8, 108, 236
普通選挙 …………………… 31, **38-39**, 119, 192
ブッシュマン ……………………………… 185
不当解雇（unfair dismissal）…… 78n.47, 235, 254
不文憲法 ………………… 3, 65, 116, 178, *337*
不法行為責任 … 64, 104, 110, 113, 171, 252, 316
プライヴァシーの権利 ………… 18, 269, 284,
　　　　　　　　　　　　　　286, 296, 340
フランクス委員会 ……………… 87n.70, 88n.72,

233, 261, 267n.71
フランス行政法 ……………………………… *384*
フランス市民革命 …………………… 52, 119
フランス法 ………………… 158, 164, 248
プロテスタント ……………………… 244, 293
分析法学 ………………………… 18, 52, 285
文民統制 ……………………………………… 256
文明国が決めた法の一般原則 ………… 95n.90
平穏な家庭生活〔家庭生活を見よ〕
平準化（harmonisation）………………… 222, *345*
平　和 ………………………… 97, 112, 184
ベバリッジ報告書 ………… 233, 250, 314
ベルギー憲法 ……………………………… 4
ベルサイユ条約 …………………………… 96
偏見（bias）………………………………… 80-82
弁護士（資格）…………………………… 226
ホイッグ党〔保守党も見よ〕………… 24, 35
法　案 …………………………………… **121-125**
防衛・公安 ………………………………… 256
法改革 ……………………………………… 127-128
法実証主義 ……………………………… 18, 53n.48
法宣言説 …………………………………… 147
法曹教育 …………………………………… 116
法曹倫理 …………………………………… 250
法廷侮辱罪〔裁判所侮辱も見よ〕…… 88, 108
法的安定性 …… 129n.72, 146, 162n.32, 221, 335
法典化〔codification を見よ〕
報道の自由 ……………………… **289-291**, 329
法と道徳 ……………………………… →道徳
法認識のルール（rule of recognition）… 52-53
法の科学 ……………………………… 46n.78, 119
法の支配 …… 5, 9, 55,59-60, 68, 71, 93, 100, 106,
　　　　　　118, 129, 130n73, 132, 140, 148, 188n.78,
　　　　　　　236, 256, 283, 284, 288, 334, *403*
　――の原理 …… 5, 6, 19, 42, 51, 93-94, 101, 132
　――の思想 …………………………… 23
　国際レベルでの―― ……… 92-100, *423*, *426*
法の前の平等 …………………………… 63, 162
法の下の平等 ……………… 162, 312, 316-320
法務総裁（Attorney-General）…… 236, 237, 241
法　律 …………………………………… 120-122
　――の効力停止 ……………………… 28, 40
冒頭の決まり文句 …………… 10-11, 27, 121

451

法律解釈‥66, 140-146, 175, 205, 207-208, *342*
　　──の黄金律（golden rule）………… 141
　　──の客観性…………………… 140, 148
　　解釈原理………………………… 141, 144
　　合理的解釈〔国語的解釈, ミスチーフ・
　　　ルール, 目的論的解釈も見よ〕…144, 187
法律解釈の「枠」……………………………… 140
法律扶助〔リーガル・エイドを見よ〕
保守党〔ホイッグ党も見よ〕………35, 108n.21,
　　　　　　　　　　　　　　　　　119, 226
ホームレス………………………………187, 188
ポリス・パワー…………………………305, 309
ホワイト・ペーパー〔コマンド・ペーパー
　も見よ〕……………………………124n.59, 126
香　港…………………82n.60, 153, 172n.56, **191**

（ま　行）

マグナ・カルタ（1215年）〔法例索引も
　見よ〕…………4, 5, 11, 14, 22, 28n.25, 32n.36,
　　　　　　　　52, 59-60, 94, 96, 112, 114n.42,
　　　　　　　　133, 134, 190, 284, 285, 334
マサチューセッツ州…………………………… 190
マンデイマス（記録移送命令）
　〔mandamus を見よ〕
マン島……………………………………… 3, 192
ミスチーフ・ルール（mischief rule）……… 141
南アフリカ……………………155n.14,163, **185-187**,
　　　　　　　　　　　　　188, 305, *398n.27*
民主主義〔議会制民主主義も見よ〕
　　………24, 33, 39, 55, 56, 92, 99, 103, 104,
　　　　　129, 222, 283, 286, 287, 289, 333, *433*
民族自決権…………………………………165, 201
無効（nullity）……………………………**74**, 320
無罪の推定…………………145, 300, *334n.15*
「明白な意味」の原理………………………… 141
名誉革命（1688年）…24, 25, 28, 29, 40-41, 289
名誉毀損……………………………109n.23, 177, 323
命令（command）（主権者の）……………45, 101
メガー・アンド・サンメロン農村地区議
　会判決…………………………………… **208**
目的論的解釈……………142-143, 200, 205, *342*
黙秘権………………………………187, 298, 299

（や　行）

家賃裁判所（rent tribunal）………………… 257
家賃評価委員会（rent assessment
　commission）…………………………… 257
ヨーロッパ会議（Council of Europe）
　…………………………………196, 197, 212-213
ヨーロッパ議会………………………… 137, 197
　　──の議員定数………………………… 197
ヨーロッパ共同体………………195-211, 218, 222
　　──の構成国…………………………… 196
ヨーロッパ共同体法（1972年）〔法令索
　引も見よ〕………………4, 14, 17, 119, 137,
　　　　　　　　　　　　195-211, 330
ヨーロッパ経済共同体………………………… 195
ヨーロッパ憲法……………………17, 196, 220-223
ヨーロッパ司法裁判所……………………227, 228
ヨーロッパ市民………………………………**222**
ヨーロッパ指令（European Directive）〔個
　別の指令について, 法令索引の同項目
　を見よ〕…………………200, 207, 210, *345*
ヨーロッパ人権規約〔法令索引ヨーロッパ
　人権規約も見よ〕…17, 97, 135, 145, 221-222,
　　　　　　　　　　256, 274, 300, 303,
　　　　　　　　　　305, 309, 325, *338-340*
ヨーロッパ人権裁判所………196, 198, 228, 276
ヨーロッパ中央銀行………………………225, *340*
ヨーロッパ評議会……………………197, 198, *245*
ヨーロッパ法の形成……………………………… 92
ヨーロッパ法の優位………………………54-55, 203
ヨーロッパ連合………………195, 196, 218, 225
抑止効果（予防効果）（deterrence）………78, 86
抑制と均衡……………………………………… 102
予備的決定（preliminary rulings）………… 228
世　論………3n.3, 4, 31, 36, 46, 56, 95, 97n.88, 286

（ら　行）

リアリズム……………………………………… 55
リーガル・エイド（legal aid）……218n.39, 228,
　　　　　　　　　　　　　　　　　250n.39
リーガル・サービス（legal service）…89, 226,
　　　　　　　　　　　　　　249, 250n.39, 267
理性〔自然的理性も見よ〕……………………47, 131

事項・専門用語索引

技巧的―― ……………………………… 50
立法
　　――の過程 …………… 26, **122-127**, 129
　　――の形式 …………………………… 121
　　――の準備作業 …………………… 125-127
　　――の正当性 …………… 50, 53, 56, 59,
　　　　　　　　　　　　　　101, 134, 282
立法機能 ……………………………… 27, 31, 96
立法権 ……………… 30, 31, 104, 137, 196, 245
立法政策 ………………………………………… 123
立法者 ……………………………………… 30-31
立法府 ……………………………… 24, 31, 103, 161
良心の自由 ……………………………………… 289
ルイジアナ州 …………………………………… 152
歴史的継続性 …………………………………… 10-11
レファレンダム ……… 48, 165, 170, 199, *201*,
　　　　　　　　220, 238n.18, 243, 281,
　　　　　　　　377, 403, 404
連合王国 ……………………… 3, 47, **54**, 55, 160, 172,
　　　　　　　　178, 199, 223, **234**, 244
レントン報告書 ………………… 110. 144n.111
連邦制 ……………………………… 134, 166-167
ロイヤル・コミッション ……………… **126**
労働者の権利 ……………………… 222, **311-312**
　　災害補償 …………………………… 250, 252
労働党〔トーリー党も見よ〕……… 26n.18, 35,
　　　　　　　　　　　　　　　56, 239
労働立法 ………………………………………… 254
ロー・コミッションズ …… 116n.44, 124-126,
　　　　　　　　　　　　143, 144, 259
ロード・チャンセラー ……… 14, 34, 37, 42,
　　　　　　　　85n.67, 87, 88, **115-117**,
　　　　　　　　121n.53, 125, 235, 263, 333
ローマ教会 …………………………………… 293294
ロンドン市 ………………………… 12n.22, 181, 239
ロンドンの商人 ………………………………… 11, 24

（わ 行）

わいせつ …………………………………… 292, *343*
ワイン販売 ……………………………………… 207

（英 語）

Abdication（退位）…………………………… **13**

Admissibility（事件受理）………………… 212
Amicus curiae（裁判所の友）…………… *341n.19*
Attorney-General（法務総裁）…………… 236
Bill of attainder〔私権剥奪法を見よ〕
British Commonwealth（英国コモンウェ
　ルス）……………………………… 151, 314
Case stated〔お伺い上訴を見よ〕
Certiorari（サーシオレアライ；記録移送
　令状）…… 72, 73, 76, 89, 91, 261, 271-272, 275
Civil liberties（市民的自由）……… 18, 272-273,
　　　　　　　　　　　　　　284
Codification（法典化）……………… 46, **127**
Command（命令）……………………………… 52
Consolidation（併合）……………………… 127
Conversion（不法転換）…………………… 167
Corn Laws（穀物取引に関する法律）……… 26
Crown franchise（国王特権）……………… 8, 111
Disclosure（開示）……………… 64, 84-86, 209n.24
Dominion（自治国；ドミニオン）……… 15, 155,
　　　　　　　　　　　　160, 180
Due process of law（法の適正手続）…… 284
During their good behavior（罪過なき限
　り）……………………………………… 113
Emolument（報酬）………………………… 97, 142
Equality（平等）……………………………… 162
First-tier Tribunal（第1段階裁判所）…… 263
Foetus（胎児）………………………………… 306
Franchise ………………………………………… 32
Gerrymandering（不正選挙区割り）…… 81
Habeas corpus（人身保護令状）………… 28-30
　　ad respond ………………………………… 28
　　ad subjeciendum ……………………… 28n.27
　　ad testificandum …………………… 29-30
Hansard（ハンサード；国会議事録）…… 109
Harmonization（法の平準化）……………… 222
Hearing（聴聞；ヒアリング）………… 83, 212
High Court of Parliament（議会［高法
　院］）…………………………………… 30, 43
Human rights（人権）………………………… 18
IBA（国際法曹協会）……………… 93, 94, 100
ICC（国際刑事裁判所）……………………… 100
Identification（面通し）…………………… 307
ILO（国際労働機関）… 16, 54, 100, 161n.29, 176

453

索　引

Improvement notice（是正勧告）............ 251
Incompatibility（抵触性；適合性）〔抵触性を見よ〕
injunction（差止命令）........................ 89, 91
Judicial notice（公知の事実；職権上知り得る知識）................................ 173, 200
Jurisdictional error（管轄権の間違い）...... 73, 90-91
Jus cogens 74n.37, **328**
King could do no wrong（国王は悪をなしえず）.. 64, 112
King never dies（国王は死なず）............ 174
Legal service（法律実務）〔リーガル・サービスを見よ〕
Maladministration（間違った行政）......... 266
Mandamus（マンデイマス；職務執行令状）................ 68, 72, 76, 89, 91, 237, 261, 272-273, 275
Margin of appreciation〔息抜きの空間を見よ〕................ 145, 289n.14, 324, *339*
Mischief rule（危害排除則）〔ミスチーフ・ルールを見よ〕
NHS（National Health Service：国民健康保険機構）〔公衆衛生も見よ〕......... 305
Nolle prosequi（公訴取下げ）......... 236, 304
Ouster clause（司法審査排除条項）〔司法審査－排除条項を見よ〕
Parliament（議会）........................ 7, 13, 21
Parliamentary Commissioner for Administration（議会調査局長）〔オンブズマンも見よ〕........................ 266
Partial（永住権者）............................... 155

Peer（同輩）...................................... 284
Pith and substance（骨髄と実体）........... 163
Practice Statement〔慣行声明を見よ〕
Praemunir（ローマ教会尊信罪）............ 294
Privy Council（枢密院）〔貴族院－枢密院も見よ〕.................................. 14, 86
Prohibition（禁止命令）......................... 91
Property（財産権）............... 107, 114-115, 288, 308-310, *340*
Proportionality〔比例配分原則も見よ〕
.... 218, 221, 246n.33, 298n.33
Reference（事件付託）......................... 165
Rent assessment tribunal（家賃評価裁判所）.. 257
Rent tribunal（家賃裁判所）................. 257
Review（審査）〔司法審査を見よ〕
Revision（改正）................................ 127
Science（科学；学問）........................... 46
Separate but equal（分離するが，平等）
.... 162n.31
Special tribunal（特別裁判所）〔特別裁判所を見よ〕
Statute（制定法；法律）............... **120-122**
Statutory Instrument（規則）............... 121
Supremacy or primacy [of European law]（優位性）..................... 203, *338*
Unfair dismissa〔不公正解雇を見よ〕
Upper-tier Tribunal（上位段階裁判所）.... 263
Viner（ヴァイナー講座）.......... 47, 113, *375*
Void（無効）または voidable（取消）.... 83n.63
Writ（令状）....................................... 28
WTO（世界貿易機構）............... 16, 54, 100

454

【人名索引】

(あ 行)

- アインシュタイン ……………………… 95
- アダム・スミス …………………… 25, 152
- アトキン (Atkin) ………… 67, 84, 331
- アリソン (J.W.F. Allison) ………… 15
- アレン (A.C. Allen) ………… 60n.6, 131
- アン女王 ……………………………… 13
- アンソン (W.R. Anson) ……… 15, 154
- 伊藤正己 ……… 6n.11, 27n.23, 28n.24, 41n.63, 41n.64, 48, 51, 59, 85n.67, 96n.92, 129, 139n.98, 170, 234n.8, 242n.25, 288n.12, 337n.1, 399n.28, 404, 426
- ウィーア (Wheare) ………………… 24
- ヴィクトリア女王 ……………… 153, 376
- ウイグモア ………………… 89n.70, 322
- ヴィノグラドフ (Vinogradoff) … 133n.82
- ウィリアム1世 ………………… 3, 192
- ウィリアム3世 ………………… 14, 40
- ウィリアムズ, グランヴィル
  …………… 125n.61, 125-126n.64, 128, 138, 140n.102, 148n.122, 149-150
- ウィルズ (J.S. Wiles) ……… 105, 133n.83
- ウィルバーフォース ……………… 73, 75
- ウィンタートン (Winterton) …… 23, 170
- ウェイド (H.W.R. Wade) …… 10, 234, 235, 263, 372, 412-417
- 内田力蔵 ……… 101n.3, 118, 146, 425, 441
- ウルフ ……………… 63, 69, 70, 77, 88, 146, 257, 273, 280, 281n.85
- レポート ………………………… 69, 342
- エドワード1世 …… 13, 14, 27, 28, 32, 243, 249
- エドワード3世 …………… 28n.25, 32n.36
- エドワード7世 …………………… 376
- エドワード8世 …………………… 13
- エラスムス ………………………… 293n.26
- エリザベス1世 …………… 7, 152, 188, 242, 248-249, 293n.25, 294
- エリザベス2世 … 157, 174, 175, 178, 242
- エルドン (Lord Eldon) …………… 25
- オースティン (J. Austin) … 15n.34, 18, 44-48, 52-53, 101, 147, 374

(か 行)

- カッサン, ルネ ………………… 97, 215
- ガーディナー ……………………… 150
- グッドハート ……………… 148-149, 183, 426
- グラッドストーン (Gladstone) … 26, 35n.45, 119, 377
- クランマ ……………… 101n.3, 293, 294, 334
- 来栖三郎 ………………… 147n.121, 441n.50
- クロス (Cross) ………… 86n.69, 143, 149
- クロムウェル [事項索引－ピューリタン憲法も見よ] …… 3, 9, 12n.23, 30, 35, 40, 109, 152, 244n.29, 416
- ケブル ……………………………… 131
- ケルゼン (H. Kelsen) ………… 51, 405
- ゲルダート ………………………… 146
- コーク [クック] (Coke) … 14, 30, 48-50, 60, 105, 106, 130, 131, 140, 190, 431
- インスティチュート (Institutes) ……………………………… 30, 48
- コスグローヴ …… 373n.3, 378n.22, 381
- ゴッホ (J.W. Gough) … 49n.90, 132, 134
- コペルニクス ……………………… 95

(さ 行)

- サンキー (Sankey) …… 109, 125, 159, 160
- ジプシー ……………………… 313, 340
- シモン・ド・モンフォール (Simon de Montfort) …………………… 22, 23n.7
- シモンズ ………………………… 208
- ジャクソン ……………………… 263
- ジャッフィ (Jaffe) …………… 135n.88, 429
- シュウォーツ …………………… 234
- シュタイン ……………… 65, 132, 142
- ジェームズ1世 …… 24, 37, 50n.92, 159, 239
- ジェームズ2世 …………………… 27, 40
- ジェームズ6世 …………………… 239
- ジェニングス (W.I. Jennings) …… 15, 132, 232, 380-381,

455

索 引

394-400
ショー，バーナード（Bernard Shaw）…3, 44
ジョウェル（Jowell）……………68, 70n.27
ジョージ1世……………………………7, 13
ジョージ2世………………………………7
ジョン王……………………4n.4, 11, 27, 112n.34
末延三次………13n.24, 30n.32, 106,n.13 113n.38
スカーマン……………142n.105, 151n.1, 156, 196, 232, 273, 315, 333
スミス，A.［経済学者］………………152, 376
スミス，T.B.……………126n.65, 143n.111, 240-242, 384
スタッブス（W. Stubbs）………………13
スティーヴン（Stephen）………………127
ストーン，ジュリアス（J. Stone）………47
ソーン（Thorne）…………9n.19, 130n.75

（た　行）

ダイシー……………4, 15, 41, 47-50, 59-61, 62-65, 95, 96, 98, 109, 118, 132, 170, 171, 231, 232, 256, 261, 273, 288, 291-292, 313, 333, 371-427, 432
　憲法理論………………………99, 170n.52
　『憲法序説』………………5n.9, 6-8, 15, 48, 60-61, 65n.17, 138, 255, 378
　『法と世論』………31, 48n.86, 56, 66, 376, 382
ダイヤモンド，オーブリ（A. Diamond）
　………………………126, 144n.111, 241, 242
ダーウィン………………………………316
　『進化論』………………………………316
高柳賢三………………50n.92, 133n.82, 241, 422
タッカー（Tucker）………………………79
田中英夫…………9n.19, 30, 87, 113n.39, 130, 432-433n.10 and n.13, 436n.24, 436
チャーチル，ウィンストン………195, 198, 212
チャールズ1世……………………7, 29, 40
チャールズ2世…………12n.23, 40, 153, 179
デイヴィス（Davis）……………………232
ディズレーリ（Disraeli）……………26, 119
ディプロック……………………66, 67, 73, 79, 143n.106, 205, 277
デヴリン………………………53, 140, 431
　デヴリン＝ハート論争……………53n.100

デニング………79n.49, 81, 108n.22, 156n.17, 205, 207, 208, 261, 262, 269, 277, 288, 291, 315, 331, 432n.8
ド・スミス（de Smith）………22n.4, 67, **70-71**, 77, 79, 80n.52, 134n.86, 234
ド・トックヴィル…………………………99
ド・ロルム（de Lolme）…………36, 41n.65, 50
トレヴェリアン（Trevelyan）……………21

（な　行）

中村英勝………………………7n.15, 22n.6

（は　行）

ハイエク（Kayek）………60n.6, 68, 129n.72
バーケンヘッド…………………………142
バジョット………………………7, 43n.71, 242
ハート（H.L.A. Hart）…18, 51-53, 54, 101, 129, 140n.101, 147, 155n.15, 160
パープワース（Parpworth）………………87
ハラム（Henry Hallam）…………………7
ヒューストン……………………………405-406
ヒューム………………………………46, 130n.73
ビンガム（Bingham）………60, 68n.22, 93n.84, 100n.98, 304
フィッツモーリス………………………215
フィリップス（Lord Phillips）…19, 81n.54, 303
フィリップス［バーミンガム大学］……409-412
フェルドマン（Feldman）……9-10, 286, 287
フォーサイス（Forsyth）………………16
フラー（L.L. Fuller）……………………18n.43
ブラクトン（Bracton）………………23, 131
プラクネット（T.F.T. Plucnett）………14n.29, 27n.22, 130n.75
ブラックストーン（Blackstone）
　………………22, 25, 26, 44n.74, 46, 47-50, 54n.101, 113, 134n.86, 136, 147, 178n.61, 190, 286, 288, 376
ブラックバーン…………………105, 237, 431
フランク，ジェローム…………………148
フランクファータ………………231n.1, 437
ヘイル，サー・マシュー（Sir Mathew Hale）………………………49, 147n.120

456

ヘイルシャム ……………… 42, 79n.48, 116, 117
ベーコン ………………………… 127, 140, 431
ベンサム ……………… 26n.17, 27n.19, 31, 44, 46-47,
　　　　　　　55, 66, 119, 127, 131, 140, 386
ヘンリー 1 世 ……………………………… 34
ヘンリー 3 世 ………………… 22, 27, 112n.34
ヘンリー 4 世 ……………………… 112n.34
ヘンリー 7 世 ……………………………… 14
ヘンリー 8 世 …………… 7, 13, 23, 293-294
ボダン ……………………………………… 41
ホッブス …………… 41, 44-46, 47, 60, 102
　『レヴィアサン』（1651 年）…………… 45,
　　　　　　　　　　　　　　　102n.5
ホフマン（Lord Hoffman）………… 193, 327
ホームズ（O.W. Holmes）………… 19, 376
ホールズベリ ……………………………… 149
ホールト …………… 74n.37, 105, 133, 140, 431
ポロック（Pollock）………………… 131n.77

　　　　　（ま 行）

マクイルアン（McIlwain）…………… 13n.25,
　　　　　　　　　　　30n.34, 131n.77
マクブライブ（McBribe）………… 135, 315
マクミラン ………………… 108n.21, 199
マーシュ（Marsh）………………… 95n.90
マスティル ………………… 66, 77, 78, 298

マンスフィールド ……… 105, 136, 140, 183, 432
ミッチェル ……………………… 406-409
ミル，ジョン・スチュアート（J.S. Mill）
　　　　　　 ……… 39, 44, 292n.22, 316, 377
ミルトン ……………………………… 109
メートランド …… 13, 14, 41, 47, 49n.91, 79, 89,
　　　　　　　　131n.77, 147, 401-402, 403
メーン ……………………… 179-181, 385-386
メアリ（ピューリタン）…………… 40, 293
メアリ・アンド・ウィリアム …………… 40
メイ，アスキン（Erskine May）……… 8, 108
モア，トマス（Thomas Moor）………… 294
モリソン（W.L. Morrison）……………… 53
モーリス ……………………………… 73
モンテスキュー … 102, 103, 107, 117, 168, 179
　『法の精神』（1748 年）…………… 103n.7
モンフォール，シモン・ド ………… 22, 23 n.7

　　　　　（ら 行）

ラズ（Raz）……………………………… 16
リード（Reid）………… 73-75, 90n.77, 142n.105
レイサム ………………………… 132, 404, 405
ローソン ………………………… 402-403
ロック，ジョン …………… 46, **106-107**, 115,
　　　　　　　　　　　117, 129, 285, 310

索引

【法令索引】

(あ行)

アメリカ合衆国憲法·········· 89, 102n.4, 103, 135,
　　　　　　　　　　　　　162, 166, 285, 321
　第3条·································· *433n.14*
　第5編······························· 4n.6, 95
　第1修正···························· 284n.6, 293
　第14修正······························ 63, 319
ウイーン条約（1969年）53条········ 74n.37
ウェストミンスター法（1272年）············ 22
ウェストミンスター法（1931年）
　［Statute of Westminister 1931］···· 153, 155,
　　　　　　　　　　　　　　　　158, 167
　s.2(2)····································· 177
　s.4············· 51-52, 155, 159-162, 163
エジプト・アラブ共和国憲法············ 94n.86
王位継承法（1700年）←［12 & 13 Will.
　3 c.2（1700）を見よ］
オーストラリア憲法〔事項索引−オース
　トラリア憲法も見よ〕
　第51条································· 175
　第81条································· 169
　第100条································ 174

(か行)

家族法改革法（1969年）···················· 126
救貧法〔Poor Relief Act も見よ〕······· 248, 294
教育法（1903年）··························· 232
　第7条2項································ 233
クラレンドン条令（1164年）·········· 11, 13, 34
刑事裁判法（1991年）第35条············ *341*
憲法改革法（2005年）··············· 4, 19, 116,
　　　　　　　　　　　　　　121n.53, 333
権利章典（1689年）························· 4, 29
　第1条4号································· 29
　第9条···························· 107, 110, 142, 177
権利請願（1628年）························· 4, 5
　第1条······································ 33
公正取引法（1973年）················ 124, 253n.44
国際司法裁判所規程38条1項············ 95n.95
国際人権規約······························· 308

国際連合憲章··························· 52, 96-97
婚姻事件手続並びに夫婦財産法（1970年）
　··· 126

(さ行)

サンフランシスコ条約····················· 197
ジャマイカ憲法第20条(8)項··············· 304
条約法に関するウィーン条約（1969年）
　······································· 74n.37
植民地の法の効力に関する法律（1865年）
　································ 153, 155, 163n.33
人権法（1998年）············· 4, 17, 18, 124,
　　　　　　　　　　　142, 218-219, 285, 300,
　　　　　　　　　304, 323, 325n.74, *337-346*
　〔本書付録1にこの法律の原文を収載〕
　第6条(2)項······························· 314
　第7条(8)項····························· *346*
　第10条·································· *338*
　第11条·································· *338*
人身保護法（1679年）（13 Car.2）···· 28, 29, 321
スター・チェンバー廃止法（1641年）······ 113
青少年法（1933年）第53条(1)項·········· *341*
世界人権宣言第25条(1)項·················· 308

(た行)

地方分権法（1998年）······················ 245
　第6条···································· 245
ドイツ共和国ボン憲法第1条および第2
　条······································· 312
トリニダド憲法···························· 321

(な行)

日本国憲法
　前文····································· 184
　第14条······························· 63, 319
　第16条·································· 322
　第17条·································· 322
　第22条·································· 288
　第29条······························ 114, *341*
　第31条································ 62n.10
　第39条·································· 304

458

法令索引

第 40 条··· 322
農業市場法·· 91

（は 行）

不公正契約条項法（1967 年）··············· 124
普通選挙法（1832 年）······· 26, 31, 33, 38, 119
普通選挙法（1867 年）·························· 119
普通選挙法（1884 年）·························· 119
フランス人権宣言（1789 年）············ 93n.84
併合法（1707 年）··············· 4, 239-240, 246
　　第 1 条·· 240
　　第 18 条··· 240n.21
併合法（1800 年）······································ 4
ベルギー憲法第 7 条································· 62
ベルサイユ条約·· 96

（ま 行）

マグナ・カルタ（1215 年）······ 4, 11, 59-60, 96
　　第 1 条················ 11n.22, 112n.34, 293n.25
　　第 2 条··· 11n.22
　　第 6 条··· 11n.22
　　第 10 条······································· 11n.22
　　第 12 条······················ 12n.22, 32n.36, 33
　　第 13 条······································· 12n.22
　　第 14 条··· 22
　　第 17 条······································· 12n.22
　　第 29 条····································· 112n.34
　　第 37 条····································· 112n.34
　　第 39 条································· 11, 51n.96, 285
マグナ・カルタ（1297 年）················ 112n.34
南アフリカ憲法（1993 年）〔Republic of South Africa Act 1993 を見よ〕
南アフリカ憲法（1996 年）第 2 条および
　　第 172 条·· 188

（や 行）

ヨーロッパ共同体法（1972 年）·········· 4, 16, 17, 137, 195
　　第 2 条······························· 199, 343n.24
　　第 3 条··· 199
ヨーロッパ経済共同体条約（1951 年）······ 195
ヨーロッパ原子力共同体条約（1957 年）··· 195
ヨーロッパ石炭鉄鋼共同体条約（1957 年）

·· 195
ヨーロッパ指令
　Council Directive 64/221················ 204
　Council Directive 67/548/EEC
　　（1967）··· 204
　Council Directive 73/173/EEC（4
　　June 1973）································ 204n.19
　Council Directive 74/577/EEC（18
　　Nov. 1974）·· 246
　Directive 80/87·································· 206
　Directive 2007/66/EC····················· 211n.26
　EC Council Directive 76/207·········· 211, *345*
　Public Sector Remedies Directive
　　89/665/EEC································ 211n.26
　Second Council Directive (EEC) 84/5··· 207
　Social Security Directive 79/7/EEC····· 211
　Utilities Remedies Directive 92/13/
　　EEC·· 211n.26
ヨーロッパ人権規約······ 17, 124, 222, 324, *337*
　art. 2···································· 274, 296-297, 325
　art. 3·· 142
　art. 5······················ 30, 263, 264, 297, 298n.33
　art. 6······················ 145, 188, 214-215, **216**,
　　260, 265, 288, 290, 297,
　　300, 303, 305, 323, *340*
　art. 7······································ 288, *340*
　art. 8······················ 215, 274, 288, 313, 315
　art. 10······················ 289, 286, 330, *338*, *339*
　art. 11·· *338*
　art. 15(3)······································· *338n.3*
　art. 25·· 212
　art. 26··· *338n.4*
　art. 27·· 212n.29
　art. 31·· 215
　art. 41··· *338n.4*
　art. 42··· *338n.4*
　art. 50·· 97
　第 1 プロトコール第 1 条·············· 308, *340*
　第 1 プロトコール第 2 条···················· 310
　第 1 プロトコール第 3 条············· 223, 266
　第 6 プロトコール························ 297n.31
ヨーロッパ理事会指令 89/617·············· 200
ヨーロッパ連合条約（通称，マーストレ

459

索　引

ヒト条約）（1992 年）……………………220

（ら 行）

離婚改革法（1969 年）……………………126
労働争議法（1903 年，1911 年）…………232

（わ 行）

わいせつ出版物に関する法律（1959 年）
……………………………………………*339*

【英 文 法 令】

16 Car. I, c.10 (1640) ……………113n.37
25 Ed. 1 cc. 1 & 6 ………………112n.34
25 Ed. 3 c.5 ………………………112n.34
28 Ed. 3 c.5 ………………………112n.34
1 Geo. 3 c.23 (1760) …………………113
6 Geo. 3 c.12 (1766) ……………………15
7 Hen. 4 c. 1 ……………………112n.34
4 Hen. 5 c. 1 ……………………112n.34
2 Hen. 6 c. 1 ……………………112n.34
27 Hen 8 c.4 ……………………243n.28
30 Hen. 8 c.10, s.2 ………………293n.25
34 & 35 Hen 8 c.26 ……………243n.28
20 & 21 Vic. c.3 …………………160n.26
1 Eliz. 1 c.1 ………………………293n.25
12 & 13 Will. 3 c.2 (1700)［王位継承法］
………………… 4, 40, 113n.38, 175n.60
3 & 4 Will.4 c.73 …………………15n.32
Abolition of Capital Punishment
　Act 1965 → Murder（Abolition of
　Capital Punishment）Act 1965 を見よ
Academics Act 2010 ……………………311
Access to Justice Act 1999 …………26, 69
Access to Personal Files Act 1987 …269n.72
Acquisition of Land Act 1981, s.2(3) ……260
Acquisition of Land (Assessment of
　Compensation) Act 1919, s.7(4) …………135
Acquisition of Land (Authorisation) Act
　1946 ……………………………………75
Act of Supremacy, 26 Hen.VIII c.1 …293n.25
Acts Interpretation Act 1901 (Cth) ………175
Administration of Justice (Appeal) Act
　1934, s.1(1) ……………………………240
Administration of Justice
　(Miscellaneous Provisions) Act 1938,
　s.7 …………………………………………90

Aircraft and Shipbuilding Industries Act
　1977(c.8) ………………………………303
Australia Act 1986 ………………………171
Bangladesh Act 1973 ……………………180
Bristol and Exter Railway Act 1836 ……135
British Indian Ocean Territory
　(Constitution) Order 2004 ……………193
British Indian Ocean Territory
　(Immigration) Order 2004 ……………193
British Nationality Act 1981
　── s.44(2) ……………………………76
　── s.11 ……………………………155
British North America Act 1867（旧カナ
　ダ憲法）, 20 & 21 Vic. c.3
　Preamble, §§ 9, 17, 92(1) …………163n.36
　── ss.90 and 91 ………………160-161
　── s.129 ……………………………159
　── s.132 ……………………………158
British Railway Act 1968, s.18(1) ………135
British Settlement Act 1887 ……………192
Broadcasting Act 1981, 29(3) …………289n.14
Canada Act 1982 …………………………157
Canadian Charter of Rights and
　Freedoms 1982 [Canada Act 1982 (U.
　K.)] ………………………………157, 161
Catholic Emancipation Act 1829 ……295n.30
Civil Evidence Acts 1968-72 …………125n.63
Civil Procedure Rules (CPR)
　── Part 54 ………………… 76n.40, 274
　── Part 66 ……………………………64
Clean Air Act 1957 ……………………259
Coastal Waters (State Powers) Act 1980,
　s.5 …………………………………172n.56
Colonial Laws Validity Act 1865
　[British North America Act]

460

法令索引

〔植民地の法の効力に関する法律
（1865 年）を見よ〕
Commonwealth of Australia
　Constitution Act 1900 ……………… 167
　──s.9 ………………………… 166n.43,
　──s.51 ……………… 168n.47, 172n.56
　──s.114 ……………………… 168n.47
Constitution Act（Australia）1929, art.7
　（A）…………………………… 170, 397
Constitution Act（バミューダ）1968 … 191
Constitution Act（Canada）1982 …… 157, 160
Constitution Act（NZ）1986 ………… 177
Constitution of the Federal Republic of
　Nigeria（Promulgation）Decree 1999 … 184
Constitutional Reform Act 2005〔憲法改
　革法も見よ〕…………………………… 36
Consumer Credit Act 1974 …………… 26, 253
　──s.60(1) ……………………………… 217
Contempt of Court Act 1981, s.10 ……… 291
Convention and Protocol relating to the
　Status of Refugees, s.31 …………… 138n.94
Convention of Rights of Persons with
　Disabilities（2006）art.13 …………… 69n.25
Courts Act 1971, s.56(4) ………………… 30n.30
Courts and Legal Services Act 1990, s.8 … 323
Crime（Sentences）Act 1997, s.2 ……… 146
Criminal Appeal Act 1968 ……………… 240n.22
Criminal Attempts Act 1981 …………… 137
Criminal Evidence Acts 1965-67 ……… 125n.64
Criminal Justice Act 1967 ……………… 78, 125
Criminal Justice Act 1987 ……………… 298
Criminal Justice Act 1988.s.134 ………… 327
Criminal Justice Act 1991（c.53）, s.35(2)
　……………………………………… 132, *341*
Criminal Justice Act 2003 s.321, Sch.33 …… 82
　──s.116 ……………………………… 303
Criminal Justice and Public Order Act
　1994, s.60 …………………………… 298
Criminal Procedure Act 1701 ………… 29n.28
Criminal Procedure and Investigations
　Act 1996, s.29 ……………………… 251
Crown Proceedings Act 1947 ………… 64, 85,
　104n.10, 113, 120, 236, 262, 265, 322, 324

　──s.1 ………………………………… 236
　──s.2 ……………………………… 236n.14
　──s.20 ……………………………… 262
　──s.21 ……………………………… 265
　──s.28 …………………… 85n.67, 237
　──s.40(2)(b) ……………………… 161n.28
Data Protection Act 1984 ……………… 269n.72
Data Protection Act 1998 ……………… 269
Data Protection Directive（EC Council
　Directive 95/46）…………………… 269
Defamation Act 1996, s.13 ……… 109n.23, 110
Defence（General Provisions）Regulation
　18B ……………………………………… 67
Disability Discrimination Act 1995 …… 318
Dominion Trade and Industry
　Commission Act 1935, s.91 ………… 161
EC 条約第 119 条（TFEU 第 157 条）… 205
Education Act（教育法）1903 ………… 232
Education Act 1944 …………………… 282
　──s.8 ………………………………… 320n.66
Education Act 2002 …………………… 254, 311
Education Act 2011 …………………… 311
Education and Inspections Act 2006 … 311
Education and Skills Act 2008 ………… 311
EEC 条約（Cmnd. 5179-11）………… 210
　第 36 条（EC 条約第 30 条）………… *344*
　第 119 条 ……………………………… 221
　第 177 条 ……………………………… 207
Electricity（Supply）Act 1919 ………… 84
Employment Protection（Consolidation）
　Act 1987 …………………………… 206
Employment Rights Act 1996 ……… 254, 311
Environment Impact Assessment
　Directive No.85/337 and No.97/11 … 259
Equality Act 1970 s.1 … 204-205, 310, 317n.63
Equality Act 2010 ………………… 63, **319-320**
Equal Pay Act 1970 s.1(a) …………… 205
European Coal and Steel Community
　Treaties …………………………… 195
European Communities Act 1972
　（ヨーロッパ共同体法）……………… 221
　──s.2(1) …………………………… *343*
European Council Regulation（EEC）No.

461

索　引

170/83 202
European Parliament (Pay and Pensions) Act 1979 .... 197n.7
European Union Constitution→Treaty on the Functioning of the European Union, 9 May 2008 [TFEU]
European Union (Accessions) Act 2003 .... 220n.45
European Union (Amendments) Act 2008 220
Fair Trading Act 1973 .... 26, 253
Falkland Islands Constitution Order 2008 192
Finance Act 1976, s.61 .... 110, 142
——— s.63 6
Finance (No.2) Act 1940, s.33(1) 278
Fixed-Term Parliaments Act 2011 ..... 39, 111
Foreign Compensation Act 1950, s.4 ...... 72, 283n.2
Foreign Limitation Periods Act 1984, s.6(1) 64
Forgery and Counterfeiting Act 1981 137
Freedom of Information Act 1911 268
Freedom of Information Act 2000 ..... 268, 269
s.74 270
Fugitive Offenders Act 1881 181
Gambia Independence Act 1964 192
General Law Amendment (6206) 1995 (南アフリカ) 187n.76
Government of Ireland Act 1914 35
Government of Ireland Act 1920 [GOIA] 244n.29
Government of Wales Act 1998 244
Government of Wales Act 2006 244
Greater London Authority Act 1999 201
Habeas Corpus Act 1679 〔人身保護法 (1679年) も見よ〕 28, 29, 321
Habeas Corpus Act 1816 29
Health and Safety at Work etc Act 1974 .... 251, 311
第2条 251
第10条 251
Highways Act 1959 .... 260, 309n.53

House of Lords Act 1999 .... 35 n.46
Housing Act 1925 135
ss.40 and 64 .... 75n.38
Housing and Regeneration Act 2008 313
Human Rights Act 1998 .... 135, 145
〔原文は本書347-369頁〕
Hunting Act 2004 .... 36, 122n.54
Immigration Act 1971, s.2 .... 155, 314n.59
Income and Corporation Tax Act 1970, s.460 85
Income Tax and Social Services Contribution Assessment Act 1937-1956 173
Indecency with Children Act 1960 ..... 125n.64
Indian Independence Act 1947 180
Interpretation Act 1978, Sch. 1 192
Isle of Man Act 1979 192
Jersey and Guernsey (Financial Provisions) Act 1947, 11 & 12 Geo. 6 c.2 192
Judicial Committee Act 1844 154
Juries Act 1974, s. 1, sch. 1 82
Land Registration Act 2002, Sch. 6 ..... 310n.54
Law Reform (Contributory Negligence) Act 1945 .... 125n.62
Law Reform (Frustrated Contracts) Act 1943 .... 125n.62
Law Reform (Married Women and Tortfeasors) Act 1935 .... 125n.62
Legal Services Act 2007 .... 26, 67n.20, 93n.84, 249
Legislative and Regulatory Reform Act 2006 221
Limitation Act 1939 .... 110, 125n.62
Limitation Act 1980, s.37(1) 64
Local Government Act 1888 s.16 120
Localism Act 2011 239
Matrimonial Causes Act 1973, s.11(c) 317
Medical Act 1858 .... 86n.68
Medical Act 1969, s.14 .... 83n.61
Medical Act 1983 86
Meeting of Parliament Act 1694 (Triennial Act) 111n.30

462

Mental Health Act 1983, s.2 306
Merchant Shipping Act 1894 s.503 ..... 171n.55
Migration Act 1958(Cth), s. 198 175
Misrepresentation Act 1967 ...... 125n.63
Misuse of Drugs Act 1971, s.23(2) 297, 300
Mobile Homes Act 1983 313
Municipal Corporation Act 1982, s.191
  (4) 83
Murder (Abolition of Death Penalty)
  Act 1965 ...... 63n.13, 78, 86, 323, *344n.27*
National Assistance Act 1948 145
National Health Insurance Act 1946 251
National Health Service Act 2006 251
National Health Service and Community
  Care Act 1990 ...... 249n.38
National Insurance Act 1965 ...... 249n.38
National Insurance (Industrial Injuries)
  Act 1946 252
National Minimum Wage Act 1988 311
Navigation Act 1849 26
Navigation Amendment Act 1979 ...... 172n.56
New Zealand Constitution (Amendment)
  Act 1947 177
Nigeria (Constitution) Order in Council,
  1960 183
Nigeria Republic Act 1963 183
Northern Ireland Constitution Act 1973 ... 244
Occupiers' Liability Act 1957 ...... 125n.63
Official Secrets Act 1911 268
Official Secrets Act 1989 ...... 268, 270
Orange Free State Constitution of 1854 ... 185
Parliament Act 1911 ... 33, 35, 111n.30, 134n.86
Parliament Act 1949 35
Parliamentary Commissioner Act 1967
  ...... 266, 267n.71
Parliamentary Standards Act 2009
  ...... 39, 120n.51
Peerage Act 1963 ...... 108n.21
Planning Act 2008 258
Police and Criminal Evidence Act 1984
  ...... **297-299**
—— s. 8(1) 300
—— s.60 298

—— s.64(3B) 289n.13
—— s.66 298
——コード A 297-300
——コード B 297, 300-301
——コード C 297, 302
——コード D 297, 302
——コード E & F 297, 302-303
——コード G & H 297, 303
Political Parties, Elections and
  Referendums Act 2000 ...... 38, 201
Poor Law Amendment Act 1834 248
Poor Relief Act, 22 Geo.3 c.83 (1782) 248
Poor Relief Act, 29 Eliz. c.3 (エリザベス
  女王の救貧法) 188, 248
29 Eliz. c.3 (1587) 248
第 2 条 248
第 5 条 248
Practice Statement (Judicial Precedent),
  26 July 1966, [1966] 1 W.L.R. 1234 *380*
Prevention of Terrorism (Temporary
  Provisions) Act 1973 s. 3 ...... 245n.31
Prevention of Terrorism (Temporary
  Provisions) Act 1989 ...... 145, 213
  s.16(1) 145
  s.19(1) 213
Promotion of Bantu Self-Government
  Act of 1959 185
Public Interest Disclosure Act 1998 ... 268, 269
Purchase Tax Regulations 1954 s.12 278
Quebec Act 1774 ...... 164, 165
Race Relations Act 1965 316
Race Relations Act 1968 ...... 317n.63
Rating and Valuation Act 1925 249
Regency Act 1937, 1943 and 1953 ...... 122n.55
Regional Assemblies (Prepartions)
  Act 2002 ...... 201n.15
Rent Act 1965 257
Rent Act 1968, s.18(5) 143
Rent Act 1977 ...... 144, 145
Representation of the People Act 1983 31
Representation of the People Act 1918 38
—— s.11 ...... 38n.57
Republic of South Africa Act 1993 186

463

索　引

――第27条および第28条 187
――第34条 187
――第35条 186-187
――第98条 186
――第101条 186
Royal Assent Act 1967 122
Royal Commissions Act 1902-1912(Cth) 168
Rules of the Supreme Court(RSC) 53 71
Sarbanes-Oxley Act, s.307 93
Scotland Act 1998 239, **242**
Septennial Act 1715 111n.30
Serious Organised Crime and Police Act 2005 303
Sex Discrimination Act 1975 204, 318
――s.6(4) 205
Slavery Abolition Act 1833 29n.29, 183
Social Insurance Act 1935 161
Social Security Act 1973 249n.38
Social Security Act 1998 88
Social Security Administration Act 1992 249n.38, 252
Social Security and Housing Benefit Act 1982 249n.38
Social Security Contribution and Benefits Act 1992 249n.38, 252, 253, 314
Social Security Directive (79/7/EEC) 211
South Africa Act 1962 185
South Africa Act 1909, 9 Ed. 7 c.9 185
Special Immigration Appeals Commission Act 1997 s.1 (3) 263
State Grants (Tax Reimbursement) Act 1946-1948 173
State Immunity Act 1978 327
Statute of the Council of Europe 212
Statute of Westminster 1931, 22 & 23 Geo. 5 c.4 153, 155
――s.4 155n.13, **159-160**
Suicide Act 1961, 9 & 10 Eliz. 2 c.60 125n.64, 307
Supplementary Benefit Act 1966 s. 4(1) 248, 251
Supreme Court Act [カナダ] 1927, s.55 163

Supreme Court Act [Senior Courts Act] 1981 71, 75-76, 271, 274
s.29(3) 145
s.31 71, 75-76, 274
Sunday Entertainments Act 1932 70
Theft Act 1968 110, 125n.64
Town and Country Planning Act 1962 266, 309n.53
Town and Country Planning Act 1971, s.87 258
Town and Country Planning General Regulations 1976, reg.4 81n.56
Town and Country Planning (Inquiries Procedure) Rules 1974 (SI 1974 No. 419) r.13(1) 85
Trade Disputes Act 1903 228
Trade Union and Labour Relations (Consolidation) Act 1992 311
Transport Act 1962 280
Treaty establishing a Constitution for Europe(2001年) 220
Treaty on European Union [TEU] 169
第15条 197
第19条 226
Treaty on the Functioning of the European Union, 9 May 2008 [TFEU] 224
――第34条 225
――第35条 224
――第36条 225
――第57条 224, 225
――第191条 259
――第157条 205
――第177条 204
――第229条 228
――第267条 204
――第289条（旧第216条） 227
Tribunals and Inquiries Act 1958, s.11(1) 72, 261, 273
――s.11(3) 73
Tribunals and Inquiries Act 1971, s.14(1) 72
Tribunals and Inquiries Act 1992
――s.1 88n.73

――― s.12(1) ……………………………… 72n.34
Tribunals, Courts and Enforcement Act
　2007 …………………………………… 263-275
Union Act 1707（スコットランド）…**239-240**
Union Constitution [South Africa]
　1908-1910 …………………………………… 185
Wales Act 1978 ……………………………… 243
War Damage Act 1965 ……… 114, 139, 283n.2
Welsh Church Act 1914 …………………… 35n.45
Weights and Measures Act 1985 ………… 200
West Indies Act 1962 ……………………… 191
Workman's Compensation Act 1897 ……… 252
World Heritage Properties Conservation
　Act 1975, s.9(1)(h) …………………………… 174

索　引

【判例索引】

A. v. Secretary of State for the Home Department (No.2), [2006] 2 A.C. 221 ··· 328
A and Others v. Secretary of State for the Home Department (the 1st Belmarsh case), [2005] A.C. 68 ························· 137n.92, 323n.68
Administrazione delle finanze dello stato v. Simmenthal S.p.A. (Case 106/77), [1978] ECR 629 ······················· *343n. 25*
A.F. of L. v. American Sash & Door Co., 335 U.S. 58 (1948) ························· *434*
Ahmed v. HM Treasury, [2010] 2 A.C. 534, [2010] 4 All ER 745 ············ 308, 326
Air Canada v. Secretary of State for Trade, [1983] 2 A.C. 394 ······················ 112
Airedale NHS Trust v. Bland, [1993] A.C. 789 ································ 296, 306
Al-Kateb v. Godwin, 219 C.L.R. 591 (2004) ·· 173
Ali v. Head Teacher and Governors of Lord Grey School, [2006] 2 A.C. 363 ···· 311
Anisminic Ltd. v. Foreign Compensation Commission, [1969] 2 A.C. 147 ·············· 10, 16n.36, 66, **71-75**, 114n.42, 140n.100, 264, 275, 277
Anns v. Merton London Borough Council, [1978] A.C. 728 ·················· 236n.14
Archibald v. Fife Council, [2004] 4 All ER 303 ·· 318
Ashby v. White, 2 Ld Raymond 938, 92 E.R. 126 (K.B. 1703) ························ 105n.12
Ashford v. Thornton (1817) ······················ 305
Associated Provincial Picture Houses Ltd. v. Wednesbury Corp., [1948] 1 K.B. 223, [1947] 2 All ER 680 (CA) ·· 68n.22, 70-71, 219
Attorney General v. BBC, [1981] A.C. 303 ································· 87, 329n.84
Attorney-General v. Independent Broadcasting Authority, [1973] 1 All ER 689 ···························· 237-238n.17
Attorney-General v. Times Newspapers Ltd., [1974] A.C. 273 ························· 329
Attorney-General (Cth) v. Colonial Sugar Refining Co/ Ltd. (Royal Commissions), (1913) 17 CLR 644 ······· 168
Attorney-General (N.S.W.) v. Trethowan, (1931) 44 CLR 394 ······················ 170, *404*
Attorney-General (N.S.W.) v. Trethowan, [1932] A.C. 526(枢密院) ······· 170, *397n.26*
Attorney-General (Victoria) (*ex rel* Dale) v. Commonwealth (Pharmaceautical Benefits), (1945) 71 C.L.R. 237 ···································· 169
Attorney General for Alberta v. Attorney-General for Canada [Alberta Bank Taxation Case], [1939] A.C. 117 ···································· 160
Attorney General for Ontario v. Attorney-General for Canada, [1947] A.C. 127, [1947] 1 All ER 137 ················ 163
Attorney General of Canada v. Ontario, [1937] A.C. 326 ·························· 160
August v. Electoral Commission, [1999] 3 S.A. 1 ·· 188
Austin v. Metropolitan Police Commissioner, [2009] UKHL 5 (HL), [2009] 1 W.L.R. 372 ····························· 298
Austin v. Southwarl London Borough Council, [2010] 3 W.L.R. 114 ··············· 150
Australian Consolidated Press Ltd. v. Uren, [1969] 1 A.C. 590, [1967] 3 All ER 523 ······································ 166n.43
Baggs Case, (1615) 11 Co.Rep. 93b ····· 68 n.21
Baker v. Carr, 309 U.S. 186 (1962) ··· *435n.23*
Bank v. Lower Hutt City Council, [1974] 1 N.Z.L.R. 384 ································· 80n.53
Barnard v. National Dock Labour Board, [1953] 2 Q.B. 18 ················· *432n.12*
Barrett v. Enfield LBC, [2001] 2 A.C. 550 ····································· 324

466

判例索引

Bate's Case, (1606) St.Tr. 371 32
Beamish v. Beamish, (1861) 9 H.L.Cas.
　274, 11 E.R. 735 .... 150, 245
Belfast City Council v. Miss Behavin
　Ltd., [2007] 1 W.L.R. 1420 .... 219n.43
Belgian Linguistic Case (No.2), (1968)
　1 EHRR 252 .... 314n.58
Bellinger v. Bellinger, [2003] 2 A.C. 467 ... 317
Berkeley v. Secretary of State for the
　Environment, Transport and the
　Regions (No.1), [2001] JPL 58 259
Betts v. Brady, 316 U.S. 455 (1942) ... *435n.23*
Beyeler v. Italy, (2000) 333 EHRR 1224
　.. 309n.51
Blackburn v. Attorney General, [1971] 1
　W.L.R. 1037 205
Black-Clawson International Ltd. v.
　Papierwerke-Ashhaffenburg AG,
　[1975] A.C. 591 .... 142n.105, 217n.37
Board of Education v. Rice, [1911] A.C.
　179 .... 233, *384n.43*
Boner v. United Kingdom, (1994) 19
　EHRR 246 218
Bookbinder v. Tebbit (No.2), [1992] 1
　W.L.R. 217 .... 113n.35
Bowman v. United Kingdom, (1998) 26
　EHRR 1 .... *339n.7*
Breen v. A.E.U., [1971] 2 Q.B. 175 ...... 234n.9
British Coal Corporation v. The King,
　[1935] A.C. 500 .... 159, 160,
　　　　　　　　　　　　　163n.33, *413n.59*
British Columbia v. Imperial Tobacco
　Ltd., [2005] 2 S.C.R. 473 .... 165n.41
British Railway Board v. Pickin, [1974]
　A.C. 798 .... 42-43n.67, 135
Brown v. Board of Education [Topeka], 347
　U.S. 483 (1954) 162n.31, *435n.22*
Brown v. Leyde NO, (1897) 40 Off.Rep.
　17 185
Buckley v. United Kingdom, (1997) 23
　EHRR 101 .... *340n.16*
Bugdaycay v. Secretary of State for
　Home Department, [1993] A.C. 514 296

Bugg v. Director of Public Prosecutions,
　[1993] Q.B. 473 280
Bulmer v. Bollinger S.A., [1974] 2 All ER
　1226 207
Burmah Oil Co. v. Lord Advocate, [1965]
　A.C. 75 .... **113-115**, 139
Buvot v. Barbut, (1736) 3 Burr. 1481, 4
　Burr. 2016 .... 331n.86
Calvin's Case, (1608) 7 Co.Rep. 1a,
　(1609) 77 E.R. 377 .... 65, 159
Campbell v. Hall, (1774) Loft. 65 65
Campbell v. Hall, (1774) Cowp. 204, 98
　E.R. 1045, [1558-1774] All ER 252
　................................. 165, 185n.71
Cassis de Dijion, Case 120/78 .... 225, 246
Caudrey's Case, (1591) 5 Co.Rep. 1a ... 293n.25
Chapman v. United Kingdom, (2001) 10
　BHRC 48 .... 260n.54
Chen Case, C-200/02 223
Cheney v. Conn (Inspector of Taxes),
　[1968] 1 All ER 779 ... 54n.101, 136, 137n.91
Chertsey U.D.C. v. Mixnam's Properties
　Ltd., [1965] A.C. 735, [1964] 1 Q.C. 237
　................................... 280n.84
Chief Adjudication Officer v. Faulds,
　[2000] 2 All ER 961 253
Chung Chi Cheung v. R., [1939] A.C. 167
　.................................... 331
City of London v. Wood, (1701) 12 Mod.
　609 .... 130n.74
Clark v. University of Lincolnshire and
　Humberside, [2000] 3 All ER 752,
　[2000] 1 W.L.R. 1988 .... 90, 273
Coggs v. Bernard, 2 Ld Raymond 909, 99
　E.R. 107 (K.B. 1703) 105n.12
Collco Dealings Ltd. v. Inland Revenue
　Commissions, [1962] A.C. 1, [1961] 1
　All ER 762 .... 136n.90
Collen v. Wright, 8 E. & B. 645, 120 E.R.
　241 (Ex.Ch. 1857) 105n.12
Commissioners of Customs and Excise v.
　Cure & Deely, Ltd., [1962] 1 Q.B. 340
　................................. **277-280**

467

索　引

Commonwealth v. Tasmania, (1983) 46A.
L.R. 625 ······· 174
Commonwealth of Australia v. Bank of
New South Wales, [1950] A.C. 235
······· 166n.42
Conway v. Rimmer, [1968] A.C. 910
······· 67, 85, *432n.12*
Cook v. Cook, 162 C.L.R. 376 (1986) ······· 172
Cooper v. HM Attorney General, [2008]
W.L.R. (D) 303 ······· 211
Cooper v. Wandsworth Board of Works,
(1863) 14 CB (NC) 180 ······· 304, 308n.50
Cooper v. Wilson, [1937] 2 K.B. 309 ······· 80
Coote v. Gradada Hospitality Ltd. Case,
C-189/97, [1998] All ER (EC) 865
······· 318n.63
Cortledge v. Joplin, [1964] 3 All ER 865
······· *432n.12*
Costa v. ENEL, Case 6/64（ヨーロッパ
裁判所）······· 203
Council of Civil Service Unions v.
Minister for the Civil Service, [1985]
A.C. 374, [1984] 3 All ER 935
······· 112n.32, 235
Craig v. Harney, 331 U.S. 367 (1947)
······· *436n.28*
Cummings v. Birkenhead Corp., [1972]
Ch. 12 ······· 319, 320
D. v. NSPCC, [1978] A.C. 171 ······· 112
Darnel's or Five Knights' Case, (1637)
3 St.Tr. 1 ······· 32
Davidson v. Scottish Ministers (No. 2),
[2004] 2005 S.C. (H.L.) 7 ······· 81n.54, 265
Defrenne v. Sabena (No.2), Case 53/75 ······· 221
Defrenne v. Sabena, Case 149/77 ······· 221
Democratic Republic of the Congo v.
Belgium, [2002] ICJ Rep. 3 ······· 328n.81
Dennis v. United States, 384 U.S. 855
(1966) ······· 292n.22
Department of Taxation v. W.R. Moran
Pty Ltd., [1940] A.C. 838 ······· 173
Derbyshire v. St. Helens Borough
Council, [2007] 3 All ER 81 ······· 317

De Wutz v. Hendricks, (1824) 3 Bing.
314 ······· 331n.86
Doherty v. Birmingham City Council,
[2009] A.C. 367 ······· 313
Donnghue v. Stevenssnn, [1932] A.C.
562 ······· *437*
Doody v. Secretary of State for the
Home Department, [1994] 1 A.C. 531
······· 77-78
Dr. Bonham's Case, (1615) 8 Co.Rep. 118
······· 9, 23, 43n.69, 49, 68n.22, 130
Dudgeon v. United Kingdom, (1983) 5
EHRR 573, [1983] ECHR 7525/76, 24
······· 173n.57
Duke v. Reliance Systems Ltd., [1988] 1
A.C. 618 ······· 210
Duncan v. Cammell Laird and Co. Ltd.,
[1942] A.C. 624 ······· 85, *432n.12*
Du Plessis v. DeKlerk, [1996] 3 S.A. 850
(CC) ······· 186
Ellen Street Estates Ltd. v. Minister of
Health, [1934] 1 K.B. 590 ······· 134, *290n.6*
Entick v. Carrington, (1765) 2 Wils 275,
19 St.Tr. 1029, 95 E.R. 807 ······· 300, 308n.50
Epperson v. Arkansas, 393 U.S. 97 (1968)
······· 285n.6
Ex parte Milligan, 71 U.S. 2 (1866) ······· 98
Factortame (No.1) [R. v. Secretary of State
for Transport, ex p. Factortame Ltd.,
[1990] 2 A.C. 835 を見よ]
Factortame (No.5), [1989] 1 All ER 736
(Q.B.) ······· 202n.18
Fedsure Life Assurance Ltd. v. Greater
Johannesburg Transitional
Metropolitan Council, [1999] 1 S.A.
374 (CC) ······· 188
Fitzgibbom v. Attorney General for
Australia, [2005] All ER (D) 127 ······· 175
Fitzpatrick's Case, [2001] 1 A.C. 27
······· 145n.113
Fletcher v. Rylands, L.R. 1 Ex. 277 (1866)
······· 105n.12
Fox v. General Medical Council, [1960] 1

判例索引

W.L.R. 1020 ·················· 83n.61
Francovich, Bonifaci v. Republic of Italy,
　C-6, 9/90, [1991] ECR I-5357 ············ 206
Francovich, Bonifaci v. Italian Republic,
　[1992] IRLR 84 ·········· 209
French Kier Developments Ltd. v.
　Secretary of State for Environment,
　[1977] 1 All ER 296 ············ 84
Furman v. Georgia, 408 U.S. 238 (1972)
　·· *434n.19*
Garland v. British Rail Engineering,
　[1983] 2 A.C. 752, [1982] 2 All ER 402
　··································· 205
General Motors of Canada Ltd. v. City
　National Leasing, [1989] 2 S.C.R. 641
　································ 163n.35
Ghaidan v. Godin-Mendoza, [2004]
　UKHL 30, [2004] 2 A.C. 557 ·········· 144
Gideon b. Wainwright, 372 U.S. 335
　(1963) ······························· *435n.23*
Golder v. United Kingdom, (1975) 1
　EHRR 523 ········ 205, 214-215, 302, 331, *342*
Goodwin v. United Kingdom, (1996) 22
　EHRR 123 ·················· 292n.20, *339n.10*
Goodwin v. United Kingdom, (2002) 35
　EHRR 371 ························· 145n.112
Government of the Republic of South
　Africa v. Grootboom, [2001] 1 S.A. 46 ··· 187
Governor of Kwara State & Attoney-
　General for Justice, Kwara State v.
　Alhaji Issa Ojibara, [2006] 18 Nigeria
　Weekly L.R. (part 1012) 645 ············· 184
Granger v. United Kingdom, (1990) 12
　EHRR 467 ····················· 217
Gray v. R. (1844) 11 Cl. & F. 427 ·········· 245
Great Northern Ry. V. Sunburst Oil &
　Refining Co., 287 U.S. 358 (1932) ···*436n.24*
Great Portland Estates v. City of
　Westminster, [1985] A.C. 661, [1984]
　3 All ER 744 ······················ 257, 259
Griswold v. Connecticut, 381 U.S. 479
　(1965) ························ 135n.87, 284n.6
Halliday v. Nevill, (1984) 155 C.L.R. 1, 57

ALR 331 ·························· 301
Hamilton v. Al Fayed, [2001] A.C. 395 ···· 110
Hamdi v. Rumsfeld, 542 U.S. 507 (2004)
　································· 305n.47
Handyside v. United Kingdom, (1976) 1
　EHRR 737 ·························· *287, 339*
Harper v. Home Secretary, [1955] 1 Ch.
　238 ······································· 38n.55
Harris v. Minister of Interior, 1952 (2)
　S.A. 428, [1952] 1 T.L.R. 1245
　······················ 135n.87, 186, *398n.27*
Heathfield v. Chilton, (1767) 4 Burr.
　2015 ······································ 136
Hector v. Attorney General of Antigua
　and Burbucla, [1990] 2 A.C. 312 ····· 154n.12
Heydon's Case, (1584) 3 Co.Rep. 7a
　···························· 110, 141, *433n.15*
Hoffman-La Roche & Co. A.G. v.
　Secretary of State for Trade and
　Industry, [1975] A.C. 295, [1974] 3
　W.L.R. 104 ·························· 66, 209
Home Office v. Dorset Yacht Co. Ltd.,
　[1970] A.C. 1004 ······················ 236n.14
Hubbord v. Pitt, [1976] Q.B. 142 ············ 291
Ibralebbe v. Queen, [1964] A.C. 900 ···· 154, 163,
　164n.38
In re British Broadcasting Corp., [2010]
　1 A.C. 145 ························· 289n.13
In re McCaughey, [1912] 1 A.C. 725
　····································· 325
In re Racal Communications Ltd., [1981]
　A.C. 374 ··························· 277
International Fruit Case, [1971] ECR
　411, [1975] 2 CMLR 515 ·············· 228
Italia Societa per Azioni di Navigazione
　v. Oregon Stevedoring O., 376 U.S. 315
　(1964) ································ *438n.36*
JA Pye (Oxford) Ltd. v. Graham, [2003]
　1 A.C. 419 ······················ 309
Jackson v. Attorney General, [2006] 1
　A.C. 262 ·································· 36
James v. Commonwealth, [1936] A.C.
　578 ··· 171

469

索　引

James v. Commonwealth, (1939) 62
　C.L.R. 339 ·· 171
James v. United Kindgom, (1986) 8
　EHRR 123 ·· 314n.58
Kable v. Director of Public Prosecutions
　(NSW), (1996) 189 C.L.R. 51 ················ 168
Kanda v. Government of Malaya, [1962]
　A.C. 322 ··· 83n.61
Karoonian v. Child Maintenance and
　Enforcement Commission, [2012]
　EWCA Civ. 1379 ···································· 253
Kehoe v. United Kingdom, (2009) 48
　EHRR 2 ·· 304n.44
King v. Electricity Commission, *ex parte*
　London Electricity Joint Committee
　Company, [1924] 1 K.B. 171 ····················· 84
King v. Love, (1653) St.Tr. 43, 172 ············ 131
Kirmani v. Captain Cook Cruises Pty
　Ltd. (No.1), (1985) 58 A.L.R. 29, 108
　C.L.R. 351 ··· 172
Kjeldsen v. Denmark, (1976) 1 EHRR 711
　··· *340*
KPblor v. Republik Sterreich, Case
　C-224/01, [2003] ECRI-10239 ················ 211
Kruse v. Johnson, [1898] 2 Q.B. 91
　·· 120, 280n.84
Lau Liat Meng v. Disciplinary
　Committee, [1968] A.C. 391 ······················ 82
Lawless v. Ireland, (1961) 1 EHRR 15
　·· *339n.13*
Lawrence v. Texas, 478 U.S. 558 (2003) ··· 173
LCB v. United Kingdom, Eur.Ct.H.R.,
　Judgment of 9 June 1998, 27 EHRR 212
　·· 274
Lee v. Bude & C. Ry. Co., (1871) L.R. 6
　C.P. 582 ·· 133n.83
Lithgow and Others v. United Kingdom,
　(1986) 8 EHRR 329 ································ 303
Lithgow and Others v. United Kingdom,
　(1986) 8 EHRR 329 86/5 ··················· 309n.52
Liversidge v. Anderson, [1942] A.C. 206,
　[1942] 3 All ER 338 ················· 67, 143-144,
　　　　　　　　　　　　　　　380, 432n.12

Local Government Board v. Arlidge,
　[1915] A.C. 120 ················ 233, *384n.43, 432*
Lockner v. New York, 198 U.S. 45 (1905)
London Street Tramways Co. v. London
　County Council, [1898] A.C. 375 (H.L.)
　·· 149-150
Lord Mayhew of Twysden's Motion,
　[2002] 1 A.C. 109 ·································· 141
M. v. Home Office, [1993] 3 W.L.R. 433
　(1615) ··· 16n.36
M. v. Home Office, [1995] 1 A.C. 274 ······ 105
MaCarthy Case, C-434/09 ······················· 223
MaCarthys Ltd. v. Smith, [1981] Q.B. 180
　(CA) ··· 204
McClintock v. Commonwealth, (1947) 75
　C.L.R. 1 ·· 171
McCormick v. Lord Advocate, 1953 S.C.
　396 ··· 242, *402*
Magor v. Newport Corporation, [1950]
　2 All ER 1226 ··························· *432n.8, 425*
Magor and St. Mellons Rural District
　Council v. Newport Corporation,
　[1952] A.C. 189 ···································· 208
Malloch v. Aberdeen Corporation, [1971]
　1 W.L.R. 1578 ···································· 83n.61
Malone v. Metropolitan Police
　Commissioner, [1979] Ch. 344 ········· 16n.36
Malone v. United Kingdom, (1984) 7
　EHRR 14 ·· *340n.17*
Manuel v. Attorney-General, [1983] Ch.
　77 ··· 160
Marbury v. Madison, 5 U.S. (1 Cranch)
　137 (1803) ···················· 130-131, 272, *437n.32*
Marshall v. Southampton and South
　West Hampshire Area Health
　Authority (1986), Case 152/84, [1986]
　Q.B. 401, [1986] 2 All ER 584 ················ 204
Masri v. Consolidated Constructors
　International Co. SAL, [2009] 4 All
　ER 847, [2009] 3 WLR 385 ············· 137n.92
Matthews Case, ECtHR Judgment 18
　Feb. 1999 ·· 223
Matthews v. Ministry of Defence [2003]

470

1 A.C. 1163 ·········· 113n.36
Maunsell v. Olins, [1975] A.C. 373 ········· 143
Maxwell v. United Kingdom, (1994) 19 EHRR 97 ·········· 218
Mellenger v. New Brindwick Development Corporation, [1971] 2 All ER 593 (C.A.) ·········· 161
Melon and Others v. Greece, (Case C-381/89), 24 March 1992 ········ *345n.28*
Merchantise Transport C.Ltd. V. British Transport Commission, [1962] 2 Q.B. 173 ·········· 148n.123
Minister of Health v. Treatment Action Campaign("TAC"), [2002] 5 S.A. 721 ·········· 187
Miranda v. Arizona, 384 U.S. 436 (1966) ········ *438n.36*
Montgomery v. HM Advocate, [2003] 1 A.C. 641 ·········· 243
Morgan v. Vale of North Railway, L.R. 1 Q.B. 149 (1865) ········ 105n.12
Mostyn v. Fabregus, (1774) Cowp. 161 ···· 65
Muskopf v. Corning Hospital, 55 Ca.2d 211, 359 P.2d 457 (1961) ········ *435n.21*
Myers v. D.P.P., [1965] A.C. 1001 ···· *432n.12*
Nagle v. Feilden, [1966] 2 Q.B. 633 ··· 288, 319
New Windsor Corp. v. Mellor, [1974] 2 All ER 510 ·········· 330n.85
Observer v. United Kingdom, (1991) 14 EHRR 153 ·········· *339n.9*
Ong Ah Chuan v. Public Prosecutor, [1981] A.C. 648 ·········· 154n.12
O'Reilly v. Mackman, [1983] 2 A.C. 237, [1982] 3 All ER 680 ·········· 78
Osman v. Attorney-General, Transwaal, 1998 (11) BCLR 1362 (CC) ·········· 187
Osman v. Furgson, [1993] 4 All ER 344 ··· 324
Osman v. United Kingdom, The Times 5 Nov. 1988 ·········· 324
Paddington v. British Transport Police, [1999] 2 A.C. 143 ·········· 280
Padfield v. Minister of Agriculture, Fisheries and Food, [1968] A.C. 997 ·········· 16n.36, 66, 91, 281
Parlman v. Harrow School Governors, [1979] Q.B. 56 ·········· 277
Pearlberg v. Warty, [1972] 1 WLR 534 ·········· 79n.48
R. v. Penguin Books Ltd., [1961] Crim.L.R. 176 ·········· 292
Pennekamp v. Florida, 328 U.S. 331 (1946) ········ *436n.28*
Pepper v. Hart, [1993] A.C. 593 ···· 6, 110, 142, 143, 200, 206
Pepys v. London Transport Executive, [1975] 1 All ER 748 ·········· 84
Pett v. Grayhound Racing Association, [1968] 2 All ER 545 ·········· 83n.61
Phillip v. DPP of Trinidad and Bobago, [1992] 1 A.C. 545 ·········· 321
Pluck v. Digges, (1832) 2 H. & B. 1 ········ 246
Port MacDonnell Professional Fishermen's Association, Inc. v. South Australia, (1989) 168 ALR 88, 12 CLR 340 ·········· 172
Porter v. Magill, [2002] 2 A.C. 357 ·········· 81
Powell v. Alabama, 287 U.S. 545 (1933)
Practice Statement (Judicial Precedent), 26 July 1966, [1966] 1 W.L.R. 1234 ·········· 150, *432n.13*
Pratt v. Attorney-General for Jamaica, [1994] 2 A.C. 1 ·········· 63n.13, 154
Prebble v. Television New Zealand Ltd., [1995] 1 A.C. 321 ·········· 177
Proclamations' Case, (1611) 12 Co.Rep. 74 ·········· 112n.34
Procureur du Roi v. Dassonvilles, Case 8/74 ·········· 224
Pubblico Ministero v. Ratti (1971), Case 148/78, [1979] E.C.R. 1629, 1 CMLR 96 ·········· 204
Quinn v. Leathem, [1901] A.C. 496 ········ 149
R. v. Abdroikov, [2005] 1 W.L.R. 3538 ······ 82
R. v. Abdroiskov, [2008] 1 All ER 315 (H.L.) ·········· 82n.58
R. v. Alfred, [1909] 22 Cox 1 ·········· 292

471

索　引

R. v. Allen, [2002] 1 A.C. 509 …………… 299
R. v. Asfau, [2008] 1 A.C. 1016, [2008] 3 All ER 775 ……………………………… 137
R. v. Balfour, 11 T.L.R. 492 (Q.B. 1895) ……………………………………… *436n.28*
R. v. Boundary Commission for England, Ex p. Foot, [1983] Q.B. 600 ………… 38n.55
R. v. Bow Street Metropolital Stipendiary Magistrate, *ex parte* Pinochet Ugarte (No.2), [2000] A.C. 119 …………………………………… 327n.76
R. v. Bow Street Metropolital Stipendiary Magistrate, *ex parte* Pinochet Ugarte (No.3), [2003] 1 A.C. 147 …………………………………… 328n.81
R. v. Chief Constable of South Wales, ex parte Merrick, [1994] Crim.L.R. 852 (Q.B.) ……………………………………… 302
R. v. Civil Service Appeal Board, [1991] 4 All ER 310 …………………………… 78
R. v. Commissioner of Police of the Metropolis, *ex parte* Blackburn (No.1), [1968] 2 W.L.R. 893 ………………… 237
R. v. Conway, [1989] Q.B. 290, [1994] Crim.L.R. 838 ………………………… 299
R. v. Director of Public Prosecutions, *Ex parte* Kebilene and Others, [1999] 4 All ER 801, *reversed*, [2000] 2 A.C. 326 …………………………………… 145
R. v. Drybones, [1970] S.C.R. 282, 9 D.L.R.3d 473 (1969) ………………… 162
R. v. Earl of Banbury, (1695) Skinner. 517 ………………………………… 74n.37, 133
R. v. Fulling, [1987] Q.B. 426 …………… 299
R. v. Gough, [1993] A.C. 646, 2 All ER 724 …………………………………… 81n.54
R. v. Hertfordshire County Council, *ex p.* Green Environmental Industries Ltd. and Another, [2000] 2 A.C. 412, [2000] 2 W.L.R. 373 ……………………… 276n.79
R. v. Home Secretary, *ex parte* Phansopker, [1976] Q.B. 606 ……………………………… **155**, 163, 314-315

R. v. Horncastle and Blackmore, [2009] UKSC 14, [2010] 1 Cr.App.R. 17 ……… 302
R. v. Hampden (The Case of Ship-Money), (1637) 3 St.Tr. 825 …… 32, 33, 131
R. v. Inland Revenue Commission, *ex p.* National Federation of Self-Employed and Small Businesses Ltd., [1982] A.C. 617 ……………………………………… 273
R. v. Jones, [2007] 1 A.C. 136 …………… 137n.92
R. v. Kansal (No.2), [2001] 3 W.L.R. 751, *reversed*, [2002] 1 All ER 257, [2001] 3 W.L.R. 1562 ………………………… 325
R. v. Keyn (The Franconia), (1876) 2 Ex.D. 63 ……………………………… 136
R. v. Khan, [1997] A.C. 558 …………… *341n.19*
R. v. Lambert, [2001] 1 All ER 1014, [2001] W.L.R. 211 ………………… 300, 319
R. v. London Rent Assessment Panel Commission, *ex p* Metropolitan Properties Co. (FGC) Ltd., [1969] 1 Q.B. 577 ……………………………… 81
R. v. Millis, (1844) 10 Cl. & F. 534 ……… 245
R. v. Minister of Agriculture, Fisheries and Food, *ex parte* Hedley Lomas (Ireland) Ltd., [1996] All ER (EC) 493 ………………………………… 202, 246
R v. Northumberland Compensation Appeal Tribunal, *ex parte* Shaw, [1952] 1 K.B. 338, [1951] K.B. 711 ……………………………… 91n.79, 262n.59
R. v. Oakes, [1986] 1 S.C.R. 103 ………… 161
R. v. Offen, [2001] 2 All ER 154, [2001] 1 W.L.R. 253 ………………………… 145
R. v. Penguin Books Ltd., [1961] Crim. L.R. 176 ……………………………… 292
R. v. Pennie NHS Trust, [2003] EWCA Crim. 3436, [2004] 1 All ER 1324 …… 251
R. v. Pigg, [1983] 1 W.L.R. 6 …………… 143
R. v. Pintori, [2007] EWCA Crim. 1700 ……………………………… 82n.58
R. v. Secretary of State for Employment, *ex p.* Equal Employment Opportunities Commission, [1995] 1 A.C. 1

472

·········· 206, *343n.24*

R. v. Secretary of State for Employment, ex parte Equal Opportunities Commission, [1995] 1 A.C. 1
·········· 206, *343n.24*

R. v. Secretary of State for the Environment, ex p. Alconbury Developments Ltd., [2003] 2 A.C. 295, [2001] 2 All ER 929, [2001] JPL 920 ··· 260

R. v. Secretary of State for Foreign Affairs, *ex p.* World Development Movement Ltd., [1995] 1 All ER 611
·········· 276n.78

R. v. Secretary of State for Foreign and Commonwealth Affairs, *ex p.* Indian Association of Alberta, [1982] Q.B. 892, [1982] 1 All ER 118 ········ 157n.20, 159

R. v. Secretary of State for Home Department, [2005] 2 A.C. 296 ·········· 319

R. v. Secretary of State for the Home Department, [2005] 2 A.C. 68 ········ 137n.92

R. v. Secretary of State for the Home Department, *ex parte* Brind, [1991] 1 A.C. 696 ·········· 328

R. v. Secretary of State for the Home Department, *ex parte* Fayed, [1997] 1 All ER 228, [1998] 1 W.L.R. 763 (CA) ···· 76

R. v. Secretary of State for the Home Department, *ex parte* Hindley, [2000] 1 Q.B. 152 (CA) ·········· 63

R. v. Secretary of State for the Home Department, *ex parte* Hosenball, [1977] 3 All ER 452, [1977] 1 WLR 766 ·········· 108n.22, 268

R. v. Secretary of State for the Home Department, *ex parte* Venerables, [1998] A.C. 407 ·········· *341n.19*

R. v. Secretary of State for Home Department, *ex parte* Hosenballo, [1977] 3 All ER 452 ·········· 268

R. v. Secretary of State for the Home Department, *ex parte* Pierson [1998] A.C. 539 ·········· 65

R. v. Secretary of State for Home Department, *ex parte* Saleem, [2001] 1 W.L.R. 403 (CA) ·········· 324

R. v. Secretary of State for Transport, *ex p.* Anderson Strathclyde plc, [1983] 2 All ER 233 ·········· 142n.105

R. v. Secretary of State for Transport, *ex p.* Factortame Ltd. (No.1), [1990] 2 A.C. 835 ·········· 200

R. v. Secretary of State for Transport, *ex parte* Factortame Ltd. (No.2), [1990] 2 A.C. 835 ·········· 208

R. v. Secretary of State for Transport, *ex p.* Factortame Ltd.(No.2), [1991] 1 A.C. 603 ·········· 208, 210

R. v. Secretary of State for Transport, *ex parte* Factortame Ltd. (No.4), [1996] All ER 301 (EC) ·········· 209

R. v. Secretary of State for Transport, *ex p.* Factortame Ltd., [2000] 1 A.C. 524, [1999] 4 All ER 906 ·········· 202

R. v. Somerset District Council, *ex p.* Dixson, [1998] Env.L.R. 111 ·········· 276n.80

R. v. Taylor, [1950] 2 K.B. 368 ········ 147n.119

R. v. West London Suppmentary Benefits Appeal Tribunal, *ex parte* Taylor, [1975] 1 W.L.R. 1048 (Q.B.) ···· 312

R. on the application of Wheeler v. Office of the Prime Minister, Secretary of State for Foreign and Commonwealth Affairs and the Speaker of the House of Commons, [2008] EWHC 1409 ··· 220n.42

R. (on the application of Cart) v. Upper Tribunal, [2009] EWHC 3052 (Admin. Q.B.) ·········· 264

R. (on the application of Kides) v. South Cambridgeshire District Council, [2002] EWCA Civ. 1370 ·········· 375n.77

R. (on the application of Power-Hynes) v. Norwich Magistrate Court, [2009] EWHC 1512 (Admin.), (2009) 173 J.P. 573 ·········· 301

R. (on the application of Wells) v.

473

索　引

Secretary of State for Transport, Local Government and the Regions, [2005] All ER (EC) 323, [2004] Env.L.R. 27 ·· 260n.54

R. (Anderson) v. Secretary of State for the Home Department, [2003] 1 A.C. 837 ·· 323

R. (Bancoult) v. Secretary of State for Foreign and Commonwealth Affairs (No.2), [2008] W.L.R. (D) 322
·· 112n.32, 193

R.(E) v. Governing Body of JFS, [2010] 2 A.C. 728 ·· 317

R. (Gillan) v. Metropolitan Police Commissioner, [2006] UKHL 12 ············ 298

R. (Hindawi) v. Secretary of State for the Home Department, [2007] 1 A.C. 484 ·· 323n.71

R. (Hooper) v. Secretary of State for Work and Pensions, [2005] 1(2) W.L.R. 1681 ·· 314

R. (Laporte) v. Chief Constable of Gloucester, [2007] 2 W.L.R. 46 ··············· 298

R. (Kehoe) v. Secretary of State for Work and Pension, [2006] A.C. 42 ············ 304n.44

R (SB) v. Head Teacher and Governors of Denbigh High School, [2007] 1 A.C. 100 ·· 319

R. (Wright) v. Secretary of State for Health, [2009] A.C. 739 ······················ 323n.71

Radcliffe v. North Yorkshire County Council, [1995] 3 All ER 597 ··············· 317

Rainey v. Greater Glasgow Health Board, [1987] AA.C. 224 ·································· 318

Rantzen v. Mirror Group Newspapers Ltd., [1996] Q.B. 670 ····················· 290n.16, 323

Rasmussen v. Denmark, (1984) 7 EHRR 371 ·· 145n.112

Rayner (J.H.) (Mincing Lane) Ltd. v. Department of Trade and Industry, [1990] 2 A.C. 418 ································ 54n.101

Re ～ ·· [In re ～も見よ]

Re AB (an infant), [1954] 2 Q.B. 385, [1954] 2 All ER 287 ·························· 30n.30

Re Government of India and Mubarak Ali Ahmed, [1952] 1 All ER 1060 (Q.B.) ·· 181

Re F.(in utero), [1988] Fam. 122 ············· 306

Re M (an infant), [1961] Ch. 81, [1961] 1 All ER 201, 788 ······························ 30n.30

Re McKerr, [2004] 1 W.L.R. 807 ··············· 325

Re Medicaments and Related Classes of Goods (No. 2), [2001] 1 W.L.R. 700 ··· 81n.54

Re Preston, [1985] A.C. 835, [1985] 2 All ER 327 ·· 85

Reckley v. Minister of Public Safety (No.2), [1996] 2 WLR 281 (PC) ········· 154

Redknapp v. Commissioner of Police of the Metropolis, [2008] WEHC 1177 ······ 301

Reference Re Provincial Court Judge, [1997] 3 SCR 3 ······································ 157n.18

Reference Re Session of Quebec, [1998] 2 SCR 217 ··· 157n.18

Regina v. Asfaw (United Nations High Commissioner for Refugees intervening), [2008] UKHL 31, [2008] 1 A.C. 1061 ·································· 54n.101, 137

Regina v. Director of Public Prosecutions, Ex parte Kebilene, [2000] 2 A.C. 326 ·································· 145, 213

Regina v. Henn and Darby, [1979] ECR 3795, [1980] 1 CMLR 246 ··············· *343n.26*

Regina v. North and East Devon Health Authority, ex parte Coughlan, [2001] Q.B. 213 ·· 73, 250

Regina v. Secretary of State, Ex p. Doody, [1994] A.C. 531 ···························· 86

Regina v. Secretary of State for Agriculture, Fishereis and Food, Ex p. Medley Lomas (Ireland) Ltd.,(Case C-5/94), [1996] All ER (EC) 493, [1996] 2 CMLR 391 ······························ *345n.29*

Regina v. Secretary of State for Home Department, Ex parte Pierson, [1998] A.C. 539 ·· 65, 76, 132

Regina v. Wicks, [1998] A.C. 92 ··············· 258

474

Regina(BS) v. Governors of Denbigh
  High School, [2007] 1 A.C.100 ······ 219n.43
Reid v. Secretary of State for Scotland,
  [1999] 2 A.C. 512, [1999] 1 All ER 481
  ·· 90n.77
Repouille v. United States, 165 F.2d 152
  (2d Cir. 1947) ····························· *434n.20*
Rewe-Zntrale AG v.
  Bundesmonopolversaltung fur
  Branntwein, Case 120/78 (Case
  120/78) [Cassis de Dijon] ········ 224–225
Rex v. Secretary of State for the Home
  Department, *Ex p.* Brind, [1991] 1
  A.C. 696 ··· 289
Rex v. Sheridan, [1937] 1 K.B. 223 ········ 304
Reynolds v. Sims, 377 U.S. 533 (1964)
  ································· *435n.22, 436n.25*
Richards v. The Queen, [1993] A.C. 217
  (P.C.) ··· 304
Ridge v. Baldwin, [1964] A.C. 40 ··· 66, 83, 234
Roach v. Electoral Commission, 233
  C.L.R. 162 (2007) ···························· 172
Roberts v. Hopwood, [1925] A.C. 578
  ·· 144, 280n.84
Rookes v. Barnard, [1964] A.C. 1129 ······ *438*
Rost v. Edwards, [1990] 2 Q.B. 460 ···· 178n.61
Rudolph v. Alabama, 375 U.S. 889 (1963)
  ·· *434n.19*
Russell v. Duke of Norfolk, [1949] 1 All
  ER 109 ··· 79n.84
S. v. Makwanyane, [1955] 3 S.A. 391 ······· 187
Sabally and N'Jie v. H.M. Attorney-
  General, [1965] 1 Q.B. 273 ·············· 192
Saliadin v. France, (2005) 43 EHRR 287
  ··· 29n.29
Saunders v. United Kingdom, (1996) 23
  RHRR 313 ································· 300n.37
Schmerber v. California, 384 U.S. 757
  (1966) ··· *438*
Schmidt v. Secretary of State for Home
  Affairs, [1969] 2 Ch. 149 ················ 16n.36
Scopes v. State, 154 Tenn. 105, 289 S.W. 363
  (1926) ··· 285n.6

Seaford Court Estates Ltd. v. Asher,
  [1949] 2 K.B. 481 ····························· 208
Secretary of State for Defence v.
  Guardian Newspapers Ltd., [1985]
  A.C. 339 ·· 290
Secretary of State for Education and
  Science v. Tameside Metropolitan
  Borough Council, [1977] A.C. 1014
  ··· 254n.45, 282
Seldon v. Clarkson Wright and Jakes,
  [2012] ICR 716 ································ 318
Seven Bishops Case, (1688) 3 Mod. 212 ····· 27
Shaw v. Director of Public Prosecutions,
  [1962] A.C. 220 ································ *437*
Shelley v. Kraemer, 344 U.S. 1 (1948)
  ·· *433n.15*
Siliadin v. France (2005) 43 EHRR 287
  ··· 29n.29
Silih v. Slovenia, (2009) 49 EHRR 37
  ··· 326n.75
Singh v. Commonwealth, (2004) 222
  C.L.R. 324 ··· 175
Sloan v. General Medical Council, [1979]
  2 All ER 686 ································· 83n.61
Smith v. Director of SFO, [1992] 3 All
  ER 456 ··· 298
Smith v. East Elloe Rural District
  Council, [1956] A.C. 736 ············ 75, 275
Sommersett v. Stewart [Sommersett's
  Case], (1772) 20 St.Tr. 1 ············ 29, 183
South Australia v. Commonwealth
  (First Uniform Tax Case), (1942) 65
  C.L.R. 375 ··· 173
Sporrong v. Sweden, (1982) 5 EHRR 35
  ··· *341n.18*
St. George's Healthcare NHS Trust v. S.,
  [1999] Fam.26, [1998] 2 All ER 673
  (C.A.) ······································ 264, 306
Steeples v. Derbyshire County Council,
  [1984] 3 All ER 408 ·························· 81
Stefan v. General Medical Council, [1999]
  1 W.L.R. 1293 ···································· 86
Stock v. Frank Jones (Tipton) Ltd.,

475

索　引

[1978] 1 WLR 231 ················· 143
Sunday Times v. United Kingdom,
　(1979-80), App.No.6538/74, 2 EHRR
　245 ······························ 161, 328, *339n.6*
Sunday Times v. United Kingdom, [1981]
　A.C. 1096 ·· 290
Sussex Peerage Case, (1844) 11 Cl. &
　Fin. 85, 143 ······································ 141
Tennessee Coal Co. v. Muscoda Local,
　321 U.S. 590 (1944) ····················· *438n.36*
Theophanous v. Herald & Weekly
　Times Ltd., (1994) 182 C.L.R. 104 ··· 168n.49
Thoburn v. Sunderland City Council,
　[2003] Q.B. 151 ································ 200
Thope's Case, (1454) Rol.Parl. V.239 ····· 8n.18
Times-Mirror Co. v. Superior Court, 314
　U.S. 367 (1947) ··························· *436n.28*
Tolstoy Miloslvavsky v. United Kingdom,
　(1995) 20 EHRR 442 ············· 339, *339n.11*
Town Investments Ltd. v. Department
　of Environment, [1978] A.C. 359 ··· 113n.36
Trendtex Trading v. Bank of Nigeri,
　[1977] 1 Q.B. 529 ····························· 331
Triquet v. Bath, (1764) 2 Buur. 1478
　································· 137n.92, 337n.92
University of Ceylon v. Fernando, [1960]
　1 W.L.R. 223 ································ 83n.61
Van Duyn v. Home Office, Case 41/74,
　[1975] Ch. 358, [1975] 3 All ER 190 ····· 203
Van Gend en Loos, Case 26/62（ヨー
　ロッパ裁判所）································· 203
Van Schijndel & Van Veen v. Stichting
　Pensionenfonds voor Fysiotherapeuten
　(Cases C-430-431/93), [1996] ······ *343n.25*
Victoria v. Commonwealth, (1996) 187
　C.L.R. 416 ·· 176
Victoria v. Commonwealth（Australian
　Assistance Plan), (1975) 134 C.L.R.
　338 ·· 169
Victoria v. Commonwealth (Second
　Uniform Tax Case), (1957) 99 C.L.R.
　575 ·· 173
Vidyodaya University of Ceylon v. Silva,
　[1964] 3 All ER 865, [1965] 1 W.L.R.
　66 ································ 83n.62, *432n.12*
Viveash v. Becker, (1814) B. & S. 284
　··· 137n.92
Wainwright v. Home Office, [2003]
　UKHL 53, [2004] 2 A.C. 406 ············ 19n.46
Walumba (Congo) 1 and 2 v. Secretary
　of State for the Home Department,
　[2001] UKSC12 ································· 276
West Coast Hotel Co. v.. Parrish, 300 U.S.
　379 (1937) ································ *437n.33*
Westminster Bank Ltd. v. Minister of
　Housing and Local Government [1971]
　A.C. 508 ·· 309
Wheeler v. Leicester City Council,
　[1985] 1 A.C. 1054 ··························· 294
White v. White and Another, [2001]
　UKHL 9, [2001] 2 All ER 43 ················ 207
Wilkes v. Wood [Wilkes' Case], (1763)
　19 St.Tr. 1153, (1760-1764) L.J. (1760-
　64) 426, CF (1761-64) 689, 15
　Oark.Hiust. 1362-1378 ··············· 8n.18, 65
Wilson v. First County (No.2), [2004] 1
　A.C. 816 ·· 217
Woolmington v. DPP, [1935] A.C. 462
　··· 298n.34
Woolwich Equitable Building Society v.
　IRC, [1993] A.C. 70 ························ 33n.39
X Ltd. v. Morgan Grampian (Publishers)
　Ltd., [1991] 1 A.C. 1 (H.L.) ············ 292n.20
Zambrano v. ONEM, Case C-34/09 ········ 223

〈著者紹介〉

田島　裕（たじま　ゆたか）

昭和15年4月30日，愛知県に生まれる。東京大学大学院博士課程修了後，昭和49年4月より平成2年3月まで，大阪市立大学法学部に勤務（助教授，教授）。平成2年4月より，筑波大学大学院教授，平成17年4月より獨協大学教授。

ケンブリッジ大学（ブリティッシュ・カウンシル・フェロー），ハーバード・ロー・スクール，キャリフォーニア大学（バークレー），バーミンガム大学など，客員教授。筑波大学名誉教授，OBE（英国）。

■主要著書
『議員主権と法の支配』（有斐閣・1981年，第2刷・1991年）；『英米法』（筑摩書房・1985年）［伊藤正己氏と共著］；『イギリス法入門』（有斐閣・1991年），比較法の方法（信山社・1998年），イギリス法入門（信山社・2001年），『UCCコメンタリーズ(1)～(3)』（雄松堂出版・2006年-2009年），『英米の裁判所と法律家（著作集3）』（信山社・2009年），『刑法・証拠法・国際法（著作集7）』（信山社・2010年）。

【翻訳】スカーマン『イギリス法──その新局面』（東京大学出版会，1981年）；ダイシー『憲法序説』（学陽書房・1983年）［伊藤正己氏と共訳］；ポパー『確定性の世界』（信山社・1996年，文庫版・1998年）など。

イギリス憲法
──議会主権と法の支配──　田島裕著作集2

2016(平成28)年8月30日　第1版第1刷発行
1772-01011-P496-￥13000-030-010

著　者　田　島　　裕
発行者　今井　貴・稲葉文子
発　行　株式会社信山社
　　　　〒113-0033　東京都文京区本郷6-2-9-102
　　　　TEL 03-3818-1019　FAX 03-3818-1411
　　　　TEL 03-3818-1019　FAX 03-3818-0344
　　　　出版契約No. 2016-1772-01011　order@shinzansha.co.jp

印刷　ワイズ書籍(M)／製本　牧製本

ⓒ 2016, 田島　裕, Printed in Japan. 禁コピー，信山社制作
落丁・乱丁本はお取替えいたします。
ISBN978-4-7972-1772-8 C3332　1772-01011-012-030-010
NDC分類 322.911

JCOPY　〈(社)出版者著作権管理機構　委託出版物〉
本書の無断複写は著作権法上での例外を除き禁じられています。複写される場合は，そのつど事前に，(社)出版者著作権管理機構（電話03-3513-6969，FAX 03-3513-6979，e-mail: info@jcopy.or.jp）の許諾を得てください。

◆ 田島裕著作集（全8巻）◆

第1巻	アメリカ憲法——合衆国憲法の構造と公法原理	（2004年）	10,000円
第2巻	イギリス憲法——議会主権と法の支配	（2016年）	13,000円
第3巻	英米の裁判所と法律家 ——司法制度，改革，裁判官，弁護士，陪審	（2009年）	10,000円
第4巻	英米の不法行為法・契約法・救済法 ——コモン・ローの法理	（近刊）	
第5巻	エクイティの法理 ——英米の土地法・信託法・家族法	（2013年）	8,000円
第6巻	英米企業法——会社，銀行，担保，消費者保護	（2006年）	11,000円
第7巻	刑法・証拠法・国際法	（2010年）	12,000円
第8巻	英米法判例の法理論	（2001年）	6,000円

◇ 田島裕著作集 別巻 ◇

第1巻	比較法の方法	（1998年）	2,980円
第2巻	イギリス憲法典——1998年人権法	（2001年）	2,200円
第3巻	イギリス法入門（第2版）	（2009年，初版：2001年）	3,200円

＊　＊　＊　＊　＊

外国法概論〔法律学講座11〕	（2012年）	4,200円
アメリカ契約法〔法律学講座12〕	（2013年）	4,200円
土地利用の公共性（土地法制研究1）	（1999年）	14,000円
司法へのアクセス——ウルフ・レポート〔法学翻訳叢書〕	（近刊）	
確定性の世界	（1995年）	3,495円
文庫・確定性の世界	（1998年）	680円
文庫・イギリス憲法典	（2010年）	980円
法律論文の書き方と参考文献の引用方法	（2012年）	800円

＊価格は税別